The Lawbook Exchange, Ltd.

Foundations of Spanish, Mexican and Civil Law Series

Series Editor WARREN M. BILLINGS
Distinguished Professor of History, Emeritus, at University of New Orleans

This series addresses the history of the civil law in the Americas, with an emphasis on Spanish and Mexican law

Laws and Decrees of the State of Coahuila and Texas, In Spanish and English

BOOKS IN THE SERIES

J. P. KIMBALL, translator
Laws and Decrees of the State of Coahuila and Texas In Spanish and English
With a new introduction by JOSEPH W. McKNIGHT
Larry and Jane Harlan Faculty Fellow and Professor of Law,
SMU Dedman School of Law

JOSEPH M. WHITE
A New Collection of Laws, Charters and Local Ordinances of the Governments of Great Britain, France and Spain Relating to the Concessions of Land in their Respective Colonies
Together with the Laws of Mexico and Texas on the Same Subject, to Which is Prefixed Judge Johnson's Translation of Azo and Manuel's Institutes of the Civil Law of Spain
With a new introduction by AGUSTÍN PARISE
Research Associate, Center of Civil Law Studies,
LSU Law Center

LAWS AND DECREES

OF THE

STATE OF COAHUILA AND TEXAS,

IN SPANISH AND ENGLISH.

TO WHICH IS ADDED THE

CONSTITUTION OF SAID STATE:

—ALSO:—

THE COLONIZATION LAW

OF THE

STATE OF TAMAULIPAS,

AND

NATURALIZATION LAW

OF THE GENERAL CONGRESS.

BY ORDER OF THE SECRETARY OF STATE.

TRANSLATED BY J. P. KIMBALL, M. D.

With a new introduction by
Joseph W. McKnight
*Larry and Jane Harlan Faculty Fellow and Professor of Law,
SMU Dedman School of Law*

THE LAWBOOK EXCHANGE, LTD.
Clark, New Jersey

ISBN: 9781584779827 (hardcover)
ISBN: 9781616190729 (paperback)

Lawbook Exchange edition 2010

The quality of this reprint is equivalent to the quality of the original work.

THE LAWBOOK EXCHANGE, LTD.
33 Terminal Avenue
Clark, New Jersey 07066-1321

Please see our website for a selection of our other publications and fine facsimile reprints of classic works of legal history:
www.lawbookexchange.com

Library of Congress Cataloging-in-Publication Data

Coahuila and Texas (Mexico)
 [Laws, etc.]
 Laws and decrees of the state of Coahuila and Texas, in Spanish and English : to which is added the constitution of said state : also the colonization law of the state of Tamaulipas, and naturalization law of the general congress / [published] by order of the Secretary of State ; translated by J.P. Kimball ; with a new introduction by Joseph W. McKnight, Larry and Jane Harlan.
   p. cm. -- (Foundations of spanish, mexican and civil law.)
 Includes bibliographical references and index.
  ISBN 978-1-58477-982-7 (hardcover : alk. paper) --
 ISBN 978-1-61619-072-9 (pbk. : alk. paper)
  1. Law--Mexico--Coahuila and Texas. 2. Emigration and immigration law--Mexico--Tamaulipas. 3. Public lands--Mexico--Tamaulipas. 4. Naturalization--Mexico. I. Kimball, J. P. II. Coahuila and
Texas (Mexico). Constitution. III. Title.
  KGF6803.3 2010
  348.72'14--dc22
                                    2010021377

Printed in the United States of America on acid-free paper

INTRODUCTION

TEXAS'S EARLIEST LEGISLATION AND ITS PUBLICATION

Joseph W. McKnight

1. Carbajal's Plan and Compilation

Although Coahuila and Nuevo Mexico each sent a delegate to the Spanish Cortes of 1808, there was no one in the province of Texas who might have contributed to the proceedings and could have afforded to make the trip. Two years later Father Miguel de Hidalgo y Cortilla's insurrection brought Texas into the Mexican war of independence culminating in the largest and bloodiest battle ever fought in Texas. At Medina on August 18, 1813, the Spanish army under General José Joaquín de Arredondo defeated the expeditionary army of José Bernando Gutiérrez, de Lara and Augustus William Magee, that drew a great many soldiers from United States as well as Béxar and other Texas towns – a force of about fourteen hundred men of which only a hundred survived.[1]

The Spanish provinces of Coahuila and Texas were governed as a unit intermittently during the late seventeenth and early eighteenth centuries until about 1726 when the two provinces were separated. In 1785 Saltillo and Parras

---

1. Many of the survivors had been executed by order of General Arredondo. It was from him that one of his officers, Antonio López de Santa Anna copied that barbaric habit.

Introduction

with their surrounding territory were detached from Nuevo Viscaya and added to Coahuila.[2] Under the Mexican Constitucion of 1824 the provinces of Coahuila and Texas were rejoined[3] with the capital at Saltillo. On August 15, 1824 the Congreso Constituyente of the new state convened to draft a constitution which was adopted on March 11, 1827. The first decree of that body was adopted on August 15, 1824 and that of the Congreso Constitutional on July 4, 1827. The initial Congreso Constitutional of Coahuila y Texas was a deliberative body of twelve deputies[4] representing the state's seven departments. Each of the three departments of Texas elected one deputy. At the meeting of March 2, 1833 there was discussion of the activities of the Centralist dictator Antonio López de Santa Anna and petitions were received from the alcaldes of Béxar, Goliad, and Parras to move the session elsewhere for greater safety.[5] At its next session two days later they began to discuss removal of the state government to Monclova and the proposal was made (passed on March 9 to become effective on April 11, 1833) to make Monclova the permanent capital as a matter of *"Public Security."*[6] By

---

2. *See Saltillo, Coahuila* in 5 THE NEW HANDBOOK OF TEXAS 781 (1996).

3. CONSTITUCIÓN DE LOS ESTADOS UNIDOS MEXICANOS, tit. 2, art. 5 (1824).

4. CONSTITUCIÓN DE COAHUILA Y TEXAS, tit. 1, art. 33, provided for 12 deputies and 6 substitute deputies until 1832 with Congressional power to increase that number by one for every additional thousand "souls".

5. *Actas del H. Congreso del Estado de Coahuila y Texas,* Typescript of Proceedings of the Congreso de Coahuila y Texas (hereafter *Actas*), Mar. 2, 1833 at 1678 (University of Texas at Austin).

6. *Ibid.*

Introduction

May 21, 1835 that Congreso had adopted three hundred and twenty-five decrees covering a great variety of subjects including the ordinances of the various towns of the state, amendments to existing laws, and some repeals of prior laws.

In Saltillo[7] the new Congress convened in 1835 with nine members from Coahuila and three from Texas. In fear of the hostile northward movement of the military forces of the Centralist dictator, whose policy they opposed, in early May the Congreso again moved its meeting northward to Monclova. At that session the three Texan departments were represented by Stephen Fuller Austin[8] for the Department of Brazos, John Marie Durst[9] for that of Nacogdoches, and José María de Jesús Carbajal[10] as deputy for Béxar. All three were fluent in Spanish and English[11] and were well acquainted. Since his childhood Carbajal had known Austin who had regularly stayed at the widow Carbajal's boarding house when his business took him to Béxar. In 1822 Austin had recommended to his friend Littleberry Hawkins[12] that he take José María Carbajal,

---

7. On Nov. 5, 1827 Saltillo had been renamed Leona Vicario in honor of the revolutionary heroine and maintained that name until Apr. 2, 1831.

8. Southwestern Virginia, Nov. 3, 1793 – Houston, Dec. 27, 1836.

9. Arkansas Post, Arkansas, Feb. 4, 1797 – Galveston, Feb. 9, 1851.

10. Béxar, 1809 – Soto la Marina, Tamaulipas, Aug. 19, 1874.

11. During his teen years in the United States the boy Carbajal wrote to his mother in Béxar to send him some books in Spanish, because he feared that he was losing his native tongue. *See* JOSEPH E. CHANCE, JOSÉ MARÍA JESÚS DE CARBAJAL – THE LIFE AND TIMES OF A MEXICAN REVOLUTIONARY, 19 (Trinity University Press, 2006).

12. *Ibid.* at 20.

Introduction

then about fourteen, along with him to the United States so that he might be apprenticed there. In Frankfurt, Kentucky Carbajal learned the trades of tanning and saddlery and went on from there to Bethany, Virginia where he studied English in the home of the formidable preacher Alexander Campbell,[13] a founder of the Disciples of Christ. Before he returned to Texas in 1830 Carbajal had not only learned to speak English as an American[14] but had also become an ardent, lifelong Protestant. Back in Texas he began to train himself as a surveyor and after a year he was engaged in the practice of surveying.[15] He laid out the plan for the town of Guadalupe Victoria (now Victoria) and thereafter married the daughter of the developer Martin de Leon and made his home in the town that he had platted. There was one other Anglo-Hispanic linguist in the Congreso, a Scots doctor, Diego Grant,[16] who had settled in Coahuila and had previously held public office there. At the beginning of the 1835 session, both Carbajal and Grant were designated as secretaries of the Congreso by their associates. The fact that both were fluent in Spanish and English seems to have assured their selections.

---

13. *Ibid.* at 21.
14. Throughout his later life it was often commented how well Carbajal spoke English.
15. CHANCE, *op. cit.*, at 21.
16. James Grant, born on July 28, 1793 in Killearnan Parrish, Ross-shire, Scotland, moved to Texas in 1823 and on to Coahuila in 1825. He served in the Congreso of Coahuila y Texas in 1832 and 1835. He was killed at the battle of Agua Dulce Creek on March 2, 1836. *See* Robert Bruce Blake, *James Grant,* 3 THE NEW HANDBOOK OF TEXAS 282 (1996).

Introduction

As that legislative session was drawing to a close, the young deputy from Béxar[17] proposed a bilingual publication of the state's laws and decrees.[18] The proposal was approved two days later after a brief discussion. The account of his proposal in the journal of the Congreso for that day does not set out its terms *in extenso* but merely states that "as explained by the committee it was approved"[19] and the text of the decree that became No. 319 of May 18, 1835[20] appears as somewhat altered by the legislative committee, especially the sixth article.[21] As passed, the decrees of each Congreso had been promptly distributed to thirteen governmental centers of the state. Each law was printed at Saltillo by the state's printer, Samuel Bangs[22] as small handbills measuring about 8 by 6 inches.

Under the terms granted to him, Carbajal acted promptly to move his project along by collecting the texts of the decrees from the journals of the Congreso, but in some instances the text he used was that of the measure as

---

17. Carbajal was only 26 at the time. The minimum age for a deputy was 25. CONSTITUCIÓN DE COAHUILA Y TEXAS, tit. I., art. 36, §2.
18. Actas at 1942-1943, proceedings of the Congreso, May 16, 1835.
19. *Actas* at 1943.
20. *Ibid.*
21. The decree as proposed did not include the sixth article, which was added by the Congreso to require prior approval of the text by a committee of the Congreso before the licencee to publish the collection could make any sale of the text to the public.
22. *See* Joseph Milton Nance, *Samuel Bangs,* 1 THE NEW HANDBOOK OF TEXAS 287 (Austin, 1996).

Introduction

introduced rather than as passed.[23] Other inconsistencies in texts as printed can also be detected here and there. Carbajal does not seem to have relied on the printed leaflets as a source but compiled the decrees of each congressional session from the journal of the proceedings of the Congreso itself. His source of compilation is apparent from the fact that his omissions are generally the same as those in the legislative journal. In making his compilation Carbajal omitted as superfluous all of the Congressionally approved ordinances of the various towns of the state (except for their titles), but he included all amendments and repeals of existing laws. By the terms of Decree No. 319 Carbajal had the authority to publish and sell two hundred copies of the state's laws and decrees and he was directed to deliver two hundred copies for the use of the Deputies of both Congressional houses and those of the national government. When the act of the Congreso was read and approved,[24] Carbajal's license was extended for six years.[25]

---

23. For example, Decree No. 70 from which Texas's most significant contribution to American Jurisprudence developed: the law protecting the family homestead from the claims of creditors. *See* Joseph W. McKnight, *Protection of the Family Home from Seizure by Creditors: The Sources and Evolution of a Legal Principle,* 86 Sw. His. Q. 369 (1983). Perhaps the strangest event in the development of the homestead concept was the repeal of Decree No. 70 by Decree No. 173, *Actas,* Apr. 8, 1831, at 1,466, and stranger still, that repeal had no impact on the continued acceptance of the homestead exemption principle in popular understanding as evidenced by contemporary publications. *See for example,* DAVID B. EDWARD, THE HISTORY OF TEXAS, OR, THE EMIGRANTS . . . GUIDE, (Cincinnati, 1836), compiled in 1835. *See also* comments on other folklore surrounding the 1829 act in McKnight, *op. cit. supra* n. 23 at 387-388.

24. *Actas* at 1943; CHANCE, *op. cit.* 32.

Introduction

The allusion to his proposal in the Congressional journal was very brief[26] and the text of the decree was not included there. Carbajal's plan was nonetheless carefully summarized, and he acted promptly to get his project underway. As Carbajal was completing his chronological transcription of the laws as recorded in the journal of the Congreso at Monclova, the Commandant General Martín Perfecto de Cos,[27] under Santa Anna's order, abruptly closed the legislative session on May 20, 1835. The plan to print the decrees was at that point stalled. Carrying his completed transcriptions of the texts, Carbajal fled northward, and on reaching Béxar he entrusted the manuscript to his brother Manuel, as he hurried on to San Felipe. Once Manuel Carbajal had passed the manuscript on to Dr. Robert Anderson Irion of Nacogdoches in late 1837,[28] Dr. Irion took up the project of translating and publishing the *Laws and Decrees*. There is no evidence that during 1837-1838 Irion was in touch with José María

---

25. *Actas* at 1943.

26. *Actas* at 1945. *See* 2 THIRD CONGRESS OF THE REPUBLIC OF TEXAS, House Journal 21-23. *See also* JOHN P. KIMBALL, *trans.*, LAWS AND DECREES OF THE STATE OF COAHUILA AND TEXAS (hereafter KIMBALL), Decree No. 297 of April 7, 1835 at 284-286 and Decree No. 322 of May 20, 1835 at 310.

27. *Actas* at 1945. *See also* KIMBALL Decree No. 297 of April 7, 1835 at 284, 286 and Decree No. 322 of May 20, 1835 at 310.

28. *See* Joint Resolution of Dec. 1, 1837 authorizing the payment of "a sum not exceeding twelve hundred dollars" to Manuel Carabajal [sic] "as a compensation for compiling the laws of Coahuila and Texas, upon his delivery to the secretary of state." 2 LAWS OF THE REPUBLIC OF TEXAS 25 (Houston 1838), 1 H.P.N. GAMMEL, LAWS OF TEXAS 25 (1898).

Introduction

Carbajal who by February, 1837 had left Texas to settle with his family near Opelousas, Louisiana.[29]

2. Kimball's Translation and Irion's Publication

In response to Santa Anna's invasion of Texas to put down republican sentiments in favor of the Mexican Constitution of 1824, which he had put aside,[30] Texans declared themselves an independent republic, recognized by Santa Anna after the defeat of his army at San Jacinto on April 21, 1836.[31] An Anglo-Hispanic republic was thus set up on the American frontier with Sam Houston a former Congressman and governor of Tennessee as President and Lorenzo de Zavala, a former Mexican Secretary of the Treasury as his Vice-President. Stephen Austin served as secretary of state for three months until he died on December 27, 1836.

José María Carbajal had maintained a neutral position in early 1836 when Texas's independence was being discussed and had been elected as a delegate to the Texas convention at Washington-on-the-Brazos where Texas independence would be declared. On his way to the convention, he got word that a large Mexican Centralist force was advancing on Guadalupe Victoria, and he

---

29. *See* CHANCE, *op. cit.* at 43.

30. To make this point the Mexican flag that flew over the Alamo during February and March, 1836, had the date 1824 superimposed at its center. *See* T.R. FEHRENBACH, LONE STAR, A HISTORY OF TEXAS AND TEXANS 206 (2000).

31. Treaty of Velasco, May 16, 1836.

Introduction

returned home to evacuate his family.³² After rescuing his family, Carbajal chose to remain neutral in the struggle between the Texan and Mexican forces.³³ With the assistance of the Texan forces under General Thomas Rusk, however, the Carbajal, Leon, and Benavides families (all feeling a similar allegiance but still unwilling to go to Mexico directly) embarked at Matagorda for New Orleans. While in Louisiana the Carbajal family resided in Opeloupas for three years before departing for Soto la Marina in Tamaulipas.³⁴

As Secretary of State, Austin was succeeded in June, 1837 by Dr. Irion of Nacogdoches, who had served in Houston's army as assistant surgeon general and as a senator of the First Congress of the Republic. The Second Congress had appropriated $6,000³⁵ "of the promissory notes of this government to be expended in procuring the publication of the laws and congressional journals of the republic of Texas." Secretary Irion interpreted that legislative directive to include publication of the Laws and Decrees of Coahuila y Texas.

The only evidence in the legislative records of any initial awareness of Manuel Carbajal's possession of the compiled texts is Congressman Rusk's remark in the legislative minutes that someone "in this place," that is

---

32. *See* CHANCE, *op. cit.* at 40-41.
33. CHANCE at 41.
34. *Ibid.* at 42-43.
35. 2 LAWS OF THE REPUBLIC OF TEXAS, Act of Dec. 18, 1837, §1 at 92-93, 1 H.P.N. GAMMEL, ed., THE LAWS OF TEXAS 1822-1897 at 1434-1435.

Introduction

Houston, had the transcribed records.[36] Manuel Carbajal had evidently brought the manuscript from Béxar to Houston to find some compensation for it. But there is no record of any negotiations between Secretary Irion and J.M. Carbajal or his brother Manuel Carbajal concerning compensation due for the compilation of the laws. At the November 24, 1837 session of the House of Representatives of the Second Congress, Congressman Rusk initiated a joint resolution to authorize the President of the Republic to "purchase the laws of Coahuila y Texas from Manuel Carbajal" so that they might be published.[37] Before the bill's passage Rusk added a cautionary amendment to his resolution to limit payment to $1200. As amended, the resolution passed by a vote of 11 to 6.[38]

For his projected publication of *The Laws and Decrees of Coahuila and Texas* Secretary Irion's first concern was to find a translator of Carbajal's manuscript. Dr. Irion asked his friend John Alexander Newland to examine Carbajal's manuscript and to advise him of the likely and proper cost for preparation of the document for publication.[39] Newland replied on June 8, 1838[40] that he

---

36. 2 JOURNAL OF THE SECOND CONGRESS OF THE REPUBLIC OF TEXAS, HOUSE JOURNAL, Nov. 14, 1837, at 124 (1838).

37. *Ibid.* at 182-183.

38. *Ibid.* at Joint Resolution of Dec. 1, 1837. 2 LAWS OF THE REPUBLIC OF TEXAS 25, 1 H.P.N. GAMMEL, LAWS OF TEXAS 1367 (1898). *See also* JOURNAL OF THE SECOND CONGRESS OF THE REPUBLIC OF TEXAS, SENATE JOURNAL, Nov. 24, 1837 at 74 (1838), Nov. 30, 1837 at 82-83 (1838), and Dec. 1, 1837 at 209.

39. Irion's apparently dictated letter of June 7, 1838 to John Alexander Newland, IRION FAMILY PAPERS, University of Texas at Arlington.

40. IRION FAMILY PAPERS, University of Texas at Arlington.

Introduction

had found that "the average number of lines to a page was about thirty" and went on to say that the quantity of material to be printed would probably require two volumes of nearly two hundred and fifty pages each, allowing for three hundred and twenty words to a page. He added that the translator "would have to spend a considerable amount of time in examining and correcting the proof sheets as they come from the press."[41] Newland therefore suggested that "despite the difficulty in saying what remuneration for over one hundred words would be adequate to the labor of such an arduous and responsible engagement, . . . for the whole undertaking . . . the sum of Fifteen hundred dollars would prove a reasonable recompense to the person who may be selected for the purpose."[42] Secretary Irion therefore began to cast about for a translator but initially made no real progress in his search.[43] As his search continued, however, the fact that he was looking for a translator of Spanish became public knowledge. At that point he was still unacquainted with Dr. John Porter Kimball who was practicing medicine in Galveston.

Dr. Kimball had been born in New Hampshire in 1796 and was thus in his early forties. After his graduation from Dartmouth College he had gone on to study medicine at

---

41. John Alexander Newland's manuscript letter of June 7, 1838 to Robert A. Irion. *Ibid.*

42. *Ibid.*

43. All that Secretary Irion had been able to report to the Second Congress of the Republic on November 20, 1837 was that his publication efforts were moving along slowly. SECOND CONGRESS OF THE REPUBLIC OF TEXAS HOUSE, JOURNAL 164-166 (Nov. 2, 1837).

Introduction

Yale and arrived in Texas in the early 1830s.[44] Three of his sisters later joined him in Texas, and his sister Mary had married the United States consul in Galveston. On April 24, 1838 she wrote Secretary Irion a letter of recommendation of her brother as a translator of Spanish.[45] She stressed his academic achievements and his knowledge of Spanish and enclosed "a few pages translated by my Brother" as evidence of his proficiency. Dr. Irion soon contacted and hired Dr. Kimball as his translator. It was evidently agreed between them that Dr. Kimball would be paid $2,000: $1,000 on completion of the translation and another $1,000 on its publication. He was soon making some progress on the manuscript at his home in Galveston. But despite the doctor's periodic assurances of his progress, by mid-August of 1838 Secretary Irion was becoming impatient and perhaps apprehensive of Dr. Kimball's finishing the work he had undertaken. To hasten Dr. Kimball along, on August 20, 1838 the Secretary dictated a letter to Dr. Kimball in Galveston authorizing him to hire a clerk to transcribe the translation but for no more than $100 a month.[46] Secretary Irion went on to advise Dr. Kimball that as soon as he had finished a quarter of the text, he should bring or send that part of it "immediately" to Houston "without delay" and

---

44. The statement in Dr. Kimball's land grant of 1839 that he had arrived in Texas in 1837 is clearly inaccurate.

45. Mary Woodman Kimball Rhodes, the wife of Elisha A. Rhodes, United States Consul in Galveston, to Robert A. Irion, manuscript signed "Mrs. Rhodes," April 24, 1838, IRION FAMILY PAPERS, University of Texas at Arlington.

46. Irion to Kimball Aug. 20, 1838, IRION FAMILY PAPERS, University of Texas at Arlington.

Introduction

that on completion the next two quarters should be similarly handled. As for the last quarter, Secretary Irion presumably assumed that Kimball would bring it along as soon as completed. The Secretary had nevertheless evidently continued to worry about Kimball's ability to satisfy the agreement. A week later his earlier instructions were followed by a letter in Secretary Irion's own hand directing Dr. Kimball to bring the translation that he had completed to Houston "without delay."[47] The Secretary was clearly becoming more impatient as his translator had failed to produce any product of his efforts.

But the last message seems to have spurred Dr. Kimball into action, for Secretary Irion wrote personally on September 28 that he was pleased to receive "the translations brought by Dr. Jones."[48] The Secretary had evidently concluded that Dr. Kimball had made substantial progress with the manuscript as he reminded Dr. Kimball that it would be necessary for him to correct the proof-sheets – a further responsibility that would require his being in Houston for about two weeks and for about a week's time when the first proofs would be struck off, that is in the first week of October of 1838.[49] Secretary Irion added reassuringly, however, that if it would be inconvenient for Dr. Kimball "to come up so soon I will

---

47. Irion to Kimball, Aug. 28, 1838, IRION FAMILY PAPERS, University of Texas at Arlington.
48. Irion to Kimball, Sept. 28, 1838, IRION FAMILY PAPERS, University of Texas at Arlington. Dr. Jones, presumably Dr. Levi Jones of Galveston, a fellow local physician of Dr. Kimball.
49. *Ibid.*

Introduction

send it to you, which you can correct and return."[50] Dr. Kimball had received the first $1,000 installment of his compensation on May 4, 1838. He was evidently so gratified by the sudden improvement in his finances that he promptly purchased 640 acres of land in Williamson County from the Republic.[51] Dr. Kimball received his second payment on publication of the book just a year later on May 14, 1839.

The printing was proceeding nicely when Joseph M. White stopped in Houston during March of 1839 on his way to Philadelphia. The former delegate of Territorial Florida to the United States Congress visited Houston with the prospect of making his home there[52] and to serve the new Republic as Minister to France,[53] but his most immediate concern was his own extensive compilation of Spanish and Mexican laws of the regions to which the American flag would soon extend. He was on his way to

---

50. *Ibid.* Secretary Irion was by this time beginning to anticipate the expiration of his term of office as Secretary of State in December, 1838.
51. Williamson County, File No. 000136, Abstract No. 372.
52. *See* TELEGRAPH AND TEXAS REGISTER, 2 c.3 (Apr. 24, 1839).
53. Samuel A. Roberts to Mirabeau B. Lamar, Aug. 30, 1839 (No. 1426). 3 C.A. GULICK, JR. *et al.,* eds., THE PAPERS OF MIRABEAU B. LAMAR 86, 88 (1968). In his letter from Washington, D.C. (No. 1426) Samuel A. Roberts had written to President Lamar recommending White's appointment. Joseph M. White died in St. Louis on Oct. 19, 1839. Roberts had heard rumors that France had recognized the Republic of Texas, and that General Dunlap had written that White expects the appointment as Minister to France and went on to comment that "I do not think a better could be made notwithstanding the Col. is a little *windy.*"

Introduction

deliver the manuscript to his publisher in Philadelphia. While in Houston, Colonel White visited the office of the Telegraph Power Press and found the printing of Kimball's translation well underway. He noted that the arrangement was to publish the work in two parts bound separately, but for those who were willing to wait a while longer, both volumes would be bound together.[54] Before leaving Houston White picked up the pages reproducing Decrees No. 1 through 41 of the Congreso Constituente and those of the Congreso Constitucional through No. 120 at the middle of page 143 to which a long report was attached on receipt and issuance of official letters and a list of funds paid into and out of the State Treasury to the middle of page 143. Joseph White promptly included the English text in the first volume of his *New Collection of Laws*[55] of British, French, and Spanish concession of land in their colonies, and White's work was published in Philadelphia later in 1839 but without any mention of source or thanks. Thus Kimball's work contributed significantly to Joseph White's projected competing volume. But Kimball's translation for the last three of those laws was not followed in White's book – as the presumed consequence of several pages being mislaid in the editing process. A comparison of the English

---

54. Some copies, including that of the Texas Supreme Court, therefore, included a blank page between the facing pages of 149. *See* THOMAS J. STREETER, BIBLIOGRAPHY OF TEXAS, 1795-1845, 264-265 (1955). Streeter also noted that the title page for the full text of Kimball's book was included in the second part.

55. *See* 1 JOSEPH M. WHITE, A NEW COLLECTION OF LAWS, CHARTERS, AND LOCAL ORDINANCES 421-558 (2 vols., 1839).

Introduction

translation of the laws 118 art. 2, 119, and 120[56] indicates that a translator other than Kimball was at work there. The unidentified translator of those laws was almost certainly the State Department translator Robert Greenhow[57] who was then in Houston and with whom Joseph White had become well acquainted during his time in Congress.

Though Secretary Irion's assumption that the earlier $6,000 appropriation of public funds for publication of laws could cover the cost of printing *The Laws and Decrees of Coahuila y Texas,* by November, 1837 he seems to have concluded that a further appropriation would have to be passed to cover his new project of publication. In his report to President Houston of November 20, 1837[58] Dr. Irion commented that the act of June 12, 1837 authorizing publications was not accompanied with an appropriation and that his publication plan was therefore impracticable. But he nevertheless proceeded to negotiate with Jacob Cruger and Francis Moore[59] at the Telegraph Power Press to do the job,[60] although printing orders from the Department of State were being completed very slowly there. The chosen printers owned the only press in town,

---

56. *See Ibid.* at 557-558. *Cf.* Kimball at 141. The information on *expedientes* following Decree No. 120 in Kimball at 142-143 was omitted entirely from White's version.

57. Later better known as the husband of Confederate spy, Rose Greenhow.

58 SECOND CONGRESS HOUSE JOURNAL at 162 Irion to Houston, Nov. 20, 1837.

59. *See* Jacob W. Cruger (1819-1864) in 2 THE NEW HANDBOOK OF TEXAS, 427 (1996).

60. Secretary Irion's Report to President Houston, SECOND CONGRESS HOUSE JOURNAL 164-166 Nov. 20, 1837.

Introduction

and it was engaged much of that time to print the *Telegraph and Texas Register,* the weekly newspaper. But they agreed to undertake the contract provided that the Republic could supply the paper as their stock was depleted. Concerned by this additional cost for paper, Secretary Irion contacted the Republic's consul in New Orleans concerning the practice there as to charge for paper. The consul answered him that the cost of paper had to be borne by the customer and that paper would be shipped to cover the Secretary's immediate need.[61] Secretary Irion's report to the President stressed his efforts to achieve publication as his most pressing assignment despite constant enquiries "as to why the laws have not been distributed showing in many instances dissatisfaction and irritation. . ." He went on to plead for funds for the necessary further supplies from New Orleans and concluded by saying that a further appropriation of $6,000 would cover all necessary costs.[62] In 1838 a second press was established by J.W.J. Niles & Co., but made no extra charge for paper.[63] In order to compete more effectively the Telegraph reduced its charges and made no charge for paper. The result of these concerns and enquiries

---

61. *See* Irion to Thomas Toby, Oct. 23, 1837 and Thomas Toby to Irion, Oct. 31, 1837. IRION FAMILY PAPERS, University of Texas at Arlington.

62. *See* Irion to Houston, Nov. 20, 1837, *op. cit.* note 56; Irion to Houston, Nov. 22, 1837. *Ibid* at 162-165.

63. Secretary Irion to the President of the Republic, THIRD CONGRESS OF THE REPUBLIC OF TEXAS HOUSE JOURNAL, (Intelligence Office – S. Whiting, Printer, Houston 1839), and Document A, Nov. 1, 1838 attached. *Ibid.* Robert Irion served as Secretary of State until December, 1839 and declined reappointment.

Introduction

had evidently produced a general reduction in competitive printing charges.

J.M. Carbajal had got his project well along its way by assembling a chronological collection of the laws as they had been transcribed in the journal of the Congress. The manuscript journal was clearly his source. His collection of statutes as ultimately printed reflects the entries in the legislative journal with most of the same omissions as the source from which he copied.

Dr. Kimball was paid for his translation in two installments in accordance with his contract with Secretary Irion: $1,000 on completion of the translation and another $1,000 with completion of publication. The doctor's return to his medical practice in Galveston, however, was ended at the urging of his nephew, William H. Rhodes, who had already set up his own medical practice in New Orleans. Dr. Kimball responded to his nephew's invitation by moving to New Orleans and was active in medical practice there until his death at the age of forty-six on December 28, 1842. With his nephew Dr. Rhodes as his administrator, the probate of Dr. Kimball's estate was accomplished in Galveston in mid 1844 but was not settled until 1846.[64]

Toward the end of 1839 two thousand copies of Kimball's parts 1 and 2 (breaking at page 149 of the *Laws and Decrees*) had been delivered to the office of the Secretary of State in Houston, and about fourteen hundred of each part remained on hand for further distribution.[65] The Supreme Court of Texas (then sitting in Houston)

---

64. William H. Rhodes was appointed administrator of the estate on May 1, 1844 but order of the Probate Judge of Galveston.
65. KIMBALL, LAWS AND DECREES at 313 (hereafter KIMBALL).

Introduction

promptly acquired a copy and embossed the front board with the court's seal to deter removal.

3. Kimball's Laws and Decrees: The Continuing Source of Law

With the publication of Kimball's book in mid-May of 1839 the bench and bar were not only supplied with the text of the three hundred and twenty five laws of the Mexican state of Coahuila y Texas but also an *Exposition* submitted to the national Congress, the full texts in Spanish and English of the *Constitution of the State of Coahuila and Texas*,[66] the *Colonization Law of the State of Tamaulipas*,[67] and the *Naturalization Law of the General Congress [of the Republic of Mexico]*.[68]

In Texas as well as Coahuila in all matters with which the prior law was relevant, Kimball's new volume of *Laws and Decrees of Coahuila and Texas* became the primary sources of the rules of law reproduced there. Within the two decades after its publication in 1839, Kimball's volume[69] was relied on by the Texas Supreme Court in

---

66. *See* Report of Vice President David G. Burnet, Acting Secretary of State to President Lamar. Nov. 6, 1839, Document E, HARRIET SMITHER, ed., JOURNALS OF THE FOURTH CONGRESS OF THE REPUBLIC OF TEXAS 1839-1840, 31 (1929).
67. KIMBALL, LAWS AND DECREES at 344.
68. *Ibid.* at 350.
69. This was the first law book published in Texas apart from legislative session laws. Mexican citations are at the end of n.73.

XXI

Introduction

thirty-one instances.[70] By the end of the nineteenth century

---

70. Board of Land Com'rs v. Bell, Dallam 366 (Tex. 1840), citing Decree No. 190 (repeal of the Colonization Law of March, 1825), KIMBALL, LAWS AND DECREES at 189 (hereafter KIMBALL); Hirams & Donaho v. Coit, Dallam 449 (Tex. 1840), citing Decree No. 272, § 32, KIMBALL at 247; Taylor v. Duncan, Dallam 514 (Tex. 1843), citing Decree No. 277, § 109 at 266 (appellate review of judicial decisions), KIMBALL at 109; Texas v. Inglish, Dallam 608 (Tex. 1844), citing Decree No. 190 (colonization act of April 28, 1832), repealing Decree No. 116 of March 24, 1825; Herbert v. Moore, Dallam 592 (Texas 1844), citing Decree No. 16, § 19 as referring to Indian tribes rather than to nations; Sutherland v. DeLeon, 1 Tex. 250 (1846), citing KIMBALL art. 8 at 71; Texas v. Fisk, 2 Tex. 449 (1847), citing KIMBALL 18, arts. 14-15; Underwood v. Parrott, 2 Tex. 168, citing Decree No. 277, § 6, art. 101 at 266 (1847); Trimble v. Smithers' Administrator, 1 Tex. 790 (1847), citing Decree No. 190, KIMBALL 189, art. 19 at 191; Hunt's Heirs v. Robinson's Heirs, 1 Tex. 748 (1847), citing KIMBALL, Decree No. 11 at 9 and Decree No. 43 at 97; Chambers v. Hodges, 3 Tex. 517 (1848), citing KIMBALL Decree No. 277 at 254, 258; Texas v. Thorn, 3 Tex. 499 (1848), citing KIMBALL, Decree No. 190 at 189, art. 25 at 192; Spillers v. Clapp, 3 Tex. 498 (1848); KIMBALL, Decree No. 272 at 247, art. 36 at 52; Robbins' Heirs v. Robbins' Heirs, 3 Tex. 496 (1848); citing KIMBALL, *Ibid.* Houston v. Robertson's Administrator, 3 Tex. 374 (1848), KIMBALL Decree No. 9, 70, at 73. Blair v. Odin, 3 Tex. 288 (1848), citing KIMBALL, Decree No. 9 at 70, 72; Linn v. Scott, 3 Tex. 67 (1848), citing KIMBALL, Decree No. 9 at 70, art. 26 at 73; Hardy v. DeLeon, 5 Tex. 211 (1849), citing KIMBALL, Decree No. 182 at 184, with respect to stamped paper); M°Mullen v. Hodge, 5 Tex. 34 (1849), KIMBALL, Decree No. 177 at 181 on power to alienate lands of closed missions); Gortario v. Cantu, 7 Tex. 35 (1851), citing KIMBALL, Decree No. 263, at 240 (recognizing a decree of the Spanish Cortes of Mar. 6, 1821); Robertson's Administrator v. Teal's Heirs, 9 Tex. 344 (1852), concerning land granted under KIMBALL, Decree No. 285 of April 29, 1834 at 275; Lee v. Wharton, 11 Tex. 61 (1853), citing KIMBALL, Decree No. 277 at 254, art. 127 at 268, prior to which there was no requirement of an appraisement, which was instituted by that

Introduction

in over fifty cases the court also relied on Kimball's volume as authority, either by specific number of a decree or its page reference or both. Thereafter there were only seven specific references by that court to provisions in Kimball's collection. The last appellate dispute decided by

---

decree; Emmons v. Oldham, 12 Tex. 18 (1854), relying on the repeal of Decrees No. 16 and 190 in 1832 and 1834, respectively; Ryan v. Jackson, 11 Tex. 391 (1854), relying on Decree No. 16, art. 24, KIMBALL 15 at 19; Clay's Heirs v. Holbert, 14 Tex. 189 (1855), citing KIMBALL, Decree No. 9 at 70, Instructions art. 70 at 73; Grassmeyer v. Beeson, 13 Tex. 524 (1855), citing KIMBALL, Decree No. 277, art. 98 at 265 on proceeding against absentee defendants repealed by the act of 1840 adopting the common law; Blount v. Webster, 16 Tex. 616 (1856), citing KIMBALL, Decree No. 272 at 247, art. 32 at 251 on land grants in the littoral and border leagues; Williamson v. Simpson's Executors, 16 Tex. 434 (1856), citing KIMBALL, Decrees No. 309 and 318 maintaining Decree No. 16 at 15 of march 24, 1825 to extend its benefits for making grants of land; Gooch v. Scheidler, 20 Tex. 444 (1857), citing KIMBALL, Decree No. 277 at 254, art. 6, at 255, art. 20 at 259, and arts. 41, 42, and 43 at 259 for a sheriff's deed in an execution of a judgment; Mills v. Alexander, citing KIMBALL, Decree No. 277, art. 98 at 265 on a *curator ad hoc* as roughly being the same as a guardian ad litem; Thouvenin v. Rodrigues, 24 Tex. 468, 478 (1859), citing KIMBALL, Decree No. 277, arts. 96-98 at 265 on appointment of a curator for an absent defendant; Williamson v. Texas, 23 Tex. 264 (1859), citing KIMBALL, Decree No. 308 at 296, establishing the Commerical and Agricultural Bank, and Maxey v. O'Connor, 23 Tex. 234 (1859), citing KIMBALL, Decree No. 253 of Feb. 3, 1834 for a grant to the developers (*impresarios*) Power and Hervitson for their expenses. It is also worthy of note that Kimball's book has been referred to in Mexican writing on legal history. *See, for example,* 1 VITO ALESSIO ROBLES, COAHUILA Y TEXAS DESDE LA CONSUMACION DE LA INDEPENDENCIA HASTA EL TRATADO DE PAZ DE GUADALUPE HIDALGO 311, 313, 331, 371, 378-382, 386-391, 418, 445-447, 489-497, 504-507, 523, 526-536 (1945); 2 *Ibid* at 14-16 (1946).

Introduction

a Texas appellate court making a specific reference to Kimball's authority occurred in 1994.⁷¹

In 1960 the Texas Supreme Court's copy of Kimball's *Laws and Decrees* disappeared from its shelf and reappeared in a bookseller's list for $80, a bargain price as compared to two recent listings elsewhere for $135. The volume promptly sold for $80 and in well-worn state is still in use. On offer of repatriation the Chief Justice of the Texas Supreme Court commented that as the court had only infrequent occasions to use it and was thus unaware of its disappearance, its present situation should remain undisturbed.

---

71. Stern v. Texas *ex. rel.* Ansel, 869 S.W. 2d 614, n.2 at 619-620, citing Decree No. 277 (Tex. App. – Houston (14th Dist.) 1994), pet. denied.

LAWS AND DECREES

OF THE

STATE OF COAHUILA AND TEXAS,

IN SPANISH AND ENGLISH.

TO WHICH IS ADDED THE

CONSTITUTION OF SAID STATE:

—ALSO:—

THE COLONIZATION LAW

OF THE

STATE OF TAMAULIPAS,

AND

NATURALIZATION LAW

OF THE GENERAL CONGRESS.

BY ORDER OF THE SECRETARY OF STATE.

TRANSLATED BY J. P. KIMBALL, M. D.

HOUSTON.
TELEGRAPH POWER PRESS.
1839.

LEYES Y DECRETOS

DEL ESTADO DE

COAHUILA Y TEXAS.

DECRETO No. 1º.

El Congreso constituyente del Estado libre independiente y soberano de Coahuila y Texas ha tenido a bien decretar lo que sigue:

1º. Hallarse solemne y legitimamente instalado con arreglo a los decretos relativos a su constitucion, y en aptitud de exercer sus funciones conforme a la constitutiva de la federacion Mejicana, y demas leyes federales emanadas ó que emanaren del soberano congreso general.

2º. El Estado de Coahuila y Texas es parte integrante de la federacíon igual a los demas Estados que la componen, y libre independiente y soberano en lo que exclusivamente toque a su administracion y gobierno interior con arreglo a la acta constitutiva, y a la constitucion de la Republica de los Estados Unidos Mexicanos que deire el mismo congreso general.

3º. El teritorio del Estado es el reconocido por ambas provincias hasta el dia.

4º. El Estado de Coahuila y Texas se compromete solemnemente á obedecer y sostener á toda costa los Supremos Poderes de la federaciou, su union federal con los demas Estados, y la independencia constitutional de todos y cada uno de ellos.

5º. Los Diputados son inviolables por sus opiniones y en ningun tiempo ni caso, ni por ninguna autoridad podrán ser reconvenidos por ellas; y en quanto á sus causas y demandas se observará lo mismo que está prevenido para los Diputados del Congreso general.

6º. Siendo la forma de su gobierno representativa popular y federado y diviendo dividirse aquel para su exercicio en los tres Poderes legislativo, executivo y judicial, reside el primero en el mismo congreso.

7º. El Poder executivo se depositará provisionalmente en una sola persona, que se denominará gobernador del Estado, y será nombrado por el congreso.

8º. Para el mejor desempeño de sus funciones le nombrará el mismo congreso un consejo compuesto de un Vice y otras quatro personas, supliendo aquel las faltas del Governador en caso de vacante, ó que por impedimento fisico ó moral no pueda servir su oficio. Con este consejo consultará el Gobernador siempre que lo estime conveniente, y deverá hacerlo en todos los casos y de la manera que previenen ó prevengan las leyes.

9º. Sus facultades en el Estado serán las ordinarias que la acta constitutiva concede al Supremo Poder executivo en toda la federacion, á excepcion de aquellas que se le reservan exclusivamente en la misma acta.

10º. El Poder judicial reside por ahora en las autoridades, que actualmente lo exercen en el Estado, y en la administracion de justicia, se areglarán á las leyes vigentes en toda lo que no se oponga al sistema de gobierno adoptado.

DECREE No. 1.

The constituent Congress of the State of Coahuila and Texas has thought proper to decree as follows:

1st. Said Congress is solemnly and legally installed in conformity to the decrees relative to its institution, and qualified to exercise its functions agreeably to the constitutive act of the Mexican Confederation, and other federal laws, that have been, or may be hereafter enacted by the general Congress.

2d. The State of Coahuila and Texas is an integral part of the federation, equal to the other States of which the same is composed, and is free, sovereign and independent in whatever exclusively relates to the internal administration and government thereof, agreeably to the constitutive act, and to the constitution of the United Mexican States; which shall be promulgated by the general Congress.

3d. The territory of the State shall be that recognized as both provinces until the present time.

4th. The State of Coahuila and Texas solemnly pledges itself to obey and to sustain at all hazards the supreme federal powers, and its own federal union with the rest of the States, and the constitutional independence of all and each one of the same.

5th. The Deputies shall be inviolable as regards their opinions, and at no time, in no case, and by no authority shall they be called to account for the same, and with respect to the causes or demands against them, the same shall be observed as provided for the Deputies of the general Congress.

6th. As the form of its government is representative, popular, and federal, and, in order to its exercise ought to be divided into the three powers, legislative, executive and judicial, the first is vested in Congress.

7th. The executive power shall be provisionally deposited in one sole person, who shall be styled the Governor of the State, and shall be appointed by Congress.

8th. For the better discharge of his functions Congress shall appoint him a council, composed of a Vice Governor and four other persons, the former supplying any default of the Governor in case of vacancy, or should he be rendered unable to discharge his office by moral or physical impediment. The Governor shall consult with this council on all occasions he shall deem proper, and it shall be his duty to do so in all cases, and in the manner the laws do now or shall hereafter provide.

9th. The ordinary powers granted the Executive of the Union by the constitutive act shall constitute his powers in the State, with the exception of such as are exclusively reserved to the federation in the same act.

10th. The judicial power shall for the present be vested in the authorities, by which it is now exercised in the State, and in the administration of justice they shall be governed by the laws in use, so far as they are not opposed to the form of government adopted.

11º. Se confirman tambien por ahora todos los empleados, autoridades y corporaciones, asi civiles como militares propias del Estado, areglandose en el exercicio de sus funciones á las mismas leyes, y en los mismos terminos que quedan expresados en el articulo anterior.

12º. Por principio universal é incontestable queda establecido que los habitantes del Estado de qualquiera clase y dignidad no podran ser gravados, sino en la proporcion que lo fueren los de los otros Estados de Federacion Mexicana.

Lo tendrá entendido el Governador interino del Estado para su cumplimiento, haciendolo publicar y circular.

Dado en el Saltillo á 15 de Agosto de 1824.

DECRETO No. 2.

El Congreso constituyente del Estado libre independiente y soberano de Coahuila y Texas ha tenido á bien decretar lo que sigue:

1º. Todas las autoridades, corporaciones, y empleados del Estado de qualquiera clase y dignidad que sean, prestaran el juramento de reconocimiento y obediencia al Congreso constituyente del mismo Estado.

2º. Igual juramento se hará por todos los pueblos, por el clero asi secular como regular, y por todos los cuerpos militares del Estado.

3º. La formula, baxo la qual deberá hacerse dicho juramento será la que sigue:—Reconoceis en lo que toca a su govierno interior la soberania é independencia del Estado libre de Coahuila y Texas, representado por su Congreso constituyente, electo con areglo á la acta constitutiva y demas decretos relativos a su institucion? Si, reconosco.— Jurais obedecer y observar las leyes y decretos que de el emanen? Si, juro. Si asi lo haceis Dios os lo premie, y si no sereis responsable al Estado con arreglo a las leyes. En el juramento que se hiciero por las autoridades, despues de la palabra "*observar*" se añadirá "*y hacer observar.*"

4º. El Vice Gobernador y demas miembros del consejo (quando se nombren) prestarán el juramento de reconocimiento y obediencia al Congreso en el salon de sus sesiones el dia que se señale por el mismo congreso verificandolo el primero baxo la formula especial, aprobada al efecto para el y el Gobernador, quien ya lo tiene prestado.

5º. El Ayuntamiento, Gefes de oficina, y el Prelado de la comunidad Religiosa de San Francisco de esta capital lo prestarán ante el Governador del Estado, los foraneos ante el Alcalde 1º constitucional, o quien haga sus veces, y los subalternos de estos ante sus gefes respectivos.

6º. El venerable clero secular del Estado hará el juramento de reconocimiento y obediencia al Congreso en la forma que determinen el Gobernador de la Mitra del Nuevo Leon y R. Obispo de Durango.

11th. All officers, authorities, and corporations, both civil and military, belonging to the State are hereby for the present confirmed, and in the exercise of their functions they shall be governed by the same laws, and in the same terms as specified in the foregoing article.

12th. It is established according to settled and universal principle that the inhabitants of the State, of whatever class or rank they may be, can only be burthened in the same proportion as those of the other States of the Union.

The Governor *ad interim* of the State, for the fulfillment thereof, shall cause the same to be published and circulated.

Given at Saltillo on the 15th of August, 1824.

DECREE No. 2.

The constitvent Congress of the State of Coahuila and Texas has thought proper to decree as follows:

1st. All the authorities, corporations, and officers of the State, of whatever class or rank they may be, shall take the oath to acknowledge and to obey the constituent Congress of the State.

2d. All the towns, the clergy both secular and regular, and all the military corps of the State shall take the same oath.

3d. The said oath shall be administered in the following form, viz: In whatever relates to the internal government thereof, do you recognize the sovereignty and independence of the free State of Coahuila and Texas, represented by its constituent Congress, elected according to the constitutive act, and other decrees relative to the institution thereof?— Yes, I do acknowledge. You solemnly swear to obey and to observe the laws and decrees that shall issue therefrom? Yes, I do swear.— So help you God, and should it not be thus you shall be responsible to the State, according to the laws. In the oath that shall be taken by the authorities, after the word "*observe*" shall be added "*and cause to be observed.*"

4th. The Vice Governor and other members of the council (when appointed) shall take the oath of recognition and obedience to the Congress in the hall of its sessions on the day the said Congress shall appoint. The former shall take the oath after the special form, approved for the effect for himself and the Governor, who has already taken the same.

5th. The Ayuntamiento, the superior officers attached to apartments for public business, and the Prelate of the religious order of San Francisco of this capital, shall take the oath before the Governor of the State; those without the capital before the first constitutional Alcalde, or the person acting in his place, and their subordinates before their respective superiors.

6th. The venerable secular clergy of the State shall take the oath of recognition and obedience to Congress in the form that the Governor of the Mitre of Nuevo Leon, and the Rev'd. Bishop of Durango shall determine.

7º. El Pueblo prestará dicho juramento ante sus respectivos Ayuntamientos en el modo, y dia que estos convengan, quienes los recibirán tambien á los Alcaldes primeros antes de prestar el suyo.

8º. Los Gefes, Oficialidad, y tropa de milicia del Estado prestarán el juramento al frente de sus banderas.

9º. De todos estos actos se remitirán los testimonios correspondientes al Governador del Estado, y este los pasará al Congreso para su conocimiento, y que se archiven, dexando en su secretaria la debida constancia para exigir los que falten.

Lo tendra entendido el Gobernador del Estado para su cumplimiento, haciendolo publicar y circular.

Dado en la villa del Saltillo á 16 de Agosto do 1824.

DECRETO No. 3.

El Congreso constituyente del Estado libre independiente y soberano de Coahuila y Texas ha tenido á bien decretar lo que sigue:

Que por ahora, y hasta tanto se publique la constitucion del Estado para la expedicion y publicacion de los decretos del Congreso se use de las fórmulas siguientes.

"El Congreso constituyente del Estado libre, independiente y soberano de Coahuila y Texas ha tenido á bien decretar lo que sigue:

'Lo tendra entendido el Gobernador interino del Estado para su cumplimiento, haciendolo publicar y circular."

Para la publicacion de decretos: "El Gobernador interino, nombrado por el soberano Congreso de este Estado á todos los que las presentes vieren, sabed; que el mismo Congreso ha decretado lo que sigue —aqui el inserto—' Por tanto mando a todas las autoridades asi civiles como militares y Eclesiasticos del Estado que guarden y hagan guardar, cumplir y executar el presente decreto en todas sus partes.'

Lo tendrá entendido el Gobernador interino del Estado para su cumplimiento, haciendolo publicar y circular.

Dado en el Saltillo á 17 de Agosto de 1824.

DECRETO No. 4.

El Congreso constituyente del Estado libre independiente y soberano de Coahuila y Texas ha tenido á bien decretar:

Habiendose solemnizado ya en esta capital la feliz instalacion del Congreso constituyente del Estado se verificará lo mismo en todas los demas pueblos, cantandose en las Paroquias un solemne *Te Deum* con asistencia de las autoridades en accion de gracias al Todo Poderoso por tan memorable acontecimiento; y se haran rogativas publicas por tres dias en todas las Iglesias del Estado á fin de implorar al divino auxilio para el acierto en las deliberaciones del Congreso.

Lo tendrá entendido el Governador interino del Estado para su cumplimiento, haciendolo publicar y circular.

Dado en la villa del Saltillo á 20 de Agosto de 1824.

7th. The people shall take said oath before their respective ayuntamientos in the manner, and on the day, the latter shall agree; and the same shall also administer the oath to the first Alcaldes previous to taking it themselves.

8th. The chiefs, officers and privates of the militia of the state shall take the oath, with their colors placed in front.

9th. Corresponding attested copies of all these acts shall be forwarded to the governor of the State, who shall transmit the same to congress for its intelligence, and for the purpose of having them entered in the archives, reserving due evidence in his secretary office, in order to exact those that are wanting.

For the fulfilment thereof, the governor of the state shall cause the same to be published and circulated.

Given at Saltillo the 16th of August, 1824.

DECREE No. 3.

The constituent Congress of the State of Coahuila and Texas has thought proper to decree as follows:

That for the present, and until the constitution of the state shall be published for issuing and publishing the decrees of congress, the following forms shall be used:

'The constituent congress of the free, independent and sovereign state of Coahuila and Texas has thought proper to decree as follows:

'For the fulfilment thereof, the governor *ad interim* of the state shall cause the same to be published and circulated.'

For publishing decrees, 'The governor *ad interim*, appointed by the sovereign congress of this state, to all unto whom these presents shall come, know ye: that congress has decreed as follows:' [The decree to be here inserted.] 'I, therefore, command all the authorities of the state, civil, military and ecclesiastical, to observe, and cause to be observed, to fulfill and to execute the present decree in all its parts.'

For the fulfilment thereof, the governor *ad interim* of the state shall cause the same to be published and circulated.

Given at Saltillo on the 17th of August, 1824.

DECREE No. 4.

The Congress of the State of Coahuila and Texas has thought proper to decree as follows:

The happy instalation of the congress of the state having already been celebrated with joy in this capital, the same shall be observed in the rest of the towns, chanting a solemn *Te Deum* in all the Parish churches, attended by the authorities, as an act of gratitude to the Supreme Being for so memorable an event; and public prayer shall be offered for three days in all the churches of the state, imploring divine aid to guide the deliberations of congress.

The governor, for its fulfilment, shall cause the same to be published and circulated.

Given at Saltillo the 20th of August, 1824.

DECRETO No. 5.

El Congreso constituyente del Estado libre, independiente y soberano de Coahuila y Texas, ha tenido á bien decretar lo que sigue:

1º. El tratamiento del Congreso, tanto de palabra como por escrito será impersonal, y se le dará el titulo de Honorable.

2º. El Presidente y los Secretarios tendran tratamiento, el primero de Excellencia, y los segundos de Señoria solo en la correspondencia de oficio.

3º. El Governador tendrá el tratamiento de Excelencia en la correspondencia de oficio.

4º. El Teniente de Governador tendrá el mismo tratamiento, quando haga las veces de Gobernador.

Lo tendrá entendido el Gobernador interino del Estado para su cumplimiento, haciendolo publicar y circular.

Dado en la villa del Saltillo á 21 de Agosto de 1824.

DECRETO No. 6.

El Congreso constituyente del Estado libre, independiente y soberano de Coahuila y Texas, ha tenido á bien decretar lo que sigue:

Las Corporaciones de fuera del lugar, que hallan de felicitar al Congreso, lo haran por escrito y no por comunicaciones.

Lo tendrá entendido el Governador interino del Estado para su cumplimiento, haciendolo publicar y circular.

Dado en la villa del Saltillo á 24 de Agosto en 1824.

DECRETO No. 7.

El Congreso constituyente del Estado libre, independiente y soberano de Coahuila y Texas, usando de las facultades que le conceden el decreto del Congreso general de 13 de Julio ultimo, y cumpliendo con lo demas que en el se previene sobre elecciones de Diputados para el futuro Congreso constitucional, á fin de que se haga la de los que corresponden al Estado, ha tenido á bien decretar lo que sigue:

Artículo 1º. El Estado de Coahuila y Texas nombrará par la camara de representantes del Congreso general un Diputado propietario, y un suplente.

Art. 2º. Las calidades que deberán concurrir en dichos Diputados son los que constan en los articulos constitucionales, comprendidos en el decreto de 13 de Julio del presente año.

Art. 3º. Los Diputados del Congreso constituyente del Estado no podran ser nombrados electores, primarios ni secundarios.

Art. 4º. Para la eleccion de Diputado propietario y suplente se celebrarán juntas primarias, secundarias y de Estado.

Art. 5º. Las juntas primarias se celebrarán en el tercer domingo del inmediato Setiembre, las secundarias en el quarto, y las de Estado, se celebrarán en esta capital en el tercer domingo de Octubre.

DECREE No. 5.

The Congress of the State of Coahuila and Texas has thought proper to decree as follows:

1st. The style of address of Congress, both verbally and in writing, shall be impersonal, and it shall have the title of Honorable.

2d. The style of address of the President shall be that of Excellency; and of the Secretaries, that of Lordship, in official correspondence only.

3d. The Governor's style of address shall be that of Excellency, in official correspondence.

4th. The Lieutenant Governor, when acting as Governor, shall have the same style of address.

The governor of the state *ad interim* shall cause the same to be published and circulated for its fulfilment.

Given at Saltillo the 21st of August, 1824.

DECREE No. 6.

The Congress of the State of Coahuila and Texas has thought proper to decree as follows:

Corporations without the capital, that have to congratulate congress, shall do so in writing, and not through the intervention of a third person.

The Governor of the State *ad interim* shall cause the same to be published and circulated for its fulfilment.

Given in Saltillo the 24th of August, 1824.

DECREE No. 7.

The constituent Congress of the State of Coahuila and Texas, in exercise of the powers granted the same by decree of the general Congress of the 13th of July last, and in compliance with the other provisions therein, relative to the elections of deputies to the future constitutional congress, in order that the election of those corresponding to the State may be made, has thought proper to decree as follows:

ARTICLE 1. For the chamber of representatives of the general Congress, the State of Coahuila and Texas shall appoint one deputy *proprietor*, and one supletory.

ART. 2. Said deputies shall possess the qualifications specified in the articles of the constitution, comprised in the decree of the 13th of June of the current year.

ART. 3. The deputies of the constituent Congress of the State cannot be appointed either primary or secondary electors.

ART. 4. Primary, secondary and State juntas shall be holden for the election of deputy *proprietor* and supletory.

ART. 5. The primary meetings shall be holden on the third, and and the secondary on the fourth Sunday of September next, and those of the State shall be holden in this capital on the third Sunday of October.

ART. 6º. Las primarias seran presididas por el Alcalde primero, ó quien haga sus veces en la respectiva municipalidad, las segundas por el Alcalde primero, ó quien haga sus veces en el pueblo que sea cabeza de partido y la tercera lo será por el Governador del Estado.

ART. 7º. En todo lo demas la celebracion de las juntas se arreglarán á lo que previene la ley de convocatoria de 17 de Junio de 1823, con respecto á la eleccion de Diputados al Congreso general.

ART. 8'. En las juntas de Estado se observará y tendrá presente lo prevenido por el decreto de 4 de este mes.

Lo tendrá entendido el Gobernador interino del Estado para su cumplimiento, haciendolo publicar y circular.

Dado en el Saltillo á 29 de Agosto de 1824.

DECRETO No. 8.

El Congreso constituyente del Estado libre y soberano de Coahuila y Texas ha tenido á bien decretar lo que sigue:

1º. Instalado el Congreso constituyente del Estado conforme a la acta constitutiva han cesado en sus funciones el Gefe Politico y la Diputacion de Texas, asi como lo han verificado las autoridades de igual clase que lo fueron de Coahuila.

2º. Dichas autoridades cesantes dispondrán que sus respectivos archivos se entreguen por formal inventario, el del Gefe Politico al Gobernador del Estado, y el de la Diputacion a los secretarios del Congreso.

Lo tendrá entendido el Gobernador interino del Estado para su cumplimiento, haciendolo publicar y circular.

Saltillo 28 de Agosto de 1824.

DECRETO No. 9.

El Congreso constituyente del Estado libre y soberano de Coahuila y Texas, usando de las facultades que le conceden los articulos 8o. y 9o. del decreto del soberano Congreso general de 4 del corriente y en su cumplimiento y el del 12o. Reglamento que al Supremo Poder executivo acompaña a continuacion del mismo, ha tenido á bien decretar lo que sigue:

1º. Habrá sesion publica el domingo 24 del corriente, en la que se leerá integra la constitucion politica de los Estados Unidos Mexicanos, y el decreto del soberano Congreso general relativo al juramento de su observancia.

2º. Concluida su lectura prestarán el juramento los Diputados en manos del Presidente del Congreso despues que este lo halla verificado en manos de uno de los secretarios; y todos lo haran baxo la formula del articulo 11 de dicho decreto.

3º. En seguida se presentará en el salon de las sesiones el Gobernador del Estado, y prestará el mismo juramento, y concluido este acto se dirigirá a la Iglesia Parroquial, donde se cantará una solemne Misa en accion de gracias con asistencia de las autoridades.

Art. 6. The primary meetings shall be presided over by the first Alcalde, or the person acting in his place, in the respective municipality; the secondary, by the first Alcalde, or the person acting in his stead, in the chief town of the district, and the third junta by the Governor of the State.

Art. 7. In all other respects, the meetings shall be holden according to the provision of the convocation law of the 17th of June, 1823, relative to the election of deputies to the general Congress.

Art. 8. The provision of the decree of the 4th instant shall be borne in mind, and observed in the State juntas.

For its fulfilment, the Governor of the State *ad interim* shall cause it to be published and circulated.

Saltillo, August 28th, 1824.

DECREE No. 8.

The constituent Congress of the State of Coahuila and Texas has thought proper to decree as follows:

1st. The constituent Congress of the State having been installed agreeably to the constitutive act, the political chief, and the deputation of Texas, have ceased in their functions, as has already taken place with respect to the authorities of the same class in Coahuila.

2d. Said authorities, on retiring, shall provide that their respective archives be delivered by a formal inventory, those of the political chief to the Governor of the State, and those of the deputation to the secretaries of Congress.

For the fulfilment thereof, the Governor of the State shall order it to be published and circulated.

Saltillo, August 28th, 1824.

DECREE No. 9.

The Congress of the State of Coahuila and Texas, exercising the powers granted the same by articles 8 and 9 of the decree of the general Congress of the 4th instant, in compliance therewith, also with the 12th regulation, which the supreme executive transmits annexed to the same, has thought proper to decree as follows:

1st. A public session shall be holden on Sunday, the 24th instant, at which the constitution of this Republic shall be read entire, also the decree of the general Congress relative to the oath of observance thereof.

2d. On conclusion of the reading, the President of Congress, after taking the oath administered by one of the secretaries, shall administer the same to the deputies, and it shall be taken by all after the form of article eleven of the decree aforesaid.

3d. The Governor of the State shall then present himself in the hall of sessions, and take the same oath; and on conclusion of this act, the officers shall proceed to the parish church, where a solemn mass shall be said as an act of gratitude, and the authorities shall be present-

4º. Estas y las demas corporaciones y empleados del Estado, de qualquiera clase y dignidad que sean jurarán la observancia de la constitucion federal de los Estados Unidos Mexicanos, baxo la formula dicha y en los terminos siguientes.

5º. El Ayuntamiento, la autoridad Ecclesiastica, los gefes de oficina y el Prelado de la comunidad Religiosa de San Francisco de esta capital, lo harán ante el Gobernador del Estado. Los foreneos ante el Presidente del Ayuntamiento constitucional, y los subditos y subalternos de estos ante sus superiores y gefes respectivos. Los Ecclesiasticos existentes en la capital lo verificarán ante el Cura Parroco' y los religiosos ante su Prelado.

6º. Los Presidentes de los Ayuntamientos de los demas lugares del territorio del Estado prestarán el juramento ante dichas corporaciones, las quales y la de la capital, lo recivirán al pueblo en la forma acostumbrada.

7º. Los gefes, oficialidad, y tropa de la milicia del Estado jurarán al frente de sus banderas.

8º. Los testimonios y certificados prevenidos en el articulo 13 del decreto del soberano Congreso general, y que por el articulo 16 del reglamento del supremo Poder executivo se manda que se dirijan por duplicado al Ministerio de Relaciones, se remitirán por triplicado al Governador, a fin de que queden en su archivo la debida constancia, de que dará noticia al Congreso del Estado.

Lo tendrá entendido el Governador interino del Estado para su ....miento, haciendolo publicar y circular.

Dado en el Saltillo á 21 de Octubre de 1824.

DECRETO No. 10.

El Congreso constituyente del Estado libre, independiente y soberano de Coahuila y Texas, ha tenido á bien decretar lo que sigue:

1º. Que en la funcion de Iglesia del dia de mañana, y en otras á que asista de etiqueta el Gobernador del Estado, se le recivirá con las solemnidades que prescribe el Ritual Romano y leyes de Indias para recivir á los Patronos.

2º. Que siendo la asistencia del Governador el dia de mañana en la Iglesia Parroquial la primera entrada en ella de ceremonía, en su recivimiento se observarán las solemnidades que para este caso estan prevenidas por el ritual y dichas leyes.

Lo tendrá entendido el Gobernador interino del Estado para su cumplimiento, haciendolo publicar y circular.

Dado en la villa del Saltillo á 23 de Octubre de 1824.

DECRETO No. 11.

El Congreso constituyente del Estado libre, independiente y soberano de Coahuila y Texas, ha tenido á bien decretar lo que sigue:

1º. El Governador por un calculo aproximado graduará la cantidad de papel sellado que sea necesaria, segun sus clases, para el consumo del Estado en lo que falta del presente año y toda el de 1825, y

4th. These, and the other corporations, and officers of the State, of whatever class or rank, shall swear to observe the federal constitution of the Mexican Republic after the form aforesaid, and in the following terms:

5th. The Ayuntamiento, ecclesiastical authority, superiors attached to establishments for public business, and the prelate of the religious order of San Francisco of this capital, shall take the oath before the Governor of the State. Those elsewhere before the president of the constitutional Ayuntamiento, and their subordinates, before their respective superiors. Ecclesiastics present, in the capital, shall take the oath before the curate, and those of the religious order before their prelate.

6th. Presidents of Ayuntamientos, in other parts of the State, shall take the oath before said corporations, which, as also that of the capital, shall administer it to the people after the customary form.

7th. The chiefs, officers and privates of the militia of the State shall take the oath with their colors placed in front.

8th. The attested copies and certificates provided in the 13th article of the decree of the general Congress, and ordered by the 12th article of regulations of the supreme executive to be forwarded by duplicate to the department of relations, shall be transmitted by triplicate to the Governor, that due evidence may remain in his archives, whereof he shall give notice to Congress.

For its fulfilment, the Governor of the State *ad interim* shall cause it to be published and circulated.

Given at Saltillo, October 21st, 1824.

DECREE No. 10.

The constituent Congress of the State of Coahuila and Texas has thought proper to decree as follows:

1st. That at the church festival on the morrow, and others which the Governor of the State shall attend from etiquette; he shall be received with the solemnities prescribed by the Roman Ritual and laws of the Indies for receiving patrons.

2d. That the attendance of the Governor in the parish church on the morrow, being the first entrance therein from ceremony, the solemnities provided for these occasions by the ritual and said laws, shall be observed in his reception.

For its fulfilment, the Governor *ad interim* of the State shall cause it to be published and circulated.

Given in Saltillo on the 23d of October, 1824.

DECREE No. 11.

The Congress of the State of Coahuila and Texas has thought proper to decree the following:

1st. The Governor shall estimate, as nearly as practicable, the quantity of stamped paper of the different kinds required for the consumption of the State for the rest of the year, and for the whole of 1825,

conforme a la orden del Gobierno de la Union, expedido por el ministerio de hacienda con fecha 2 de Noviembre lo pidirá a las oficinas donde existe, y por disposicion anterior del mismo Gobierno se habia mandado retener.

2º. Su recivo se verificará con la divida cuenta y razon, y baxo el requisito que prescribe la citada orden de 2 del referido mes.

3º. En consequencia dispondrá el Gobernador que para su habilitacion por el Estado se abrá un sello que lleve esta incripcion:—Habilitado por el Estado de Coahuila y Texas para el Bienio de 1824 y 1825.

4º. Esta operacion la practicarán por ahora los Administradores de Tabaccos de esta capital, y la ciudad de Monclova, en ahorro de gastos, y para el mas facil surtimiento del ramo en todos los pueblos del Estado, continuando su administracion y espendio a cargo de los mismos Administradores y demas de su clase y baxo la inspeccion inmediata del Gobierno, observandose en todo lo demas la ley de 6 de Octubre de 1823, sobre papel sellado en lo que sea adaptable al Estado.

5º. Siendo la renta de papel sellado una de las que corresponden al Estado, des de 1 del corriente el Gobernador hará entender a los empleados de las oficinas en que se ha remitido su existencia que los productos de su venta desde dicho dia hasta que se expenda habilitado por el mismo Estado, pertenecen a este, al mismo tiempo llevaran razon exacta de sus valores por la devida constancia del ingreso de este ramo al erario del Estado.

6º. Como quiera que entre las clases de papel sellado qui existe en esta capital se save no haber de la del sello 4o de oficio dispondrá el Gobierno que para el uso que de este previene la citada ley de la materia, se forme otro sello que llevará el rubro *De Oficio*, y se estampará en la parte que sea necesaria para este objeto del papel del sello 4o, habilitado por el Estado.

7º. Deviendo cuidar el Gobierno de recoger los sellos, concluido que sea la habilitacion del papel, si aconteciere que falte alguna de sus clases en el bienio de su circulacion, los Administradores encargados habilitaran el que se necesite con intervencion del Alcalde 1o. ó el que haga sus veces en el lugar, y los pidiran para este objeto, dando cuenta al Gobierno el Administrador de Monclova de la cantidad que huviere habilitado supletoriamente entre tanto se le remiten aquellos.

8º. Mientras se habre un nuevo sello para libranzas y recívos con la expresion y requisitos que previene el capitulo 1o. de la citada ley del Congreso general, lo que cuidará el el Govierno se execute a la brevedad posible, se pidirá por este a la Administracion de Monclova la cantidad que de aquella especie sea necesario para su expendio en la de esta capital y Parras.

and agreeably to the order of the national executive, issued by the Treasury Department, bearing date the 2d of November, he shall demand it of the officers where it is on hand, and where, by previous direction of the said executive, it was ordered to be retained.

2d. The same shall be received with the proper specified account, and agreeably to the requisition prescribed in the aforesaid order of the 2d of November.

3d. In pursuance thereof, that the same be legalized by the State, the Governor shall order a seal engraved, bearing the following inscription: *Legalized by the State of Coahuila and Texas for the two years term of* 1824 *and* 1825.

4th. For the sake of economy, and that all the towns of the State may be more readily supplied with the article, the agents of the tobacco establishments of this capital, and the city of Monclova, shall transact this business for the present; said agents, and others of the same class, remaining in charge of the direction and issue thereof, under the immediate inspection of Government; in all other respects, the law of the 6th of October, 1823, relative to stamped paper, shall be observed so far as it is applicable to the State.

5th. The revenue arising from stamped paper being one of the rents corresponding to the State, the Governor shall, from the 1st instant, apprize the agents employed in the offices to which the quantity on hand is remitted, that from the date aforesaid until its issue, legalized by the State, the proceeds of the sale thereof belong to the State; at the same time they shall keep an exact account of the value of the same, to shew what this branch produces to the State revenue.

6th. Notwithstanding there is known to be no official paper of the 4th stamp among the various kinds in this capital, for such use as the abovementioned law on the subject provides for that of this description, the Governor shall direct another stamp to be made, bearing the rubric *official*, to be impressed upon paper of the 4th stamp, on the part required.

7th. It being the duty of the Governor to attend to collecting the seals on completing the legalization of the paper, should there happen to be a deficiency in any of the different kinds, during the two years term of the issue thereof, the agents entrusted, with the concurrence of the first Alcalde, or the person officiating in his place in the town, shall legalize the quantity required, and they shall solicit the same for this object: the agent of Monclova shall give notice of the quantity he shall have legalized to supply any deficiency, until he can be furnished therewith.

8th. Until a new seal shall be engraved for drafts and receipts with the inscription and requisites provided in the 1st section of the aforesaid law of the general Congress, which the executive shall order to be executed as soon as posssible, the latter shall demand of the agency of Monclova the quantity of that description required for supplying this capital and Parras.

Lo tendrá entendido el Governador interino del Estado para su cumplimiento, haciendolo publicar y circular.

Dado en la villa del Saltillo á 2 de Octubre de 1824.

DECRETO No. 12.

El Congreso constituyente del Estado libre, independiente y soberano de Coahuila y Texas, en vista del oficio del Gobierno, en que transcribe la consulta del Presidente del Ayuntamiento de Monclova sobre la renovacion de oficios en las proximas elecciones, ha tenido á bien decretar lo que sigue:

1º. Que siendo conveniente y beneficioso á los pueblos del Estado que entre su Gobierno y vecindario halla aquella proporcion que es compatible con el buen orden y la mejor administracion sus Ayuntamientos en quanto al numero de sus Regidores y sindicos se arreglarán al articulo 4 de la ley de 23 de Mayo de 1812, quedando sin efecto lo prevenido en el siguiente articulo de la misma; mas en quanto al modo y forma de su renovacion se estará a la practica observada conforme á la constitucion y leyes Españolas anteriores al decreto del soberano Congreso general de 27 de Noviembre del año proximo pasado, a excepcion de Monclova y Bexar, en que por haver sido capitales saldran tantos individuos de los mas antiguos quantos sean necesarios para reducir los que queden a la mitad de los que han de componer el Ayuntamiento entrante.

2º. Que este decreto se circule immediatamente por el Gobierno á todos los pueblos del Estado para que se arreglen á el en las proximas elecciones los que no lo huvieren ya verificado al tiempo de su recivo.

Lo tendrá entendido el Governador interino del Estado para su cumplimiento, haciendolo publicar y circular.

Dado en la villa de Saltillo á 14 de Diciembre de 1824.

DECRETO No. 13.

El Congreso constituyente del Estado libre, independiente y soberano de Coahuila y Texas, ha tenido á bien decretar lo que sigue:

ARTICULO 1º. En la parte de este Estado que baxo la denominacion de Provincia de Texas era conocida, se establecerá provisionalmente una autoridad politica con el nombre de *Gefe de Departamento de Texas.*

ART. 2º. Residirá en este Gefe con la subordinacion correspondiente al Governador del Estado, el gobierno politico del Departamento; de consiguiente estará a su cargo cuidar de la tranquilidad publica; del buen orden, de la seguridad de las personas y bienes de sus habitantes, de la execucion de las leyes y ordenes del gobierno, y en general de todo lo que pertenece al orden publico y prosperidad del Departamento; y asi como será responsable de los abusos de su autoridad devera ser tambien puntualmente respetado y obedecido de todos. No solo

For its fulfilment, the Governor of the State *ad interim* shall cause the same to be printed and circulated.

Given in Saltillo the 2d of October, 1824.

DECREE No. 12.

The Congress of the State of Coahuila and Texas, in view of the official communication from the executive, wherein is copied the question proposed by the President of the Ayuntamiento of Monclova, relative to the change of offices on the ensuing election, has thought proper to decree as follows:

1st. As it is proper and beneficial to the towns of the State that, between the government and the inhabitants thereof, there should be such proportionality as is compatible with good order, and a more successful administration, the Ayuntamientos, as regards the number of their REGIDORES and SINDICOS, shall conform to art. 4, of the law of the 23d of May, 1812, and the provision of the article following of said law, shall be without effect—and in respect to the manner and form of their renewal, the same shall be effected according to the practice observed agreeably to the constitution and Spanish laws prior to the decree of the general Congress of the 27th of November, of the year last past, with the exception of Monclova and Bexar, where, on account of their having been capital towns, so many individuals, of those who have been longest in office, shall retire as to reduce the number left to one half of that which is to compose the Ayuntamiento ensuing.

2d. This decree shall be immediately circulated by the executive to all the towns of the State, in order that those which shall not have done so at the time of receiving it, shall conform to the same at the ensuing election.

For the fulfilment thereof, the Governor of the State *ad interim* shall cause it to be published and circulated.

Given in Saltillo on the 14th of December, 1824.

DECREE No. 13.

The Congress of the State of Coahuila and Texas has thought proper to decree as follows:

ARTICLE 1. In that part of this State formerly known as the Province of Texas, a political authority shall be provisionally established, styled "Chief of Department of Texas."

ART. 2. The political government of the department shall be vested in the said chief, who shall be under proper subordination to the Governor of the State; pursuant thereto, it shall belong to his trust to watch over the public tranquility, good order, the security of the persons and property of the inhabitants thereof, to see to the execution of the laws and orders of the government, and generally to attend carefully to all that pertains to the public order and prosperity of the department. As he shall be responsible for abuse of his authority, so shall he be by all persons promptly respected and obeyed. He shall

podrá executar guvernativamente las penas impuestas por las leyes de policia y bandos de buen govierno, sino que tendrá facultad para imponer y exigir multas desde uno hasta cien pesos á los que le desobedecen á le falten al respecto, y a los que turben el orden y sosiego publico.

Art. 3º. Podrá tambien por los mismos casos imponer correccionalmente hasta quince dias de obras publicas, o un mes de arresto con arreglo á las circumstancias a los individuos incapaces de reportar multas.

Art. 4º. En los casos de exigir el bien publico, ó la seguridad del Departamento, el arresto de alguna persona, podrá expedir ordenes al efecto pero con la precisa calidad de que dentro de las quarenta y ocho horas de berá ponerlo á disposicion del tribunal ó Juez competente.

Art. 5º. Estará a sus ordenes la milicia local del Departamento y cuidara de su organizacion y arreglo conforme a las leyes.

Art. 6º. Podrá requirir del comandante militar el auxilio que necesite para conservar y restaurar la tranquilidad de los poblaciones y la seguridad de los caminas.

Art. 7º. Cuidará de visar y expedir por si ó sus subalternos con arreglo a las leyes los pasaportes de todas las personas que entren ó salgan por el Departamento ó pais estrangero.

Art. 8º. Atenderá con actividad y eficacia á quanto condusca a la seguridad de la costa avisando inmediatamente al Gobierno de quanto en esta parte ocurra, que meresca su atencion; sin dexar de tomar al pronto por si, ó sus subalternos las providencias que estime necesarias para el resguardo de aquellas.

Art. 9º. Cuidará de que en su Departamento ningun individuo se apropie terreno alguno; y respecto á los que lo hayan hecho informará circumstancialmente al Gobierno para las providencias que este juzgue necesarias.

Art. 10º. Formará a la mayor posible brevedad el senso y estadistica de su departamento y lo remiterá al Govierno.

Art. 11º. La residencia ordinaria del Gefe del Departamento será en la ciudad de Bexas, a menos que circumstancias imperiosas exigan su personalidad en otros puntos del distrito de su mando.

Art. 12º. Presidirá dicho Gefe las juntas populares que conforme a las leyes requieran la asistancia de la autoridad politica superior. Tambien presidira el Ayuntamiento del lugar de su residencia, y quando por qualquiera razon se hayare en otro pueblo del Departamento, podrá presidir si lo juzgue conveniente el Ayuntamiento de aquel, pero sin tener voto en ellos, sino el decisisivo en caso de empate.

not only have power to inflict, in his administrative capacity, the penalties imposed by the police laws and edicts for good government, but he shall also be authorized to impose and to exact fines of from one to one hundred dollars on those who do not obey and respect him, and of those who disturb the public order and tranquility.

ART. 3. In the cases aforesaid, he shall also have power to impose a correctional penalty of fifteen days in public works, or one month's arrest, according to circumstances, on persons incapable of meeting the fine.

ART. 4. In cases where the public good and safety of the department require the arrest of any person, he shall have power to issue orders to that effect, but upon the express terms, that within forty-eight hours he shall place the said person at the disposal of a competent tribunal or judge.

ART. 5. The local militia of the department shall be subject to his orders, and he shall attend to the organization and regulation thereof in conformity to the laws.

ART. 6. He can require of the military commandant such aid as he shall need, to preserve and to restore the tranquillity of the towns, and safety upon the roads.

ART. 7. He shall be careful to examine and to issue, either of himself or by his subordinates, according to the laws, the passports of all persons coming to or going from the department, including those arriving from or going to a foreign country.

ART. 8. He shall attend actively and efficiently to every thing that shall contribute to the safety of the coast, and give prompt notice to the government of whatever shall occur in that section deserving its attention, without failing to take provisionally, either of himself or by his subordinates, such precautions as he shall think necessary for its safety.

ART. 9. He shall take care, that in his department no individual shall appropriate to himself any land; and, with respect to those who have done so, he shall give circumstantial information thereof to government, that the same may take such measures as it shall deem necessary.

ART. 10. He shall form the census and a statistical account of his department, at as early a period as possible, and forward the same to the government.

ART. 11. The ordinary residence of the chief of the department shall be at the city of Bexar, unless imperious circumstances shall require his presence in other parts of the district under his command.

ART. 12. Said chief shall preside over the popular juntas, which, agreeably to the laws, require the attendance of the superior political authority. He shall also preside over the Ayuntamiento of the place where he resides; and when, from any cause, he shall be in another town of the Department, he shall have power to preside at the Ayuntamiento thereof, should he judge proper, but without having a vote in either, except the casting vote in case of a tie.

Art. 13º. Presidirá todas las funciones publicas á que deba asistir segun la ley; y tendrá solo de oficio el tratamiento de señoria.

Art. 14º. Cuidará que todos los Ayuntamientos de su comprension disempeñen las obligaciones y ordenes vigentes, o que rigan en lo de adelante.

Art. 15º. Será el unico conducto de comunicacion entre los Ayuntamientos y el govierno, excepto los casos en que se versen quexas contra el mismo Gefe, en los que podrán dirigirse directamente al Gobierno; cuidará a demas de circular por todo su Departamento los leyes y decretos que por esto se le comuniquen, haciendo que tengan su puntual observancia.

Art. 16º. Podrá suspender con causa justificada á alguno o algunos de los miembros de los Ayuntamientos de su Departamento quando falten al cumplimiento de sus deberes en lo economico y gubernativo dando cuenta immediatamente al govierno con el expediente respectivo.

Art. 17º. Corresponde al Gefe del Departamento conocer en los recursos, o dudas que ocurran sobre decisiones de oficios de los Ayuntamientos, los que decisiones gubernativamente y por via instructiva sin pleyto ni contienda judicial conforme a las dispociones vigentes.

Art. 18º. Toda providencia gubernativa sobre quexas, dudas, ó reclamaciones de los pueblos y particulares se expidiran gratis en el Departamento.

Art. 19º. Dara parte al Gobierno de los abusos que note en la administracion de Justicia, y en la de las rentas publicas de aquel Departamento.

Art. 20º. Lo dará asi mismo al Congreso por conducto del Governador del Estado con datos justificativos de las infracciones de constitucion que advierta en su Departamento.

Art. 21º. No se mesclará en ningun asunto contencioso, ni exercer el officio de conciliador.

Art. 22º. El expresado Gefe tendrá un secretario nombrado por el mismo con la aprobacion del Governador, a cuya propuesta el Congreso determinará el sueldo que dicho empleado deba tener, como tambien los gastos de secretaria.

Art. 23º. El Gobernador del Estado con conocimiento del Hon. Congreso nombrara el Gefe de Departamento, y propondrá el sueldo que deva señalarsele.

Art 24º. Para el mejor desempeño de sus atribuciones podrá el referido Gefe servirse de sus subalternos; pero si ademas estimare necesario de auxilio de otro individuo por lo dilatado de su Departamento, y diversos puntos de su atencion informará al Governador lo que le paresca en el particular, y este lo hara al Congreso para que provea lo conveniente.

ART. 13. He shall preside at all the public festivals which the law requires him to attend, and officially only: the style of his address shall be that of Lordship.

ART. 14. He shall see that all the Ayuntamientos in the department discharge the obligations and trusts imposed upon them by the laws that are now, or shall be hereafter in force.

ART. 15. He shall be the sole channel of communication between the Ayuntamientos and the government, except in cases of complaint against himself, on the part of the Ayuntamientos, which can be made directly to the government. Moreover, he shall take care to circulate in all the departments the laws and decrees communicated to him by the executive, causing the same to be strictly observed.

ART. 16. Should any one, or more, of the members of the Ayuntamientos of his department fail to comply with their official or administrative duties, on having a justifiable cause, he shall have power to suspend the same, giving immediate notice thereof to the executive, with the respective record.

ART. 17. It shall be the duty of the chief of the department to take cognizance in applications and doubts that occur, with regard to determining upon official letters of the Ayuntamientos, which he shall decide executively, in an instructive manner, without a judicial contest or debate, according to the existing arrangements.

ART. 18. All administrative records, relative to complaints, doubts, or remonstrances, of the towns and individuals, shall be issued gratis in the department.

ART. 19. He shall inform the executive of the abuses he may observe in the administration of justice, and in that of the public rents of that department.

ART. 20. He shall also, through the medium of the Governor of the State, give notice to Congress, with the data to support the charge, of the infringements of the constitution he may observe in his department.

ART. 21. He shall not interfere in any subject of litigation, nor officiate as conciliator.

ART. 22. Said chief shall have a secretary, appointed by himself, and approved by the Governor, on whose proposal Congress shall determine the salary the said officer shall receive, and also the expense of the secretary's office.

ART. 23. The Governor of the State, with the knowledge of Congress, shall appoint the chief of department, and shall propose the salary that ought to be assigned the same.

ART. 24. The aforesaid chief, for the better discharge of his attributes, shall have power to employ his subordinates, and should he moreover think it necessary to have the assistance of another person, on account of the extent of his department, and the various places requiring his attention, he shall inform the Governor of his views on the subject, who shall communicate the same to Congress, that the latter may provide as shall be proper.

Art. 25º. En el caso de imposibilidad repentina ó inhabilidad temporal del Gefe de Departamento, hara sus veces el Alcalde pasado de la Cabezera mientras el Gobierno provee lo conveniente.

Lo tendrá entendido el Gobernador interino del Estado para su cumplimiento, haciendolo publicar y circular.

Dado en la villa del Saltillo á 1 de Febrero de 1825.

DECRETO No. 14.

El Congreso constituyente del Estado libre, independiente y soberano de Coahuila y Texas, usando de las facultades concedidas a los Estados por el Congreso general constituyente de la Federacion en decreto de 22 de Diciembre ultimo, ha tenido á bien decretar lo que sigue:

Se establece por ahora solo en la Aduana de esta capital y su Receptoria de Parras el 3 por ciento al derecho de consumo á los efectos estrangeros sobre los aforos hechos en las Aduanas maritimas al tiempo de su introduccion.

Lo tendrá entendido el Gobernador interino del Estado para su cumplimiento, haciendolo publicar y circular.

Dado en la villa del Saltillo á 15 de Febrero de 1825.

DECRETO No. 15.

El Congreso constituyente del Estado libre, independiente y soberano de Coahuila y Texas, ha tenido á bien decretar lo que sigue:

Articulo 1º. El Gobierno dispondrá inmediatamente que se cumplan en las diversas partes que corresponde, y en que aun no han tenido toda su debido efecto el decreto del soberano Congreso general de 9 de Febrero del año proximo pasado, las prevenciones del supremo poder Executivo de 12 del mismo mes, y el reglamento de 8 de Diciembre ultimo relativo al nuevo arreglo y sistema de la renta del Tabaco.

Art. 2º. Si en la capital del mismo Estado no hubiere peritos, que puedan hacer la correspondiente calificacion de los Tobaccos, cuyo importe, segun su clase ha de abonarse a los tenedores, dispondrá el gobierno que de los que resultaren utiles y de consumo asi en rama como labrados por el reconocimiento que se haga de ellos por este solo efecto en los diversos puntos de su manifestacion tan luego como se recivan en la misma capital, se remita a la fabrica de Mexico la parte que sea necesaria para que alli se practique la operacion indicada, tomando las medidas conducentes que eviten gastos inutiles de flete.

Art. 3º. El Gobierno instruido que sea de la clasificacion que se halla hecho de los Tabacos cuidará de que el pago de su importe se verifique puntualmente dentro del termino prudencial que gradue compatible con las diferentes atenciones de la renta.

Art. 4º. Desde la publicacion de esta ley en la cabezera de los respectivos partidos queda prohibida la venta y consumo del Tabaco en rama y manufacturado en consequencia solo el Estado podrá espender-

ART. 25. In case of sudden impossibility, or temporary inability on the part of the chief of department, the ex-Alcalde of the principal town shall officiate in his place until the executive provides as shall be expedient.

For the fulfilment thereof, the Governor *ad interim* of the state shall cause the same to be published and circulated.

Given at Saltillo the 1st of February, 1825.

DECREE No. 14.

The Congress of the State of Coahuila and Texas, exercising the powers granted the States by the general Congress, in the decree of the 22d of December last, has thought proper to decree as follows:

A three per cent. duty of consumption shall, for the present, be established in the custom house of this capital, and the receiver's office of Parras only, upon foreign effects, upon the invoices made in the maritime custom houses at the time of the introduction thereof.

The Governor *ad interim* of the State, for the fulfillment thereof, shall cause the same to be published and circulated.

Given at Saltillo on the 15th of February, 1824.

DECREE No. 15.

The Congress of the State of Coahuila and Texas has thought proper to decree as follows:

ARTICLE 1. In the different places to which it belongs, and where the same have not yet had their due and entire effect, the executive shall order the immediate fulfilment of the decree of the general Congress of the 9th of February, of the year last past, the provisions of the supreme executive of the 12th of the same month, and the regulations of the 8th of December last, relative to the new project and arrangement of the tobacco income.

ART. 2. Should there be no judges in this capital capable of duly attesting and classifying the various kinds of tobacco, the value of which has to be paid to the holders thereof, according to its class, the executive shall order that of the tobacco, which, on examination thereof for this sole object in the places where it is found to exist, shall prove to be profitable and fit for consumption, both crude and manufactured, the necessary quantity shall be forwarded to the manufactory of Mexico, that the same may be duly attested and classified, taking measures to prevent the transportation thereof being attended with unnecessary expense.

ART. 3. The executive, after being informed of the classification of the different kinds of tobacco, shall take care that the value thereof be punctually paid within such prudential term as he shall compute to be consistent with the different attentions of that branch of the revenue.

ART. 4. After the publication of this law in the chief towns of the districts, the sale and consumption of tobacco, crude and manufactured, shall be prohibited; in pursuance thereof the State alone can

lo en lo sucesivo y proveer al consumo de los pueblos del mismo con cuyo objeto se establecerá en esta capital á la mayor brevedad una fabrica de puros y cigarros con los empleados que sean absolutamente necesarios, cuyo numero clase y sueldos que hallan de gozar lo propondrá el Gobierno y formará el reglamento correspondiente dando cuenta con todo al Congreso para su aprobacion.

Art. 5º. Al fin de que se ponga en corriente la fabrica, y que se anime y fomente la renta contratará el Govierno un prestamo en la cantidad que estime necesaria baxo las condiciones y bases que sean mas convenientes haciendo á los contratistas proposiciones justas y posibles de cumplirse religiosamente, y admitiendoles tambien las que en los mismos terminos hagan; para toda lo qual queda suficientemente autorizado.

Art. 6º. Se le faculta tambien del mismo modo para que interin se aprueva el reglamento, de que habla el articulo 4 cuide de la economia y buen manejo de la fabrica, tomando todas las medidas que juzgue oportunas, y le dicte la prudencia a fin de que las compras de papel se hagan á los precios mas comodos, pero siendo estos en la actualidad muy subidos se rebaxarán dos cigarros de cada caxilla para subvenir a la carestia que se experimenta de este articulo; que dando prohibido en lo absoluto que en los lugares de sus expendio se haga alguna otra exaccion fuera de la indicada baxo ningun pretesto ni motivo.

Art. 7º. Por lo respecto á la organizacion de la renta ya se dispondrá lo canveniente en el plan sobre arreglo provisional de todas las del Estado, que se decretará por otra ley.

Lo tendrá entendido el Gobernador interino del Estado para su cumplimiento, haciendolo publicar y circular.

Dado en la villa del Saltillo á 19 de Febrero de 1925.

DECRETO No. 16.

El Congreso constituyente del Estado libre, independiente y soberano de Coahuila y Texas, deseando que por todos los medios posibles se logre el aumento de la poblacion de su territorio, el cultivo de sus fertiles terrenos, la cria y multiplicacion de los ganados, y el progreso de las artes y el comercio, arreglandose en todo á la acta constitwva, á la constitucion federal y á las bases establecidas en el soberano Decreto No. 72 del Congreso general, ha tenido á bien decretar la siguiente

LEY DE COLONIZACION.

Articulo 1º. Todos los estrangeros, que en virtud de la ley general de 18 de Agosto de 1824, por que se les concede seguridad para sus personas y propiedades en la Nacion Mexicana, quisieren pasarse á qualquera de las poblaciones del Estado de Coahuila y Texas, pueden hacerlo, y el mismo Estado los convida y llama.

Art. 2º. Los que asi lo verificaren, lejos de ser incomodados seran admitidos por las autoridades locales de dichas poblaciones, quienes les permitirán se ocupen con toda libertad en el exercicio honesto que

hereafter expend and provide for the consumption thereof in the towns of the same, for which purpose a cigar manufactory shall be established in this capital, as soon as possible, for paper cigars and other kinds, with such officers as are absolutely necessary. The executive shall propose the number and class of the same, their salaries, shall frame suitable regulations; of all which he shall give notice to Congress for approval.

ART. 5. To put the manufactory in operation, and to give life and activity to the income, the executive shall contract a loan of the amount he shall deem necessary, on the most suitable basis and conditions; making to the contractor such proposals as are just, and capable of being punctually fulfilled, likewise admitting proposals of the same kind; for all which he shall have sufficient power.

ART. 6. During the interval, until the regulations specified in art. 4 are approved, he shall be likewise duly authorized to protect the financial concerns, and faithful management of the manufactory, taking all such measures as he shall deem seasonable and prudent, to have the purchases of paper made at the most reasonable prices; but as this article is very dear at present, to compensate for the high price thereof, two cigars shall be deducted from each bunch, and in the places where the cigars are sold, it shall be expressly prohibited to exact any other tax from any cause, and on any pretence whatever.

ART. 7. As regards the organization of this rent, proper provision shall shortly be made in the plan for the provisional regulation of all the State rents, to be decreed by another law.

For the fulfilment thereof, the governor of the state *ad interim* shall cause the same to be published and circulated.

Given in Saltillo on the 19th of February, 1825.

DECREE No. 16.

The constituted Congress of the State of Coahuila and Texas, dersiring by every possible means to augment the settlement of its territory, to advance the raising and increase of stock, and the progress of the arts and commerce, in conformity to the constitutive act, the constitution of the Republic, and the basis established by decree No. 72, of the general Congress, has thought proper to decree the following,

COLONIZATION LAW:

ARTICLE 1. All foreigners who, in virtue of the general law of the 18th of August, 1824, which guarantees the security of their persons and property in this Republic, shall wish to emigrate to any of the settlements of the State of Coahuila and Texas, are permitted to do so; and the said State invites and calls them.

ART. 2. Those who shall thus emigrate, far from being molested, shall be admitted by the local authorities of said settlements, and permitted by the same freely to engage in any honest pursuit, provided

mas les acomode, con tal que respecten las leyes generales de la Nacion y las particulares del Estado.

Art. 3º. El estrangero que estando ya en el territorio de Coahuila y Texas resolviere a vecindarse en el, lo declarará asi ante el Ayuntamiento del pueblo que eliga para su vecindad; el Ayuntamiento en tal caso le recivirá juramento que ha de hacer de guardar y cumplir las constituciones federal y del Estado, y observar la religion que en la primera se previene, alistará en un libro registro de estrangeros, que criará al efecto, su nombre y el de su familia si la tuviere con razon de su procedencia, edad, estado, oficio, y la de haver prestado el juramento prevenido, reputandolo desde entonces y no antes por vecino.

Art. 4º. Desde el dia en que qualquier estrangero quede avecindado conforme al articulo anterior, es libre para denunciar qualquier terreno valdio, y la autoridad politica respectiva con la obligacion de pasar al gobierno el expediente que se formare para su aprobacion, si lo considerare como a todo natural del pais, areglandose á las leyes vigentes de la materia.

Art. 5º. Los estrangeros de qualquera nacion, y los naturales de los Estados Unidos Mexicanos podrán proyectar la formacion de nuevas poblaciones en terrenos enteramente valdios, y aun de propiedad particular en el caso del artículo 35, pero los nuevos pobladores que se presenten para ser admitidos habrán de acreditar con certificacion de las autoridades de su procedencia su cristiandad, moralidad y buenas costumbres.

Art. 6º. Los estrangeros que vinieren á tiempo que el soberano Congreso general halla prohibida su entrada á colonizar como pueda hacerlo del año de quarenta en adelante ó antes respecto de los de alguna nacion, ya no serán admitidos, y los que ocuriesen en tiempo util siempre habrán de sugetarse á las medidas de precaucion en seguridad de la federacion que el supremo gobierno sin perjudicar el objeto de esta ley puede adoptar con respecto á ellos.

Art. 7º. El Gobierno cuidará de que en los veinte leguas limitrofes con los Estados Unidos del Norte y diez litorales sobre la costa del seno Mexicano en la demarcacion del Estado no se hagan otros establecimientos que los que merecieren la aprobacion del supremo de la Union, á cuyo efecto le pasará informadas quantas solicitudes se hagan en el particular, ya sean Mexicanos ó estrangeros sus autores.

Art. 8º. Los proyectos de nueva poblacion en que una ó mas personas ofrescan conducir a sus expensas de cien familias para arriba presentarán al gobierno, quien hallandoles conforme á esta ley admitirá y señalará luego á los capitulantes el terreno en que han de situarse y el termino de seis años para dentro de el presenten el numero de familias por que capitularón pena de perder los derechos y gracias ofrecidas á su favor en proporcion de las familias que dexáren de introducir, y

they respect the general laws of the Republic, and the laws of the State.

ART. 3. Any foreigner, already arrived in the State of Coahuila and Texas, who shall resolve to establish himself, and become domiciliated therein, shall make a declaration to that effect before the Ayuntamiento of the place he shall select as his residence, by which, in that case, he shall be sworn to obey the Federal and State Constitution, and to observe the religion prescribed in the former; and his name, and those of his family, if he have any, shall be registered in a book to be kept for the purpose, specifying the place he is from, his age, occupation; whether he is married, and that he has taken the oath prescribed, considering him henceforth, and not before, as domiciliated.

ART. 4. Any foreigner, from the time he is domiciliated agreeably to the foregoing article, shall be permitted to specify any vacant land, and it shall be the duty of the respective political authority to forward the instrument that shall be drawn to the executive for his approval, should he consider the applicant the same as the natives of the country, conforming to the existing laws on the subject.

ART. 5. Foreigners of any nation whatever, and natives of this republic, can project the formation of new towns upon lands entirely vacant; and, in the case of article 35, even upon those privately appropriated; but the new settlers, who present themselves to be admitted, shall prove, by certificate from the authorities of the place from which they came, their christianity and good moral character.

ART. 6. Foreigners, who shall arrive at a time when the general Congress shall have prohibited their entrance for the purpose of colonizing, as after the year 1840, the same will have power to do, or sooner with respect to those of some nations, shall then not be admitted; and those who shall apply within the proper time, shall always submit to such precautionary measures for the safety of the federation, with regard to themselves, as the supreme executive, without prejudicing the object of this law, shall adopt.

ART. 7. The executive shall take care that within twenty frontier leagues bordering on the United States line, and ten littoral leagues upon the coast of the Gulf of Mexico, within the limits of the State, no other settlements shall be made than such as shall meet the approbation of the executive of the Union, to whom all future petitions on the subject, accompanied by a corresponding report, shall be transmitted.

ART. 8. Projects for new settlements, wherein one or more persons shall offer to bring, at their own expense, one hundred families or more, shall be presented to the executive; who, on finding them in conformity to this law, shall admit the same, and immediately designate to the contractors the land whereon they shall establish themselves, and the term of six years, within which they shall present the number of families for which they contracted, under the penalty of losing the rights and privileges offered in their favor, in proportion to the number of families they shall fail to introduce, and of the contract becom-

de quedar nula en lo absoluto la capitulacion si no presentaren á lo menos cien familias.

Art. 9º. Los contratos por los capitulantes ó empresarios con las familias que vengan á sus expensas los guarantisa esta ley en quanto sean conformes con lo que ella dispone.

Art. 10º. En la distribucion de tierras seran preferidos con vista de sus diplomas expedidas por el supremo poder executivo los militares, que segun estos tengan derecho á ellas, y los ciudadanos Mexicanos no militares entre quienes no se hará otra distincion que la funden sus meritos particulares y servicios hechos á la patria, ó en igualdad de circunstancias, la vecindad en el lugar á que pertenecen los terrenos, la cantidad en que estos halla de repartirse la señalarán los articulos que siguen.

Art. 11º. Un quadro de tierra, que por cada lado tenga una legua de cinco mil baras, ó lo que es lo mismo, una superficie de veinte y cinco millones de varas se llamará sitio, y esta será la unidad para contar uno, dos, ó mas sitios, asi como la unidad para contar una, dos, ó mas labores será un million de baras quadradas, o mil baras por cada lado, de que se compondrá una labor. La bara para estas dimenciones constará de tres pies geometricos.

Art. 12º. Supuesta aquella unidad y la distincion de terrenos que a su repartimiento se hará entre los de agostaderos, ó propios para cria de ganados, y los de labor de regadio, y de temporal, esta ley concede al capitulante ó capitulantes de nueva poblacion por cada cien familias que introduscan y establescan en el Estado cinco sitios de agostadero y cinco labores, que en lo menos en su mitad habrá de ser de temporal, pero solo podran cobrar en razon de ochocientas familias aunque introduxeren mas, y ninguna fraccion que no complete centenar, qualquiera que sea les dará derecho a premio ni proporcionalmente.

Art. 13º. Si alguno ó algunos capitulantes en razon de las familias, que hallan introducido, deban adquerir conforme al articulo anterior mayor terreno que el de once leguas quadradas se les concederá, pero tendran obligacion de enagenar el exceso dentro de doce años, y de no verificarlo lo hará la autoridad politica respectiva vendiendolo en publica subasta y entregando á sus dueños el producido liquido deducidas todas costas de venta.

Art. 14º. A cada familia de las comprendidas en capitulacion cuyo unico exercicio sea el de labrar la tierra se dará una labor; si tuviere cria de ganados se le completará sobre aquella con tierras de agostadero un sitio; y si solo fuere ganadera ó criadora tendrá unicamente de estas mismas tierras de agostadero una superficie de veinte y quatro millones de varas.

Art. 15º. Los hombres no casados tendràn igual asignacion quando hallan pasado al matrimonio, y los estrangeros que contraigan

ing absolutely null, should they not present one hundred families at the least.

Art. 9. Contracts made by the contractors or *empresarios* with the families which come at their expense, shall be guaranteed by this law, so far as they are in conformity with the provisions thereof.

Art. 10. In the distribution of lands, a preference shall be given to the military, in consideration of the patents issued them by the supreme executive entitling them to land, and to Mexican citizens not military, between whom no other distinction shall be made than such as is founded in their special merit and services rendered the country, or in equal circumstances, a residence in the place where the land is situated. The quantity, whereby the lands are to be distributed, shall be designated in the following articles:

Art. 11. A square of land measuring one league, consisting of five thousand varas on each side, or what is the same thing, a superficies containing twenty-five million varas, shall be called a sitio, and this shall be the unit for enumerating one, two or more sitios, in the same manner as one million square varas, or one thousand varas on each side, which shall constitute a labor, shall be the unit for counting one, two, or more labores. The vara for this measure shall consist of three geometrical feet.

Art. 12. Adopting the aforesaid unit as a standard, and observing the distinction to be made on distributing lands, between grazing lands or those suitable for raising stock, and irrigable tillage land, and that which is not irrigable, this law shall grant to the contractor or contractors for forming new settlements, five sitios of grazing land, and five labores, of which at least one half shall be land not irrigable, for every hundred families they shall introduce and establish in the State; but they shall receive this premium only for eight hundred families, although they should introduce more; and no fraction whatever, not completing one hundred, shall entitle them to a premium, not even proportionally.

Art. 13. Should any contractor or contractors, on account of the families they shall have introduced, be entitled, according to the foregoing article, to more than eleven square leagues of land, it shall be granted them, but they shall be obligated to alienate the excess within twelve years; and should they not, it shall be done by the respective political authority at public sale, delivering the proceeds to the owners thereof, after deducting the costs of sale.

Art. 14. One labor shall be granted to each family included in the contract, whose only occupation is the cultivation of the soil; and should the same also raise stock, grazing land shall be added to complete a sitio; and should the raising of stock be the exclusive occupation, the family shall receive a superficies of twenty-four million square varas, (being a sitio lacking one labor.)

Art. 15. Unmarried men shall receive the same quantity on marrying, and foreigners, who marry natives of the country, shall receive

con Mexicana tendrán la quarta parte mas contentandose antes los absolutamente solos, ó que no hagan cuerpo en alguna familia, sean estrangeros ó naturales con la quarta parte de dicha asignacion, unica que podrá darseles, y que se les computará quando esta hulla de hacerseles.

Art. 16º. Las familias y hombres no casados, que, habiendo hecho por si y de su cuenta el viage, quisieren agregarse á algunas de las nuevas poblaciones, podran hacerlo en todo tiempo, y sus asignaciónes de terrenos serán respectivamente las mismas de que hablan los dos articulos anteriores; pero si lo verificaren dentro de los seis primeros años de establecida la poblacion se dará una labor mas a las familias, y los no casados en lugar de la quarta, que señala el articulo 15 tendrán la tercera parte.

Art. 17º. Toca al gobierno el aumentar las porciones de que hablan los articulos 14, 15, y 16, á proporcion de la familia industria y actividad de los colonos segun los informes que á su vez le hicieren acerca de estas circunstancias los Ayuntamientos y comisionados, teniendo siempre presente el mismo govierno lo prevenido en el articulo 12 del decreto del Congreso general sobre la materia.

Art. 18º. Las familias qui vinieren conformes el articulo 16 se presentaran inmediatamente á la autoridad politica de la poblacion que hallan elegido quien hallando en ellas los requisitos que exige esta ley para los nuevos pobladores, los admitirá, pondrá en posesion de los terrenos que les correspondan, y dará luego cuenta al gobierno á fin de que este por sí, ó por personas que al efecto comisione les despache su titulo.

Art. 19º. Los indios de todas las naciones confinantes con el estado asi como los tribus errantes que hay dentro del, serán recibidos en los mercados sin exigirles derechos algunos por el comercio que hagan de efectos del pais y si atraidos asi y por la dulzura y confianza con que ademas seran tratados quisieren algunos, declarandose antes por nuestra religion é instituciones, establecerse en qualesquiera de los pueblos que se formen se les admitirá y dará el mismo terreno que á los pobladores, de que hablan los articulos 14 y 15, prefiriendose siempre los indios naturales á los que son estrangeros.

Art. 20º. Para que no queden vacios de posesion a posesion, de que se cuidará mucho en la distribucion de terrenos, se hará esta por quadros ú otra figura aunque sea irregular, si asi lo exige la localidad, y dicha distribucion como la designacion de los en que se han de plantar las nuevas poblaciones se harán previa citacion de los colindantes si los hubiere en obio de disenciones y pleitos.

Art. 21º. Si por error habido en las concesiones fuere ocupado algun terreno de propiedad particular, acreditado aquel se dará al que lo obtenia otro igual valdio enteramente y á demas se indemnizará por

one-fourth more; those who are entirely single, or who do not compose a part of any family, contenting themselves rather with the fourth part of the quantity aforesaid, which shall be computed to them on the assignment of their land.

Art. 16. Families and single men who, having emigrated separately and at their own expense, shall wish to annex themselves to any of the new settlements, can do so at all times; and the same quantity of land shall be respectively assigned them, as specified in the two foregoing articles; but should they do so within the first six years from the establishment of the settlement, one labor more shall be granted to families; and single men, instead of one-fourth, as specified in article 15, shall receive one-third.

Art. 17. It shall belong to the executive to increase the portions specified in articles 14, 15 and 16 in proportion to the family, industry and activity of the colonists, according to the separate reports upon the subject that shall be rendered by the Ayuntamientos and commissioners; always bearing in mind the provision of article 12th, of the decree of the general Congress on the subject.

Art. 18. Families that shall arrive conformably to the 16th article, shall present themselves forthwith to the political authority of the settlement they shall have selected; who, recognizing on their part the necessary conditions required by this law, shall admit the same, put them in possession of the lands to which they are entitled, and give notice immediately to the executive, that the same of himself, or through persons he shall commission for that purpose, may issue them their titles.

Art. 19. The Indians of all nations bordering on the State, as well as the wandering tribes within the same, shall be admitted in market exempt from all duties in their traffic in the effects of the country; and should any of the same, being attracted in this manner, and by the mildness and confidence with which they shall otherwise be treated, wish to establish themselves in any of the settlements, after declaring themselves in favor of our institutions and religion, they shall be admitted, and share the same quantity of land as the settlers specified in articles 14 and 15, always preferring native to foreign Indians.

Art. 20. That no vacancies be left between the tracts, which shall be carefully avoided in the distribution of lands; it shall be laid off in squares or other forms, although irregular, should the locality so require; and to prevent litigation and dispute in making the distribution aforesaid, as well as in the designation of sites, whereon new towns are to be founded, the adjoining proprietors, should there be any, shall be previously notified.

Art. 21. Should any appropriated land be taken possession of through error in concession, on proof thereof an equal quantity of land entirely vacant shall be granted to the person who obtained the same; and, moreover, he shall be indemnified by the owner of the land aforesaid, agreeably to a just estimate made by competent judges, and ac-

el dueño á justa tasacion de peritos y conforme á las leyes de sus impensas ó pastos en las mejoras que aparescan.

Art. 22º. Los nuevos pobladores en clase de reconocimiento pagaran al estado por cada sitio de agostadero treinta pesos; veinte reales por labor de temporal; tres pesos quatro reales por de riego y asi proporcionalmente segun la clase y parte del terreno que se les halla repartido, pero la satisfaccion de aquellas cantidades no lo verificarán sino dentro de seis años de establecidos, y por tercios; el primero á los quatro años; el segundo á los cinco y el tercero á los seis años; pena de perder su terreno el que faltare á algunos de los plazos: se exceptuan de este pago los capitulantes y los militares, de que habla el articulo 10, aquellos por lo respectivo á las tierras que en clase de premio hallan merecido, y estos por lo que hallan obtenido con arreglo á sus diplomas.

Art. 23º. Los Ayuntamientos cada uno en su comarca harán gratis la recaudacion de aquellos caudales por medio de una comision de dentro ó fuera de su seno, y los pasarán segun se fueren cobrando al depositario ó tesorero que lo sea de sus fondos y arbitrios, quien otorgará el recivo correspondiente y sin mas interes, que el de dos y medio por ciento, unico que se le abonará, los tendrá á disposicion del gobierno, dandole parte cada mes de su ingreso y egreso, y del discuido y disimulo que advierta en su cobro. Del manejo de este y el de la comision responderán con sus intereses los mismos empleados; y comisionados y ademas los individuos del Ayuntamiento que lo nombraren. Y para que en todo tiempo pueda hacerse efectiva esta responsabilidad se verificaran aquellas nombramientos por votacion nominal, y dará aviso de ellos al gobierno inmediatamente.

Art. 24º. El gobierno venderá a los Mexicanos, y solo á estos los terrenos que quieran comprar, pero cuidando de que no se reunan en una sola mano mas de once sitios, y baxo la condicion de que el comprador ha de cultivar los que adquiera por este titulo dentro de seis años, contados desde su adquisicion, pena de perderlos; el precio de cada sitio supuesta la condicion anterior será el de cien pesos si la tierra fuere de temporal, y doscientos cinquenta si fuere de regadillo.

Art. 25º. Hasta despues de seis años de publicada esta ley la legislatura del Estado no podrá variarla en lo que dispone sobre el reconocimiento y precio que se ha de pagar por los terrenos y la cantidad y calidad, en que estos deven repartirse á los nuevos pobladores, y venderse a los Mexicanos.

Art. 26º. Los nuevos pobladores, que dentro de seis años contados desde la fecha de su posesion, no hallan cultivado ú ocupado segun su calidad el terreno que se les hubiere cedido, se entenderá que lo han

cording to the laws, for the expense he has incurred in the improvements that shall appear thereon.

ART. 22. The new settlers shall pay to the State, as an acknowledgement for each sitio of grazing land, thirty dollars; for each labor, not irrigable, two and a half; and for each that is irrigable, three and a half; and so on, proportionally, according to the class and quantity of land distributed to them; but the payment thereof need not be completed under six years from settlement, and in three instalments: the first in four, the second in five, and the third in six years, under a penalty of forfeiting the land for a failure in any of the said payments; the contractors and the military mentioned in article 10, shall be exempt from this payment; the former, as regards the lands granted them as a premium, and the latter, for that which they obtain agreeably to their patents.

ART. 23. The Ayuntamientos, each in its own limits, shall collect the aforesaid funds gratis, by a committee appointed from within, or without, their own body; and shall remit the same, as fast as collected, to the depositary or treasurer of their funds and means, who shall give the corresponding receipt, for no other compensation than two and a half per cent, which is all that shall be allowed him, and who shall hold the said funds at the disposal of the Executive, giving an account monthly of the amounts received and remitted, and of any remissness or fraud he shall observe in their collection. The treasurers and committees shall be held responsible with their property for their management, and moreover the individuals of the Ayuntamiento that shall appoint them; and, that this responsibility may at all times be effectual, the said appointments shall be made viva voce, and information thereof shall be immediately given to the executive.

ART. 24. The government shall sell to Mexicans, and to them only, the lands they shall wish to purchase, but shall take care that there shall not be united in the same hands more than eleven leagues, and subject to the condition, that the purchaser shall cultivate those he shall acquire by this title within six years from the acquisition, under the penalty of forfeiting the same. Allowing the aforesaid condition, the price of each sitio shall be one hundred dollars for grazing land; one hundred and fifty for tillage land not irrigable, and two hundred and fifty for irrigable tillage land.

ART. 25. Until the expiration of six years from the publication of this law, the legislature of the State cannot alter the same in the provisions thereof, relative to the acknowledgement and the price that shall be paid for the lands, and the quantity and class, whereby the same shall be distributed to the new settlers, and sold to Mexicans.

ART. 26. It shall be understood that the new settlers who shall not, within six years from the date of their possession, have cultivated or occupied, agreeably to their class, the lands that shall be granted

denunciado, y la autoridad politica respectiva procederá luego á recogerselo y recogerles el titulo.

Art. 27º. Los capitulantes y militares de que se ha hablado a su vez, y los que por compra han adquirido terrenos podrán enagenar estos en qualisquiera tiempo con tal que el succesor se obligue á celtivarlos dentro del mismo termino que debia hacerlo el primer poseedor, y contados los años corridos á este. Los demas pobladores podrán enagenar los suyos quando los hallan cultivado en su totalidad y no antes.

Art. 28º. En testamento arreglado á las leyes que actualmente rígen ó que rigieren en lo succesivo, todo nuevo poblador, desde el dia de su establecimiento puede disponer de su terreno, aunque no lo tenga cultivado, y si muriere intestado, le succederán en la persona ó personas que fueren llamadas por las mismas leyes á todos sus bienes y derechos, reportando en uno y otro caso los derechos, las obligaciones y condiciones que corrian a su causante.

Art. 29º. Las tierras adquiridas á virtud de esta ley por ningun título podrán pararse á manos muertos.

Art. 30º. El nuevo poblador, que para establecerse en pais estrangero, resolviere salir del territorio del Estado, podrá hacerlo libremante con todos sus intereses, pero verificada dicha salida no conservará mas su terreno, y si antes no lo enagenare, ó su enagenacion no fuere conforme al articulo 27, quedará valdio enteramente.

Art. 31º. Los estrangeros, que, conforme á esta ley, hallan obtenido tierras, y establecido en las nuevas poblaciones, se considerarán desde luego naturalizados en el pais, y casandose con Méxicana contraen un merito particular para alcanzar la carta de ciudadanos del Estado, á reserva de lo que sobre ambos particulares se disponga por la constitucion del Estado.

Art. 32º. Durante los diez primeros años, contados desde el dia en que se hallan establecido las nueveos poblaciones, serán libres estas de toda contribucion como quiera que se dénomine, á excepcion de la que en caso de invasion de enemiga ó para prevenirla se imponga generalmente; y los frutos y efectos de la agricultura é industria de los nuevos pobladores tampoco pagarán alcabala, ni otro genero de impuesto en lugar alguno de los del Estado, si no solo los derechos á que se refiere el articulo siguiente; concluido aquel termino de nuevas poblaciones, serán iguales en cargas á las antiguas, y los colonos á los demas habitantes del Estado.

Art. 33º. Desde el dia de su establecimiento los nuevos pobladores serán libres para promover todo genero de industria, y podrán tambien explotar minas de toda clase, entendiendose con el gobierno supremo de la federacion respecto de las que pertenecen á las rentas generales de ella, y sugetandose en el laborío de las demas á las ordenanzas y decretos establecidos ó que se establecieren sobre el ramo.

them, have renounced the same; and the respective political authority shall immediately proceed to take back from them the lands and titles.

ART. 27. The contractors and the military, already mentioned in their turn, and those who have acquired lands by purchase can alienate the same at any time, provided the successor obligates himself to cultivate the same within the same term as was obligatory on the part of the original proprietor, likewise reckoning the term from the date of the primitive titles. The other settlers shall be authorized to alienate their land, when they shall have completed the cultivation thereof, and not before.

ART. 28. Every new settler, from the time of his settlement, shall be permitted to dispose of his land, although it shall not be cultivated, by testament made in conformity to the laws that are now, or shall hereafter be in force; and should he die intestate, his lawful heir or heirs, shall succeed him in the enjoyment of his rights and property, assuming in both cases the obligations and conditions incumbent on the respective grantee.

ART. 29. The lands acquired by virtue of this law shall not be held in mortmain by any title whatever.

ART. 30. New settlers, who shall resolve to leave the State, to establish themselves in a foreign country, shall be at liberty to do so with all their property, but after thus leaving, they shall no longer hold their land; and should they not have previously disposed of the same, or should not the alienation be in conformity to art. 27, it shall become entirely vacant.

ART. 31. Foreigners who shall have obtained land according to this law, and established themselves in the new settlements, shall, from that time, be considered naturalized in the country; and by marrying natives of the Republic, they shall shall possess a special merit for obtaining letters of citizenship of the State, saving what the constitution of the State, on either subject, shall provide.

ART. 32. During the first ten years from the time the new settlements are founded, the same shall be free from all taxes of whatever denomination, except such as shall be generally imposed to prevent or repel foreign invasion, neither shall the products and effects of agriculture and industry pay excise, or other kinds of impost, in any part of the State, except only the duties to which the following article refers; after the expiration of the aforesaid term, the new settlements shall be liable to the same burthens as the old, and the colonists the same as the other inhabitants of the State.

ART. 33. The new settlers, from the time of their establishment, shall be free to promote any kind of industry; they shall also be permitted to work mines of every description, agreeing with the national executive with respect to those that pertain to the national revenue, and subjecting themselves in working the others to the ordinances and duties that are now, or shall hereafter be established, with regard to the business of mining.

Art. 34º. Las poblaciones se fundarán en los sitios mas á proposito á juicio del gobierno, ó de la persona comisionada por este al intento, y para cada una se designarán quatro leguas quadradas cuya area podrá ser en una figura regular ó irregular conforme á la localidad.

Art. 35º. Si alguno ó algunos de dichos sitios pertenecieren á propiedad particular, y el establecimiento de ellos de las nuevas poblaciones fuere de una conocida utilidad general, podrán sin embargo aprovecharse previa la indemnizacion justa á juicio de hombres buenos.

Art. 36º. Las solares para casas en las nuevas poblaciones se darán de valde á los capitulantes de estas, lo mismo que a los artezanos de toda clase, los que necesitaren para sus talleres, y á los demas pobladores se les rematarán en venta pública, previo avaluo con la obligacion de satisfacer su precio por tercios, el primero á los seis meses, el segundo á los doce, y el tercero á los diez y ocho; por todos los dueños de solares inclusos capitulantes pagarán anualmente un peso por cada uno de los que disfruten, y asi este canon como el producido de aquellas ventas lo cobrarán los Ayuntamientos, y aplicarán por construcion de Iglesia en la misma poblacion.

Art. 37º. A lo menos en lo posible se compondrán las poblaciones de naturales y estrangeros, y al dedicarlas se cuidará de la mejor disposicion y rectitud en las calles, dandoles direccion paralela de sur á norte, y de oriente á occidente quanto lo permita el terreno.

Art. 38º. Para la mejor situacion de las nuevas poblaciones, su formacion arreglada, y reparto exacto de tierras y solares el gobierno en consequencia de haver admitido algun proyecto, y convenidose con el capitulante ó capitulantes que lo hubieren presentado, comisionará una persona de conocimientos y su confianza, instruyendolo en el particular quanto estime necesario y conveniente, y facultandolo para que baxo su responsabilidad nombre uno ó mas agrimensores, que scientificamente tiren medidas y practiquen las otras operaciones que puedán ofrecerse.

Art. 39º. El gobierno, con arreglo al ultimo arancel de escrivanos de la antigua de México, señalará al comisionado sus dietas, y este de acuerdo con los colonos fixará al agrimensor ó agrimensores sus derechos; pero ambos gastos serán de cuenta de los mismos colonos, y su pago en el modo y terminos que todos entre si convenieren.

Art. 40º. Luego que se hallan reunido quarenta familias á lo menos, se procederá al formal establecimiento de la nueva poblacion, jurando todos la constitucion general y particular del Estado en manos del comisionado, y en seguida, baxo la presidencia del mismo por esta primera vez, pasarán á la eleccion de su municipalidad.

Art. 41º. La nueva poblacion, cuyos habitantes no baxen de doscientos eligirá su Ayuntamiento, si á ocho leguas de distancia no hubiere otra que lo tenga ya establecido, en cuyo caso se agregará á esta; el numero de individuos de que deva constar los Ayuntamientos se arreglarán por las leyes vigentes.

ART. 34. Towns shall be founded on such sites as the executive, or the person commissioned by him for that purpose, shall judge most appropriate; and four square leagues shall be designated for each, whose area may be regular or irregular as the locality shall require.

ART. 35. Should any of the sites aforesaid have been privately appropriated, and the establishment of the new towns thereon be of notorious general utility, they may be appropriated to this purpose notwithstanding, after such indemnification as in the opinion of the appraisers shall be just.

ART. 36. Building lots in the new towns shall be given gratis to the contractors thereof, and to all kinds of mechanics those they shall need for their workshops, and to other settlers they shall be sold after valuation thereof—they shall be sold at public auction, and the purchasers shall be obligated to pay the price of the same in three instalments, the first in six, the second in twelve, and the third in eighteen months. All the owners of lots, the contractors included, shall pay one dollar per annum for each lot, which, together with the proceeds of the sales aforesaid, shall be collected by the Ayuntamientos, and applied to the building of churches in the said towns.

ART. 37. The towns shall consist, as nearly as possible, of natives and foreigners; and in laying off the same, care shall be taken to have the streets well laid out and straight, running parallel north and south, and east and west, as nearly as the land shall permit.

ART. 38. For the better situation, and the regular formation of the new towns, and the exact division of lands and lots, the executive, pursuant to his admission of any project and agreement with the contractor or contractors who shall have presented the same, shall commission a person of intelligence and probity, giving him such instructions on the subject as he shall deem necessary and proper, and authorizing him, upon his own responsibility, to appoint one or more surveyors to execute the survey agreeably to the science, and perform such other agency as may offer.

ART. 39. The executive shall assign the commissioner his daily salary agreeably to the last fee bill for notaries of the ancient court of Oyer and Terminer of Mexico; and the latter, with the concurrence of the colonists, shall fix the surveyor's fees; but the expense, in both cases, shall be paid by the colonists, and in the manner the parties shall agree.

ART. 40. As soon as forty families at least shall be collected, they shall proceed to the formal establishment of the new town, and shall all be sworn by the commissioner to support the Federal and State constitutions; they shall then, for this first occasion, the commissioner presiding, proceed to the election of their municipality.

ART. 41. A new town, containing two hundred inhabitants or more, shall elect an Ayuntamiento, should there be no other already established within eight leagues, in which case it shall be annexed to the latter. The number of individuals of which the Ayuntamientos shall consist, shall be regulated by the existing laws.

Art. 42º. Se habilita á los estrangeros, á reserva de lo que dispusiere la constitucion del Estado, para que puedan elegir y ser elegidos miembros de sus juntas municipales.

Art. 43'. Los gastos municipales, y todos aquellos que se consideren necesarios, ó de comun utilidad á las nuevas poblaciones, los propondrá al gobierno por conducto del Gefe Politico el Ayuntamiento respectivo, acompañandole un plan de los arbitríos que en su concepto sean justos y á propósito para cubrirlos; y si el plan propuesto fuere aprobado por el gobierno, mandadá este que se ponga en práctica sin perjuicio de lo que resolviere el Congreso, á quien luego lo pasará con su informe, y el del mismo Gefe Politico, quien siempre dirá en la materia lo que ocurra.

Art. 44º. Para la apertura ó compostura de caminos y otros trabajos publicos en Texas, el gobierno remitirá al gefe de aquel departamento los individuos, que en los demas lugares del Estado fueren sentenciados á presidio por vagos ù otros delitos; estos mismos sugetos se aplicará á trabajos de particulares, satisfaciendoles su competente jornal y, concluido su tiempo de condena, podrán en clase de colonos agregarse á alguna de las nuevas poblaciones, y obtener el correspondiente terreno, si por su correccion se hubiesen hecho dignos, á juicio del mismo gefe de departamento, sin cuya calificacion que asi lo acredite, no serán admitidos.

Art. 45º. El Gobierno, de acuerdo con los ordinarios ecclesiasticos respectivos cuidará de que se provea á las nuevas poblaciones del competente numero de Parrocos, y, con acuerdo de la misma autoridad propondrá al Congreso su dotacion que deverán pagar los nuevos pobladores.

Art. 46º. Los nuevos pobladores, en quanto á la introduccion de esclavos, se sugetarán á las leyes establecidas, y que en adelante se establecieren sobre la materia.

Art. 47º. Las solicitudes pendientes sobre el objeto, a que provee esta ley, se despacharán con arreglo á ella, y a este fin se pasarán al gobierno, y, las familias, que hubiere establecidas en la demarcacion del Estado sin tener aun terreno señaldo legitimamente, se sugetarán á la misma, y á lo que disponga el supremo gobierno de la Union respecto de las que se hallen dentro de veinte leguas limitrofes con los Estados Unidos de America, y diez litorales sobre la costa del seno Mexicano.

Art. 48º. Esta ley se publicará en todos los Pueblos del Estado, y para que llegue á noticia de los demas que componen la federacion, se comunicará sus respectivos Congresos por la secretaria de este, cuidando muy particularmente el gobierno de pasar copia certificada de ella en cumplimiento del articulo 161 de la constitucion federal á las dos cámaras y supremo poder executivo de la nacion, con la suplica á este de que por sus enviados en las potencias estrangeras haga generalizar su concimiento.

ART. 42. Foreigners shall be qualified to elect, and to be elected, members of their municipal juntas, reserving the provision that shall be made by the constitution of the State.

ART. 43. The municipal expenses, and all such as are deemed necessary, or for the public good in the new towns, shall be proposed to the executive by the respective Ayuntamiento through the channel of the political chief, accompanied by a plan of means which the said Ayuntamiento shall conceive to be just and proper for covering the said expenses; and should the plan proposed be approved by the executive, he shall order the same to be executed, subject, however, to the resolution of Congress, to whom it shall be immediately transmitted, with the report of the executive and that of the political chief thereon, who shall always state what occurs on the subject.

ART. 44. The executive shall send to the chief of department of Texas the individuals who shall be sentenced to fortresses as vagrants, and for other crimes, in the other parts of the State, for the purpose of opening and repairing roads, and for other public works in that department. The said criminals can be employed to work for private individuals for competent daily wages; and at the expiration of their punishment they shall be permitted to annex themselves to any of the new towns as colonists, and obtain the corresponding land, should they have reformed and become worthy in the opinion of the chief of department, without whose certificate, to that effect, they shall not be admitted.

ART. 45. The executive, in connection with the respective ordinary ecclesiastics, shall take care that the new towns are provided with a competent number of pastors; and, with the concurrence of the same authority, he shall propose to Congress the salary to be paid them by the new settlers.

ART. 46. In respect to the introduction of slaves, the new settlers shall subject themselves to the laws that are now, and shall be hereafter established on the subject.

ART. 47. The petitions pending, upon the object for which this law provides, shall be dispatched according to the same, and for this purpose they shall be passed to the executive; and all families established in the State, without yet having land legally assigned them, shall conform to the said law, and to what the executive of the union shall direct, with respect to those who are within twenty leagues of the line of the United States of the North, and ten border leagues upon the coast of the Gulf of Mexico.

ART. 48. This law shall be published in all the towns of the State; and that the same may be known to the other States of the union, it shall be communicated to the respective legislatures thereof through the Secretary's office of this, and in compliance with article 161 of the federal constitution, the executive shall take special care to transmit a certified copy thereof to both chambers, and to the executive of the union, requesting him to give general circulation to the said law, through his ministers, to foreign powers.

Lo tendrá entendido el Gobernador interino del Estado para su cumplimiento, haciendolo publicar y circular.

Dado en la villa del Saltillo á 24 de Marzo de 1825.

DECRETO No. 17.

PLAN DE ARREGLO DE LA SECRETARIA DEL H. CONGRESO.

El Congreso constituyente del Estado libre, independiente y soberano de Coahuila y Texas, ha tenido á bien decretar lo que sigue:

ARTICULO 1. Por ahora constará la secretaría del Congreso de un oficial mayor, dos escribientes y un portero, quedando á juicio de la comision de policía con acuerdo y aprobacion de la Hon. Asemblea en el aumentar el número de escribientes ú oficiales segun lo exijen las circumstancias.

ART. 2. La dotacion de estos empleados son los siguientes:

El Oficial Mayor,	800 Pesos.
Los dos Escribientes á 350,	700 "
El Portero,	96 "
Gastos de Oficina,	150 "
Suma,	1,746 "

ART. 3. Los sueldos que quedan anotados serán satisfechos por la Tesoreria del Congreso al fin de cada mes por medio de recivos que otorgarán los interesados.

ART. 4. Todos los empleados de la secretaria cumplirán las ordenes que le diesen los secretarios del Congreso sobre el despacho de qualquiera asunto que les encarguen.

ART. 5. Será obligacion de los empleados guardar secreto en los negocios que asi lo prevenga qualquiera de los secretarios del Congreso.

ART. 6. Escribirán los dictamenes de las comisiones que sus respectivos presidentes les ordenen, y tambien las proposiciones de los diputados que no quieran escribirlas por sí.

ART. 7. Entre tanto se provée la plaza de archivero el escribiente que la supla con conocimiento del oficial mayor suministrará á los secratarios de las comisiones, a los diputados en lo particular, y al secretario del govierno todos los documentos ó antecedentes que pidan para instruirse, ó instruir los asuntos de su cargo, como tambien á todo ciudadano qualquiera papel de la secretaria que quiera leer dentro de ella, sea qual fuere su contenido ó naturaleza, á excepcion de los reservados; llevando para lo primero en un libro destinada al efecto, registro exacto de los papeles que salgan y devuelvan, ó que corran agregados á algun

For its fulfilment, the Governor of the State *ad interim* shall cause it to be published and circulated.

Given at Saltillo, March 24th, 1825.

DECREE No. 17.

REGULATION OF THE SECRETARY'S OFFICE OF CONGRESS.

The Congress of the State of Coahuila and Texas has thought proper to decree as follows:

ARTICLE 1. The Secretary's office shall, for the present, consist of a superior officer, two clerks, and a porter; it being left to the judgment of the committee on police, with the concurrence of Congress, to increase the number of clerks or officers, as circumstances shall require.

ART. 2. The salaries of the said officers shall be as follows:

Superior Officer,	800
Clerks, (350 each)	700
Porter,	096
Office expenses,	150
Total,	1746 Dollars.

ART. 3. The salaries aforesaid shall be paid by the Treasury of Congress, at the end of every month, to receipts of the persons interested.

ART. 4. All those who serve in the Secretary's office, shall comply with the orders given them by the Secretaries of Congress, on the dispatch of any subject they shall commit to their charge.

ART. 5. They shall also be obligated to observe secrecy in all business wherein they are so required by any of the Secretaries of Congress.

ART. 6. They shall write the reports of the committees as the chairman thereof shall direct, and also the propositions of those deputies who shall not choose to write them themselves.

ART. 7. Until the office of keeper of the archives shall be filled, the clerk supplying that place, with the knowledge of the superior officer, shall furnish the Secretaries of the committees, the deputies in particular, and the Secretary of the executive, all the documents or antecedents they shall call for to obtain information, or to elucidate the affairs under their direction; likewise, every citizen any paper, whatever be the nature and contents thereof, of the Secretary's office, he shall wish to read therein, except the secret papers; and in respect to the former, the clerk aforesaid, in a book destined to the purpose, shall keep an exact memorandum of the papers taken out and returned, or in progress, annexed to some record; and for due evidence thereof,

expediente, rubricando el secretario de la comision, el Diputado particular, ó el secratario de govierno, y el escribiente que haga veces de archivero la partida de salida y entrada para la debida constancia, sin que por este trabajo reciba el ultimo mas dotacion que lo que está asignada en su destino.

Art. 8. Asistirán á la oficina desde las ocho de la mañana hasta la hora en que se levante la sesion, en los dias que la halla, ya sea ordinaria ó extraordinaria, y por la tarde desde las quatro hasta ponerse el sol, á menos que por algun motivo á juicio de los secretarios del Congreso sea necesario ocupar algunas horas de la noche, en cuyo caso permanecerán en la oficina todo el tiempo que convenga.

Art. 9. En los dias en que no haya sesion entrarán á los ocho de la mañana, y saldrán á las doce, y por la tarde á las quatro, y estarán hasta ponerse el sol.

Art. 10. Los secretarios del Congreso con informe del oficial mayor distribuirán los labores de la oficina entre los escribientes y los oficiales segundo y tercero quando los haya segun los conocimientos y aptitud de cada uno.

Art. 11. En los recesos del Congreso, si no huviere que hacer en su secretaria, pasarán á la del gobierno el oficial mayor á continuar sus trabajos, disfrutando su mismo sueldo, que le será satisfacho por la Tesoreria del Estado. Los escribientes y portero que cesan podrán ó no ser ocupados por el Gobernador, y en el primer caso serán pagados sus sueldos por la misma tesoreria.

Lo tendrá entendido el Gobernador interino del Estado para su cumplimiento, haciendolo publicar y circular.

Dado en la villa de Saltillo á 7 de Junio de 1825.

DECRETO No. 18.

ESTABLECIMIENTO DE JUECES DE RESPONSABILIDAD.

El Congreso constituyente del Estado libre, independiente y soberano de Coahuila y Texas, en uso de la facultad que corresponde para arreglar en lo interior todo lo perteneciente a la mejor y mas pronta administracion de justicia, y atendiendo á las males que causan algunos jueces infringiendo la constitucion ó leyes vigentes por la dificultad que se encuentra para que al pronto pueda cumplirse comodamente la ley de 24 de Marzo de 1823, comprensiva de las reglas para exigirles en estos casos la responsabilidad conviniente, ha tenido á bien decretar y decreta:

Articulo 1. Toda queja contra algun Juez, que abusando de su autoridad infringa la constitucion ó leyes vigentes se dirigirá al Congreso para que formando el expidiente instructivo, y oido el dictamen de uña comision de su seno, declare si ha ó no lugar a la formacion de causa.

the Secretary of the committee, the particular Deputy, or the Secretary of the executive, and the Clerk acting as Keeper of the Archives, shall affix their rubrics to the parcels taken out and returned, and the latter shall not receive any more compensation for this service than that assigned to his situation.

ART. 8. On days of session, ordinary and extraordinary, they shall attend in the office from 8 o'clock in the morning until the hour of adjournment; and in the evening, from 4 o'clock until sunset, unless from some cause, in the judgment of the Secretaries of Congress, it shall be necessary to employ some hours of the night, when they shall remain as long as required.

ART. 9. On days when there is no session, they shall attend from 8 o'clock in the morning until 12; and in the evening, from 4 until sunset.

ART. 10. The Secretary of Congress, with information from the superior officer, shall distribute the business of the office among the clerks, and second and third officers, should there be any, according to their knowledge and qualifications.

ART. 11. During the recesses of Congress, should there be no business to be done in the Secretary's office, the superior officer shall pass to that of the executive, to continue his labor for the same salary, to be paid by the State Treasury. The Clerks and Porter may be employed by the Governor, or not; and should they be employed, their salaries shall be paid by the said Treasury.

For the fulfilment thereof, the Governor *ad interim* of the state shall cause the same to be published and circulated.

Given at Saltillo the 7th of July, 1825.

DECREE No. 18.

CREATING JUDGES OF RESPONSIBILITY.

The Congress of the State of Coahuila and Texas, exercising the corresponding power for regulating, internally, whatever belongs to the better and more prompt administration of justice, and in consideration of the evils caused by some of the Judges, infringing the constitution and existing laws, by reason of the difficulty encountered in promptly and conveniently fulfilling the law of the 24th of March, 1823, which comprises the rules for exacting the proper responsibility in these cases, has thought proper to decree, and decrees:

ART. 1. All complaints against Judges, for infringing the constitution and existing laws by abuse of their authority, shall be directed to Congress, which, after the record is formed, and the decision of a committee from their own body is heard, shall declare whether there be a sufficient cause for action.

ART. 2. Declarado que ha lugar á dicha formacion de causa, dispondrá que el expediente se pasa al Juez competente para que lo verifique, y sin este requisito ningun juez podrá ser procesado para los expresados delitos.

ART. 3. Entre tanto se organiza el Tribunal de 2a instancia en el Estado se habilitan por ahora por juezes competentes de responsabilidad á los Alcaldes constitucionales y regidores que por la ley se hallan en turno en caso ofrecido.

ART. 4. Estos juezes podrán conocer en las referidas causas hasta sentenciarlos consultando con letrado; pero de ninguna manera executarán sus sentencias sin haber sido antes revisadas por el tribunal que corresponda.

Lo tendrá entendido el Gobernador interino del Estado para su cumplimiento, haciendolo publicar y circular.

Dado en la villa del Saltillo á 14 de Julio de 1825.

DECRETO No. 19.

Establece las prerogativas, atribuciones y restriciones del Gobernador, nombramiento de su consejo, facultades de esta corporacion, y las del Secretario del Gobierno.

El Congreso constituyente del Estado libre, independiente y soberano de Coahuila y Texas, con el fin de que el Gobernador y su secretario del despacho tengan demarcadas sus atribuciones, y una regla fixa por donde conducirse, y para que el primero desempeñe con el mejor acierto las que le competen con el auxilio de un cuerpo consultivo que tambien tenga detalladas sus facultades respectivas interin se sancione la constitucion del Estado, ha tenido á bien decretar lo siguiente:

CAPITULO 1º.

PREROGATIVAS DEL GOBERNADOR.

ART. 1. Podrá por una sola vez dentro de diez dias utiles oido el dictámen del consejo hacer observaciones sobre las leyes no constitucionales que dicte el Congreso del Estado suspendiendo su publicacion y execucion hasta la resolucion del mismo Congreso.

ART. 2. Podrá hacer al Congreso las propuestas de leyes y reformas que crea conducentes á la felicidad del estado oyendo al consejo.

ART. 3. Solo ante el Congreso podrá ser acusado durante el tiempo de su encargo por qualquiera delito que haya cometido en dicho tiempo.

ART. 2. It having been declared that there is a just ground for action, Congress shall order the record to be forwarded to the competent Judge to be put in execution; and without this requisite, no Judge can be tried for the aforementioned crimes.

ART. 3. For the present, in cases presented, until the primary tribunal is organized in the State, the constitutional Alcaldes and Regidores officiating in legal turn, are constituted Judges of responsibility.

ART. 4. The said Judges can take cognizance, and, consulting a lawyer, proceed so far as to pronounce sentence; but the sentence can in nowise be executed without having been previously revised by the corresponding tribunal.

For the fulfilment thereof, the Governor of the State *ad interim* shall cause it to be published and circulated.

Given in Saltillo on the 14th of July, 1825.

DECREE No. 19.

Prescribing the prerogatives, attributes, and restrictions of the Governor, the appointment of his Council, powers of the latter, and those of the Secretary of the Executive.

The Congress of the State of Coahuila and Texas, in order that the Executive and his Secretary of despatch have their attributes defined, and an established rule by which to be governed, and that the former may discharge his duties of office more successfully, aided by a council, whose respective powers shall also be prescribed, until the constitution is promulgated, has thought proper to decree as follows:

SECTION I.

PREROGATIVES OF THE GOVERNOR.

ART. 1. He shall have power for once only within ten days, after hearing the opinion of the Council, to make annotations on laws not of a constitutional character, dictated by the Congress of the State, suspending the publication and execution of the same until the said Congress shall resolve thereon.

ART. 2. He can propose to Congress, after advising with the Council, such laws and reforms as he shall deem conducive to the welfare of the State.

ART. 3. He can only be accused before Congress, during the term of his office, for whatever crime he may have committed during that period.

Art. 4. Dentro de un año contado desde el dia en que el Gobernador cesare en sus funciones tampoco podrá ser acusado sino ante el Congreso por qualquiera delitos cometidos en el tiempo de su empleo. Pasado estetermino no podrá ser acusado por ellos.

ATRIBUCIONES DEL GOBERNADOR.

Art. 5. Cuidará del puntual cumplimiento de la constitucion, acta constitutiva, leyes, decretos, y ordenes de la federacion, y del Congreso del Estado, expidiendo quando sea necesario los decretos y ordenes convinientes para su execucion y pasando al Congreso exemplares de los que reciva de la Asemblea general, y del Excelentisimo Presidente de los Estados Unicos Méxicanos sin que por esto se impida ó retarda su publicacion.

Art. 6. Formará oyendo el consejo los instrucciones y reglamentos que le paresca para el mejor gobierno de los ramos de la administracion publica del Estado, y los pasará al Congreso para su aprobacion sin perjuicio de que desde luego se pongan en práctica provisionalmente.

Art. 7. Cuidará de la conservacion del orden y tranquilidad publica en lo interior del mismo Estado y de su seguridad en lo exterior, disponiendo de la milicia del mismo Estado para los dos enunciados objetos, y en defecto de esta pidirá auxilio á la guarnicion de la milicia que residiere dentro de el. En caso de invasion enemiga ó movimiento interior que comprometa la seguridad del Estado, dictará todas las providencias que estime convenientes á su defensa y restablecimiento del orden, dando inmediatamente aviso al Excelentisimo Presidente de la Republica, y al Congreso del Estado.

Art. 8. Nombrará y separará libremente al secretario del despacho, avisando inmediatamente al Congreso, y circulando la noticia á los Pueblos, dando á conocer la firma del nuevamente nombrado.

Art. 9. Proverá todos los empleos del Estado, que no sean de nombramiento popular, y si del Gobierno, areglandose a lo que dispongan las leyes.

Art. 10. Exercerá por ahora la exclusiva oido el dictamen del consejo en la provision aun interina de las piezas Ecclesiasticas del Estado con arreglo á la forma que se prescriva por el Congreso en decreto separado.

Art. 11. Cuidará de que la justicia se administre pronta y cumplidamente por los Tribunales del Estado, y que se executen las sentencias. Por esta inspeccion no podrá mesclarse en el examen de las causas pendientes, ni disponer en manera alguna durante el juicio de las personas de los reos en las criminales.

Art. 12. Cuidará de la administracion y recaudacion de todas las rentas del Estado, y decretará la inversion de sus productos en solos aquellos gastos que esten aprovados por el Congreso, consultando á este en caso de gastos extraordinarios á no ser que se ofrescan algunos tan urgentes y executivos que no den lugar á la consulta, en cuyo evento

ART. 4. He can only be accused before Congress within one year from the time in which he went into office, for any crime committed during the term of his service; after the expiration of this period he cannot be accused for them.

ATTRIBUTES OF THE GOVERNOR.

ART. 5. He shall take care that the constitution, constitutive act, laws, and orders of the federation, and of the Congress of the State, are punctually fulfilled; issuing such decrees and orders as shall be necessary and proper for that effect, and transmitting to Congress copies of those he shall receive from the general Congress, and his excellency the President of the Republic, without impeding or retarding for this reason the publication thereof.

ART. 6. He shall form such instructions and regulations, for the better government of the departments of the public administration of the State, as he shall deem proper, after hearing the Council, and transmit the same to Congress for approval, without their being thereby prevented from being provisionally put in immediate execution.

ART. 7. He shall take care that public order and tranquillity be preserved within the State, and of its safety without; disposing of the militia of the State for both objects, and in default thereof he shall demand the aid of the garrison stationed within the same. In case of invasion or internal movement, endangering the safety of the State, he shall dictate whatever measures he shall deem proper for defence, and for the restoration of order; giving immediate notice to his excellency the President of the Republic, and to the Congress of the State.

ART. 8. He shall freely appoint and remove the Secretary of despatch; giving immediate notice to Congress, and to the people, and making known the sign manual of those newly appointed.

ART. 9. He shall supply all the officers of the State, of Executive and not of popular appointment, conforming to the provisions of the laws.

ART. 10. He shall, for the present, with the advice of the Council, exercise exclusive control in the provision, even of ecclesiastical officers of the State, according to the form to be prescribed by Congress in a separate decree.

ART. 11. He shall see that justice is promptly and efficiently administered by the tribunal of the State, and that the decisions of the same are executed. He cannot for this inspection, interfere in the examination of causes pending, neither can he, in any manner, dispose of the persons of defendants in criminal cases during the trial.

ART. 12. He shall take care of the administration and collection of all the State rents, and decree the disposition of their proceeds only in such expenditures as Congress shall approve; consulting the same in extraordinary expenses, unless they occur so imperious and pressing as not to allow time for the consultation, in which event the Governor

podrá disponerlos por si el Gobernador dando inmediatamente cuenta al Congreso para la corespondiente aprovacion.

Art. 13. Podrá, oido el dictamen del consejo suspender de sus empleos hasta por tres meses, y privar aun de la mitad de sus sueldos por el mismo tiempo á todos los empleados del Estado que sean del ramo del poder executivo, y de su nombramiento ó aprovacion, quando falte á la exactitud en el cumplimiento de sus deberes, y los casos que crea dever formarseles causa pasará los antecedentes de la materia al Tribunal respectivo. Por infraccion de constitucion ó ley siempre se les mandará formar.

Art. 14. Si alguno o algunos, todos ó la mayor parte de los individuos que componen los Ayuntamientos del Estado abusaren de sus facultades, podrá suspenderlos, oyenda al consejo, y dando parte al Congreso de esta disposicion, y de los motivos de ella, para la determinacion que corresponda, disponiendo que entren á funcionar en lugar de los suspensos, los de las respectivas clases del año anterior.

Art. 15. Conocerá de los recursos ó dudas que ocurran sobre elecciones, de los oficios de Ayuntamientos, y los decidirá gubernativamente, y por via instructiva sin pleyto ni contienda judicial. La facultad que por este articulo y el anterior se le concede al Gobierno debe entenderse sin perjuicio de la que corresponde al Gefe del Departamento de Texas en su respectivo distrito.

Art. 16. Cuidará de la instruccion de la milicia civica conforme á la disciplina prescrita, ó lo que previene el Congreso general por nuevos reglamentos.

Art. 17. Al fin de que el Gobernador sea debidamente obedecido y respectado podrá imponer gubernativamente á los que le desobedecieren ó faltaren al respecto multas hasta en cantidad de trecientos pesos aplicables al erario del Estado, ó a qualquiera ramo de utilidad publica.

Art. 18. Deberá consultar al consejo en todos los asuntos graves gubernativos, entendiendose ser de esta clase aquellos negocios de qualquiera ramo de que halla de resultar regla general de buen gobierno.

Art. 19. Cuidará de dar cumplimiento á lo dispuesto en los numeros 8 y 9 del articulo 161 de la constitucion general, pasando al Congreso del Estado quando se la pida una nota circunstanciada y comprensiva de los particulares contenidos en el primero de dichos numeros.

Art. 20. Podrá conceder licencia hasta por dos meses á los funcionarios del Estado que sean del ramo del poder executivo para separarse de sus destinos por algun motivo justo. Si la licencia fuere por mas tiempo la concederá de acuerdo con el consejo:

Art. 21. Podrá nombrar un orador de dentro ó fuera del consejo para que lleve la voz del gobierno en el caso de los articulos 1, 2, y 6,

can dispose of the same himself, giving immediate notice to Congress for approval.

ART. 13. He shall have power, after hearing the opinion of the Council, to suspend from office, as long as three months, and deprive them of one half their salary for the same length of time, all public servants connected with the executive administration, and of his appointment, or approval, should they fail strictly to discharge their duties; and in cases where he considers a judicial process ought to be instituted against them, he shall communicate the facts of the case to the respective tribunal. For infringement of the constitution or law, a process shall always be instituted.

ART. 14. Should one or more, the whole or a majority, of the individuals composing the Ayuntamientos of the State abuse their powers, he shall have power, after hearing the Council, to suspend the same; making known to Congress the measure and motives thereof for the corresponding decision, and providing that the respective classes of the year preceding enter upon office in place of the persons suspended.

ART. 15. He shall take cognizance in appeals and doubts that occur in respect to elections, and in official letters of the Ayuntamientos, and shall decide thereon discretionarily in his executive capacity, and in an instructive manner, without judicial contest or debate. The power granted the Executive, by this and the preceding article, shall be understood as not affecting that which belongs to the Chief of the Department of Texas, in his respective district.

ART. 16. He shall see that the civic militia is modelled agreeably to the discipline prescribed, or to the provisions made by the general Congress in new regulations.

ART. 17. That the Governor may be duly respected and obeyed, upon those who do not respect and obey him he can impose fines discretionally to the amount of three hundred dollars, to be applied to the revenue of the State, or to any branch of public utility.

ART. 18. He shall consult the Council on all important Executive affairs; all business, of whatever department, from which a general rule of good government may result, being understood to be of this description.

ART. 19. He shall see that the provisions of the 8th and 9th clauses of article 161 of the Constitution of the Republic is fulfilled; communicating to Congress a circumstantial and comprehensive notice of the particulars contained in the first of said clauses.

ART. 20. For any just reason, he can grant permission to the officers of the State, belonging to any branch of the Executive administration, to retire from their duties for a time not exceeding two months. Should the leave of absence be for a longer time, he shall grant the same with the concurrence of the Council.

ART. 21. He can appoint a public speaker from within or without the Council, to exercise the voice of the Executive in the case of ar-

y quando el Congreso lo estime por conveniente, asistiendo dicho orador solamente a la discusion.

Art. 22. Usará de firma entera en las contestaciones con los supremos poderes de la federacion, y del Estado, y en la promulgacion de las leyes. La usará tambien con las autoridades supremas de los demas Estados, y en los titulos que espida á los empleados. En todo lo demas usará de media firma.

Art. 23. Interin se establecen las respectivas autoridades subalternas, á cuyo cuidado se encargará el gobierno economico politico de las sesiones en que se tenga por conveniente dividir el territorio del Estado, el Gobernador exercerá todas aquellas facultades, que segun la ley de 23 de Junio de 1813, desempeñaban los Gefes politicos de Diputaciones provinciales en el antiguo sistema de gobierno, en quanto no se oponga al nuevamente adoptado, ni á lo dispuesto en el presente decreto.

Art. 24. El Gobernador presidirá en los actos publicos á todas las autoridades civiles del Estado, tendrá el tratamiento de Excelencia que le está declarado en las contestaciones de oficio, y se lo recibirá en las funciones religiosas, en el ceremonial prevenido por decreto de 23 de Octubre del año proximo pasado mientras el Congreso general aregle el exercicio del patronato en toda la federacion.

RESTRICCION DE LAS FACULTADES DEL GOBERNADOR.

Art. 25. No podrá mandar en persona la milicia local del Estado sin expreso consentimiento del Congreso.

Art. 26. No podrá el Gobernador privár a ningun individuo de su libertad, ni imponerle por si pena alguna corporal, pero quando el bien y seguridad del Estado exijan el arresto de alguna persona podrá expedir ordenes al efecto, con calidad de que dentro de quarenta y ocho horas deberá poner las personas arrestadas á disposicion del tribunal ó juez competente, manifestando en el mismo tiempo por escrito el motivo de la prision.

Art. 27. No podrá ocupár la propiedad de ningun particular, ni corporacion, ni turbarle en la posesion, uso, ó aprovechamiento de ella, y si en algun caso fuere necesario para un objeto de conocida utilidad general tomar la propiedad de un particular ó corporacion, no lo podrá hacer sino con acuerdo del consejo, é indemnizando siempre á la parte interesada á juicio de hombres buenos elegidos por ella y el Gobierno.

Art. 28. No podrá impedir las elecciones populares determinadas ó que se determinaren por las leyes, ni el que aquellas surtan todas sus efectos.

Art. 29. No podrá salir de la Capital á otro lugar del Estado

ticles 1, 2 and 6; and, when Congress shall think proper, the same shall be present only at the debate.

ART. 22. He shall make use of his entire sign manual in communications with the high national and State authorities, with those of the other States, in the promulgation of the laws, and in commissions he shall extend to the officers. Otherwise, he shall use his partial sign manual.

ART. 23. Until the respective subordinate authorities are established, to whose charge the political and economical administration shall be committed from and after the sessions in which it shall be thought proper to divide the territory of the State, the Governor shall exercise all those powers which, according to the law of the 23d of June, 1813, were exercised by the political chiefs of provincial deputations in the ancient form of government, so far as the same are not opposed to that recently adopted, and to the provision of this decree.

ART. 24. The Governor shall preside over all the civil authorities of the State during public ceremonies. His style of address shall be that of his Excellency, as heretofore provided, in official communications; and, on religious festivals, he shall be received with the etiquette prescribed by decree of the 23d of October, 1824, until the general Congress shall regulate the exercise of the right of conferring benefice, (being that of Patrons) throughout the Republic.

RESTRICTION OF THE POWERS OF THE GOVERNOR.

ART. 25. He cannot command the local militia of the State in person, without the express consent of Congress.

ART. 26. The Governor cannot deprive any individual of his liberty, nor, of his own authority, impose corporal punishment; but when the safety and welfare of the State require the arrest of any person, he can issue orders to that effect, on condition, that within forty-eight hours he shall place the persons arrested at the disposal of a competent tribunal or judge, manifesting at the same time, in writing, the cause of the arrest.

ART. 27. He cannot take possession of the property of any private individual, or corporation, or disturb the same in the peaceful possession, use, and benefit thereof; and should it, in any case, be necessary for an object of known public utility to take the property of a private individual or corporation, he cannot do it unless with the concurrence of the Council, and in all cases he shall indemnify the party interested, agreeably to the decision of appraisers to be chosen by the Executive and the said party.

ART. 28. He cannot impede elections, determined or that shall be appointed by the laws, nor can he prevent the same from having their due and entire effect.

ART. 29. He cannot leave the capital, to go to any part of the State, for a longer time than one month. Should he need a longer

por mas de un mes. Si necesitare mas tiempo, ó le fuere preciso salir fuerá del territorio del Estado, pidirá licencia al Congreso.

CAPITULO 2º.

Del nombramiento del Consejo del Gobierno y sus atribuciones.

Art. 30. Para el mejor desempeño del Gobernador en el exercicio de sus funciones mientras se dá la constitucion del Estado, tendrá un cuerpo auxiliar consultivo, que se denominará *Consejo del Gobierno*, y su tratamiento será el de su Excelencia. Se compondrá del Vice Gobernador, y de otros quatro individuos de los quales solo uno podrá ser Ecclesiastico.

Art. 31. El nombramiento de todos los miembros del Consejo se hará por el Congreso á pluralidad absoluta de votos y por escrutinio secreto. El servicio que presten en esta corporacion los ciudadanos que se nombren será recomendable al Estado, y se estimará como una carga consegil de que nadie podrá excusarse sin legitimo y calificado impedimento á juicio del Congreso.

Art. 32. Para ser individuo del consejo se requiere ser ciudadano en el exercicio de sus derechos, mayor de veinte y cinco años, de conocida adhecion al sistema de gobierno adoptado, y por esta sola vez estar avecindado en esta capital, ó en seis leguas de contorno para evitar á los ciudadanos de los demas pueblos el grave perjuicio, que notoriamente les siguiera si les obligara á venir á desempeñar unos destinos que por ahora han de servirse consegilmente.

Art. 33. El consejo será presidido por el Vice Gobernador, y en su defecto por el consejero mas antiguo; pero quando el Gobernador del Estado asistiere a el lo presidirá sin voto:

Art. 34. El consejo tendrá sesiones ordinarias en los dias que disponga su reglamento interior, y tambien las tendrá extraordinarias todas las veces que el Gobernador las pida, ó el mismo consejo las acuerde.

Art. 35. Unas y otras se tendran en un salon de palacio destinado al efecto á puerta abierta, á no ser que el asunto sea de reserva á indicacion del Gobernador ó á juicio del consejo.

Art. 36. El secretario de la corporacion lo será uno de sus individuos nombrado por ella misma.

Art. 37. Las atribuciones del consejo son:

1º. Dar dictamen fundada y por escrito al Gobernador en todos aquellos negocios, en que la ley imponga á este la obligacion de pedirlo, é igualmente en todos los demas, en que el mismo Gobernador tenga á bien consultarle para el mejor acierto.

2º. Velar sobre la observancia tanto de la constitucion federal; acta constitutiva, y leyes generales de la Union como de las particulares del Estado, formando expedientes sobre las infracciones que note y dando cuenta con ellos al Congreso por conducta del Gobernador, a no ser que sea contra el mismo á su secretario.

time, or should he be under the necessity of leaving the State, he shall apply to Congress for permission.

SECTION II.

Appointment of the Executive Council and attributes of the same.

ART. 30. For the better discharge of the duties of his office, until the Constitution is promulgated, the Governor shall have a body for aid and advice, to be styled Council of the Executive; and the style of address of the same shall be that of his Excellency. The same shall consist of the vice Governor and four other individuals, of whom one only can be a clergyman.

ART. 31. The appointment of all the members of the Council shall be made by Congress by absolute majority of votes, and by secret inquiry. Service in this body, by the citizens appointed, shall be laudable in the State, and shall be regarded in the light of a municipal office, which no one can decline without a legal and satisfactory impediment in the judgment of Congress.

ART. 32. To be a member of the Council, it is required to be a citizen in the enjoyment of his rights, over twenty-five years of age, known to be in favor of the form of government adopted, and for this time only domiciliated in this capital, or its environs within six leagues thereof, to avoid the serious injury resulting to the citizens of the other towns, should they be obliged to come to discharge the duties of stations, for the present served in the light of municipal offices.

ART. 33. The Vice Governor shall preside over the Council; and in his default, the first member in the order of appointment: but the Governor, when he attends, shall preside, without having a vote.

ART. 34. The Council shall hold ordinary sessions on the days appointed in the internal regulations thereof; also, extraordinary, whenever the Governor shall request, or the said Council agree thereon.

ART. 35. Both shall be holden in a hall of the capitol, appropriated to that purpose, with open doors; unless, in the judgment of the Governor or the Council, the subject be of a secret nature.

ART. 36. The Secretary of the Council shall be one of the members thereof, and appointed by the same.

ART. 37. The attributes of the Council shall be as follows:

1. To render a written report to the Governor on all affairs, wherein he is required by law to demand the same; likewise on all others, wherein he shall think proper to consult the Council, in order to devise a proper course of action.

2. To attend carefully to the observance of the Constitution, constitutive act, and laws of the union, as well as the laws of the State, forming records on any infringements noticed by the same, and giving notice therewith to Congress, through the channel of the Governor, unless it be against himself, or his Secretary.

3º. Promover el establecimiento y fomento de todos los ramos de prosperidad del Estado, proponiendo al gobierno ó al Congreso en su caso todas aquellas medidas y proyectos que juzgue mas eficaces para aumentar la poblacion, promover y fomentar la agricultura, la industria, el comercio, la instruccion publica, y quanto condusca á la utilidad comun del mismo Estado, á cuya fin qualquiera de los vocales tendrá facultad para excitar la attencion del consejo.

4º. Proponer ternas para la provision de los empleos que la ley exija este requisito acompañando una relacion sucinta de los meritos de los propuestos.

5º. Glozar las cuentas de los Ayuntamientos, las de todas las administraciones de todos los ramos, que ingresen á la Tesoreria general del Estado, y las de esta misma que se remitirán por conducto del Gobierno á la contaduria del consejo, para que revisadas y glozadas se eleyen al Congreso para su aprobacion, acompañadas siempre con informe del mismo Gobierno.

Art. 38. Quando el consejo en vertud de la atribucion 3º. propusiera al Congreso proyectos de utilidad comun, podrá nombrar un individuo de su seno para que asista á su discusion, y exponga en ella toda quanto condusca á la mayor ilustracion del Congreso para que asi se logre el mejor acierto en la resolucion sobre aquellos.

Art. 39. El consejo sera responsable de todos los actos relativos al exercicio de sus atribuciones.

Art. 40. La secretaria del consejo se dividirá en dos secciones, una de gobierno, y otra de cuentas. La de gobierno constará de un oficial con quinientos pesos annuales, nombrado por el Gobernador á propuesta en terna del consejó, y de un escribiente con el sueldo de trecientos pesos, el que nombrará y removerá á su arbitrio el consejero secretario. La seccion de cuentas se compondrá de otro escribiente nombrados y dotados en los propios terminos que los anteriores.

Art. 41. La planta que queda detallada en el articulo anterior de plazas y sus dotaciones de que ha de componerse la secretaria del consejo deberá entenderse provisionalmente mientras la experiencia y el curso de los negocios den las luces necesarias para demarcar su arreglo definitivo.

Art. 42. El consejero secretario formará un reglamento para el gobierno economico de su secretaria, y lo presentará al consejo, quien con su informe lo pasará al gobierno, y con el dictamen de este se elevará al Congreso para su aprobacion, pudiendose poner desde luego en observancia interinamente, si asi le pareciere al Gobernador.

Art. 43. Los miembros del consejo no podran salir fuera de la capital sin licencia del Gobernador, quien podrá concederla por dos

3. To promote the establishment of, and give activity to, all the branches of prosperity in the State; proposing to the Executive or to Congress, as the case may be, all those measures and projects the Council shall deem most effectual to augment the population, promote and give activity to agriculture, industry, commerce, public instruction and whatever may conduce to the general utility of the State, for which purpose any of the members shall have power to claim the attention of the Council.

4. To propose ternary numbers, in cases required by law, for supplying offices, accompanied by a brief statement of the merits of the persons proposed.

5. To make remarks upon the accounts of the Ayuntamientos and those of the several administrations or agencies of all branches, the products whereof enter the general State Treasury, also those of Congress, which shall be sent to the accountant's office of the Council, through the channel of the Executive, to be revised and commented upon when they shall be presented, accompanied always by information from the Executive, to Congress for approval.

Art. 38. The Council, on proposing to Congress, in virtue of the third attribute, projects of public utility, shall have power to appoint one of its own number to attend the discussion, and afford all possible information to enable that body to come to a just and correct decision thereon.

Art. 39. The Council shall be responsible for all acts relating to the exercise of its attributes.

Art. 40. The Office of the Secretary of the Council shall be divided into two departments, one for Executive business, and one for accounts. The former shall consist of an officer, whose salary shall be five hundred dollars per annum, appointed by the Governor on a nomination of three persons by the Council; and of a Clerk, whose salary shall be three hundred dollars; to be appointed and removed at the pleasure of the Secretary of the Council. The department of accounts shall also consist of an officer and a Clerk; appointed and remunerated in the same manner as the former.

Arr. 41. The project specified in the preceding article of offices and salaries thereof, of which the Secretary's office is to consist, shall be understood as provisional, until experience and the course of business shall give the proper light for the final regulaton thereof.

Art. 42. The Secretary of the Council shall form rules of economy for the administration of his office, and present the same to the Council, who shall pass the same to the Executive, accompanied by their report, to be presented with the decision of the latter to Congress for approval. During the interval, they can be provisionally adopted, should the Governor think proper.

Art. 43. The members of the Council cannot leave the capital without licence from the Executive, who shall have power to grant the same for two months. Should a longer time be required, or should

meses; si la licencia fuere por mas tiempo, o por salir fuera del Estado la impetrarán del Congreso.

Art. 44. El Vice Gobernador, y demas miembros del consejo, se presentarán en el salon de las sesiones del Congreso el día que se les señale, y prestarán juramento de observar la constitución general, acta constitutiva, leyes y demas decretos de la federacion, y del Estado, y des empeñarán cumplidamente su encargo.

Art. 45. El consejo, en las asistencias publicas tendrá el lugar preferente despues del Gobernador.

CAPITULO 3º.

DEL SECRETARIO DEL DESPACHO DEL GOBIERNO.

Art. 46. El Gobernador tendra un secretario, que se titulará *Secretario del Despacho del Gobierno*, á cuyo cargo han de correr todos los negocios del supremo gobierno del mismo Estado, sean de la clase que fueren.

Art. 47. Para ser secretario del despacho del gobierno se requiere ser ciudadano en el exercicio de sus derechos; mayor de veinte y cinco años, natural de algun lugar del territorio de la federacion Méxicana, y vecino del Estado, con residencia en el tres años antes de su eleccion.

Art. 48. El secretario tendrá el tratamiento de señoria en las contestaciones de oficio, y será el Gefe de la Oficina, en la que colocará y removerá a su arbitrio los escribientes, cuyo numero y dotacion variarán segun lo exijan los trabajos y su aptitud, á juicio del mismo secretario con aprobacion del Gobernador.

Art. 49. Todas las ordenes y decretos, instrucciones y reglamentos que se circulen á los pueblos ó que se dirijan á determinada corporacion ó persona por el Gobernador, deberán ir firmados por el secretario, y sin este requisito no serán obedidos.

Art. 50. El secretario del despacho será responsable al Congreso con su persona y empleo de todas las ordenes y providencias del Gobernador que autorize con su firma, y contengan alguna disposicion que sea contraria a la constitucion federal, acta constitutiva, leyes generales de la Union, ó particulares del Estado, ú ordenes del Excellentisimo Presidente de la Republica, que no sean manifiestamente opuestas á dicha constitucion y leyes, sin que le sirva de excusa ni disculpa haviendo mandado el Gobernador.

Art. 51. El secretario autorizará toda copia que emane de la secretaria de su cargo, y cada mes presentará al Gobernador una noticia circumstanciada del numero de negocios despachados en dicha oficina para que se publique por la imprenta.

Art. 52. El secretario asistirá á las sesiones del Congreso quando fuere llamado á informar sobre algun punto de gobierno, ó que el Gobernador lo mande á hacer alguna exposicion. Tambien podrá asistir al consejo en el segundo caso.

they be under the necessity of leaving the State, they shall solicit permission from Congress.

ART. 44. The Vice Governor, and other members of the Council, shall present themselves in the hall of sessions of Congress on a day appointed, and take oath to obey the Constitution, the constitutive act, and the laws and decrees of the Republic, and those of the State, and faithfully to discharge the duties of their office.

ART. 45. The Council, in attending on public ceremonies, shall rank next to the Governor.

SECTION III.

SECRETARY OF STATE.

ART. 46. The Governor shall have a Secretary, to be styled Secretary of State, who shall have charge of all kinds of business whatever, pertaining to the Executive department of the State.

ART. 47. To fill the said office it shall be required to be a citizen in the exercise of his rights, over twenty-five years of age, a native of the Republic, domiciliated in the State with three years residence therein previous to his appointment.

ART. 48. The style of address of the Secretary, in official communications, shall be that of Lordship, and he shall be considered the head of his office; wherein he shall appoint and remove the Clerks at his pleasure: whose number and salaries shall be changed as the labors and their qualifications, in the opinion of the Secretary, with approval of the Governor, shall require.

ART. 49. All orders and decress, regulations and instructions, circulated to the towns, or directed to a particular individual or corporation, shall be previously signed by the Secretary, and without this requisite they shall not be obeyed.

ART. 50. The Secretary of State shall be responsible to Congress, with his person and office, for all orders and measures of the Governor, which he shall authenticate with his signature, containing any disposition contrary to the Constitution, constitutive act, and general laws of the Republic, or the laws of the State, or the orders of his Excellency the President of the Republic, not manifestly opposed to the said Constitution and laws, without availing himself, as a plea or excuse, of his having done so by order of the Governor.

ART. 51. The Secretary shall sign every copy emanating from the office under his charge, and shall present to the Governor, monthly, a circumstantial notice of the number of subjects dispatched in the said office, to be printed and circulated.

ART. 52. The Secretary shall attend the sessions of Congress when called upon to give information upon any subject of the Executive department, and when ordered by the Governor, to give any information. In the latter case he can also attend the Council.

Art. 53. Las ordenes del gobierno, y toda contestacion que salga de la secretaria, impresa ó manuscrita, llevará en la parte alta del margen izquierdo el sello del gobierno, que tambien se estampará en la cubierta.

Art. 54. El sello contendrá la Aguila sobre el nopal dentro de una elipse, coronada con la gorra de la libertad, del que se disprenderán varios rafagos de luz hacia á todas direcciones, y en la orla de la elipse llevará esta inscripcion, *Gobierno Supremo del Estado libre de Coahuila y Texas.*

Art. 55. El secretario formará un reglamento para el gobierno interior de la secretaria, y lo presentará al Gobernador, quien con su informe lo pasará al Congreso para su examen y aprobacion disponiendo se observe provisionalmente en los terminos que fuese por el rectificado.

Art. 56. En las asistencias publicas tomará lugar el secretario despues de los empleados.

Lo tendrá entendido el Gobernador interino del Estado para su cumplimiento, haciendolo imprimir, publicar y circular.

Dado en la villa del Saltillo á 25 de Agosto de 1825.

DECRETO No. 20.

Nombramiento del Vice Gobernador, y vocales del consejo de Gobierno.

El Congreso constituyente del Estado libre, independiente y soberano de Coahuila y Texas, haviendo procedido en consequencia de lo dispuesto en el Capitulo 2º. del Decreto No. 19, de 25 del corriente, á verificar el nombramiento del Vice Gobernador, y demas miembros que han de componer el consejo de gobierno del Estado, ha tenido á bien decretar lo que sigue:

Articulo 1. Es Vice Gobernador interino del Estado el ciudadano Jose Ignacio de Arispe, por haber reunido para este encargo la pluralidad absoluta de votos del Congreso.

Art. 2. Son consejeros del Gobierno del Estado los ciudadanos Juan de Goribar, Br. Jose Ignacio Sanches Nabarro, Jose Ignacio Alcocer, y Licenciado Jose Ignacio de Cardenas, por haber obtenido todos la mayoria absoluta de los sufragios del Congreso, y observarán en su antiguedad el orden de sus nombramientos.

Art. 3. Todos estos funcionarios se presentarán a las onze del dia de mañana á prestar ante el Congreso el juramento de que habla el articulo 44 del mencionado Decreto No. 19.

Art. 4. El Vice Gobernador, como Presidente del Consejo, tendrá el tratamiento de Excellencia, y los consejeros de Señoria solamente en las communicaciones oficiales.

Art. 5. Se autoriza al Gobernador para que erogue todos los gastos que sean necesarios á fin de disponer el local para las sesiones del

ART. 53. The orders of government, and all communications issuing from the Secretary's office, printed or in manuscript, shall bear upon the top of the left margin the government Seal, which shall also be stamped on the wrapper.

ART. 54. The seal shall contain, within the figure of an elipses, the eagle upon a nopal, crowned with the cap of liberty, with lines diverging therefrom, representing rays of light; the border of the oval bearing the following inscription: "Executive Department of the State of Coahuila and Texas."

ART. 55. The Secretary shall form a set of internal regulations for his office, and present the same to the Governor, who shall pass the same, accompanied by his report, to Congress for examination and approval; directing that during the interval the regulations be observed, as revised by himself.

ART. 56. In attendance on public occasions the Secretary shall take his place after the officers.

For its fulfilment, the Governor of the State *ad interim* shall cause it to be printed, published and circulated.

Given in Saltillo, August 25th, 1825.

DECREE No, 20.

Appointment of Vice Governor and voters of the Executive Council.

The Congress of the State of Coahuila and Texas, having proceeded, pursuant to the provision of section 2d of Decree No. 19 of the 25th instant, to the appointment of a Vice Governor and other members, who are to compose the Executive Council of the State, has thought proper to decree as follows:

ART. 1. Jose Ignacio de Arispe, having received the absolute majority of the votes of Congress for that office is elected Vice Governor of the State pro tem.

ART. 2. Juan de Goribar, Jose Ignacio Sanches, presbyter, Jose Ignacio Alcocer, and Jose Ignacio de Cordenas, licentiate, having received the absolute majority of the votes of Congress, are elected Executive Councillors of the State, and shall severally be eldest in office according to the order of their appointment.

ART. 3, Said officers shall present themselves to Congress at 12 o'clock on the morrow, to take the oath specified in article 44, of Decree No. 19, aforesaid.

ART. 4. The style of address of the Vice Governor, as President of the Council, shall be that of his Excellency; and that of the Councillors of Lordship, in official communications only.

ART. 5. The Governor is authorized to furnish all necessary expense to provide a hall, for the Council to hold their sessions, in a style

consejo con la decencia correspondiente al rango de dicha corporacion y que sea compatible con las circumstancias del Erario.

Art. 6. El Gobernador señalará el dia para la instalacion del consejo, a la que asistirá para la mayor solemnidad de este acto, participandolo previamente al Congreso para su conocimiento.

Lo tendrá entendido el Gobernador interino del Estado para su cumplimiento, haciendolo imprimir, publicar y circular.

Dado en la villa del Saltillo á 31 de Agosto de 1825.

DECRETO No. 21.

Facultades extraordinarias del Gobernador interino del Estado.

El Congreso constituyente del Estado libre, independiente y soberano de Coahuila y Texas, teniendo en consideracion que los perturbadores del orden baxo diversas pretestos llevarán hasta el extremo la seduccion, el engaño, y las maquinaciones con el fin de trastornar el sistema de gobierno establecido, comenzando por atentar contra las supremas autoridades del Estado, y deseando al mismo tiempo disponer lo conveniente para conservar el orden, y preservar el mismo Estado de los males de la anarquia que sobrevendría a la disolucion de sus supremos poderes, ha tenido á bien decretar lo que sigue:

Se autoriza al Gobernador interino del Estado para que en calidad de providencia gubernativa extraordinaria ó sin sugecion a formulas legales, pueda disponer la detencion de aquellas personas sin distincion de fuero, contra quienes haya en su juicio una vehemente sospecha de que intenten alterar la tranquilidad publica baxo qualesquiera pretesto, destinandolas por un termino limitado, que no exceda de tres meses, a los puntos del Estado que le parescan mas convenientes para la conservacion del orden, sin perjuicio de la causa que dispondrá se les forme en los mismos puntos con arreglo a las leyes vigentes, á no ser que sean militares, los que se entregarán á sus respectivos Gefes, verificada que sea la apprehension.

Lo tendrá entendido el Gobernador interino del Estado para su cumplimiento, haciendolo imprimir, publicar y circular.

Dado en la villa del Saltillo á 20 de Febrero de 1926.

DECRETO No. 22.

Restablen y asegura la tranquilidad publica en los Pueblos del Estado.

El Congreso constituyente del Estado libre, independiente y soberano de Coahuila y Texas, convencido de que su principal deber es pro-

corresponding to their rank, and consistent with the condition of he treasry.

ART. 6. The Governor shall appoint a day for the installation of the Council, which he shall attend, to give greater solemnity to the act, giving previous notice to Congress thereof.

For the fulfilment thereof, the Governor of the State pro tem., shall cause the same to be published and circulated.

Given in Saltillo on the 31st of August, 1825.

DECREE No. 21.

Extraordinary powers of the Governor of the State pro tem.

The Congress of the State of Coahuila and Texas, reflecting that the persons who excite commotion and disorder under various pretexts will resort to seduction, deceit, and artifice of every kind, to subvert the present form of government, commencing by offenses committed against the highest authorities of the State; also, desiring at the same time to take proper measures to preserve order, and to save the State from the evils of anarchy that would result from the dissolution of the highest powers, has thought proper to decree as follows:

The Governor of the State pro tem. is invested with extraordinary administrative powers, and without subjection to legal forms, to arrest those persons without distinction of rights of law, against whom there may be in his opinion a strong suspicion that they will attempt to disturb the public tranquility, under whatever pretext; and also to destine the said persons, for a time not exceeding three months, to such places in the State as he shall think most proper for the preservation of order; independent of the process he shall order to be instituted against them according to the existing laws, in the places to which they are destined; unless they are of the military, in which case, on being apprehended, they shall be delivered over to their respective commanders.

For its fulfilment, the Governor of the State pro tem. shall cause it to printed and circulated.

Given in Saltillo on the 26th of February, 1826.

DECREE No. 22.

Restoring and preserving the public tranquility in the State.

The Congress of the State of Coahuila and Texas, satisfied that it is their principal duty to use their utmost efforts, and take all possible

curar la conservacion del Estado por todos los medios posibles, y la necesidad que hay de que la confianza de los pueblos del mismo Estado en los Empleados y personas que por su mismo deber contribuen á mantener el orden, se restablesca y asegure por quantos arbitrios se consideren necesarios, ha tenido, á bien decretar lo que sigue:

Art. 1. Todo funcionario publico de eleccion popular, derecta ó indirecta, y de nombramiento y aprobacion del Gobierno que aparesca subscrito ó secundando de un modo manifiesto las subversivas y escandalosas pretenciones que se han dirigido al Congreso del Estado, y son attentatorias á la soberania del mismo, que originales existen en el gobierno, será suspenso inmediatamente en el exercicio de sus funciones, á no ser que por algun documento oficial conste haber salvado su voto.

Art. 2. Quedará igualmente suspenso en el exercicio de sus atribuciones qualquiera Juez Ecclesiastico, que halla subscrito las mismas representaciones, avisando previamente á quien corresponda para que nombre otro en su lugar hasta que aquel se halla justificado con arreglo á las leyes.

Art. 3. Si algun Parroco se hallare en el mismo caso se avisara á su respectivo ordinario para que lo suspenda de sus funciones, y le nombre coadyutor ó teniente de probedad notaria, que desempeñe el ministerio pastoral de su cargo.

Art. 4. Qualquier profesor de alguna sciencia con nombramiento de autoridad legitima, que tambien halla subscrito las referidas representaciones que dará suspenso de exercer su facultad dentro del territorio del Estado.

Art. 5. Lo dispuesto en los articulos anteriores será sin perjuicio de la causa que con arreglo á derecho debe formarseles á las personas comprehendidas en ellas.

Art. 6. Los demas que hallan prestado su firma en aquellas documentos no podran occupar los oficios de Ayuntamientos, que en virtud de lo prevenido en el articulo primero fuere necesario remplazar, ni tampoco podran tener voto en las elecciones que puedan ofrecerse para aquel objeto, no embarazando esta disposicion la formacion de causa á que una conducta mas punible en el particular los halla hecho acreedores.

Lo tendrá entendido el Vice Gobernador interino del Estado para su cumplimiento, haciendolo imprimir, publicar y circular.

Dado en la villa del Saltillo á 11 de Marzo de 1826.

DECRETO No. 23.

SOBRE AMNISTEA.

El Congreso constituyente del Estado libre, independiente y soberano de Coahuila y Texas, seando que un denso velo cubra para siempre las desegradables ocurrencias politicas que tanto agitaron al mismo Estado y comprometieron su existencia, obligando á sus autoridades

measures for the public safety, and that all necessary means should be exercised to restore and strengthen the confidence of the people in their representatives and others who from duty contribute to the maintenance of order, has throught proper to decree:

ART. 1. Every public functionary elected by the people, directly or indirectly, or appointed and approved by the government, who shall have signed, or in any evident manner supported, the turbulent and subversive pretensions, attacking the State Sovereignty, that have been directed to Congress, and exist in the original in the Executive Department, unless it shall appear by some official document that the same withheld his vote, shall be immediately suspended in the exercise of his functions.

ART. 2. Every Ecclesiastical judge who shall have signed the same addresses, shall likewise be suspended in the exercise of his attributes, notice being previously given to whom it belongs to appoint another to act in his place until the former shall have vindicated himself, agreeably to the laws.

ART. 3. Should any Curate be thus implicated, notice shall be given to the respective Ecclesiastical Judge to suspend him in his functions, and appoint a coadjutor or substitute, whose virtues are publicly known, to discharge his sacerdotal duties.

ART. 4. Every professor of science, acting by legal authority, who shall have signed the aforesaid memorials, shall be suspended in the exercise of his profession within the State.

ART. 5. The provision of the foregoing articles shall in nowise impede the process that shall be instituted, according to law, against all persons comprised therein.

ART. 6. Others, who shall have signed the aforesaid documents, shall not hold the Ayuntamental offices, which in virtue of the provision of Art. 1, it should be necessary to refill; neither shall they exercise a vote in the elections that offer for that object. This measure shall in nowise impede the process that shall be instituted against them should they have deserved it by a more censurable conduct in the affair.

For its fulfilment, the Vice Governor of the State, pro tem. shall cause it to be published and circulated.

Given in Saltillo on the 11th of March, 1826.

DECREE No. 23.

AMNESTY.

The Congress of the State of Coahuila and Texas, desirous that the disagreeable occurrences that have caused so much convulsion in the State, threatening the public safety, should be entirely forgotten: occurrences which have compelled the high authorities, against their

supremas á adoptar medidas energicas y vigorosas contra sus principios de lenidad y moderacion, y viendo con indecible placer el mismo Congreso que ya han desaparecido felizmente aquellas asarosas circunstancias que la estrecharon á desplegar todas los resortes de la justicia en obsequio de la primera y mas sagrada de las leyes, y que motivos plausibles de conveniencia publica lo impulsan á exercitar la mas generosa clemencia, que es atributo mas noble y la prerogativa mes bella de la soberania, por todo esto ha tenido á bien decretar lo siguiente :

Art. 1. Habrá un absoluto y general olbido de los acontecimientos politicos que estrecharon á las supremas autoridades del Estado á dictar las providencias que estan en la orbita de sus atribuciones y considerarán indispensables y necesarias para la conservacion del orden y tranquilidad publica del Estado, sin que en ningun tiempo, ni con pretesto alguno se les imputen en lo succesivo dichos acaecimientos á las personas que los ocasionaron, intarviniendo de qualquiera manere en ellos.

Art. 2. De consiguiente todos los que existen fuera de sus respectivos domicilios destinados por el gobierno á qualquier punto del Estado en uso de las extraordinarias facultades, que se le concedieron por el decreto No. 21, y que se hallen processados en cumplimiento del mismo decreto, serán inmediatamente restituldos á entera libertad, y para su regreso al seno de sus familias dispondra el mismo gobierno que de las rentas del Estado de les auxilie con las cantidades que regulare sufficiente segun las distancias en que se hallen y cálidad de sus personas.

Art. 3. Aquellos, á quienes en cumplimiento del decreto No. 22, y orden de 11 de Marzo proximo pasado se halla formado ó debido formar causa y en consequencia, se hallen en prision á arresto, y suspendidos de sus destinos siendo funcionarios publicos, seran tambien restituidos todos á su entera libertad, y á demas los ultimos al expedito y libre exercicio de sus respectivos funciones.

Art. 4. En lo de adelante no se dispensará igual gracia ni otra alguna á los que directa ó indirectamente promovieren la anarquia, atentando con qualisquiera pretexto contra las supremas autoridades del Estado; y en contrario serán jusgados y castigados con todo el rigor y severidad de las leyes, haciendose desde luego esto mismo con los que despreciaren la amplisima y generosa amnestia que concede este decreto, lo que se verificará procediendose en sus causas con entero arreglo á las mismas leyes y con la energia y brevidad que exije la naturaleza de aquellas, de lo que cuidará el gobierno muy escrupulosamente.

Art. 5. En consequencia de todo lo dispuesto se deroga el decreto No. 22, y en attencion á que los dificiles y delicadas circunstancias que motivaron las facultades extraordinarias concedidas al gobierno por el decreto No. 21, han cambiado felixmente en termino de considerarse por inecesarias para la conservacion del orden y tranquilidad publica

lenient and moderate principles, to adopt strong measures—and the said Congress witnessing with indescribable pleasure that the imperious circumstances which compelled them to devise all the means of justice in compliance with the first and most sacred of laws—and since obvious motives for the public welfare impel the said Congress to exercise the most liberal clemency, which is the most noble attribute, and the most adorning prerogative of Sovereignty, pursuant to all herein manifested, has thought proper to decree as follows:

ART. 1. The political events which compelled the high authorities of the State to dictate measures within the sphere of their attributes and considered to be imperiously demanded for the preservation of the public order and tranquility of the State, shall be entirely forgotten ;—and in future, under no pretence, shall the said events ever be imputed to the authors thereof, in whatever manner implicated therein.

ART. 2. In pursuance thereof, all persons absent from their homes, destined to any part of the State by the Executive in exercise of the extraordinary powers granted him by Decree No. 21, and against whom a process has been instituted in compliance with the said decree, shall be immediately set at liberty, and the Executive shall direct that they be assisted out of the State treasury with an amount, which he shall judge sufficient, according to the distance and their rank, to enable them to return to the bosom of their families.

ART. 3. Those persons against whom judicial processes have, or should have been instituted in compliance with Decree No. 22, and the order of the 11th of March last, and who are consequently imprisoned or under arrest; and, being public functionaries, suspended from their stations, shall also be set at liberty, and the latter restored to the full exercise of their respective functions.

ART. 4. In future, neither the like pardon nor any other grace shall be extended to those who shall, directly or indirectly, promote anarchy, attacking, under any pretence, the high authorities of the State; on the contrary, they shall be judged and punished with all the rigor and severity of the laws; as shall be done forthwith with respect to those who shall disdain the most ample and liberal amnesty granted by this decree, proceeding in their cases in strict conformity with the said laws, and with all the promptitude and energy required by the tenor thereof, to which the Governor shall carefully attend.

ART. 5. Pursuant to the provision of the foregoing articles, the decree No. 42 is hereby repealed ; and since the difficult and delicate circumstances, which gave rise to the extraordinary powers granted the Executive by decree No. 21, have happily so far changed that the said powers are considered to be no longer necessary for the preserva-

del Estado cuyo objeto tubierou queda igualmente derogado el citado decreto No. 21.

Lo tendra entendido el Gobernador interino del Estado, haciendolo imprimir, publicar y circular.

Dado en la villa del Saltillo á 27 de Marzo do 1826.

DECRETO No. 24.

Convocatoria para la eleccion de Diputados al Congreso General.

El Congreso Constituyente del Estado libre, independiente, y soberano de Coahuila y Texas, hallandose facultado por el Articulo 9 de la Constitucion general de los Estados Unidos Mexicanos para prescribir Constitucionalmente las qualidades de los electores, y reglamentar las elecciones de Diputados al Congreso ordinario del dichos Estados Unidos: que conforme á la misma Constitucion han de verificarse el primer domingo del proximo mes de Octubre, teniendo en consideracion que la premura del tiempo no da lugar á que estas se practiquen por el metodo prescrito en la primera parte de la Constitucion del Estado que tiene ya presenta da la comission de este nombre por no estar aprobada aun, ni ser posible allanar en el momento las dificultades que ofrecia en su primer establecimiento en nuevo sistema, que advirtiendo por otra parte lo conveniente que será acomodarse al tenor de las elecciones pasadas en que se hallan los pueblos instruidos por la practica, ha tenido á bien decretar que por esta sola vez se celebren en los terminos que expresa la siguiente

LEY DE CONVOCATORIA.

DE LAS JUNTAS EN GENERAL.

ARTICULO 1. Para la eleccion de Diputados se celebrarán juntas primarias, secundarias, y general de Estado.

ART. 2. El domingo 20 del proximo mes de Agosto, se convocará por el Presidente de cada Ayuntamiento del Estado, por medio de un bando, ó como sea de costumbre á los ciudadanos del districto para que concurran á las juntas primarias.

ART. 3. Estos y las demas serán presididas de rogaciones publicas que se haran en todas las iglesias Parroquiales del Estado, á cuyo fin se pasará oportuno aviso á quién corresponda por los presidentes de los respectivos Ayuntamientos.

DE LAS JUNTAS PRIMARIAS MUNICIPALES.

ART. 4. Las juntas primarias se compondran de todos los ciuda-

tion of the public order and tranquility, for which object they were granted, the aforesaid decree No. 21 is likewise revoked.

For the fulfilment thereof, the Governor of the State pro tem. shall cause it to be printed, published, and circulated.

Given in Saltillo on the 27th of March, 1826.

DECREE No. 24.

Convocation Law for the election of Repr:sentatives to the General Congress.

The Congress of the State of Coahuila and Texas, authorized by article 9th of the Constitution of the Republic to determine, agreeably thereto, the qualifications of the electors, and to regulate the election of Representatives to the General Congress, to be holden, agreeably to the said Constitution, on the first Sunday of October next—and as the shortness of the time does not permit the same to be performed in the manner prescribed in the first part of the Constitution of the State, already presented by the committee appointed to model the same, because it has not yet been sanctioned—neither is it possible at the moment to do away the difficulties connected with the first establishment thereof in a new form of government—and besides on the other hand it will be easy to follow the method of former elections, with which the people are practically acquainted—said Congress has thought proper to decree, that, for this time only, the elections be holden agreeably to the following

LAW OF CONVOCATION:

JUNTAS IN GENERAL.

ART. 1. For the election of Deputies, primary and secondary juntas, and a general State junta, shall be holden.

ART. 2. On Sunday the 25th of August next, the President of each Ayuntamiento of the State shall, by edict, or as the custom may be, convoke the citizens of the district to assemble at the primary juntas.

ART. 3. The said meetings, and the others, shall be preceded by public prayer in all the Parish Churches of the State, for which object seasonable notice shall be given to whom it belongs.

PRIMARY MUNICIPAL JUNTAS.

ART. 4. Primary juntas shall be composed of all lawful citizens,

danos en el exercicio de sus derechos avecindados y residentes en el territorio del respectivo Ayuntamiento.

Art. 5. Tienen derecho de votar en las juntas populares los hombres libres nacidos en el territorio Mexicano; los que avecindados en el adquirieron este y otros derechos á consequencia de los tratados de Iguala o Cordova, confirmados por el Congreso General, y los que hallan obtenido carta de ciudadano, si reunieren las demas condiciones de esta ley.

Art. 6, No tienen derecho de votar los que hanesido sentenciados á penas aflictivas o infamantes, si no han tenido rehabieitacion.

Art. 7. Se suspende el derecho de votar por incapacidad fisica o moral, previa la correspondiente calificacion judicial; por no tener veinte y un años cumplidos, pero los casados tendrán este derecho, qualquiera que sea su edad; por deuda á los foridos publicos con plazo cumplido, y haviendo procedido requerimiento para el pago: por no tener domicilio, empleo, oficio, ó modo de vivir conocido, y por hallarse procesado criminalmente.

Art. 8. Se celebraran las juntas primarias en toda poblacion que llegue á quinientas personas, y en las que no tengan Ayuntamientos serán presididas por el regidor que nombre el de la Cabezera á que pertenesca.

Art. 9. Los pueblos que no lleguen a quinientos personas, y las haciendas y ranchos, sea qual fuere su poblacion, corresponden para las elecciones á la junta mas inmediata.

Art. 10. Para guardar el censo de la municipalidad se auxiliarán los Ayuntamientos con los padronos de las Parroquias.

Art. 11. Para facilitar las elecciones en toda poblacion que por si ó con su comarca fuere popular se dividirá en las secciones que el Ayuntamiento crea bastantes. En la junta de cada una se nombrará los electores correspondientes á su poblacion respectiva.

Art. 12. El nombramiento de electores en las secciones puede recaer en los ciudadanos vecinos de qualquiera seccion.

Art. 13. Si un ciudadano fuere nombrado en dos ó mas secciones preferira el nombramiento de la en que resida, y por las otras quedará nombrado el que le siga en numero de votos.

Art. 14. Si un individuo nombrado elector no tubiere residencia en ninguna de las secciones que lo han elegido prevalecerá el nombramiento hecho en aquella, en que hubiere reunido mayor numero de votos.

Art. 15. Las juntas primarias celebrarán el domingo 27 del citado mes de Agosto.

Art. 16. Seran presididas por el presidente del respectivo Ayuntamiento, y 3i la poblacion se divide en secciones la junta de una se presidira por licho presidente, y las otras por los demas Alcaldes y Regidores segun el orden de su nombramiento.

domiciliated and residing within the limits of the respective Ayuntamientos.

Art. 5. All freemen, born within the limits of the Republic of Mexico,—all those who, domiciliated therein, have acquired this and other rights by the treaties of Iguala and Cordova,—those who have acquired letters of citizenship, provided they combine the conditions required by this law, shall have the right of suffrage in popular juntas.

Art. 6. Those who have been sentenced to corporal or disgraceful punishment, shall not have the right of suffrage, unless re-instated by law in said right.

Art. 7. The right of suffrage shall be suspended, on the corresponding judicial testimony, in case of moral and physical inability—of minors, but married men of any age shall have the said right,—in case of debt to the public funds, due, and payment having been demanded—and in case of not having a domicil, employment, trade, or known way of support,—also of those under criminal prosecution.

Art. 8. Primary meetings shall be holden in all towns, whose population amounts to five hundred souls; and, in those which have no Ayuntamiento, the regidor, whom the Ayuntamiento of the chief town of the same district shall appoint, shall preside.

Art. 9. Towns not containing five hundred inhabitants, also haciendos and ranchos, whatever be the population thereof, in elections, shall appertain to the nearest junta.

Art. 10. The Ayuntamientos, for assistance in keeping the census of the municipalities, shall avail themselves of the parish lists.

Art. 11. All towns, in order to facilitate the elections, whether those made by themselves or in connexion with their district, shall be divided into such number of sections as the Ayuntamientos shall consider sufficient. At the junta of each, the number of electors corresponding to the respective population thereof, shall be chosen.

Art. 12. The choice of electors in the sections can devolve on citizens of every section.

Art. 13. Should a citizen be chosen in two or more sections, the election of that wherein he resides shall be preferred: and for the other sections, the citizens who shall have the next highest number of votes shall be elected.

Art. 14. Should a citizen, chosen elector, not be a resident in any of the sections by which he was chosen, the election of that wherein he received the most votes shall avail.

Art. 15. The primary juntas shall be holden on Sunday, the 27th of the aforementioned month of August.

Art. 16. They shall be presided by the President of the respective Ayuntamientos,—and should the town be divided into sections, the junta of one shall be presided by the said President, and the rest by the other Alcaldes and Regidores, according to the order of their appointment.

Art. 17. Reunidos los ciudadanos á la hora señalada en el sitio mas publico, nombrarán un secretario y dos escrutadores de entre los ciudadanos presentes, que sepan leer y escribir.

Art. 18. Instalada asi la junta, preguntará el Presidente si alguno tiene que exponer quexa sobre coecho ó soborno para que la eleccion recaiga en determinada persona, y habiendola se hara publica justificacion verbal, en el acto. Resultando cierta la accusacion seran privados los reos de voz activa y pasiva: los calumniadores sufrirán igual pena, y de este juicio no habrá recurso alguno.

Art. 19. Si se sucitaren dudas sobre si en alguna de los personas concurren las calidades requeridas para votar, la junta decidira en el acto, y su resolucion se executará sin recurso por sola esta vez, entendiendose que la duda no puede versarse sobre lo prevenido por esta ú otra ley.

Art. 20. El Presidente se abstendrá de hacer indicaciones para que la eleccion recaiga en determinada persona.

Art. 21. Se procederá al nombramiento de electores, eligiendo uno por cada cien vecinos, ó por cada quinientos habitantes de todo sexo y edad.

Art. 22. Si el censo diere una mitad mas de la base anterior, se nombrará otro elector, mas si el exceso no llegue a la mitad no se contará con el.

Art. 23. Cada ciudadano se acercará á la mesa, y designará un numero de personas qual corresponda de electores á aquella junta.— El secretario las escribirá á su presencia, y nadie se podrá votar en este, ni en los demas casos de eleccion baxo la pena de perder su derecho por aquella vez.

Art. 24. Si el ciudadano llevare lista de las personas que quiera elegir le será leida por el secretario, y este le preguntará si está conforme con lo que ella expresa, y se enmendará en caso de no estarlo.

Art. 25. Concluida la eleccion, el Presidente, Escrutadores y Secretario reconocerán las listas y el primero publicará en voz alta los nombres de los elegidos, que serán los que hallan reunido mayor numero de votos; en caso de igualdad la suerte decidirá.

Art. 26. El secretario extenderá la acta que con el firmarán el Presidente y Escrutadores, se entregará copia firmada por los mismos á cada uno de los electos para hacer constar su nombramiento.

Art. 27. Para ser elector primario se requiere ser ciudadano en el exercicio de sus derechos, mayor de veinte y cinco años: o de veinte y uno siendo casado, vecino y residente en la municipalidad, y no exercer en ella jurisdiccion contenciosa, civil, ecclesiastico o militar, ni cura de almas.

Art. 17. The citizens having convened in the most public place on the day appointed, shall choose a secretary and two tellers, who can read and write, from among those present.

Art. 18. The meeting being thus installed, the President shall ask whether any one has any complaint to make with regard to bribery or subornation to cause the election of any particular person, and should there be such complaint, the case shall be verbally and publicly investigated instanter. Should the charge be substantiated the offender shall be deprived of a voice, active and passive; false accusers shall suffer the same penalty, and from this decision there shall be no appeal.

Art. 19. Should doubts arise whether any person possesses the qualifications required for voting, the junta shall decide instanter, and the decision shall be obeyed without appeal for this time only; it being understood the doubt can have no relation to the provision of this or any other law.

Art. 20. The President shall abstain from making any indication that the election may result in favor of any particular person.

Art. 21. The junta shall proceed to make choice of primary electors, choosing one for every hundred voters, or for every five hundred souls,

Art. 22. Should the census give a moiety over and above the basis aforesaid, another elector shall be chosen; but should the excess not amount to a moiety, it shall not be regarded.

Art. 23. Each voter shall approach the table and specify such number of persons for electors as it belongs to that junta to choose.—The secretary shall write the names of the said persons in his presence and no person shall be allowed to vote for himself in this or the other elections, under penalty of loosing his right for the time being.

Art. 24. Should the voter produce a list of persons for whom he intends to vote, the secretary shall read to him the same, and ask him if it be in conformity with what is expressed therein, and if not, it shall be corrected.

Art. 25. The votes having been given in, the President, tellers, and secretary shall examine the lists, and the President shall declare in an audible voice the names of the persons elected, who shall be those who shall have received the greatest number of votes; in case of a tie, it shall be decided by lot.

Art. 26. The secretary shall commit the act to writing, and shall sign the same together with the President and tellers; a copy, signed by the same persons, shall be delivered to each person chosen, to serve as a proof of his election.

Art. 27. To be eligible as an elector it is required to be a lawful citizen, over twenty-five years of age, or twenty-one if married, domiciliated and a resident in the municipality; not to hold any office of controversy, civil, ecclesiastical or military, or the office of curate.

Art. 28. No se comprenden en la restriccion anterior las autoridades elegidas popularmente, como los Alcaldes:

Art. 29. Nadie puede excusarse de estos encargos por motivo ni pretexto alguno.

Art. 30. En las juntas no se presentará ningun ciudadano con armas: ni habrá guardia.

Art. 31. Concluido el nombramiento de electores se disolverá inmediatamente la junta y qualquiera otro acto en que se mescle será nulo.

DE LAS JUNTAS SECUNDARIAS O DE PARTIDO.

Art. 32. Estas se compondrán de los electores primarios congregados en la cabezera de partidos á fin de nombrar los electores, que en esta capital han de elegir á los Diputados. El Departamento de Texas se considerará para este efecto como un solo partido cuya cabezera o capital será la misma del Departamento que lo es la ciudad de Bexar.

Art. 33. Las juntas secundarias se celebrarán el Domingo 10 de Setiembre proximo.

Art. 34. Por cada veinte electores primarios, de los que nombráren en todos los pueblos del partido se eligira un secundario.

Art. 35. Si resultare una mitad mas de veinte electores primarios se nombrará otro secundario pero si el exceso no llega á la mitad nada valdra.

Art. 36. Si la poblacion del partido no hubiere dado veinte electores primarios se nombrará sin embargo un secundario sea qual fuere aquella.

Art. 37. Las juntas secundarias serán presididas por el Presidente de la cabezera del partido, á quien se presentarán los electores primarios con el documento que acredite su eleccion para que sean anotados sus nombres en el libro, en que se han de estenderse las actas de las juntas,

Art. 38. Tres dias antes de las elecciones se agregarán los electores con el Presidente en el lugar que señale, y nombrarán á pluralidad de votos un secretario y dos escrutadores de entre ellos mismos.

Art. 39. En seguida presentarán las certificaciones de su nombramiento para que sean examinadas por el secretario y escrutadores quienes al dia siguiente informaran si están o no arregladas, Las del secretario y escrutadores serán examinadas por tres individuos de la junta nombrados á pluralidad de votos por ella misma, quienes informarán en la misma forma y al mismo tiempo.

Art. 40. En dicho dia congregados los electores se leerán los informes sobre las certificaciones, y hallandose reparo sobre las calidades requiridas la junta resolverá en el acto, y su resolucion se executará sin recurso.

Art. 41. En el dia y hora señalado para la eleccion se reunirán los electores, y occupando sus asientos sin preferencia, leerá el secretario los articulos que quedan baxo el rubro de juntas secundarias, y

Art. 28. Officers chosen by the people, as Alcaldes, are not included in the foregoing article.

Art. 29. No person can decline the office of elector from any cause, or on any pretext whatever.

Art. 30. At the juntas no person shall appear armed, neither shall there be any guard.

Art. 31. The election having closed, the junta shall be immediately dissolved, and any other act, in which they interfere, shall be null.

SECONDARY OR DISTRICT JUNTAS.

Art. 32. Secondary or district juntas shall be composed of primary electors, assembled in the chief towns of the district to choose electors who are to elect the representatives in this capital. The Department of Texas for this object shall be considered as one sole district, whose chief town or capital shall be that of the Department, being the city of Bexar.

Art. 33 The secondary juntas shall be holden on Sunday, the 10th of September next.

Art. 34. One secondary shall be elected for every twenty primary electors that shall be chosen in all the towns of the district.

Art. 35. Should there be a moiety over and above twenty primary electors, another secondary shall be chosen; but should the excess not amount to a moiety it shall not be regarded.

Art. 36. Should any town of the district not have furnished twenty primary electors, a secondary shall be chosen notwithstanding.

Art. 37. At the secondary juntas the President of the capital of the district shall preside, to whom the primary electors shall present themselves with the document proving their election, that their names may be set down in the book in which the acts of the juntas are to be written.

Art. 38. Three days previous to the elections the electors shall meet the President at the place he may appoint, and they shall choose a secretary and two tellers from among themselves.

Art. 39. They shall then present their certificates of election to be examined by the secretary and tellers, who, on the day following, shall inform whether the same be according to law. Those of the secretary and tellers shall be examined by three individuals of the junta, chosen by the same by majority of vote, who shall inform in like manner and at the same time.

Art. 40. On the day aforesaid, the electors having assembled, the reports upon the certificates shall be read, and should any question arise with regard to the qualifications required, the junta shall resolve instanter, and the decision shall be obeyed without appeal.

Art. 41. On the day and hour appointed for the election the electors shall again convene, and, taking their seats without distinction, the sercetary shall read the articles signed by the secondary juntas, and the

hará el Presidente las preguntas, que se contiene en el articulo 18, y se observará lo que en el se contiene.

Art. 42. Inmediatamente los electores primarios nombrarán á los secundarios de uno en uno por escrutinio secreto mediante cedulas.

Art. 43. Concluida la votacion, el Presidente, secretario y escrutadores examinarán los votos, y se tendrá por electo al que halla reunido mas de la mitad, y el Presidente publicará cada eleccion. Si ninguno hubiere obtenido la pluralidad absoluta de votos, los dos en quienes halla recaido el mayor numero entrarán en segundo escrutinio quedando electo el que reunió la pluralidad, y en caso de empate decidira la suerte.

Art. 44. Para ser elector secundario ó de partido se requiere ser ciudadano en el exercicio de sus derechos, mayor de veinte y cinco años, con uno de vecindad y residencia en el partido, y no exercer jurisdiccion contenciosa, civil, ecclesiastica ó militar, ni cura de almas en la extension de todo el partido, pudiendo recaer la eleccion en ciudadanos de la junta ó fuera de ella bien sea del Estado, seglar ó del ecclesiastico secular, entendiendose por actual residente en el partido al que permaneciendo vecino se halla en otro por algun motivo, con tal que pueda concurrir á la capital para la celebracion de la junta general.

Art. 45. Los militares no necesitan el tiempo de residencia prevenido en el articulo anterior.

Art. 46. El secretario extenderá la acta que con el firmarán el Presidente y escrutadores, y se entregará copia firmada, por los mismos á los electores como credenciales de su nombramiento. El Presidente remitirá copia igualmente autorizada al Gobernador ó en su defecto al Vice Gobernador del Estado, donde se hara notoria la eleccion por medio de carteles fixados en los parages mas publicos.

Art. 47. En las juntas secundarias se observará lo provenido para las primarias en los articulos 20, 28, 29, 30 y 31.

DE LA JUNTA GENERAL DEL ESTADO.

Art. 48. Esta se compondrá de los electores secundarios de todos los partidos congregados en esta capital á fin de nombrar diputados á la camara de representantes al Congreso general.

Art. 49. Se celebrará el Domingo primero del proximo Octubre con arreglo al articulo 16 de la Constitucion Federal.

Art. 50. Será presidida por el Gobernador, y en su defecto el Vice Gobernador del Estado, á quien se presentarán los electores con sus credenciales para que sus nombres se apunten en el libro en que han de extenderse las actas de la junta.

Art. 51. Tres dias antes de la eleccion se congregarán los electores con el Gobernador ó con el Vice Gobernador en su caso en el

President shall make the inquiry contained in article 18, the provision whereof shall be obeyed.

Art. 42. The primary electors shall immediately choose the secondary, one by one, by private ballot.

Art. 43. The votes having been given in, the President, secretary, and tellers shall examine the same; the person having more than one half the votes shall be elected, and the President shall declare each election. Should no one receive the absolute majority of votes, the two having the highest number shall be run in a second balloting, and the one who receives the majority shall be elected. In case of a tie it shall be determined by lot.

Art. 44. To be eligible as an elector it shall be required to be a lawful citizen, over twenty-five years of age, having a domicil and residence of one year in the district—to hold no office of controversy, civil, ecclesiastical or military, or the office of curate in the district. The election can devolve on individuals of the junta, or others, provided they belong to the State, laymen or of the secular order; a person shall be considered a resident in the district who continues his domicile therein, and is himself in another; provided he can join the general junta in the capital.

Art. 45. The time of residence, as provided in the preceding article, shall not be required of the military.

Art. 46. The secretary shall commit the act to writing and, together with the President and tellers, sign the same; a copy thereof, signed by the same persons, shall be given to each elector to serve as a certificate of his election; the President shall transmit a copy likewise authenticated to the Governor, and in his default to the Vice Governor of the State, by whom it shall be published by ordinance posted in the most public places.

Art. 47. The provision made for the primary elections in articles 20, 28, 29, 30, and 31, shall also be observed in the secondary.

STATE JUNTA.

Art. 48. The general junta of the State shall be composed of the secondary electors of all the districts, assembled in this capital for the purpose of electing deputies to the Chamber of Representatives in the general Congress.

Art. 49. The said junta shall be holden on the first Sunday in October next, in conformity to article 16th of the Constitution of the Republic.

Art. 50. The Governor of the State shall preside the same, and in his default the Vice Governor, to whom the electors shall present themselves with their credentials, that their names may be written down in a book, wherein the acts of the junta shall be committed to writing.

Art. 51. Three days previous to the election, the electors shall meet with the Governor or Vice Governor, as the case may be, at the

lugar señalado á puerta abierta, y nombrarán á pluralidad de votos un secretario y dos escrutadores de entre ellos mismos.

Art. 52. En seguida se leerá este decreto y las credenciales, igualmente que las certificaciones de las actas, y las elecciones hechas en las cabezeras de partido, á fin de que examinados por el secretario y escrutadores informen al dia siguiente si todo esta arreglado, y las certificaciones de estos serán vistas por tres individuos de la junta nombrados á pluralidad de votos por la misma, quienes informarán en la propia forma y en el propio dia.

Art. 53. Juntos en el los electores se leerán los informes, y hallando reparo sobre las credenciales ó certificaciones, ó sobre las calidades de los electores la junta resolverá en el acto y su resolucion se executará sin recurso.

Art. 54. En el dia señalado para eleccion, juntos los electores sin preferencia de asientos, á puerta abierta, hará el presidente la pregunta prevenida en el articulo 18, y se observará quanto en el se dispone.

Art. 55. En seguida los electores nombrarán al diputado mediante cedula.

Art. 56. Concluida la votacion, el presidente, secretario y escrutadores harán el escrutinio de los votos, y se publicará como elegido aquel que halla reunido la pluralidad absoluta. Si ninguno se hallare con ella se hará segunda votacion sobre los dos que tengan el mayor numero y quedará elegido el que obtenga la pluralidad de votos, en caso de empate la suerte decidirá.

Art. 57. Despues de la eleccion de diputado propietario se procederá á la del suplente por el mismo metodo.

Art. 58. Con arreglo á los articulos 11, 12 y 13 de la Constitucion general deve nombrarse en este Estado un diputado propietario y un suplente.

Art. 59. Estos diputados deberán tener las calidades que piden los articulos 19, 20, y 21 de la referida Constitucion, y no podrán serlo los exceptuados por el articulo 23 de la misma,

Art. 60. El secretario extenderá la acta de las elecciones, que con el firmarán el presidente y los electores, y el segundo hará que se publique una lista de los diputados electos, firmada por el, y el secretario, remitiendo un exemplar á cada pueblo del Estado.

Art. 61. Verificada que sea la eleccion de los expresados diputados de la junta, dispondrá lo conveniente para cumplir con lo prevenido en el articulo 17 de la Constitucion Feberal de los Estados Unidos Mexicanos.

Art. 62. Se observarán en la junta general los articulos 20, 28, 29, 30 y 31.

Lo tendrá entendido el Vice Gobernador interino del Estado para su cumplimiento, haciendolo publicar y circular.

Dado en el Saltillo á 28 de Julio de 1826.

place appointed, with open doors, and they shall appoint, by majority of vote, a secretary and two tellers from among themselves.

ART. 52. This decree, the credentials, also the authenticated record of the acts and the elections holden in the chief towns of the districts, shall be read; the secretary and tellers shall examine the same, and report on the day following whether the whole be according to law —the credentials of the latter shall be examined by three individuals of the junta, chosen by majority of votes, who shall report in like manner and on the same day.

ART. 53. The electors having assembled on the day aforesaid, the reports shall be read, and should any doubt appear upon the credentials or certificates, or the qualifications of the electors, the junta shall decide instanter, and the resolution shall be obeyed without appeal.

ART. 54. On the day appointed for the election, the electors having assembled and seated themselves without distinction, with open doors, the President shall make the inquiry as specified in article 18, the entire provision whereof shall be obeyed.

ART. 55. The electors shall then choose the deputy by ballot.

ART. 56. The votes having been given in, the President, secretary, and tellers shall examine the same, and the person receiving the absolute majority shall be declared elected; should no one receive such majority, the two having the highest number shall be elected. Should there be a tie it shall be decided by lot.

ART. 57. After the election of deputy proprietor, the deputy supletory shall be elected in the same manner.

ART. 58. In conformity to articles 11, 12, and 13 of the Constitution of the Republic, it belongs to the State to elect one deputy proprietor and one supletory.

ART. 59. The said Deputies shall possess the qualifications required by articles 19, 20, and 21 of the Constitution aforesaid, and those excepted by article 23 therein, cannot be elected.

ART. 60. The secretary shall commit the act of the elections to writing, and, together with the President and the electors, sign the same; and the President shall cause a list of the deputies elected, signed by himself and the secretary, to be published, and shall transmit a copy to each of the towns of the State.

ART. 61. The election of the aforementioned deputies having closed, the junta shall make the proper arrangements for complying with the provisions of article 17 of the Constitution of the Republic.

ART. 62. In the State junta the articles 20. 28, 29, 30 and 31' shall be obeyed.

For its fulfilment, the Vice Governor of the State, ad interim, shall cause it to be published and circulated.

Given in Saltillo on the 28th of July, 1826.

DECRETO No. 25.

El Congreso constituyente del Estado libre independiente y soberano de Coahuila y Texas, en cumplimiento de la ley general de 24 de Agosto de 1824, y en uso de la facultad que la misma ley le concede para reglamentar la reposicion de las compañias de Caballeria permanente, que debe existir en su territorio, decreta:

ARTICULO 1. El Gobernador del Estado exigirá de las primeras autoridades politicas, y estas de sus inmediatos subalternos en su caso el numero de reclutas que necesiten para completar la fuerza que deben tener las compañias presidiales de caballeria permanente destinados á la defensa del mismo Estado, con arreglo á la ley general de 21 de Marzo del presente año.

ART. 2. El Gobierno, y cada una de dichas autoridades politicas á su vez repartirán el numero referido en el articulo anterior entre los respectivos distritos con arreglo á la poblacion, manifestando á sus subalternos la obligacion y responsabilidad en que se hallan de manifestar el cupo que se hubiere asignado, dentro del termino señalado, y ciudando de que en esta asignacion no se perjudique en lo posible la agricultura, mineria y artes.

ART. 3. Para cumplir en lo dispuesto en el articulo 7 de la citada ley de 24 de Agosto, se repitirá en los mismos terminos que previene el articulo anterior, el numero de remplazos que hallan de quedar alistados para cubrir las bases subsequentes de dichas compañias presidiales.

ART. 4. Los Ayuntamientos auxiliados de la fuerza armada, si fuere necesario procederán á hacer levas, y de ellas entresacarán los individuos que necesiten para completar el numero que se les halla designado.

ART. 5. Verificadas que sean dichas levas, se destinarán con preferencia al servicio militar los vagos y mal entretenidos, si con el numero de estos no se completare el cuerpo designado se echará mano de los solteros que hagan menos falta á sus familias, *sorteandose entre todos los de esta clase los individuos que se necesiten.*

ART. 6. En cada municipalidad habrá una junta, compuesta del Alcalde primero, dos regidores y un sindico para calificar las circumstancias y calidades de los comprendidos en el articulo anterior con arreglo á las ordenanzas y leyes vigentes.

ART. 7. Si alguno se creyere agraviado con el fallo de la expresada junta, hará su ocurso al Gobernador del Estado, quien decidira definitivamente; pero entre tanto cumplirá con los deberes de soldado.

ART. 8. Si el reclamo interpuesto resultare justo al individuo, que lo halla hecho, quedará libre del servicio militar por esta sola vez, si el impedimento no fuere perpetuo, remplazandose con otro del mismo suelo. A los gastos que se erroguen en la manutencion del agraviado y á los que el haga en sus recursos será responsable la junta calificadora.

ART. 9. El commandante general de las armas podrá disponer segun la ordenanza se soliciten reclutas por enganchamientos, y que se

DECREE No. 25.

The Congress of the State of Coahuila and Texas, in compliance with the general law of August 24, and in exercise of the power granted thereby to the same for replacing the companies of permanent Cavalry which ought to exist in the State, decrees:

ART. 1. The Governor of the State shall demand of the chief political officers, and the latter of their immediate subordinates, the number required to complete the necessary force of the fortress companies of permanent cavalry, destined to the defence of the State, according to the general law of March last.

ART. 2. The Executive, and each of the said chief officers in their turn, shall make an allotment of the aforementioned number among the respective districts in proportion to the population, manifesting to their subordinates the obligation and responsibility they are under of shewing that the allotments are filled within the time specified, and taking care that in the same as little injury as possible shall be occasioned to agriculture, mining, and the arts.

ART. 3. In order to comply with the provision of article 7 of the aforementioned law of the 24th of August, the number of recruits to be enrolled in order to fulfill the future basis of the said fortress companies, shall be repeated in the terms therein specified.

ART. 4. The Ayuntamientos, with the assistance of armed force should it be necessary, shall proceed to make levies, and to take from among the same the individuals required to complete the number assigned.

ART. 5. The levies having been made, vagrants and disorderly persons shall be taken in preference for military service: and should the number designated not be completed with persons of this description, unmarried men, who can be spared by their families with the least inconvenience, shall be taken, *and the latter shall draw lots to complete the number required.*

ART. 6. In each municipality there shall be a junta, composed of the first Alcalde, two Regidores, and one Sindico, to investigate and determine the circumstances and qualifications of those comprised in the foregoing articles, according to the ordinances and existing laws.

ART. 7. Should any individual claim to be aggrieved by the decision of the junta aforesaid, he shall appeal to the Governor of the State, who shall give the final decision; but, during the interval, the appellant shall comply with a soldier's duties,

ART. 8. Should the claim of the appellant prove to be just, he shall be exempt from military service for that time only, should the impediment not be perpetual, his post being filled by another of the same place. For the expense incurred in the support of the aggrieved party, also for that he incurs in the appeal, the junta of investigation shall be responsible.

ART. 9. The general military commandant may direct, agreeably to the ordinance, that recruits be obtained by entrapment and decoy, and

admitan los que voluntariamente se presenten, poniendo banderas en los lugares que les señale el Gobernador del Estado. En este caso los comisionados al efecto por dicho gefe militar, darán aviso á los Ayuntamientos respectivos del numero y nombres de los sugetos que por estos medios hallan conseguido, para que se rebajen del cuerpo designado.

Art. 10. Si en la lista que los comisionados pasen á los Ayuntamientos en observancia de lo dispuesto en el articulo anterior, se hallaren sirvientes asalariados no se tendrán por presentados voluntariamente al servicio militar sin que preceda pago de la cantidad, que deben ó convenio entre el sirviente y el amo, ó de este con el comisionado.

Art. 11. De los de la segunda clase que expresa el articulo 5, quedaran alistados sorteandose tambien como alli los que se destinen al deposito que designa el articulo 7 de la ley general de la materia, siempre que para llenar las plazas vacantes no hubiere individuos de la clase que demarca la primera parte del mencionado articulo 5.

Art. 12. Se admitiran los remplazos que ofrescan por sus personas, los tomados en leva con arreglo á la segunda parte del citado art. 5 siendo á la satisfaccion de la junta calificadora, pero el haberlo hecho una ó mas veces no lo eximirá del servicio de las armas, quando por otra le toque prestarse.

Art. 13. Los civicos por solo la razon de serlo están exemptos de dicho servicio.

Art. 14. El Gobernador previamente se pondrá de acuerdo con el Gobierno de la federacion para que le ministre las cantidades necesarias á satisfacer el prest y gastos de reclutas.

Art. 15. Para facilitar el cumplimiento de esta ley el Gobierno dará á las autoridades subalternos todas las instrucciones que estime necesarias.

Lo tendrá entendido el Vice Gobernador interino del Estado para su cumplimiento, haciendolo imprimir, publicar y circular.

Dado en el Saltillo á 29 de Abril de 1826.

DECRETO No. 26.

El Congreso constituyente del Estado libre, independiente y soberano de Coahuila y Texas, ha tenido á bien decretar lo siguiente:

Entre tanto se arregle el modo y terminos para que deben recibirse y habilitarse los abogados del Estado, el Gobierno permitirá exercer su facultad á los que lo soliciten exigiendoles su titulo legalizado, y certificacion autorizada de no estar suspensos en el exercicio de su profesion.

Lo tendrá entendido el Vice Gobernador interino del Estado para su cumplimiento, haciendolo imprimir, publicar y circular.

Dado en el Saltillo á 14 de Octubre de 1826.

that those who present themselves voluntarily be admitted—raising flags in such places as the Governor of the State shall designate. In this case those commissioned by the aforementioned chief, for the purpose, shall give notice to the respective Ayuntamientos of the number and names of the persons raised in this manner, that they may be deducted from the number designated.

ART. 10. Should hired servants appear in the lists presented to the Ayuntamientos by the persons commissioned in compliance with the provision of the preceding article, they shall not be considered as having presented themselves voluntarily to the military service, unless the amount they owe be previously paid, or there be an agreement between the servant and the master, or between the latter and the person commissioned.

ART. 11. From the second class, specified in article 5, those shall be enrolled who are destined to the depot specified in article 7 of the general law on the subject, also by lot as in the former instance; provided there be not a sufficient number of the class specified in article 5 aforesaid, to fill the vacant posts.

ART. 12. Those who volunteer as substitutes, and those taken in levy according to the second part of article 5 aforesaid, shall be admitted, should it be satisfactory to the junta of investigation; but one or more instances of the kind shall not exempt them from military service when, on another occasion, it shall belong to them to offer themselves.

ART. 13. Those belonging to the civic militia shall, for that reason alone, be exempt from the said service.

ART. 14. The Governor shall previously agree with the Executive of the Republic, that the latter may furnish him with the funds required to satisfy the daily pay and expenses of the recruits.

ART. 15. That this law be more easily fulfiled, the Executive shall give to the subordinate officers all the instructions he shall deem necessary.

For its fulfilment, the Vice Governor of the State, ad interim, shall cause it to be printed, published, and circulated.

Given in Saltillo on the 29th of April, 1826.

DECREE No, 26.

The Congress of the State of Coahuila and Texas, has thought proper to decree the following:

Until the manner and terms whereby the Counsellors at Law of the State are to be admitted and qualified, the Executive shall permit those who apply to him to exercise their profession, exacting of them their lawful diploma, and authenticated certificate that they are not suspended in the practice of their profession.

The Vice Governor of the State, ad interim, shall order the same to be printed, published, and circulated, for its fulfilment.

Given in Saltillo on the 14th of October, 1826.

DECRETO No. 27.

El Congreso constituyente del Estado libre, independiente y soberano de Coahuila y Texas, teniendo en consideracion que dentro de muy en breve deben eligirse las municipalidades del Estado con arreglo á la Constitucion del mismo que pronto vá á regir, y queriendo evitar la incommodidad y perjuicios que pueden originarse á los pueblos por la repeticion de juntas electorales y demas actas concernientes, ha tenido á bien decretar:

Los actuales Ayuntamientos continuarán por esta sola vez en el exercicio de sus funciones hasta que sean renovados, conforme al sistema que dimane de la Constitucion del Estado.

Lo tendrá entendido el Vice Gobernador interino del Estado para su cumplimiento, haciendolo imprimir, publicar y circular.

Dado en el Saltillo á 28 de Noviembre de 1826.

DECRETO No. 28.

El Congreso constituyente del Estado libre, independiente y soberano de Coahuila y Texas, con el objeto de llenar en alguna manera los deseos del Gobierno sobre expeditar el curso de los negocios de los pueblos, y teniendo en consideracion que muy en breve se verificarán las elecciones del Consejo y demas empleados conforme al sistima constitucional, ha tenido á bien decretar:

ART. 1, El Consejo de Gobierno, establecido por el Decreto No. 19, se compondrá por ahora de dos vocales proprietarios que existan en el Estado, y un suplente, que nombrará el Congreso.

ART. 2. En todo lo demas queda vigente el Decreto No. 19, al que se arreglará el cuerpo consultivo.

ART. 3. En los casos de imposibilidad física ó moral de algun vocal propietario, hará sus veces el suplente.

Lo tendrá entendido el Gobernador interino del Estado para su cumplimiento, haciendolo imprimir, publicar y circular.

Dado en la villa del Saltillo á 16 de Febrero de 1827.

DECRETO No. 29.

Establece la formula de juramento que ha de prestarse por las autoridades del Estado á la Constitucion del mismo, y terminós en que se entregue al Gobierno para su publicacion solemne.

El Congreso constituyente del Estado libre, independiente y soberano de Coahuila y Texas, haviendo sancionado la Constitucion politica

DECREE No. 27.

The Congress of the State of Coahuila and Texas, taking into consideration that according to the Constitution of the State, about to govern, the municipalities ought very soon to be elected, and with a view to prevent the inconvenience and injury that might result to the towns from a repetition of electoral juntas and other acts relating thereto, has thought proper to decree:

The present Ayuntamientos shall, for this time only, continue in the exercise of their functions until removed according to the plan that shall originate in the Constitution of the State.

For the fulfilment thereof, the Vice Governor of the State, pro tem. shall cause the same to be printed, published and circulated.

Given in Saltillo on the 28th of November, 1826.

DECREE No. 28.

With a view to comply in some manner with the desires of the Governor on the subject of promoting the more ready despatch of the business of the towns, and considering that the election of the Council and other officers, according to the Constitution, is about to take place, the Congress of the State of Coahuila and Texas has resolved to decree as follows:

ART. 1 The Executive Council, established by Decree No. 19, shall be composed for the present of two voters proprietors, who are present in the State, and one supletory, and shall be chosen by Congress.

ART. 2. In all other respects the Decree No. 19 shall continue in force, and the Councils conforming to the same.

ART. 3. In case of moral or physical inability on the part of any voter proprietor, the supletory shall act in his place.

For its fulfilment, the Governor of the State, ad interim, shall cause it to be printed, published and circulated.

Given in Saltillo on the 16th of February, 1827.

DECREE No. 29.

Form of oath to be taken by the Officers of the State to obey the Constitution of the same, and the manner said Constitution is to be delivered to the Executive to be solemnly published.

The Congress of the State of Coahuila and Texas, having sanctioned the political Constitution of said State, and desiring that the oath and

del mismo Estado, y queriendo que su juramento y publicacion se verifique con el aparato y solemnidad correspondiente á tan deseado y venturoso acontacimiento, ha tenido á bien decretar lo siguiente:

Art. 1. El dia 11 del corriente en sesion publica, que comenzará á las diez de la mañana, ·c leerá integra la citada Constitucion, en seguida la firmarán en dos originales manuscritas, todos los Diputados existentes en esta capital, y una comision de tres individuos, ncluso un secretario del Congreso, recivirá de manos del Presidente uno de dichos exemplares, y pasará á presentarlo al Gobernador del Estado para que lo conserve en su archivo.

Art. 2. En sesion puplica del dia doce que dará principio á la misma hora de las diez prestarán el juramento de hacer guaidar la Constitucion politica del Estado, primero el Presidente en manos de uno de los secretarios, y despues los demas Diputados en manos del Presidente. En seguida se presentarán en el salon de sesiones el Gobernador y illustre cuerpo consultivo, quienes prestarán el mismo juramento en manos del Presidente, y concluido este acto se dirigerán acompañados de las autoridades, y empleados, á la iglesia parroquial donde se cantará un solemne te deum en accion de gracia al Todo Poderoso.

Art. 3. El secretario del despacho de Gobierno, el Ayuntamiento, la autoridad Ecclesiastica, los gefes de oficina, y el prelado de la comunidad religiosa de San Francisco, jurarán la observancia de la Constitucion en manos del Gobernador. Los empleados de la federacion prestarán del mismo modo por ahora y mientras se resuelve por el Congreso general de la Union si deven jurarla que la obedecerán y harán que la obedescan sus subalternos y dependientes de las demas autoridades, corporaciones y oficinas prestarán ante sus gefes el mismo juramento, todos el dia que el Gobierno les designe.

Art. 4. El Gobernador señalará el dia en que se ha de hacer la publicacion solemne de la Constitucion en esta capital, y verificada aquella, comunicará esta inmediatamente al gefe del Departamento de Texas, y Alcaldes primeros de los demas Ayuntamientos del Estado para que procedan á publicarla en los pueblos de su distrito. El mismo Gobernador areglará la ceremonia de la publicacion en esta capital, cuidando de que se haga con la posible dignidad, y hara las prevenciones convenientes para que igualmente se solemnize en los demas pueblos del Estado.

Art. 5. En el Departamento de Texas y los demas pueblos fuera de la capital el gefe de policia y los Alcaldes primeros de cada Ayuntamiento prestarán ante este el referido juramento, y despues lo verificarán en manos del propio gefe ó Alcaldes los demas individuos de la corporacion. Los curas parocos y los gefes de las rentas de sus ditritos, háciendolo en iguales terminos la protesta de que habla el articulo

publication thereof be effected with the pomp and solemnity corresponding to an event so fortunate, and so much desired, has thought proper to decree:

ART. 1. On the 11th instant, in public session, to commence at 10 o'clock in the morning, the aforementioned Constitution shall be read entire; all the Deputies present in the capital shall then sign two first copies in manuscript, and a committee of three individuals, including the secretary of Congress, shall receive one of the said first copies from the hands of the President, and shall pass to present the same to the Governor of the State, that he may preserve the same in his archives.

ART. 2. On the 12th, in public session, to commence at 10 o'clock A. M., one of the secretaries holding the political Constitution of the State in his hands; first, the President shall take oath to cause the same to be obeyed; and afterwards the other Deputies, in the hands of the President. The Governor and Council shall then present themselves in the hall of sessions, and take the same oath, in the hands of the President; and this act having closed, they shall proceed, accompanied by the Deputies and officers, to the Parish Church, where a solemn Te Deum shall be chaunted in act of gratitude to the Supreme Being.

ART. 3. The Secretary of State, the Ayuntamientos, Ecclesiastical officers, superiors of offices for transacting public business, and the Prelate of the religious fraternity of San Francisco, shall take oath before the Governor to obey the Constitution. The officers in national employ, for the present, and until the general Congress shall resolve whether they should, shall take oath in the same manner, to obey the said Constitution, and cause their subordinates to obey the same.— Those belonging to a religious communion, before their respective Prelate; and the subordinates, the other officers employed by other authorities, corporations, and business offices, shall take the same oath before their superiors—all on the day the Governor shall appoint.

ART. 4. The Governor shall designate the day for the solemn publication of the Constitution in this capital, which being done, he shall communicate the same immediately to the Chief of Department of Texas, and to the first Alcaldes of the other Ayuntamientos of the State, that they may proceed to publish the same in the towns of their district. The Governor shall regulate the ceremony for the publication thereof in this capital, taking care that the same be conducted with due dignity; and he shall also take the proper measures that the said Constitution be likewise solemnly published in all the other towns of the State.

ART. 5. In the Department of Texas, and in the other towns apart from the capital, the Chief of Police, and first Alcaldes of each Ayuntamiento, shall take the said oath before the Ayuntamiento of this capital, and afterwards the other members of the respective corporations before the said chief, or respective alcaldes; also curates, and State agents or superior officers having charge of the administration of the rents in their districts; and also those who are present in the said towns and

3, los empleados de la federacion existentes en dichos pueblos y departamentos.

Art. 6. En esta capital, y en los demas pueblos del Estado prestarán el propio juramento el pueblo y el resto del clero en sus respectivos parroquias en la forma acustumbrado, y en el dia que designen sus Ayuntamientos.

Art. 7. De todos estos actos se extenderá la acta correspondiente y se sacarán dos testimonios, que se remitirán por quien deba hacerlo al Gobernador del Estado para que archivando uno en su secretaria pase el otro al Congreso con el mismo objeto.

Art. 8. La formula de que ha de usarse en el juramento de que hablan las articulos 3 y siguientes, sera en estos terminos:

Jurais á Dios guardar y hacer guardar la Constitucion politica del Estado libre y soberano de Coahuila y Texas, sancionado por su Congreso constituyente en 11 de Marzo de 1827? (Responderán si juro.) Si asi lo haceis Dios, os lo premie y si no os lo demande, y ademas sereis responsable al Estado. (Respecto del pueblo y qualesquiera otras personas que no exercen autoridad ó jurisdiccion, se omitirán las palabras *y hacer guardar*.)

Art. 9. El individuo ó individuos comprendidos en los articulos de este decreto, que directa ó indirectamente se resisterán á prestar el juramento serán estrañados del Estado, si requiridos una vez por el Gobierno ó autoridad competente permanecieren en su proposito.

Lo tendrá entendido el Gobernador interino del Estado para su cumplimiento, haciendolo imprimir, publicar y circular.

Dado en la villa del Saltillo á 6 de Marzo de 1827.

Aqui la Constitucion del Estado sancionada en 11 de Marzo de 1827.

DECRETO No. 30.

El Congreso constituyente del Estado libre, independiente y soberano de Coahuila y Texas, ha tenido á bien decretar lo que sigue:

El Gobernador para la impresion y publicacion de la Constitucion sancionada y mandada publicar y circular, usará de la formula siguiente:

El Gobernador interino del Estado libre de Coahuila y Texas, á todos sus habitantes sabed: Que el Congreso constituyente del mismo Estado ha decretado y sancionado la siguiente, (aqui la Constitucion desde su epigrafe hasta la conclusion y firmas todas.) Por tanto mando se imprima, publique, circule y se le de el debido cumplimiento.

departments, and in employ of the general government, shall take the same oath as prescribed in article 3.

ART. 6. In this capital, and in the other towns of the State, the people and the rest of the clergy shall take the same oath in their respective parishes, in the accustomed form, and on the day their Ayuntamientos shall appoint.

ART. 7. The corresponding act of all these acts shall be committed to writing, and two attested copies shall be taken out and transmitted, by whom it belongs, to the Governor of the State, who shall deposit one in the archives of his secretary's office, and pass the other to Congress with the same object.

ART. 8. The form of the oath, mentioned in the third and following articles, shall be as follows:

You solemnly swear, before God, to obey the political Constitution of the State of Coahuila and Texas, sanctioned by Congress on the 11th of March, 1827, and cause the same to be obeyed. (They shall answer yes, I do swear.) So help you God; should you not, may it be demanded of you in judgment, and moreover you shall be answerable to the State. (With respect to the people, and others not holding office, the words *"and cause the same to be obeyed"* shall be omitted.)

ART. 9. Any individual or individuals, comprised in the articles of this decree, who shall, directly or indirectly, refuse to take the oath, shall be rejected by the State, should they, on being once required by the Executive or competent authority, persist in their pnrpose.

For its fulfilment, the Governor of the State, ad interim, shall cause it to be printed, published and circulated.

Given in Saltillo on the 6th of March, 1827.

The Constitution of the State sanctioned on the eleventh of March 1827.

DECREE No. 30.

The Congress of the State of Coahuila and Texas has thought proper to decree the following:

For printing and publishing the Constitution, sanctioned and ordered to be published and circulated, the Governor shall use the following form:

The Governor, pro tem., of the State of Coahuila and Texas, to all the inhabitants thereof: Be it known, that the Congress of the said State has decreed and sanctioned the following Constitution: (the Constitution with the preliminary and signatures thereof to be here inserted.) Wherefore, I command it to be printed, published, circulated, and duly fulfilled.

Dado, &c. Aqui la firma del Gobernador, y luego la del Secretario.

Lo tendrá entendido el Gobernador interino del Estado para su cumplimiento, haciendolo imprimir, publicar y circular.

Dado en el Saltillo á 11 de Marzo de 1827.

DECRETO No. 31.

Convocatoria para el primer Congreso Constitucional.

El Congreso constituyente del Estado libre, independiente y soberano de Coahuila y Texas, teniendo en consideracion que de practicarse las elecciones de los Diputados al primer Congreso ordinario, del Gobernador, Vice Gobernador, y Consejeros en el tiempo que prescribe la Constitucion del mismo Estado, no podrian verificarse aquellas hasta los meses de Agosto y Setiembre, ni estos desempenar sus funciones sino hasta los de Enero y Marzo del año de 1828, y deseando en lo posible evitar estos atrazos por lo que de ellos podrian seguirse al Estado con notable perjuicio de su administracion interior, ha tenido á bien decretar que por esta sola vez se celebren dichas elecciones, instale el Congreso, y esten á exercer sus empleos el Gobernador, Vice Gobernador, y Consejeros, en los terminos que expresa la siguiente ley de Convocatoria.

LEY DE CONVOCATORIA,

SECCION PRIMERA.

DEL CONGRESO.

Art. 1. El Congreso es la reunion de los Diputados que representa el Estado eligidos en la forma que se dira, y su numero hasta el año de 1832, será el de doce proprietarios y seis suplentes.

Art. 2. El Congreso abrirá sus sesiones el dia primero de Julio del corriente año, y con este objeto y el de su solemne instalacion estaran los Diputados en la capital para el dia 27 de Junio.

Art. 3. Cada uno de los partidos del Saltillo, Parras y Monclova, nombrarán tres Diputados proprietarios, dos el de Texas, y uno el de Rio Grande. El partido del Saltillo nombrará dos Diputados suplentes, y uno cada uno de los otros partidos.

Art. 4. Para ser Diputado proprietario ó suplente se requiere tener al tiempo de la eleccion las calidades siguientes:

Primera—Ser cuidadano en el exercicio de sus derechos.

Given, &c. To be here signed by the Governor, and then by the Secretary.

For its fulfilment, the Governor of the State, ad interim, shall cause it to be printed, published and circulated.

Given in Saltillo on the 11th of March, 1827.

DECREE No. 31.

Convocation for the first Coostitutional Congress.

The constituent Congress of the State of Coahuila and Texas, taking into view that should the election of Deputies to the first Congress, of Governor, Vice Governor, and Councillors, be effected within the time the Constitution of the State prescribes, the former cannot take place until the months of August and September; neither can the latter officers exercise their functions until January and March, 1828; and desiring as far as possible to avoid these perplexities, which would obviously occasion great injury to the State, and internal administration thereof, has thought proper to decree: that, for this time only, the elections be holden, Congress installed, and the Governor, Vice Governor, and Councillors, enter on the exercise of their functions in the manner stated in the following law of Convocation,

CONVOCATION LAW.

SECTION FIRST.

CONGRESS.

ART. 1. Congress shall be the union of the Deputies, representing the State, elected in the manner hereinafter provided, and until 1832 the number thereof shall consist of twelve proprietors and six supletories.

ART. 2. Congress shall open their sessions on the 1st of July, and with this object, and that of the solemn installation thereof, the Deputies shall be present in the capital by the 27th of June.

ART. 3. The districts of Saltillo, Parras, and Monclova, shall elect three Deputies proprietors each, that of Texas two, and Rio Grande one. The district of Saltillo shall elect two, and each of the other districts one Deputy supletory.

ART. 4. To be eligible to the office of Deputy proprietor or supletory, the following qualifications at the time of the election shall be required:

First—To be a citizen in the enjoyment of his rights.

Segunda—Tener la edad de 25 años cumplidos.

Tercera—Ser vecino del Estado, con residencia en el de dos años inmediatos antes de su eleccion. A los naturales del Estado les bastará tener los dos primeros requisitos.

Art. 5. Los no nacidos en el territorio de la federacion necesitan para ser Diputados proprietarios tener ocho años de vecidad en el, y ocho mil pesos en bienes raizes ó una industria que les produsca mil cada año, y las calidades prevenidas en el articulo antecedente.

Art. 6. Se exceptuan del articulo anterior los nacidos en qualquiera otra parte del territorio de la America, que en el año de 1810 dependia de la España, y que no se halla unido á otra nacion, ni permanesca en dependencia de aquella, á quienes bastará tener tres años completos de vecindad en la Republica Mexicana, y las circumstancias prescritas en el articulo 4.

Art. 7. No pueden ser Diputados propietarios ó suplentes,

Primero—El Gobernador, el Vice Gobernador del Estado, ni los individuos del Consejo de Gobierno,

Segundo—Los empleados de la federacion.

Tercero—Los funcionarios civiles de provison del Gobierno del Estado.

Quarto—Los Ecclesiasticos que exercen qualisquiera especie de jurisdiccion ó autoridad en algun lugar de los del partido donde se haga la eleccion.

Quinto—Estrañgeros, en el tiempo que halla declarado la guerra entre la nacion de su origen y la Mexicana.

Art. 8. Para que los funcionarios publicos de la federacion ó del Estado comprendidos en el articulo anterior puedan ser elegidos Diputados, deberán haver cesado absolutamente en sus destinos quatro meses antes de las elecciones.

Art. 9. Los Diputados del Congreso actual no pueden ser relegidos.

SECCION SEGUNDA.

DEL GOBERNADOR, VICE GOBERNADOR, Y CONSEJEROS.

Art. 10. El Gobernador del Estado debe reunir al tiempo de su nombramiento las calidades siguientes:

Primera—Ser ciudadano en el exercicio de sus derechos.

Segunda—Nacido en el territorio de la Republica.

Tercera—De edad de treinta años cumplidos.

Quarta—Vecino de este Estado, con residencia en el, de cinco años, dos de ellos inmediatos á su eleccion,

Art. 11. Los Ecclesiasticos, los militares, y demas empleados de la federacion en actual servicio de la misma, no pueden obtener empleo de Gobernador.

Art. 12. Habrá igualmente en el Estado un Vice Gobernador, y sus calidades serán las mismas requeridas para el Gobernador,

Second—To have attained the age of twenty-five years.

Third—To be domiciliated in the State, and to have resided therein the two years immediately preceding their election. For natives of the State the two first requisites shall be sufficient.

Art. 5. Those not born within the territory of the Republic to be eligible as Deputies proprietors, shall have been eight years domiciliated therein, and shall possess real estate to the amount of eight thousand dollars, or an industrious employment that shall yield them one thousand dollars per annum, and the qualifications provided in the foregoing article.

Art. 6. Natives of any other part of the American continent, in 1810 subject to Spain, and not now annexed to any other nation, nor in subjection to the former, shall be, excepted from the foregoing article; and for such, three years domicil in this Republic, and the requisites prescribed in article 4, shall be sufficient.

Art. 7. The following persons cannot be Deputies proprietors or supletories:

First—The Governor and Vice Governor of the State, and members of the Executive Council.

Second—Persons in employ of the general government.

Third—Civil functionaries whose offices are confered by the Executive of the State.

Fourth—Ecclesiastics exercising any jurisdiction or authority in the district where the election is holden.

Fifth—Foreigners in time of war between their own country and this Republic.

Art. 8. The public officers of the general government, and of the State, to be eligible as Deputies, shall be required to have been out of office four months previous to the election.

Art. 9. The Deputies of the present Congress cannot be elected.

SECTION SECOND.

GOVERNOR, VICE GOVERNOR, AND COUNCILLORS,

Art. 10. The Governor of the State shall possess the following qualifications at the time of his election:

First—He shall be a citizen in the enjoyment of his rights.

Second—A native of this Republic.

Third—Shall have attained to thirty years of age.

Fourth—Shall be domiciliated in this State, having resided five years therein, two of which shall be immediately preceding his election.

Art. 11. Ecclesiastics, military, and other officers of the general government, in actual service, cannot obtain the office of Governor.

Art. 12. There shall be likewise a Vice Governor of the State, whose qualifications shall be the same as those required for Governor.

ART. 13. Para el mejor desempeño en el exercicio de sus funciones tendrá el Gobernador un cuerpo consultivo que se denominará consejo de Gobierno, y lo compondrán tres vocales proprietarios, y dos suplentes, de todos los quales solo uno podrá ser Ecclesiastico.

ART. 14. Para ser individuos con consejo se requieren las mismas calidades que para ser Diputado Los que estan inhibidos de ser Diputados no pueden ser Consejeros.

ART. 15. Los elegidos para estos empleos tomarán posesesion de sus destinos el dia 1.º de Agosto, y no podrán escusarse de servirles sino los Diputados del Congreso al tiempo de la eleccion, y los que á juicio del mismo Congreso estan imposibilitados fisica ó moralmente.

SECCION TERCERA.

DEL NOMBRAMIENTO DE LOS DIPUTADOS.

ART. 16. Para la eleccion de los Diputados se celebrarán asambleas electorales municipales, y asambleas electorales de partido.

De las Asambleas Electorales Municipales.

ART. 17. Las asambleas electorales municipales se compondrán de los ciudadanos que esten en el exercicio de sus derechos, y que sean vecinos y residentes en el territorio del respectivo Ayuntamiento, no pudiendo excusarse nadie de esta clase de concurrir á ellas.

ART. 18. Estas asambleas se celebrarán el Domingo 22 de Abril y el dia siguiente, para nombrár los electores de partido que deben elegir á los Diputados, y á este fin ocho dias antes ó menos si asi lo exige la premura del tiempo, el Presidente de cada Ayuntamiento convocará á los ciudadanos de su distrito por el correspondiente bando, ó como sea de costumbre avisando á las haciendas y ranchos del mismo distrito para inteligencia de sus vecinos.

ART. 19. Para que los ciudadanos puedan asistir con mayor comodidad, cada Ayuntamiento, segun la localidad de su territorio, determinará el numero de asambleas municipales que deben formarse á su demarcacion, y los parajes publicos en que hallan de celebrarse designando á cada una los puntos que le correspondan.

ART. 20. Serán presididas, una por el gefe de policia ú el Alcalde, y las restantes por los demas individuos del Ayuntamiento á quien toque por suerte, y por falta de estos, nombrará aquella corporacion para el Presidente de la referida asamblea municipal á un vecino del distrito designado á la misma que sepa leer y escribir.

ART. 21. En el citado Domingo de Abril llegada la hora de la reunion, hallandose juntos los ciudadanos, que hayan concurrido en el lugar señalado para ella se dará principio á estas asambleas nombrando de entre ellos mismos á pluralidad de votos un secretario y dos escrutadores, que sepan tambien leer y escribir.

ART. 13. For the better discharge of his official duties, the Governor shall have a body for consultation, to consist of three voters proprietors and two supletories, of all whom one only can be an Ecclesiastic.

ART. 14. The qualifications required for a Councillor shall be the same as those required for a Deputy. Those not eligible to the office of Deputy shall not be eligible to that of Councillor.

ART. 15. Those elected to these offices shall take possession of the same on the first of August, and cannot decline the service thereof, except the Deputies of Congress at the time of the election, and those who, in the opinion of the said Congress, are morally or physically disabled.

SECTION THIRD.

ELECTION OF DEPUTIES.

ART. 16. For the election of Deputies municipal electoral and district electoral assemblies shall be holden.

Municipal Electoral Assemblies.

ART. 17. The municipal electoral assemblies shall be composed of citizens enjoying their rights, domiciliated and resident within the limits of the respective Ayuntamiento. No person of this class can decline attending the same.

ART. 18. Said assemblies shall be holden on Sunday the 22d of April, and day following, to choose district electors, who are to elect the Deputies. For this purpose, eight days previous, or less, should the pressure of the time require, the President of each Ayuntamiento shall convoke the citizens of his district by the proper edict, or as the custom may be, giving notice to the haciendas and ranchos of the same district, that the same may come to the knowledge of the citizens thereof.

ART. 19. That the citizens may more conveniently attend, each Ayuntamiento, according to the locality of its territory, shall determine the number of municipal meetings to be formed in its limits: also the public places where they shall be holden, designating to each the places corresponding thereto.

ART. 20. They shall be presided, one by the Chief of Police, or the Alcalle, and the rest by the other individuals of the Ayuntamiento, as it shall fall to them by lot; and in default of the latter, the said Corporation shall appoint for President of the said municipal assembly, a citizen belonging within the precincts assigned thereto, who can read and write.

ART. 21. On the aforesaid Sunday in April, the hour of the meeting having arrived, and the citizens assembled in the place appointed, being together, the said assembly shall commence by choosing from among themselves, by majority of vote, one secretary and two tellers, who can also read and write.

Art. 22. Las elecciones estarán aviertas en los dos dias expresados en el articulo 18, por espacio de quatro horas diarias distribuidas en mañana y tarde, y en cada una de las asambleas hará un registro en que se escriban los votos de los ciudadanos que concurrán á nombrár los electores de partido, sentando por orden alfabetico los nombres de los votantes y votados.

Art. 23. Para ser elector de partida se necesita ser ciudadano en el exercicio de sus derechos, de edad de veinte y cinco años cumplidos, saver leer y escribir, y ser vecino y residente en qualquierá lugar del mismo partido el año anterior inmediato á su eleccion.

Art. 24. Cada ciudadano eligira de palabra ó por escrito los respectivos electores de partido, cuyos nombres, hecha la eleccion del primer modo, los designará el sufragante en alta voz, y executada por lista será leida esta por el secretario en la propia forma, y se escribirán indispensablamente á presencia de aquel en el registro. Nadie podrá votarse á si mismo en este ni en los demas actos de eleccion baxo la pena de perder el derecho de votar.

Art. 25. En los partidos en que solo halla de elegirse un Diputado se nombrarán once electores; y en donde se elijan dos ó mas Diputados se nombrarán veinte y un electores.

Art. 26. Las dudas ó contraversias que se ofrescan sobre si en alguno ó algunos de los presentes concurren las calidades requeridas para poder votar se decidirá verbalmente por la asamblea, y lo que ella resolviere se executará sin recurso por esta sola vez y para este solo efecto, entendiendose que la duda no podrá versarse sobre lo prevenido por esta ú otra ley. Si en dicha resolucion resultaré empate se estará por la opinion absolutoria.

Art. 27. Si se sucitaren quexas sobre coecho, soborno, ó fuerza para que la eleccion recaiga en determinadas personas se hará una justificacion publica y verbal. Resultando ser cierta la accusacion serán privados de la voz activa y pasiva los que hubieren cometido el delito, deviendo sufrir la misma pena los calumniadores, y de este juicio no se admitirá ocurso alguno. Las dudas que ocurran sobre la calidad de las pruevas las decidirá la asamblea del modo que queda dicho en el articulo precedente.

Art. 28. Las asambleas municipales se celebrarán á puerta abierta y sin guardia alguna y ningun individuo sea de la clase que fuere se podrá presentar con armas en ellas.

Art. 29. Cumplidos los dos dias en que deven estar abiertas las elecciones, el Presidente, escrutadores y secretario de cada asamblea procederán á hacer el computo y la suma de los votos que hallan reunido cada ciudadano en el registro, y este será firmado por los mismos individuos con cuya operacion las asambleas quedarán disueltas y qualquiera otro acto en que se mesclen no solamente será nulo sino se reputará como un atentado contra la seguridad publica. Dicho registro se entregará cerrado al secretario del respectivo Ayuntamiento.

ART. 22. The elections shall continue open on both days specified in article 18, four hours each, divided in morning and evening. In each meeting a register shall be kept to record therein the votes of the citizens convened to choose the district electors, entering alphabetically the names of the voters and candidates.

ART. 23. To be eligible as an elector it shall be required to be a citizen in the enjoyment of his rights,—to have attained the age of twenty-five years,—to be able to read and write,—and to be domiciliated, and a resident in the same district one year immediately preceding the election.

ART. 24. Each citizen shall vote for the respective district electors, viva voce, or in writing; in the former case, the voter shall call the names of those for whom he votes in an audible voice, and should he give in his vote in writing, the secretary shall read the list thereof in the same manner, and shall enter the same in presence of the voter. No person shall vote for himself, in this or the other electoral acts, under penalty of loosing his right of voting.

ART. 25. In the district in which one Deputy only is to be elected, there shall be chosen eleven electors, and where two or more Deputies are to be elected, there shall be chosen twenty-one electors.

ART. 26. Doubts or controversies that occur whether any person, or persons, possess the qualifications required for voting, shall be determined verbally by the assembly, and the decision shall be executed without appeal for that time and that purpose only: it being understood that the doubt shall not turn upon the provision of this or other laws.— Should there be a tie in determining the question, absolutory sentence shall be given.

ART. 27. Should complaints arise of bribery, subornation, or force, to cause the election to result in favor of particular persons, the case shall be publicly and verbally canvassed and brought to a decision.— Should the accusation be founded in fact, the offenders shall be deprived of a voice, active and passive. False accusers shall suffer the same penalty. From this decision there shall be no appeal. Doubts that occur with regard to the nature of the testimony, shall be determined in the manner stated in the preceding article.

ART. 28. Municipal assemblies shall be conducted with open doors, without any guard; and no person, to whatever class he may belong, shall appear armed therein.

ART. 29. The election of both days having terminated, the President, tellers and secretary of each assembly, shall proceed to estimate and cast up the votes received by the several candidates in the register, and sign the same; which having been done, the assembly shall be dissolved, and any other act in which they interfere, shall not only be null, but shall be considered an offence against the public safety. The said register shall be delivered, enclosed and locked, to the secretary of the respective Ayuntamiento.

Art. 30. En el Domingo 29 del expresado mes de Abril, se reunirá cada Ayuntamiento en sus casas consistoriales en sesion publica. A su presencia, y con asistencia tambien de los Presidentes, escrutadores y secretarios de las asambleas municipales se abrirán los registros, y con vista de todos ellos se formará una lista general por orden alfabetico en que se comprenderán todos los individuos votados y el numero de votos que hubieren sacado.

Art. 31. Esta lista y la acta capitular que se extendere relativa al asunto serán firmadas por el Presidente del Ayuntamiento, por el secretario de éste y los secretarios de las asambleas. En seguida se sacarán dos copias de la expresada lista autorizadas por los mismos, de las quales una se fixará inmediatamente en el paraje mas publico y la otra se entregará con el correspondiente officio firmado por el Presidente del Ayuntamiento á dos individuos que este ha de nombrar de su seño para que pasen á la capital del partido á hacer la regulacion general de votos en union de los demas comisionados de los otros Ayuntamientos:

Art. 32. En el Domingo 13 de Mayo, los comisionados de los Ayuntamientos se presentarán con el documento que acredite su eleccion al gefe de policia, y en su defecto al Alcalde primero de la capital del partido y presedidas por aquel, y por el segundo en su caso se reunirán en sesion publica en las casas consistoriales y con presencia de todas las listas formarán una general de los individuos nombrados por electores de partido por los ciudadanos de su respectivo distrito, expresando el numero de votos que hallan tenido, y lugar de su residencia.

Art. 33. Para hacer esta regulacion general de votos se requiere la concurrencia de quatro comisionados por lo menos. En los partidos en que no se pueda reunir este numero el Ayuntamiento de la cabezera nombrará de entre los individuos de su seno los que falten para completarlo.

Art. 34. Los ciudadanos que por este escrutinio general resulten con mayor numero de votos en la lista se tendrán por constitutionalmente nombrados para electores. En caso de empate dos ó mas individuos lo decidirá la suerte.

Art. 35. La expresada lista, y la acta relativa al asunto se firmarán por el Presidente, los comisionados y el secretario del Ayuntamiento de la capital del partido, se sacarán copias de una y otra autorizados por los mismas y se remitirán por el Presidente á la Diputacion permanente del Congreso, al Gobernador del Estado, y á los Ayuntamientos del distrito del partido.

Art. 36. El mismo Presidente pasará sin demora alguna el correspondiente oficio á los electores nombrados para que concurrán á la capital del partido en el dia que adelante se dirá para que se celebre la asamblea electoral del mismo.

ART. 30. On Sunday, the 29th of April aforesaid, each Ayuntamiento shall convene in their respective town halls in public session.— In their presence, the President, tellers, and secretary of the municipal assemblies being also present, the register shall be opened, and, in view of all present, a general list shall be formed alphabetically, comprising all the candidates, and number of votes they have received.

ART. 31. The said list, and the act of the corporation that shall be drawn up relative to the subject, shall be signed by the President of the Ayuntamiento, and secretary of the same, and the secretaries of the assemblies. Two copies of the aforesaid list shall then be drawn off, authenticated by the same persons, one of which shall be immediately posted in the most public place, and the other delivered with the corresponding official letter, signed by the President of the Ayuatamiento, to two individuals whom the said corporation shall appoint from its own body, who shall repair to join those commissioned by the other Ayuntamientos, in order to make the general adjustment and computation of the votes.

ART. 32. On Sunday, the 13th of May, the persons commissioned by the Ayuntamientos shall present themselves, with their certificates of appointment, to the Chief of Police, and in his default, to the first Alcalde of the capital of the district; and the latter, or second Alcalde, as the case may be, presiding, they shall meet in the town halls in public session, and in view of all the lists, shall form a general list of the persons chosen district electors by the citizens of the respective district, stating the number of votes they have received, and the places of their residences.

ART. 33. In order to make the general computation of votes, four persons commissioned, at least, shall be present. In districts wherein this number cannot meet, the Ayuntamiento of the capital town shall choose from their own body the persons wanting to complete the same.

ART. 34. The citizens who, on this general inquiry, shall prove to have the greatest number of votes in the list, shall be constitutionally chosen electors. In case of a tie between two or more persons, it shall be decided by lot.

ART. 35. The list aforesaid, and act relative to the subject, shall be signed by the President, commissioners, and the secretary of the Ayuntamiento of the capital of the district. Copies of both shall be drawn off, authenticated by the same persons, and transmitted by the President to the Permanent Deputation of Congress, to the Governor of the State, and to the Ayuntamientos within the precincts of the district.

ART. 36. The said President shall transmit forthwith the corresponding official letter to the electors chosen, in order that they may meet in the capital of the district on a day hereinafter specified for the purpose of holding the electoral assembly of the same.

PARAFO SEGUNDO.

De las Asambleas Electorales de Partido.

Art. 37. Las asambleas electorales de partido se compondran de los electores nombrados por los ciudadanos en los asambleas municipales, quienes se congregarán en la capital del respectivo partido á fin de nombrar el Diputado ó Diputados que le correspondan para asistir al Congreso como representantes del Estado.

Art. 38. Estas asambleas se celebrán á los quince dias despues de hecha la regulacion general de votos de que habla el ariiculo 32, reuniendose los electores en las casas consistoriales, ó en el edificio que se tenga por mas aproposito para un acto tan solemne, á puerta abierta y sin guardia, y en dichas asambleas ninguna persona, de qualesquiera clase que sea, pódrá presentarse con armas.

Art. 39. Serán presididas por el gefe de policia, y en su defecto por el Alcalde primero de la capital del partido, comezando sus sesiones por nombrar á pluralidad de votos un secretario y dos escrutadores de entre los individuos de su propia seno, y en seguida hara leer el Presidente las credenciales de los electores, que lo serán los oficios, en que se les participó su nombramiento.

Art. 40. A continuacion preguntará el Presidente si en algun elector ay nulidad legal para serlo, y si se justificare en el acto que la hay perderá el elector el derecho de votar. Despues preguntará tambien el Presidente si ha habido coecho, soborno ó fuerza para que la eleccion recaiga en determinada persona, y si en el acto se probare que la ha habido serán privados los delinquentes de voz activa y pasiva, y los calumniadores sufrirán igual pena. Las dudas que ocuran en uno ú en otro caso las resolverá la asamblea en el modo que se dixo en el articulo 26.

Art. 41. Inmediatamente despues se procederá por los electores que se hallan presentes á hacer el nombramiento de los Diputados que corresponden al partido, y se eligirán uno en uno por escrutinio secreto mediante cedulas, que echarán cada elector en una urna colocada sobre una mesa al pie de un crucifixo despues de haver prestado ante este y en manos del Presidente el juramento de que nombrará para Diputados al Congreso á los ciudadanos, que en su concepto reunan las calidades de instruccion, juicio, providad, y adhesion notoria à la independencia de la nacion.

Art. 42. Concluida la votacion el Presidente, escrutadores y secretario harán la regulacion de votos, y quedará constitucionalmente electo para Diputado el ciudadano que haya obtenido mas de la mitad de los votos publicando el Presidente cada eleccion; si ninguno hubiere alcanzado la pluralidad absoluta entrarán en segundo escrutinio los dos que hallan obtenido mayor numero de votos: si fueren mas de dos, los que hubieren reunido con igualdad la mayoria respectiva, se hará el segundo escrutinio entre todos ellos, verificandose lo mismo

PARAGRAPH SECOND.

District Electoral Assemblies.

ART. 37. The district electoral assemblies shall be composed of the electors chosen by the citizens in the municipal assemblies, who shall meet in the capital of the respective district, to choose the Deputy or Deputies, corresponding thereto, to meet in Congress as representatives of the State.

ART. 38. Said assemblies shall be holden fifteen days from and after the general computation of votes as specified in article 32,—the electors convening in the town halls or in the building considered most appropriate for so solemn an act, with open doors, and without any guard. No person, to whatever class he may belong, shall present himself armed in said assemblies.

ART. 39. They shall be presided by the Chief of Police, and in his default, by the first Alcalde of the capital of the district; commencing their sessions by choosing, by majority of vote, from their own body one secretary and two tellers; the President shall then cause the credentials of the electors to be read, which shall be the official letters wherein they were notified of their appointment.

ART. 40. The President shall then ask if there be any legal nullity on the part of any elector for his being such, and it be proved at the instant that there is, the electors shall loose the right of voting.— The President shall then also ask if there has been bribery, subornation, or force for the election to result in favor of a particular person,— and should it be immediately proved that there has, the delinquents shall be deprived of a voice active and passive, and false accusers shall suffer the same penalty. Doubts that occur, in either case, shall be determined by the assembly in the manner specified in article 26.

ART. 41. Immediately afterwards, the electors present shall proceed to make choice of the Deputies corresponding to the district, and the same shall be elected one by one by ballot. Each elector shall drop his vote in an urn placed upon a table at the foot of a Crucifix, after having made oath before the Crucifix, the President holding the same in his hands, that in voting for Deputies to Congress, he will give his vote to citizens possessing, in his opinion, the qualifications of integrity, sound information, and a well known steady attachment to the national independence.

ART. 42. The votes having been given in, the President, tellers, and secretary shall count the same, and the citizen who has received more than one half the number of votes shall be constitutionally elected Deputy. The President shall declare each election. Should no one have received the absolute majority, the two who have obtained the greatest number shall be run in a second balloting. Should those receiving a like respective majority be more than two persons, they shall all be run in the second balloting, and the same shall be done when no

quando ninguno halla obtenido este mayoria sino que todos tengan igual numero de sufragios. En todos estos casos que dará elegido el que reuna la pluralidad de votos, y haviendo empate se repitirá por una sola vez la votacion, y si aun resultare empate, decidirá la suerte.

Art. 43. Si un solo individuo hubiere tenido la mayoria respectiva, y dos ó mas igual numero de sufragios pero mayor que el de todos los otros para decidir qual de aquellos debe entrar en segundo escrutinio con el primero, se hara segunda votacion entre ellos, y el que resultáre con mas votos competirá con el que reunio la mayoria respectiva. En case de empate se repitirá la votacion, y si lo hubiere segunda vez decidirá la suerte. En el segundo escrutinio que se haga entre el que obtuvo la mayoria respectiva sobre todos y su comptidor se observará lo qee queda dispuesto en la ultima parte del articulo anterior.

Art. 44. Quando uno solo halla reunido la mayoria respectiva, y todos los demas tengan igual numero de votos, para saber qual de ellos ha de entrar á competir en segunda escrutinio con aquel, se executará quanto se previno en el articulo anterior con este fin respecto de los que se hallaban empatados, y para saber tambien qual de los competidores debe quedar electo Diputado, se observará lo dispuesto en la ultima parte del mismo articulo.

Art. 45. Concluido la eleccion de los Diputados propietarios, se hará en seguida la de los suplentes por el mismo modo y forma, y acabada que sea, se fixará inmediatamente en el parage mas publico, una lista que contenga los nombres de todos Diputados electos, firmada por el secretario de la respectiva asamblea. La acta de elecciones se firmará por el Presidente y todos los electores, y el primero, los escrutadores, y el secretario remitirán copias autorizadas por ellos mismos á la Diputacion permanente del Congreso, al Gobernador del Estado, y á todos los Ayuntamientos del partido. Estas asambleas se disolverán luego que hayan executado los actos que esta ley les señala, y qualquiera otro en que se mesclen será nulo, y á demas se reputará como atentado contra la seguridad publica.

Art. 46. Asi mismo el Presidente librará con oportunidad el correspondiente oficio á los Diputados propietarios y suplentes acompañandoles testimonio de la acta para que les sirva de credencial de su nombramiento.

Art. 47. Ningun ciudadano podrá excusarse por medio ni pretexto alguno de desempeñar los encargos de que se habla en la presente seccion.

SECCION QUARTA.

De las Elecciones del Gobernador, Vice Gobernador, y Consejeros.

Art. 48. Al dia siguiente de haberse hecho la eleccion de Diputados del Congreso, los juntas electorales de partido todas y cada una

one receives this majority, but all an equal number of votes. In all these cases, the candidate who receives the majority of votes shall be elected, and should there be a tie, the balloting shall be repeated once only ; and should there again be a tie, it shall be determined by lot.

ART. 43. Should one individual only receive the respective majority, and two or more persons an equal number of votes, but greater than that of all the others, to decide which of the latter shall run in a second balloting with the former, there shall be a seperate balloting between them, and the one who receives a majority shall enter in competition with the person who received the respective majority. In the event of a tie, the balloting shall be repeated ; and should there again be a tie, it shall be decided by lot. In the second balloting between the person who received the respective majority over the whole and his rival, the provision contained in the last part of the preceding article shall be observed.

ART. 44. When one person only receives the respective majority, and all the others an equal number of votes, to determine which of the latter shall run in a second balloting with the former, the same shall be done with respect to those, between whom there is a tie, as provided for this object in the foregoing article: and also to determine which of the rival candidates shall be elected Deputy, the provision of the last part of the same article shall be observed.

ART. 45. The election of Deputies proprietors having closed, that of the supletories shall immediately follow in the same manner and form ; and the latter having also terminated, a list containing the names of all the Deputies elected, signed by the secretary of the respective assembly, shall be immediately posted in the most public place. The President and all the electors shall sign the electoral act, and the former, the tellers, and the secretary shall transmit copies, authenticated by themselves, to the Permanent Deputation of Congress, to the Governor of the State, and to all the Ayuntamientos of the district. Said assemblies, having performed the acts prescribed in this law, shall immediately dissolve; any other act in which they interfere shall be null, and moreover reputed as an attempt against the public safety.

ART. 46. The President shall also seasonably despatch the corresponding official letter to the Deputies proprietors and supletories, accompanied by an attested copy of the act, to serve them as a credential of their election.

ART. 47. No citizen shall be allowed to excuse himself, in any way or under any pretext, from discharging the duties spoken of in the present section.

SECTION FOURTH.

Election of Governor, Vice Governor, and Councillors.

ART. 48. On the day following the election of Deputies to Congress, the district electoral assemblies, all and each one of the same,

nombrarán un Gobernador, Vice Gobernador, tres Consejeros proprietarios y dos suplentes, haciendo dichos nombramientos en el modo y terminos que previenen los articulos 41, 42, 43, y 44.

Art. 49. Concluidas dichas elecciones se fixará inmediatamente en el parage mas público una lista firmadá por el secretario de la asamblea que coresponda, los nombres de los elegidos y destinos para que lo han sido. Se firmarán las actas por el Presidente y los electores, y en pliego certificado se remitirán testimonios de ellas autorizados por el mismo Presidente, secretario y escrutadores, á la Diputacion permanente.

Art. 50. El dia de la apertura de las primeras sesiones ordinarias del Congreso, el Presidente que halla sido de la Diputacion permanente, presentará los referidos testimonios y despues de haberse leido, el Congreso nombrará una comision de su seno, y los pasará á ella para sv revision, y que de cuenta con el resultado dentro del tercer dia.

Art. 51. En este dia procederá el Congreso á calificar las elecciones hechas por los partidos, y á hacer la euumeracion de votos.

Art. 52. El individuo que reuniere la mayoria absoluta de votos de las juntas electorales de partido computados aquellos por el numero total de los vocales que compongan estas será el Gobernador, Vice Gobernador, ó Consejero, seguu sea la eleccion de que se trata.

Art. 53. Si ninguno reuniere la cxpresada mayoria, el Congreso elegirá para estos empleos uno de los dos ó mas individuos que tengan mayor numero de sufragios, y lo mismo sucederá quando ninguno tubiere esta mayoria respectiva, sino qae todos esten iguales en votos.

Art. 54. Si solo un individuo obtuviere la mayoria respectiva, y dos ó mas un numero igual de sufragios pero mayor que el de todos los otros, el Congreso elegirá de entre aquellos un individuo, y este competirá para el nombramiento con el que reunio la mayoria respectiva.

Art. 55. En caso de empate se repitirá la votacion por una sola vez, y si aun resultare empatada decidirá la suerte.

SECCION QUINTA.

DE LOS COAHILTEXANOS Y CIUDADANOS COALTEXANOS.

Art. 56. Son Coahiltexanos:

1º. Todos los hombres nacidos y avecindados en el territorio del Estado, y los hijos de estos.

2º. Todos los que habiendo nacido en qualquiera otro lugar del territorio de la federacion fixen su domicilio en el Estado.

3º. Los estrangeros que en la actualidad existen establecidos legitamamente en el Estudo, sean de la nacion que fueren.

4º. Los estrangeros que obtengan del Congreso carta de naturaleza ó tengan vecindan en el Estado ganada segun la ley qae se dará

shall choose a Governor, Vice Governor, three Councillors proprietors and two supletories; and the said election shall be conducted in the manner prescribed by articles 41, 42, 43, and 44.

Art. 49. The aforesaid election having closed, a list of the names of those elected, and stations to which they are chosen, signed by the secretary of the respective assembly, shall be immediately posted in the most public place. The acts shall be signed by the President and the electors, and attested copies thereof, authenticated by the said President, secretary, and tellers, shall be transmitted, enclosed in a certified sheet, to the Permanent Deputation.

Art. 50. On the day the first ordinary sessions of Congress are opened, the person who was President of the Permanent Deputation at the time, shall present the attested copies aforesaid, and after being read Congress shall appoint a committee from their own body to whom they shall be passed, in order that said committee may revise the same, and report thereon within the third day.

Art. 51. On the day aforesaid, Congress shall proceed to determine the elections made by the districts, and compute the votes.

Art. 52. The individual who receives the absolute majority of votes of the district electoral assemblies, to be computed according to the whole number of voters composing the same, shall be Governor, Vice Governor, or Councillor, as the election under consideration may be.

Art. 53. Should no person have the majority aforesaid, Congress shall elect for these offices one of the two or more individuals who have the greatest number of votes; and the same shall be done when no one has this respective majority, all standing equal in votes.

Art. 54. Should one person only receive the respective majority, and two or more an equal number of votes, but greater than that of all the others, Congress shall elect one person from among the former, who shall be run in competition for the election with the person who received the respective majority.

Art. 55. In the event of a tie, the balloting shall be repeated once only, and should there again be a tie, it shall be determined by lot.

SECTION FIFTH.
Coahuiltexians, and Citizens (Freemen) of Coahuila and Texas.

Art. 56. The following shall be Coahuiltexians:

1st. All men born and domiciliated in the territory of the State, and the children of the same.

2d. All those born in any other part of the territory of this Republic, who shall become domiciliated in the State.

3d. Foreigners, of whatever nation, legally established in the State at the present time.

4th. Foreigners who obtain from Congress letters of citizenship, or who are or shall be domiciliated in the State according to the laws

luego que el Congreso de la Union dicte la regla general de naturalizacion, que debe establecerse conforme á la 27a. de las facultades que la señala la Constitucion federal.

Art. 57. Son ciudadanos Coahiltexanos:

1º. Tooos los hombres nacidos en el Estado, y que esten avecindados en qualquiera lugar de su territorio.

2º. Todos los ciudadanos de los demas Estado y territorios de la federacion luego que se avecinden en el Estado.

3º. Todos los hijos de ciudadanos Mexicanos, mas que sean fuera del territorio de la federacion y fixen su domicilio en el Estado.

4º. Los estrangeros que gozando ya de los derechos de Coahuiltexanos obtuvieren del Congreso carta especial de ciudadano Las leyes prescribirán el merito y circumstancias que se requieren para que se les conceda.

Art. 58. Los nacidos en el territorio de la federacion, y los estrangeros avecindados en el (á excepcion de los hijos de familiá) al tiempo de proclamarse la emancipacion politica de la nacion, que no permanecieren fieles á la causa de su independencia, sino que emigraron á pais estrañgero, ó dependiente del Gobierno Español, ni son Coahiltexanos, ni ciudadanos Coahiltexanos.

Art. 59. Los derechos de ciudadanos se pierden:

1º. Por adquirir naturaleza en pais estrañigero,

2º. Por admitir empleo, pencion ó condecoracion de un Gobierno estrañigero sin permiso del Congreso.

3º. Por sentencia executoriada en que se impongan penas aflictivas ó infamantes.

4º. Por vender su voto ó comprar el ageno para si, ó para un tercero bien sea en las asambleas populares ó en qualquiera otras, y por abusar de sus encargos los que en las mismas asambleas sean Presidentes, escrutadores ó secretarios, ó desempeñen qualquiera otra funcion publica.

5º. Por haber residido cinco años consecutivos fuere del territorio de la federacion sin comision del Gobierno general ó particular del Estado, ó sin licencia de este.

Art. 60. El que halla perdido los derechos de ciudadano no pueda recobrarlos sino por expresa rehabilitacion del Congreso.

Art. 61. El exercicio de los mismos derechos se suspenderá:

1º. Por incapacidad fisica ó moral, previa la correspondiente calificacion judicial.

2º. Por no tener veinte y un años cumplidos, exceptuandose los casados, quienes entraran al exercicio de estos derechos desde que contraigan matrimonio qualquiera que sea su edad.

3º. Por ser deudor á los candales publicos con plazo cumplido, y habiendo precedido requerimento para el pago.

4º. Por hallarse procesado criminalmente hasta que el tratado como reo sea ebsuelto ó condenado á pena no aflictiva ni infamente.

5º. Por no tener empleo, oficio, ó modo de vivir conocido.

that shall be enacted, as soon as the general Congress shall issue the general statute of naturalization, which, agreeably to the 27th prerogative confered on the said Congress by the Constitution, ought to be established.

ART. 57. The following shall be Freemen of Coahuila and Texas

1st. All men born in the State and domiciliated in any part of the territory thereof.

2d. All the citizens of the other States and territory of the Republic as soon as they are domiciliated in the State.

3d. All sons of Mexican citizens, even should they be out of the Mexican territory, provided they become domiciliated in the State.

4th. Foreigners who, already enjoying the rights of Coahuiltexians, shall obtain special letters of citizenship from Congress. The laws shall prescribe the qualifications and conditions for granting them the same.

ART. 58. Those born within the territory of the Republic, and foreigners domiciliated therein (except minors) at the time the political liberties of the country were proclaimed, who did not remain faithful to the cause of its independence, but emigrated to a foreign country or dependency of Spain, shall be neither Coahuiltexians nor citizens of Coahuila and Texas.

ART. 59. The rights of citizenship shall be forfeited:

1st. By becoming naturalized in a foreign country.

2d. By accepting office, pension, or title from a foreign government, without permission from Congress.

3d. By receiving executory sentence wherein corporal or disgraceful punishment is imposed.

4th. By a person selling his vote, or buying that of another for himself or a third person, whether in popular assemblies, or in any other; and by violation of public trust in the said assemblies, whether by those who are presidents, or secretaries, or tellers, or those discharging any other public function.

5th. By having resided five years in succession without the territory of the Republic, without a commission from the general government or that of the State, or without licence from the latter.

ART. 60. A person who forfeits the rights of a citizen, cannot recover the same, unless reinstated therein by Congress.

ART. 61. The exercise of the said rights shall be suspended:

1st. For moral or physical disability, after judicial investigation.

2d. For not having attained the age of twenty-one years, except married persons, who shall enjoy the said rights from the time they marry, whatever be their age.

3d. For being debtor to the public funds, the time of payment having expired, and payment having been demanded.

4th. For being under criminal prosecution, until the accused shall be acquitted, or sentenced to a punishment not corporal nor disgraceful.

5th. For having no employment, trade, or known way of support.

6º. Por no saver leer ni escribir, pero esta disposicion no tendrá efecto hasta despues del año 1850, respecto de los que de nuevo entren en el exercicio de los derechos de ciudadano.

Art. 62. Solamente por las causas señaladas en los articulos 59 y 61, se pueden perder ó suspender los derechos de ciudadano.

Art. 63. Solo los ciudadanos que esten en el exercicio de sus derechos pueden sufragar para los empleos populares del Estado en los casos señalados por la ley, y solo ellos podrán obtener los expresados empleos, y todos demas del mismo Estado.

Art. 64. Para facilitar la inteligencia de este decreto aun en las poblaciones mas pequeñas, y que su execucion sea pronta y exacta, el Gobierno le acompañará las instrucciones que estime necesarias.

Lo tendrá entendido el Vice Gobernador interino del Estado para su cumplimiento, haciendolo imprimir, publicar y circular.

Dado en el Saltillo á 23 de Marzo de 1827.

Aquí el No. 32,
Que es el reglamento interior del Congreso.

DECRETO No. 33.

Renovacion de los actuales Ayuntamientos conforme á la Constitucion del Estado.

El Congreso constituyente del Estado libre, independiente y soberano de Coahuila y Texas, teniendo en consideracion lo dispuesto por el Decreto No. 27, fecha 28 de Noviembre del año proximo pasado, y deseando que á la mayor posible brevedad se verifique la renovacion de los actuales Ayuntamientos conforme á la Constitucion del mismo Estado, ha tenido á bien decretar lo siguiente:

Art. 1. El Domingo siguiente inmediato á la publicacion de la Constitucion en cada municipalidad, se convocarán por esta vez las asambleas electorales municipales de que habla el articulo 164 de la Constitucion, y en el otro Domingo y lunes proximo siguientes abrirán estos sus registros para la eleccion de nuevos Ayuntamientos.

Art. 2. En cada una de las expresadas asambleas se formarán tres listas, una en que se asienten los nombres de los sugetos, que fueren nombrados para Alcaldes su distincion 1º, y 2º, y 3º; otra de los que fueren nombrados para Regidores, tambien indistintamente, y otra de los que fueren para Sindicos en la propia forma.

Art. 3. En los pueblos que lleguen á mil almas, pero que hasta aqui hayan tenido Ayuntamiento, y lo mismo en los que en su comarca tengan desde mil hasta dos mil quinientas, habrá un Alcalde, dos Regidores, y un Procurador. En los que desde dos mil quinientos tengan hasta cinco mil, se nombrarán un Alcalde, quatro Regidores y un Pro-

6th. For not being able to read or write; but this provision shall not take effect until after the year 1850, and with respect to those who shall enter on the exercise of the rights of citizens after that time.

ART. 62. Only for the causes specified in articles 59 and 61, shall the rights of a citizen be suspended.

ART. 63. None but citizens in the exercise of their rights, shall vote for officers of the State in cases designated by law, and such only shall be elected to the said offices and all others of the State.

ART. 64. That this decree may more easily become known, even in the smallest towns, and that the same may be strictly and promptly executed, the Executive shall accompany therewith such instructions as he shall deem necessary.

For the fulfilment thereof, the Vice Governor of the State, pro tem. shall cause the same to be printed, published and circulated.

Given in Saltillo on the 23d of March, 1827.

No. 32.

INTERNAL REGULATIONS OF CONGRESS.

DECREE No. 33.

Change of the present Ayuntamientos agreeably to the Constitution of the State.

The Congress of the State of Coahuila and Texas, in consideration of the arrangement made by Decree No. 27, bearing date the 28th of November, 1826, and desiring that the present Ayuntamientos be renewed in accordance with the Constitution of said State, at the earliest possible period, has thought proper to decree:

ART. 1. On Sunday immediately following the publication of the Constitution, meetings of the municipal electoral assemblies mentioned in article 161 of the Constitution, shall, for this time, be called; and, on the first Sunday and second Monday following, the present Ayuntamientos shall open their registers for the election of a new Board.

ART. 2. In each of the assemblies aforesaid, three lists shall be formed: one for setting down the names of persons chosen for Alcaldes, with their distinction of 1st, 2d, and 3d; another for Regidores, and a third for Syndicos: likewise in each observing the same distinction.

ART. 3. In towns that contain a population of one thousand souls, but which have had an Ayuntamiento until the present, and likewise in those containing in their limits from one to two thousand five hundred, there shall be one Alcalde, two Regidores, and one Syndic: and in those

curador. En los que desde esta poblacion lleguen á la de diez mil, se nombrarán dos Alcaldes, seis Regidores, y dos Procuradores; y en los que desde diez mil llegaren á 20 mil, habrá tres Alcaldes, seis Regidores, y dos Procuradores.

Art. 4. Concluidos los dos dias de las elecciones, en que deben estar abiertas los Registros, se procederá por el Presidente, escrutadores, y secretario de cada asamblea, á hacer la computacion de votos que hallar reunido cada ciudadano en las listas, y hecha la suma se firmarán por dichos individuos, y se entregarán seradas al secretario del Ayuntamiento.

Art. 5. El Domingo proximo siguiente á las referidas elecciones, se reunirá el Ayuntamientos en sus casas consistoriales, concurriendo tambien los Presidentes, escrutadores, y secretarios de las juntas y con presencia de todas las listas se formarán tres generales, una en que consten todos los individuos, que fueron sufragados para Alcalde, sentandose primero, los que hallan reunido mas votos, otra, por el mismo orden de todos los que obtuvieren votes para Regidores; y otra en los proprios terminos de los que obtubiéron para Sindicas.

Art. 6. Si un individuo obtuviere votos á un mismo tiempo para Alcalde, Regidor y Syndico, solo se pondrá en la lista, en que tenga mayor numero de votos, si en dos ó mas los tubiere iguales, el nombramiento de Alcalde preferirá al de Regidor, y este al de Syndico.

Art. 7. Se firmarán las tres expresadas listas por el Presidente del Ayuntamiento, y por todos los secretarios de las juntas, y sacandose dos copias autenticas de ellas, de las que una se remitirá al gobierno, y tra se fixará en el parage mas publico, se archíváran los originales.

Art. 8. El Presidente del Ayuntamiento respectivo dará aviso oficial de su eleccion á los ciudadanos, que con arreglo al articulo 165 de la Constitucion resultáron nombrados para los empleos municipales.

Art. 9. Por esta vez se renovarán los Ayuntamientos en su totalidad, y se podrán relegir los individuos que actualmente los componen.

Art. 10. Los nuevamente electos se pondrán en posesion de sus cargos el dia festivo siguiente al Domingo de que habla el articulo 5 de este decreto, y prestarán en manos del Presidente del Ayuntamiento que sale el juramento que previene el articulo 220 de la Constitucion.

Art. 11. Los electos, sino es que esten fisicamente impedidos, no podrán dejar de tomar posesion de sus respectivos cargos en el dia senalado, pudiendo despues representar al Gobierno las causas que crea tener para no servirlos.

Art. 12. Las elecciones de comisiarios y sindicos para la poblacion de que habla el articulo 158 de la Constitucion, se harán por las mismas asambleas municipales en el tiempo, modo, y forma, que la de los Ayuntamientos; su posesion juramento serán conformes á lo que disponen los articulos anteriores. Los expresados nombramientos solo podrán recaer en individuos residentes en las respectivas poblaciones.

containing from this number to five thousand, one Alcalde, four Regidores, and one Syndic; and from this to ten thousand, two Alcaldes, six Regidores, and two Syndics; from this to twenty thousand, three Alcaldes, six Regidores, and two Syndics.

Art. 4. The two days of election, whereon the registers are to be kept open, having expired, the President, tellers, and secretary of each assembly, shall count the votes received by each citizen in the lists, and after casting up the same, shall sign the lists and deliver the same, enclosed under lock and key, to the Secretary of the Ayuntamiento.

Art. 5. On the Sunday next following the election aforesaid, the Ayuntamiento shall convene in their town halls, the Presidents, tellers, and secretaries of the assemblies also being present, and with all the lists before them, shall form three general lists, setting down in one the names of all the persons who received votes for Alcaldes, beginning with the one who received the most votes, and continuing in that manner; another of those who received votes for Regidores, in the same manner; and a third of those for whom votes were given for Syndics, in the same order.

Art. 6. Should a person at the same time receive votes for Alcalde, Regidor, and Syndic, he shall be entered only on the list wherein he receives the most votes; should he in two or more lists receive an equal number, he shall accept the office of Alcalde in preference to that of Regidor, and the latter in preference to that of Syndic.

Art. 7. The President of the Ayuntamiento, and all the secretaries of the assemblies, shall sign the three lists aforesaid, and draw off two copies thereof; one of which, authenticated, shall be transmitted to the Executive, and the other posted in the most public place. The original lists shall be lodged in the archives.

Art. 8. The President of the Ayuntamiento shall give official notice of their election to those chosen to municipal offices, in accordance with article 165 of the Constitution.

Art. 9. The Ayuntamientos, for this time, shall be totally renewed, and members of the present board can be re-elected.

Art. 10. Those elected, unless physically impeded, cannot fail to take possession of office on the day appointed; they can afterwards manifest to the Executive any reasons they think they have for not serving the same.

Art. 11. Those newly chosen shall take possession of office on the first day of festival after the Sunday specified in article 5 of this decree, and shall take the oath prescribed in article 220 of the Constitution, before the President of the Ayuntamiento that retires from office.

Art. 12. For the population specified in article 158 of the Constitution, the election of Commissaries and Syndics shall be made by the same assemblies, at the same time and in the same manner and form, as that of the Ayuntamientos—their oath and possession of office shall be in accordance with the provision of the preceding articles. Persons only who reside in the respective towns shall be eligible to the aforesaid offices.

Lo tendrá entendido el Gobernador interino del Estado pa... su cumplimiento, haciendolo imprimir, publicar y circular.

Dado en el Saltillo á 14 de Abril de 1827.

DECRETO No. 34.

Señala las dictas y biatico á los Diputados del Congreso Constitucional.

El Congreso constituyente del Estado libre. independiente y soberano de Coahuila y Texas, ha tenido á bien decretar lo siguiente:

ART. 1. Los Diputados al Congreso del Estado serán auxiliados de los fondos de este en razon de dictas con cien pesos cada mes por el tiempo que duren las sesiones.

ART. 2. Para los viages de ida y vuelta, computados desde el lugar de su residencia, se les abonará a razon de diez reales por cada legua,

ART. 3. El pago de dictas se les hará por meses contados desde el dia en que sus credenciales fueren aprobados por el Congreso.

ART. 4. Los Diputados suplentes serán pagados en los mismos terminos durante el tiempo que occupen el lugar de los proprietarios.

Lo tendrá entendido el Gobernador interino del Estado para su cumplimiento, haciendolo imprimir, publicar y circular.

Dado en el Saltillo á 19 de Mayo de 1827.

DECRETO No. 35.

Reforma los Articulos 46 y 47 del Decreto No. 32.

El Congreso constituyente del Estado libre, independiente y soberano de Coahuila y Texas, con el fin de arreglar á la Constitucion del mismo el reglamento interior que ha de servir al Congreso constitucional, ha tenido á bien reformár los articulos 46 y 47, en los terminos siguientes:

ART. 46. Se abrirán las sesiones á las diez de la mañana para lo que y leer la acta; como tambien las proposiciones y dictamenes de primera, y segunda lectura, será suficiente el numero de cinco Diputados presentes; bastarán seis para dar cuenta con la correspondencia y substanciacion de los expedientes, que se presenten de nuevo, y discutir en lo general todo proyecto; mas para declarár que ha lugar á su votacion y tomar otras resoluciones qui aqui no estan expresas, será precisa la concurrencia de la mayoria absoluta de los Diputados.

ART. 47. En materias de mucha gravedad á juicio del Congreso, y en todo projecto de ley ó decreto, no podrá deliberarse con menos de las dos terceras partes de sus miembros.

For its fulfilment, the Governor of the State, pro tem., shall cause it to be printed, published, and circulated.

Given in Saltillo on the 14th of April, 1827.

DECREE No, 34.

Salary and Viaticum of the Deputies of the Constitutional Congress.

The constituent Congress of the State of Coahuila and Texas, has thought proper to decree:

ART. 1. The Deputies to the Congress of the State shall (each) receive out of the treasury of the latter, a monthly salary of one hundred dollars during the time of session.

ART. 2. For the journey to and from the capitol, computing from the place of their residence, they shall receive at the rate of ten rials for every league.

ART. 3. Their salary shall date from the time their credentials shall be approved by Congress.

ART 4. The Deputies supletories shall receive the same pay as the Deputies proprietors.

For the fulfilment thereof, the Governor of the State, pro tempore, shall cause the same to be printed, published, and circulated.

Given in Saltillo on the 19th of May, 1827.

DECREE No. 35.

Articles 46 and 47 of Decree No. 32, reformed.

The constituent Congress of the State of Coahuila and Texas, in order that the internal regulations to be used by the constitutional Congress may be rendered in conformity to the Constitution of said State, has thought proper to reform the articles 46 and 47 in the following manner:

ART. 46. The sessions shall open at ten o'clock A. M. and five Deputies present shall constitute a quorum for the object aforesaid, for reading the act, and for the first and second reading of propositions and reports; and six shall be sufficient for communicating the correspondence and substantiating expedients that newly offer, and generally to discuss any project or scheme; but to declare that a vote can be taken, and other resolutions adopted, not here expressed, the concurrence of the absolute majority shall be expressly required.

ART. 47. For deliberating upon subjects, in the judgment of Congress of very great and serious importance, and upon all projects of law or decree, two-thirds of the members shall be required.

Lo tendrá entendido el Gobernador interino del Estado para su cumplimiento, haciendolo imprimir, publicar y circular.

Dado en la villa del Saltillo á 19 de Mayo de 1827.

DECRETO No. 36.

Sobre que los efectos estrañgeros que por la industria fabril, que recivan en la República nueva forma, sean aforados como nacionales en las Aduanas del Estado.

El Congreso constitucional del Estado libre, independiente y soberano de Coahuila y Texas, ha tenido á bien decretar:

Todo efecto estrañgeros que por la industria fabril recivan en la Republica Mexicana nueva forma, y por este hecho adquiera en la plaza de su expendio mayor valor del que se le da por el Arancel general en el punto de su introduccion, sera tenido y aforado como nacional en los Aduanas de la demarcacion del Estado.

Lo tendrá entendido el Gobernador interino del Estado para su cumplimiento, hociendolo imprimir, publicar y circular.

Dado en el Saltillo á 23 de Mayo de 1827.

No. 37.

Que es el reglamento para el gobierno economico politico de los Pueblos.

DECRETO No. 38.

El Congreso constituyente del Estado libre, independiente y soberano de Coahuila y Texas, ha tenido á bien decretar:

Art. 1. El dia 24 del presente mes. se reunirá el Congreso á las diez de la mañana, y nombrará los individuos proprietarios y un suplente que compondrán la Diputacion Permanente, de que habla el articulo 88 de la Constitucion.

Art. 2. Á las once y media de la mañana del mismo dia, concurrirán á las galerias del Congreso el Ayuntamiento y los empleados del Estado.

Art. 3. En seguida se presentará el Gobernador acompañado de los Consejeros, y se reunirán conforme al reglamento. El Gobernador tomará el asiento que le corresponde, y los Consejeros se interpolarán con los Diputados.

For its fulfilment, the Governor of the State, pro tem. shall cause it to be printed, published, and circulated.

Given in Saltillo on the 19th of May, 1827.

DECREE No. 36.

Foreign commodities changed in their form by any manufacturing process in the Republic, to be examined and valued for payment of duties in the Custom-houses of the State, the same as the effects of the country.

The Congress of the State of Corhuila and Texas has thought proper to decree as follows:

All foreign goods which receive a new form in this Republic by means of mechanical industry, thereby acquiring an increase of value in the market where they are sold, over that assigned the same by the general tariff in the place where they are introduced, shall be considered in the Custom-houses of the State, and valued in the invoice the same as the effects of the country.

For its fulfilment, the Governor of the State, pro tem., shall cause it to be printed, published, and circulated.

Given in Saltillo on the 23d of May, 1827.

No. 37.

Regulations to be observed in the administration of the towns as regards the political economy thereof.

DECREE No. 38.

The Congress of the State of Coahuila and Texas has thought proper to decree:

ART. 1. On the 24th instant, at 10 o'clock, A. M., Congress shall convene and choose the regular Deputies proprietors and one supletory, who are to compose the Permanent Deputation stated in article 88 of the Constitution.

ART. 2. On the same day at half past eleven, the Ayuntamiento and the State officers shall meet in the galleries of the capitol.

ART. 3. The Governor shall then present himself, accompanied by the members of the Council, and they shall be received agreeably to the regulations. The Governor shall take his appropriate seat, and the Councillors shall unite with the Deputies.

Art. 4. El Gobernador pronunciará luego un discurso y analago á las circumstancias, y á este contestará el Presidente del Congreso en terminos generales, concluyendo con declarár cerradas las sesiones.

Lo tendrá entendido el Gobernador interino del Estado para su cumplimiento, haciendolo imprimir, publicar y circular.

Dado en el Saltillo á 20 de Junio de 1827.

DECRETO No. 39.
Aqui la ley reglamentaria de justicia.

DECRETO No. 40.

El Congreso constituyente del Estado libre, independiente y soberano de Coahuila y Texas, deseando que los minerales del Estado sean protijidos en todo aquello que sea compatible con el actual sistema de Gobierno, y queriendo al mismo tiempo que sus habitantes tengan dentro de el los auxilios convenientes para el aumento, y mayores progresos del Ramo de la Mineria, ha tenido á bien decretar:

Art. 1. Habrá en el Asiento de Minas de Valle de Santa Rosa una Diputacion de Mineria, compuesta del Alcalde, ó quien haga sus veces, y dos vecinos que se nombrarán á pluralidad absoluto de votos por el Ayuntamiento del mismo Valle, haciendose por ahora esta eleccion luego que se publique el presente decreto, y en lo succesivo el dia siguiente de haver tomado posesion el nuevo Ayuntamiento. Los empates en estas elecciones se decidieran por medio de la suerte.

Art. 2. Se eligirán igualmente en el tiempo designado en el articulo anterior, y por el mismo orden, dos Diputados suplentes que ocupen el lugar de los propietarios en los casos de imposibilidad fisica ó moral. Unos y otros se renovarán anualmente por mitad debiendo cesar en el primer año los ultimamente nombrados, y no podrá ser electo ningun individuo de los del Ayuntamiento, ni de los que hallan servido algun empleo municipal, sino despues de dos años de haver cesado en sus funciones.

Art. 3. Los individuos de la Diputacion de Mineria tendrán las calidades prevenidas en el articulo 160 de la Constitucion. Su tratamiento en cuerpo sera el de señoria unicamente en lo de oficio, y en las funciones publicas tomarán asiento interpolandose en el Ayuntamiento, portando por distintivo una banda amarrilla ceñida á la cintura sobre la casaca.

Art. 4. Los empleados no dexarán de tomar posesion de sus destinos el primer dia festivo despues de su eleccion, y prestarán ante el Alcalde, ó quien haga sus veces, el juramento que dispone el articulo 220 de la Constitucion.

Art. 5. El Ayuntamiento remitirá copia de la acta de elecciones al Gobernador, para que conteniend nulidad ó vicio sustancial recaiga la correspondiente aprobacion,

ART. 4. The Governor shall then deliver a message, discoursing on the state of affairs, to which the President of Congress shall make a summary reply, and conclude by declaring the sessions closed.

The Governor of the State, pro tempore, shall cause the same to be printed, published, and circulated, for the fulfilment thereof.

Given in Saltillo on the 20th of June, 1827.

DECREE No. 39.
LAW FOR THE REGULATION OF JUSTICE.

DECREE No. 40.

The Congress of the State of Coahuila and Texas, desirous that the mining districts of the State may have every support consistent with the present form of government, and that the inhabitants of the said districts be provided therein with all suitable assistance for promoting the increase and prosperity of mining, has thought proper to decree:

ART. 1. In the mining district of the Valley of Santa Rosa there shall be a mining Deputation, to consist of the Alcalde. or person officiating in his stead, and two of the inhabitants, to be chosen by the Ayuntamiento of said Valley by absolute majority of vote; the said election shall take place, in the present instance, immediately after the publication of this decree, and in future on the first day after the Ayuntamiento takes possession of office. Ties in the said elections shall be determined by lot.

ART. 2. At the time designated in the preceding article, and in the same manner, two Deputies supletories shall likewise be chosen to fill the place of the proprietors in case of moral or physical disability. Both shall be annually renewed in one half their number, by cessation from office at the close of the first year on the part of those last chosen. No member of the Ayuntamiento, or person serving any municipal office shall be elected, until two years after retiring from office.

ART. 3. The members of the mining deputation shall possess the qualifications prescribed in article 160 of the Constitution. Their style of address as a body shall be that of Señoria, officially only; and on public ceremonies they shall seat themselves in union with the Ayuntamiento, wearing a yellow sash for purpose of distinction.

ART. 4. The persons chosen shall enter on the duties of office on the first holliday following their election, and shall take the oath specified in article 120 of the Constitution, before the Alcalde or person acting in his place.

ART. 5. The Ayuntamiento shall transmit a copy of the electoral act to the Governor, for the corresponding approval, in case no nullity or substantial defect be contained therein.

Art. 6. Los nombrados no podrán excusarse de acceptar el destino para que lo han sido, pero si se consideraren con justo y legitimo causa para ello, occurerán al Gobernador para su decision, sirviendo entre tanto se califica.

Art. 7. Los individuos que sirven estos cargos podrán ser relegidos, pero no obligados á servirlos, y no deberán ser electos para los oficios de Ayuntamiento sin que hallan pasado dos años de haverse cesado en la Diputacion.

Art. 8. En la renovacion anual de suplente del que sale podrá ser eleto Diputado á no ser que halla suplido seis meses en las faltas legales de los propietarios.

Art. 9. La Diputacion nombrará en los minerales descubiertos, y se descubrán fuera del distrito de su residencia á propuesta en terna del respectivo Ayuntamiento comisionados de probidad que conoscan en los asuntos que les cometan segun sus facultades.

Art. 10. A mas de lo dispuesto en el articulo anterior sus atribuciones serán en lo gubernativo, directivo y economico, las que les esten designadas en las ordenanzas del ramo, y ante la misma Diputacion ó sus comisionados se haran los denuncios ó registros; pero en qualquer caso que el punto se halla contencioso dexarán de conocer en el, y lo pasarán con sus antecedentes al juez de primir instancia del distrito en que se halle la mina.

Art. 11. Todos los años el dia primero de Diciembre, informarán la Diputacion al Gobierno acerca del estado en que se hallaren las minos y mineros, proponiendo lo que le paresca conducente en su restablecimiento, conservacion, y mejores progresos. Hará lo mismo del producto de plata, y consumo de azoques, del numero de minas en corriente, y de las que se hubieren abandonado, expresando las causas asi como tambien de las nuevamente descubiertas y restablecidas, pidiendo á este fin á cada comisionado los testimonios y demas documentos necesarios, con cuyo informe se dará cuenta al Congreso para que dicte lo que estime conveniente.

Art. 12. La Diputacion en su correspondencia oficial con el Gobernador se entenderá directamente.

Art. 13. En los demas puntos del Estado en que se descubran vetas nuevas, ó se hallan minas abandonadas, los jueces de distrito ampararán los registros y denuncios que se les presenten mientras los anteresados ocurren á la Diputacion.

Art. 14. Los derechos de registros y denuncios, posesesiones y medidas de minas, con todas las demas actuaciones en la materia se cobrarán con arreglo á arancel que se formará por el Congreso rigiendo entre tanto el que sirve á la Diputacion del Mineral de Catorce.

Art. 15. Se observarán las ordenanzas de mineria en todo aquello que no se opongan á la Constitucion y leyes del Estado.

ART. 6. Those chosen cannot decline the office, but should they consider they have just cause for so doing, they shall apply to the Governor for his decision, discharging the duties of office during the investigation of the subject.

ART. 7. Persons who serve these stations may be re-elected, but not obliged to serve, and the same shall not be chosen to Ayuntamiental offices until two years after serving in the Deputation.

ART. 8. In the annual renewal of supletory, the one who retires from office may be elected Deputy, unless the same shall have supplied the legal default of the proprietors the term of six months.

ART. 9. On nomination of three by the respective Ayuntamiento, the deputation shall appoint commissioners, of good character, in mining districts that are now or shall be hereafter discovered without their own to take cognizance in such matters as the former, agreeably to their powers, shall commit to their charge.

ART. 10. With respect to the general administration of mining, besides the provision of the preceding article, they shall possess the attributes marked out and defined in the mining ordinances;—formal announcements and records of search and discovery, shall be made before the said deputation, or commissioners thereof; but, in all contested cases, they shall withhold cognizance, and transmit the same, accompanied by a statement of the preceding facts and circumstances, to the primary judge of the district wherein the mine is situated.

ART. 11. On the first of December, yearly, the deputation shall report to the Executive on the state of the mines and miners, proposing whatever in their opinion may tend to restore, preserve, and promote the prosperity of the mines. The same shall also report the quantity of silver produced, amount of mercury consumed, number of mines in operation, of those abandoned, (stating the causes,) as well as mines newly discovered, and those restored to new operation; demanding of each commissioner, for this object, the attested copies and other documents required. Said report shall be communicated to Congress, in order to dictate such measures as the same shall deem proper.

ART. 12. The deputation, in their correspondence with the Governor, shall conduct the same directly.

ART. 13. In the other parts of the State where new veins are discovered, or abandoned mines found, the district judges shall maintain the annunciations and records of discovery that shall offer, until the persons interested can apply to the deputation.

ART. 14. The fees for announcement, and for recording a description of the mine discovered: for giving possession, and for survey, and all other operations connected with the subject, shall be collected according to the fee bill which shall be formed by Congress, and that used by the Deputation of the Real de Catorce, shall govern during the interval.

ART. 15. The Spanish statute or system of mining laws, so far as the same is not opposed to the Constitution and laws of the State, shall be observed.

Art. 16. El gobierno cuidará de recoger la parte de archivo concerniente á las minas del Estado, y pasarlo á la diputacion.

Art. 17. Los individuos de la diputacion serán responsables de los abusos que cometieren en el exercicio de sus funciones, y estarán sugetos inmediatamente al Gobernador.

Lo tendrá entendido el Gobernador interino del Estado para su cumplimiento, haciendolo imprimir, publicar, y circular.

Dado en el Saltillo á 22 de Junio de 1827.

DECRETO No. 41.

El Congreso constituyente del Estado libre, independiente y soberano de Coahuila y Texas, deseando se cumplan las disposiciones generales, en qunto á que los Españoles Europeos no obtengan empleos en la República Mexicana mientras la España no reconosca la Independencia, y conformandose con la opinion publica bien demonstrada en este parte, ha tenido á bien decretar:

Art. 1. Ningun individuo natural de los dominios Españoles podrá exercer cargo ni empleo alguno de nombramiento de los supremas Poderes del Estado hasta que la España reconosca la Independencia de la Nacion Mexicana.

Art. 2. Lo prevenido en el articulo anterior se hace extensivo á los cargos y empleos ecclesiasticos del clero secular y regular en quanto al exercicio de sus atribuciones

Art. 3. No se comprende en los articulos anteriores los hijos de Mexicanos que casualmente hayan nacido en la peninsula y se hallen en el territorio del Estado.

Art. 4. El gobierno hará que se separen de sus respectivos destinos por el tiempo de que habla el articulo 1º. los curas misioneros y doctrinarios.

Art. 5. Los empleados que en virtud de esta ley queden separados gozarán de la mitad de su sueldo si los destinos fuesen en propiedad, y no siendolo se renovarán absolutamente.

Art. 6. Los empleos vacantes por las disposiciones que contien esta ley se desempeñarán provisionalmente ó proveerán conforme á las leyes.

Art. 7. Los curas que separase el gobierno conforme á lo prevenido en el articulo 4 de esta ley, se les nombrará un coadjutor, quien percibirá los emolumentos que son de costumbre quedando á beneficio del suspenso los que le corresponden.

Lo tendrá entendido el Gobernador interino del Estado para su cumplimiento, haciendolo imprimir, publicar, y circular.

Dado en el Saltillo á 23 de Junio de 1827.

Art. 16. The Executive shall direct that part of the archives relative to the mines of the State, to be collected and handed over to the Deputation.

Art. 17. The members of the Deputation shall be responsible for abuse committed in the exercise of their functions, and shall be under immediate subjection to the Governor.

For its fulfilment, the Governor of the State, pro tem., shall cause it to be printed, published, and circulated.

Given in Saltillo on the 22d of June, 1827.

DECREE No. 41.

The Congress of the State of Coahuila and Texas, desirous of co-inciding with the measures now becoming general, relative to prohibiting European Spaniards from holding office in the Republic of Mexico, so long as Spain shall not acknowledge the Independence of the former, and conforming to the verdict of public opinion clearly declared on that subject, has thought proper to decree:

Art. 1. No native of the Spanish dominions shall exercise any office or trust, such as it belongs to the high civil officers of the State to fill, so long as Spain shall not acknowledge the Independence of this Republic.

Art. 2. The provision of the preceding article shall embrace the ecclesiastical offices and trusts of the secular and regular clergy, so far as regards the exercise of their attributes.

Art. 3. Sons of Mexicans who may have been born in Spain, and are now living in the State, shall not be included in the preceding articles.

Art. 4. The Executive shall cause Parish Priests and Missionaries to withdraw from their respective stations during the time established in article 1st.

Art. 5. Officers separated by virtue of this law shall receive half pay, should they hold their offices in their own right, and should they not, they shall be fully replaced by others.

Art. 6. Offices left vacant in consequence of the provision contained in this law, shall be filled provisionally and according to the laws.

Art. 7. For curates whom the Executive shall remove in conformity to the provision of article 4, a coadjutor shall be appointed, who shall receive the customary compensation, and the person suspended his corresponding emolument.

For its fulfilment, the Governor of the State, pro tem., shall cause it to be printed, published, and circulated.

Given in Saltillo on the 23d of June, 1827.

DECRETO No. 1,

DEL CONGRESO CONSTITUCIONAL.

Sobre nombramiento de Gobernador, Vice Gobernador, y Consejeros.

El Congreso constitucional del Estado libre, independiente y soberano de Coahuila y Texas, usando de las atribuciones 2, 3, y 4, que le concede el articulo 97, seccion quarta, titulo primero de la Constitucion, y hecha en consequencia de la regulacion general de votos que para Gobernador, Vice Gobernador, y vocales del Consejo de Gobierno, han obtenido los ciudadanos sufrajados respectivamente en las asambleas electorales del partido conforme á lo prevenido en el articulo 132 de la seccion 4, titulo segundo, y no resultando en ninguno la mayoria absoluta de votos que requiere el articulo 133, precedio á la eleccion respectiva para estos empleos, y habiendola verificado en el modo y forma que previenen los articulos 134, 135, y 136, en su virtud decreta:

Art. 1. Es Gobernador constitucional del Estado de Coahuila y Texas, el ciudadano Jose Maria Viesca.

Art. 2. Es Vice Gobernador constitucional del mismo Estado, el ciudadano Victor Blanco.

Art. 3. Son en la propia forma consejeros propietarios, los ciudadanos Santiago del Valle, Dionicio Elisondo, y licenciado Jose Ignacio de Cardenas.

Art. 4. Son igualmente consejeros suplentes, los ciudadanos Antonio Pereira y Cayetano Ramos.

Art. 5. Con arreglo al articulo 15 de la ley de convocatoria de 23 de Marzo, se presentarán el dia 1º del proximo Agosto, los electos á fin de prestar el juramento constitucional y de tomar posesion de sus encargos.

Lo tendrá entendido el Gobernador interino del Estado para su cumplimiento, haciendolo imprimir, publicar, y circular.

Dado en el Saltillo á 4 de Julio de 1827.

JOSE IGNACIO SANCHES NAVARRO,
Presidente.
JOSE ANT. TIJERINA, Diputado Secretario.
JOSE FRANCISCO MADERO, D. S.

DECRETO No. 2.

El Congreso constitucional del Estado libre, independiente y soberano de Coahuila y Texas, ha tenido á bien decretar:

Art. 1. El asiento de gallos de todo el Estado se sacará á basta publica pregonandose en tres dias festivos y señalandose el en que se ha de rematár, lo que se hará en él mejor postor por quinquenios, y baxo la advertencia que el que mejore la puja podrá subarrendár en los demas lugares los respectivos asientos.

DECREE No. 1,

OF THE CONSTITUTIONAL CONGRESS.

ELECTION OF GOVERNOR, VICE GOVERNOR, AND COUNCILLORS.

The constitutional Congress of the State of Coahuila and Texas, exercising the 2d, 3d, and 4th prerogatives granted the same by article 97, section 4, title 1 of the Constitution, and having made, in pursuance thereof, the general examination of votes which the several candidates for Governor, Vice Governor, and voters of the Executive Council have received in the electoral district assemblies, conformably to the provision of article 132, section 4, title 2, and no one having received the absolute majority required by article 133, proceeded to the respective choice of the aforesaid officers, and, having performed the election in the manner and form as prescribed in articles 134, 135, and 136, in virtue thereof decrees:

ART. 1. Jose Maria Viesca is elected Governor of the State of Coahuila and Texas.

ART. 2. Victor Blanco is elected Vice Governor of said State.

ART. 3. Santiago de Valle, Dionicio Elisondo, and licentiate Jose Ignacio de Cardenas, are elected Councillors Proprietors.

ART. 4. Antonio Pereira and Cayetano Ramos are likewise elected Councillors Supletories.

ART. 5. In accordance with article 15 of the law of convocation of March 23d, the persons elected shall present themselves on the 1st of August next, to take the oath the Constitution prescribes, and to take possession of office.

For its fulfilment, the Governor of the State, pro tem., shall cause it to be printed, published, and circulated.

Given in Saltillo on the 4th of July, 1827.

JOSE IGNACIO SANCHEZ NAVARRO,
President.
JOSE ANTONIO TIJERINA, Dep. Sec'y.
JOSE FRANCISCO MADERO, D. S.

DECREE No. 2.

The constitutional Congress of the State of Coahuila and Texas has thought proper to decree:

ART. 1. The cock pit location of the whole State shall be leased at public auction, to be cried on three festival days, specifying the day the sale shall be closed, which shall be to the highest bidder for periods of five years, with the understanding that the same may sublease the respective pits in the other places.

Art. 2. El ciudadano en quien se hiciere el remate otorgará el correspondiente escritura baxo fiunza obligandose á pagar por años cumplidos, cuyos productos entrarán á las caxas del Estado.

Art. 3. La almoneda la presidirá el juez de hacienda con presencia del tesorero, y en su falta del administrador de rentas.

Art. 4. Las mesas de billar satisfarán la pension annual de veinte quatro pesos por tercios adelantados.

Art. 5. Los que han puesto mesas de billar con condicion de satisfacer la pension que se les asigne pagarán lo vencido lo mismo que los demas dueños de mesas, quienes se arreglarán á la ultima contrata que lubieron con el administrador de Tobaccos. entendiendose este pago desde el pia en que el Estado recivio sus rentas: igual satisfaccion deben hacer los que pusieron mesas sin contar con el gobierno.

Art. 6. En esta villa se harán los enteros en la caza del Estado, y en los demas lugares en las administraciones de Tobaccos,

Lo tendrá entendido el Gobernador interino del Estado para su cumplimiento, haciendolo imprimir, publicar y circular.

Dado en el Saltillo á 28 de Julio de 1827.

JOSE I. SANCHES, Presidente.
JOSE A. TIJERINA, D. S.
JOSE F. MADERO, D. S.

DECRETO No. 3.

El Congreso constitucional del Estado libre, independiente y soberano de Coahuila y Texas, ha tenido á bien decretar:

Art. 1. El dos por ciento impuesto á la circulacion de moneda por decreto del Congreso general de 11 ee Junio de 1822, que hasta aqui solo se ha cobrado en esta villa, se hace extensivo á todos los pueblos del Estado; y se continuará, exigiendo en lo succesivo como rento del mismo Estado.

Art. 2. El cobrá se hará en cada pueblo al tiempo de extraerse qualquiera cantidad de dimero, bien sea por el interior, ó por fuera del Estado, quedando su recandacion por ahorá á cargo del administrador, y receptores de alcavala en el departamento de esta villa, y de los administradores y fieles de Tabacos en el de Monclova y Texas.

Art. 3. Unos y otros empleados deverán llevar un libro en que asentarán con sus fechas las partidas que cobren, y el nombre del causante, firmando las ambos y el Alcalde respectivo, quien visará la correspondiente guia que debe darse al interesado.

Art. 4. Los fieles estanquilleros ó receptores de los departamen-

ART. 2. The purchaser of the lease shall give bond with security obligating himself to pay at the end of each year, and the proceeds shall enter the State Treasury.

ART. 3. The judge of the treasury shall preside the auction, the treasurer being present; and, in his default, the agent having charge of the rents.

ART. 4. Billiard tables shall pay a tax of twenty-four dollars per annum, to be paid in three equal instalments in advance.

ART. 5. Those who established billiard tables on condition of paying such tax as should be assigned them, shall pay what is due, the same as other owners of tables, and shall conform to the last contract they made with the agent having charge of the Tobacco rent. Those who established tables without any understanding on the subject, shall pay in the same manner.

ART. 6. In this town the entries shall be made in the State treasury, in other places in the agencies of the Tobacco rent.

For its fulfilment, the Governor of the State, pro tem., shall cause it to be printed, published, and circulated.

Given in Saltillo on the 28th of July, 1827.

JOSE IGNACIO SANCHES, President,
JOSE ANTONIO TIJERINA, D. S.
JOSE FRANCISCO MADERO, D. S.

DECREE No. 3.

The Congress of the State of Coahuila and Texas has thought proper to decree as follows:

ART. 1. The two per cent. impost on the circulation of money by decree of the general Congress of June 11th, 1822, heretofore collected only in this town, shall embrace all the towns of the State, and the same shall continue to be exacted in future as a rent of said State.

ART. 2. The collection shall be made in each town at the time of removal of any amount of money, whether the same be destined to a place within or without the State; the agent and receivers of excise shall, for the present, have charge of the collection thereof in the department of this town; and the agents charged with the Tobacco rent, and clerks for weighing and inspecting therein, in the department of Monclova and Texas.

ART. 3. The aforesaid officers shall keep a book, wherein they shall set down the parcels they collect, specifying the date, and name of the party that causes, and they shall sign the same, the respective Alcalde shall also sign, and the latter shall examine the corresponding permit, or writing certifying that the duty has been paid, that shall be given to the party interested,

ART. 4. Those charged with branch stores for the exclusive sale of cigares, or receivers of the departments, shall forward every six

tos mandarán cada seis meses á sus respectivos administradores un estado de lo cobrado con el vista bueno del Alcalde.

ART. 5. Los gastos de libros, papel, y portes de cartas se abonarán por la renta precidiendo su justificacion.

ART. 6. Los adinistradores se abonarán un 6 por ciento de lo que cobren por si en su administracion, y pasarán á sus subalternos un 4, sobre lo que estos recauden, quedando á beneficio de los administradores principales el dos por ciento restante por el trabajo que impenden en la formacion de cuentas generales, correspondencia, y demas que haceres anexas.

ART. 7. El contrabando de deñero que se aprenda sera distribuido conforme á la pacta de comisos. permitiendose par gastos de comino de 100 á 200 pesos de cuya cantidad siempre se sacará pase.

ART. 8. El empleado que abusare de su oficio en algun modo pagará el tres tanto, perderá su destino, y quedará inabil para obtener otro.

Lo tendrá entendido el Gobernador interino del Estado para su cumplimiento, haciendolo imprimir, publicar y circular.

Dado an el Saltillo á 31 de Julio de 1827.

JOSE MARIA ECHAIS, Presidente.
JOSE F. MADERO, D. S,
JUAN A. GONZALES, D. S.

DECRETO No. 4.

El Congreso constitucional del Estado libre, independiente y soberano de Coahuila y Texas, ha tenido á bien decretar:

ART. 1. Se concede á la villa de San Fernando el apelativo de villa de Rosas.

ART. 2. Igualmente se concede al puesto de Rio Grande la denominacion de villa de Guerrero.

Lo tendrá entendido el Gobernador constitucional del Estado para su cumplimiento, haciendolo imprimir, publicar y circular.

Dado en el Saltillo á 7 de Agosto de 1827.

JOSE MARIA ECHAIS, Presidente.
JOSE F. MADERO, D. S.
JUAN A. GONZALES, D. S.

DECRETO No. 5.

El Congreso constitucional del Estado libre, independiente y soberano de Coahuila y Texas, ha tenido á bien decretar:

Es ciudadano particular de este Estado, Jose Ignacio Estevan.

months to their respective general agents, a statement of the amount collected, examined and approved by the Alcalde.

ART. 5. Expense of books, paper and postage, after establishment of the claim, shall be paid by the rent.

ART. 6. The principal agents shall pay themselves six per cent. on what they themselves collect in their agencies, and allow their subordinates four per cent. on what the latter collect, the remaining two per cent. to be in favor of the former for labor incurred in making out general accounts, in correspondence, and other business connected therewith.

ART. 7. Contraband money that is seized shall be divided agreeably to the confiscation compact, allowing from one to two hundred dollars for travelling expenses, for which amount a permit shall always be obtained.

ART. 8. Persons guilty in any manner of abuse of office, shall pay threefold, forfeit their office, and be disqualified for holding any other.

For its fulfilment, the Governor of the State, pro tem., shall cause it to be printed, published, and circulated.

Given in Saltillo the 31st of July, 1827.
JOSE MARIA ECHAIS, President.
JOSE F. MADERO, D. S.
JUAN A. GONZALES, D. S.

DECREE No. 4.

The Congress of the State of Coahuila and Texas has thought proper to decree:

ART. 1. The name of the town of San Fernando shall be permitted to be changed to that of Rosas.

ART. 2. Likewise that of the town of Camargo to that of Guerrero.

For its fulfilment, the constitutional Governor of the State shall cause it to be printed, published, and circulated.

Given in Saltillo the 7th of August, 1827.
JOSE MARIA ECHAIS, President,
JOSE F. MADERO, D. S.
JUAN A. GONZALES, D. S.

DECREE No. 5.

The Congress of the State of Coahuila and Texas has thought proper to decree:

Jose Ignacio Estevan is a special citizen of this State,

Lo tendrá entendido el Vice Gobernador constitucional del Estado para su cumplimiento, haciendolo imprimir, publicar y circular.

Dado en el Saltillo á 17 de Agosto de 1827.

JOSE MARIA ECHAIS, Presidente.
JOSE F. MADERO, D. S.
JUAN A. GONZALES, D. S.

DECRETO No. 6.

El Congreso coustitucional del Estado libre, independiente y soberano de Coahuila y Texas, ha tenido á bien decretar lo siguiente:

Art. 1. La plata en barras ó texos pagará por ahora el tres por ciento de derechos en el lugar de su extraccion.

Art. 2? Se observará para su cobro lo prevenido en el Decreto No. 3, que habla de circulacion de moneda, excepto la parte ultima del articulo 7, que trata de dinero para gastos de camino.

Lo tendrá entendido el Vice Gobernador constitucional del Estado para su cumplimiento, haciendolo imprimir, publicar y circular.

Dado en el Saltillo á 21 de Agosto de 1827.

JOSE MARIA ECHAIS, Presidente.
JOSE F. MADERO, D. S.
JUAN A. GONZALES, D. S.

DECRETO No. 7.

El Congreso constitucional del Estado libre, independiente y soberano de Coahuila y Texas, ha tenido á bien decretar:

Art. 1. El hurto simple que se haga en qualesquiera especie, y no exceda de uno á diez pesos, se castigará con una multa de diez á treinta, ó con de uno á tres meses de trabajos á obras publicos. El que rescindiere se le duplicará la pena, que será precisamente la corporal. El reincidente por segunda vez en los robos de que habla este articulo se le aplicará á mas de la pena que expresa su segunda parte la de sacarlo al parage mas publico, poniendole una tarjeta en la cabeza con este mote, *por ladron.*

Art. 2. El robo simple que pase de diez pesos y no exceda de ciento, se castigará con una pena que no baxo de un año de obras publicas, ni pase de dos.

Art. 3. Para aplicár esta pena solo necesita el juez se le justifique el delito al reo en juicio breve, y en presencia de dos conjuezes que nombrarán uno el actor y otro el acusado.

Art. 4. Sentada la demanda en el libro de juicios verbales que deberá haber en todo juzgado, se pondrá la contestacion del reo en un

For its fulfilment, the constitutional Vice Governor of the State shall cause it to be printed, published, and circulated.

Given in Saltillo on the 17th of August, 1827.

JOSE MARIA ECHAIS, President.
JOSE F. MADERO, D. S.
JUAN A. GONZALES, D. S.

DECREE No. 6.

The Congress of the State of Coahuila and Texas has thought proper to decree as follows:

ART. 1. Silver in bars, or pieces of plate, shall for the present pay a duty of three per cent. in the place where it is extracted.

ART. 2. The provision of Decree No. 3, respecting the circulation of money, except the last part of article 7, relative to money for travelling expenses, shall be observed in the collection of the duty aforesaid.

For its fulfilment, the Vice Governor of the State shall cause it to be printed, published, and circulated.

Given in Saltillo the 21st of August, 1827.

JOSE MARIA ECHAIS, President.
JOSE F. MADERO, D. S.
JUAN A. GONZALES, D. S.

DECREE No. 7.

The Congress of the State of Coahuila and Texas has thought proper to decree:

ART. 1. Simple theft of any kind, not exceeding from one to ten dollars, shall be punished with a fine of from ten to thirty dollars, or labor on the public works from one to three months; for the second offence the punishment shall be doubled, and shall indispensably be the latter. For the third offence in larceny mentioned in this article, besides the punishment specified in the second part thereof, the person so offending shall be taken to the most public place, with a board with the following inscription, *for theft*, placed upon his head.

ART. 2. Simple theft exceeding ten and not exceeding one hundred dollars, shall be punished with not less than one nor more than two years labor on the public works.

ART. 3. To adjudge this punishment, the judge shall be required only to prove the crime in evidence to the accused in summary trial, also in presence of two judges chosen, one by the plaintiff, the other by the defendant.

ART. 4. The demand having been set down in the record of verbal trials that shall be kept in every court of justice, the defendant's

extracto de las pruebas que se presenten en pro y en contra, todo con la mayor sencillez.

Art. 5. Despues de oidos los alegatos de una y otra parte se retirarán el accusador y acusado, y el juez con sus asociados calificará el delito, si lo hubiere, y sentandose el que fuere, pronunciará el juez con arreglo á este ley la sentencia que se notificará inmediatamente al actor y reo, aplicandose á este la que le resultare, se observará en todo lo prevenido en el articulo 3 de la ley organica de la justicia.

Art. 6. El robo que se haga salvando acerca ó dentro de alguna casa se castigará con doble pena corporal que la de que hablan los articulos 1º y 2º.

Art. 7. El robo que se haga en campo de una á nueve cabezas de ganado menor, y de una á tres de mayor de qualquiera especie se castigará con una pena que no baxe de seis meses de obras publicas ni pase de dos años, para lo que se observarán las formalidades que prescriben los articulos 3, 4, y 5.

Art. 8. Quando qualisquiera clase de robo fuere accompañado de la fuerza ú algun otro genero de violencia asi mismo que de golpes, mutitacion de miembros ó muerte se formará al delinquente ó delinquentes, la correspondiente causa que deberá concluirse con arreglo á las leyes.

Art. 9. Quando el robo exceda de cien pesos se observará lo prevenido en el articulo anterior.

Art. 10. Los reos que se sentenciaren á obras publicas se destinarán con preferencia á la recomposicion de carceles y construccion de nuevas en donde no las halla, tomando de los fondos publicos lo necesario para su mantenemiento.

Art. 11. Las penas impuestas á los ladrones por esta ley deben entenderse sin perjuicio de que despues de concluidas, paguen el robo á su legitimo dueño, ó antes su tubieren aquellos con que, ó exista alaja ó cosa robada, prefiriendo el pago de la multa de que habla el art. 1º.

Art. 12. El juez que por soborno, coecho, negligencia ó afecto no dé enteramente cumplimiento al contenido de esta ley ademas de exigirsele una multa, que no baxe de docientos pesos, ni pase de quinientos, quedará responsable á la ley de 24 de Marzo de 1813, excepto las penas pecuniarias, que se imponen en ella.

Art. 13. Cada mes mandarán los Alcaldes ó juezes á la primera sala del tribunal de justicia del Estado copia de las sentencias, que hallan pronunciado, y de las causas que les hallan motivado y sean conformes á esta ley, para que en caso que se aberique haber obrado contra justicia se les exija la responsabilidad con arreglo á la ley de 24 de Marzo de 1813.

Art. 14. Los encubridores, fáctores ó protectores de los ladrones sufrirán la misma pena que estos previa la correspondiente calificacion.

contestation shall be set down in an extract of the evidence that appears pro. and con.—the whole expressed in the plainest manner.

ART. 5. After the pleadings of the parties are heard, the plaintiff and defendant shall retire, and the judges shall determine the crime, if there be any, and, setting down whatever it shall be, the judge shall pronounce sentence agreeably to this law, which sentence immediately shall be made known to the plaintiff and defendant, and applied to the latter, such as it shall result to the same; in the whole the provision of article 3 of the organic law of justice shall be observed.

ART. 6. Theft committed in passing near or within any dwelling shall be punished with double the corporal penalty specified in articles 1st and 2d.

ART. 7. For theft committed in the country of from one to nine head of small stock, as sheep and goats; and of from 1 to three of large stock of any kind, the punishment shall be labor on the public works for a term not less than six months nor more than two years, for which the formalities prescribed in articles 3, 4, and 5 shall be observed.

ART. 8. When theft of any kind shall be accompanied by force or violence of any kind, as well as by blows, mutilation of members, or death, the corresponding judicial process shall be instituted against the delinquent or delinquents, which shall be closed in conformity to the laws.

ART. 9. When the theft exceeds one hundred dollars, the provision of the foregoing article shall be observed.

ART. 10. Offenders who shall be sentenced to public works shall be destined in preference to the repair of prisons, and construction of new ones where there are none, and the amount necessary for their support shall be taken from the public funds.

ART. 11. The penalties imposed by this law upon thieves or robbers shall be understood as not preventing in any way that, after said penalties are concluded, they indemnify the lawful owner for the theft, or before, should they have the means, or should any stolen articles exist; the fine specified in article 1 shall be paid in preference.

ART. 12. Any judge who in consequence of subornation, bribery, negligence, or partiality, shall not fully comply with this law, besides being compelled to pay a fine not less than two hundred nor more than five hundred dollars, shall be amenable to the law of the 24th of March 1813, except the pecuniary penalties imposed therein.

ART. 13. The Alcaldes or judges shall transmit every month to the first Hall of the Tribunal of Justice of the State, a copy of sentences they have pronounced, and causes that have determined them, and are in conformity to this law, in order that, should they be found on investigation to have proceeded contrary to justice, the responsibility may be exacted of the said Alcaldes or judges, in accordance with the law of the 24th of March, 1813.

ART. 14. Receivers of stolen goods, agents or protectors of theives, shall suffer the same penalty as the latter, after the corresponding proof thereof.

Art. 15. Tan luego como se publique el codigo penal del Estado dexará de tener efecto esta ley.

Lo tendrá entendido el Vice Gobernador constitucional del Estado para su cumplimiento, haciendolo imprimir, publicar y circular.

Dado en el Saltillo á 27 de Agosto de 1827.

JOSE MARIA ECHAIS, Presidente.
JOSE F. MADERO, D. S.
JOSE A. TIJERINA, D. S. Suplente.

DECRETO No. 8.

El Congreso constitucional del Estado libre, independiente y soberano de Coahuila y Texas deseando precaver los abusos que se cometen en las Corredurias de Ganalo mayor con notable perjuicio de su propagacion que es compatible con el buen orden y arreglo; y queriendo igualmente que á la hacienda publica del mismo Estado, no se defrauden los derechos del ramo que hacen una parte de aquella, ha tenido á bien decretar:

Art. 1. Las Corredurias de Mesteñas se verificarán desde el primer dia del mes de Octubre hasta el ultimo de Febrero incluso, sin que puedan permitirse en otro tiempo baxo ningun pretexto.

Art. 2. El canon que se establece en favor de los fondos del Estado será el de dos reales por cabeza grande ó chica caballar, dos pesos siendo mular, y quatro reales siendo de ganado vacuno, entendiendose solo de lo orejano, y respecto de lo que se coja en terrenos valdios.

Art. 3. Para el cobro de este canoe, nombrará el gobierno en cada pueblo un individuo de su confianza, á quien se le pasará el 6 por ciento de honorario en la cantidad que colecte.

Art. 4. En cada Correduria hara cabeza el que la promueva, ó quien haga sus vezes, parr lo que se sacará licencia del juez respectivo, y este la dará de acuerdo con el individuo á que se encargue por el gobierno el cobro del canon prevenido en el articulo 2º, no pudiendose excusar de darla dentro del termino señalado en el articulo 1,

Art. 5. El Capitaz de cada partida responderé de los abusos que se cometan en la de su cargo baxo su responsabilidad de que todas las vestias de qualquiera especie que se recojan se presenten al comisionado del lugar de su residencia,

Art. 6. El comisionado llevará un libro de papel comun en que se sentarán todas las partidas que ingresen á su poder, las que se firmarán por el, el capatez de la corrida y Alcalde.

Art. 7. Las bestias herradas cuyos dueños no se conoscan se presentarán al Ayuntamiento, quien llevará un libro de papel comun, que se denominará de *mostrencas*, en el que se tomará razon de ellas, con expresion de sus clases, colores, y fierros.

ART. 15. On the publication of the Penal Code of the State this law shall cease to have effect.

For its fulfilment, the Vice Governor of the State shall cause it to be printed, published, and circulated.

Given in Saltillo the 27th of August, 1827.
JOSE MARIA ECHAIS, President.
JOSE F. MADERO, D. S.
JOSE A. TIJERINA, D. S.

DECREE No. 8,

The Congress of the State of Coahuila and Texas, to prevent abuses committed in driving large stock, greatly retarding the increase and propagation thereof, which can only be expected by having orde and suitable regulations, and likewise to prevent fraud upon the State revenue with respect to this class of duties, which form a part of the same, has thought proper to decree:

ART. 1. The period of mustang chases shall be from the first of October to the last of February inclusive, and it shall not be permitted at any other time.

ART. 2. The legally established tax in favor of the State revenue shall be two rials a head for horses, old and young; two dollars for mules, and four rials for horned cattle; the said tax to be understood only in relation to such as have no brand or owner, and are caught on vacant lands.

ART. 3. To collect the tax required by this law, the Executive shall appoint in each town a person of his confidence, who shall receive a compensation of six per cent. on the amount he collects.

ART. 4. In each chase, or course, the individual who first encourages the same, or person acting in his stead, shall have the direction or superintendance, for which a licence shall be obtained from the respective judge, who, with the concurrence of the person charged by the Executive with the collection of the tax provided in article 2, shall give the same, and during the period designated in article 1 the licence shall not be withheld.

ART. 5. The leader of each party shall be answerable for abuses committed in that under his command, and shall also be responsible for presenting all the beasts collected, of whatever kind they may be, to the commissioner of the place of his residence.

ART. 6. The commissioner shall keep a book of common paper, wherein all the lots or parcels that come into his possession, shall be entered, and the same shall be signed by himself, the leader of the chase, and the Alcalde.

ART. 7. Branded beasts, whose owners are not known, shall be presented to the Ayuntamiento, which shall keep a book made of common paper, to be called, *of strays*, wherein an account shall be kept of the same, and their class, color and brand described,

Art. 8. Inmediatamente se remitirán listas de dichas bestias á todos los Ayuntamientos del Estado, para que las hagan publicar en sus distritos á fin de saber á que propiedad pertenecen para su formal entriega, observando lo dispuesto eu la segunda parte del articulo 132 del reglamento economico de los pueblos.

Art. 9. El Gobernador en vista del aviso simestre que se le diere, lo pasará á los de los estados limitrofes de Nuevo Leon y Tamaulipas, para los efectos prevenidos en la primera parte del articulo anterior.

Art. 10. Para depositar las bestias de que habla el articulo 7, se preferirá el individuo que las presente baxo las seguridades necesarias, y, en quanto al pago conocido por de *saca*, se procederá conforme á la practica establecida.

Art. 11. Tanto las bestias de que habla el articulo 7, como las que se encuentren en los pueblos, tambien de fierros no conocidos, en que se comprendorá el ganado vacuno, estarán depositadas el termino de seis meses, despues del qual, si no hubiere quien las reclame, se tendrán por mostrencas, se venderán en subasta, previo valuo, y su producto se entregará al comisionado respectivo á fin de que ingrese en la tesoreria del Estado. Los dueños de rezes ó bestias asi vendidas podrán reclamar su importe justificando previamente ser de su propiedad antes de que halla concluido el termino de tres años por que despues de este termino ya no tendrán derecho alguno.

Art. 12. Los comisionados rendirán annualmente sus cuentas, justificadas á la tesoraria del Estado donde ingresarán las cantidades que se colecten con deduccion de sus honorarios.

Art. 13. Los contraventores á lo prevenido en esta ley, ó que abusando de la facultad de correr, maten ó oculten vestias de qualquiera clase, serán castigados por los juezes con la multa de veinte y cinco pesos por primera vez, y cinquenta por segunda, aplicables al fondo del Ayuntamiento, á mas de satisfacer el canon establecido. El que no tenga con que satisfacer la multa sufrirá de uno á dos meses de prision, ú de veinte á quarenta dias de trabajo á obras publicas. En la tercera vez se les duplicará la segunda multa ó pena personal, y se les privará por su reincidencia el derecho de correr. Para los casos prevenidos en este articulo se observarán las formalidades prescritas en los articulos 2 y 3 de la ley de arreglo de tribunales, No. 39.

Art. 14. Todo hombre tiene accion á reclamar el cumplimiento de esta ley por si, ó por conducto del individuo de que habla el articulo 3º. Esta será responsable de qualquier disimulo en el cumplimiento de sus deberes.

Lo tendrá entendido el Vice Gobernador constitucional del Estado para su cumplimiento, haciendolo imprimir, publicar y circular.

Dado en el Saltillo, á 31 de Agosto de 1827.

RAMON GARCIA ROJAS, Presidente.
JOSE A. TIJERINA, D. S. Suplente.
MIGUEL ARCENIAGA, D. S.

ART. 8. Lists of said beasts shall be immediately sent to all the Ayuntamientos of the State, that they may cause the same to be advertised in their districts, to ascertain to whom they belong, for the formal delivery thereof, observing the arrangement made in the second part of article 13 of the economical regulations of towns.

ART. 9. The Governor, on receiving the notice that shall be given him every six months, shall communicate the same to those of the adjoining States of Nuevo Leon and Tamaulipas for the purposes specified in the first part of the preceding article.

ART. 10. For placing the beasts specified in article 7 in deposite, preference shall be given to the person who presents the same, giving proper security, and with respect to the charges to be paid, in order to take them away, the established custom shall be complied with.

ART. 11. Both the beasts specified in article 7, and those found in the towns, also having no brand, including neat cattle, shall be deposited the term of six months, after which time, should no person appear to claim the same, they shall be considered as strays, and, after valuation, sold at public auction, the proceeds thereof to be delivered to the respective commissioner to be paid over to the State Treasury. The owners of horned cattle and other beasts sold in this manner, shall be entitled to the value thereof on proving property before the expiration of three years—after that time they shall possess no right.

ART. 12. The commissioners shall render their accounts (proved) annually to the State Treasury, wherein, after deducting their compensation, they shall enter the amount collected.

ART. 13 Those who transgress the provision of this law, or, abusing the privileges of the chase, kill or conceal beasts of any kind, besides paying the established tax, shall be fined by the judges twenty-five dollars for the first offence, and fifty for the second, to be applied to the funds of the Ayuntamiento. Those who have not the means of meeting the fine, shall be imprisoned from one to two months, or be destined to from twenty to forty days labor on public works. For the third offence they shall incur double the second fine or corporal punishment, and for the fourth be deprived of the privilege of the chase. The formalities prescribed in articles 2 and 3 of the law of regulations of tribunals, No. 39, shall be observed in cases provided in this article.

ART. 14. Every citizen shall be authorized to act in demanding the fulfilment of this law, by himself, or through the medium of the individual mentioned in article 3. The latter shall be responsible for any dissimulation in the discharge of his duties.

For its fulfilment, the Vice Governor of the State shall cause it to be printed, published, and circulated.

Given in Saltillo the 31st of August, 1827.

RAMON GARCIA ROJAS, President.
JOSE A. TIJERINA, D. S.
MIGUEL ARCINEAGA, D. S.

DECRETO No. 9.

El Congreso constitucional del Estado libre, independiente y soberano de Coahuila y Texas, ha tenido á bien decretar:

ART. 1. El Gobierno facultará á los administradores de Tabaccos para que autorizen con su firma á falta de sello los libros de cuentas de los comerciantes, hacendados y demas traficantes conforme á lo prevenido en el articulo 16, capitulo 4º. del reglamento de papel sellado. Los administradores podrán delegar á sus subalternos que se hallan en distintas municipalidades esta facultad baxo su sesponsabilidad.

ART. 2. Los administradores y sus subalternos en su caso asentaen un libro de papel comun foliado, y destinado al efecto, los que ellen, las fojas de que se compongan cada uno sujetos á que pertenescan, y lugar de su residencia. La partida será firmado por el empleado el dueño del libro, y el Alcalde respectivo.

ART. 3. En fin del año se pondrá en cada pueblo un abiso al publico, que contenga por menor los libros que se hallen abilitados, el entero que por cada uno de ellos se haya hecho, y el nombre de los dueños.

ART. 4. Se dará á los comerciantes y traficantes un mes de termino, para que dentro de el, ocurrán á sellar sus libros asi nuebos como principiados. Pasado este termino quedarán sugetos los infractores amas de la ilegalidad de que habla el articulo 10, capitulo 30, de la ley de papel sellado, á una multa de veinte y cinco pesos por cada libro que no presenten, sin perjuicio de que satisfagan el derecho del papel. Las multas se aplicarán al fondo de instruccion publica.

ART. 5. La intervencion de lo prevenido en esta ley será reclamable por qualquiera individuo del pueblo.

Lo tendrá entendido el Vice Gobernador constitucional del Estado, para su cumplimiento, haciendolo imprimir, publicar y circular.

Dado en el Saltillo á 11 de Setiembre de 1827.

RAMON GARCIA ROJAS, Presidente.
JOSE A. TIJERINA, Sec. Suplente.
MIGUEL ARCENIAGA, D. S.

GOBIERNO SUPREMO DEL ELTADO LIBRE DE COAHUILA Y TEXAS.

Secretaria del Congreso de Coahuila y Texas.
Instrucciones á que debe arreglarse el comisionado para el repartimiento de tierras á los nuebos colones, que se presenten á poblar en el Estado, segun la ley de colonizacion de 24 de Marzo de 1825.

ART. 1. Será obligacion del comisionado con vista de las capitulasiones que el empresario halla celebrado con el Gobierno, y teniendo á la vista la ley de colonizacion de 24 de Marzo, examinar con toda escru-

DECREE No. 9.

The Congress of the State of Coahuila and Texas has thought proper to decree as follows:

ART. 1. The Executive shall give power to the chief agents in the Tobacco department, in default of a seal to legalize the account books of merchants, of proprietors of land estates, and other dealers, with their own signature, agreeably to the provision of article 16 of the stamp paper regulations. Said agents, under their own responsibility, may delegate this power to their subordinates residing in different municipalities.

ART. 2. The agents and their subordinates, as the case may be, in a book made of common paper, paged and destined to that purpose, shall keep an account of the books they stamp or legalize, number of leaves of which they consist, stating the names of the owners, and place of residence. The lot or parcel shall be signed by the agent or officer, the owner of the book, and the respective Alcalde.

ART. 3. At the end of the year, an advertisement shall be posted in each town, specifying the books legalized, the amount paid for each, and the names of the owners.

ART. 4. The term of one month shall be allowed to merchants and dealers for applying to have their books stamped, both new ones and those already commenced. After the term aforesaid, the transgressors, besides the illegality mentioned in article 10, chap. 30, of the stamp paper law, shall be subject to a fine of twenty-five dollars for every book they fail to present, independent of paying the tax of the paper. The fines shall be applied to the funds for public instruction.

ART. 5. Any individual of the town shall have power to interfere, demanding a compliance with the provision of this law.

For its fulfilment, the Vice Governor of the State shall cause it to be printed, published, and circulated.

Given in Saltillo on the 11th of September, 1827.

RAMON GARCIA ROJAS, President.
JOSE A. TIJERINA, Sec'y Supletory.
MIGUEL ARCENIAGA, D. S.

EXECUTIVE DEPARTMENT OF THE STATE
OF COAHUILA AND TEXAS.

Secretary's Office of the Congress of Coahuila and Texas.
INSTRUCTIONS to which the commissioner for the distribution of lands to the new colonists who present themselves to settle in the State, according to the colonization law of March 24th, 1825, shall conform:

ART. 1. The commissioner shall be obligated, pursuant to the contract made by the empresario with the government, also to the colonization law of the 24th of March, to examine in the most scrupulous manner the certificates, which colonists from foreign countries are required

pulosidad las certificaciones que deben traer consigo los colonos estrañgeros, estendidas por las autoridades de su procedencia, en que acrediten su cristiandad, moralidad, y buenos costumbres, segun previene el articulo 5º de dicha ley, sin cuyo requisitos no se admitirán en la colonia.

Art. 2. Para prevenir que alguna certificacion sea falsa, ninguna dará por bastante el comisionado sin que primero informe por escrito el empresario de su legitimidad, á cuyo fin se las pasará previamente.

Art. 3. Recibirá á cada uno de los nuevos colonos estrañgeros, juramento en forma de sugetarse á la constitucion federal de los Estados Unidos Meqicanos, á la partiuular del Estado, y á las leyes generales y particulares del paiz que adopta por su patria.

Art. 4. Espidirá á nombre del Estado los titulos de tierras, con arreglo á la ley, poniendo en posesion de ellas á los nuevos pobladores, segun las formalidades legales, y previa citacion de colindantes si los hubiere.

Art. 5. No dará posesion á ningun colono que este establecido, ó que quiera establecerse dentro de las veinte leguas limitrofes con los Estados Unidos del Norte, y diez litorales, á menos que el interesado le presente orden especial de este gobierno, en que conste haberlo aprobado el supremo de la federacion.

Art. 6. Procurará que no queden terrenos vacios de posesion á posesion, y para que á primera vista se conoscan los limites de cada uno, obligará á los colonos á que dentro del termino de un año amojonen sus tierras con linderos fixos y permanentes.

Art. 7. Nombrará baxo su responsabilidad al agrimensor que ha de practicar scientificamente las medidas de tierras, exigiendole previamente juramento en forma de obrar bien y fielmente en su oficio.

Art. 8. Formará un libro vecerro en papel del sello 3º, en el que escribirá los titulos de tierras que reparta á los colones con especificacion de sus nombres, linderos, y demas requisitos y circumstancias legales, y de este libro sacará testimonios de cada posesion en papel del sello segundo que entregará al interesado para qve le sirva de titulo.

Art. 9. Cada poblador pagará el valor del papel sellado que se invierta en la expedicion de sus titulos, tanto en el original como en el testimonia.

Art. 10. Este libro se conservará en el archivo de la nueva colonia, y de el sacará para remitir al gobierno un extracto que comprenda el numero de colonos por sus nombres, y la cantidad de tierras que á cada uno se ha dado, con espresion de las que sean para labor de regadio, ó temporal, y las que se les dé para agostadero.

Art. 11. Eligira el sitio que sea mas aproposito para la fundacion de la poblacion ó poblaciones que hallan de establecerse segun el numero de familias de que se componga la colonia, teniendo presente lo que sobre este punto previene la ley de colonizacion.

to bring from the authorities of the place from which they come, thereby proving themselves to be of the christian religion, and to possess a good moral character, without which requisites they shall not be admitted in the colony.

Art. 2 In order to guard against false certificates, the commissioner shall admit none until after the empresario, to whom they shall previously be transmitted for the purpose, shall give information in writing relative to the legitimacy of the same.

Art. 3. He shall administer to each of the new colonists from foreign countries, the oath in form to obey the Constitution of this Republic, that of the State, and the general and special laws of his adopted country.

Art. 4. He shall issue the land titles in the name of the State, in conformity to the law, giving the new settlers possession of the same in legal form, and previously citing the adjoining proprietors, should there be any.

Art. 5. He shall not give possession to any colonist, settled, or intending to settle, within twenty frontier or border leagues of the United States of the North, and ten of the Gulf of Mexico, unless the person interested shall present him a special order from this government, wherein the approbation thereof of the national government shall be manifested.

Art. 6. He shall adopt the necessary measures that no vacant lands be left between possessions, and in order that the limits of each one may be known at first sight, he shall oblige the colonists to set land marks upon their lands within one year, with fixed and permanent boundaries.

Art. 7. He shall appoint, under his own responsibility, the surveyor, who shall run off the lands scientifically, previously requiring him to take the oath in form well and faithfully to execute the duties of his office.

Art. 8. He shall form a book in calf of paper bearing the impression of the third seal, wherein he shall write the titles of the lands which he distributes to the colonists, specifying their names, the boundaries, and other requisites and legal circumstances; and he shall take from the said book attested copies of each possession upon paper of the second seal, which he shall deliver to the person interested to serve him for a title.

Art. 9. Each settler shall pay the value of the stamp paper used in issuing his titles, both in the original and in the attested copy.

Art. 10. Said book shall be preserved in the archives of the new colony, and an abstract shall be taken therefrom to be transmitted to government, containing the number and names of all the colonists, the quantity of land given to each, expressing those which are for cultivation, irrigable or not irrigable, and those which are given them for grazing lands.

Art. 11. He shall select the site most appropriate for founding the town or towns, which are to be established, according to the number of families of which the colony consists, bearing in mind the provision of the colonization law upon this subject.

Art. 12. Señalado el sitio destinado á la poblacion, cuidará de que las primeras lineas corran de Sur á Norte, y de Oriente á Poniente, designará un quadro de ciento veinte varas por lado con exclucion de las calles que se denominará *Plaza mayor, ó plaza de la Constitucion.* Y este será el punto centrico de donde deberán partir las calles, y sobre estas la formacion de quadras ó manzanas arregladas al modelo que se acompaña.

Art. 13. La manzana que resulte al Oriente con vista á la plaza mayor se destinará para templo, casa cural y otros edificios para la iglesia, y la que queda al occidente para casas consistoriales. En otro lugar acomodadose señalará una manzana para plaza de mercado, otro para carsel y casa de correccion, otra para escuela, y otros edificios de instruccion publica, y otra á estramuros para cementerio.

Art. 14. Dispondrá que las calles sean rectas, y que tengan veinte varras de ancho para la salubridad de la poblacion.

Art. 15. Los artezanos que al tiempo de fundarse una nueva poblacion se presenten á ser vecinos de ella, tendrán derecho á recibir un solar cada uno, sin otro costo que el del papel sellado, que sea necesarios para la expedicion de su ti-ulo, y le corta pension de un peso anual para la construccion de la Iglesia.

Art. 16. Los solares de que habla el articulo anterior serán repartidos precisamente por suerte á excepcion del empresario, á quien se le darán dos en el sitio que elija.

Art. 17. Los demas solares serán apreciados por peritos segun la localidad, y estos se venderán entre los demas colonos por los mismos precios á que resulten por el avaluo, en el caso de que se presenten muchas interesados á alguno ó algunos solares por su situacion preferente ó por otras circumstancias que puedan promover la concurrencia de competidores, se decidirán estos por suertes en el modo que previene el articulo precedente; aplicandose los productos de dichos solares á los gastos de la fabrica material de la Iglesia de la poblacion.

Art. 18. Promoverá en union del empresario, que todos los habitantes correspondientes á la jurisdiccion de cada poblacion tomen solares en ellas, y construyan sus casas dentro del tiempo determinado pena de perderlos.

Art. 19. Formará un libro vecerro para cada nueva poblacion, en el qual se escribirán las concesiones de solares donados ó vendidos con expresion de sus linderos, y demas circumstancias de estilo, del que se sacarán los respectivos testimonios en el papel del sello correspondiente, que entregará á los interesados para que les sirva de titulo.

Art. 20. Levantará un plano topografico comprensivo de las poblaciones, que se hallan fundado en ella, que remitirá al gobierno, dexando copia igual en el libro vecerro de la colonia.

Art. 21. Dispondrá que en cada paso de los rios sobre los caminos generales en que se funde alguna poblacion, se construya y ponga en uso corriente un chalan ó bote costeado por los vecinos de la misma

ART. 12. The site destined for the new town having been determined, he shall see that the principal lines run North and South, East and West:—he shall designate a square measuring one hundred and twenty varas on each side, exclusive of the streets, to be called the *Principal or Constitutional Square.* This shall be the central point from which the streets shall run for forming squares or blocks thereon agreeably to the accompanying plan.

ART. 13. The block fronting the principal square, upon the East side, shall be destined for a church, curate's dwelling, and other ecclesiastical edifices; and that on the West, for municipal buildings or town halls. In another suitable place, he shall point out a block for a market square, one for a jail and house of correction, one for a school and other buildings for public instruction, and another without the limits of the town for a burial ground.

ART. 14. He shall cause the streets to be laid off straight, twenty yards wide, for the salubrity of the town.

ART. 15. Mechanics, who, on the founding of a new town, present themselves to settle therein, shall be entitled to a lot each, to be attended with no expense, except the cost of the stamped paper necessary for issuing their titles, and the small tax of one dollar per annum for building the church.

ART. 16. The lots mentioned in the preceding article shall be distributed by lot, with the exception of the empresario, to whom two lots shall be given in the site he selects.

ART. 17. The other lots shall be valued by appraisers, and sold out to the other colonists according to the valuation. Should there be several applicants for any lot or lots, on account of their more eligible situation, or other circumstances that may cause competition, they shall decide by lot in the manner provided in the preceding article. The product of the said lots shall be appropriated to building a chuch in the town,

ART. 18. He shall proceed, together with the empresario, to have all the inhabitants belonging to the jurisdiction of each town take lots therein, and build their houses within the time specified, under penalty of forfeiting their lots.

ART. 19. He shall form a book in calf for each new town, wherein the appropriation of lots, whether by donation or sale, shall be recorded, expressing their boundaries, and other particulars agreeably to the usual form, from which attested copies shall be taken, upon paper of the corresponding stamp, to be delivered to the persons interested to serve them as titles.

ART. 20. He shall execute a topographical plan comprising the towns founded in the colony, which he shall forward to the government, leaving in the colonial register an exact copy thereof.

ART. 21. He shall cause a ferry to be established at each crossing of the rivers upon the high ways, whereon any town is founded;—the flat or boat to be provided at the expense of the inhabitants of the said

poblacion, cobrandose por el pasage una moderada contribucion que servirá para pagar el salario del challanero ó barquero; las recomposiciones del bote, y el resto á beneficio de los fondos publicos.

ART. 22. En los parages en que no haya poblacion encargará la habilitacion de los rios al colono, que en qualquiera de ellas se establesca, cobrando por el pasage una moderada pension, mientras que llega el caso de que se arrienden estos derechos por cuenta del Estado. Los colonos que se determinen á facilitar los pasos de los rios en los terminos indicados, formarán una cuenta exacto y documentada de los gastos que hagan en la construccion de chalanes ó botes, y llevarán otra de los que produsca la pension, tambien justificada, para que quando llegue el caso de que por el Estado se arrienden estos derechos tengan accion á cobrar la excedencia de gastos que aun no haya podido cubrir la pension quo por ahora sé dexa á su favor.

ART. 23. Precidirá las elecciones populares de que trata el articulo 40 de la ley de colonizacion para el nombramiento de Ayuntamiento, poniendo en posesion de sus empleos á los nombrados.

ART. 24. Tendrá especial cuidado de que las porciones de tierras, que se conceden á los colonos por los articulos 14, 15, y 16, se midan por los agrimensores con toda exactitud, sin permitir que ninguno lleve mas terreno que el que está señalado por la ley, y en el caso contrario será responsable personalmente.

ART. 25. En casa de que algun colono solicite conforme el articulo 17, se le aumente el terreno sobre el que señalan les articulos citados, por razon de su familia, industria, y actividad, lo hará presente por escrito al comisionado, exponiendo las razones, en que funda su solicitud, quien la dirijirá al Gobierno con su respectivo informe baxo la responsabilidad mas estrecha para proveer lo conveniente.

ART. 26. Todos los instrumentos publicos, titulos ó qualesquiera documentos que extienda el comisionado, se han de escribir en castellano; el mismo idioma se usará en los memoriales, decretos, informes que presenten los colonos ú empresarios sobre qualquier asunto, ya sea para remitir al gobierno ó que deva conservarse en el archivo de la colonia.

ART. 27. Todos los instrumentos publicos de posesion y testimonios que firme el comisionado, serán autorizadas con dos testigos de asistencia.

ART. 28. El comisionado es responsable personalmente de todos los actos y providencias que efectue ó practique en contravencion de la ley de colonizacion y estas instrucciones.

Saltillo 4 de Septiembre de 1827.

JOSE A. TIJERINA, Sec. Suplente.
MIGUEL ARCINEAGA, Dip. Sec.

Articulo adicional.—El comisionado no puede conceder por si terreno alguno. ni dar posesion en los demarcados para empresas, mientras estas no esten concluidas, sino con conocimiento y aprobacion del mismo empresario, aun quando aquella concesion este otorgada por el Gobierno.

town, establishing moderate rates of toll, out of which the ferryman shall be paid, the boats repaired, and the remainder added to the public funds.

ART. 22. In places where there is no town, he shall charge the colonist settling in any of the same with the establishment of ferries,— taking a moderate toll until these taxes are rented out for the use of the State. Colonists who resolve to establish ferries on the terms herein indicated, shall keep an exact and certified account of the expense they incur in building boats, and another, also attested, of the product of the toll, to entitle them, when these taxes are rented by the State, to receive an indemnification for the deficiency of the toll, at present allowed them, for covering the expense.

ART. 23. He shall preside at the popular elections mentioned in article 40 of the colonization law, for choosing the Ayuntamiento and putting the persons chosen in possession of office.

ART. 24. He shall take special care that the portions of land granted the colonists by articles 14, 15, and 16, be measured by the surveyors with the greatest accuracy, without permitting any one to take more land than what is pointed out by the law, and in the contrary event he shall be personally responsible.

ART. 25. Should any colonist, agreeably to article 17, solicit to have the quantity of land pointed out in the aforesaid articles, increased in his favor, on account of his family, industry, and enterprize, he shall manifest the same, setting forth the reasons in which he founds his petition, in writing, to the commissioner, who shall forward the same to the Executive, accompanied by his respective report, under the most rigid responsibility of providing what is proper.

ART. 26. All public instruments, titles, or documents whatever, drawn by the commissioner, shall be written in the Spanish language: the same shall be used in memorials, decrees, and reports presented by the colonists or empresarios on any subject whatever, whether to be transmitted to the government, or deposited in the archives of the colony.

ART. 27. All public instruments of possession, and attested copies signed by the commissioner, shall be attested by two assisting witnesses.

ART. 28. The commissioner shall be personally responsible for all acts and provisions by him effected or performed in violation of the colonization law and these instructions.

Saltillo, September 4th, 1827.

JOSE A. TIJERINA, Sec'y by substitution.
MIGUEL ARCINEAGA, Dep. Sec'y.

Additional Article.—The commissioner shall not grant any land, of himself, nor give possession upon those traced out for *empresas*, so long as these are not concluded, without the knowledge and consent of the empresario himself, even should the said grant be authorized by the Executive.

Nota.—Con fecha de 15 de Mayo de 1828, dio el honorable Congreso su decreto numero 62 que arregla el pago que debe hacerse á los comisionados por su trabajo, y en diez de Abril del presente año expidio la misma honorable asamblea el decreto numero 128, que en parte reforma y aclará estas instrucciones, cuyas dos leyes deberá tener presente todo comisionado par repartimiento de tierras.

Leona Vicario 25 de Abril de 1830.

JOSE MARIA VIESCA.

Santiago de Valle, Secretario.

DECRETO No. 10.

El Congreso constitucional del Estado libre, independiente y soberano de Coahuila y Texas, ha tenido á bien decretar:

Art. 1. Los Ayuntamientos de los pueblos formarán y remitirán anualmente á los gefes de partido ó de departamento respectivo, una noticia circumstanciada del estado en que se hallan los diferentes objetos puestos á su cuidado, por la ley numero 37 del Congreso constituyente de 13 de Junio ultimo, informando sobre la mejora ó atraso que hallan tenido en el año de su administracion, y las medidas que convenga dictar para renovar los obstaculos que impidan su adelantamiento.

Art. 2. Las mismas corporaciones fixarán en los parages mas publicos de sus respectivos territorios, una cuenta de cargo y data que aclare por menor las cantidades que hayan entrado á su poder, y la inversion que les hayan dado, sin perjuicio de remitir anualmente las cuentas documentadas prevenidos por el articulo 133 de la citada ley No. 37.

Art. 3. Al concluir el año de su administracion, y antes de su renovacion, cumplirán los Ayuntamientos baxo su responsabilidad lo prevenido en el presente decreto.

Lo tendrá entendido el Vice Gobernador constitucional del Estado para su cumplimiento, haciendolo imprimir, publicar y circular.

Dado en el Saltillo á 5 de Setiembre de 1827.

RAMON GARCIA ROJAS, Presidente.
JOSE A. TIJERINA, D. S. Suplente.
MIGUEL ARCIÑEAGA, D. S.

DECRETO No. 11.

El Congreso constitucional del Estado libre, independiente y soberano de Coahuila y Texas, ha tenido á bien decretar:

Art. 1. El Gobernador, en las memorias que deberá leer al abrirse las sesiones ordinarias de cada año al dar cuenta de las rentas publicas del Estado, lo hará manifestando los valores, enteros, gastos, y productos liquidos de cada una.

Note.—On the 15th of May, 1828, Congress issued the decree No. 62, regulating the pay to be made to commissioners for their services, and on the 10th of April of the current year, the said Congress issued the decree No 128, which in part reforms and explains these instructions, both which laws shall be borne in mind by every commissioner for the distribution of lands.

Leona Vicario, 25th of April, 1830.

JOSE MARIA VIESCA.

SANTIAGO DE VALLE, Secretary.

DECREE No. 10.

The Congress of the State of Coahuila and Texas decrees as follows:

ART. 1. The Ayuntamientos of the towns shall make out and forward annually to the respective chief of department or district, a minute account of the state in which the different objects committed to their charge by the law No. 37 of the 13th of June last, exist; giving notice of the improvement or backwardness they have undergone during their administration, and stating the measures it is proper to dictate to remove the obstacles that impede their progress.

ART. 2. Said corporations shall post a regular account annually, in the most public places within their respective jurisdiction, stating clearly and minutely therein, the sums that have come into their possession, and the distribution they have made of the same, independent of the certified accounts, as provided by article 133 of the aforementioned law No. 37, which they shall forward every year.

ART. 3. At the close of their administration, and before their renewal, the Ayuntamientos under their responsibility shall fulfill the provision of this decree.

For its fulfilment, the Vice Governor of the State shall cause it to be printed, published, and circulated.

Given in Saltillo on the 5th of September, 1827.

RAMON GARCIA ROJAS, President,
JOSE A. TIJERINA, D. S. Supletory,
MIGUEL ARCINEAGA, D. S.

DECREE No. 11.

The Congress of the State of Coahuila and Texas decrees as follows:

ART. 1. The Governor, in the reports it shall be his duty to read every year on the opening of the ordinary sessions, shall give information relative to the public rents of the State, manifesting the values, entries, expenditures, and nett proceeds of each.

Art. 2. Estas noticias deberán comprender el tiempo de un año económico, que tambien servirá para arreglár el presupuesto de los gastos generales del Estado que se presentarán en la misma memoria.

Art. 3. El año económico comenzará desde 1º. de Setiembre, y concluirá en fin de Agosto siguiente, en que se hará un corte general de cuentas en todas las oficinas donde ingresen caudales del errario publico.

Art. 4. Los administradores de rentas, y demas empleados responsables, remitirán sus cuentas correspondientes dentro del preciso termino de dos meses despues de concluido el año economico de modo que esten recibidas en el Gobierno para el dia 31 de Octubre, á fin de que este pueda cumplir con los objetos contenidos en el articulo 1.

Art. 5. Al fin de dichas memorias, y sin perjuicio de poderlo hacer en otra ocasion propondrá todas las leyes, que en su concepto deban dictarse para corregir los males que halla notado en los ramos de la administracion publica, ó para promover las mejoras que en cada uno de ellos estime conveniente.

Art. 6. Estas iniciativas deberán presentarse redactadas en projectos de ley en los mismos terminos que el Gobierno crea deben dictarse.

Art. 7. Presentará con la debida separacion las que sean relativas á las rentas publicas sobre reformas de que sean susceptibles su administracion economica de sus gastos, establecimiento, extincion, ó baxa de impuestos á fin de nivelár los productos de todas las rentas con los gastos generales del Estado.

Lo tendrá entendido el Vice Gobernador constitucional del Estado para su cumplimiento, haciendolo imprimir, publicar y circular.

Dado an el Saltillo á 6 de Setiembre de 1827.

RAMON GARCIA ROJAS, Presidente.
JOSE A. TIJERINA, D. S. Suplente.
MIGUEL ARCINEAGA, D. S.

DECRETO No. 12.

El Congreso constitucional del Estado libre, independiente y soberano de Coahuila y Texas, ha tenido á bien decretar:

Art. 1. El Gobierno del Estado, para extender las cartas de ciudadano á los individuos que por el Congreso se les declare esta gracia, usará de la formula que sigue:

El Gobernador del Estado de Coahuila y Texas, á todos los que las presentes vieren, sabed:—Que habiendo J. N. vecino (el lugar) por tal decreto ó por tal causa solicitado carta de ciudadano, y hecho constar que concurren en su persona las circunstancias que le pueden hacer merecedor de esta gracia, ha tenido á bien proponerlo al hon. Congreso quien por decreto (el numero, dia, mes y año,) se ha servido conceder

ART. 2. The said information shall comprise the term of a financial year, which shall also serve to regulate the presumed or presupposed general expenditures of the State, which shall be presented in the same report.

ART. 3. The financial year shall commence the first of September and terminate the last of August following, wherein a general settlement or adjustment of accounts shall be effected in all offices which receive funds or stock of the public revenue.

ART. 4. The head agents of the rents, and other responsible officers shall forward their corresponding accounts within the peremptory term of two months from the termination of the financial year, that they may be received by the Executive by the 31st of October, to enable him to fulfill the purposes contained in article 1st.

ART. 5. At the conclusion of the aforesaid reports, and without being thereby prevented from doing the same on another occasion, he shall propose all the laws that, in his opinion, ought to be enacted to correct the evils that he may have observed in the departments of the public administration, or to promote such improvement as he shall deem proper in each of the same.

ART. 6. These propositions shall be presented composed or written in projects of law, in the manner the Executive thinks they should be enacted.

ART. 7. He shall present with due distinction those relating to the public rents, the reforms of which they are susceptible, the financial administration of their expenditures, establishment, extinction, or reduction of imposts, in order to bring the product of all the rents on a level with the general expenditures of the State.

For its fulfilment, the Vice Governor of the State shall cause it to be printed, published, and circulated.

Given in Saltillo the 6th of September 1827.

RAMON GARCIA ROJAS, President,
JOSE A. TIJERINA, Sec'y Supletory.
MIGUEL ARCINEAGA, D. S.

DECREE No. 12.

The Congress of the State of Coahuila and Texas decrees as follows:

ART. 1. The Executive of the State, for issuing letters of citizenship to individuals in whose behalf Congress shall declare this favor, shall use the following form:

The Governor of the State of Coahuila and Texas to all unto whom these presents may come, be it known: That J. N. an inhabitant of ——, having applied for the letter of citizenship on account of such a decree, or for such reasons, and having shewn that he possesses the merit and qualifications to entitle him to this favor, I have thought

al expresado N. carta de ciudadano para que por tal sea habido y respetado en todo el territorio del Estado, y goze en el, los fueros y derechos que le corresponden conforme á la Constitucion y leyes particulares del mismo Estado, sugetandose á las cargas y obligaciones que aquellas y estas prescriben á todos los ciudadanos Coahuiltexanos. Por tanto, mando á todos los tribunales, justicias, gefes, y demas autoridades, asi civiles como militares y ecclesiasticas del Estado, que tengan y respeten al mencionado N. como ciudadano Coahuiltexano, guardandole y haciendole guardar los fueros y derechos que como á tal le corresponden conforme á la Constitucion del Estado y leyes vigentes, y á las que en adelante se establescan, y que esta carta se dirija al interesado para los usos que le convengan. Dado en tal, &c. la fecha—firma del Gobernador y Secretario.

Art. 2. Estas cartas se extenderán en papel del sello primero.

Lo tendrá entendido el Vice Gobernador constitucional del Estado para su cumplimiento, haciendolo imprimir, publicar y circular.

Dado en el Saltillo á 11 de Setiembre de 1827.

RAMON GARCIA ROJAS, Presidente.
JOSE A. TIJERINA, D. S. Suplente.
MIGUEL ARCINEAGA, D. S.

DECRETO No. 13.

El Congreso constitucional del Estado libre, independiente y soberano de Coahuila y Texas, ha tenido á bien decretar:

Art. 1. Se declará ciudadano del Estado á Juan Cameron.

Art. 2. El Gobierno le mandará á extender la carta correspondiente lo mismo que al ciudadano Santiago Hewetson quien obtuvo la mismo gracia por resolucion de 11 de Agosto de este año.

Lo tendrá entendido el Vice Gobernador constitucional del Estado para su cumplimiento, haciendolo imprimir, publicar, y circular.

Dado en el Saltillo á 12 de Setiembre de 1827.

RAMON GARCIA ROJAS, Presidente.
JUAN A. GONZALES, D. S.
MIGUEL ARCINEAGA, D. S.

DECRETO No. 14.

El Congreso constitucional del Estado libre, independiente y soberano de Coahuila y Texas, ha tenido á bien decretar:

Art. 1. El mais, frijol y chile, como efectos de primera necesidad quedan excnerados del pago de derechos de Alcabala.

proper to propose him to the honorable Congress, which by decree (number and date) has been pleased to grant to the aforementioned N. letter of citizenship, that he be considered and respected as such throughout the State, and enjoy therein the rights and privileges that belong to him agreeably to the Constitution and laws of the State, submitting to the burthens and duties imposed by the same upon all the citizens of Coahuila and Texas. Wherefore, I command all the tribunals, justices, chiefs, and other authorities of the State, civil, military, and ecclesiastical, to regard and respect the aforementioned N. as a citizen of Coahuila and Texas, protecting and causing to be protected the rights and privileges that belong to him as such, agreeably to the Constitution of the State and laws that do now, or may hereafter exist, and that this letter be directed to the person interested for such use as shall best suit his purpose. Given in——date. Signature of the Governor and Secretary.

ART. 2. Said letters shall be written on paper stamped with the first seal.

For its fulfilment, the Vice Governor of the State, shall cause it to be printed, published, and circulated.

Given in Saltillo on the 11th of September, 1827.
RAMON GARCIA ROJAS, President,
JOSE A. TIJERINA, D. S. Supletory,
MIGUEL ARCINEAGA, D. S.

DECREE No. 13.

The Congress of the State of Coahuila and Texas decrees as follows:

ART. 1. John Cameron is hereby declared a citizen of the State.

ART. 2. The Executive shall order the corresponding letter to be issued to the said Cameron, also to Santiago Hewetson, who was constituted a citizen on the 11th of August last.

For its fulfilment, the Vice Governor of the State shall cause it to be printed, published, and circulated.

Given in Saltillo on the 12th of September, 1827.
RAMON GARCIA ROJAS, President.
JUAN A. GONZALES, D. S.
MIGUEL ARCINEAGA, D. S.

DECREE No. 14.

The Congress of the State of Coahuila and Texas decrees as follows:

ART. 1. Maize, beans, and red pepper, being articles indispensably required, shall be exempted from paying excise duties.

Art. 2. Quedan en consequencia derrogadas las ordenes de 20 de Setiembre de 1825, en lo relativo á los efectos de que habla el articclo anterior.

Lo tendrá entendido el Vice Gobernador constitucional del Estado para su cumplimiento, haciendolo imprimir, publicar y circular.

Dado en el Saltillo á 13 de Setiembre de 1827.

RAMON GARCIA ROJAS, Presidente.
JUAN A. GONZALES, D. S.
MIGUEL ARCINEAGA, D. S.

DECRETO No. 15.

El Congreso coustitucional del Estado libre, independiente y soberano de Coahuila y Texas, ha tenido á bien decretar lo siguiente:

El tribunal de justicia no tendrá asistencia publica á ninguna clase de funciones, ni de fiestas nacionales como previene los articulos 49 y 79 de la ley de justicia No. 39, lo quales en esta parte quedan derrogados, y en todo lo demas vigentes.

Lo tendrá entendido el Vice Gobernador constitucional del Estado para su cumplimiento, haciendole imprimir, publicar y circular.

Dado en el Saltillo á 13 de Setiembre de 1827.

RAMON GARCIA ROJAS, Presidente.
JUAN A. GONZALES, D. S.
MIGUEL ARCINEAGA, D. S.

DECRETO No. 16.

El Congreso constitucional del Estado libre, independiente y soberano de Coahuila y Texas, ha tenido á bien decretar:

Cumplido el termino que señala el Decreto No. 9 de 4 del corriente, podrá el Gobierno facultar á los Alcaldes primeros de los pueblos respectivos para que asociados á los administradores ó fieles de Tabacos, con el sindico procurador. reconoscan si todos los libros de cnentas de ios comerciantes, haciendadados, y damas traficantes estan autorizados, para que en caso contrario se haga efectiva la responsabilidad que señala el propio artieulo.

Lo tendrá entendido el Vice Gobernador constitucional del Estado para su cumplimiento, haciendolo imprimir, publicar y circular.

Dado en el Saltillo á 14 de Setiembre de 1827.

RAMON GARCIA ROJAS, Presidente.
JUAN A. GONZALES, D. S.
MIGUEL ARCINEAGA, D. S.

ART. 2. In pursuance thereof, the orders of the 20th September, 1825, relative to the aforementioned articles, are hereby repealed.

For its fulfilment, the Vice Governor of the State shall cause it to be printed, published, and circulated.

Given in Saltillo on the 13th of September, 1827.

    RAMON GARCIA ROJAS, President,
    JUAN A. GONZALES, D. S.
    MIGUEL ARCINEAGA, D. S.

DECREE No. 15.

The Congress of the State of Coahuila and Texas decrees as follows:

The tribunal of justice shall not assist in the public ceremonies at any kind of festive concourse, nor on occasion of national festivals, as provided in articles 49 and 79 of the law of justice. No. 39, which shall be repealed so far as regards this provision, and in every other respect shall remain in force.

For its fulfilment, the Vice Governor of the State shall cause it to be printed, published, and circulated.

Given in Saltillo on the 13th of September, 1827.

    RAMON GARCIA ROJAS, President,
    JUAN A. GONZALES, D. S.
    MIGUEL ARCINEAGA, D. S.

DECREE No. 16.

The Congress of the State of Coahuila and Texas decrees as follows:—

At the expiration of the term specified in Decree No. 9 of the 4th instant, the Executive may authorize the first Alcaldes of the respective towns, associated with the chief agents, or responsible subordinates of the Tobacco department, and syndic, to examine whether the account books of merchants, of proprietors of haciendas, and other dealers, are legalized, that should they not be, the responsibility expressed in the same article may be rendered effectual.

For its fulfilment, the Vice Governor of the State shall cause it to be printed, published, and circulated.

Given in Saltillo the 14th of September, 1827.

    RAMON GARCIA ROJAS, President.
    JUAN A. GONZALES, D. S.
    MIGUEL ARCENIAGA, D. S.

DECRETO No. 17.

El Congreso constitucional del Estado libre, independiente y soberano de Coahuila y Texas, ha tenido á bien decretar:

Art. 1. Serán puestos en libertad todos los actualmente procesados, y que esten en prision, menos los reos de lesa patria, incendiarios, salteros y robos de qualesquiera especie, adulteros, homicidas, y los reincidentes en toda clase de delitos.

Art. 2. Igualmente lo serán los homicidas en propia defensa, los casuales, y los que no sean alevosos.

Art. 3. Del mismo modo serán puestos en libertad los sentenciados por una año á presidio, ó dos de obras publicas no siendo por los delitos exceptuados por esta ley.

Art. 4. Esta gracia se extiende aunque se interese la vindicta publica, pero sin perjuicio de tercero, y en falta de los que hallan delinquido antes de la publicacion de esta decreto.

Art. 5. Para disfrutarla los profugos y ausentes deberán presentarse dentro de 30 dias contados desde la publicacion de esta decreto á sus respectivas municipalidades, haciendose este leer á presencia de los presos y de los que esten cumpliendo sus condenas.

Art. 6. Los reos que por qualesquer delito merescan pena capital, y andando profugos se presentaren á los 90 dias de la publicacion de esta ley, quedarán libres de aquella y sugetos á la mayor extraordinaria.

Art. 7. Los que no mereciendo pena capital se presenten en el mismo termino, se les dimiará la que deban sufrir con arreglo á las leyes.

Art. 8. Esta ley se pvblicará en esta villa el dia de mañana, y en los demas pueblos del Estado á la mayor posible brevidad.

Lo tendrá entendido el Gobernador constitucional del Estado para su cumplimiento haciendolo imprimir, publicar y circular.

Dado en el Saltillo á 15 de Setiembre de 1827.

RAMON GARCIA ROJAS, Presidente.
JUAN A. GONZALES, D. S.
MIGUEL ARCINEAGA, D. S.

DECRETO No. 18.

El Congreso constitucional del Estado libre, independiente, y soberano de Coahuila y Texas, ha tenido á bien decretar:

Art. 1. Cumplidos los seis meses de publicada la Constitucion en la cabezera de cada partido, se hará en todos los pueblos del Estado un padron de los esclavos que existen en las municipalidades respectivos, con distincion de edades, nombres y sexos.

Art. 2. Cada Ayuntamienio llevará un libro de registros, en que se tomarán razon de los hijos Coahuiltexanos nacidos de padres esclavos

DECREE No. 17.

The Congress of the State of Coahuila and Texas, decrees as follows:—

ART. 1. All persons under criminal prosecution, now in prison, shall be set at liberty, except for treason, arson, assault and robbery of any kind, adultery, murder, and a repitition of offence in any kind of crime.

ART. 2. Likewise those under prosecution for manslaughter committed in self-defence, by accident, and persons not of a treacherous character, shall be set at liberty.

ART. 3. Convicts sentenced to a fortress for one year, or to public works for two, for crimes not excepted by this law, shall also be liberated.

ART. 4. This pardon shall be granted, nothwithstanding the atonement which crimes should pay to public justice, as an example, but without injury to a third person, and in exclusion of those who shall have transgressed between this time and the publication of this decree.

ART. 5. Fugitives and absent persons, to avail themselves of this pardon, shall present themselves within 30 days from the publication of this decree to their respective municipalities. This decree shall be read in presence of the prisoners and convicts.

ART. 6. Criminals, deserving capital punishment for any crime whatever, and having fled from justice, who shall present themselves in 90 days from the publication of this decree, shall be exonerated from the said punishment, and subject to the greatest unusual penalty.

ART. 7. Those not deserving capital punishment, who shall present themselves in the same time, shall incur one half the penalty they ought to suffer according to law.

ART. 8. This law shall be published in this town on the morrow, and in the other towns of the State as early as possible.

For its fulfilment, the Governor of the State shall cause it to be printed, published, and circulated.

Given in Saltillo the 15th of September, 1827.

RAMON GARCIA ROJAS, President.
JUAN A. GONZALES, D. S.
MIGUEL ARCINEAGA, D. S.

DECREE No. 18.

The Congress of the State of Coahuila and Texas decrees as follows:

ART. 1. At the expiration of six months from the publication of the Constitution in the capital of each district, a list of the slaves in the respective municipalities, their age, names, and sex, being distinctly expressed, shall be made in all the towns of the State.

ART. 2. Each Ayuntamiento shall keep a register, wherein they shall keep an account of children (Coahuiltexians) born of slave par-

desde la publicacion de la Constitucion, dando cuenta al Gobierno por trimestres.

Art. 3. En el mismo libro se asentarán todos los esclavos que mueran, de los que igualmente se dará cuenta al Gobierno en los terminos que expresa el articulo anterior.

Art. 4. Los introductores de esclavos despues de cumplido el termino de que habla el articulo 13 de la Constitucion, quedan segetos á las penas establecidas por la ley general de 13 de Julio de 1824.

Art. 5. Los esclavos, cuyos dueños no tengan herederos forzosos segun las leyes vigentes, serán libres inmediatamente despues del fallecimiento de su amo, no pudiendose pasar á succesion de qualquiera otra especie baxo ningun aspecto.

Art. 6. No tendrá lugar la manumision de que habla el articulo precedente, quando el amo ó sus herederos sean envenenados ó asesinados por uno de sus esclavos, quedando en tal caso los delinquentes sugetos á lo que dispongan las leyes.

Art. 7. En cada mutacion de propietario de esclavos en las succasiones mas proximas aun forzosas queda manumitida la decima parte de los que debian pasar al nuevo dueño, sacandose por suerte aquella que se practicará ante el Ayuntamiento del distrito municipal.

Art. 8. Los hijos y padres por arogacion ó adopcion, no podrán heredarse reciprocamente propiedad alguna consiste en esclavos.

Art. 9. Los Ayuntamientos cuidarán escrupulosamente baxo su mas estrecha responsabilidad que los hijos lsbres de los esclavos tengan la mejor educacion en lo posible, poniendolos al efecto en las escuelas publicas y demas talleres en que puedan ser utiles á la sociedad.

Art. 10. Los Ayuntamientos que se disimulen en el cumplimiento de esta ley, sufrirán una multa de quinientos pesos, que mandará aplicar el Gobierno á beneficio de escuelas publicas.

Art. 11. Esta ley se publicará por primera vez en esta villa el dia de mañana, y en los demas pueblos al siguiente de su recibo. Hasta el año de 1840 se rapitirá su publicacion anualmente el dia 16 de Setiembre,

Lo tendrá entendido el Gobernador constitucional del Estado para su cumplimiento, haciendolo imprimir, publicar y circular.

Dado en el Saltillo á 15 de Setiembre de 1827.

RAMON GARCIA ROJAS, Presidente.
JUAN A. GONZALES, D. S.
MIGUEL ARCINEAGA, D. S.

DECRETO No. 19.

El Congreso constitucional del Estado libre, independiente, y soberano de Coahuila y Texas, ha tenido á bien decretar lo siguiente:

Art. 1. Cuando el Vice Gobernador se encargue del Gobierno por imposibilidad del Gobernador propietario se le abonarán dos tercias partes del exceso ó diferencia que hay en el sueldo señalado á uno y á otro empleo.

ents, from the publication of the Constitution, giving notice to government every three months.

ART. 3. All deaths of slaves shall be noted down in said register, of which notice shall be given to government, as specified in the preceding article.

ART. 4. Those who introduce slaves, after the expiration of the term specified in article 13 of the Constitution, shall be subject to the penalties established by the general law of the 13th of July, 1824.

ART. 5. Slaves, whose owners have no heirs apparent according to the existing laws, shall be immediately free on the decase of their masters, and shall not pass to any other kind of succession whatever under any aspect.

ART. 6. The manumision mentioned in the preceding article shall not take place when the master, or his heirs, are poisoned or assassinated by one of their slaves; in that case they shall be subject to the provision of the laws.

ART. 7. In each change of owner of slaves, in the nearest succession, even of heirs apparent, the tenth part of those who are to pass to the new owner, shall be manumitted; the said portion to be determined by lot, before the Ayuntamiento of the municipal district.

ART. 8. Children and parents by adoption shall not mutually inherit slave property.

ART. 9. The Ayuntamientos, under their most rigid responsibility, shall take particular care that free children, born of slaves, receive the best education that can be given them: placing them, for that purpose, at the public schools and other places of instruction, wherein they may become useful to society.

ART. 10. Ayuntamientos that shall not be faithful in the fulfilment of this law, shall suffer a fine of five hundred dollars, which the Executive shall order appropriated to the benefit of public schools.

ART. 11. This law shall be first published in this town on the morrow, and in the other towns on the day following the receipt thereof. The same shall be re-published annually on the 16th of September until the year 1840.

For its fulfilment, the Governor of the State shall cause it to be printed, published, and circulated.

Given in Saltillo on the 15th of September, 1827.

RAMON GARCIA ROJAS, President.
JUAN A. GONZALES, D. S.
MIGUEL ARCINEAGA, D. S.

DECREE No. 19.

The Congress of the State of Coahuila and Texas decrees as follows:

ART. 1. When the Vice Governor takes the place of the Governor, from impossibility on the part of the latter, he shall receive two-thirds of the difference in the salaries assigned these offices.

Art. 2. Lo mismo se practicará cuando un consejero ocupe el lugar del Gobernador por falta de este y del Vice Gobernador.

Art. 3. El substituto que este nombrare en el caso del articulo 116 de la Constitucion, si disfrutare sueldo de las rentas del Estado menor que el del Vice Gobernador se le abonará las dos terceras partes de la diferencia, ó las del sueldo integro de este sino tuviere ninguno.

Lo tendrá entendido el Gobernador constitucional del Estado para su cumplimiento, haciendolo imprimir, publicar, y circular.

Dado en el Saltillo á 18 de Setiembre de 1827.

RAMON GARCIA ROJAS, Presidente.
JUAN A. GONZALES, D. S.
MIGUEL ARCINEAGA, D. S.

Este decreto fué devuelto por el Gobernador, y rectificado por el Congreso en 16 de Octubre, que es como debe correr, y no con la de 18 de Setiembre.

DECRETO No. 20.

El Congreso constitucional del Estado libre, independiente y soberano de Coahuila y Texas, ha tenido á bien decretar:

Art. 1. Se establece en la hacienda de Parras una subreceptoria de Alcabalas.

Art. 2. El ciudadano que la sirva se encargara tambien del estanquillo de cigarros, y papel sellado, y cuidará en su demarcacion respectiva el cobro de las demas rentas del Estado, y de que no halla contrabando en ningun ramo de las que le pertenescan.

Art. 3. Este empleado será nombrado por el gobierno quien cuidará causione el manejo de los caudales que se pongan á su cuidado con la fianza de dos mil pesos.

Art. 4. Estará sugeto por ahora inmediatamente al administrador de Tabaccos, y receptor de Alcabalas de la villa de Parras en sus ramos respectivos, y receivirá por via de recompensa á su trabajo el mismo tanto por ciento de honorario que los subreceptores y estanquilleros.

Lo tendrá entendido el Gobernador constitucional del Estado para su cumplimiento, haciendolo imprimir, publicar, y circular.

Dado en el Saltillo á 2 de Octubre de 1827.

JOSE M. de CARDENAS, Presidente.
JUAN A. GONZALES, D. S.
JOSE I. SANCHES, D. S.

Art. 2. The same shall be observed when a Councillor takes the place of the Governor from default of the latter and of the Vice Governor.

Art. 3. The substitute, whom the Vice Governor shall appoint as provided in article 116 of the Constitution, should he receive a less salary out of the State rents than the Vice Governor, shall be paid two-thirds of the difference, and should he receive none, two-thirds of the entire salary of the Vice Governor.

For its fulfilment, the Governor of the State shall cause it to be printed, published, and circulated.

Given in Saltillo on the 18th of September, 1827.

RAMON GARCIA ROJAS, President.
JUAN A. GONZALES, D. S.
MIGUEL ARCINEAGA, D. S.

This decree was returned by the Governor, and amended by Congress on the 16th of October, and shall be observed as rectified on that date.

DECREE No. 20.

The Congress of the State of Coahuila and Texas has thought proper to decree:

Art. 1. A sub-receivers office of excise duties shall be established in the hacienda de Parras.

Art. 2. The person entrusted with the same shall also have charge of the branch cigar store, and stamped paper, and shall see to the collection of the other State rents within his respective limits, and that there be no smuggling in any department belonging to his charge.

Art. 3. Said officer shall be appointed by the Executive, who shall see that he gives security to the amount of two thousand dollars for the faithful management of the funds and stock committed to his charge.

Art. 4. For the present, he shall be under immediate subjection to the chief agent of the Tobacco department, and the receiver of excise duties of Parras in their respective departments, and shall receive as a compensation for his services the same percentage as the sub-receivers and agents of branch cigar establishments.

For its fulfilment, the Governor of the State shall cause it to be printed, published, and circulated.

Given in Saltillo on the 2d of October, 1827.

JOSE M. de CARDENAS, President,
JUAN A. GONZALES, Sec'y Supletory,
JOSE I. SANCHES, D. S.

DECRETO No. 21.

El Congreso constitucional del Estado libre, independiente y soberano de Coahuila y Texas, ha tenido á bien decretar:

Art. 1. Se declarán ciudadanos del Estado de Coahuila y Texas, á Leon R. Almy, George A. Nixon, y Juan Lucio Woodbury.

Art. 2. El Gobierno les librará las correspondientes cartas de ciudadania.

Lo tendrá entendido el Gobernador constitucional del Estado para su cumplimiento, haciendolo imprimir, publicar y circular.

Dado en el Saltillo á 10 de Octubre de 1827.

JOSE M. de CARDENAS, Presidente,
MIGUEL ARCINEAGA, D. S.
JOSE I. SANCHES, D. S.

DECRETO No. 22.

El Congreso constitucional del Estado libre, independiente y soberano de Coahuila y Texas, ha tenido á bien decretar:

Art. 1. El Gobierno invitirá contrateslas para que abrán caminos de ruedas en los lugares que no los hay.

Art. 2. Por lo pronto se emprenderá la apertura del que sale de villa de Guerrero en la partido de este nombre para Laredo. El de Santa Rosa para el Presidio del Norte por la alameda, y el de esta villa á la de Parras por el Infiernillo, ó qualquiera otra parte mas comoda.

Art. 3. Los empresarios formarán contratas con el Gobierno para indemnizarse de sus gastos con el producto de los peages los que serán, tan luego como esten cubiertos aquellos, en los que se comprometa darán los reditos de los capitales en que convenga el Gobierno con dichos contratislas.

Art. 4. Las contratas que celebre el Gobierno no tendrán efecto en interin no recaiga la aprobacion del Congreso á quien se pasarán inmediatamente que las haga.

Lo tendrá entendido el Gobernador constitucional del Estado para su cumplimiento haciendolo imprimir, publicar y circular.

Dado en el Saltillo á 12 de Octubre de 1827.

JOSE M. de CARDENAS, Presidente,
MIGUEL ARCINEAGA, D. S.
JOSE I. SANCHES, D. S.

DECRETO No. 23.

El Congreso constitucional del Estado libre, independiente y soberano de Coahuila y Texas, ha tenido á bien decretar:

Art. 1. En las haciendas y ranchos, cuya poblacion exceda de quinientas personas, se nombrará por las juntas electorales respectivas un comisario de policia, y un procurador.

DECREE No. 21.

The Congress of the State of Coahuila and Texas decrees as follows:

ART. 1. Leon R. Almy, George A. Nixon, and John L. Woodbury, are hereby declared citizens of the State of Coahuila and Texas.

ART. 2. The Executive shall issue them the corresponding letters of citizenship.

For its fulfilment, the Governor of the State, shall cause it to be printed, published, and circulated.

Given in Saltillo on the 10th of October, 1827.

JOSE M. de CARDENAS, President.
MIGUEL ARCINEAGA, D. S.
JOSE I. SANCHES, D. S.

DECREE No. 22.

The Congress of the State of Coahuila and Texas has thought proper to decree:

ART. 1. The Executive shall solicit contractors to open wagon roads in places where there are none.

ART. 2. Provisionally, the opening of the following roads shall be undertaken, to wit:—That leading from the town of Guerrero, in the district of the same name, to Laredo; that from Santa Rosa to the Presidio del Norte by way of the Alameda; and that from this capital to Parras by way of Infiernillo, or any other more convenient route.

ART. 3. The contractors shall enter into articles of agreement with the Executive to indemnify themselves for their expense with the product of the toll; and so soon as the said expenses, being the amount in which they pledge themselves to complete the undertaking, shall be covered, the toll thenceforth arising shall pay the profits on the capital as agreed on by the Executive with the said contractors.

ART. 4. The contracts made by the Executive shall not go into effect until approved by Congress, to whom they shall be immediately transmitted.

For its fulfilment, the Governor of the State shall cause it to be printed, published, and circulated.

Given in Saltillo the 12th of October, 1827.

JOSE M. de CARDENAS, President,
MIGUEL ARCINEAGA, D. S.
JOSE I. SANCHES. D. S.

DECREE No. 23.

The Congress of the State of Coahuila and Texas decrees as follows:

ART. 1. In haciendas and ranchos containing a population of more than five hundred souls, the respective electoral meetings or juntas shall choose a commissary of police and a syndic.

Art. 2. Los comisarios tendrán á mas de las facultades que se les encomienden por el articulo 156 del capitulo 7 del reglamento para el gobierno economico de los pueblos, las atribuciones que señalan á los Alcaldes constitucionales los articulos uno hasta el nueve de la seccion primera de la ley reglamentaria, No. 39, para lo administracion de justicia.

Art. 3. Exercerán tambien el oficio de conciliadores con total arreglo á lo prevenido en la misma ley reglamentaria para la administracion de justicia, dando á las partes las copias que les pidieren, pero estas para establecer juicio escrito lo harán precisamente ante los Alcaldes respectivos.

Art. 4. Se prohibe sean comisarios de las haciendas y ranchos los administradores de ellas, los mayordomos y dependientes asalariados.

Art. 5. Podrán ser comisarios y sindicos en las haciendas los arrendatarios y arrimados, ó los que de algun modo subsistan especulando en ellas, y en el caso de faltar absolutamente sugetos de esta clase, lo serán los individuos en el articulo anterior á excepcion de los administradores.

Art. 6. En las haciendas que estan repartidas entre varios duenos podrán ser electos estos para comisarios, y sindicos con tal que tengan las calidades constitucionales.

Art. 7. Las dudas que ocurran á las juntas electorales sobre estos nombramientos, ellas mismas las resolverán definitivamente.

Lo tendrá entendido el Gobernador constitucional del Estado para su cumplimiento, haciendolo imprimir, publicar y circular.

Dado en el Saltillo á 13 de Octubre de 1827.

JOSE M, de CARDENAS, Presidente,
MIGUEL ARCINEAGA, D, S.
JOSE I. SANCHES, D. S.

DECRETO No. 24.

El Congreso constitucional del Estado libre, independiente y soberano de Coahuila y Texas, para resolver las dudas, que por conducto del Gobierno consulta el Presidente del tribunal de justicia, ha tenido á bien decretar:

Art. 1. La primera y segunda sala conocerán indistintamente en todos los asuntos que señala á la primera el articulo 62 de la ley reglamentaria para la administracion de justicia.

Art. 2. En los asuntos civiles y criminales conocerán en grado de aplicacion la sala que designe el apelante al interponerla.

Art. 3. Las causas criminales que no vengan dirigidas á sala determinada las repartira por igualdad entre ambos el ministro de la tercera.

Art. 4. En revista conocerá respectivamente de la sala que no halla sentenciado en vista.

ART. 2. Besides the powers allowed them by article 156 of the regulations for the financial administration of the towns, the commissaries shall possess the attributes prescribed to the constitutional Alcaldes by articles from 1 to 9 inclusive of section first of the law regulating the administration of justice, No. 39.

ART. 3. They shall also officiate as peace officers in entire conformity to the aforesaid law, No. 39, furnishing the parties with the copies they shall request; but, the latter to establish a trial by writing, shall effect it before the respective Alcaldes.

ART. 4. Superintendants, stewards, and subordinates receiving a salary, belonging to haciendas and ranchos, shall not be commissaries of the same.

ART. 5. Tenants and residents, or persons seeking a support by following some pursuit therein, may be elected commissaries and syndics; and in case there are no such persons, the individuals mentioned in the preceding article may be elected, with the exception of superintendants.

ART. 6. In haciendas belonging to several owners, the same may be elected commissaries and syndics, provided they possess the constitutional qualifications.

ART. 7. Doubts that arise at the electoral meetings with respect to these elections, shall be decided by the said meetings.

For its fulfilment, the Governor of the State shall cause it to be printed, published, and circulated.

Given in Saltillo on the 13th of October, 1827.

JOSE M. de CARDENAS, President,
MIGUEL ARCINEAGA, D. S.
JOSE I. SANCHES, D. S.

DECREE No 24.

The Congress of the State of Coahuila and Texas, to decide the doubts proposed for consultation by the president of the tribunal of justice through the channel of the Executive, has thought proper to decree:

ART. 1. The first and second halls, without distinction, shall take cognizance in all cases prescribed to the former by article 62 of the law regulating the administration of justice.

ART. 2. In civil and criminal cases, cognizance shall be taken in appeals by the hall which the appellant shall designate when the appeal is made.

ART. 3. Criminal causes that do not come directed to a particular hall, shall be equally distributed to both by the minister of the third.

ART. 4. The respective hall that did not decide in the first stage, shall take cognizance in the new trial.

Art. 5. Quedan derrogadas los articulos 57 y 62 de la ley reglamentaria para la administracion de justicia No. 39, en todo lo que pugnen con esta decreto.

Lo tendrá entendido el Gobernador constitucional del Estado para su cumplimiento, haciendolo imprimir, publicar y circular.

Dado en el Saltillo á 13 de Octubre de 1827.

DECRETO No. 25.

El Congreso constitucional del Estado libre, independiente, y soberano de Coahuila y Texas, teniendo en consideracion la consulta que hace el ministro del tribunal de justicia por conducto del gobierno en 11 de Setiembre ultimo, sobre aclaracion del articulo 56 de la ley reglamentaria, No. 39, expedida por el Congreso constituyente, ha tenido á bien decretar:

Art. 1. Quando dos ó mas reos se hallan complicados en alguna causa nombrará cada uno dos conjueces.

Art. 2. Del numero total de conjueces que resulte electo nombrarán los reos á pluralidad absoluta de votos. Si ningunos reunieren la pluralidad, entrarán en segundo escrutinio los que hubiesen obtenido la mayoria. En caso de empate se repitira la votacion por una sola vez, y si aun volviere á haberla, decidirá la suerte.

Art. 3. No pueden ser conjueces: los Diputados del Congreso del Estado, el Gobernador, Vice Gobernador, Consejeros y Secretaria del Gobierno, los militares, ecclesiasticos, ni otro individuo aforado;— tampoco puede ser conjuez ningun hombre que halla faltado á la fe publica aunque este reabilitado.

Art. 4. En caso de quexa ó accusacion contra algun Alcalde ó juez inferior, el tribunal reunido declarará si ha ó no lugar á la formacion de causa.

Lo tendrá entendido el Gobernador constitucional del Estado para su cumplimiento, haciendolo imprimir, publicar y circular.

Dado en el Saltillo á 22 de Octubre de 1827.

JOSE M. de CARDENAS, Presidente,
JUAN A. GONZALES, D. S.
JOSE I. SANCHES, D. S.

DECRETO No. 26.

El Congreso coustitucional del Estado libre, independiente y soberano de Coahuila y Texas, ha tenido á bien decretar lo siguiente:

Art. 1. Se le permite al ciudadano Leon Almy introducir y plantar en el Estado una maquina para que extraiga el agua del seno de la tierra hasta hacerla correr por su superficie.

ART. 5. Articles 57 and 62 of the law regulating the administration of justice, No. 39, so far as they are opposed to this decree, shall be repealed.

For its fulfilment, the Governor of the State shall cause it to be printed, published, and circulated.

Given in Saltillo on the 13th of October, 1827.

DECREE No. 25.

The Congress of the State of Coahuila and Texas, in attention to the subject proposed in consultation by the minister of the tribunal of justice, through the medium of the Governor, on the 11th of September last, relative to the explanation of article 56 of law No. 39, regulating the administration of justice, has thought proper to decree as follows:—

ART. 1: When two or more criminals are joined in any cause each one shall nominate two judges as colleagues.

ART. 2. The criminals shall choose by absolute majority of vote from the whole number of colleagues nominated. Should none receive such majority, those shall run who receive the greatest number. Should there be a tie, the balloting shall be repeated once only—and should there again be a tie, it shall be determined by lot.

ART. 3. The following persons shall not be colleagues,—the Deputies of Congress of the State, the Governor, Vice Governor, Councillors, Secretary of State, military men, ecclesiastics, or any other privileged person; neither shall any individual be a colleague who has betrayed the public trust, even should he be re-qualified.

ART. 4. Should a complaint or accusation arise against any Alcalde, or inferior judge, the tribunal united shall declare whether there be a just ground of action.

For its fulfilment, the Governor of the State shall cause it to be printed, published, and circulated.

Given in Saltillo the 22d of October, 1827.

JOSE M. de CARDENAS, President.
JUAN A. GONZALES, D. S. Supletory,
JOSE I. SANCHES, D. S.

DECREE No. 26.

The Congress of the State of Coahuila and Texas decrees as follows:—

ART. 1. Leon R. Almy shall be permitted to introduce and establish in the State a boring machine to cause water to flow spontaneously upon the surface.

Art. 2. Por el espacio de seis años contados desde el dia de hoy se prohibe á algun otro la plantacion de maquinas de esta clase, sin prévio convenio del agraciado para que este pueda indemnizarse de sus gastos, y recibir con esto la compensacion á que se hace acreedor por su trabajo.

Art. 3. Si cumplido un año no hubiere introducido y plantado dicha maquina perderá el privilegio exclusivo que se le concede en la proposicion anterior.

Lo tendrá entendido el Gobernador constitucional del Estado para su cumplimiento, haciendolo imprimir, publicar y circular.

Dado en el Saltillo á 22 de Octubre de 1827.

JOSE M. de CARDENAS, Presidente,
JUAN A. GONZALES, D. S.
JOSE I. SANCHES, D. S.

DECRETO No. 27.

El Congreso constitucional del Estado libre, independiente, y soberano de Coahuila y Texas, teniendo en consideracion el despacho de los asuntos que hay pendientes, y en uso de la facultad que le concede el articulo 89 de la Constitucion, decreta:

Se prororogan las sesiones un mes.

Lo tendrá entendido el Gobernador constitucional del Estado para su cumplimiento, haciendolo imprimir, publicar, y circular.

Dado en el Saltillo á 30 de Octubre de 1827.

JOSE F. MADERO, Presidente,
JOSE I. SANCHES, D. S.
JOSE A. NAVARRO, D. S.

DECRETO No. 28.

El Congreso constitucional del Estado libre, independiente y soberano de Coahuila y Texas, deseando en lo posible cortar de raiz el comercio clandestino que se hace de Tabacco, y dar á la renta todo el fomento y crecer de que es suceptible, ha tenido á bien decretar:

Art. 1. Todo contrabando de Tabacco, que se aprenda en el Estado será decomisado, y distribuido su valor, y previo exámen de su calidad, conforme á la pacta de comisos, deduciendo antes el veinte y cinco por ciento de derechos que se señala á favor de las rentas del Estado.

Art. 2. El contrabandista por primera vez sufrirá á mas de la perdida de Tabacco una multa de 25 pesos por cada arroba que se les aprenda, computandole en falta de dinero con que satisfacerla á razon de un mes de obras publicas por cada diez pesos, no pudiendo pasar esta pena corporal de quatro años qualquiera que sea la cantidad de contrabando: si reincidiere se le sentenciará á seis años de presidio,

ART 2. For the term of six years, from this date, no other person shall establish machines of this discription, without the previous consent of the said Almy, that he may indemnify himself for his expenses, and receive the compensation he deserves for his trouble.

ART 3. Should he not have introduced and established the said machine at the expiration of one year, he shall forfeit the exclusive privilege granted him in the foregoing article.

For its fulfilment, the Governor of the State shall cause it to be printed, published, and circulated.

Given in Saltillo the 22d of October, 1827.

JOSE M. de CARDENAS, President.
JUAN A. GONZALES, D. S. Supletory.
JOSE I. SANCHES, D. S.

DECREE No. 27.

The Congress of the State of Coahuila and Texas, in attention to the despatch of the affairs that are pending, and exercising the power granted the same by article 19 of the Constitution, decrees:

The sessions shall be prorogued one month.

For its fulfilment, the Governor of the State shall cause it to be printed, published, and circulated.

Given in Saltillo on the 30th of October, 1827.

JOSE F. MADERO, President,
JOSE I. SANCHES, D. S,
JOSE A. NAVARRO, D. S.

DECREE No. 28.

The Congress of the State of Coahuila and Texas, desiring, if possible, to put an entire stop so the smuggling of Tobacco, and to give the rent all the activity and growth of which it is susceptible, has thought proper to decree:

ART. 1. All smuggled Tobacco, seized in the State, shall be confiscated, and after its quality is examined, the value thereof shall be distributed according to the confiscating compact, previously deducting the 25 per cent. duty prescribed in favor of the State rent.

ART. 2. The smuggler, for the first offence, besides loosing the Tobacco, shall pay twenty-five dollars fine for every twenty-five pounds seized upon him, and should he not have money to pay the said fine, one month in the public works shall be substituted as a punishment equal to every ten dollars; said corporal punishment, whatever be the quantity of Tobacco smuggled, shall not exceed four years. Should he repeat the offence, he shall be sentenced to a fortress for six years.

Art. 3. Si el Tabacco fuere de mala calidad, se quemará, y multará al contrabandista en 12 pesos por arroba, conformandose en lo demas con el articulo anterior, y gratificando de cuenta del Estado al denunciante con 25 pesos.

Art. 4. Para que los articulos 2 y 3 tengan su puntual y debido cumplimiento, los jueces que conforme á las leyes vigentes deban declarar el comiso, practicarán previamente las diligencias correspondientes qualquiera que sea la calidad del contrabando en el precico termino de quarenta y ocho horas, y dentro de este harán la declaracion, arreglandoso á lo prevenido en los mismos articulos para la aplicacion de la pena, que ya personal, ya pecuniaria se guardará segun sea la cantidad y calidad del Tabacco de contrabando.

Art. 5. Los jueces y empleados que disimulen en el cumplimiento de esta ley quedan responsables á lo dispuesto en el articulo 12 del Decreto No. 7, expedido en 27 de Agosto de este año.

Lo tendrá entendido el Gobernador constitucional del Estado para su cumplimiento, haciendolo imprimir, publicar y circular.

Dado en el Saltillo á 2 de Noviembre de 1827.

JOSE F. MADERO, Presidente.
JOSE I. SANCHES, D. S.
JOSE A. NAVARRO, D. S.

DECRETO No. 29.

El Congreso constitucional del Estado libre, independiente y soberano de Coahuila y Texas, ha tenido á bien decretar:

Art. 1. Se concede á la villa del Saltillo el titulo de ciudad con la denominacion de Leona Vicario.

Art. 2. El pueblo de San Estevan de Tlascala se denominará Villalongin.

Art. 3. En todo instrumento publico y demas escritos oficiales, y particulares se usará precisamente de las denominaciones designadas en los articulos precedentes.

Lo tendrá entendido el Gobernador constitucional del Estado para su cumplimiento, haciendolo imprimir, publicar y circular.

Dado an el Saltillo á 15 de Noviembre de 1827.

JOSE F. MADERO, Presidente,
JOSE I. SANCHES, D. S.
JOSE A. NAVARRO, D. S.

DECRETO No. 30.

El Congreso constitucional del Estado libre, independiente y soberano de Coahuila y Texas, ha tenido á bien decretar:

Art. 1. Se establecerá una caxa para mayor seguridad, y distribucion de los caudales de la hacienda publica, que se denominará *Teso-*

ART. 3. Should the Tobacco be of a bad quality, it shall be burnt, and the smuggler fined twelve dollars for every twenty-five pounds, in other respects conforming to the preceding article: and the informer shall be requited with twenty-five dollars out of the State funds.

ART. 4. That the articles 2d and 3d be duly and punctually complied with, the judges, whose duty it is according to the existing laws to declare the confiscation, shall previously take the proper steps within the peremptory term of forty-eight hours, whatever be the quality of the smuggled Tobacco, and make the declaration within the said term, conforming to the provision of the articles aforesaid in the application of the punishment, which, whether corporal or pecuniary, shall be executed according to the amount and quality of the Tobacco smuggled.

ART. 5. Judges and officers who shall be unfaithful in the fulfilment of this law, shall be responsible to the provision of article 12 of Decree No. 7, issued on the 27th of August last.

For its fulfilment, the Governor of the State shall cause it to be printed, published, and circulated.

Given in Saltillo the 2d of November, 1827.
JOSE F. MADERO, President,
JOSE I. SANCHES, D. S.
JOSE A. NAVARRO, D. S.

DECREE No. 29.

The Congress of the State of Coahuila and Texas decrees as follows:

ART. 1. The town of Saltillo shall be called the city of Leona Vicario.

ART. 2. The name of the town of Estevan de Tlascala shall be changed to that of Villalongin.

ART. 3. In all public instruments, and other writings, official and private, the names designated in the preceding articles shall be used.

For its fulfilment, the Governor of the State shall cause it to be printed, published, and circulated.

Given in Saltillo the 15th of November, 1827.
JOSE F. MADERO, President,
JOSE I. SANCHES, D. S.
JOSE A. NAVARRO, D. S.

DECREE No. 30.

The Congress of the State of Coahuila and Texas has thought proper to decree as follows:

ART. 1. For the better security and distribution of the funds of the public revenue, a vault shall be established, to be styled *Treasury of the*

raria del *Estado de Coahuila y Texas*, en la que entrarán física ó vitualmente deducidos solo los gastos de administracion, los productos de todas las rentas, y contribuciones de qualquiera clase establecidas, ó que en adelante se establecieren para satisfacer la parte que le corresponde al Estado de los gastos generales de la federacion, y para cubrir los particulares del mismo Estado.

Art. 2. Esta oficina se compondrá de un tesorero general con el sueldo de mil doscientos pesos anuales, un oficial de cuenta y razon, con quinientos, un escribiente con trescientos, y un portero con noventa y seis.

Art. 3. El tesorero será nombrado por el Gobernador, y aprobado por el Congreso. Para ser tesorero se requiere ser Mexicano por nacimiento, natural ó vecino del Estado, con residencia en el de tres años, y que halla servido algun empleo publico con honor.

Art. 4. El oficial será nombrado por el mismo Gobernador, á propuesta en terna del tesorero. El escribiente y portero serán electos y removidos libremente por el tesorero.

Art. 5. Las atribuciones del tesorero general serán las mismas que antes desempeñaban como ministros de hacienda publica los tesoreras y contadores de las extinguidas caxas en quanto no sean contrarias á lo que dispone el presente decreto.

Art. 6. Todos los caudales que entren á la tesoreria están exclusivamente á cargo del mismo tesorero, y el solo será responsable de las faltas que hubiere en su manejo é inversion.

Art. 7. El tesorero general causionará su manejo con fiadores abonados hasta en cantidad de ocho mil pesos, baxo las formalidades de estilo.

Art. 8. Formará á la mayor brevidad un reglamento para el govierno interior de su oficina, y lo pasará al Gobernador, quien con su informe, oyendo antes el consejo, lo presentará al Congreso para su aprobacion.

Art. 9. La distribucion de los ingresos de la tesoreria se hará por ella misma, ya en especie, ya en ordenes y libramientos para los puntos foreneos con arreglo á los presupestos mensuales de gastos formados por el Gobernador con vista del general aprobado por el Congreso. Al efecto se pasarán á la tesoreria copia de ellos firmados por el mismo Gobernador, y refrendados por el secretario del despacho de Gobierno.

Art. 10. El tesorero general irá verificando el pago de las sumas contenidas en los presupuestos en virtud de la orden dal Gobernador, y no podrá ser ninguno que no este comprendido expresa ó tacitamente en aquellos, á menos que sea decretado posteriormente por el Congreso y mandado executar por el Gobernador.

Art. 11. El tesorero será responsable de la inobservancia del antecedente articulo; pero si el Gobernador le mandare hacer algun pago contra lo prevenido en el, lo executará siempre que la orden contenga la expresion, *de no obstante no estar decretado por el Congreso*; con lo

State of *Coahuila and Texas*, wherein the products of all the rents and taxes of every description, that are now, or shall be hereafter, established to pay the proportion belonging to the State of the general expenditures of the Republic, and to cover the private disbursements of the said State, shall physically and vitally enter, deducting solely the expense of administration.

ART. 2. The office shall be composed of a general Treasurer, whose salary shall be twelve hundred dollars per annum: an accountant receiving five hundred, a clerk three hundred, and a porter ninety-six dollars per annum.

ART. 3. The treasurer shall be appointed by the Governor, and approved by Congress. To be a treasurer it shall be required to be a Mexican by birth, a native of or domiciliated in the State, having resided three years therein, and discharged some public office with honor.

ART. 4. The accountant shall be appointed by the Governor on a nomination of three by the treasurer. The treasurer shall freely appoint and remove the clerk and porter.

ART. 5. The attributes of the general treasurer shall be the same as those formerly exercised by the treasurers and accountants of the abolished coffers as ministers of the public revenue, so far as they are not opposed to the provision of this decree.

ART. 6. The treasurer shall have exclusive charge of all the funds that enter the treasury, and he alone shall be responsible for any faults that shall arise in the management and distribution thereof.

ART. 7. The treasurer general shall give bonds in the usual form for the faithful discharge of his duties, to the amount of eight thousand dollars.

ART. 8. He shall form, at the earliest possible period, a set of regulations for the internal administration of his office, and shall pass the same to the Governor, who, previously hearing the opinion of the council, shall present it, accompanied by his report, to Congress for approval.

ART. 9. The income of the treasury shall be distributed by the treasury itself, whether in specie or in warrants to places at a distance, agreeably to the monthly statement of presumed or pre-supposed expenditures, formed by the Governor in view of the general statement approved by Congress. A copy of the same shall be transmitted to the treasury for the purpose, signed by the Governor, and countersigned by the Secretary of State.

ART. 10. The treasurer general shall go on paying the sums contained in the statements of pre-supposed expenses by virtue of the order of the Governor, and no sum shall be paid not expressly or tacitly included in said statements, unless subsequently decreed by Congress, and ordered by the Governor to be executed.

ART. 11. The treasurer shall be responsible for the inobservance of the preceding article; but should the Governor order him to make any payment contrary to the provision made therein, he shall execute it, provided the order contain the following expression: *notwithstand-*

que quedará libre de toda responsabilidad, recayendo esta solamente en el Gobernador.

Art. 12. Los administradores y qualesquiera otros empleados ó personas que manejen caudales pertenecientes á la hacienda publica del Estado no harán pago, ni entrega de cantidad alguna sino en virtud de orden ó libramiento del tesorero general, siendo responsables de lo que executaren en contravencion á lo prevenido en este articulo. Exceptuanse solamente de lo dispuesto en el los gastos correspondientes de administracion.

Art. 13. El tesorero general hará mensualmente el corte de caja y estado que previenen las leyes vigentes que presenciarán y autorizará el gefe del departamento, observando los formalidades prescritas por las mismas leyes.

Art. 14. El tesorero pasará inmediatamente dicho estado al Gobernador, quien dirigirá una copia de el al Congreso ó á su diputacion, y lo mandará publicar para conocimiento y satisfaccion de los pueblos.

Art. 15. Será tambien obligacion de dicho ministro exigir de los administradores los estados de corte de caxa, y productos mensuales, y de tercio de año que deberán remitirle estos empleados, dando cuenta al Gobierno con las morosidades que advierta.

Art. 16. Para la buena cuenta y razon de la tesoreria formará un libro comun de cargo y data con su indice al principio en el que asentarán con distincion todos los ramos que compongan el erario del Estado, tomando al efecto las foxas necesarias, y dexando algunos en blanco para anotar las variaciones que pueden hacerse.

Art. 17. Todos las partidas de egresos se expresarán en dicho libro en el ramo que les corresponda, y en la fecha en que se hallan, y al fin de cada una firmará el interesado, ya sea entregando ó recibiendo qualquiera cantidad.

Art. 18. Debiendo ser remitido al Gobernador este libro original con la cuenta general de cada año se sacará una copia de el, la que quedará en la oficina para su resguardo.

Art. 19. Se formarán ademas otros tantos libros, quantas sean las administraciones, encargandose del cobro de Alcabalas, papel sellado, impueste á la circulacion de moneda, y derechos á la plata. Se destinará uno para el ramo de mesteñas, y otro para novenos y demas ramos que pertenecen al Estado.

Art. 20. En dichos libros se asentarán con igual separacion que en el comun, y con expresion del dia, los abonos que hayan los administradores y empleados, y los cargos que les resulten de los estados que deben remitir al tiempo de hacer sus enteros.

Art. 21. Todos los libros se compondrán del numero de foxas que consideren suficientas para el asiento de las partidas que ocurran

ing it has not been decreed by Congress; whereby the responsibility shall rest with the Governor alone.

Art. 12. Chief agents, and any other officers or persons, who manage funds belonging to the public revenue of the State, shall make no payment or delivery of any sum except by virtue of an order or warrant from the treasurer general, and they shall be responsible for all acts in violation of the provision of this article. The corresponding expenses of administration only shall be excepted from the provision herein made.

Art. 13. The treasurer general shall suspend every month, and make an adjustment of funds and the statement as the existing laws provide, and the chief of department shall be present and authenticate the same, observing the forms prescribed by the said laws.

Art. 14. The treasurer shall forthwith pass the statement aforesaid to the Governor, who shall direct a copy thereof to Congress, or to the permanent deputation, and also order it to be published for the information and satisfaction of the people.

Art. 15. It shall be the duty of the said treasurer to exact of the chief agents the statements of adjustment of funds, and monthly and quarterly products, which shall be forwarded to him by said officers;— he shall also give notice to the Executive of any negligence he observes.

Art. 16. The treasury shall keep a common day-book or journal for a book of general account, with an index at the beginning, wherein all the departments composing the State revenue shall be set down as separate heads, taking the necessary leaves for the purpose, and leaving some in blank for noting any changes that may be made.

Art. 17. All amounts paid out shall be expressed in the said book under the proper head, on the date the payment is made; and the person interested, whether delivering or receiving, shall sign at the end of each amount.

Art. 18. The original book aforesaid, containing the general account of each year, having to be transmitted to the Governor, a copy of the same shall be taken to remain in the office for its defence.

Art. 19. Moreover, as many other books shall be kept as there are chief agencies charged with the collection of excise, stamped paper, impost on the exportation of money, and tax on silver. One shall be kept for the tax on Mustangs, and another for tithes and other branches of the State revenue.

Art. 20. The payments made by the chief agents and officers, and the charges that result against them from the statements it shall be their duty to transmit at the time of making their entries, shall be set down in the books aforesaid, expressing the date, and observing the same distinction as in the common journal or day book.

Art. 21. All the books shall consist of such number of leaves as shall be considered sufficient for setting down all the parcels or amounts that occur within one year; but the common journal shall be legalized

dentro de un año, pero el comun se autorizará, firmando el Gobernador su primera y ultima foxa y rubicado las demas su secretario.

Art. 22. Cuidará el tesorero que las partidas se asienten el mismo dia que ocurran sin designarlas para otro, con el fin de que el Gobernador pueda segun le paresca hacer un corte de caxa extraordinario, sin perjuicio del ordinario que debe hacer cada mes como previene el ariiculo 13.

Art. 23. En el dia señalado para el corte de caxa ordinario tendrá el tesorero cerradas y firmadas las sumas del libro comun, y formado el citado de que habla el articulo 15, en el que se encuentran los ingresos y egresos que haya habido hasta el dio del corte.

Art. 24. El estado dispuesto por los articulos anteriores comprenderá una razon individual de los ramos que han causado los ingresos de la tesoreria, y de la inversion de los gastos: con mas una noticia de los administradores que han hecho los enteros que les corresponden y una nota de los que hubieren faltado.

Art. 25. Ademas del corte de caxa ó cuenta particular de cada mes dará el tesorero una general de todo el año para lo que remitirá al Gobernador un estado extendido del mismo modo que los mensuales, el libro comun original, y todos los justificantes que sean necesarios para comprobar dicha cuenta.

Art. 26. Recogerá del Secretario de Gobierno constancia de haber entregado su cuenta anual, y luego que se le aprueve, se le expidirá el competente documento que lo acredite.

Art. 27. Quedará sugeto el tesorero por las faltas que cometiere á la ley de 24 de Marzo de 1813.

Art. 28. El tesorero en los dias de gala vestira de negro, y usará una banda de color roxo, con fleco de oro sin borla ni canelon, cenida á la cinta de la casaca. En las asistencias publicas tendrán asiento entre el Ayuntamiento.

Lo tendrá entendido el Gobernador constitucional del Estado para su cumplimiento, haciendolo imprimir, publicar y circular.

Dado en el Saltillo á 7 de Noviembre de 1827.

JOSE F. MADERO, Presidente,
JOSE I. SANCHES, D. S.
JOSE A. NAVARRO, D. S.

DECRETO No. 31.

El Congreso constitucional del Estado libre, independiente y soberano de Coahuila y Texas, ha tenido á bien decretar:

En las acusaciones que se intenten contra el asesor general por delitos de su oficio conocerá el tribunal de justicia conforme á lo prevenido en el articulo 197 de la Constitucion, previo lo dispuesto en el art. 4 del decreto numero 25, de 22 de Octubre de este año.

by the Governor's signature upon the first and last leaves, and the figure or rubrick of the secretary upon the rest.

ART. 22. The treasurer shall see that the different amounts are set down on the date they occur, without designing them for another day, to enable the Governor, as he shall, deem proper, to make an extraordinary adjustment of treasury accounts, independent of the ordinary, which shall be made every month as provided in article 13.

ART. 23. On the day appointed for the ordinary suspension and adjustment, the treasurer shall have all the amounts in the common journal closed and signed, and the statement formed from those mentioned in article 15, wherein are manifested the amounts entered, and those paid out up to the day of adjustment.

ART. 24. The statement provided by the preceding articles shall comprise a distinct account of the departments that have caused the entries into the treasury, and of the distribution of expences; also a notice of the chief agents who have made the entries it belongs to them to make, and a note of those who shall have failed to make them.

ART. 25. Besides the adjustment of the treasury, or particular account of every month, the treasurer shall give a general account of the whole year, for which he shall forward to the Governor a statement drawn up in the same manner as the monthly, the original general day book, and all the necessary proofs for confirming the said account.

ART. 26. He shall take a receipt from the Secretary of State for the delivery of his annual account, and as soon as the said account is approved, he shall receive an adequate document or certificate to that effect.

ART. 27. The treasurer shall be amenable to the law of the 24th of March, 1813, for all the faults he shall commit.

ART. 28. On days of festival the treasurer shall dress in black, with a red sash trimmed with gold. In attendance on public ceremonies he shall take his seat with the Ayuntamiento.

For its fulfilment, the Governor of the State shall cause it to be printed, published, and circulated.

Given in Saltillo on the 7th of November, 1827.

JOSE F. MADERO, President,
JOSE I. SANCHES, D. S.
JOSE A. NAVARRO, D. S.

DECREE No. 31.

The Congress of the State of Coahuila and Texas has thought proper to decree:

In accusations made against the Assessor General for crimes in his office, the Tribunal of Justice shall take cognizance agreeably to the provision of article 197 of the Constitution, after the step is taken provided in article 4 of decree number 25, of the 22d of October last.

Lo tendrá entendido el Gobernador constitucional del Estado para su cumplimiento, haciendolo imprimir, publicar y circular.

Dado en el Saltillo á 7 de Noviembre de 1827.

JOSE F. MADERO, Presidente,
JOSE I. SANCHES, D. S.
JOSE A. NAVARRO, D. S.

DECRETO No. 32.

El Congreso constitucional del Estado libre, independiente y soberano de Coahuila y Texas, ha tenido á bien decretar:

ART. 1. Se concede á la hacienda de San Vincente alto en el partido de Monclova el titulo de villa baxo la denominacion de Abasolo.

ART: 2. Podrá establecer su Ayuntamiento procediendo desde luego á su eleccion conforme á lo prevenido en el articulo No. 37, para el gobierno economico politico de los pueblos dado por el Congreso constituyente, á que se arreglara en el desempeno de sus atribuciones.

ART. 3. Se señalarán por demarcacion de esta nueva municipalidad, las haciendas de San Vincente baxo, Saus, Tapado, Hermanas, Encinas, y Alamo: los ranchos de Oballos y Borregas, y todos los que se hallan situados dentro de los limites de las expresadas haciendas.

ART. 4. Cuidará el Gobierno de que á la nueva villa se les señalen sus correspondientes egidos, aqua, de propios terrenos para edificios publicos, y para todos los establecimientos, que, segun las leyes vigentes, deben tener las nuevas poblaciones.

ART. 5. Los asuntos judiciales ó gubernativos que existen pendientes en los juzgados de primera instancia de Monclova pertenecientes á la hacienda agraciada ó alguna otra de las que habla el articulo 3, se terminará en los mismos juzgados donde se hallan, á no ser que las partes interesadas se convengan en que se concluyan en los de la nueva municipalidad, en cuyo caso tendrán libertad de hacerlo, sugetandose á lo que dispongan las leyes.

Lo tendrá entendido el Gobernador constitucional del Estado para su cumplimiento, haciendolo imprimir, publicar y circular.

Dado en el Saltillo á 14 de Noviembre de 1827.

JOSE F. MADERO, Presidente.
JOSE I. SANCHES, D. S.
JOSE A. NAVARRO, D. S.

DECRETO No. 33.

El Congreso constitucional del Estado libre, independiente, y soberano de Coahuila y Texas, ha tenido á bien decretar:

El asesor general asistirá á las visitas generales y semanales de carceles que previenen ios articulos 98 y 99 de la ley reglamentaria para la administracion de justicia.

For its fulfilment, the Governor of the State shall cause it to be printed, published, and circulated.

Given in Saltillo on the 7th of November, 1827.

JOSE F. MADERO, President,
JOSE I. SANCHES, D. S.
JOSE A. NAVARRO, D. S.

DECREE No. 32.

The Congress of the State of Coahuila and Texas has thought proper to decree:

ART. 1. The hacienda of San Vicente Alto is hereby constituted a town, to be called Abasolo.

ART. 2. The said town may establish its Ayuntamiento, proceeding immediately to the election in conformity to article 37, for the financial administration of the towns, given by the constituent Congress, to which the said Ayuntamiento shall conform in the exercise of its attributes.

ART. 3. The limits of the new municipality aforesaid, shall embrace the haciendas of San Vicente baxo, Saus, Tapado, Hermanas, Encinas, and Alamo; the ranchos of Oballos and Vorregas, and all others situated within the limits of the haciendas aforesaid.

ART. 4. The Governor shall see that the proper levels are assigned the new town, water, and suitable grounds for public buildings, and for all other establishments the law requires in new towns.

ART. 5. Judicial or administrative subjects, pertaining to the hacienda constituted a town, that are now pending in the primary courts of Monclova, shall be closed in the courts wherein they are at present placed, unless the parties interested agree to have them terminated in those of the new municipality, in which case they shall be permitted to do so, submitting to the provision of the laws.

For its fulfilment, the Governor of the State shall cause it to be printed, published and circulated.

Given in Saltillo on the 14th of November, 1827.

JOSE F. MADERO, President.
JOSE I. SANCHES, D. S.
JOSE A. NAVARRO, D. S.

DECREE No. 33.

The Congress of the State of Coahuila and Texas has thought proper to decree:

The Assessor General shall attend the general and weekly visits of prisons, provided in articles 98 and 99 of the law regulating the administration of justice.

Lo tendrá entendido el Gobernador constitucional del Estado, para su cumplimiento, haciendolo imprimir, publicar y circular.

Dado en el Saltillo á 15 de Noviembre de 1827.

JOSE F. MADERO, Presidente.
JOSE I. SANCHES, D.S.
JOSE A. NAVARRO, D. S.

DECRETO No. 34.

El Congreso constitucional del Estado libre, independiente, y soberano de Coahuila y Texas, ha tenido á bien decretar:

Art. 1. Se establece en el Estado una junta directiva de diezmos. El Gobernador procederá á hacer su instalacion á la mayor brevedad.

Art. 2. Esta se compondrá del Vice Gobernador, que hará de presidente, el ministro de la tercera sala del tribunal, del tesorero que hará de contador, y dos ecclesiasticos ó seculares que nombrarán, uno el venerable cabildo de Monterrey, y otro el de Durango. El presidente tendrá voto solo en los casos de empate. Hará de fiscal en esta junta el que es del tribunal.

Art. 3. La junta tendrá las mismas atribuciones que le señala la ordenanza de intendentes en todo aquello que no pugne con nuestro actual sistema y esta ley.

Art. 4. Se nombrarán por la junta un administrador de diezmos en el partido de Monclova, otro en el del Saltillo, y otro en el de Parras.

Art. 5. Para ser administrador de diezmos se necesita ser ciudadano Coahuiltexano en el exercicio de sus derechos, mayor de 25 años, Mexicano por nacimiento, y que no gose fuero ecclesiastico y militar.

Art. 6. Ningun administrador deberá proceder á venta alguna de muebles sin previo aviso de la junta. Esta dará tarifas para apreciar el mueble entiempo de recóger, y los criadores de ganado no podra estrecharseles á que lo entreguen siempre que lo paguen al precio determinado.

Art. 7. La venta de semillas se hará tambien por orden de la junta, unica que debe señalar tiempo y lugar, en que se han de vender, las frutas y demas cosas perdibles se venderán an el acto por los administradores.

Art. 8. Cada quatro meses remitirán los administradores á la junta todo lo realizado, y esta dispondrá que, inmediatamente de su recibo se pase á la tesorería á fin que el tesorero lo deposite en arca separada sin hacer para nada uso de este dinero, en interin no se haga el reparto y entregue á los participes la cantidad que les corresponda.

Art. 9. Se prohibe á los administradores rescaten semillas en los terminos de su administracion.

For its fulfilment, the Governor of the State shall cause it to be printed, published, and circulated.

Given in Saltillo on the 15th of November, 1827.

JOSE F. MADERO, President,
JOSE I. SANCHES, D. S.
JOSE A. NAVARRO, D. S.

DECREE No. 34.

The Congress of the State of Coahuila and Texas has thought proper to decree:

ART. 1. A junta shall be established in the State to have the direction of the tythes. The Governor shall proceed to instal the same as early as possible.

ART. 2. The said junta shall consist of the Vice Governor, (who shall officiate as president,) the minister of the third hall of the Tribunal, the Treasurer, (who shall discharge the duties of accountant,) and two Ecclesiastics or secular persons, who shall be appointed, one by the venerable chapter of Monterrey, and the other by that of Durango. The president shall have the casting vote only. The Attorney General of the Tribunal shall officiate in the same capacity in the said junta.

ART. 3. The junta shall possess the same attributes as prescribed in the ordinance for intendants, so far as they are not opposed to the present form of government and this law.

ART. 4. The junta shall appoint a tythe agent in the district of Monclova, one in that of Parras, and another in that of Saltillo.

ART. 5. To be a tythe agent it shall be required to be a citizen of Coahuila and Texas, in the exercise of his rights, over 25 years of age, a Mexican by birth, and to enjoy no ecclesiastical or military privilege.

ART. 6. No agent shall proceed to any sale of chattels without previous notice of the junta. The latter shall furnish lists of prices for prizing the moveable property at the time it is gathered, and stock raisers shall not be compelled to deliver their stock, provided they pay for it at the price established.

ART. 7. Grain shall be sold by order of the junta, which alone shall appoint the time and place wherein it shall be sold; fruit and other perishable articles shall be immediately sold by the agents.

ART. 8. The agents shall remit to the junta, every four months, the entire amount produced by the sales; and the latter, immediately on the receipt thereof, shall order it conveyed to the treasury, to be deposited by the treasurer in a separate coffer, from which it shall not be taken for any purpose whatever, until the corresponding distribution and delivery is made to the persons who are to share the same.

ART. 9. Agents shall be prohibited from trafficking in grain during the term of their administration.

Art. 10. El administrador de Monclova caucionará su manejo con fiadores abonados, y en cantidad de quatro mil pesos, el del Saltillo lo hará con ocho mil, y el de Parras con igual cantidad, y todos tendrán en razon de honorario un 8 por ciento de la cantidad liquida que se realize deducido todos los gastos.

Art. 11. La secretaria de la junta se compondrá de un secretario con quinientos pesos anuales y un escribiente con trecientos,

Art. 12. El importe de los sueldos de que habla el articulo anterior, y los gastos de oficina, libros y correspondencia, lo mismo que los de fletes, desgranos, trojes, y de mas indispensables se costearán de cuenta de la gruesa decinial del Estado.

Art. 13. La junta dará instrucciones á los recaudadores para que se arreglen á ellas en el cobro.

Art. 14. Los administradores se presentarán á los juezes respectivos á fin de que obliguen á pagar el diezmo á los que se resistan á hacerlo voluntariamente.

Art. 15. Los administradores, y sus recaudadores subalternos llevarán la cueata de los frutos que recojan en libres de á folio, firmando la primera y ultimo foxa de estos el presidente de la junta, y rubricando las restantes el secretaria de la misma.

Art. 16. Las partidas de entrega contendrán la fecha del dia en que se hagan y las firmas de los causantes ó los que firmen á su nombre por que no sepan escribir, y la del Alcalde ó comisario del pueblo respectivo.

Art. 17. En fin de cada año formarán los administradores la cuenta de todo lo collectado, con expresion de los frutos que haya existentes y realizodos, y la remitirán justificada á la junta para su revision y aprobacion si estubiesen legales. Tambien remitirán todos los libros originales, en que consten las partidas por menor, estos deberán ser del papel del sello quarto.

Art. 18. La junta, con presencia del todas las cuentas, formará una general que contendrá al calze la reparticion debida. y sacará de ella dos tantos iguales, que pasará al Gobernador para que, quedandose con uno, remita el otro al Congreso. A los participes se les pasará copia de las cuentas de los diezmatorios en que son interesados.

Art. 19. La junta mandará sacar una lista general de todos los que hallan pagado diezmo con expresion de fruto, y cantidad en que lo han hecho, y disponiendo su impresion, remitirá, por conducto de los gefes de departamento respectivos, á todos los Ayuntamientos numero competente de exemplares á fin de que se fixen en los parages mas publicos-

Art. 20. El administrador ó subalterno de este que abusare de su encargo, á mas de quedar inabil para volver á obtenerlo, será juzado conforme á la ley de 24 de Marzo de 1813.

ART. 10. The agents of Monclova shall give bonds, for the faithful performance of their duty, in the sum of four thousand dollars, those of Saltillo and Parras eight thousand each; and all the said agents shall receive as a compensation eight per cent. of the nett proceeds, after deducting all expense.

ART. 11. The secretary's office shall consist of a secretary and a clerk; the former shall receive five hundred dollars, and the latter three hundred dollars salary, per annum.

ART. 12. The salaries mentioned in the preceding article, office expenses, cost of books and correspondence, as well as freight, shelling, granary, and other necessary charges, shall be defrayed by the gross tythe product of the State.

ART. 13. The junta shall give the tythe gatherers instructions, to which they shall conform in the collection.

ART. 14. The agents shall appear before the respective Alcaldes, that they may compel those persons to pay the tythes who refuse to do so voluntarily.

ART. 15. The agents, and their subordinate collectors, shall keep an account of the fruits they collect, in large books, the first and last leaves to be signed by the president of the junta, and the rest to be marked with the rubric of the secretary of the same.

ART. 16. The parcels delivered shall express the date of their collection, and contain the signatures of the persons by whom they were paid, or those who sign in their name in consequence of their not being able to write, also that of the Alcalde or commissary of the respective place.

ART. 17. At the end of every year, the agents shall make out the account of the whole collection made; specifying the fruits on hand, and those turned into money, and forward the same authenticated, to be revised by the junta, and approved should they be legal. They shall also forward all the original books, wherein the parcels are minutely and clearly manifested. Said books shall be made of paper stamped with the fourth seal.

ART. 18. The junta, in view of all the accounts, shall make out a general account, wherein the due distribution shall be expressed, and shall take two exact copies therefrom to be passed to the Governor, one to be kept by himself, and the other transmitted to Congress. A copy shall be communicated to the sharers of the accounts of the tythe districts in which they are interested.

ART. 19. The junta shall order a list made out of all persons who have paid tythes, specifying the article and amount paid, and, ordering the same printed, shall forward, through the channel of the respective chiefs of department, a sufficient number of copies to all the Ayuntamientos, to be posted in the most public places.

ART. 20. The agent, or his subordinate, who shall be guilty of breach of trust, besides disqualifying himself for being again entrusted, shall be tried according to the law of the 24th of March, 1813.

Art. 21. La junta formará un reglamento para su gobierno interior, y pasará al Congreso por conducto del Gobernador para su aprobacion.

Art. 22. La imposibilidad absoluta de alguno de los miembros de la junta se suplirá por el que á la vez le suceda.

Lo tendrá entendido el Gobernador constitucional del Estado para su cumplimiento, haciendolo imprimir, publicar, y circular.

Dado en el Saltillo á 21 de Noviembre de 1827.

[Los mismos Señores.]

DECRETO No. 35.

El Congreso constitucional del Estado libre, independiente y soberano de Coahuila y Texas, como adicionales al decreto numero 18 de 15 de Setiembre de este año, decreta los siguentes articulos:

Art. 1. El esclavo que quiera por conveniencia mudar de amo puede hacerlo, siempre que el nuevo indemnire al anterior de lo que le halla costado segun la escritura de adquisicion.

Art. 2. No tendrá lugar la manumision de que habla el articulo 5 de dicho decreto, siempre que el propietario del esclavo sea asesinado ó envenenado por mano desconocida ó muerta de qualquiera otro modo irregular.

Lo tendrá entendido el Gobernador constitucional del Estado para su cumplimiento, haciendolo imprimir, publicar, y circular.

Dado en el Saltillo á 24 de Noviembre de 1827.

[Los mismos Señores,]

DECRETO No. 36.

El Congreso constitucional del Estado libre, independiente y soberano de Coahuila y Texas, ha tenido á bien decretar:

Art. 1. Se concede á la villa de Gigedo, Allende, Morelos, Roxas, Nava, y Guerrero el corte de maderas en el Rio de Sabinas por el termino de tres años, sin el estipendo ó pension que cobra el Ayuntamiento de Santa Rosa.

Art. 2. La municipalidad de esta valle cuidará de que el expresado corte se haga en tiempo propio para plantar, y que los agraciados cumplan lo prevenido en el articulo 119 del reglamento economico politico de los pueblos.

Art. 3. Si por descuido hubiere algun incendio al tiempo de andar cortando la madera, se hará una regulacion juiciosa del valor de la quemada, y la pagarán y deplantarán los que hallan sido culpantes.

Art. 4. Quando los madereros quieran cortar la que necesiten avisarán con anticipacion al Ayuntamiento respectivo para que este lo

ART. 21. The junta shall draw up a set of regulations for the internal administration thereof, and through the medium of the Governor pass the same to Congress for approval.

ART. 22. Should any member of the junta be absolutely unable to attend, his voice shall be supplied by his immediate successor at the time.

For its fulfilment, the Governor of the State shall cause it to be printed, published, and circulated.

Given in Saltillo on the 21st of November, 1827.

[The same Signers.]

DECREE No. 35.

The Congress of the State of Coahuila and Texas decrees the following as additional articles to Decree No. 18 of the 15th of September last.

ART. 1. The slave who, for the sake of convenience, shall wish to change his master, shall be permitted to do so, provided the new master indemnify the former for what the slave cost him agreeably to the conveyance.

ART. 2. The manumission mentioned in the decree aforesaid shall not take place should the owner of the slave be assasinated or poisoned by an unknown hand, or die in any other unnatural way.

For its fulfilment, the Governor of the State shall cause it to be printed, published, and circulated.

Given in Saltillo the 24th of November, 1827.

[The same Signers.]

DECREE No. 36.

The Congress of the State of Coahuila and Texas has thought proper to decree:

ART. 1. The towns of Gigedo, Allende, Morelos, Roxas, Nava, and Guerrero, shall be permitted to cut timber on the Rio Sabinas for the term of three years, without paying the tax collected by the Ayuntamiento of Santa Rosa.

ART. 2. The municipality of the said valley shall see that the cutting be performed within the proper season for planting trees, and that those who are allowed the privilege comply with the provision of article 119 of the financial regulations of the towns.

ART. 3. Should any fire occur, through negligence, during the time of cutting timber, those who are culpable shall pay the damage agreeably to judicial estimate, and plant trees upon the extent of ground burned over.

ART. 4. Those who shall wish to cut the timber they need, shall previously give notice to the respective Ayuntamiento, that the same

haga al de Santa Rosa á fin de que dicte las medidas que crea conducentes para impedir los desordenes.

Lo tendrá entendido el Gobernador constitucional del Estado para su cumplimiento, haciendolo imprimir, publicar y circular.

Dado en el Saltillo á 24 de Noviembre de 1827.

[Los mismos Señores.]

DECRETO No. 37.

El Congreso constitucional del Estado libre, independiente y soberano de Coahuila y Texas, teniendo en consideracion los inconvenientes que por conducto del Gobierno han manifestado algunos pueblos al cumplir con lo prevenido en los articulos 137 y 138 de la ley No. 37 dada por la legislatura constituyente, y deseando su mejor inteligencia, ha declarado en aclaracion de aquellos lo siguiente:

Art. 1. Solo los que se llaman naturales y los succesores de estos por qualesquiera linea, serán comprendidos en el reparto de tierras y aguas de que hablan los articulos 137 y 138 de la ley No. 37 de 15 de Junio ultimo.

Art. 2. En el repartimiento que de ellas se hiciere conforme á los expresados articulos, no se calificará el origen de los que se llaman naturales, y bastará que en uso y aprovechamiento de estos fundos, en las cargas consegiles, y demas fatigas comunes se hallan considerado como tales para que se les adjudique la parte que en ellos les corresponda aunque se hallan visto con el caracter de arrimados por haber nacido en otros pueblos, como estos sean tambien de naturales.

Art. 3. Las familias de los jornaleros ó sirvientes domesticos de los que se llamáron naturales, ó que trayendo su origen de estos no necesiten de las qualidades que exija el articulo anterior se les adjudicará la parte de tierras y aguas que les corresponda en los fundos de que se trata.

Art. 4. Las dudas que se ofrescan sobre este punto lo resolverá el Gobierno previo los informes del Ayuntamiento y gefe del departamento respectivo.

Art. 5. La gracia que concede la ultima parte del articulo 138 de la ley citada á los naturales que tengan fabricada casa, se hace extensiva á los demas ciudadanos, que no siendo naturales, hallan adquirido legalmente derecho sobre esta clase de fincas.

Art. 6. Concluido el termino señalado por el Gobierno para aberiguar la cantidad de tierras y aguas de estas communidades, y el numero de familias acreedoras á ellas, se fixará otra prudente y perentorio por el mismo Gobierno en que se oigan los reclamos de los quexosos, que se hayan excluido y se resolverán gubernativamente como previene el articulo 4. Cerrado este termino no habrá lugar á instancia de ninguna especie en este asunto.

may inform that of Santa Rosa, in order that the latter may take such measures as it shall deem proper to prevent disorder.

For its fulfilment, the Governor of the State shall cause it to be printed, published, and circulated.

Given in Saltillo the 24th of November, 1827.

[The same Signers.]

DECREE No. 37.

The Congress of the State of Coahuila and Texas, in view of the difficulties manifested by some of the towns, through the channel of the Executive, in complying with the provision of articles 137 and 138 of the law No. 37, given by the constituent Congress, and desiring they may be better understood, decrees the following explanatory articles:—

ART. 1. Only those called natives, and their descendants by whatever lineage, shall be included in the distribution of lands and waters, mentioned in articles 137 and 138, of the law No. 37, of the 15th of June last.

ART. 2. In the distribution that shall be made of the said lands and waters, agreeably to the aforementioned articles, it shall not be requisite that the origin of those called natives be proved, but it shall suffice that in the use and profit of these pieces of arable land, in filling municipal offices, and in other labours, they have been considered as such, for awarding to them their corresponding portions, notwithstanding they may have been looked upon as appendant persons, from having been born in other towns, provided said towns are also composed of natives.

ART. 3. In respect to the families of day laborers, or domestic servants, who, having been employed in the service of those who were called natives, or deriving their origin from such, do not need the qualifications required in the foregoing article, their corresponding portion shall be awarded them of the farming tracts herein mentioned.

ART. 4. Doubts that arise upon this point shall be determined by the Executive, after receiving the reports of the Ayuntamiento and chief of the respective department.

ART. 5. The privilege granted in the last part of article 138, of the aforementioned law, to natives who have built houses, shall include other citizens who, not being natives, have acquired a legal right to this kind of securities.

ART. 6. The term assigned by the Executive for investigating the quantity of lands and waters of these participated possessions, and the number of families entitled to the same, having expired, the Executive shall establish another prudential and peremptory term for hearing persons excluded, and claiming to be aggrieved, which claims shall be decided administratively as provided in article 4. The latter term having closed, no further action shall be had upon the subject.

Lo tendrá entendido el Gobernador constitucional del Estado para su cumplimiento, haciendolo imprimir, publicar y circular.

Dado en el Saltillo á 26 de Noviembre de 1827.

JOSE F. MADERO, Presidente.
JOSE I. SANCHES, }
JOSE A. NAVARRO } Secretarios.

DECRETO No. 38.

El Congreso constitucional del Estado libre, independiente y soberano de Coahuila y Texas, ha tenido á bien decretar:

Art. 1. Dentro de treinta dias, contados desde la publicacion de este ley, saldrán precisamente del territorio del Estado todos los Españoles capitulados.

Art. 2. En el mismo termino saldrán tambien todos los solteros, sea qual fuere su oficio, destino, clase ú ocupacion, incluyendose en estos los avecindados despues de jurada la Constitucion del Estado aun quando no sean solteros, y los casados que esten separados de sus familias. Se exceptuan de lo dispuesto en la primera parte de este articulo los que tengan treinta años de vecindad en la republica.

Art. 3. No podrá avecindarse en el Estado ningun Español. ni permanecer como transeunte ó traficante por mas de tres dias en ningun pueblo de su demarcacion, interin España no reconosca la independencia de esta America.

Art. 4. Pasados quince dias del termino señalado en el articulo 1, presentarán los Ayuntamientos al Gobierno un padron duplicado de los Españoles, que por no estar comprendidos en esta ley queden en el Estado, expresando muy circunstanciadamente su edad, estado, profesion, oficio, ú ocupacion, y el tiempo que tienen de residencia en la Republica. El Gobierno pasará al Congreso un original de los duplicados, luego que los reciba.

Art. 5. Los Españoles que por esta ley puedan permanecer en el Estado, se presentarán cada dia 1 . de mes ante las autoridades locales, las que harán un examen de las armas que tengan los presentados, no permitiendoseles mas que las precisas y usuales para su defensa personal, ni portar otras en lo publico que una espada ó sable en las horas y tiempos resgosos de la noche. Las autoridades locales tomarán noticia de los Españoles, que se les presenten, sin permitirles la mas leve infraccion en el cumplimiento de esta ley, y si la cometieren, serán expulsos del Estado.

Art. 6. Quando los Españoles que permanescan en el Estado viagen de un lugar á otro de el, sacarán de los Alcaldes respectivos un pase filiado, que presentarán á las autoridades del pueblo de su termino, y quando salgan de este á otro Estado. lo sacarán con los mismos requisitos del Gobernador.

For its fulfilment, the Governor of the State, shall cause it to be printed, published, and circulated.

Given in Saltillo on the 26th of November, 1827.

JOSE F. MADERO, President,
JOSE I. SANCHES, Secretary.
JOSE A. NAVARRO, Sec'y.

DECREE No. 38.

The Congress of the State of Coahuila and Texas has thought proper to decree:

ART. 1. All Spaniards, accused by public authority, shall leave the limits of the State within thirty days from the publication of this law.

ART. 2. All single men, of whatever trade, station, rank, or occupation, including those domiciliated since the Constitution of the State was adopted, even should they not be single, and married persons separated from their families, shall leave within the aforementioned term.—Those domiciliated thirty years in the Republic shall be excepted from the provision of the first part of this article.

ART. 3. No Spaniard shall settle in the State, or remain as a transient or travelling person, longer than three days in any town within the limits thereof, so long as Spain shall not acknowledge the Independence of this Republic.

ART. 4. At the expiration of the fifteen days from the term specified in article 1, the Ayuntamientos shall present to the Executive a list, accompanied by a duplicate, of those Spaniards who, not being comprised in this law, remain in the State; stating expressly their age, whether married, profession, trade, or occupation, and time of residence in the Republic. On receipt of the aforesaid lists, the Executive shall pass one of the same to Congress.

ART. 5. Those Spaniards, who agreeably to this law can remain in the State, shall appear on the first of every month before the local authorities, who shall examine the arms they have, not allowing them any other weapons than such as are customary and necessary for their personal defence, or to carry any others in public than a sword during the dangerous hours of the night. The local authorities shall inform themselves concerning the Spaniards who present themselves, and not suffer them to infringe this law in the slightest manner, and should they do so they shall be banished from the State.

ART. 6. Spaniards, who remain in the State, when they travel from one place to another therein, shall obtain from the respective local authorities a passport, in which a full description of the person shall be given, which they shall present to the authorities of the town of their destination. When they leave this State to go to another, they shall obtain the passport, with the same requisites, from the Governor.

ART. 7. Los Ayuntamientos estarán á la mira de la conducta, manifestacion de ideas, y comportamiento de los Españoles, prohibiendoles desde ahorá toda junta en parages publicos, que pase de tres, y en secreto ni aun de este numero.

ART. 8. Habida noticia segura de que algun Español ó Mexicano se exprese en maneras degradantes al sistema que rige, ó que, con modo aun indirecto, procure desconceptuarlo, inspirar desconfianza, ó que indique deseos subversivos, será aprendido, sumariado, y puesto á disposicion del juez ó tribunal que corresponda, segun el resultado de la causa.

ART. 9. Las autoridades, en quienes se advierta una ligera morosidad en el mas exacto modo de cumplir con esta ley, serán depuestos del empleo que obtengan, sin poder exercer otro alguno hasta pasados cinco años, si antes no tubieren reabilitacion del Congreso, y á demas sufrirán la multa de quinientos pesos, aplicables á los fondos de instruccion publica del Estado.

Lo tendrá entendido el Gobernador constitucional del Estado para su cumplimiento, haciendolo imprimir, publicar y circular.

Dado an el Saltillo á 27 de Noviembre de 1827.

[Los mismos Señores.]

DECRETO No. 39.

El Congreso constitucional del Estado libre, independiente y soberano de Coahuila y Texas, ha tenido á bien decretar:

Para individuo del tribunal especial de que habla el articulo 198 de la Constitucion, á mas de tener instruccion y probedad, se requiere ser ciudadano en el exercicio de sus derechos, mayor de veinte y cinco años, nacido eu la Republica Mexicana, vecino de algun pueblo del Estado, y no estar empleado en el Congreso, consejo de Gobierno, ni ser dependiente de este directamente en el ramo del poder Executivo.

Lo tendrá entendido el Gobernador constitucional del Estado para su cumplimiento, haciendolo imprimir, publicar y circular.

Dado en el Saltillo á 4 de Enero de 1828.

JOSE F. MADERO, Presidente,
JOSE M, CARDENAS, D. S.
JOSE M. ARTIA, D. S.

DECRETO No. 40.

El Congreso constitucional del Estado libre, independiente y soberano de Coahuila y Texas, ha tenido á bien decretar:

ART. 1. Las acusaciones que se intenten ante el tribunal de justicia contra jueces inferiores ó asesor por delito de oficio se despacharán precisamente dentro de treinta dias, contados desde la fecha, en que se

ART. 7. The Ayuntamientos shall strictly observe the conduct, manifestation of sentiments, and carriage of the Spaniards; not permitting them, from this time, to hold any meeting in public places composed of more than three persons, and in private not even of this number.

ART. 8. Should certain information be received that any Spaniard or Mexican uses degrading terms in speaking of the actual form of government, or endeavors, even in an indirect manner, to bring it into disrepute, or shews subversive inclinations, he shall be apprehended, summarily tried, and placed at the disposal of the corresponding judge or tribunal, as may be decided.

ART. 9. The authorities who shall manifest the slightest reluctance to comply faithfully with this law, shall be removed from office, and disqualified for filling any other office for the term of five years, unless reinstated by Congress; and such shall moreover pay a fine of five hundred dollars, to be appropriated to the funds for public instruction in the State.

For its fulfilment, the Governor of the State shall cause it to be printed, published, and circulated.

Given in Saltillo on the 27th of November, 1827.

[The same Signers.]

DECREE No. 39.

The Congress of the State of Coahuila and Texas has thought proper to decree:

To be a member of the special tribunal mentioned in article 198 of the Constitution, besides the qualifications of education and probity, it shall be required to be a citizen in the exercise of his rights, over twenty-five years of age, born in the Republic of Mexico, domiciliated in the State, to hold no office in Congress, the Executive Council, or to be under immediate subordination to the Executive.

For its fulfilment, the Governor of the State shall cause it to be printed, published, and circulated.

Given in Saltillo on the 4th of January, 1828.

JOSE F. MADERO, President,
JOSE M. CARDENAS, D. S.
JOSE M. ARTIA, D. S.

DECREE No. 40.

The Congress of the State of Coahuila and Texas has thought proper to decree:

ART. 1. Accusations tried before the tribunal of justice, against inferior judges or an assessor for crime of office, shall be despatched with-

presente la instancia, para la sola declaracion de si ha ó no lugar á la formacion de causa.

Art. 2. Las acusaciones pendientes se despacharán en el mismo termino, que se contará desde la publicacion de este decreto.

Lo tendrá entendido el Gobernador constitucional del Estado para su cumplimiento haciendolo imprimir, publicar y circular.

Dado en el Saltillo á 14 de Enero de 1828.

[Los mismos Señores.]

DECRETO No. 41.

El Congreso constitucional del Estado libre, independiente, y soberano de Coahuila y Texas, ha tenido á bien decretar:

Art. 1. Las piezas ó empleos ecclesiasticos, en que el Gobierno debe exercer la exclusiva conforme al articulo 10 de la ley No. 37, para el gobierno economico de los pueblos son por ahora curatos vicarios de pie fixo, y formán sacristanias mayores y coadyutorias.

Art. 2. La autoridad ecclesiastica de Nuevo Leon, que lo es en el dia de la mayor parte del Estado, y la de Durango en la que le toca, antes de nombrar para los empleos ó piezas ecclesiasticos que halla hoy, ó que en adelante se establescan en Coahuila y Texas, pasará por la via reservada al Gobernador una lista circumstanciada del individuo ó individuos en quienes piensa proberlas, espresando el empleo en que piensa destinarlos.

Art. 3. El Gobernador pasará la lista secretamente al consejo par que le informe si considerá ó no peligroso á la tranquilidad del Estado á alguno ó algunos de los ecclesiasticos propuestos.

Art. 4. Se tendrán por peligrosos: primero, los Españoles por nacimiento; segundo, los adictos al gobierno monarquico ó central;—tercero, los conocidamente fanaticos.

Art 5. El Gobernador con presencia del informe del consejo, ó con sus conocimientos practicos escluirá ó no á las personas que esten para nombrarse.

Art. 6. En caso de discordia entre el consejo y el Gobernador sobre el ecclesiastico ó ecclesiasticos propuestos son ó no peligrosos se estará por la afirmativa.

Lo tendrá entendido el Gobernador constitucional del Estado para su cumplimiento, haciendolo imprimir, publicar y circular.

Dado en el Saltillo á 17 de Enero de 1828.

[Los mismos Señores.]

in thirty days from the time the solicitation is presented, solely for it to be declared whether there is a just cause of action.

ART. 2. The accusations pending shall be despatched within the same term, to be reckoned from the publication of this decree.

For its fulfilment, the Governor of the State shall cause it to be printed, published, and circulated.

Given in Saltillo on the 14th of January, 1828.

[The same Signers.]

DECREE No. 41.

The Congress of the State of Coahuila and Texas has thought proper to decree:

ART. 1. The Ecclesiastical divisions or offices, wherein the Executive is to exercise the prerogative according to article 10, of the law No. 37, for the financial administration of the towns, shall be for the present vicarial curacies, permanently established, with offices of principal and assistant sexton.

ART. 2. The Ecclesiastical authority of Nuevo Leon, being at present that of the greatest part of the State, and that of Durango, in so much of the State as belongs to that diocess, previous to appointing to the Ecclesiastical offices or divisions, which are now or shall be hereafter established in Coahuila and Texas, shall forward to the Governor a private and circumstantial list of the person or persons, with whom they are intended to be filled, stating the office wherein they are designed to be placed.

ART. 3. The Governor shall transmit the list privately to the council, for the same to report whether they consider any person or persons of the Ecclesiastics proposed, dangerous to the tranquility of the State.

ART. 4. The following shall be considered dangerous persons:— First, native Spaniards; second, those partial to a monarchical or central form of government; third, those evidently fanatics.

ART. 5. The Governor, in view of the report of the council, or from his own practical acquaintance, shall reject or admit the candidates.

ART. 6. Should the Governor and council not agree on the question, whether the Ecclesiastic or Ecclesiastics proposed are dangerous persons, the affirmative shall prevail.

For its fulfilment, the Governor of the State shall cause it to be printed, published, and circulated.

Given in Saltillo the 17th of January, 1828.

[The same Signers.]

DECRETO No. 42.

El Congreso coustitucional del Estado libre, independiente y soberano de Coahuila y Texas, ha tenido á bien decretar lo siguiente:

Art. 1. Se prohibe que en el Estado haya posas en los funerales de los defuntos.

Art. 2. Se prohibe igualmente que las funciones de Iglesia que se hacen en los pueblos á los Santos Patronos ú otros Imagenes se verifiquen por capitanes ó fiesteros nombrados por ninguna autoridad ni persona.

Art. 3. En lo succesivo las funciones que se hagan serán por los individuos que gusten voluntariamente, y sin que proceda invitacion alguna.

Art. 4. No se entenderá por invitacion prohibida las exortaciones que los Parrocos hacen á sus feligreses en los pulpitos.

Lo tendrá entendido el Gobernador constitucional del Estado para su cumplimiento, haciendolo imprimir, publicar y circular.

Dado en el Saltillo á 22 de Enero de 1828.

[Los mismos Señores.]

DECRETO No. 43.

El Congreso constitucional del Estado libre, independiente y soberano de Coahuila y Texas, ha tenido á bien decretar:

Art. 1. Por el termino de diez años estan exceptuados de cumplir con la ley de papel sellado los habitantes de las nuevas colonias de Texas, y qualquiera otra poblacion que de nuevo se establesca en el Estado segun lo previno el articulo 32 de la ley de colonizacion de 24 de Marzo de 1825, á excepcion de los titulos de propiedad, y formacion de los libros de cada poblacion, que se harán en el papel que corresponda.

Art. 2. El termino se les contará desde que se establescan las nuevas poblaciones y á las que esten formadas con anterioridad á la ley de colonizacion desde la fecha en que se publique esta.

Art. 3. Los habitantes de las poblaciones de que hablan los articulos anteriores podrán usar del papel comun á excepcion de los casos á que se refiere la ultima parte del 1º. sin que por eso deje de ser validos y legales los documentos y toda clase de instrumentos publicos y privados, que surtirán todos los efectos á que se dirijan.

Art. 4. Los mismos agraciados disfrutarán de este privilegio solamente en las poblaciones á quienes les está concedido, y en los demas puntos del Estado estarán sugetos al consumo del papel sellado como los otros ciudadanos.

Lo tendrá entendido el Gobernador constitucional del Estado para su cumplimiento, haciendolo imprimir, publicar, y circular.

Dado en el Saltillo á 9 de Febrero de 1828.

JOSE I. SANCHES, Presidente,
JOSE M. ARTIA, D. S.
JOSE MARIA ECHAIS, D. S.

DECREE No. 42.

The Congress of the State of Coahuila and Texas has thought proper to decree:

ART. 1. Pauses for chanting the responses in funeral processions are hereby prohibited in the State.

ART. 2. Church festivals solemnized in the towns to Patron Saints (in effigy) or other images, shall not be effected through captains or festival officers appointed by any authority or person.

ART. 3. Festivals made hereafter shall be by those persons who voluntarily choose, and shall not be preceded by any invitation.

ART. 4. Exhortations made by Curates in the pulpit to their parishioners, shall not be construed as a prohibited invitation.

For its fulfilment, the Governor of the State shall cause it to be printed, published, and circulated.

Given in Saltillo on the 22d of January, 1828.

[The same Signers.

DECREE No. 43.

The Congress of the State of Coahuila and Texas has thought proper to decree:

ART. 1. The inhabitants of the new Texas colonies, and of every other town whatever hereafter founded in the State, shall be exempted from complying with the stamped paper law for the term of ten years, as provided in article 32 of the colonization law of the 24th of March, 1825, except as regards titles to property and the formation of the books of each town, which shall be executed on the corresponding paper.

ART. 2. Said term shall be reckoned from the time the new towns are founded, and, with respect to those founded prior to the colonization law, from the publication of this decree.

ART. 3. The inhabitants of the towns mentioned in the foregoing articles, may use common paper, except in those cases to which the last part of article 1 refers, and the documents and all kinds of instruments, public and private, shall not be thereby rendered invalid or illegal, but they shall accomplish all the purposes for which they were intended.

ART. 4. Persons herein favored shall enjoy the aforesaid privilege only in those towns to which it is granted; in other parts of the State they shall use stamped paper the same as other citizens.

For its fulfilment, the Governor of the State shall cause it to be printed, published, and circulated.

Given in Saltillo on the 9th of February, 1828.

JOSE I. SANCHES, President,
JOSE M. ARTIA, D. S.
JOSE MARIA ECHAIS, D. S.

DECRETO No. 44.

El Congreso constitucional del Estado libre, independiente, y soberano de Coahuila y Texas, ha tenido á bien decretar:

Art. 1. Será por ahorá cabezera de partido en el de Rio Grande la villa de Gigedo, sin perjuicio de lo que se disponga quando de otro modo se arregle el curso del correo por ese rumbo.

Art. 2. Para los nombramientos succesivos se aumentarán á todos los gefes subalternos de partido quatro cientos pesos sobre la dotacion anual que hoy difrutan si fuere de otro pueblo que el de la residencia que les está señalada en adelante, y en todos casos se les pasarán ciento cinquenta pesos á mas de lo-que les ha designado el articulo 85 del reglamento economico de los pueblos para gastos de escribiente y papel.

Art. 3. Promoverá el Gobierno conforme á sus facultades se ordene el curso de la balija por las villas de Gigedo, Allende, Morelos, Rosas, Nava, y Guerrero, y que del tiempo que el correo permanesca en la de Rosas, dilate un dia en Gigedo para que recoja todas las contestaciones y tengan estas mejor curso.

Lo tendrá entendido el Gobernador constitucional del Estado, para su cumplimiento, haciendolo imprimir, publicar y circular.

Dado en el Saltillo á 21 de Febrero de 1828.

JOSE I. SANCHES, Presidente.
JOSE A. NAVARRO, D. S. S.
JOSE MARIA ECHAIS, D. S.

DECRETO No. 45.

El Congreso constitucional del Estado libre, independiente y soberano de Coahuila y Texas, ha tenido á bien decretar:

En caso de vacar ó no tener efecto la eleccion hecha en algun ciudadano para los encargos municipales por illegalidad, impedimento fisico ó moral, se celebrarán nuevas juntas electorales siempre que no haya otro elegido con algun numero de votos.

Lo tendrá entendido el Gobernador constitucional del Estado para su cumplimiento, haciendolo imprimir, publicar y circular.

Dado en el Saltillo á 21 de Febrero de 1828.

[Los mismos Señores.]

DECRETO No. 46.

El Congreso constitucional del Estado libre, independiente y soberano de Coahuila y Texas, ha tenido á bien decretar:

Art. 1. Se concede al ciudadano Juan Lucio Woodbury y Juan Cameron privilegio exclusivo por el termino de 23 años, contados desde

DECREE No. 44.

The Congress of the State of Coahuila and Texas has thought proper to decree:—

Art. 1. The town of Gigedo shall for the present be the capital of the district of Rio Grande, without detriment to any arrangement made when the mail route through that quarter shall be changed.

Art. 2. All subordinate district chiefs hereafter appointed, who do not belong to the town assigned them for their future residence, shall receive 400 dollars per annum besides their present salary, and in all cases they shall be allowed one hundred and fifty dollars over the amount designated by article 85 of the financial regulations of the towns for expense of clerk and paper.

Art. 3. The Executive shall proceed, according to his powers, to have the mail route established through the towns of Gigedo, Allende, Morelos, Rosas, Nava, and Guerrero; also to have the post, of the time he spends in Rosas, make one days stay in Gigedo to collect all the letters, in order that they may have a better conveyance.

For its fulfilment, the Governor of the State shall cause it to be printed, published, and circulated.

Given in Saltillo on the 21st of February, 1828.

JOSE I. SANCHES, President,
JOSE A. NAVARRO, D. S. S.
JOSE MARIA ECHAIS, D. S.

DECREE No. 45.

The Congress of the State of Coahuila and Texas has thought proper to decree as follows:

Should the election of any citizen for municipal charges become vacant, or not go into effect from illegality, or physical or moral impediment, new electoral meetings shall be holden, provided there be no other person chosen by any number of votes.

For its fulfilment, the Governor of the State shall cause it to be printed, published, and circulated.

Given in Saltillo the 21st of February, 1828.

[The same signers.]

DECREE No. 46.

The Congress of the State of Coahuila and Texas has thought proper to decree:

Art. 1. Exclusive privilege is hereby granted to John Lucio Woodbury and John Cameron, for the term of twenty-three years, reck-

la publicacion de este decreto, para trabajar minas de fierro y de carbon de piedra en el Estado.

Art. 2. Dentro del termino expresado nadie podrá en todo el Estado occuparse en la explotacion de aquellos minerales sin permiso de los agraciados á excepcion de las minas descubiertas y denunciadas legalmente antes de la promulgacion de este decreto.

Art. 3. Si fenecidos los tres primeros años de la concesion los agraciados no hubieren introducido las maquinas y utensilios necesarios, y planteado al menos en uno de los departamentos de Coahuila los correspondientes edificios para la explotacion y elaboracion del fierro les cesará el privilegio.

Art. 4. Para el beneficio del fierro solo podrán los agraciados introducir maestros, debiendo preferir en la clase de operarios á los hijos de esta Republica.

Art. 5. Dentro del Estado no deberá pasar de cinco octavos de real el precio de la libra de fierro, informe, de superior calidad.

Art. 6. Los agraciados emprenderán sus trabajos con arreglo á las ordenanzas de mineria, y concluido el periodo de los 23 años del privilegio que se les concede, todas las minas quedarán en clase de denunciables conforme á las leyes dadas sobre la materia, ó que en adelante se dieren.

Lo tendrá entendido el Gobernador constitucional del Estado para su cumplimiento, haciendolo imprimir, publicar y circular.

Dado en el Saltillo á 25 de Febrero de 1828.

JOSE I. SANCHES, Presidente,
JOSE M. ARTIA, D. S.
JOSE A. NAVARRO, D. S. S.

DECRETO No. 47.

El Congreso constitucional del Estado libre, independiente, y soberano de Coahuila y Texas, ha tenido á bien decretar:

Art. 1. Son ciudadanos Coahuiltejanos los Eccelentisimos Generales Vicente Guerrero, benemerito de la patria en grado heroico, y Manuel Gomez Pedraza actual ministro de guerra.

Art. 2. El busto del primero será colocado en el salon de las sesiones del Congreso á la derecha del solio. En su pie y con letras de oro se pondrá la inscripcion siguiente:—*Al immortal Vicente Guerrero la gratitud del primer Congreso constitucional del Estado.*

Art. 3. El Gobierno dispondrá á la mayor posible brevidad se efectue lo prevenido en el articulo anterior.

Art. 4. El Estado Coahuiltexano queda reconocido á las importantes y distinguidos servicios que estos ilustres militares prestáron en las ocurrencias de Tulancingo.

oned from the publication of this decree, for working Iron and Coal mines in the State.

ART. 2. Within the aforementioned term, no person shall be engaged in working said mines without permission from said Woodbury and Cameron, with the exception of mines discovered and legally specified and claimed previous to the promulgation of this decree.

ART. 3. Should the persons aforesaid, at the expiration of the three first years from the concession, not have introduced the machinery and necessary utensils, and erected, in one of the departments of Coahuila and Texas at least, the proper buildings for working and elaborating the iron, they shall forfeit the privilege.

ART. 4. The persons to whom said privilege is granted may introduce professed artists for smelting or separating the metal; for common mining laborers they shall prefer the natives of the country.

ART. 5. The price of iron, of no regular shape and of superior quality, shall not exceed in the State five-eighths of a rial the pound.

ART. 6. The aforementioned persons shall undertake their labors agreeably to the mining ordinances, and at the close of twenty-three years, the term of the privilege granted them, all the mines shall be open to claim agreeably to the laws that are now or shall be hereafter enacted on the subject.

For its fulfilment, the Governor of the State shall cause it to be printed, published, and circulated.

Given in Saltillo the 25th of February, 1828.

JOSE I. SANCHES, President,
JOSE M. ARTIA, D. S.
JOSE A. NAVARRO, D. S. S.

DECREE No. 47.

The Congress of the State of Coahuila and Texas has thought proper to decree:

ART. 1. His Excellency General Vicente Guerrero, who by his bravery has earned a name among his country's worthies, and his Excellency General Manuel Gomez Pedraza, the present Secretary of War, are hereby declared citizens of Coahuila and Texas.

ART. 2. The bust of the former shall be placed in the hall of sessions of Congress, at the right of the President's chair, and upon the pedestal the following shall be inscribed in letters of gold:—*Memento of the gratitude of the first Constitutional Congress to the immortal Vicente Guerrero.*

ART. 3. The Executive shall order the provision of the foregoing article to be accomplished as early as possible.

ART. 4. The State of Coahuila and Texas gratefully acknowledges the important and signal services rendered by these illustrious military officers during the occurrences at Tulancingo.

Lo tendrá entendido el Gobernador constitucional del Estado para su cumplimiento, haciendolo imprimir, publicar y circular.

Dado en el Saltillo á 16 de Marzo de 1827.

JOSE A. TIJERINA, Presidente,
JOSE MARIA ECHAIS, D. S.
JOSE F. MADERO, D. S.

DECRETO No. 48.
Que es el reglamento para el Consejo de Gobierno.

DECRETO No. 49.

El Congreso constitucional del Estado libre, independiente y soberano de Coahuila, y Texas, ha tenido á bien decretar:

ART. 1. Se concede al Coronel Juan Davis Bradbourn y Estevan M. C. L. Staples por el termino de quinze años el privilegio exclusivo de introducir buques de vapor ó de cavallo en el rio llamado del Norte en la parte perteneciente al Estado siempre que los expresados empresarios lo pongan de su cuenta en disposicion de poderlo verificar.

ART. 2. El mencionado privilegio comenzará disfrutarse desde el dia en que se introduscan por primera vez los referidos buques.

ART. 3. Por el termino de los mismos quince años ningun derecho particular de los que pueda imponer el Estado á los buques de vapor ó caballo se impondrá á los de los repetidos empresarios, quienes por dicho tiempo solo quedarán sugetos á los establecidos, ó que se establecieren por leyes generales á todas las embarciones que lleguen á los puertos de la Republica.

ART. 4. Los empresarios, á quienes se concede el anterior privilegio, podrán trasferirlo abisandolo al Supremo Gobierno del Estado, y con tal de que los individuos en quienes haya de verificarse no sean subditos de nacion que este en guerra con la de los Estados Unidos Mejicanos.

ART. 5. Los mismos empresarios, por si ó por otros podrán colonizar á los margenes del espresado rio todos aquellos terrenos del Estado que juzguen precisos para establecer su propia seguridad y para auxiliarse de maderas y demas utensilios propios para la navegacion, sugetandose á las leyes generales y particulares de colonizacion.

ART. 6, El Gobierno del Estado interin los empresarios reconocen el espresado rio, para desengañarse si es ó no navegable, en todo ó en parte, les dispensará por medio de las autoridades subalternos quanta proteccion dependa de sus facultades, y se interesará y recabará del gobierno general se les ministren los auxilios de tropa que sean necesarios para su segnridad personal.

LAWS AND DECREES OF COAHUILA AND TEXAS.

For its fulfilment, the Governor of the State shall cause it to be printed, published, and circulated.

Given in Saltillo on the 16th of March, 1828.

JOSE A. TIJERINA, President,
JOSE MARIA ECHAIS, D. S.
JOSE F. MADERO, D. S.

DECREE No. 48.

Rules of the Executive Council.

DECREE No. 49.

The Congress of the State of Coahuila and Texas has thought proper to decree:

ART. 1. The exclusive privilege of introducing boats, propelled by steam or horse power, in that portion of the Rio del Norte that belongs to the State, is hereby granted to John Davis Bradbourn and Stephen M. C. L. Staples for the term of fifteen years, provided they render said river navigable at their own expence.

ART. 2. The enjoyment of said privilege shall commence from the time the aformentioned boats are first introduced.

ART. 3. During the said term of fifteen years no private tax, such as it is in the power of the State to levy on steam or horse boats, shall be laid upon those belonging to the aforesaid undertakers, who, during the said term, shall be subject only to such taxes as are now or shall be hereafter established by general laws upon all vessels arriving in the ports of the Republic.

ART. 4. The empresarios, to whom the foregoing privilege is granted, may transfer the same, notifying the Executive Department of the State; and provided the persons to whom the transfer is made do not belong to a nation at war with the Republic of Mexico.

ART. 5. The aforesaid empresarios, of themselves, or through others, may colonize upon the borders of the aforementioned river all those lands belonging to the State which they consider necessary for establishing their own safety, and aiding themselves with timber and other utensils suitable for purposes of navigation, conforming to the general and private colonization laws.

ART. 6. Meanwhile, the undertakers examine the aforementioned river to ascertain whether it be susceptible of navigation, wholly or in part, the Executive, by means of the subordinate authorities, shall afford them all the protection within the compass of his powers, and shall interest himself and obtain from the general government, by request, that they be furnished with such military aid as their personal safety requires.

Art. 7. No cumpliendo los referidos empresarios, ó los que hagan sus vezes su compromiso de poner en corriente la navegacion del mencionado rio en el termino de dos años contados desde la publicacion de este decreto perderán los derechos que en el se les concede.

Lo tendrá entendido el Gobernador constitucional del Estado para su cumplimiento, haciendolo imprimir, publicar y circular.

Dado en el Saltillo á 12 de Abril de 1828.

JOSE M. CARDENAS, President.
JOSE F. MADERO, D. S.
NEPOMUCENO V. RECIO, D. S.

DECRETO No. 50.

El Congreso constitucional del Estado libre, independiente, y soberano de Coahuila y Texas, atendiendo á las necesidades que padece su herario publico por la falta de fondos con que cubrir los mas precisos é indispensables gastos, y deseoso por otra parte de evitar los compromisos que por sus escases les serian consiguientes á sus autoridades, y aun al mismo erario si llegare el caso de que no fuesen puntual y religiosamente cubiertos de sus haberes, ha tenido á bien decretar lo siguiente:—

Art. 1. Se suspenden por ahora los empleos de consejero hasta que pueden costearse por el Estado, y que entre tanto el Gobierno en lo que debia consultar con el consejo proceda por si, y auxiliandose con la diputacion permanente en los recesos del Congreso.

Art. 2. Que el Vice Gobernador solo tenga sueldo quando funcione por muerte, enfermedad, ó ausencia del Gobernador, y que mientras ocurra á la capital, siendo de fuera de ella, desempeñe el Gobierno el que haga de presidente del tribunal de justicia, substituyendose su persona para las funciones judiciales con arreglo á la ley reglamentaria del ramo.

Art. 3. Se suspende el establecimiento de tesoreria hasta que el Estado tenga los fondos suficientes, permaneciendo el arreglo y la distribucion de sus gastos como hasta aqui, nombrandose un escribiente mas que intervenga exclusivamente en las cuentas de este ramo.

Art. 4. Se suspenden igualmente por ahora en el exercicio de funciones los gefes de departamento y de partido, excepto el de Texas, y que los Ayuntamientos de cada uno de ellos se entiendan directamente con el Gobierno por conducto del Alcalde primero.

Lo tendrá entendido el Gobernador constitucional del Estado, para su cumplimiento, haciendolo imprimir, publicar y circular.

Dado en el Saltillo á 17 de Abril de 1828.

[Los mismos Señores.]

ART. 7. Should the said empresarios, or the persons acting in their stead, not fulfill their stipulation to put the navigation of the aforementioned river in successful operation in the term of two years, reckoned from the publication of this decree, they shall forfeit the rights granted them herein.

For its fulfilment, the Governor of the State shall cause it to be printed, published and circulated.

Given in Saltillo on the 12th of April, 1828.

JOSE M. CARDENAS, President,
JOSE F. MADERO, D. S.
NEPOMUCENO V. RECIO, D. S.

DECREE No. 50.

The Congress of the State of Coahuila and Texas, viewing the embarrassments of the State treasury from want of funds to meet the most urgent expences, and wishing furthermore to prevent the difficulties that would result to the State authorities from their limited means, and even to the treasury itself in the event the necessary expences are not strictly and punctually paid with its existing funds, has thought proper to decree:

ART. 1. The office of Councillor is hereby suspended for the present, until the State is able to defray the expense thereof; and the Executive, in so far as it is his duty to consult the Council, shall proceed of himself, availing himself of the aid of the standing deputation during the recess of Congress.

ART. 2. The Vice Governor shall receive pay only when he officiates on account of death, sickness, or absence on the part of the Governor, and, while he is repairing to the capital, should he not belong there, the acting President of the Tribunal of Justice shall discharge the duties of Governor, providing a substitute to exercise his judicial functions agreeably to the law regulating the administration of justice.

ART. 3. The establishment of a treasury is hereby suspended for the present until the State has sufficient funds; the regulation and distribution of its expences continuing as heretofore, with the appointment of an additional clerk to assist exclusively in the accounts of this department.

ART. 4. The department and district chiefs, except the one in Texas, are likewise hereby suspended for the present in the exercise of their functions, and the Ayuntamientos of each shall communicate directly with the Executive through the channel of the first Alcalde.

For its fulfilment, the Governor of the State shall cause it to be printed, published, and circulated.

Given in Saltillo on the 17th of April, 1828.

[The same Signers.]

DECRETO No. 51.

Reglamento para el gobierno interior del Supremo Tribunal de Justicia.

DECRETO No. 52.

El Congreso constitucional del Estado libre, independiente, y soberano de Coahuila y Texas, teniendo en consideracion la gravedad de algunos asuntos quo hay pendientes y exijen imperiosamente su resolucion, y usando de la facultad que le concede el articulo 87 de la Constitucion, decreta:

Se prorogan las actuales sesiones por el tiempo necesario para resolver lo conveniente sobre las ocurencias á que ha dado lugar el Decreto No. 50, ocupandose entre tanto en los demas asuntos que hay de preferencia en la secretaria del Congreso.

Lo tendrá entendido el Gobernador constitucional del Estado, para su cumplimiento, heciendolo imprimir, publicar y circular.

Dado en el Saltillo á 19 de Abril de 1828.

RAMON GARCIA ROJAS, Presidente.
NEPOMUCENO VALDES, D. S.
MIGUEL ARCINEAGA, D, S.

DECRETO No. 53.

El Congreso constitucional del Estado libre, independiente, y soberano de Coahuila y Texas, ha tenido á bien decretar:

Los diputados suplentes podrán obtener qualquier empleo consejil de nombramiento popular, y en este serán remplazados luego que se les llame para venir á servir de preferencia su diputacion.

Lo tendrá entendido el Gobernador constitucional del Estado, para su cumplimiento, haciendolo imprimir, publicar y circular.

Dado en el Saltillo á 30 de Abril de 1828.

[Los mismos Señores.]

DECRETO No. 54.

Es el Arancel de los derechos que deven percivir los escrivanos.

DECRETO No. 55.

El Congreso constitucional del Estado libre, independiente, y soberano de Coahuila y Texas, teniendo en consideracion la juiciosa duda que consulta el Alcalde segundo de esta ciudad, y deseando facilitar el curso de los negocios sin retrazo ni perjuicio de las conciliaciones en los asuntos que ocurran, ha decretado lo siguiente:

ART. 1, És obligacion de todo ciudadano Coahuiltexano servir de conjuez en los juzgados inferiores, siempre que sea nombrado, y no tenga impedimento legal á juicio del Alcalde.

DECREE No. 51.

Rules for the internal administration of the Supreme Tribunal of Justice.

DECREE No. 52.

The Congress of the State of Coahuila and Texas, in consideration of the serious importance of some subjects pending, and wherein their decision is imperatively demanded, and exercising the power confered by article 87. of the Constitution, decrees:

The present sessions are hereby prolonged the time required for coming to a proper decision upon the occurrences that have arisen from Decree No. 50, attending in the mean time to such other subjects in the secretary's office of Congress as are entitled to the preference.

For its fulfilment, the Governor of the State shall cause it to be printed, published, and circulated.

Given in Saltillo on the 19th of April, 1828.

RAMON GARCIA ROJAS, President.
NEPOMUCENO VALDES, D. S.
MIGUEL ARCINEAGA, D. S.

DECREE No. 53.

The Congress of the State of Coahuila and Texas has thought proper to decree:

Substitute deputies may hold any municipal office whatever of popular choice, and shall be replaced therein whenever they are called to discharge their duties in Congress in preference.

For its fulfilment, the Governor of the State shall cause it to be printed, published, and circulated.

Given in Saltillo on the 30th of April, 1828.

[The same Signers.]

DECREE No. 54.

FEE BILL FOR NOTARIES.

DECREE No. 55.

The Congress of the State of Coahuila and Texas, in attention to the prudent doubt proposed by the second Alcalde of this city, and with a view to facilitate the progress of business without delay or injury to reconciliation in the subjects that occur, has decreed as follows:

ART. 1. Every citizen of Coahuila and Texas, when chosen, and having no legal impediment in the opinion of the Alcalde, shall be obligated to serve as a colleague judge in the inferior courts of justice.

ART. 2. La resistencia á cumplir con lo dispuesto en el articulo anterior, hace responsable el que la tuviere á la multa de uno á veinte y cinco pesos, segun la prudencia del juez, aplicables á los fondos de instruccion publica, sin perjuicio de cumplir con el encargo que se le confiere.

Lo tendrá entendido el Gobernádor constitucional del Estado, para su cumpliiniento, haciendolo imprimir, publicar y circular.

Dado en la ciudad de Leona Vicario á 3 de Mayo de 1828.

[Los mismos Señores.]

DECRETO No. 56.

El Congreso constitucional del Estado libre, independiente, y soberano de Coahuila y Texas, atendiendo á la correncia de brazos industriosos que fomenten la agricultura y demas artes, y deseoso de facilitar la introduccion de ellos al Estado, asi como el engrandecimiento y prosperidad de dichos ramos, ha tenido á bien decretar:

Se garantisan por validos en este Estado todos los contratos que, no oponiendose á las leyes del mismo, se hayan celebrado en paises estrangeros entre los emigrados que vengan á avecindarse al mismo Estado ó habitantes de el y los sirvientes y jornaleros que se introduscan.

Lo tendrá entendido el Gobernador constitucional del Estado, para su cumplimiento, haciendolo imprimir, publicar y circular.

Dado en la ciudad de Leona Vicario á 5 de Mayo de 1828.

[Los mismos Señores.]

DECRETO No. 57.

El Congreso constitucional del Estado libre, independiente, y soberano de Coahuila y Texas, habiendo tomado en cohsideracion el error padecido por la secretaria al tiempo-de comunicar el Decreto No. 48, en su articulo 43, ha tenido á bien rectificar este en los terminos en que fué aprobadó, que son los siguientes:

ART. 43. Si por fallecimiento, ó otra causa legal del presidente nato del consejo, presidiere en alguna de estas votaciones uno de los vocales, y no hubiere pluralidad de votos se suspenderá hasta la sesion ordinaria inmediata, en la que se repitirá por una sola vez, y si aun resultare empataeda, se decidirá por suerte. Para la decision por suerte se cortarán cedulas iguales, en que se escribirán por el secretario á presencia del presidente los nombres que se van á sortear, y doblados con uniformidad, y echados en una urna, serán sacados los boletos por el oficial de la secretaria.

Lo tendrá entendido el Gobernador constitucional del Estado para su cumplimiento, haciendolo imprimir, publicar y circular.

Dado en la ciudad de Leona Vicario á 6 de Mayo de 1828.

[Los mismos Señores.]

Art. 2. Any person who shall refuse to comply with the provision of the preceding article, shall incur a fine of from one to twenty-five dollars, according to the opinion of the judge, to be appropriated to the funds for public instruction; and the payment of the said fine shall not affect his obligation to comply with the charge conferred.

For its fulfilment, the Governor of the State shall cause it to be printed, published, and circulated.

Given at the city of Leona Vicario on the 3d of May, 1828.

[The same Signers.]

DECREE No. 56.

The Congress of the State of Coahuila and Texas, attending to the deficiency of working men to give activity to agriculture and the other arts, and desiring to facilitate their introduction into the State, as well as the growth and prosperity of the said branches, has thought proper to decree:

All contracts, not in opposition to the laws of the State, that have been entered into in foreign countries, between emigrants who come to settle in this State, or between the inhabitants thereof, and the servants and day laborers or working men whom they introduce, are hereby guaranteed to be valid in said State.

For its fulfilment, the Governor of the State shall cause it to be printed, published, and circulated.

Given at the city of Leona Vicario on the 5th of May, 1828.

[The same Signers.]

DECREE No. 57.

The Congress of the State of Coahuila and Texas, having considered the error committed in the secretary's office on communicating the Decree No. 48, in article 43 thereof, has thought proper to rectify said article in the manner it was approved, which is as follows:

Art. 43. Should one of the voters of the council preside at any of said ballotings on account of the death, or any other legal cause on the part of the original president, and there should not be a majority of vote the balloting shall be suspended until the next ordinary session, when it shall be repeated once only, and should there still be a tie it shall be decided by lot. To decide by lot, slips shall be cut precisely alike, whereon the names that are to be drawn shall be written by the secretary in presence of the president: and the tickets, having been folded alike and placed in an urn, shall be drawn by the officer of the secretary's office.

For its fulfilment, the Governor of the State shall cause it to be printed, published, and circulated.

Given at the city of Leona Vicario on the 6th of May, 1828.

[The same Signers.]

DECRETO No. 58.

Reglamento de la milicia local del mismo Estado.

DECRETO No. 59.

El Congreso constitucional del Estado libre, independiente, y soberano de Coahuila y Texas, deseando facilitar arbitrios al Gobernio del Estado para que auxilie el de la Union en las circunstancias angustiadas en que se halla para repeler la invasion que se prepara en la Habana por el tirano de Madrid para volver á subjugar este continente, ha tenido á bien decretar:

Art. 1. Se faculta al Gobierno para que negocie con los Gobernadores de las mitras de Nuevo Leon y Durango un prestamo de las cantidades que en numerario tengan las fabricas de las Parroquias del Estado, las cofradias y demas obrás pias, sin perjuicio del culto en aquellas, ni de cumplir con los objetos de estas.

Art. 2. El monto de las cofradias y demas pios legados de que habla el articulo 140 de la ley No. 37, y por lo mismo pertenecen á los Ayuntamientos entrará á los fondos del Estado.

Art. 3. Lo que de tales fondos, y de los que habla el articulo primero, este á reditos redimibles en pronto, se tomará por el Estado en la misma calidad.

Art. 4. El Gobierno pidirá á todos los Ayuntamientos una noticia exacta de quantos depositos laicos haya en sus respectivas municipalidades, y recogidos estos dentro de un termino prudente y perentorio hará ingresen á los fondos del Estado, quien les asegura como todos los demas, en terminos que se dirá.

Art. 5. El Estado garantisa los prestamos, depositos y capitales que reciva á reditos con sus rentas actuales, y el producido de las tierras dados á los colonos.

Art. 6. Se faculta asi mismo al Gobierno para que por los conductos propios abra una subscripcion ó donativo espontaneo y estensivo á todos las clases, sexos, y corporaciones, admitiendo en defecto de reales bienes de qualesquiera especie, ó alajas que podrá ofrecer el bello sexo, cuidando de que las denominaciones se realizen, y de recibir una lista de los donatarios merito de sus donaciones, y cuenta justificada de su producido:

Art. 7. El Gobierno pondrá á disposicion del general el resultado de estos arbitrios, dando cuenta al Congreso de qual haya sido y cumplirá fiel y religiosamente con los pagos de reditos y capitales que reciva con esa calidad en prestamo.

Art. 8. Los Ayuntamientos que por omision ú otro qualesquiera motivo den lugar á fraude de ocultacion ó retardo en el entero de las cantidades de que se ha hablado responderán con sus bienes propios, y,

DECREE No. 58.
Regulations of the local militia of the State.

DECREE No. 59.

The Congress of the State of Coahuila and Texas, anxious to facilitate the Governor of the State with the means of aiding the national Executive, in the critical circumstances in which he is placed, to repel the invasion preparing in Havanna by the tyranical king of Spain for the re-conquest of Mexico, has thought proper to decree:

Art. 1. The Executive is hereby authorized to negociate with the Governors of the mitre of Nuevo Leon and Durango, a loan of the amount in coin pertaining to the funds for maintenance and repairs and belonging to the Parish Churches in the State, and that belonging to the confraternities and other charitable establishments, without detriment to religious worship in the former, or to the fulfilment of the objects of the latter.

Art. 2. The amount of the confraternities and other pious legacies, mentioned in article 140 of law No. 37, and which therefore pertains to the Ayuntamientos, shall be annexed to the funds of the State.

Art. 3. So much of said funds, and those mentioned in article 1, as is taken upon rent redeemable at any time, shall be taken by the State in the same manner.

Art. 4. The Executive shall request of all the Ayuntamientos an exact account of all the laical deposites in their respective municipalities, and the same being collected within a prudential and peremptory term, he shall cause them to be added to the funds of the State, which insures the said funds as well as all the others in the manner herein specified.

Art. 5. The State hereby guarantees the loans, deposites, and capitals, which it receives upon rent, with its present rents and the proceeds of the lands granted to the colonists.

Art. 6. The Executive is also hereby authorized to open, through the proper channels, a subscription or voluntary donation, embracing all classes, sexes, and corporations; admitting, in lieu of money, property of every kind, or jewels that may be offered by females; taking care that the different kinds of property be turned into money, and to receive a list of the donors, shewing their donations; also, an account of the proceeds thereof, with the proper vouchers.

Art. 7. The Executive shall place the result of these means at the disposal of the general government, notifying Congress of the amount, and shall faithfully and punctually discharge the payments of interest and the capital-which he receives in this manner by way of loan.

Art. 8. Ayuntamientos which from omission, or any other cause, give occasion for frauds in concealing, or retarding the delivery of the aforementioned sums, shall be answerable with their own property, and

en caso de no bastar estos, quedarán ssupensos de los derechos de ciudadanos hasta por el termino de tres años.

Lo tendrá entendido el Gobernador constitucional del Estado para su cumplimiento, haciendolo imprimir, publicar, y circular.

Dado en la ciudad de Leona Vicario á 14 de Mayo de 1828.

[Los mismos Señores.]

DECRETO No. 60.

El Congreso constitucional del Estado libre, independiente y soberano de Coahuila y Texas, ha tenido á bien decretar:

Todos los asuntos y demandas judiciales promovidas contra fincas ubicadas en el Estado se terminarán en todas sus instancias en los tribunales del mismo.

Lo tendrá entendido el Gobernador constitucional del Estado para su cumplimiento, haciendolo imprimir, publicar, y circular.

Dado en la ciudad de Leona Vicario á 14 de Mayo de 1828.

[Los mismos Señores.]

Lo devolvió el Gobernador en 1º. de Setiembre de 1828, y tomado de nuevo en consideracion en las sesiones de 1829, fué desechado en la del 4 de Mayo del mismo año.

DECRETO No. 61.

El Congreso constitucional del Estado libre, independiente, y soberano de Coahuila y Texas, habiendo tomado en consideracion la consulta del Gobierno, fecha 2 de Abril ultimo, sobre aclaracion del articulo 3 de la ley No. 38, y deseoso el mismo Congreso de hacerla estensiva á otros puntos en que pudiera considerarse en oposicion con la ley general de 20 de Diciembre del año anterior, ha tenido á bien decretar:—

Art. 1. Quando algun Español transeunte toque algun punto del Estado, y esté fisica ó moralmente impedido de continuar su marcha á juicio del Gobierno, podrá permanecer el tiempo que al mismo Gobierno pareciere conveniente.

Art. 2. No se tendrán por transeuntes en el sentido del articulo 3º. del Decreto No. 38, los Españoles no comprendidos en la ley general de expulsion de 20 de Diciembre ultimo, ni en las particulares expedidas sobre el mismo objeto por varios Estados de la Union, justificandolo previamente, y los que esten en el primer caso harán costar ademas haber prestado el juramento prevenido en el articulo 16 de la es. presada ley general.

Art. 3. Los Españoles de que habla el articulo anterior aunque pueden permanecer á sus giros y negocios á juicio del Gobierno, esa residencia no les da derecho de vecindad, ni por ella adquirirán alguno

should that not be sufficient, shall be suspended in the enjoyment of the rights of citizens for a term not exceeding three years.

For its fulfilment, the Governor of the State shall cause it to be printed, published, and circulated.

Given at the city of Leona Vicario on the 14th of May, 1828.

[The same Signers.]

DECREE No. 60.

The Congress of the State of Coahuila and Texas has thought proper to decree:

All judicial subjects and suits instituted against securities situated in the State, shall be concluded in all their processes in the courts of the State.

For its fulfilment, the Governor of the State shall cause it to be printed, published, and circulated.

Given at the city of Leona Vicario on the 14th of May, 1828.

[The same Signers.]

Returned by the Governor on the 1st of September, 1828, and being reconsidered during the sessions of 1829, was rejected on the 4th of May of that year.

DECREE No. 61.

The Congress of the State of Coahuila and Texas, having considered the subject proposed by the Executive, bearing date the 2d of April last, relative to elucidating article 3 of law No. 38, and desirous that the explanation may embrace other points, wherein it might be thought to conflict with the general law of the 20th of December last, has thought proper to decree:

ART. 1. When any transient Spaniard arrives at any place in the State, and from moral or physical impediments is, in the opinion of the Executive, unable to proceed on his journey, he may remain for such a length of time as the Executive shall deem proper.

ART. 2. Spaniards not comprised in the general law of exile of the 20th of December last, or in the private laws issued to the same effect by different States of the Republic, after proving the same, shall not be considered transient according to the meaning of article 3 of decree No. 38, and those in the former case shall shew furthermore that they have taken the oath prescribed in article 16 of the aforementioned general law.

ART. 3. Although the Spaniards mentioned in the foregoing article may remain in the State such time as the Executive shall think proper, to attend to their business and pursuits, such residence shall not give them the right of domicile, nor shall they acquire thereby any civil

civil ni politico mientras España no reconosca la independencia de la nacion.

ART. 4. Los Españoles de que hablan los dos articulos anteriores se sugetarán al tiempo que permaneciéren en el Estado á las medidas de politica contenidos en el Decreto No. 38.

ART. 5. Se faculta al Gobierno para que pueda expulsar del Estado á todos los Españoles que conforme este decreto pueden permanecer en su territorio, siempre que le parescan peligrosos previo informe de la autoridad local del punto en que residan.

Lo tendrá entendido el Gobernador constitucional del Estado para su cumplimiento, haciendolo imprimir, publicar, y circular.

Dado en la ciudad de Leona Vicario á 15 de Mayo de 1828.

[Los mismos Señores.]

DECRETO No. 62.

El Congreso constitucional del Estado libre, independiente y soberano de Coahuila y Texas, ha tenido á bien decretar:

ART. 1. Queda sin valor ni efecto el articulo 39 de la ley de colonizacion en quanto disponer el pago de comisionados con arreglo á los ultimos aranceles de la antigua audencia de Mexico, observandose lo que en dicho articulo se previene para la designacion de lo que se deba pagar á los agrimensores, y modo que se deba hacer.

ART. 2. Los mismos comisionados recibirán por indemnizacion de su trabajo á razon de quince pesos por cada sitio de agostadero de los que repartan, dos pesos por cada labor de temporal, y veinte reales por la de regadio, que satisfarán las mismas familias pobladoras á quien se les adjudiquen los terrenos, quedando estas libres de qualquiera otro gravamen para el comisionado excepto el papel sellado, que se necesite para la expedicion de sus titulos y formacion de los libros respectivos, que será de su cuenta.

Lo tendrá entendido el Gobernador constitucional del Estado para su cumplimiento, haciendolo imprimir, publicar y circular.

Dado en la ciudad de Leona Vicario á 15 de Mayo de 1828.

[Los mismos Señores.]

DECRETO No. 63.

El Congreso constitucional del Estado libre, independiente y soberano de Coahuila y Texas, ha tenido á bien decretar:

Sin aumentar los 23 años del privilegio, que por el articulo primero del Decreto No. 46, se concedió á los ciudadanos Juan Lucio Woodbury y Juan Cameron para la explotacion de minas de fierro y carbon de piedra, se les proroga por un año mas el termino que por el articulo 3º. del mismo decreto se les prefixó para la introduccion y plan-

or political rights, so long as Spain shall not acknowledge the independence of the Republic.

ART. 4. The Spaniards mentioned in the two foregoing articles, during the time they remain in the State, shall submit to the measures of policy contained in decree No. 38.

ART. 5. The Executive is hereby authorized to banish from the State all Spaniards who may remain therein agreeably to this decree, should he, after receiving a report from the local authority of the place of their residence, consider them dangerous persons.

For its fulfilment, the Governor of the State shall cause it to be printed, published, and circulated.

Given at the city of Leona Vicario on the 15th of May, 1828.

[The same Signers.]

DECREE No. 62.

The Congress of the State of Coahuila and Texas has thought proper to decree:

ART. 1. Article 39 of the colonization law, so far as it provides that commissioners shall be paid agreeably to the last fee bill of the ancient court of oyer and terminer of Mexico, shall be without value or force, and the provision of said article for designating the pay of surveyors, and manner it shall be done, shall be observed

ART. 2. Said commissioners shall receive as a compensation for their labors in the ratio of fifteen dollars for every sitió of grazing land they distribute; two dollars for each labor of temporal land; and twenty rials for each labor of irrigable land, to be paid by the same families of settlers to whom the lands are awarded; and the said families shall be free from every other burthen on the part of the commissioner, with the exception of the stamped paper required for issuing their titles, and the formation of the respective books, which shall be at their expense.

For its fulfilment, the Governor of the State shall cause it to be printed, published, and circulated.

Given at the city of Leona Vicario on the 15th of May, 1828.

[The same Signers.]

DECREE No. 63.

The Congress of the State of Coahuila and Texas has thought proper to decree:

Without augmenting the twenty-three years privilege, which by article 1 of Decree No. 46, was granted to Jno. L. Woodbury and Jno. Cameron, for working iron and coal mines, the term prefixed by art. 3 of said decree for them to introduce and set up the machines, and build

tacion de las maquinas, y construccion de oficinas para el beneficio de los metales.

Lo tendrá entendido el Gobernador constitucional del Estado para su cumplimiento, haciendolo imprimir, publicar y circular.

Dado en la ciudad de Leona Vicario á 22 de Setiembre de 1828.

JOSE I. SANCHES, Presidente.
JOSE M. ARTIA, D. S.
MIGUEL ARCINEAGA, D. S.

DECRETO No. 64.

El Congreso constitucional del Estado libre, independiente y soberano de Coahuila y Texas, en cumplimiento de lo dispuesto en el articulo 78 de la Constitucion, ha tenido á bien decretar lo siguiente:

Art. 1. Se declará la ciudad de Monclova capital del Estado de Coahuila y Texas.

Art. 2. El Gobierno dispondrá lo conveniente para que se reuna en la capital el futuro Congreso.

Lo tendrá entendido el Gobernador constitucional del Estado para su cumplimiento, haciendolo imprimir, publicar y circular.

Dado en la ciudad de Leona Vicario á 25 de Setiembre de 1828.

[Los mismos Señores.]

Gobierno Supremo del Estado libre de Coahuila y Texas.

El Gobernador del Estado de Coahuila y Texas á todos sus habitantes sabed: que el Congreso del mismo Estado ha decretado lo siguiente:—

DECRETO No. 65.

El Congreso constitucional del Estado libre, independiente y soberano de Coahuila y Texas, ha tenido á bien decretar:

Art. 1. Serán puestos en libertad todos los procesados por homicidio simple cuyo delito no este reclamado por un tercero; y estandolo, se entenderá esta gracia unicamente en la pena corporal.

Art. 2. Lo serán igualmente aquellos, que segun el cuerpo de la sumaria y rendidas las pruevas legales, no tengan evidentemente aclarado su delito.

Art. 3. Se excluyen de esta gracia los reos de lesa nacion: los revolucionarios baxo qualquiera pretesto: los reos de qualquiera sacrilegio, y los condenados á penas puramente pecuniarias impuestas para indemnizar algun tercero.

Art. 4. Cesará esta gracia á los treinta dias de publicada esta ley en la cabezera de los partidos respectivos.

workshops for seperating the metal, is hereby prolonged them another year.

For its fulfilment, the Governor of the State shall cause it to be printed, published, and circulated.

Given at the city of Leona Vicario on the 22d of September, 1828.

JOSE I. SANCHES, President,
JOSE M. ARTIA, D. S.
MIGUEL ARCINEAGA, D. S.

DECREE No. 64.

The Congress of the State of Coahuila and Texas, in fulfilment of the provision of article 78 of the Constitution, has thought proper to decree as follows:

ART. 1. The city of Monclova is hereby declared the capital of the State of Coahuila and Texas.

ART. 2. The Executive shall make proper provision for the future Congress to meet in the capital.

For its fulfilment, the Governor of the State, shall cause it to be printed, published, and circulated.

Given at the city of Leona Vicario on the 25th of September, 1828.

[The same Signers.]

EXECUTIVE DEPARTMENT OF THE STATE OF COAHUILA AND TEXAS.

The Governor of the State of Coahuila and Texas to all the inhabitants thereof: Be it known, that the Congress of said State has decreed as follows:

DECREE No. 65.

The Congress of the State of Coahuila and Texas has thought proper to decree:

ART. 1. All persons under criminal suit for simple homicide, where the prosecution is not urged by a third person, shall be set at liberty, and where it is, this pardon shall be understood only with respect to corporal punishment.

ART. 2. Those whose crime, according to the aggregate of the preparatory proceedings after the legal evidence is rendered, is not clearly shewn, shall likewise be set at liberty.

ART. 3. Those accused of treason, of any kind of sacrilege, revolutionary persons under any pretence, and those sentenced to mere pecuniary penalties to indemnify a third person, shall be excluded from this pardon.

ART. 4. This pardon shall cease in thirty days from the publication of this law in the respective district capitals.

Lo tendrá entendido el Gobernador constitucional del Estado para su cumplimiento, haciendolo imprimir, publicar y circular.

Dado en la ciudad de Leona Vicario á 25 de Setiembre de 1828.

JOSE I. SANCHES, Presidente.
JOSE M. ARTIA, D. S.
MIGUEL ARCINEAGA, D. S.

Por tanto mando se imprima, publique, circule, y se le dé el debido cumplimiento.

Leona Vicario 26 de Setiembre de 1828.

JOSE MARIA VIESCA.

Juan Antonio Padilla, Secretario.

DECRETO No. 66.

El Congreso constitucional del Estado libre, independiente, y soberano de Coahuila y Texas, ha tenido á bien decretar:

Se dispensa al ciudadano Eleuterio Maria de la Garza la falta de tiempo practica que requieren las leyes para poderse recibir de abogado.

Lo tendrá entendido el Gobernador constitucional del Estado para su cumplimiento, haciendolo imprimir, publicar y circular.

Dado en la ciudad de Leona Vicario á 27 de Setiembre de 1828.

[Los mismos Señores.]

DECRETO No. 67.

El Congreso constitucional del Estado libre, independiente y soberano de Coahuila y Texas, ha tenido á bien decretar:

Art. 1. Las deudas contraidas hasta la publicacion de esta ley por los peones de servicio para con sus amos serán pagados en el modo y forma que hayan contratado.

Art. 2. En lo succesivo, quando un serviente tenga acomodo se sentará en el encabezado de la cuenta el contrato que celebre con su amo, en el que constará el modo en que debe satisfacerle la deuda que contraiga, el convenio será autorizado por dos testigos y firmado por estos, el amo, el peon, si supiera ú otro en su nombre.

Art. 3. Para recindir los contratos de que habla el articulo anterior se necesita el abenimiento de las partes.

Art. 4. Las cantidades que se ministren á los sirvientes á buena cuenta de su trabajo, serán en dinero efectivo ó efectos que no exceda su precio de los comunes de plaza, quedando expedita la libertad del amo y el criado, el uno para exercer, y el otro para admitir.

Art. 5. En lo succesivo no podrán hacerse anticipaciones que excedan de lo que el sirviente puede devengar en un año con todo su sueldo. Se exceptuan de lo dispuesto en este articulo las deudas que actualmente

For its fulfilment, the Governor of the State shall cause it to be printed, published, and circulated.

Given at the city of Leona Vicario on the 25th of September, 1828.
JOSE I. SANCHES, President,
JOSE M. ARTIA, D. S.
MIGUEL ARCINEAGA, D. S.

Wherefore I command it to be printed, published, circulated, and duly fulfilled.

Leona Vicario, September 26th, 1828.
JOSE MARIA VIESCA.
JUAN ANTONIO PADILLA, Secretary.

DECREE No. 66.

The Congress of the State of Coahuila and Texas has thought proper to decree:

The deficiency of the time of practice required by law for being admitted as a counsellor, on the part of Eleuterio Maria de la Garza, is hereby dispensed with.

For its fulfilment, the Governor of the State shall cause it to be printed, published, and circulated.

Given at the city of Leona Vicario on the 27th September, 1828.
[The same Signers.]

DECREE No. 67.

The Congress of the State of Coahuila and Texas has thought proper to decree:

ART. 1. Debts contracted by hired servants with their masters, previous to the publication of this law, shall be paid in the manner and form they have bargained.

ART. 2. In future when a servant obtains employment, the contract he makes with his master shall be set down at the head of the account, wherein shall be manifested the manner he is to pay the debt he contracts; the agreement shall be authenticated by two witnesses, and signed by the same, the master, the servant if he can write, or another person in his name.

ART. 3. To rescind the contract mentioned in the foregoing article, the agreement of the parties shall be required.

ART. 4. Amounts ministered to servants, in part payment for their labor, shall be in money, or effects not exceeding the ordinary prices of the market; and both master and servant shall be entirely free, the one to furnish, and the other to accept.

ART. 5. In future no payment shall be made in advance to exceed what the servant can obtain as the reward of labor with the whole of one year's wages. Debts now pending, and supplies furnished to ser-

tienen pendientes, y las ministraciones que se hagan al sirviente en sus enfermedades y las de su familia.

Art. 6. Al sirviente fatuo no se le podrá hacer anticipacion que exceda de 10 pesos sin conocimiento del juez, ó de un ciudadano de conocida probidad.

Art. 7. El amo debe manifestar al criado su cuenta las vezes que lo solicite, y este puede demandar aquel ante el juez quando se crea agraviado por alguna ilegalidad ú otro motivo.

Art. 8. En las haciendas y ranchos de labor ó qualisquiera otras negociaciones que se hallan fuera del poblado estan facultados los amos, administradores ó mayordomos para castigar hasta por quatro dias de arresto, ó con un grillete por igual tiempo á los sirvientes que falten á su deber en el cumplimiento de sus obligaciones, ó desobediencia á su superior.

Art. 9. Quando el amo por incorregibilidad del criado se quexe al juez, este podrá castigarlo con un grillete ú otras penas correcionales para hacerlo entrar en su deber, observando en estas demandas lo prevenido en los articulos 2, 3, y 4, de la ley reglamentaria para la administracion de justicia.

Art. 10. Si el criado demanda al amo por castigo excesivo el juez terminará la demanda previo los terminos señalados en el articulo anterior prohibiendole pueda eximir el peon de la deuda que tenga con su amo.

Art. 11. Queda para siempre prohibido el uso de la cuarta para correccion de las sirvientes.

Art 12. El amo franqueará al sirviente quando enfermase los indispensables alimentos y medicinas conforme á su clase á cuenta de su trabajo. Quando al amo no le convenga facilitar al sirviente los alimentos, este podrá solicitarlos de otro, baxo el concepto que su valor se tendrá por deuda privilegiada para el pago.

Art. 13. De esta ley se fixarán exemplares en los parages publicos de todos los pueblos del Estado, y en las puertas de las casas principales de las haciendas y ranchos del mismo.

Lo tendrá entendido el Gobernador constitucional del Estado para su cumplimiento, haciendolo imprimir, publicar y circular.

Dado an la ciudad de Leona Vicario á 30 de Setiembre de 1828.

JUAN A. GONZALES, Vice Presidente,
JOSE MORELOS ARTIA, D. S.
MIGUEL ARCINEAGA, D. S.

DECRETO No. 68.

El Congreso coustitucional del Estado libre, independiente y soberano de Coahuila y Texas, ha tenido á bien decretar lo siguiente:

Las comunicaciones que antes del Decreto No. 50 se dirigian al Vice Gobernador, gefes de departamento y de partido, se remitirán inter

vants in their own sickness, or that of their families, shall be excepted from the provision of this article.

Art. 6. To idiotic servants no payment shall be made in advance exceeding ten dollars, without the knowledge of the Alcalde, or a person of known probity.

Art. 7. The master shall shew the servant his account as often as requested, and the latter may sue the former before the Alcalde, when he thinks himself aggrieved by illegality or any other cause.

Art. 8. In haciendas, agricultural ranchos, or any other establishments situated out of town, masters, superintendants and stewards, are hereby authorized to punish servants who fail in the faithful fulfilment of their duties, or disobey their superior, by arrest not exceeding four days, or with shackles for the same length of time.

Art. 9. When the master enters a complaint to the Alcalde, on account of the incorregibility of the servant, the Alcalde may punish him with shackles, or other correctional penalties, to cause him to return to his duty; observing, in these cases, the provision of articles 2, 3, and 4, of the law regulating the administration of justice.

Art. 10. Should the servant sue the master for excessive chastisement, the Alcalde shall terminate the suit after taking the course pointed out in the foregoing article, but shall not be permitted to exonerate the servant from the debt he owes his master.

Art. 11. The use of the whip for correcting servants shall forever be prohibited.

Art. 12. The master shall furnish the servant during sickness, according to his class, and on account of his labor, with the necessary sustenance and medicine. Should it not be convenient for the master to provide the servant with his sustenance, the latter may request it of another person, in the understanding that the value thereof shall be paid as a privileged debt.

Art. 13. Copies of this law shall be posted in the public places in all the towns of the State, and upon the doors of the chief houses of the haciendas and ranchos of the same.

For its fulfilment, the Governor of the State shall cause it to be printed, published, and circulated.

Given at the city of Leona Vicario on the 30th September, 1828.

JUAN A. GONZALES, President,
JOSE MORELOS ARTIA, D. S.
MIGUEL ARCINEAGA, D. S.

DECREE No. 68.

The Congress of the State of Coahuila and Texas has thought proper to decree:

The communications which, previous to Decree No. 50, were directed to the Vice Governor, and to the department and district chiefs, shall be transmitted, so long as they do not officiate, to the Governor of

aquellos no funcionen al Gobernador del Estado, quien presidirá todos los actos que al primero señala la constitucion.

Lo tendrá entendido el Gobernador constitucional del Estado para su cumplimiento, haciendolo imprimir, publicar y circular.

Dado en la ciudad de Leona Vicario á 30 de Setiembre de 1828.

[Los mismos Señores.]

DECRETO No. 69.

El Congreso constitucional del Estado libre, independiente y soberano de Coahuila y Texas, ha tenido á bien decretar como adicionales al decreto No. 58 los artículos siguientes:

ART. 1. De los cuerpos y compañias de milicia local asignadas por el artículo 9 del reglamento de la materia como fuerza indispensable del Estado se suprime un esquadron de caballería.

ART. 2. Las fracciones de que hablan los artículos del 16 al 21 de dicho reglamento no solo se podrán organizar en piquetes, mitades, tercios de compañias, y compañias, como en ellos se previene sino esquadrones y batalliones si su numero y fuerza alcanzan al requirido para formar estos cuerpos.

ART. 3. Queda suprimido el requisito de ser Mexicano de origen para poder desempeñar el empleo de oficial de la milicia.

ART. 4. Los funcionarios civiles de que habla la excepcion 4 del artículo 95, son los empleados publicos, civiles, y politicos del Estado, sea qual fuere su caracter, destino, cargo ú oficio mientras este dure.

ART. 5. La formula del juramento á que se contrae el artículo 113 queda reducido á estos terminos; jurais á Dios emplear las armas que la patria pone en vuestras manos en defensa de su independencia, de la constitucion general y particular del Estado.

ART. 6. En el juramento que haga la tropa se añadirá estas palabras, "obedecer cumplidamente los oficiales que habeis nombrado, y respetar las autoridades legitimamente constituidas."

Lo tendrá entendido el Gobernador constitucional del Estado para su cumplimiento, haciendolo imprimir, publicar y circular.

Dado en la ciudad de Leona Vicario á 30 de Setiembre de 1828.

[Los mismos Señores.]

DECRETO No. 70.

El Congreso constitucional del Estado libre, independiente y soberano de Coahuila y Texas, ha tenido á bien decretar:

ART. 1. Las tierras adquiridas á virtud de la ley de colonizacion, bien sean generales de la nacion, ó particulares del Estado por colones nacionales ó estrangeros, y por empresarios no estan afectas al pago de

the State, who shall preside all the acts the constitution prescribes to the former.

For its fulfilment, the Governor of the State shall cause it to be printed, published, and circulated.

Given at the city of Leona Vicario on the 30th September, 1828.

[The same Signers.]

DECREE No. 69.

The Congress of the State of Coahuila and Texas, hereby enacts the following as additional articles to decree No. 58.

ART. 1. Of the corps and companies of local militia, assigned by article 9 of the regulations on the subject, as indispensable force of the State, one squadron of cavalry is hereby suppressed.

ART. 2. The fractions mentioned in articles from 16 to 21 of said regulations, may be organized not only in pickets, thirds, halves, and whole companies, as therein provided, but also in squadrons and battalions, should their number and force reach that required for forming said corps.

ART. 3. The requisite of being a Mexican by birth to discharge the duties of militia officer is hereby abolished.

ART. 4. The civil functionaries, mentioned in exception fourth of article 95, shall be the public officers, civil and political, of the State, of whatever character, station, office or trust, during their continuance in office.

ART. 5. The form of the oath which constitutes the substance of article 113, shall be reduced to the following:—You solemnly swear, in the presence of God, to use the arms, the country places in your hands, in defence of her independence, of the constitution of the Republic, and that of the State.

ART. 6. To the oath taken by the soldiers the following words shall be added, "faithfully to obey the officers you have chosen, and to respect the lawfully constituted authorities."

For its fulfilment, the Governor of the State shall cause it to be printed, published, and circulated.

Given at the city of Leona Vicario on the 30th September, 1828.

[The same Signers.]

DECREE No. 70.

The Congress of the State of Coahuila and Texas has thought proper to decree:

ART. 1. The lands acquired by virtue of colonization law, whether general laws of the Republic or private laws of the State, by native or foreign colonists, and by empresarios, shall not be subject to the pay-

deudas contraidas antes de la adquisicion de dichas tierras, sea qual fuere el origen y procedencia de las deudas.

Art. 2. Hasta pasados doce años de haber tenido una posesion legal, no podrán ser demandados los colonos y empresarios, ni incomodados de los juezes por dichas deudas.

Art. 3. Concluido el termino que prefixó el articulo anterior, aunque pueden ser demandados por las deudas espresadas, no estan obligados á pagarlas con tierras, aperos de labor, ni instrumentos de su oficio ó maquinas, sino precisamente con frutos ó dinero en terminos que no perjudiquen las atenciones de su familia, y las de su labor, ó arte que profesen.

Lo tendrá entendido el Gobernador constitucional del Estado, para su cumplimiento, haciendolo imprimir, publicar y circular.

Dado en la ciudad de Leona Vicario á 13 de Enero de 1829.

[No se dice en el libro los de firma.]

DECRETO No. 71.

El Congreso constitucional del Estado libre, independiente y soberano de Coahuila y Texas, habiendo tomado en consideracion diversas dificultades que por conducto del Gobierno han manifestado varios Ayuntamientos del mismo Estado para cumplir exactamente con los articulos 142 y 143 del reglamento economico de los pueblos, y deseoso por su parte de evitar todas las dudas consiguientes para aclaracion de dichos articulos, ha tenido á bien decretar lo siguiente:

Art. 1. Los Ayuntamientos al recivo de este decreto procederán á cumplir con lo prevenido en el articulo 142 de la ley numero 37 de Junio de 1827, de acuerdo con el cura parroco de cada lugar para el examen y averiguacion de las fundaciones de las cofradias y fundos piadosos de que trata y hallandolas legales cumplirán con lo que en dicho articulo se previene.

Art. 2. Los curas parrocos están obligados á presentar en el acto los expedientes ó escrituras de fundacion, y si reusaren hacerlo en el termino perentorio de 30 dias despues de notificados por el Alcalde primero ó unico de cada pueblo, se calificarán de illegales dichas fundaciones por el Ayuntamiento, y dispondrá este que inmediatamente ingresen á sus fondos municipales los de las cofradias ó fundos piadosos cuya fundacion no se quiera presentar, ó no aparesca, sin que sirva de excusa ó pretexto que se ha perdido ó extraviado.

Art. 3. Se concede un año de plazo á los curas parrocos para que dentro de el presenten los documentos fehacientes de las cofradias ó legados piadosos cuyos bienes haya occupado el Ayuntamiento en virtud del articulo anterior, y si por ellos resultare que tal cofradia está legalmente fundada se hará la restrincion de los bienes que se hallan occupado.

ment of debts contracted previous to the acquisition of said lands, from whatever source the said debts originate or proceed.

ART. 2. Until after the expiration of twelve years from having held legal possession, the colonists and empresarios cannot be sued, or incommoded by the judges, on account of said debts.

ART. 3. After the expiration of the term prefixed in the foregoing article, although they may be sued for said debts, they shall not be obligated to pay them in lands, implements of husbandry, or tools of their trade or machines, but expressly in fruits or money in a manner not to affect their attention to their families, to their husbandry, or art they profess.

For its fulfilment, the Governor of the State shall cause it to be printed, published, and circulated.

Given at the city of Leona Vicario on the 13th of January, 1829.

[The names of the signers not mentioned in the book.]

DECREE No. 71.

The Congress of the State of Coahuila and Texas, having attended to various difficulties, manifested by different Ayuntamientos through the channel of the Executive, in strictly complying with article 143 of the financial regulations of the towns, and wishing on their part to prevent all doubt in relation to said articles, in explanation thereof has thought proper to decree as follows:

ART. 1. The Ayuntamientos, on the receipt of this decree, with the concurrence of the curate of each town, shall proceed to comply with the provision of article 142 of the law No. 37, of the 13th of June, 1827, examining the documents in order to investigate the manner of establishment of the funds of the confraternities and other charitable legacies mentioned in said article; should they find the same to be legal, they shall comply with the provision of the said article.

ART. 2. The parish curates shall be obligated to present the bonds or instruments of establishment immediately; and should they refuse to do so within the peremptory term of thirty days, after being notified by the first or by the sole Alcalde of each town, the Ayuntamiento shall set aside the establishment as having taken place in an illegal manner: and shall provide that the funds of the confraternities, or other funds established for pious purposes, the instruments of establishment or legacy whereof are not presented, or do not appear, be immediately placed with their municipal funds; and the plea of their having been lost, or misplaced, shall be of no avail.

ART. 3. The term of one year shall be granted to parish curates to present therein the accrediting documents of the confraternities, or charitable legacies, the funds whereof are taken by the Ayuntamientos by virtue of the preceding article; and should it appear by said docu-

Art. 4. Si de la presentacion de los titulos ó expedientes de fundacion de las cofradias y demas fondos piadosos resultáre disputa entre el Ayuntamiento y cura parroco, susteniendo uno que tal fundacion es ilegal, y el otro la contrario, se instruirá el respectivo expediente con los fundamentos que cada uno tenga para apoyar su intencion y derecho, y se dirigirá al asesor general del Estado por el conducto del Alcalde para que consulte el punto conforme á las leyes.

Art. 5. La determinacion que este funcionario consultáre tendrá la apelacion que en su caso concede la ley reglamentaria de justicia, No. 39, de 21 de Junio de 1827, para el tribunal de justicia.

Art. 6. Los gastos que por el Ayuntamiento se eroguen en estos asuntos serán expensados de los fondos de propios y arbitrios previo los requisitos legales para la justificacion de la cuenta.

Lo tendrá entendido el Gobernador constitucional del Estado, para su cumplimiento, haciendolo imprimir, publicar y circular.

Dado en la ciudad de Leona Vicario á 21 de Enero de 1829.

DECRETO No. 72.

El Congreso constitucional del Estado libre, independiente, y soberano de Coahuila y Texas, ha tenido á bien decretar:

La frase, *mientras se nombre otro por el Congreso*, que contiene el articulo 69 de la ley organica para la administracion de justicia en el Estado, se entenderá unicamente con relacion al caso de muerte de los propietarios, de que habla el mismo articulo.

Lo tendrá entendido el Gobernador constitucional del Estado para su cumplimiento, haciendolo imprimir, publicar y circular.

Dado en la ciudad de Leona Vicario á 29 de Enero de 1829.

DECRETO No. 73.

El Congreso constitucional del Estado libre, independiente y soberano de Coahuila y Texas, ha tenido á bien decretar:

Se concede al Presidio de la Bahia del Espiritu Santo en el departamento de Texas, el titulo de villa con la denominacion de Goliad.

Lo tendrá entendido el Gobernador constitucional del Estado para su cumplimiento, haciendolo imprimir, publicar y circular.

Dado en la ciudad de Leona Vicario á 4 de Febrero de 1829.

ments that the donation or legacy is legally founded, the funds that have been taken shall be restrained.

ART. 4. Should any dispute arise from the presentation of these instruments or titles, relative to the establishment of the confraternities or legacies, between the parish curate and Ayuntamiento, the one sustaining that they are legal, and the other that they are not, the respective judicial record shall be drawn, expressing the grounds each one has for sustaining his object and pretension, and forwarded through the channel of the Alcalde to the Assessor General of the State, for him to decide thereon according to law.

ART. 5. From said decision an appel may be had to the tribunal of justice, conceded, as the case may be, by the law No. 39, of the 21st of June, 1827, regulating the administration of justice.

ART. 6. The expense incured by the Ayuntamiento in these cases, shall be defrayed out of the municipal funds after the account is legally proved.

For its fulfilment, the Governor of the State shall cause it to be printed, published, and circulated.

Given at the city of Leona Vicario on the 21st of January, 1829.

DECREE No. 72.

The Congress of the State of Coahuila and Texas has thought proper to decree:

The expression, *until Congress appoints another*, contained in art. 69 of the organic law for the administration of justice, shall be understood only in relation to the death of the officers *proper*, mentioned in the same article.

For its fulfilment, the Governor of the State shall cause it to be printed, published, and circulated.

Given at the city of Leona Vicario on the 29th of January, 1829.

DECREE No. 73.

The Congress of the State of Coahuila and Texas has thought proper to decree:

The forttess of La Bahia del Espiritu Santo, in the department of Texas, may be called the town of *Goliad*.

For its fulfilment, the Governor of the State shall cause it to be printed, published, and circulated.

Given at the city of Leona Vicario on the 4th of February, 1829.

DECRETO No. 74.

El Congreso constitucional del Estado libre, independiente, y soberano de Coahuila y Texas, ha tenido á bien decretar:

Art. 1. Toda militar rétirado que disfruta sueldo por sus servicios, y no tenga otra industria ó emolumente en el Estado queda eximido del pago de la contribucion, que como exempto del servicio de la milicia civica debia satisfacer con arreglo al articulo 98 de la ley de la materia, No. 58, que arregla la del Estado.

Art. 2. Los militares retirados, de que habla el articulo anterior, que exercan alguna industria ó posean qualquiera especie de bienes, fuera del sueldo de su clase, estarán obligados á pagar la contribucion que designa el citado articulo 98.

Lo tendrá entendido el Gobernador constitucional del Estado, para su cumplimiento, haciendolo imprimir, publicar y circular.

Dado en la ciudad de Leona Vicario á 4 de Febrero de 1829.

DECRETO No. 75.

El Congreso constitucional del Estado libre, independiente y soberano de Coahuila y Texas, ha tenido á bien decretar lo siguiente:

Se declara cuidadano del Estado á Santiago Power, y en consequencia el Gobierno mandará extender la carta correspondiente á esta gracia.

Lo tendrá entendido el Gobernador constitucional del Estado, para su cumplimiento, haciendolo imprimir, publicar y circular.

Dado en la ciudad de Leona Vicario á 6 de Febrero de 1829.

DECRETO No. 76.

El Congreso constitucional del Estado libre, independiente, y soberano de Coahuila y Texas, teniendo en consideracion los inconvenientes que ha manifestado el tribunal de justicia sobre la verdadera inteligencia del articulo 4 de la ley No. 25 de 22 de Octubre de 1827, ha decretado lo siguiente:

La voz de Alcalde, que comprende el articulo 4, de la ley No. 25 de 22 de Octubre de 1827 es referente á los actos judiciales de que conocen en primera instancia dichos funcionarios.

Lo tendrá entendido el Gobernador constitucional del Estado para su cumplimiento, haciendolo imprimir, publicar y circular.

Dado en la ciudad de Leona Vicario á 6 de Febrero de 1829.

DECRETO No. 77.

El Congreso constitucional del Estado libre, independiente y soberano de Coahuila y Texas, ha tenido á bien decretar:

El govierno, de acuerdo con la Autoridad Ecclesiastica del Estado, procederá á solicitar por via de auxilio de los obispos de la federacion

DECREE No. 74.

The Congress of the State of Coahuila and Texas has thought proper to decree:

ART. 1. Every military man, retired from service, receiving pay for his services, and having no other occupation or emolument in the State, shall be exonerated from paying the assessment, which, as exempt from the service of the civic militia, he is required to pay, agreeably to article 98 of the law on the subject, No. 58, regulating the civic militia of the State.

ART. 2. The military men retired from service, mentioned in the preceding article, who follow any industrious pursuit, or possess any kind of property, besides the pay allowed to those of their class, shall be obligated to pay the tax designated in the aforementioned article 98.

For its fulfilment, the Governor of the State shall cause it to be printed, published and circulated.

Given in the city of Leona Vicario on the 4th of February, 1829.

DECREE No. 75.

The Congress of the State of Coahuila and Texas has thought proper to decree as follows:

James Power is hereby declared a citizen of the State; in pursuance thereof, the Executive shall order the letter of citizenship to be issued in his favor.

For its fulfilment, the Governor of the State shall cause it to be printed, published, and circulated.

Given in the city of Leona Vicario on the 6th of February, 1829.

DECREE No. 76.

The Congress of the State of Coahuila and Texas, in attention to the difficulties manifested by the tribunal of justice, with regard to the true construction of article 4, law No. 25, of the 22d of October 1827, has decreed as follows:

The voice of Alcalde, which article 4, law No. 25, of the 22d of October, comprises, shall have reference to the judicial acts wherein said functionaries take cognizance as primary judges.

For its fulfilment, the Governor of the State shall cause it to be printed, published, and circulated.

Given in the city of Leona Vicario on the 6th of February, 1829.

DECREE No. 77.

The Congress of the State of Coahuila and Texas has thought proper to decree:

The Executive, with the concurrence of the ecclesiastical authority of the State, shall proceed to request, as an aid, of the bishops of the

los Ecclesiasticos seculares ò regulares que so necesiten para parracos, en las nuevas poblaciones del departamento de Texas.

Lo tendrá entendido el Gobernador constitucional del Estado para su cumplimiento, haciendolo imprimir, publicar, y circular.

Dado en la ciudad de Leona Vicario á 12 de Febrero de 1829.

JOSE M. de CARDENAS, President,
IGNACIO SANCHES, D. S.
JUAN N. de la PENA, D. S.

DECRETO No. 78.

El Congreso constitucional del Estado libre, independiente y soberano de Coahuila y Texas, ha tenido á bien decretar:

Se concede al Cindadano Juan Lucio Woodbury dos años mas del término que señala el articulo 8 de la ley de Colenizacion de 24 de Marzo de 1825, para que pueda llevar á efecto la contrata celebrada con el Gobierno del Estado en 14 de Noviembre de 1826.

Lo tendrá entendido el Gobernador constitucional del Estado, para su cumplimiento, haciendolo imprimir, publicar y circular.

Dado en la ciudad de Leona Vicario á 12 de Febrero de 1829.

[Los mismos Señores.]

DECRETO No. 79.

El Congreso constitucional del Estado libre, independiente, y soberano de Coahuila y Texas, como adicionales al decreto No. 3 de 31 de Julio de 1827 los siguientes.

ART. 1. Se pagará el dos per ciento establecido por el decrete No. 3 á la extraccion de moneda, sea qual fuere la cantidad que se exporta.

ART. 2. Se exceptua del mencionado pago la cantidad que los Alcaldes en consonancia con los empleados ante quienes debe hacerse el pago relacionado califiquen como necesaria para expensar los gastos del camino.

ART. 3. La cantidad exceptuada podrá ser desde uno á trescientos pesos nada mas previo el pase requerido por el articulo 7 de la citada ley.

Lo tendrá entendido el Gobernador constitucional del Estado para su cumplimiento, haciendolo imprimir, publicar y circular.

Dado en la ciudad de Leona Vicario á 26 de Febrero de 1829.

DECRETO No. 80.

El Congreso constitucional del Estado libre, independiente, y soberano de Coahuila y Texas, deseando aclarar algunas dudas, que se han sucitado sobre la verdadera inteligencia del decreto No. 28 de 2 de Noviembre de 1827, ha tenido á bien decretar como adicionales al referido decreto los siguientes.

ART. 1. Los 25 pesos impuestos de multa á los contrabandistas de tabacco en el articulo 2 de decreto No. 28, ingresarán á las rentas del Estado.

Republic, the secular or regular ecclesiastics required for curates in the new towns of the department of Texas.

For its fulfilment, the Governor of the State shall cause it to be printed, published, and circulated.

Given in the city of Leona Vicario on the 12th of February, 1829.
JOSE M. CARDENAS, President,
JOSE I. SANCHES, D. S.
JUAN N. DE LA PENA, D. S.

DECREE No. 78.

The Congress of the State of Coahuila and Texas has thought proper to decree:

Two years in addition to the term assigned by article 8 of the colonization law of the 24th of March, 1825, are hereby granted to John L. Woodbury to enable him to carry into effect the contract ratified with the Executive of the State on the 14th of November, 1826.

For its fulfilment, the Governor of the State shall cause it to be printed, published, and circulated.

Given in the city of Leona Vicario on the 12th of February, 1829.

[The same Signers.]

DECREE No. 79.

The Congress of the State of Coahuila and Texas decrees the following as additional articles to Decree No. 3, of the 31st of July, 1827.

ART. 1. The two per cent., established by Decree No. 3, on the exportation of coin, shall be paid, whatever be the amount exported.

ART. 2. The amount which the Alcaldes and officers, in whose presence the aforementioned payment shall be made, agree and determine upon as necessary for travelling expenses, shall be excepted from the payment aforesaid.

ART. 3. The sum excepted may be from one to three hundred dollars, which it shall not exceed; and the passport, required by article 7 of the aforementioned law, shall be previously obtained.

For its fulfilment, the Governor of the State shall cause it to be printed, published, and circulated.

Given in the city of Leona Vicario on the 26th of February, 1829.

DECREE No. 80.

The Congress of the State of Coahuila and Texas, to explain some doubts that have been agitated relative to the true meaning of Decree No. 28, of the 2d of November, 1827, has thought proper to decree the following as additional articles to the aforementioned decree.

ART. 1. The twenty-five dollars fine, imposed on smugglers of tobacco by article 2 of Decree No. 28, shall be added to the State rents.

Art. 2. La gratificacion designada por el articulo 3 del mencionado decreto se entregará integra al denunciante quando el tabacco que deva quemarse exceda de dos y media arrobas, y siendo menor la quantia de la aprension se recompensará con ocho pesos en la forma prevenida por dicho articulo.

Art. 3. Las diligencias prevenidas en el articulo 4 del ultimo decreto para la averiguacion del contrabando, y aplicacion de las penas prescriptas serán las que demarcan el decreto No. 7 sobre ladrones, con prescripcion de derechos por el juez conforme el articulo 8 de la pacta de comisos circulada en 6 de Setiembre de 1822, siempre que el valor del contrabando aprehendido lo permita y quando no se practicarán de oficio.

Art. 4. Los encubridores de contrabando quedan sujetos á los mismos juicios y penas que los contrabandistas, debiendo sufrir las cada uno de por si en qualquiera numero que sea.

Lo tendrá entendido el Gobernador constitucional del Estado, para su cumplimiento, heciendolo imprimir, publicar y circular.

Dado en la ciudad de Leona Vicario á 26 de Febrero de 1829.

[Los mismos Señores.]

DECRETO No. 81.

El Congreso constitucional del Estado libre, independiente, y soberano de Coahuila y Texas, ha tenido á bien decretar:

Art. 1. Se concede el establecimiento en esta cuidad de una cofradia con la denominacion de Santo Entierro.

Art. 2. Al efecto se procederá á formar su reglamento interior el que por conducto del Gobierno pasará al Congreso para su aprobacion.

Art. 3. El reglamento tendra por base el sistemar las contribuciones de los hermanos, el modo de colectarlas y guardarlas, su inversion, asistencias publicas, y periodos que deven señalarse para sus juntas.

Art. 4. Las juntas de los cofrades serán siempre publicas, y presididas por uno de los Alcaldes, ó por el Regidor que designe el Ayuntamiento.

Art. 5. Se prohibe que en dichas juntas se trate ningun asunto publico ó civil, ni persiguir á los que no se alisten en la cofradia ó pertenescan á otra hermandad, y que baxo ningun pretexto se establescan escapularios, medidas, ni ninguna otra cosa con el nombre de religuias.

Art. 6. Los cofrades y hermanos que prevalidos de la oportunidad de las juntas promuevan especies sobre asuntos civiles ó politicos, incurrirán en las penas prescritas en el articulo 2 del decreto del Congreso general de 25 de Octubre de 1828.

Art. 2. The reward, designated by article 3 of the aforesaid decree, shall be delivered entire to the informer when the tobacco to be burned exceeds sixty-two and a half pounds, and should the tobacco seized be a less quantity, he shall be rewarded with eight dollars, also out of the funds of the State.

Art. 3. The course provided in article 4 of the aforementioned decree, for investigating the crime of smuggling and inflicting the punishment prescribed, shall be that marked out by Decree No. 7, relative to thieves; the duties to be determined by the Alcalde, agreeably to article 8 of the confiscation compact, circulated on the 6th of December, 1822, should the value of the tobacco permit; and if not, the proceedings shall be conducted officially.

Art. 4. Receivers of smuggled tobacco shall be subject to the same trials and penalties as smugglers, and each one shall suffer them of himself, whatever be the number.

For its fulfilment, the Governor of the State shall cause it to be printed, published, and circulated.

Given in the city of Leona Vicario on the 26th of February, 1829-
[The same signers.]

DECREE No. 81.

The Congress of the State of Coahuila and Texas has thought proper to decree:

Art. 1. Permission is hereby granted to establish in this city a confraternity, styled Santo Entierro.

Art. 2. A set of internal regulations shall be drawn up, which through the channel of the Executive, shall be transmitted to Congress for approval.

Art. 3. A scheme reducing the contributions of the brothers to a regular co-operation, regulating the manner of their collection, custody and distribution: also the attendance on public ceremonies, and appointing the periods for the meetings, shall constitute the basis of these regulations.

Art. 4. The meetings of the members of the confraternity shall always be public, and shall be presided by one of the Alcaldes, or by the Regidor, whom the Ayuntamiento shall designate.

Art. 5. No civil or political subject shall be agitated in said meetings, nor shall it be permitted to molest those who do not join the confraternity, or who belong to another, and under no pretence shall scapularies, girdles, or any thing else called relics (of saints) be established.

Art. 6. Members who avail themselves of the occasion of the meetings to promote the discussion of civil or political subjects, shall incur the penalties prescribed in article 2, of the decree of the general Congress of the 25th of October, 1828.

Lo tendrá entendido el Gobernador constitucional del Estado para su cumplimiento, haciendolo imprimir, publicar y circular.

Dado en la ciudad de Leona Vicario á 12 de Marzo de 1829.

RAFAEL MANCHOLA, Presidente.
JUAN N. de la PENA, D. S.
JOSE MARIA ARAGON, D. S.

DECRETO No. 82.

El Congreso constitucional del Estado libre, independiente y soberano de Coahuila y Texas, ha tenido á bien decretar:

Art. 1. Se abonarán doscientos pesos anuales para el arrendamiento de la casa que debe servir á la administracion de rentas del Estado.

Art. 2. Esta concesion comenzará á tener efecto desde el dia en que la aduana se situe en una casa que preste la communidad competente para depositar en ella toda clase de cargamento que por qualesquiera motivo haya da deferir ó no verificar el correspondiente pago de sus derechos.

Art. 3. Todo tercio de qualquiera clase tamaño y condicion que llegue á permanecer por mas de cinco dias depósitada en la aduana pagará para su extraccion de ella una, dos, y tres quartillas de reales por derecho de bodage con arreglo á la proposicion siguiente, el tercio cuyo valor no exceda de uno á treinta pesos eccivirá una quartilla; el que desde treinta á cien pesos, medio; y el que pasáre esta cantidad, tres quartillas.

Art. 4. La pencion de que habla el articulo anterior en su segunda parte se pagará por cada un mes que el tercio parmanesca en la aduana contado desde el dia en que cumpla los cinco primeros de su permanencia en ella, y de que hace relacion la primera parte del mismo articulo.

Art. 5. Se llevará una noticia en la administracion de rentas en libro separado de lo que produsca el citado derecho de bodage, especificando con la mayor claridad las cantidades parciales que lo han de formar.

Art. 6. A los dueños de cargamentos de lana, piloncillo, algodon, pieles, ó sal, que no puedan ser depositados en la aduana, ó por la incapasidad de sus bodegas, ó porque estas se hallan ocupadas á la vez, se les podrá permitir los encierren en casas particulares previo el respectivo conocimiento y seguridad de los derechos que pueden causar.

Art. 7. Los cargamentos que por las razones expuestas en el articulo anterior no se depositan en aduana quedan exentos del derecho de bodage.

Lo tendrá entendido el Gobernador constitucional del Estado para su cumplimiento, haciendolo imprimir, publicar y circular.

Dado en la ciudad de Leona Vicario á 14 de Marzo de 1829.

[Los mismos Señores.]

For its fulfilment, the Governor of the State shall cause it to be printed, published, and circulated.

Given at the city of Leona Vicario on the 12th of March, 1829.
RAFAEL MANCHOLA, President.
JUAN N. de la PENA, D. S.
JOSE MARIA ARAGON, D. S.

DECREE No. 82.

The Congress of the State of Coahuila and Texas has thought proper to decree:

ART. 1. A rent of two hundred dollars per. annum shall be paid for a building, to be occupied by the Agency of the state revenue.

ART. 2. Said rent shall commence from the time the building, which the community may furnish, shall be opened as a Custom House —the building to be sufficiently large for depositing therein all kinds of cargo that may have to be delayed from any cause, or for which the duties are not paid.

ART. 3. Every half mule load; of whatever kind, size and condition, that shall remain deposited in the custom house over five days, on being removed, shall pay one, two and three quarter rials storage, agreeably to the following rule: a half load, the value whereof does not exceed from one to thirty dollars, shall pay one quarter rial; from thirty to one hundred, two; and exceeding that amount, three quarter rials.

ART. 4. After the completion of the first five days mentioned in the preceding article, the cargo that remains in the custom house shall be taxed at the rate of two quarter rials a month, storage.

ART. 5. In a seperate book the Agency shall keep an account of the product of the aforementioned storage, specifying the partial or seperate amounts thereof.

ART. 6. The owners of cargo consisting of wool, brown sugar, cotton, hides and salt, that cannot be deposited in the custom house for want of space, shall be permitted to store the same in private houses, previously furnishing the respective bill of lading, and security for the duties.

ART. 7. Cargo, that is not deposited in the custom house for the reasons mentioned in the preceding article, shall be exempted from paying tax of storage.

For its fulfilment, the Governor of the State shall cause it to be printed, published, and circulated.

Given at the city of Leona Vicario on the 14th of March, 1829.
[The same Signers.]

DECRETO No. 83.

El Congreso constitucional del Estado libre, independiente, y soberano de Coahuila y Texas, teniendo en consideracion la decadencia de su comercio interior, ocasionado en gran parte por la concurrencia de estrangeros á sus mercados, y deseoso de evitar en cuanto sea posible la ruina de sus comitentes que dedicados á este ramo se hallan á la vez paralizados en sus giros asi como de impulsarlos para su progreso, ha tenido á bien decretar lo siguiente:

Art. 1. Por ahora é interin el Congreso de la Union arregla generalmente el comercio con las naciones estrangeras se prohibe á los comerciantes que procedan de las que no tengan celebrado tratados con la Mexicana el comercio al menudeo en todos los pueblos del Estado, en los que solo podrán vender por mayor á reales á cambio ó fiado.

Art. 2. Se exceptuan del precedente articulo los individuos de las naciones con quien la Mexicana halla celebrado sus tratados, acreditando su origen, y el de las mercancias que introduscan ante las autoridades locales con los respectivos pasaportes á los consules generales de su nacion, y los demas documentos que prescriven las leyes, y en adelante prescribiéren.

Art. 3. Los jueces y empresarios de los colonos del Estado darán un certificado por tiempo limitado y suficiente á los colonos de su respectiva demarcacion que se empleen en el comercio á fin de que sean considerados como Mexicanos.

Art. 4. Los que por comision ó como dependientes expendan al menudeo los efectos de algun estrangero de los no agraciados en esta ley quedan sugetos á las penas que impone á los contraventores, y pueden ser denunciados por qualquiera individuo del pueblo ante el Alcalde respectivo.

Art. 5. El comerciante estrangero ó natural que abusáre del cumplimiento de esta ley, sera multado en quinientos pesos que le hará exivir el Alcalde de la respectiva municipalidad, pudiendo destinarlo á obras publicas por seis meses, si hecha la correspondiente averiguacion, no tiene con que satisfacerlos.

Art. 6. Estas multas serán aplicables, cien pesos al denunciante, igual suma á los fondos del Ayuntamiento en donde se cobren, y el resto á los del Estado; si no interviniére denunciante la asignacion de este corresponde al juez que proceda de oficio y los derechos judiciales que le causen serán partibles á proporcion de la cantidad que á cada participe le corresponda.

Art. 7. Esta ley tendrá todo su efecto á los noventa dias de publicada en la cabezera de cada partido, siendo responsables las autoridades locales que se disimulen de su cumplimiento.

Lo tendrá entendido el Gobernador constitucional del Estado para su cumplimiento, haciendolo imprimir, publicar, y circular.

Dado en la ciudad de Leona Vicario á 23 de Marzo de 1829.

[Los mismos Señores.]

DECREE No. 83.

The Congress of the state of Coahuila and Texas, in view of the declining state of its internal trade, occasioned in a great measure by the influx of foreigners in the market, and wishing to prevent as far as possible the ruin of those of their constituents who follow this pursuit, and find business to be paralyzed; also to give an impulse to their trade, has thought proper to decree as follows:

ART. 1. For the present, and until congress shall regulate commerce with foreign nations generally, merchants coming from those, which have not ratified treaties with Mexico, shall be prohibited from retailing goods in any town in the State; being permitted to sell at wholesale only, for cash or on credit.

ART. 2. Individuals from nations with which Mexico has ratified treaties, proving to the local authorities their origin, and that of the merchandise they introduce, with the respective passports to the consuls general of their own nation, and other documents the laws do now, or shall hereafter prescribe, shall be excepted from the provision of the preceding article.

ART. 3. The Alcaldes and Empresarios of the colonies of the state shall give the colonists in their respective limits a certificate for a limited and sufficient time, in order that they may be considered as Mexicans.

ART. 4. Those who, on commission or as clerks, retail the goods of any foreigner not favored in this law, shall be subject to the penalties it imposes on the transgressors, and may be informed against by any individual of the town, before the respective Alcalde.

ART. 5. Any foreignor native merchant, who shall transgress this law, shall incur a fine of five hundred dollars, which the Alcalde of the respective municipality shall cause him to pay, with power to destine him six months to public works, if, after the corresponding investigation, he has not wherewith to satisfy the fine.

ART. 6. Said fines shall be paid to the informer, and to the funds of the Ayuntamiento where they are collected, one hundred dollars each; the remainder to the funds of the state:—should no informer intervene, the part assigned such person, shall belong to the Alcalde, who conducts the case officially, and the costs shall be divided in proportion to the amount of each share of the fine.

ART. 7. This law shall go into effect in ninety days from its publication, and the local authorities shall be responsible for any unfaithfulness in the fulfilment thereof.

For its fulfilment, the Governor of the State shall cause it to be printed, published, and circulated.

Given at the city of Leona Vicario on the 2nd of April, 1829.

[The same Signers.]

Este decreto lo devolvió observado el Gobierno en 2 de Abril de 1829, y rectificado nuevamente se le remitió en 13 de Mayo del mismo año con el numero 91.

DECRETO No. 84.

El Congreso constitucional del Estado libre, independiente, y soberano de Coahuila y Texas, ha tenido á bien decretar como adicionales al reglamento interior No. 32, de 7 de Abril de 1827, los articulos siguientes:

Art. 1. El Congreso nombrará para exigirse en gran jurado una sesion de quatro individuos seculares de su seno, siendo uno de ellos sin voto, que fungirá de secretario.

Art. 2. La comision se encargará de los fundamentos de la quexa ó accusacion pudiendo oir al autor por si tenga mas que exponer y ademas hará las investigaciones legales que crea necesarias para calificar el hecho.

Art. 3. Formado el expediente á la mayor brevedad posible citará al accusado para oir sus descargos, de que tomará razon el secretario.

Art. 4. Concluido este tramite extendera su dictamen con que dará cuenta al Congreso, quien señalando dia para su discusion citará al presente reo por si tenga mas que exponer, y saliendo este luego se procederá á la discusion en sesion publica ó secreta segun lo acuerde el Congreso quien declarará si ha ó no lugar á la formacion de causa.

Art. 5. Si se resolviera por la afirmativa se pasarán todos los antecedentes al tribunal que corresponde para que obre conforme á las leyes.

Lo tendrá entendido el Gobernador constitucional del Estado para su cumplimiento, haciendolo imprimir, publicar y circular.

Dado an la ciudad de Leona Vicario á 24 de Marzo de 1829.

[Los mismos Señores.]

DECRETO No. 85.

El Congreso constitucional del Estado libre, independiente y soberano de Coahuila y Texas, ha tenido á bien decretar:

Art. 1. Se faculta al administrador de rentas de alcabalas del Estado para que contrate igualas por los derechos que causen todos los efectos, frutos, y esquilmos de los dueños de haciendas, ranchos y panaderias que introduscan para su expendio y elaboracion en los pueblos que no esten exentos de derechos.

Art. 2. Estas igualas darán principio desde la publicacion del presente decreto, y sacará luego que este sistemado el plan de hacienda

Returned by the Executive with his remarks thereon on the 2nd. of April 1829, and being amended, was again transmitted, bearing No. 91 on the 13th of May of the same year.

DECREE No. 84.

The Congress of the State of Coahuila and Texas, has thought proper to decree the following as additional articles to the internal regulations, No. 32, of the 7th of April, 1827.

ART. 1. Congress shall appoint four secular persons from their own body, whose duty it shall be to sit as grand jury, one of whom shall not have a vote, and shall act as Secretary.

ART. 2. The jury shall take notice of the grounds of the complaint or accusation, may hear the complainant to see if he has any further explanation to make, and shall furthermore make such legal investigation as the same shall deem necessary for determining the fact.

ART. 3. The record being formed as promptly as possible, the jury shall cite the accused to hear his plea or answer, which shall be taken down by the Secretary.

ART. 4. This step being concluded, the committee shall write their report, and notify congress therewith, which, appointing a day for discussion, shall summon the accused to appear, to give him an opportunity to make further explanation; and the accused then retiring, congress shall proceed to the discussion, in public or private session as the same shall agree, and shall declare whether there be a just cause of action.

ART. 5. Should congress resolve in the affirmative, all the antecedents shall be transmitted to the corresponding tribunal, for the same to act according to law.

For its fulfilment, the Governor of the State shall cause it to be printed, published, and circulated.

Given at the city of Leona Vicario on the 24th of March, 1829.

[The same Signers.]

DECREE No. 85.

The Congress of the State of Coahuila and Texas has thought proper to decree:

ART. 1. The chief agent of the state excise rent is hereby authorized to contract equal payments at specific periods for the duties resulting from all effects, fruits and crops of the owners of haciendas, ranchos and bakeries, which they introduce to be sold or manufactured in the towns not exempted from duties.

ART. 2. Said contracts shall commence from the publication of this decree, and be taken out so soon as a systematic plan of revenue is

renovandose por fin de Diciembre de cada año; ya sea con aumento ó diminucion del respectivo remate de cada mes á juicio del administrador.

Art. 3. Las mencionadas contratas, se anotarán en un quaderno que se lleve al efecto firmandolas los interesados, y el administrador de las rentas.

Art. 4. Los individuos igualados á quienes se justifique algun abuso en permitir ó autorizar que baxo su nombre se introduscan qualesquiera efectos serán tratados como ladrones y como á tales se les aplicará en su caso la multa y demas castigos que señalan los articulos del 1º. al 5º. de la ley No. 7.

Art. 5. La observancia de los dos articulos anteriores es obligatoria al administrador de las rentas del Estado, baxo su mas estrecha responsabilidad y perdida del empleo siempre que se le justifique el cohecho, soborno, ó parcialidad otra alguna en que incurran con demerito de los intereses que manejan, quedando á demas sujetos á las penas que se hicieren acreedores segun las leyes y circumstancias.

Art. 6. El Gobierno hará que inmediatamente se proceda al cobro de los derechos que hallan causado los frutos, esquilmos, arinas, &c. de los dueños de haciendas, ranchos, ó panaderias que los hallan introducido desde principio de 1824 hasta la fecha sin verificar el pago correspondiente segun las leyes.

Art. 7. Para el pago á que se contrae el articulo anterior se arreglará el administrador de las rentas, ó al importe de las iguales hasta el fin del año de 1824, ó á relaciones que los interesados le presentaren baxo su firma y en que consten con la debida claridad las introducciones que en todo este tiempo hayan verificado.

Art. 8. El Gobierno dará cuenta al Congreso luego que se halla verificado el cobro de los derechos atrasados, manifestando la cantidad á que asciendan, y procurando sea antes de concluir el presente periodo de sesiones.

Lo tendrá entendido el Gobernador constitucional del Estado para su cumplimiento, haciendolo imprimir, publicar, y circular.

Dado en la ciudad de Leona Vicario á 26 de Marzo de 1829.

[Los mismos Señores.]

DECRETO No. 86.

El Congreso constitucional del Estado libre, independiente y soberano de Coahuila y Texas, ha tenido á bien decretar:

Art 1. Las deudas contraidas por los sirvientes, ó por sus amos con ellos antes de esta ley serán pagados en el modo y forma que se hallan contratado, exceptuando las del articulo siguiente.

Art. 2. Se prohibe absolutamente las cuentas comunes entre dos ó mas peones, aun quando sean padre é hijos, las que en la actualidad se hallen en dicha forma se cortarán á la publicacion de esta ley, y el

formed, to be renewed every year on the last of December, whether in augmentation or diminution of the respective monthly amount, as the agent shall judge proper.

ART. 3. The aforementioned contracts shall be written down in a book, to be kept for that purpose, and signed by the persons interested, and agent of the rents.

ART. 4. Contractors, against whom any abuse shall be proved, in permitting or authorizing any effects to be introduced under their names shall be treated as thieves, and the fine and other penalties prescribed, as the case may be, by articles 1, 2, 3, 4 and 5, of law No. 7, shall be inflicted upon them as such.

ART. 5. The agents of the state rents shall be obligated to observe the two preceding articles, under their most rigid responsibility, and penalty of losing their office, should bribery, subornation, or any other partiality they exercise to the injury of the concerns they manage, be proved against them—and shall furthermore be subject to the penalties they deserve according to the laws and circumstances.

ART. 6. The Executive shall cause the agent to proceed immediately to collect the duties resulting from fruits, crops, flour &c., introduced from the beginning of 1824, until the present by the owners of haciendas, ranchos, or bakeries without effecting the corresponding payment according to law.

ART. 7. For the collection provided in the preceding article the agents of the rents shall conform, either to the amount of equal periodical payments established until the end of 1824, or to statements the persons interested shall present him with their signature, wherein the introductions they have made during the whole of this period shall be duly manifested.

ART. 8. The Executive shall give notice to congress as soon as the duties in arrears are collected, manifesting the amount, endeavoring to do so before the close of the sessions.

For its fulfilment, the Governor of the State shall cause it to be printed, published, and circulated.

Given at the city of Leona Vicario on the 26th of March, 1829.

[The same Signers.]

DECREE No. 86.

The Congress of the State of Coahuila and Texas has thought proper to decree:

ART. 1. Debts contracted by servants, or by their masters with them, shall be paid in the manner and form they have bargained, with the exception of those of the following article.

ART. 2. Joint accounts between two or more servants, even should they be father and sons are hereby absolutely prohibited, and those now

credito ó adeudo que resulte se compartirá por los amos entre los individuos que la causaban con proporcion á los salarios que devengan, siguiendoseles en lo succesivo á cada uno de por si su respectiva cuenta conforme á lo prevenido en esta ley.

Art. 3. Los amos cuidarán en lo succesivo de retener á cada uno de sus sirvientes una tercera parte de su salario que servirá de abono en sus cuentas respectivos y solo se exonerarán de esta retencion en caso grave de enfermedad ó absoluta desnudes del mozo y su familia, en cuyas epócas se les atenderá con lo muy preciso.

Art. 4. Si se verificáre omision en cumplir con lo dispuesto en el articulo anterior, será condenado el infractor á perder la parte de retencion que no haya hecho, y se abonará al sirviente.

Art. 5. Todo sirviente que solicite acomodo presentará al tiempo de celebrar su contrato, un papel que justifique la cantidad que adeuda en aquel acto, acreditando á la vez su conducta civil y servicial, dicho documento estará firmado, ó por su amo anterior, ó por el juez, ó por un ciudadano de conocida probidad. Los adeudos se pagarán directamente de amo á amo segun convengan, privandose solo que sea por conducto del nuevo acomodado, sin cuyos requisitos será ilegal qualquier pacto que se celebre.

Art. 6. Los contratos celebrados entre amos y sirviente se expresarán con toda claridad en el encabezado de las respectivas cuentas.

Art. 7. Las semillas ó viveres que se prometan á los sirvientes con el caracter de racion se les ministrará en especie sin alteracion de ninguna clase, y solo en el caso de hallarse el amo enfermo se les hará cargo de su valor, siempre que el amo no la agracie con ella.

Art. 8. Los viveres ó efectos que se dén á los sirvientes en cuenta de su trabajo serán cargados precisamente á los precios corrientes de plaza.

Art. 9. El amo que infrinja el articulo anterior, cargando á su servicial algun exceso en lo que le ministre, sufrirá una multa quintiplicada á su fraude, lo que se declarará por el Alcalde, previa la justificacion del hecho, una parte de la multa servirá al mozo de indemnizacion, y las quatro restantes se destinarán á los fondos municipales.

Art. 10. Los hijos menores de edad serán acomodados por sus respectivos padres ó parientes de quien dependen, siendo aquellos los que tendrán derecho al fruto del trabajo de los hijos, y los parientes á la administracion sin perjuicio de la subsistencia de los menores.

Art. 11. Los amos y administradores pueden castigar á sus sirvientes quando cometan algunas faltas, tratandolos en este caso paternalmente.

Art. 12. Todo el que excediendose infrinja el articulo anterior será obligado á indemnizar el daño que infiera con arreglo á lo que se acuerde en el competente juicio breve ó conciliatorio y á demas será

in said form shall be settled on the publication of this law and the debt or credit resulting shall be divided among the individuals comprised in the account—in proportion to the wages they obtain for their labor, and in future the respective account of each shall be separately kept, agreeably to the provision of this law.

ART. 3. Masters shall take care in future to retain one-third of the wages of each of their servants, to be placed to their credit in their respective accounts, and they shall be exonerated from this retention, only in cases of serious sickness, or absolute nakedness of the servant and his family, when they shall be supplied with what is absolutely required.

ART. 4. Should there be any failure to comply with the provision of the preceding article, the transgressor shall be sentenced to loose the part he did not retain, which shall be placed to the credit of the servant.

ART. 5. Every servant, who solicits employment, at the time of making his contract, shall present a paper proving the amount he then owes, also his conduct as a citizen and as a servant; said document shall be signed, either by his former master, by the judge, or by a citizen of known probity. The debts shall be paid directly from master to master as they shall agree, it being prohibited only to be through the medium of the servant newly employed, without which requisites no bargain whatever shall be legal.

ART. 6. Contracts made between masters and servants shall be expressed in the plainest manner at the head of the respective accounts.

ART. 7. Grain or provisions promised to servants as rations shall be supplied them in the natural state or kind, without any alteration, and only when the master is sick shall they be charged with the value thereof—should the master not see fit to let them have it gratis.

ART. 8. Provisions or effects supplied to servants on account of their labour shall be charged at the current prices of the market.

ART. 9. The master who transgresses the preceding article, charging his servant an excessive price for what he supplies him, shall be fined five times the amount of his fraud, to be declared by the Alcalde after proving the fact; one-fifth of the fine shall go to indemnify the servant, and the remainder shall be added to the municipal funds.

ART. 10. Minors shall be placed in employment by their respective parents, or relatives on whom they depend, the former having a right to the fruit of the labor of their children, and relatives to the management thereof without detriment to the subsistence of the minors.

ART. 11. Masters and superintendents may chastise their servants for any faults they commit, treating them in so doing in a parental manner.

ART. 12. Any person, who transgresses the preceding article by excessive chastisement, shall be compelled to pay the damage agreeably to the result of a competent trial, summary or conciliatory, and shall

multado por el Alcalde segun sus atribuciones, y la gravedad del caso á beneficio del fondo municipal.

Art. 13. Quando el amo demande judicialmente á un sirviente por holgazan, incorregible, altanero ó contumaz, será este obligado por el Alcalde á cumplia con su deber, apremiandolo con la pena de que fuere digno, atendidas las circumstancias de su delito.

Art. 14. El criado que debiendo se ausentare del servicio de su amo, ó que no debiendo, pero que por su fuga, negligencia ú omision pierda los intereses de que estaba encargado, será juzgado conforme á los articulos 2, 3, 4 y 5, de la ley No. 7, habiendo pidimento de parte.

Art. 15. A mas de los cortes anuales que se verificarán precisamente en las cuentas de los sirvientes, podrán estos exigir se les manifiesten quando intenten pedir algun interes considerable al amo, quien deberá enterarlos de ellas.

Art. 16. Quando el criado quiera separarse del servicio de su amo, sin perjuicio del contrato celebrado, podrá exigir de su amo el corte de su cuenta, y documento de que habla el articulo 5, y el amo cumplira con este deber á lo mas dentro de un mes.

Art. 17. La accion de los sirvientes que por sus amos por razon de alcanzes procedentes de su trabajo personal subsiste con caracter de executiva contra el deudor, y logrará la preferencia que le tienen concedida las leyes.

Art. 18. Los amos de sirvientes que mueran adeudados no se podrán obligar á que paguen los entierros de sus criados, ni tampoco se exigirá á las familias de estos quando no tengan otros bienes que los necesarios para su servicio personal y domestico.

Art. 19. Quando un sirviente adeudado quiera dar sepultura á algun cadaver de su familia teniendo otros bienes que los exceptuados en el articulo anterior, el amo no podrá ser obligado á ministrarle mas cantidad que la necesaria á cubrir los derechos de un entierro baxo segun el arancel del Obispado.

Art. 20. Las deudas de los que mueran sirviendo solo serán redimibles con los bienes que dexen á su fallecimiento, y sus hijos y parientes no podrán ser apremiados de ninguna otra manera.

Art. 21. Las autoridades locales zelarán en toda su comprension del exacto cumplimiento de esta ley en todas sus partes baxo la mas estrecha responsabilidad.

Lo tendrá entendido el Gobernador constitucional del Estado para su cumplimiento, haciendolo imprimir, publicar y circular.

Dado en la ciudad de Leona Vicario á 4 de Abril de 1829.

JOSE M. BALMACEDA, Presidente,
JOSE MARIA ARAGON, D. S.
RAMON GARCIA ROJAS, D. S.

furthermore be fined by the Alcalde according to his attributes, and the seriousness of the case, for the benefit of the municipal funds.

Art. 13. When the master enters a complaint against his servant for being an idler, incorrigible, obstinate and impertinent, the Alcalde shall compel the servant to return to his duty, punishing him as he deserves, according to the circumstances of the offence.

Art. 14. A servant who leaves the service of his master in debt, or who, not being in debt, looses the concerns under his charge by negligence or omission, shall be tried according to articles 2, 3, 4 and 5, of law No. 7, should a complaint be entered against him.

Art. 15. Besides the annual settlement that shall be made in the accounts of servants, they may require the master to shew the same, when they intend to apply for any considerable amount, who shall acquaint them therewith.

Art. 16. When the servant wishes to leave the service of his master, without prejudice to the contract made, he may compel his master to settle the account, and to furnish him the document specified in article 5, and the master shall perform this duty within one month at the longest.

Art. 17. The action of servants against their master in respect to dues for their personal labor, shall be of an executive character, and shall have the preference conceded by law.

Art. 18. Masters shall not be obligated to pay the burial of their servants who die in debt, nor shall the families of the latter be required to do it when they possess no other property than what is required for their personal and domestic use.

Art. 19. When any servant in debt, and not possessing any other property than that excepted in the preceding article, has occasion to bury any of his family, the master shall not be obligated to supply him a greater amount than what is necessary to pay the fees of an ordinary burial, according to the rates of the diocess.

Art. 20. Debts of those who die in service shall be paid with the property they leave on their decease, and their children and relatives shall not be compelled in any other manner.

Art. 21. The local authorities in their jurisdiction, and under their strictest responsibility. shall watch over the punctual fulfilment of this law in all its parts.

For its fulfilment, the Governor of the State shall cause it to be printed, published, and circulated.

Given at the city of Leona Vicario on the 4th April, 1829.

JOSE MARIA BALMASEDA, President.
JOSE MARIA ARAGON, D. S.
RAMON GARZIA ROXAS, D. S.

DECRETO No. 87.

El Congreso constitucional del Estado libre, independiente y soberano de Coahuila y Texas, teniendo en consideracion la gravedad de diversos asuntos que hay sin resolucion, y la exigencia imperiosa, usando de la facultad que le concede el artículo 87 de la Constitucion, decreta,

Se prorogan las sesiones por un mes mas.

Lo tendrá entendido el Gobernador constitucional del Estado para su cumplimiento, haciendolo imprimir, publicar y circular.

Dado en la ciudad de Leona Vicario á 28 de Abril de 1829.

[Los mismos Señores.]

DECRETO No. 88.

El Congreso constitucional del Estado libre, independiente, y soberano de Coahuila y Texas, ha tenido á bien decretar:

Los Alcaldes primeros ó unicos de las cabezeras de partido, excepto el de Texas, serán los conductos por donde el Gobierno comunicará los decretos y ordenes que por ser circulares deban pasar á todos los pueblos del Estado, entendiendose directamente al mismo Gobierno con los Alcaldes ó Ayuntamientos en los demas asuntos que se ofrescan.

Lo tendrá entendido el Gobernador constitucional del Estado para su cumplimiento, haciendolo imprimir, publicar y circular.

Dado en la ciudad de Leona Vicario á 29 de Abril de 1829.

JOSE M. CARDENAS, Presidente.
RAMON GARCIA ROJAS, D. S.
MARIANO GARCIA, D. S.

DECRETO No. 89.

El Congreso constitucional del Estado libre, independiente, y soberano de Coahuila y Texas, ha tenido á bien decretar:

Art. 1. El Gobierno presentará al Congreso al abrir sus sesiones ordinarias en el segundo periodo una terna de individuos instruidos y capazes de practicar una visita general de Ayuntamientos en el Estado.

Art. 2. La investidura y atribuciones de este empleado en el desempeño de su comision, serán las que le correspondan como delegado del Primer Executivo del Estado.

Art. 3. El Gobierno formará las instrucciones, que deben regir al nombrado, y consultará á la vez el sueldo que pueda asignarsele, para que previa la correspondiente aprobacion del Congreso proceda á evacuar su comision

Lo tendrá entendido el Gobernador constitucional del Estado para su cumplimiento, haciendolo imprimir, publicar, y circular.

Dado en la ciudad de Leona Vicario á 29 de Abril de 1829.

[Los mismos Señores.]

DECREE No. 87.

The Congress of the State of Coahuila and Texas, taking into view the importance of various subjects yet undecided, and whereon a resolution is imperatively demanded, inexercise of the privilege granted by article 87 of the constitution, decrees.

The sessions shall be prorogued another month.

For its fulfilment, the Governor of the State shall cause it to be printed, published, and circulated.

Given at the city of Leona Vicario on the 28th of April, 1829.

[The same Signers.]

DECREE No. 88.

The Congress of the State of Coahuila and Texas has thought proper to decree:

The first of the sole Alcaldes of the district capitals, shall be the channels, through which the executive shall communicate the orders and decrees which on account of being circulars, are to be transmitted to all the towns of the State; on other subjects that offer the executive shall communicate directly with the Alcaldes and Ayuntamientos.

For its fulfilment, the Governor of the State shall cause it to be printed, published, and circulated.

Given at the city of Leona Vicario on the 29th of April, 1829.

JOSE M. CARDENAS, President,
RAMON GARCIA ROXAS, D. S.
MARIANO GARCIA, D. S.

DECREE No. 89.

The Congress of the State of Coahuila and Texas has thought proper to decree:

ART. 1. On the opening of the ordinary sessions the second term, the executive shall present to congress a nomination of three persons, well informed, and qualified to perform the general visit of Ayuntamientos in the state.

ART. 2. The investiture and attributes of this officer, in the discharge of his commission, shall be those that belong to him as a delegate of the executive of the state.

ART. 3. The executive shall form the instructions, to which the person appointed shall conform, also proposing the salary to be given them, in order that, after the corresponding approval of congress, he may enter on the discharge of his commission.

For its fulfilment, the Governor of the State shall cause it to be printed, published, and circulated.

Given in the city of Leona Vicario on the 29th of April, 1829.

[The same signers.]

DECRETO No. 90.

El Congreso constitucional del Estado libre, independiente, y soberano de Coahuila y Texas, teniendo en consideracion las circumstancias á que se ven reducidos todos sus pueblos para poder sobre llevar los gastos publicos, y de que estos exigen imperiosamente se dicten algunas medidas que puedan cubrirlos, y que sean los menos onorosos para los ciudadanos, usando de la novena de sus atribuciones, que en su primer miembro le concede el articulo 97 de la Constitucion del mismo Estado, ha tenido á bien decretar lo siguiente:

Art. 1. Todo Coahuiltejano de qualquiera clase ó edad, que tenga renta, sueldo, salario, giro ó industria personal, contribuirá al Estado anualmente con la percepcion ó utilidad que corresponda á tres dias de cuya contribucion se exceptua el bello sexo.

Art. 2. La contribucion se hará por tercios del año, exiviendo en cada uno adelantado lo que corresponde á la percepcion de un dia, y para expeditar el cobro de las quotas podrán los Ayuntamientos subdividirlas en las fracciones que crea convenientes á la mas facil excibicion.

Art. 3. La graduacion de este utilidad ó percepcion se hará por el mismo interesado, computando lo que gana ó debe ganar un dia con otro, por lo que ganáre, ó deva ganar regularmente al año.

Art. 4. Los Ayuntamientos calificarán las quotas de los individuos de su respectiva municipalidad, declarando las que en su concepto son fraudulentas por haberlas disminuido los interesados, las que desde luego se sugetarán á lo que se previene en el articulo siguiente.

Art. 5. Quando algun individuo se negáre á decir lo que conceptua que gana ó debe ganar diariamente, nombrará el Ayuntamiento tres personas de su satisfaccion, procurando, si se puede, que sean de la profesion del culpado para que le hagan la graduacion que el oculta ó resiste y hecha se exigirá la quota sin admitir reclamo.

Art. 6. Los individuos, á quienes ademas del sueldo diére su amo ó patron la comida y casa, añadirán por esta razon á su utilidad diaria real y medio mas si fuéren sirvientes domesticos; y quatro reales siendo de mayor esfera, exceptuandose de este aumento los criados que reciben racion en especie.

Art. 7. El que quiera exivir de una vez lo que corresponde en el año podra hacerlo.

Art. 8. Toda cabeza de familia, y dueño de taller ó hacienda exivirá por si, y por todes los individuos que tienen permanentemente á sueldo y á jornal, recogiendo los correspondientes recibos.

Art. 9. Si despues de evacuados las formalidades prevenidas por los articulos 4 y 5 hubiéren algunos individuos que se negáren por mas de dos vezes á satisfacer la quota que se les haya designado, se les exigirá irreciciblemento por via de multa el triplo de lo que debian excivir con mas los costos, que pudiére haber ocasionado la cobranza.

DECREE No. 90.

The Congress of the State of Coahuila and Texas, taking into view the circumstances to which all the towns find themselves reduced to be able to support the public expenses, and that said expenses imperatively demand the dictation of some measures whereby they can be paid, such as are least burthensome to the citizens, exercising the ninth attribute conceded in the first part of article 97 of the constitution of the state, has thought proper to decree.

ART. 1. Every Coahuiltexian of whatever class or age, who has a rent, wages, salary, business or industrious personal pursuit, shall pay to the state annually such part of his income as corresponds to three days, from which assessment females shall be excepted.

ART. 2. This tax shall be paid by thirds of a year—one day's income every four months in advance—and that the collection of the quotas may be prompt by rendering the payment more easy, the Ayuntamientos may subdivide them in such fractions as they think proper.

ART. 3. The graduation of said income shall be made by the person interested, computing what he earns one day with another, by his regular yearly earnings.

ART. 4. The Ayuntamientos shall determine the quotas of the individuals of their respective municipality, declaring such as in their opinion are fraudulent from having been diminished by the persons interested—which shall be immediately subjected to the provision of the following article.

ART. 5. When any individual refuses to state what he thinks he earns daily, the Ayuntamiento shall choose three persons, if possible, of the same occupation as the former, to make the graduation he conceals or refuses, and the same being made, the quota shall be exacted without admitting any claim to the contrary.

ART. 6. Individuals who besides their daily wages are furnished by their master or employer with board and lodging shall add for this reason, one and a-half rial more to their daily income, should they be domestic servants, and four rials, should they occupy a higher station; servants who receive raw rations shall be excepted from this augmentation.

ART. 7. Any one, who wishes to pay at once the amount of this tax for the year, shall be permitted to do so.

ART. 8. Every head of a family, and owner of a workshop, or hacienda. shall deliver the payment, for himself, and those he employs permanently on salary or daily wages, taking the corresponding receipts.

ART. 9. Should any individual, after the formalties provided in articles 4 and 5, are concluded, refuse more than twice to pay the quota assigned him, he shall be compelled to pay a fine of triple the amount of his quota, besides the cost that may have resulted from the collection.

Art. 10. Al reincedente se le exigirá la misma multa de que habla el articulo anterior, desde la primera reconvencion á que se niegue, y tantas quantas vezes se resista á excivir la contribucion.

Art. 11. Dentro el primer mes contado desde el dia de la respectiva publicacion de este decreto, formarán los Ayuntamientos las listas de los contribuyentes de su municipalidad con arreglo al formulario No. 1, cuidando de verificarlo baxo un libro de que remitirá copia al Gobierno al termino del plazo prefixado.

Art. 12. Los Ayuntamientos nombrarán un individuo de su satisfaccion y confianza por cada manzana del lugar en los que tubieren regularizados, y en lo que no lo esten, distribuirán las comisiones como sea mas practicable para que formen las listas, y recauden la contribucion, no pudiendo excusarse nadie de este encargo.

Art. 13. Los comisionados se arreglarán en un todo á lo prevenido en esta decreto, dando cuenta á los Ayuntamientos de que respondan del Estado de su encargo.

Art. 14. Los Ayuntamientos por cada contribucion entregará á las comisionados dos recibos divididos en tres casillas, del modo que se especifica en la pacta No. 2. Uno de estos recibos se entregará al contribuyente para que el comisionado le firme la respectiva casilla cada vez que le entregue la quota, y el otro quedará en poder del comisionado para que el contribuyente por si, por su amo ó patron, ó por algun otro a su ruego firme la respectiva casilla y con este documento acredite el comisionado al entregar lo que hubiere recibido.

Art. 15. Los Ayuntamientos en cada tercio fixarán en los parages publicos listas de los contribuyentes de su municipalidad, haciendo constar al fin los que se hallan hecho acreedores á las penas designados en los articulos 9 y 10; todo ciudadano está facultado á reclamar ante el Ayuntamiento las faltas que advierta en dichas listas para que en su caso se exijan las respectivas responsabilidades.

Art. 16. A excepcion de los hijos de familia todo individuo mayor de diez o ocho años, que maliciosamente se quiera substraer del pago, y por eso no este comprendido en las listas, se reputará por vago y mal entretenido, aplicandosele en este caso el articulo 123 de la ley numero 37.

Art. 17. A los dos meses despues de publicada esta ley en cada municipalidad estará colectado el primer tercia de la contribucion, cuyo producto se entregará por los Ayuntamientos á los respectivos administradores de rentas del Estado, previo el recivo correspondiente, dando á la vez cuenta al gobierno de quedar executada este prevencion.

Art. 18. Cuidará el Gobierno que en el primer mes del tercio enteren los Ayuntamientos baxo su mas estrecha responsabilidad en los administradores de rentas todo lo que hubiere recaudado del anterior, comprobando no haber sido mas con la confronta de las listas referidas, que se practicará en este acto, exigiendo el correspondiente recivo que acredite la cantidad que han enterado.

ART. 10. Should a person repeat the refusal he shall be fined the same amount specified in the foregoing article, and as often as he shall refuse to pay the tax.

ART. 11. Within the first month from the respective publication of this decree, the Ayuntamientos shall form the lists of the persons assessed. belonging to their municipality according to form No. 1, taking care to make the same in a book, of which a copy shall be transmitted to the executive at the end of the time prefixed.

ART. 12. The Ayuntamientos shall choose an individual of their satisfaction and confidence for each ward in towns divided into such, and in those that are not, they shall distribute the commissions as is most practicable, for forming the lists and collecting the tax; and no person shall decline this charge.

ART. 13. The persons commissioned shall comply in every respect with the provision of this decree, giving notice to the Ayuntamientos, to which they are answerable, of the statement pertaining to their trust.

ART. 14. For each tax the Ayuntamientos shall deliver to the collectors two receipts, divided in three squares in the manner specified in form No. 2. One of said receipts shall be delivered to the person assessed, for the collector to sign the respective square each time said person delivers him the quota; and the other shall remain in possession of the collector for the person assessed, either himself, his master or employer, or some other person at his request to sign the respective square, that the collector may shew proof by this document on delivering what he has received.

ART. 15. The Ayuntamientos every third of the year shall post in the most public places, lists of the persons taxed, belonging to their municipality, shewing at the bottom those who deserve the penalties designated in articles 9 and 10.—Every citizen shall be authorized to enter a complaint to the Ayuntamiento for faults he may notice in said lists in order to exact the respective responsibility, as the case may be.

ART. 16. With the exception of sons in a family, every individual over eighteen years of age, who maliciously wishes to withdraw himself from the payment, and for this reason is not comprised in the list shall be considered a vagrant and disorderly person, and subject to the provision of article 123 of Law No. 37.

ART. 17. In two months from the publication of this law in each municipality the first third of the assessment shall be collected, and the Ayuntamientos shall deliver the product to the respective agents of the state rents, taking the corresponding receipt, and giving notice to the executive that this provision is executed.

ART. 18. The executive shall take care that on the first month of the third the Ayuntamientos under their strictest responsibility pay over to the rent agencies all that should be collected of the preceding third, proving it not to have been more, by comparing the aforementioned lists, which shall be performed in this act, exacting the corresponding receipt, shewing the amount they have delivered.

Art. 19. Los administradores remitirán anualmente al Gobierno, en fin de Diciembre, en resumen conforme al modelo No. 4, el que será sacado de las mismas listas porque el Ayuntamiento practique la colección de la contribucion.

Art. 20. El Gobierno confrontará cada resumen con el censo de la estadistica de la corrospondiente municipalidad. y, no encontrandolos acordes, reclamará las diferencias á los Ayuntamientos de los pueblos, en que se encuentren, amonestandoles por primera y segunda vez para que procedan eficazmente en este encargo.

Art. 21. Si algun Ayuntamiento no satisfaciére completamente al 2º reclamo del Gobierno, lo multará este conforme á sus atribuciones, y con preciencia de la gravedad de la falta, destinado el producido de las multas á las rentas del Estado.

Art. 22. El 10 por ciento de esta contribucion se asigna á los Ayuntamientos, de cuyo tanto gratificarán á los comisionados con un tres por ciento de lo que recauden respectivamente, y quedará el siete por ciento reótante para gastos de recaudacion y beneficio de los fondos municipales.

Art. 23. El Gobierno circulará en union de este decreto todas las instrucciones necesarias para su exacto cumplimiento.

Lo tendrá entendido el Gobernador constitucional del Estado, para su cumplimiento, heciendolo imprimir, publicar y circular.

Dado en la ciudad de Leona Vicario á 4 de Mayo de 1829.

[Los mismos Señores.]

MODELO No. 1.

Manzana formada por la Calla de Casa N.

Nombres de los Contribuyentes.	Utilidad ó ganancia.			Quota ó contribucion en cada tercio de año.		
	P.	R.	G.	P.	R.	G.
A. B.	8	0	0	8	0	0
——	0	4	6	0	4	6
——	0	2	0	0	0	2
——	0	2	10	0	2	10
——	0	3	0	0	3	0
Hacienda de Dueño D. N. vive en						
D. N. Administrador,	4	0	0	4	0	0
Mayordomo N.	1	0	9	1	0	0
Peones fixos,						
Peon,	0	3	0	0	3	0

MODELO No. 2.

Pago D. Fulano de tal por el tercio de la contribucion personal que le corresponde.

Primer tercio de año. | Segundo tercio de id. | Ultimo tercio de id.

ART. 19. The agents shall forward every year to the executive, the last of December, an abstract or summary according to form No. 3, to be taken from the same lists, with which the Ayuntamiento collects the tax.

ART. 20. The executive shall compare each abstract with the census contained in the statistical record of each municipality, and not finding them to agree, shall demand the difference of the Ayuntamientos of the towns where it happens, admonishing them in one and in two instances to proceed efficiently in their trust.

ART. 21. Should any Ayuntamiento not make full payment on the second demand made by the executive, the latter shall fine the same according to his attributes, and the seriousness of the fault, the product of the fines to be added to the state rents.

ART. 22. Ten per cent of said tax shall be assigned to the Ayuntamientos, out of which the commissioners, shall be compensated with three per. cent. of what they respectively collect, and the seven per. cent. remaining shall be appropriated to the expenses of collection, and benefit of the municipal funds.

ART. 23. The executive shall circulate this decree, accompanied by all the instructions necessary for the exact fulfilment thereof.

For its fulfilment, the Governor of the State shall cause it to be printed, published, and circulated.

Given at the city of Leona Vicario on the 4th of May, 1829.

[The same Signers.]

FORM, No. 1.

Ward formed by ——— street ——— number.

Names of persons taxed.	Income.			Quota or tax for each third.		
	D.	R.	G.	D.	R.	G.
A. B.	8	0	0	8	0	0
———	0	4	6	0	4	6
———	0	2	0	0	0	2
———	0	2	10	0	2	10
———	0	3	0	0	3	0
Hacienda. Owner D. N. Resides,						
D. N. Superintendant	4	0	0	4	0	0
N. Steward,	1	0	0	1	0	0
Servants in constant employment,						
Servant,	0	3	0	0	3	0

FORM, No. 2.

A. B. paid his third of personal tax.

First third of year.   Second third do.   Last third do.

MODELO No. 3.
Municipalidad de N. Oficina de Rentas.

Resumen general del numero de contribuyentes, y cantidad á que há acendido la contribucion directa, que este Ayuntamiento há entregado en esta administracion, ó receptoria, ó fulato en los tres tercios del año de la fecha.

PRIMER TERCIO.

Numero de contribuyentes.		Cantidades:		
		Pesos.	Reales.	Granos.
De á 3 pesos,	9	27	0	0
De á 1 peso,	80	80	0	0
De á 4 reales,	280	140	0	0
	369	247	0	0

SEGUNDO TERCIO.

De á 3 pesos,	12	36	0	0
De a 1 peso,	34	34	0	0
De á 4 reales,	180	90	0	0
	226	160	0	0

TERCER TERCIO.

De á 3 pesos,	18	54
De á 1 peso,	50	50
	68	104

DEMOSTRACION GENERAL.

En el primer tercio,	369	247
En el segundo tercio,	226	160
En el ultimo tercio,	068	104
	663	511

Deduscase el 10 por ciento, que corresponde al Ayuntamiento segun el articulo 22 de la ley de la materia,   511
                                                                        051   0   10

Liquido á favor del Estado,   459   7   2

DECRETO No. 91.

El Congreso constitucional del Estado libre, independiente y soberano de Coahuila y Texas, teniendo en consideracion la decadencia de su comercio interior, ocasionado en gran parte por la concurrencia de estrangeros á sus mercados, y deseoso de evitar en quanto sea posible la ruina de sus comitentes que dedicados á este ramo se hallan á la vez paralizados en sus giros asi como de impulsarlos para su progreso, ha tenido á bien decretar lo siguiente:

Art. 1: Se prohibe á los comerciantes estrangeros no naturales en la Republica Mexicana de qualesquiera nacion que sean el comercio al

FORM, No. 3.

Municipality of ———————— Rent Office or Agency.

Abstract and recapitulation of the number of persons assessed, and amount of the direct tax, which this Ayuntamiento has delivered to this Agency, Receiver's Office, or Clerk's Office during the several thirds of the year of the date.

FIRST THIRD.

	Number of persons assessed.	Amounts.		
Those of three dollars	9	27	0	0
Of one,	80	80	0	0
Of four rials	280	140	0	0
	369	247	0	0

SECOND THIRD.

Of three dollars,	12	36	0	0
1	34	34	0	0
4 rials,	180	90	0	0
	226	160	0	0

LAST THIRD.

Of three dollars,	18	54
1,	50	50
	68	104

Recapitulation.

On the first third,	369	247
Second,	226	160
Last,	068	104
	663	511

Deduct the ten per. cent. assigned the Ayuntamiento by article 22 of the law on the subject.   511
                                                                                                                                          051 0 10

Net, in favor of the State,   459 7 2

DECREE No 91.

The Congress of the State of Coahuila and Texas, taking into view the declining state of its internal trade, caused mostly by the arrival of foreigners in the market, and wishing to prevent as far as possible the ruin of those of their constituents who are engaged in this occupation, find their business rendered ineffectual, also to encourage their trade —has thought proper to decree as follows:

ART. 1. Foreign merchants, of whatever nation, not naturalized in the republic of Mexico, are hereby prohibited from retailing goods

menudeo en todos los pueblos del Estado, pudiendo hacerlo solo por mayor á reales á cambio ó fiado.

Art. 2. Se prohibe asi mismo á todo estrangero ú natural del Estado ú de la federacion la introduccion y venta de texidos burdos de algodon y lana que no sean fabricados en la República Mexicana, pudiendo los naturales al termino de ésta ley solo continuar vendiendo los efectos que de esta clase tengan actualmente.

Art. 3. Los jueces y empresarios de las colonias del Estado darán certificados por tiempo limitado y suficiente á los colonos de su respectiva demarcacion que se empleen en el comercio á fin de que sean considerados como Mexicanos.

Art. 4. Los Alcaldes constitucionales de todos los pueblos del Estado darán igualmente certificados á los estrangeros que ámas de obtener carta de ciudadanos hayan fixado su residencia en alguno de los pueblos de su demarcacion, siempre que estos lo soliciten por estar empleados en el comercio.

Art. 5. Los que por comision ó como dependientes expendan al menudeo efectos de algun estrangero quedan sugetos á las penas que impone esta ley á los contraventores, y pueden ser denunciados por qualesquiera individuo del pueblo ante el Alcalde respectivo.

Art. 6. El comerciante estrangero ó natural que abusáre del cumplimiento de esta ley será multado con quinientos pesos que le hará excibir el Alcalde de la respectiva municipalidad, pudiendo destinarlo á obras publicas por seis meses, si hecha la correspondiente averiguacion no tuviére con que satisfacer.

Art. 7. Estas multas serán aplicables, cien pesos al denunciante, igual suma á los fondos del Ayuntamiento en donde se cobren, y el resto á los del Estado; si no interviniére denunciante la asignacion de este corresponde al juez que proceda de oficio, y los derechos judiciales que se causáren serán partibles á proporcion de la cantidad que á cada participe corresponda.

Art. 8. Esta ley tendrá todo su efecto á los noventa dias de publicada en la cabezera de cada partido, siendo responsables las autoridades locales que se disimulen de su cumplimiento.

Lo tendrá entendido el Gobernador constitucional del Estado para su cumplimiento, haciendolo imprimir, publicar y circular.

Dado en la ciudad de Leona Vicario á 13 de Mayo de 1829.

[Los mismos Señores.]

DECRETO No. 92.

El Congreso constitucional del Estado libre, independiente y soberano de Coahuila y Texas, ha tenido á bien decretar:

Art. 1. Se establece en cada departamento del Estado una escuela de Enseñanza mutua por el sistema de Lancaster.

in any town in the state, being permitted to sell only at wholesale, for cash, or on credit.

ART. 2. Also every foreigner, or native of the republic is hereby prohibited the introduction and sale of coarse cotton and woolen stuffs, not manufactured in the republic—natives being permitted to continue the sale of the goods of this kind they now have on hand.

ART. 3. The Alcaldes and Empresarios of the colonies of the state shall give the colonists of their respective limits, engaged in trade, a certificate for a sufficient and limited time, that they may be considered as Mexicans.

ART. 4. The Alcaldes of all the towns of the state shall likewise give certificates to those foreigners, who, besides obtaining letter of citizenship, have fixed their residence in any of the towns in their limits, should they request it on account of being engaged in trade.

ART. 5. Those who on commission, or as clerks, retail the goods of any foreigner, shall be subject to the penalties this law imposes on the offenders, and may be informed of by any individual of the town to the respective Alcalde.

ART. 6. Any foreigner or native merchant, who transgresses this law, shall be fined five hundred dollars, which the Alcalde of the respective municipality shall cause him to deliver, with authority to destine him six months to public works, should it appear on proper investigation that he has not the means to pay the fine.

ART. 7. Said fines shall be appropriated, one hundred dollars to the informer, one hundred to the funds of the Ayuntamiento where they are collected, and the rest to those of the state. Should there be no informer, the part assigned for that purpose shall belong to the Alcalde who conducts the official proceedings, and the costs shall be divided in proportion to the amount of each portion or share.

ART. 8. This law shall go into full effect in ninety days from its publication in the capitol of each district, and the local authorities shall be answerable for any breach of trust in the fulfilment thereof.

For its fulfilment, the Governor of the State shall cause it to be printed, published, and circulated.

Given at the city of Leona Vicario on the 13th of May, 1829.

[The same Signers.]

DECREE No. 92.

The Congress of the State of Coahuila and Texas has thought proper to decree:

ART. 1 A school of mutual instruction, on the Lancastrian plan, shall be established in each department of the state.

Art. 2. La ubicacion de cada una de ellas se fixará en la capital respectiva del departamento.

Art. 3. Los preceptores serán contratados por tres años, solicitandolos el Gobierno quien los admitirá, satisfecho de su verdad, aptitud, y buenas circunstancias.

Art. 4. Cada preceptor se encargará del departamento que le toque en suerte, pues qualesquiera de ellos disfrutará ochocientos pesos anuales pagados por mesadas adelantadas.

Art. 5. Los establecimientos constarán, cada uno, de ciento cinquenta educados, y quando excedan de este numero podrá el preceptor pedir aumento de sueldo, instruyendo solicitud informada del Ayuntamiento, que por conducta del Gobierno se elevará al Congreso para su resolucion.

Art. 6. Unidos los tres preceptores formarán el reglamento interior que debe regir en los establecimientos, y concludio lo presentarán firmado al Gobierno para su aprobacion, la que obtenido se archivará el original, imprimiendose el de exemplares necesario para que se circule á todas las autoridades del Estado.

Art. 7. A los educandos se les enseñará por los preceptores á leer, escribir, y contar, é igualmente el degma de religion catolica, leyes fundamentales del Estado, y todos los catecismos de ciencias y artes del Señor Ackermann.

Art. 8. Los Ayuntamientos calificarán los niños insolventes de la municipalidad, cuyos padres quieran mandarlos á educar, y no lo verifiquen por falta de recursos.

Art. 9. De entre dichos insolventes sacará el Ayuntamiento por suerte desde uno hasta cinco niños, que mandará al establecimiento sostenidos por cuenta de los fondos de propios y arbitrios: donde no halla estas se colectará un donativo voluntario con tal objeto, bien atendido que en qualquiera de los dos casos debe mandarse por lo menos uno que siempre se sacará por suerte. Estos niños se recibirán en los establecimientos sin que paguen ningun estipendio, proporcionandoles de cuenta del Estado los utiles que necesiten para su instruccion.

Art. 10. Tambien se admitirán en el departamento de Texas sin estipendio á los hijos de los ciudadanos que co-operáron á formar el fondo de la actual escuela de la capital siempre que continuen satisfaciendo la quota que ofreciéron desde su comprometimiento.

Art. 11 Los Ayuntamientos exigirán á los ciudadanos que tengan proporcion para que manden á sus niños á los establecimientos, y con los que esten renuentes á verificarlo por vecindad, omision, ú apatia, tomarán las providencias que estimen por justas.

Art. 12. Para subvenir á los gastos que deven erogarse se creará un fondo en la capital de cada departamento que corrirá al cargo y responsabilidad del respectivo Ayuntamiento, quien podrá nombrar un depositario, de entre los individuos de su seno ó fuera de el.

ART. 2 Each of the said schools shall be situated in the respective capital of the department.

ART. 3. The teachers shall be engaged for three years, on solicitation of the executive, who, to admit them, shall be satisfied of their veracity, qualifications and general merit.

ART. 4. Each teacher shall take charge of the department that falls to his lot, and each shall receive eight hundred dollars per annum, payable monthly in advance.

ART. 5. Said establishments shall be composed of one hundred and fifty pupils each, and when they exceed this number, the teacher may request an increase of salary, drawing up a petition containing information on the part of the Ayuntamiento, which, through the channel of the executive shall be presented to congress for their resolution.

ART. 6. The three teachers together shall form a set of regulations, to govern the schools, which being completed they shall present to the executive for his approbation; and when this is obtained the original shall be deposited in the archives, and a sufficient number of copies printed to be circulated to all the authorities of the state.

ART. 7. The teachers shall instruct the pupils in reading, writing, arithmetic, the dogma of the Catholic Religion, and all Ackermann's catechisms of arts and sciences.

ART. 8. The Ayuntamientos shall ascertain what children of the municipality are unable to pay, and whose parents wish to send them to school, but do not for want of means.

ART. 9. From among the said poor children the Ayuntamiento shall take from one to five by lot, and send them to the establishment to be sustained by the municipal funds: where there are none such, a voluntary subscription shall be raised for that object; in either case one shall be sent without fail, to be taken always by lot. Said children shall be received gratis in the school, being furnished by the state with what articles they need for their instruction.

ART. 10. Also the children of those citizens in the department of Texas, who contributed to establish the present school fund of the capital, shall be admitted gratis, provided they continue paying the quota they agreed.

ART. 11. The Ayuntamientos shall require citizens, who have the means, to send their children to the establishments, and with those who are obstinate in complying, whether from vicinity, negligence, or apathy, they shall take such measures as they consider to be just.

ART. 12. To support the expense to be defrayed a fund shall be created in the capital of each department, to be under the charge of the respective Ayuntamiento, with power to appoint a depositary, from within or without their own board.

ART. 13. Estos fondos los compondrán los que actualmente forman los de las escuelas de capitales, ingresando en ellos los legados que haya dedicados de antemano con este objeto, las quotas municipales que tengan designadas, y lo que produscan los educados de paga que haya en la aula respectiva.

ART. 14. Los padres que tengan facultad pagarán por la educacion de cada uno de sus hijos anualmente catorce pesos, estando en los primeros rudimentos hasta comenzar á escribir, y diez y ocho pesos por el resto del tiempo hasta su salida del establecimiento.

ART. 15. Los Ayuntamientos zelarán de que se colecten con mayor exactitud las cantidades señaladas á este fondo no permitiendo ninguna morosidad en el cobro, y cuidando se asienten las partidas de ingresos en un libro que se formará en cada capital para que se lleve la cuenta de su respectivo establecimiento.

ART. 16. El fondo especial de cada departamento atenderá á la paga del preceptor, arrendamiento de casa, abasto y recomposicion de los utiles de la aula, justificandose estos egresos con recibos del preceptor autorizados con el constante del sindico procurador, y visto bueno del Alcalde.

ART. 17. Quando el fondo de un establecimiento no tenga con que acceder por lo pronto á algun gasto, será auxiliado en clase de prestamo por la de la respectiva municipalidad, y si aun los de esta se hallaren exhaustos se occurirá en la misma calidad de reintegro á los administradores de las rentas del Estado, quien les facilitará lo necesario, previo documento autorizado por la corporacion.

ART. 18. Cada niño que salga educado del establecimiento entregará en manos del Ayuntamiento respectivo la cantidad de diez pesos que se denominarán *de gratitud*, y con ellos se formará un fondo por separado que sirvirá de recompensa al respectivo preceptor en inteligencia que no debe entregarsele hasta que no finalize su contrata debiendo llevar del mismo apunte formal de los ingresos que tenga este fondo igual en un todo al que llevará la corporacion.

ART. 19. Las cuentas de estos fondos se rendirán al Gobierno del Estado al fin de cada año economico, sugetandose en su formacion á la formula que se acompaña.

ART. 20. El Gobierno procurará que esta ley tenga todo su efecto á la mayor brevidad pudiendo disponer para su ubicacion de las rentas del Estado hasta en cantidad de dos mil pesos baxo la mas estrecha cuenta de su inversion que no será otra que la que se expenda en todos los utiles, pizarras y libros, que se necesiten para llevar el objeto de este decreto.

Art. 13. Said fund shall consist of the present school funds of the capital towns, to which shall be added the legacies intended for this object, the municipal quotas assigned, and the product of pay pupils in the respective school.

Art. 14. Parents who are able, shall pay for each of their children fourteen dollars per annum, while learning the first rudiments, until they commence to write, and eighteen dollars the rest of the time until they leave the establishment.

Art. 15. The Ayuntamiento shall be vigilant, that the collection of the sums assigned to this fund be exact, permitting no delay; and taking care that the parcels paid in be entered in a book that shall be formed in each capital for keeping the account of its respective establishment.

Art. 16. The special fund of each department shall be used in paying the teacher, house rent, market, and repair of school furniture, the amounts thus paid out to be proved by the teachers' receipts, authenticated by the certificate of the sindico procurador and the order of the Alcalde.

Art. 17. When the fund of an establishment has not the means of promptly meeting any expense it shall be assisted by the funds of the municipality, to be restored and should even these be exhausted, application shall be made for the aid of funds, to be restored, to the chief agents of the state rents, who shall supply what is necessary after the proper document is authenticated by the Ayuntamiento.

Art. 18. Each pupil educated in the establishment, on leaving, shall pay to the respective Ayuntamiento the sum of ten dollars, to be called gratitude money, and with this a seperate fund shall be formed, to be used to reward the teacher, with the understanding that it shall not be delivered him until the conclusion of his contract, he being required to keep an exact account of the amount of said funds paid in, to correspond with that which shall be kept by the Ayuntamiento.

Art. 19. The accounts of these funds shall be rendered to the Executive at the close of each financial year, and shall be made out agreeably to the accompanying form.

Art. 20. The Executive shall endeavor that this law have its full effect as soon as possible, and to establish the schools, he may dispose of the state rents to the amount of two thousand dollars, under the most strict account of the disposition thereof, which shall be no other than the purchase of all the furniture, slates and books, required for carrying into effect the object of this decree.

Departamento de tal——Escuela Lancasteriana.
Cuenta formal de los ingresos y egresos de dicho establecimiento en el año economico principiado en primero de Setiembre, y finalizado en el dia de la fecha.

INGRESOS.

Por los fondos pertenencientes á la escuela de esta ciudad,	000 0 0	
Por tal fondo piadose dedicado á la instruccion de la juventud, -	000 0 0	
Por el producto de las quotas municipales dedicadas á los fondos de escuela,	000 0 0	
Por la existencia que resulto en fin del año anterior,	000 0 0	1408 0 0
Por quatre niños en un año á 14 pesos,	560 0 0	
Por diez id. en seis meses á id. - -	070 0 0	
Por cinco id. en tres meses á id. - -	014 4 0	
Por veinte y ocho id. en un año á 18 pesos,	504 0 0	
Por diez y nueve id. en nueve meses á id. -	256 4 0	

EGRESOS.

Por los pagas del preceptor segun los documentos 1º. y 2º. - - -	800 0 0	
Por arrendamiento de casa, doctmento No. 3,	150 0 0	1250 0 0
Por pizarras, mesas, bancas, papel, &c. segun domento Nos. 4, 5, y &c. - - -	300 0 0	

Queda en caxa 158 0 0

Lo tendrá entendido el Gobernador constitucional del Estado para su cumplimiento, haciendolo imprimir, publicar y circular.

Dado en la ciudad de Leona Vicario á 13 de Mayo de 1829.

[Los mismos Señores.]

DECRETO No. 93.

El Congreso constitucional del Estado libre, independiente y soberano de Coahuila y Texas, ha tenido á bien decretar:

Art. 1. Se faculta al Gobierno para que sugetandose á la aprobacion del Congreso contrate con particulares, nacionales ó estrangeros, el establecimiento de dos panopticos en el Estado.

Art. 2. La ubicacion de estos será en el departamento de Bexar, y partido de Parras.

Art. 3. El coste de los edificios, maestros de artes, herramientas, maquinas, y demas utiles necesarios para dichos panopticos será de cuenta y riesgo de los empresarios, como tambien la manutencion y vistuario de los delincuentes que alli existan.

Art. 4. A demas darán á los reos que cumplan su condena, y se hallen introducido una habilitacion de treinta pesos, y la herramienta suficiente y necesaria para desempeñar su oficio.

DEPARTMENT. OF ———— LANCASTRIAN SCHOOL.

Account of funds paid in, and out of said institution during the financial year, commencing on the first of September, and ending on the day of the date.

PAID IN.

Funds pertaining to the School of this city,	000 0 0	
Charitable fund of ————, dedicated to the instruction of youth,	000 0 0	
Product of municipal quotas, dedicated to School funds,	000 0 0	
Balance on hand the close of the year preceding,	000 0 0	1408 0 0
By four children during one year at 14 dollars,	560 0 0	
Ten do six months do	070 0 0	
Five do three months do	014 4 0	
Twenty-eight do one year, at 18 dollars,	504 0 0	
Nineteen do nine months at do	256 4 0	

PAID OUT.

To the Teacher according to documents Nos. 1 and 2,	800 0 0	
For house rent, document No. 3,	160 0 0	1250 0 0
For slates, tables, benches, paper, &c., according to documents, Nos. 4, 5, &c.,	300 0 0	

Balance on hand, - - - - - - - 300 0 0

For its fulfilment, the Governor of the State shall cause it to be printed, published, and circulated.

Given at the city of Leona Vicario on the 13th of May, 1829.

[The same Signers.

DECREE No. 93.

The Congress of the State of Coahuila and Texas has thought proper to decree:

ART. 1. The executive is hereby authorized, subject to the approval of congress, to contract with private individuals, natives or foreigners, for the establishment of two panoptic prisons in the state.

ART. 2. Said prisons shall be situated in the department of Bexar, and district of Parras.

ART. 3. The cost of buildings, master tradesmen, tools, machines and other necessary apparatus shall be at the expense and risk of the contractors, as well as the support and cloathing of the delinquents placed therein.

ART. 4. They shall furthermore furnish the persons introduced who fulfill their term of sentence with thirty dollars as means and sufficient and necessary tools for carrying on their trade.

Art. 5. Asi mismo deverán dar telar ó maquina á los que pertenescan á oficio que necesite dos ó mas operarios, dandoles oficiales que les ayuden al trabajo que serán precisamente de los reos que tambien se hallen culpados, debiendo el empresario nombrar por maestro de estos pequeños talleres al que meresca su confianza.

Art. 6. Los que salgan del panoptico conforme á lo prevenido en los dos articulos anteriores se establecerán en el pueblo que elijan antes de su salida, debiendo estar baxo la inmediata inspeccion de las autoridades locales del pueblo de su residencia á las que dará el empresario aviso oportuno.

Art. 7. Los empresarios á fin de cada año publicarán un manifiesto que exprese la historia de su prision, adelanto de los reos, clase de la obra trabajada, y cuenta circunstanciada de los gastos y productos de su empresa, debiendo la ultima sugetarse á un examen contraritorio.

Art. 8. Al finalizar la primera contrata que se estipulará por cinco años quedarán los edificios utiles á favor del Estado.

Art. 9. Este se comprometerá con los empresarios á que se destinen á sus establecimientos por mitad todos los reos que sean condenados á presidio ú obras publicas, y á demas todos los vagos que designa el articulo 122 de la ley No. 37.

Art. 10. Los reos serán empleados por el empresario á todos los artefactos que tengan á bien, procurando no se remuevan de unos á otros sin hallarse perfectamente instruidos en el primer oficio á que se les destinó.

Art. 11. Los productos del trabajo de los reos quedarán á favor del empresario en los dos primeros años que se contarán desde la primera introduccion de los reos que se verifique, y las ganancias de los ultimos tres años seran partibles entre el Estado y el contratista.

Art. 12. La conduccion de los reos hasta el panoptico será de cuenta de las rentas del Estado.

Art. 13. El Gobierno con vista del autor de estos establecimientos articulará reglamentando las contratas en lo que crea conveniente, no opiniendose a este decreto.

Art. 14. El Estado se obliga religiosamente á cumplir lo que se pacte en las contratas siempre que obtengan la aprobacion del congreso.

Lo tendrá entendido el Gobernador constitucional del Estado, para su cumplimiento, haciendolo imprimir, publicar y circular.

Dado en la ciudad de Leona Vicario á 13 de Mayo de 1829.

[Los mismos Señores.]

DECRETO No. 94.

El Congreso constitucional del Estado libre, independiente y soberano de Coahuila y Texas, ha tenido á bien decretar:

Art. 1. Los interventores que en virtud del articulo 1, del arancel general de aduanas maritimas, debe poner el Estado en los puertos

ART. 5. They shall also supply those belonging to a trade that requires two or more workmen with a loom or machine, allowing them hands, also delinquents, to assist them in the labor, and the contractor shall appoint such person as deserves his confidence as master of these small frames or looms.

ART. 6. Those who leave the prison agreeably to the provision of the two foregoing articles, shall establish themselves in the town they select previous to leaving, under immediate inspection of the local authorities of the place of their residence, to whom the contractor shall give seasonable notice.

ART. 7. The contractors at the end of every year shall publish a manifest, giving a detail of their prison, of the progress of the prisoners, and a minute account of the expenses and product of their undertaking, and the latter shall be subject to a counter examination.

ART. 8. At the expiration of the first contract, which shall be stipulated for five years, the available buildings shall remain for the benefit of the state.

ART. 9. The state pledges itself to the contractors to destine to their establishments one half of all the prisoners sentenced to fortresses or public works, and furthermore all vagrants designated in article 122, of Law No. 37.

ART. 10. The prisoners shall be employed by the contractro in whatever mechanical trade they like, endeavoring not to shift them from one trade to another before they are perfectly taught in that wherein they were first placed.

ART. 11. The product of the labour of the prisoners shall be for the benefit of the contractor during the two first years from the first introduction of prisoners that takes place; and the profits of the last three years shall be divided between the state and the contractor.

ART. 12. The conducting of the prisoners to the prison shall be defrayed out of the state rents.

ART. 13. The executive in presence of the contractor of these establishments shall draw articles, regulating the contracts as he shall deem proper, not in opposition to this decree.

ART. 14. The state obligates itself punctually to fulfill the stipulations made in the contracts, provided they obtain the approval of congress.

For its fulfilment, the Governor of the State shall cause it to be printed, published, and circulated.

Given at the city of Leona Vicario on the 13th of May, 1829.

[The same Signers.]

DECREE No. 94.

The Congress of the State of Coahuila and Texas has thought proper to decree:

ART. 1. The intervening officers, whom, by virtue, of article 1, of the general tariff of maratime custom houses, the state should place in

de Galveston y Bahia de San Bernardo serán nombrados por el Gobierno con aprobacion del Congreso sin la qual no se les librará el despacho respectivo para que entren á exercer sus funciones.

Art. 2. Los nombrados para dichas plazas presentarán sus diplomas á la autoridad civil del puerto para que sean electos, y ante ella prestarán el juramento prescripto por el articulo 220 de la Constitucion del Estado.

Art. 3. A estos empleados se les señala por ahora el sueldo de quinientos pesos anuales, quedando sin opresion el tanto por ciento que disfrutan los fieles ó receptores de los puertos respectivos.

Art. 4. Será de su obligacion el cumplir con lo prevenido á los interventores en el arancel general de aduanas colectando los dos reales de derecho de toneladas que corresponden al Estado, dar cuenta al Gobierno de lo que produscan en cada mes, y encargarse del desempeño de las demas rentas del Estado en el puerto de su residencia.

Art. 5. Si fuéren nombrados por interventores los actuales fieles de los puertos, entregarán á los que lo sean todos los enseres que existen en su poder cortando sus cuentas hasta el dia en que verifiquen su entrega, los que remitirán á sus inmediatos superiores acompañadas de los caudales que tengan existentes.

Art. 6. El Gobierno dará las ordenes respectivas para que á los interventores se les paguen sus sueldos por meses vencidos, dictando las providencias que tenga por oportunas para el exacto cumplimiento de este decreto.

Lo tendrá entendido el Gobernador constitucional del Estado para su cumplimiento haciendolo imprimir, publicar y circular.

Dado en la ciudad de Leona Vicario á 13 de Mayo de 1829.

[Los mismos Señores.]

DECRETO No. 95.

El Congreso constitucional del Estado libre, independiente, y soberano de Coahuila y Texas, ha tenido á bien decretar:

Art. 1. Se faculta al Gobernador para el arreglo de limites con los Estados limitrofes.

Art. 2. El Gobernador podrá ceder alguna parte del territorio del Estado, y admitir en recompensa otra igual de los Estados limitrofes dando cuenta al Congreso, y en sus recesos á la diputacion permanente.

Lo tendrá entendido el Gobernador constitucional del Estado, para su cumplimiento, haciendolo imprimir, publicar y circular.

Dado en la ciudad de Leona Vicario á 15 de Mayo de 1829.

[Los mismos Señores.]

the ports of Galveston and Bahia de San Bernardo, shall be appointed by the executive, and approved by congress, without which the respective commission shall not be granted them for entering on the exercise of their functions.

ART. 2. The persons appointed to said stations shall present their commissions to the civil authority of the port, for which they are chosen, and before the same shall take the oath prescribed by article 220 of the constitution of the state.

ART. 3. For the present a salary of five hundred dollars per annum, shall be assigned these officers, without affecting the percentage received by the clerks or receivers of the respective ports.

ART. 4. The said officers shall comply as prescribed to intervening officers in the general custom house tariff, collecting the two rials tonage duty pertaining to the state, giving notice to the executive of the product thereof every month, and taking charge of the performance of the duties with regard to the other state rents in the port of their residence.

ART. 5. Should the present clerks of the ports be appointed intervening officers, they shall deliver to those who succeed them all the chattels in their possession, adjusting their accounts up to the day they make the delivery, which they shall remit to their immediate superiors, accompanied by the funds they have on hand.

ART. 6. The executive shall give the respective orders for the salary of the intervening officers to be paid at the end of every months' service, dictating such measures as he shall deem seasonable for the exact fulfilment of this decree.

For its fulfilment, the Governor of the State shall cause it to be printed, published, and circulated.

Given in the city of Leona Vicario on the 13th of May, 1829.

[The same signers.]

DECREE No. 95.

The Congress of the State of Coahuila and Texas has thought proper to decree:

ART. 1. The governor is hereby authorized to regulate the boundaries with the adjoining states.

ART. 2. The governor may cede any portion of the territory of the state, and admit in return another equal portion of the states adjoining, giving notice to congress, and during their recess, to the permanent deputation.

For its fulfilment, the Governor of the State shall cause it to be printed, published, and circulated.

Given at the city of Leona Vicario on the 15th May, 1829.

[The same Signers.]

DECRETO No. 96.

El Congreso constitucional del Estado libre, independiente, y soberano de Coahuila y Texas, ha tenido á bien decretar:

ART. 1. Queda sin valor ni efecto el decreto No. 26 de la legislatura del Estado. y en consequencia se permite al ciudadano Juan Antonio Viesca introducir y plantar en el Estado una maquina para que extraiga el agua del seno de la tierra hasta hacerla correr por su superficie.

ART. 2. La plantacion de dicha maquina no se podrá verificar ni en terrenos propios, si en ella se cortan veneros de agena pertenencia, ni en ningunos otros á donde resulte perjuicio de tercero, y siendo el interesado el que lo cause queda obligado á subsanar al que se le infiera.

ART. 3. Por el espacio de ocho años contados desde la publicacion de esta ley, se prohibe á otro alguno la plantacion de maquinas de esta clase sin previo convenio de agraciado.

ART. 4. Si pasado un año no hubiere introducido y plantado dicha maquina perderá el agraciado el privilegio exclusivo que se le concede.

Lo tendrá entendido el Gobernador constitucional del Estado para su cumplimiento, haciendolo imprimir, publicar y circular.

Dado en la ciudad de Leona Vicario á 27 de Mayo de 1829.

[Los mismos Señores.]

DECRETO No. 97.

El Congreso constitucional del Estado libre, independiente y soberano de Coahuila y Texas, ha tenido á bien decretar:

Se habilita al ciudadano Licenciado Maria Gorivar con un año y ocho meses que le faltan para cumplir veinte y cinco años, y en consequencia queda expedito para desempeñar todos los actos en que se requiere la indicada edad excepto los señalados por los articulos 36, 146 y 200 de la Constitucion.

Lo tendrá entendido el Gobernador constitucional del Estado para su cumplimiento, haciendolo imprimir, publicar y circular.

Dado en la ciudad de Leona Vicario á 29 de Mayo de 1829.

[Los mismos Señores.]

DECRETO No. 98.

Ordenanzas municipales para el gobierno interior del Ayuntamiento de Bexar.

DECRETO No. 99.

Ordenanzas municipales del Ayuntamiento de Goliad.

DECREE No. 96.

The Congress of the State of Coahuila and Texas has thought proper to decree:

ART. 1. Decree No. 26 of the state legislature, is hereby declared, without value or force and in pursuance thereof permission is hereby granted to Juan Antonio Viesca to introduce and establish in the state a boring machine to cause water to flow spontaneously upon the surface.

ART. 2. The establishment of said machine shall not be effected on a persons own land should veins of water of the appurtenance of another be thereby intersected, nor on any other where the establishment results to the injury of a third person; and should the person interested be the cause, he shall be obligated to indemnify the party injured.

ART. 4. All persons are hereby prohibited from establishing this kind of machines for the term of four years from the publication of this law, without the previous consent of the person who enjoys the privilege.

ART. 5. Should the person to whom the privilege is granted not have introduced and established the said machine at the expiration of one year, he shall forfeit the exclusive privilege herein granted.

For its fulfilment, the Governor of the State shall cause it to be printed, published, and circulated.

Given at the city of Leona Vicario on the 27th of May, 1829.

[The same Signers.]

DECREE No. 97.

The Congress of the State of Coahuila and Texas has thought proper to decree:

The eighteen months deficiency for completing twenty-five years of age, on the part of Licentiate Maria Gorivar is hereby dispensed with, and in pursuance thereof he is hereby declared duly qualified to discharge all acts wherein the aforementioned age is required, with the exception of those specified in articles 36, 146 and 200 of the constitution.

For its fulfilment, the Governor of the State shall cause it to be printed, published, and circulated.

Given in the city of Leona Vicario on the 29th of May, 1829.

[The same Signers.]

DECREE No. 98.

Municipal Ordinances for the internal administration of the Ayuntamiento of Bexar.

DECREE No. 99.

Municipal Ordinances of the Ayuntamiento of Goliad.

DECRETO No. 100.
Ordenanzas municipales del Ayuntamiento de Austin.

DECRETO No. 101.
Ordenanzas municipales del Ayuntamiento de Rosas.

DECRETO No. 102.
Reglamento interior del Gobierno del Estado.

DECRETO No. 103.

El Congreso constitucional del Estado libre, independiente, y soberano de Coahuila y Texas, teniendo en consideracion el aparato popular que la Constitucion quizo dar al nombramiento de los magistrados del Tribunal de Justicia, y que la extension de facultades del Gobierno conferidas á la 8a de sus atribuciones podria comprender á los substitutos de mucha duracion, si estos fueren nombrados por el, ha tenido á bien decretar lo siguiente:

Art. 1. Las substituciones de ministros del tribunal de justicia y fiscal cuya duracion no exceda de un año las hará el Gobierno por si con arreglo al articulo 69 de la ley reglamentaria.

Art. 2. La substitucion del asesor general del Estado la hará asi mismo el Gobierno observando lo prevenido en el articulo anterior.

Art. 3. Los que excedan de este termino deberán hacerse por el Congreso á propuesta en terna del Gobierno, quien en los casos de receso nombrará los substitutos de los articulos anteriores interin reunido el Congreso oye la propuesta para que recaiga el nombramiento, menos quando enferme alguno de los empleados contenidos en este decreto por el espacio de un año se entiende á juicio del Gobierno estar sano dentro de uno ó dos meses, en cuyo caso substituirá el nombramiento hecho por el mismo en virtud del articulo 1.

Art. 4. Los substitutos contenidos en el presente decreto harán el juramento debido ante el Congreso, y en su receso ante el Gobierno.

Art. 5. Debiendo comprenderse en los articulos anteriores toda substitucion temporal que no podrá ser prolongada en el caso de muerte, sino en quanto á las circunstancias lo exijan, queda derogado el decreto numero 72.

Lo tendrá entendido el Gobernador constitucional del Estado para su cumplimiento, haciendolo imprimir, publicar y circular.

Dado en la ciudad de Leona Vicario á 30 de Mayo de 1829.
JOSE M. CARDENAS, Presidente.
RAMON GARCIA ROJAS, D. S.
JOSE MARIA ARAGON, D. S.

DECRETO No. 104.
Cartilla de Tamites.

DECREE No. 100.
Municipal Ordinances of the Ayuntamiento of Austin.

DECREE No. 101.
Municipal Ordinances of the Ayuntamiento of Rosas.

DECREE No. 102.
Internal regulations of the Executive department of the State.

DECREE No. 103.

The Congress of the State of Coahuila and Texas, taking into view the popular arrangement the constitution contemplated giving to the appointment of the magistrates of the tribunal of justice, and that the extension of the powers of the executive conferred in the eighth of his attributes might comprise the substitutes of long continuance, should they be appointed by him, has thought proper to decree as follows:

ART. 1. The substitutes of ministers of the tribunal of justice, and attorney general, whose continuance in office does not exceed one year, shall be appointed by the executive of himself, according to article 69 of the law regulating the administration of justice.

ART. 2. The substitute of assessor general of the state, shall also be appointed by the executive, observing the provision of the foregoing article.

ART. 3. Substitutes whose term exceeds one year shall be appointed by congress on nomination of three by the executive, who, in case of recess, shall appoint the substitutes comprised in the preceding articles until congress having convened, hears the nomination and determines the appointment, unless in case of sickness on the part of those officers comprised in this decree, whose term is one year, and whom the executive supposes will recover in one or two months, in which case he shall appoint a substitute to the appointment made by himself, by virtue of article 1.

ART. 4. The substitutes comprised in this decree shall be duly sworn before congress, and during the recess thereof, before the executive.

ART. 5. Since all provisional substitution that cannot be prolonged in case of death, except inasmuch as circumstances require, shall be comprised in the foregoing articles, the decree No. 72 is hereby repealed.

For its fulfilment, the Governor of the State shall cause it to be printed, published, and circulated.

Given at the city of Leona Vicario on the 30th of May, 1829.

JOSE MANUEL CARDENAS, *President.*
RAMON GARCIA ROJAS, D. S.
JOSE MARIA ARAGON, D. S.

DECREE No. 104.
Letter of procedure.

DECRETO No. 105.

El Congreso constitucional del Estado libre, independiente y soberano de Coahuila y Texas, reunido en sesiones extraordinarias, ha tenido á bien decretar lo siguiente:

ART. 1. Los Españoles solteros y viudos sin hijos que permanescan en el Estado excibirán por prestamo forzoso la tercera parte de sus capitales, los casados sin hijos, y los viudos con uno solo una quinta, y los que de uno y otros tengan mas de un hijo una octava.

ART. 2. Se confiscarán, y entrarán á las rentas del Estado los capitales de los Españoles que baxo qualquiera pretesto acompañen la expedicion invasora ú residan en alguno de los dominios del España.

ART. 3. Se procederá al embargo de los capitales de los Españoles que se hallen en pais amigo ó neutral, ya consistan en fincas, ya en numerario, ó sea en efectos, vendiendose estos por un depositario, quien deberá entregar los producidos de unos y otros en las respectivas administraciones.

ART. 4. Se exceptuan de lo prevenido en los dos articulos anteriores, los que hayan dexado sus esposas ó hijos dentro de la Republica, y estos se estimarán comprendidos en el articulo 1º.

ART. 5. El Gobierno reglamentará el modo de recivir las cuentas al depositario, y el nombramiento de este.

ART. 6. Todo el que de algun modo proteja qualquiera ocultacion de los bienes contenidos en este decreto será multado en otro tanto del valor que haya ocultado, y sufrirá ademas la pena de destierro por diez años fuera del Estado, y el que directa ó indirectamente co-opere de una manera efectiva en favor de la expedicion Española incurre en pena de muerte; para la aplicacion de esta y las anteriores bastará la informacion del hecho, previo el dictamen del asesor.

ART. 7. Durante la guerra se descontará el quinze por ciento á todo empleado publico que disfrute sueldo, ó qualesquiera otro emolumento por el Estado siempre que no exceda de cien pesos, ni baxe de veinte y cinco mensuales; á los que disfruten algo mas se les descontará un veinte por ciento, y á los que por donativo voluntario tuviéren ofrecido algun excedente de lo que deban dar por este articulo solo se les exigirá aquel.

ART. 8. Durante la invasion Española se autoriza al Gobierno para que exerca las facultades siguientes:

Primera.—Reunir y poner sobre las armas de toda la milicia civica del Estado la fuerza que pueda pagarse con los capitales de que hablan los articulos anteriores, y con los arbitrios que se establecen en esta misma ley.

Segunda.—Ordenar sin sugecion al reglamento la disciplina de dicha milicia, y consultar sobre todo á su subordinacion del modo mas conveniente atendidas las circunstancias y conforme á las mismas disponer de la fuerza.

DECREE No. 105.

The Congress of the State of Coahuila and Texas convened in extraordinary sessions, has thought proper to decree as follows:

Art. 1. Spaniards, unmarried, and widowers without children, who remain in the state, shall exhibit as forced loan one third of their capital; those married, without children, and widows with only one child, one fifth: and those of both, having more than one child, one eighth.

Art. 2. The capitals of Spaniards, who, under any pretext, accompanying the invading expedition, or reside in any of the Spanish dominions, shall be confiscated, and annexed to the state rents.

Art. 3. The capital of Spaniards who are now in a friendly or neutral country, whether consisting in real securities, cash or goods, shall be sequestrated, and the latter sold by a depository, who shall deliver the proceeds of each to the respective agencies.

Art. 4. Those who have left their wives and children in the Republic shall be excepted from the provision of the two foregoing articles, and be considered as comprised in article 1st.

Art. 5. The executive shall regulate the appointment of the depository, and the manner of receiving his accounts.

Art. 6. Every person, who, in any way favors any concealment of the property specified in this decree, shall be fined in the amount of the value concealed, and shall furthermore be banished ten years from the state, and any one who shall, directly or indirectly, cooperate in an effective manner in favor of the Spanish expedition, shall forfeit his life; for inflicting this and the foregoing penalties, the information of the fact, and previous opinion of the assessor shall suffice.

Art. 7. During the war, fifteen per. cent. shall be deducted from the pay, or any other profit, nor more than one hundred, nor less than twenty five dollars a month, received by all public officers of the state. From the pay of those who receive more, twenty per. cent. shall be deducted; and in respect to those, who have voluntarily offered more than this article requires, only the former deduction shall be exacted.

Art. 8. During the Spanish invasion, the executive is hereby authorized to exercise the following powers—

First.—To assemble and place under arms so much force belonging to the civic militia of the state as can be paid with the funds mentioned in the foregoing articles, and means established in this law.

Second.—To regulate the discipline of said militia, without subjection to the code, and especially, to plan the subordination thereof, and dispose of the force as circumstances shall render most proper.

Tercera.—Imponer por repartimiento en todo el Estado un prestamo forzoso de veinte mil pesos de que comenzará á abonarse un año despues de evacuado el territorio de la Republica de sus invasores; pasado este termino, y no pudiendo cerrar los pagos se asignará á los prestamistas un redito de quatro por ciento hasta la total amortizacion de los capitales.

Quarta.—Si en algun caso muy urgente se cree embarazosa á juicio del Gobierno la reunion de la diputacion permanente puede el mismo obrar por si. tomando las medidas que crea necesarias para salvar al Estado, dando despues cuenta al Congreso de sus operaciones, y motivos que le hayan determinado.

Quinta.—Incluir en el prestamo de los veinte mil pesos que señala tercera facultad los ecclesiasticos residentes en el Estado de acuerdo con sus diocesanos respectivos exceptuandoles los bienes patrimoniales ó aforados que gozen.

Sexta.—Dar cumplimiento á las leyes y ordenes de los poderes generales de la Union, que en circunstancias comunes exigirian la intervencion del Congreso, quando imperiosamente lo demanden estas disponiendo lo conveniente para la execucion.

ART. 9. Quedan afectos á los pagos contenidos en la tercera facultad las rentas del Estado, y los capitales de que hablan los articulos 1, 2 y 3.

ART. 10. Se hace extensiva la pension del articulo 98 del reglamento de la milicia civica á los que excediendo de cinquenta años se manifiesten aun por si mismos.

ART. 11. Los que por dedicacion ó intereses propios ó agenos quieran eximirse del servicio á que los destina la primera facultad del articulo 8 excivirán de diez á quarenta pesos por una vez, y de quatro reales á dos pesos mensuales durante la guerra, la excepcion de que habla este articulo durará por dos años, y si, esta como el impuesto ó exaccion serán á discrecion del Gobierno.

ART. 12. El remplazo de las vacantes que ocurran en la plana mayor de la milicia civica podrá llenarlo el Gobierno, escogiendo los individuos del mismo batallon ó escuadron respectivo que fuéren mas aproposito sin sugetarse al ascenso de rigorosa escala; pudiendo echar mano aun de entre los exceptuados de que habla el articulo 10, cuya gracia no se hace extensiva á los oficiales.

ART. 13. Este decreto se observará provisionalmente interin duran las circunstancias que lo han motivado, á excepcion de los articulos 2 y 6 que deberán quedar subsistentes.

Lo tendrá entendido el Gobernador constitucional del Estado para su cumplimiento, haciendolo imprimir, publicar y circular.

Dado en la ciudad de Leona Vicario á 5 de Setiembre de 1829.

JOSE M. BALMASEDA, Presidente.
IGNACIO SENDEJAS, D. S.
VICENTE VALDES, D. S.

Third.—To levy by assessment in the whole state a forced loan of twenty thousand dollars, the payment whereof shall commence in one year from the evacuation of the Republic by the invaders; should it not be possible to close the payments after the expiration of this term, an interest of four per cent. shall be assigned those who furnish the loan, until the total liquidation of the capital.

Fourth.—In any urgent case, should it be difficult, in the opinion of the executive, for the permanent deputation to convene, he may proceed of himself, taking such measures as he shall deem necessary for the safety of the state, giving subsequent notice to congress of his operations, and the motives thereof.

Fifth.—To include in the twenty thousand dollars loan specified in power third the Ecclesiastics residing in the state with the concurrence of their respective bishops, with the exception of the patrimonial or privileged property they enjoy.

Sixth.—To fulfil, when circumstances imperatively demand, the laws and orders of the national authorities, which in ordinary circumstances would require the intervention of congress; making suitable provision for the execution thereof.

ART. 9. The state rents, and capital specified in articles 1, 2 and 3, shall be liable or subject to the payments specified in power third.

ART. 10. The tax of article 98 of the regulations of the civic militia, shall include those who, passed fifty years of age still appear of themselves.

ART. 11. Those who, on account of being engaged in their own, or the concerns of others, wish to be exempted from the service to which they are destined by power first of article 8, shall exhibit from ten to forty dollars at once, and from four rials to two dollars per month during the war; the exception mentioned in this article shall continue for two years; and both this, and the impost shall be at the discretion of the executive.

ART. 12. The executive shall have power to fill vacancies of field officers that occur in the civic militia, selecting from the same batallion, or respective squadron, the most suitable persons, without subjecting himself to the rigid scale of promotion, having power to select from among the exempts mentioned in article 10, which favor shall not include the officers.

ART. 13. This decree shall be observed provisionally so long as the circumstances continue that have given rise thereto, with the exception of articles 2 and 6, which shall still remain in force.

For its fulfilment, the Governor of the State shall cause it to be printed, published, and circulated.

Given at the city of Leona Vicario on the 5th of September, 1829.

JOSE M. BALMASEDA, *President.*
IGNACIO SENDEJAS, D. S.
VICENTE VALDES, D. S.

DECRETO No. 106.

El Congreso constitucional del Estado libre, independiente, y soberano de Coahuila y Texas, reunido en sesiones extraordinarias, ha tenido á bien decretar:

Art. 1. Los veinte mil pesos del prestamo forzoso contenidos en la facultad 3a del decreto No. 105, se destinarán á cubrir el de cincuenta y siete mil que las camaras de la Union han designado á este Estado.

Art. 2. Los prestamistas tanto por ocurrir al respectivo pago como para exigir los reditos que les correspondan se arreglarán á lo prevenido en la ley general de 17 de Agosto proximo pasado.

Lo tendrá entendido el Gobernador constitucional del Estado para su cumplimiento, haciendolo imprimir, publicar, y circular.

Dado en la ciudad de Leona Vicario á 10 de Setiembre de 1829.

[Los mismos Señores.]

DECRETO No. 107.

El Congreso constitucional del Estado libre, independiente, y soberano de Coahuila y Texas, reunido en sesiones extraordinarias, y con presencia de la ley general de 22 de Agosto ultimo, ha tenido á bien decretar:

Se impone un dos por ciento de derechos de consumo á los efectos estrangeros, á mas del tres ya establecido.

Lo tendrá entendido el Gobernador constitucional del Estado para su cumplimiento, haciendolo imprimir, publicar, y circular.

Dado en la ciudad de Leona Vicario á 10 de Setiembre de 1829.

[Los mismos Señores.]

DECRETO No. 108.

El Congreso constitucional del Estado libre, independiente, y soberano de Coahuila y Texas, reunido en sesiones extraordinarias, decreta:

Art. 1. El Congreso del Estado se pronuncia, adhiriendose al plan del Exercito de reserva, proclamado en Xalapa.

Art. 2. Las observaciones que le occurran sobre el referido plan, las hará en las proximas sesiones utiles.

Art. 3. Si algun ciudadano, sea qual fuere su clase perturbare el orden, comprometiendo la seguridad publica se pretesto de gozo por este succeso será reo de muerte con solo la averiguacion del hecho.

Lo tendrá entendido el Gobernador constitucional del Estado para su cumplimiento, haciendolo imprimir, publicar y circular.

Dado en la ciudad de Leona Vicario á 31 de Diciembre de 1829.

[Los mismos Señores.]

DECREE No. 106.

The Congress of the State of Coahuila and Texas, convened in extraordinary sessions, has thought proper to decree as follows:

ART. 1. The twenty thousand dollars forced loan, specified in power third, of decree No. 105, shall be destined to cover that of twenty-seven thousand assigned to this state by the general congress.

ART. 2. Those who furnish the loan, both in applying for the respective payment, and in exacting the interest that belongs to them, shall conform to the provision of the general law of the 17th of August last.

For its fulfilment, the Governor of the State, shall cause it to be printed, published, and circulated.

Given at the city of Leona Vicario on the 10th of September, 1829.

[The same Signers.]

DECREE No. 107.

The Congress of the State of Coahuila and Texas, convened in extraordinary sessions, and in view of the general law of the 22d of August last, decrees:

Two per. cent duty of consumption shall be imposed on foreign goods in addition to the three per cent. already established.

For its fulfilment, the Governor of the State shall cause it to be printed, published, and circulated.

Given at the city of Leona Vicario on the 10th of September, 1829.

[The same Signers.]

DECREE No. 108.

The Congress of the State of Coahuila and Texas, convened in extraordinary session, decress:

ART. 1. The congress of the state hereby declares its adoption of the plan of the army of reserve, proclaimed in Xalapa.

ART. 2. During the next sessions congress shall make such observations as occur to the same, relative to the aforementioned plan.

ART. 3. Should any citizen, of whatever class, excite commotion, compromising the public safety under pretence of joy for this event, he shall on sole investigation of the fact, be deemed guilty of a capital crime.

For its fulfilment, the Governor of the State shall cause it to be printed, published, and circulated.

Given in the city of Leona Vicario on the 31st of December, 1829.

[The same Signers.]

DECRETO No. 109.

El Congreso constitucional del Estado libre, independiente, y soberano de Coahuila y Texas, teniendo en consideracion que las circunstancias que motiváron la data del decreto No. 105 de 5 de Setiembre del año último, han desaparecido ya en la Republica, ha tenido á bien decretar lo siguiente:

Quedan derogados los articulos 4, 5, 7 y 8, en las facultades 1a, 2a, 4a, y 6a, del precitado decreto.

Lo tendrá entendido el Gobernador constitucional del Estado para su cumplimiento, haciendolo imprimir, publicar y circular.

Dado en la ciudad de Leona Vicario á 5 de Enero de 1830.

JOSE M. BALMASEDA, Presidente.
IGNACIO SENDEJAS, D. S.
VICENTE VALDES, D. S.

DECRETO No. 110.

El Congreso constitucional del Estado libre, independiente, y soberano de Coahuila y Texas, consequente á su pronunciamiento por el plan del exercito de reserva, proclamado en Xalapa, y sancionado en el decreto No. 108, conforme á su articulo segundo, ha tenido á bien decretar:

Art. 1. Que, siendo notorias las desgracias que afligen á la Republica por los abusos en los diferentes ramos de su administracion, se pida al Congreso general la renovacion de todos los empleados, contra quienes se ha explicado la opinion general.

Art 2. Luego que las camaras de la Union hayan abierto sus sesiones iniciara el Congreso del Estado, quanto estime conducente para remediar los males de que habla el antecedente articulo que tienda á hacer la publica felicidad.

Art. 3. El Estado protesta no co-operar á medidas que propendan á venganzas de partidos, que considera extinguidos y olvidados por exigirlo asi la politica y convenencia.

Art. 4. Se declara en consequencia protector del exercito de reserva siempre que el mismo cumpla religiosamente con las protestas y garantias de que hace merito con su plan por que se ha pronunciado, y baxo tal concepto le proporcionará el Executivo del Estado los auxilios que permitan los fondos publicos del Erario.

Art. 5. El Gobierno llevará sus comunicaciones de estilo con el actual Supremo Poder executivo, residente en la capital de la Republica.

Art. 6. El Gobierno dirijirá este decreto con su respectiva parte expositiva al mismo supremo executivo de la nacion, asi como á los oxcelentisimos señores generales en gefe de exercito de reserva, Gober-

DECREE No. 109.

The Congress of the State of Coahuila and Texas, viewing that the circumstances that gave rise to decree No. 105 of the fifth of September last, have now disappeared in the republic, has thought proper to decree af follows:

Articles 4, 5, 7 and the 8th in the first, second, fourth and sixth powers thereof of the aforementioned decree, are hereby repealed.

For its fulfilment, the Governor of the State shall cause it to be printed, published, and circulated.

Given at the city of Leona Vicario on the 5th of January, 1830.
JOSE MARIA BALMASEDA, President.
IGNACIO SENDIJAS, Secretary.
VICENTE VALDES, Secretary.

DECREE No. 110.

The Congress of the State of Coahuila and Texas, pursuant to their *pronunciamiento* in favor of the plan of the army of reserve, proclaimed in Xalapa, and sanctioned in decre No. 108, agreeably to the second article thereof has thought proper to decree:

ART. 1. The republic being afflicted with notorious misfortune in consequence of abuse committed in the different departments of its administration, the general congress is hereby requested to remove all the officers, against whom the public opinion has been clearly manifested.

ART. 2. The general congress is hereby requested, on opening its sessions, to propose to the congress of the state such measures as in its opinion may contribute to remedy the evils mentioned in the preceding article, and promote the public welfare.

ART. 3. The state solemnly promises not to co-operate in measures tending to party revenge which the public policy and convenience require should be regarded as extinguished and forgotten.

ART. 4. In pursuance thereof the state declares itself protector of the army of reserve, provided said army punctually fulfil the promises and guarantees set forth in the plan they have published or proclaimed, and with that understanding the executive of the state shall furnish said army with such aid as the funds of the public revenue permit.

ART. 5. The executive shall carry on his usual correspondence with the national executive, resident in the capital of the republic.

ART. 6. The executive shall forward this decree accompanied by his respective explanatory despatch to the said national execu-

nadores de lós Estados, comandantes generales, y gefes politicos de los territorios.

Lo tendrá entendido el Gobernador constitucional del Estado, para su cumplimiento, haciendolo imprimir, publicar y circular.

Dado en la ciudad de Leona Vicario á 9 de Enero de 1830.

[Los mismos Señores.]

DECRETO No. 111.

El Congreso constitucional del Estado libre, independiente y soberano de Coahuila y Texas, en vista de los causales, en que se apoya el alcalde segundo de esta capital, para no servir el empleo que cree vigente el privilegio que á los recien casados concede la ley y en la ultima del titulo 1º. libro 5 de la recopilacion de Castilla, y teniendo en consideracion que de subsistir esta como concesion hecha por el Rey de España á sus antiguos dominios pugna directamente con el actual sistema federal que la nacion Mexicana tiene adoptado, el mismo Congreso decreta:

Se entiende derogada la ley 14, titulo primero, libro quinto, de la recopilacion de Castilla en la parte que trata de cargas consejiles y contribuciones.

Lo tendrá entendido el Gobernador constitucional del Estado para su cumplimiento, haciendolo imprimir, publicar, y circular.

Dado en la ciudad de Leona Vicario á 13 de Enero de 1830.

[Los mismos Señores.]

DECRETO No. 112.

El Congreso constitucional del Estado libre, independiente y soberano de Coahuila y Texas, ha tenido á bien decretar:

Se declara ciudadano Coahuiltexano á Jose Manuel Bangs, natural del Estados Unidos del Norte America.

Lo tendrá entendido el Gobernador constitucional del Estado para su cumplimiento, haciendolo imprimir, publicar y circular.

Dado en la ciudad de Leona Vicario á 15 de Enero de 1830.

[Los mismos Señores.]

DECRETO No. 113.

El Congreso constitucional del Estado libre, independiente y soberano de Coahuila y Texas, en vista de la consulta que por conducto del Gobierno hizo el Ayuntamiento de la villa de Candela para dar cumplimiento al decreto No. 90, ha tenido á bien decretar como aclaratorios á dicho decreto los articulos siguientes:

Art. 1. La contribucion impuesta en el decreto No. 90, solo es obligatorio á todo Coahuiltexano mayor de diez y ocho años.

tive, to the generals in chief of the army of reserve, governors of the states, generals, commadants and political chiefs of the territories.

For its fulfilment, the Governor of the State shall cause it to be printed, published, and circulated.

Given at the city of Leona Vicario on the 9th January, 1830.

[The same Signers.]

DECREE No. 111.

The Congress of the State of Coahuila and Texas, in view of the ground taken by the second Alcalde of this capital, for not discharging his office, viz: that he considers the privilege to be still in force granted to persons newly married by the law, last clause under the first head, book 5th of the Spanish collection of statutes; and considering that should this still continue in force as a concession made by the King of Spain to his old dominions, it would directly conflict with the form of government adopted by Mexico, decrees:

Law 14th, first head, book 5th of the Castillian collection, in the part wherein it treats of municipal offices and assessments shall be understood as repealed.

For its fulfilment, the Governor of the State shall cause it to be printed, published, and circulated.

Given at the city of Leona Vicario on the 13th of January, 1830.

[The same Signers.]

DECREE No. 112.

The Congress of the State of Coahuila and Texas has thought proper to decree:

Joseph M. Bangs, a native of the United States of the North, is hereby declared a citizen of Coahuila and Texas

For its fulfilment, the Governor of the State shall cause it to be printed, published, and circulated.

Given in the city of Leona Vicario on the 15th of January, 1830.

[The same Signers.

DECREE No. 113.

The Congress of the State of Coahuila and Texas, in attention to the question proposed through the channel of the executive by the Ayuntamiento of the town of Candela for complying with decree No. 90, has thought proper to decree the following articles in explanation of said decree.

ART. 1. The assessment made in decree No. 90, shall be obligatory only on all Coahuiltexians over eighteen years of age.

Art. 2. Lá racion que reciven en especie los asalariados esta exempta de toda regulacion.

Art. 3. La excepcion que hace el artículo 16, solo se contrae á que no so tengan por vagos los hijos de familid de diez y ocho años que no se encuentren en las listas de contribuyentes sin que por este dexen de computarlos los cabezas de las familias en la regulacion que hagan de su utilidad.

Lo tendrá entendido el Gobernador constitucional del Estado para su cumplimiento, haciendolo imprimir, publicar y circular.

Dado en la ciudad de Leona Vicario á 22 de Enero de 1830.

[Los mismos Señores.]

DECRETO No. 114.

El Congreso constitucional del Estado libre, independiente y soberano de Coahuila y Texas, ha tenido á bien decretar:

Que derogada la orden de 9 de Agosto de 1827, procedan los pueblos de San Francisco y San Miguel de Aguayo á erigir su Ayuntamiento en el lugar mas conveniente á juicio del Gobierno procediendo con informe del mismo el señalamiento del territorio que deva ocupar la nueva municipalidad, y de que se dará noticia al Congreso para su conocimiento y aprobacion.

Lo tendrá entendido el Gobernador constitucional del Estado, para su cumplimiento, haciendolo imprimir, publicar y circular.

Dado en la ciudad de Leona Vicario á 26 de Enero de 1830.

[Los mismos Señores.]

DECRETO No. 115.

Ordenanzas municipales de la villa de San Juan de Allende.

DECRETO No. 116.

Ordenanzas municipales del Valle de San Nicolas de la Capellania.

DECRETO No. 117.

Ordenanzas municipales de la villa de Morelos.

DECRETO No. 118.

El Congreso constitucional del Estado libre, independiente, y soberano de Coahuila y Texas, con presencia de la consulta hecha por el Gobierno en 4 de Setiembre del año ultimo, sobre si los substitutos que sirven las magistraturas y fiscalia del tribunal de justicia deben tener precisamente las calidades que requiere el articulo 200 de la Constitucion del Estado, ha tenido á bien decretar lo siguiente:

Art. 1. A falta total de abogados con las calidades requiridas por el articulo 200 de la Constitucion, podran optar á las substituciones de

ART. 2. Raw rations received by hired servants shall not be computed in the assessment.

ART. 3. The exception made by article 16 only means that sons eighteen years of age, attached to families, and not included in the polls, shall not be taken for vagrants, but the heads of families shall not for that reason omit to compute them in the estimate they make of their income.

For its fulfilment, the Governor of the State shall cause it to be printed, published, and circulated.

Given at the city of Leona Vicario on the 22d of January, 1830.

[The same Signers.]

DECREE No. 114.

The Congress of the State of Coahuila and Texas has thought proper to decree:

That the order of the 9th of August 1827, being repealed, the towns of San Francisco and San Miguel de Aguago, proceed to establish their Ayuntamiento in the town which the executive shall consider most suitable, proceeding with his report to trace out the limits of the new municipality, giving notice thereof to congress for their information and approval.

For its fulfilment, the Governor of the State shall cause it to be printed, published, and circulated.

Given at the city of Leona Vicario on the 26th January, 1830.

[The same Signers.]

DECREE No. 115.
Municipal Ordinances of the town of San Juan de Allende.

DECREE No. 116.
Municipal Ordinances of the town of San Nicolas de Capellania.

DECREE No. 117.
Municipal Ordinances of the town of Morelos.

DECREE No. 118.

The Congress of the state of Coahuila and Texas, in view of the question proposed by the executive on the fourth of September last; whether the substitutes who fill the offices of magistrates and attorney general of the tribunal of justice should necessarily possess the qualifications required by article 200 of the constitution of the state, has thought proper to decree as follows:

ART. 1. Should there be absolutely no counsellors possessing the qualifications required by article 200 of the constitution, persons under

las magistraturas y fiscalia del tribunal de justicia, los menores de veinte y cinco años de edad que posean dioho titulo.

Art. 2. Faltando absolutamente los abogados, podrán desempeñar dichos interinatos los ciudadanos mayores de veinte y cinco años, que á juicio del Congreso en su caso, ó del Gobierno, previo el dictamen del cuerpo consultivo, tengan la pericia necesaria para servirlos, arreglandose en su nombramiento á lo que previene el decreto No. 103.

Lo tendrá entendido el Gobernador constitucional del Estado para su cumplimiento, haciendolo imprimir, publicar y circular.

Dado en la ciudad de Leona Vicario á 16 de Febrero de 1830.

RAFAEL MANCHOLA Presidente,
VICENTE VALDES, D. S.
JOSE M. BALMASEDA, D. S.

DECRETO No. 119.

El Congreso constitucional del Estado libre, independiente y soberano de Coahuila y Texas, ha tenido á bien decretar:

Art. 1. Las renuncias de los empleos, cuyo nombramiento corresponde al Congreso del Estado, se harán ante el mismo por conducto del Gobierno.

Art. 2. En los recesos del Congreso el Gobierno podrá admitir por si dichas renuncias, nombrando los interinos conforme á lo que prescribe el articulo 3 del decreto No. 103.

Lo tendrá entendido el Gobernador constitucional del Estado, para su cumplimiento, haciendolo imprimir, publicar y circular.

Dado en la ciudad de Leona Vicario á 19 de Febrero de 1830.

[Los mismos Señores.]

DECRETO No. 120.

El Congreso constitucional del Estado libre, independiente y soberano de Coahuila y Texas, ha tenido á bien decretar:

Art. 1. La noticia que prescribe al Gobierno el articulo 43 de la ley No. 37, deba dar mensualmente al publico se incluirá igualmente la de los ingresos y egresos de los caudales de la tesoreria del Estado.

Art. 2. Una y otra se comisarán con arreglo al adjunto modelo para que puedan incluirse en la gazeta respectiva sumaria que esta mandada se circule en orden de 31 de Agosto último.

Lo tendrá entendido el Gobernador constitucional del Estado, para su cumplimiento, haciendolo imprimir, publicar y circular.

Dado en la ciudad de Leona Vicario á 19 de Febrero de 1830.

[Los mismos Señores.]

twenty-five years of age, who possess the diploma or credential of having been admitted as counsellors, may be appointed as substitutes to the offices of magistrates and attorney general of the tribunal of justice.

ART. 2. Should there be absolutely no counsellors, the aforementioned provisional stations may be filled by such citizens over twenty-five years of age as in the opinion of congress, or of the executive, as the case may be, after hearing the advice of the council, possess the skill required for discharging said offices, conforming in their appointment to the provision of decree No. 103.

For its fulfilment, the Governor of the State shall cause it to be printed, published, and circulated.

Given at the city of Leona Vicario on the 16th of February, 1830.
RAFAEL MANDOLA, President.
VICENTE VALDES, D. S.
JOSE MARIA BALMASEDA, D. S.

DECREE No. 119.

The Congress of the State of Coahuila and Texas has thought proper to decree:

ART. 1. Resignations of offices, which it belongs to the congress of the state to fill, shall be made before the same through the channel of the executive.

ART. 2. During the recess of congress, the executive, or himself, may admit the aforementioned resignations, appointing the provisional substitutes agreeably to the provision of article 3, of decree No. 103.

For its fulfilment, the Governor of the State shall cause it to be printed, published and circulated.

Given in the city of Leona Vicario on the 19th February, 1830.
[The same Signers.]

DECREE No. 120.

The Congress of the State of Coahuila and Texas has thought proper to decree as follows:

ART. 1. The monthly notice which article 43 of Law No. 37 prescribes, shall be given to the public by the executive, shall likewise include that of funds paid into, and paid out of the state treasury.

ART. 2 The intelligence on both subjects shall be taken agreeably to the form annexed, that the abstract, to be circulated agreeably to the order of the 21st of August last, may be included in the respective Gazette.

For its fulfilment, the Governor of the State shall cause it to be printed, published, and circulated.

Given in the city of Leona Vicario on the 19th February, 1830.
[The same signers.]

Noticias de los expedientes, oficios, y demas asuntos que se han recivido y despachado por la Secretaria de Gobierno en todo el mes proximo pasado con inclusion de la de los caudales que han ingresado y egresado á la Tesoreria del Estado.

Existencia total de asuntos restantes en el mes de Diciembre ultimo:—

Expedientes recividos en todo Enero proximo del partido
			de la capital,	010
id.	id.	id.	de Parras,	010
id.	id.	id.	de Monclova,	040
id.	id.	id.	de Rio Grande,	030
id.	id.	id.	de Bejar,	040

Comunicaciones de otros Estados, 025
   Iden   de los Supremos Poderes de la Union, 025
   Iden   del Estado, 030

                     Total numero de asuntos, 200

De los expedientes del partido de esta capital se han despachado
   en todo el mes anterior, - - - - 30
De los de Parras, - - - 30
De los de Monclova, - - - - - 40
De los de Bejar, - - - - - 35 } 230
De los de Rio Grande, - - - - 30
Comunicaciones dirigidas á otras Estados, - - - 25
   Id. à los Supremos Poderes de la Union, - 20
   Id. á los del Estado, - - - - 20

            Asuntos que han quedado pendientes, 60
                    NOTAS.

Primera—A mas de los asuntos que se manifiesta haberse despachado, se han expedido por la secretaria treinta oficios de ordenes y comunicaciones diferentes durante el expresado mes.

Segunda—De sesenta asuntos que han quedado pendientes, veinte estan en consulta ante el hon. Congreso ó diputacion permanente en el tribunal de justicia, diez en los Ayuntamientos; y los restantes no ha alcanzado el tiempo para despacharlos.

Ingresos y Egresos de la tesoreria del Estado en todo el mes de Enero proximo pasado.

PARTIDOS.   INGRESO.

Leona Vicario, { Por cuenta de Tabaccos, - - - 1,000
                Por derechos de Alcabalas, - - - 0,100
                Por demas productos de la Aduana, - 0,010
                Por enteros que ha hecho tal municipalidad correspondiente á la contribucion directa, - 0,300

Information in respect to expedients, official letters, and other subjects received and despatched in the office of the Secretary of State, during the last month, including that relative to the funds that have been paid into, and out of the State Treasury.

Total number of subjects remaining on hand in December last.

Expedients received in all the month of January last from the
District of the Capital. - - - 010
    do   -   -   Parras,   -   010
    do   -   -   Monclova,   040
    do   -   -   Riogrande, -   030
    do   -   -   Bexar,   -   040
Communications from other states, - - - 025
    do   from the National Administration, - 025
    do   from that of the state, - - - 030

Total number of subjects, - - - - 200
Of the expedients from the district of this capital, there have
    been despatched in all the preceding month,- - 30
Of those of Parras, - - - - - 30
    "   Monclova, - - - 40
    "   Bexar, - - - 35 } 230
    "   Rio Grande, - - - 30
Communications directed to other states, - - 25
    "   to the supreme national authorities, - 20
    "   to those of the state, - - 20
Subjects yet pending, - - - - 60

NOTES.

First.—Besides the subjects shewn to have been despatched, thirty official letters comprising various orders and communications have been issued from the secretary office during the aforementioned month.

Second.—Of sixty subjects that remain pending, twenty are in consultation before congress or the permanent deputation in the tribunal of justice, ten in the Ayuntamientos, and there has not been time to despatch the remainder.

Funds paid into, and out of the State Treasury, in all the month of January last.

Districts.   ENTRIES.

Leona Vicario. { On account of the Tobacco rent, - - 1 000
                 Excise duties, - - - - 0 100
                 Other products of the Custom House, - 0 010
                 Entries made by the municipality of ——
                     pertaining to the tax, - - - 0 300

Parras,	Se aplican las entradas lo mismo que los anteriores, y segun la naturaleza que sean,	0,000
Monclova,	iden.	0,000
Rio Grande,	iden.	0,000
Bejar,	iden.	0,000
	Total.	1,410

EGRESOS.

Por el presupuesto de gastos del H. Congreso,
Para el de la Secretaria del Gobierno,
Para el Supremo Tribunal de Justicia,
Para el de la Fabrica de Tabaccos,
A la comandancia General por cuenta del contingente,
A la comisaria de esta cuidad por iden,
En abono del Prestamo ó de la contrata de Tabacos ú otra cosa que se haya pendiente,

VALDES, D. S.
BALMASEDA, D. S.

DECRETO No. 121.

El Congreso constitucional del Estado libre, independiente, y soberano de Coahuila y Texas, deseando llenar algunos vacios que se advierten en el decreto No. 17, que arregla su secretaria, ha tenido á bien decretar como adicionales los articulos siguientes:

Art. 1. El oficial mayor de la secretaria ó el que haga sus vezes presentará cada mes al tesorero del Congreso, y en su receso al de la diputacion permanente el presupuesto de los gastos necesarios de la oficina.

Art. 2. En consequencia queda derogado el miembro 4 del articulo 2 del decreto No. 17, de 7 de Junio de 1825, por el qual se expensaban ciento cincuenta pesos anuales para los gastos de secretaria del Congreso.

Lo tendrá entendido el Gobernador constitucional del Estado para su cumplimiento, haciendolo imprimir, publicar y circular.

Dado en la ciudad de Leona Vicario á 3 de Marzo de 1830.

JOSE M. CARDENAS, Presidente,
JOSE M. BAEMASEDA, D. S.
MARIANO GARCIA, D. S.

DECRETO No. 122.
Ordenanzas municipales de la cuidad de Leona Vicario.

DECRETO No. 123.
Ordenanzas municipales del valle de Santa Rosa.

Parras,	Entries to be stated as above, or such as they may be,	0 000
Monclova,	- - - - - -	0 000
Rio Grande,	- - - - - -	0 000
Bexar,	- - - - - -	0 000
Total,	- - - - -	1 410

DISBURSEMENTS.

To the statement of presupposed expenses of congress,
" of the office of secretary of state,
" of the supreme tribunal of justice,
" of the cigar manufactory,
To the general commandancy—on account of contingent expenses,
" commissary office of this city   do
Paid on the loan, or tobacco contract, or any thing else,
Pending.

VALDES, D. S.
BALMASEDA, D. S.

DECREE No. 121.

The Congress of the State of Coahuila and Texas, to supply some deficiences noticed in decree No. 17, regulating the secretary office, has thought proper to decree the following as additional articles:

ART. 1. The principal officer of the secretary office, or the person officiating in his place, shall present every month to the treasurer of congress, and during the recess thereof, to the treasurer of the permanent deputation the account of presupposed necessary expenses of the office.

ART. 2. In pursuance thereof the fourth clause of article 2 of decree No. 17 of the 7th of June 1825, by virtue of which one hundred and fifty dollars per annum were paid out for expenses of the secretary office of congress, is hereby repealed.

For its fulfilment, the Governor of the State shall cause it to be printed, published, and circulated.

Given in the city of Leona Vicario on the 3rd of March, 1830.

JOSE M. CARDENAS, President,
JOSE MARIA BALMASEDA, D. S.
MARIANO GARCIA, D. S.

DECREE No. 122.
Municipal Ordinances of the city of Leona Vicaris.

DECREE No. 123.
Municipal Ordinances of the town of Santa Rosa.

DECRETO No. 124.

El Congreso constitucional del Estado libre, independiente y soberano de Coahuila y Texas, para aclarar el sentido de los articulos 163 y 166 de la Constitucion, y resolver las dudas que la municipalidad de Monclova ha consultado para llenar las vacantes, con que actualmente se encuentran, ha tenido á bien decretar como adicionales á la ley No 37 los articulos siguientes:

ART. 1. Si en una misma eleccion para la renovacion de oficios de Ayuntamiento fueren nombrados dos ó mas personas que tengan entre si el parentesco que segun la ley de la materia los inhabilita para desempeñar á un mismo tiempo encargos municipales sera valida la que resulte hecha con mayor numero de votos, bien sea para empleos de una misma ó de distinta denominacion, quedando insubsistente la de los otros parientes, cuyo empleo lo desempeñará el ciudadano que el orden de la lista respectiva cuente mayor numero de votos.

ART. 2. Quando en la misma eleccion sean nombrados los referidos parientes con igual numero de sufragios preferirá el nombramiento de aquel que hubiere sido nombrado para el empleo de mayor dignidad, entendiendose por tal en los de una misma denominacion ó clase el primero respecto al segundo, y este con respecto al tercero, y en los de distinta, el de Alcalde respecto al de Regidor, y el de este respecto al de Sindico, abservandose lo demas que queda prevenido en la segunda parte del articulo primero.

ART. 3. Quando vacare algun oficio municipal lo seguirá desempeñando el ciudadano que en orden de la lista respectiva cuente mayor numero de votos, debiendo ocupar el ultimo lugar en la respectiva clase el ciudadano que de nuevo entre en el Ayuntamiento.

ART. 4. Este no podrá obtener ningun otro empleo municipal, ni ser recegido para el mismo que sirvió hasta despues de dos años de haber cesado en el, con tal que haya desempeñado á lo menos por quatro meses. Esta misma regla se observará respecto de los que hayan renunciado algun empleo municipal por impedimento legal que despues haya cesado.

ART. 5. Los Ayuntamientos serán presididos por los gefes politicos respectivos, de que habla la ley No. 37, y en su defecto por los Alcaldes primeros, y á falta de estos por los segundos, y asi succesivamente por los demas individuos de la corporacion segun el orden de su antiguedad.

ART. 6. Las faltas temporales del procurador ó procuradores sindicos se suplirán por el regidor ó regidores mas modernos, asi como deben serlo la de los Alcaldes por el regidor ó regidores mas antiguos.

Lo tendrá entendido el Gobernador constitucional del Estado para su cumplimiento haciendolo imprimir, publicar y circular.

Dado en la ciudad de Leona Vicario á 23 de Marzo de 1830.

JOSE M. CARDENAS, Presidente.
JOSE M. BALMASEDA, D. S.
MARIANO GARCIA, D. S.

DECREE No. 124.

The Congress of the State of Coahuila and Texas, to explain the meaning of articles 163 and 166 of the constitution, and remove the doubts on the question proposed by the municipality of Monclova for filling the present vacancies that have occurred therein, has thought proper to decree the following as additional articles to the law No. 30.

ART. 1. Should two or more persons be chosen at the same election of officers of the Ayuntamiento, who are disqualified for discharging municipal offices, at the same time on account of their relationship, as the law on the subject provides, the choice having the most votes, whether for offices of the same, or of a different name, shall be valid, and that of the other relatives shall not be carried into effect, and the said office shall be discharged by the person who, in the order of the respective list, receives the greatest number of votes.

ART. 2. When the aforementioned relatives are chosen at the same election by an equal number of votes, the choice for the office of the highest rank shall be preferred, and the first with respect to the second, the latter with respect to the third shall be considered as such in offices of the same kind or name; and in those of a different name, that of Alcalde with respect to that of Regidor; and the latter with respect to that of Syndic; observing what is furthermore provided in the second part of article 1.

ART. 3. When any municipal office becomes vacant, the person receiving the greatest number of votes in the order of the respective list shall enter on the discharge of the same, and the person newly entering the Ayuntamiento shall rank lowest in the respective kind of offices.

ART. 4. The aforementioned person, provided he serves four months at least, shall obtain no other, nor be elected to the same municipal office until after two years from having served therein.—The same rule shall be observed with respect to those, who resign municipal offices from legal impediment, that afterwards disappears.

ART. 5. The Ayuntamientos shall be presided by the respective political chiefs, in their default, by the first Alcaldes, and in default of the latter, by the second; and so on successively by the members of the corporation, according to the order of their seniority.

ART. 6. Temporary defaults of Syndicks shall be supplied by the junior, and those of Alcaldes by the senior Regidores.

For its fulfilment, the Governor of the State shall cause it to be printed, published, and circulated.

Given in the city of Leona Vicario on the 23rd of March, 1830.

JOSE MANUEL CARDENAS, President.
JOSE MARIA BALMASEDA, D. S.
MARIANO GARCIA, D. S.

DECRETO No. 125.

El Congreso constitucional del Estado libre, independiente, y soberano de Coahuila y Texas, teniendo en consideracion los graves males que se siguen al Estado en la administracion de justicia por la falta de asesor general, y la facilidad de renunciar este empleo, los ciudadanos que han sido nombrados, y deseando por su parte evitar los perjuicios que resiente la administracion, ha tenido á bien decretar lo siguiente:

El ciudadano que fuere nombrado asesor general del Estado, y renunciáre, será obligado por el Gobierno á que lo desempeñe en clase de interino hasta que el Congreso resuelva lo que tenga por conveniente para llenar su plaza.

Lo tendrá entendido el Gobernador constitucional del Estado para su cumplimiento, haciendolo imprimir, publicar y circular.

Dado en la ciudad de Leona Vicario á 2 de Abril de 1830.

VICENTE VALDES, Presidente,
MARIANO GARCIA, D. S.
JOSE M. ARAGON, D. S.

DECRETO No. 126.

El Congreso constitucional del Estado libre, independiente, y soberano de Coahuila y Texas, habiendo observado algunas faltas en el reglamento interior de la secretaria del Gobierno del Estado, y deseando llenarlas, á tenido á bien reformar el articulo 45 de dicho reglamento en los terminos siguientes:

ART. 45. En fin de cada mes el secretario formará el presupuesto de gastos ordinarios de la oficina y el que corresponda á todos los empleados de la misma, cuyos documentos incluirán los respectivos justificantes que acrediten todas y cada una de los partidas que lo compongan y con estos indispensables requisitos serán pagados por la tesoreria.

Adicional despues del 49.—Queda derogado el articulo 52 del reglamento economico politico de los pueblos.

Lo tendrá entendido el Gobernador constitucional del Estado, para su cumplimiento, haciendolo imprimir, publicar y circular.

Dado en la ciudad de Leona Vicario á 3 de Abril de 1830.
[Los mismos Señores,]

Este decreto lo devolvió observado el Gobierno en 13 del mismo, en cuya fecha pasó á la comision de Gubernacion.

DECRETO No. 127.

El Congreso constitucional del Estado libre, independiente, y soberano de Coahuila y Texas, teniendo en consideracion lo obstruido que se encuentra la administracion de justicia con la practica establecida por el articulo 56 del decreto No. 39, como tambien el que los jueces de la instancia muchas vezes absolverán reos que por la ley meres-

DECREE No. 125.

The Congress of the State of Coahuila and Texas, regarding the serious evils, experienced by the state in the administration of justice from the want of assessor general, and the facility with which the persons appointed resign this office; and solicitous on their part of preventing the injury suffered by the administration; has thought proper to decree:

The person who shall be appointed assessor general and resign, shall be obligated by the executive to serve provisionally until congress resolves as the same shall think proper for filling his station.

For its fulfilment, the Governor of the State shall cause it to be printed, published, and circulated.

Given in the city of Leona Vicario on the 2d of April, 1830.

VICENTE VALDES, President.
MARIANO GARCIA, D. S.
JOSE MARIA ARAGON, D. S.

DECREE No. 126.

The Congress of the State of Coahuila and Texas, having observed some defects in the internal regulations of the secretary office of the department of state, and desiring to supply the same, has thought proper to reform the article 45 of said regulations, as follows—

ART. 45.—At the close of every month the secretary shall form the statement of presupposed ordinary expenses of the office, and that of the respective pay of all the officers thereof, which documents shall include the respective vouchers, shewing all and each one of the component sums thereof, and with these indispensable requisites they shall be paid by the treasury.

Additional, after article 49, article 52 of the politico-financial regulations of the towns is hereby repealed.

For its fulfilment, the Governor of the State shall cause it to be printed, published and circulated.

Given in the city of Leona Vicario on the 3rd of April, 1830.

[The same Signers.]

Returned accompanied by remarks on the part of the executive, on the 13th, and referred to the committee on executive affairs.

DECREE No. 127.

The Congress of the State of Coahuila and Texas, taking into consideration the obstacles encountered in the administration of justice with the practice established by article 56 of decree No. 39; also that the primary judges will often acquit criminals deserving capital punish-

can pena corporal, solo por que le den mala inteligencia al articulo 88 de la misma, ha tenido á bien decretar lo siguiente:

Art. 1. Las salas del supremo tribunal de justicia continuarán administrandola sin el nombramiento ni asistencia de los conjueces ó colegas de que habla la ley reglamentaria de justicia.

Art. 2. Se exceptuan de lo prevenido en el articulo anterior los casos de que hablan el 81 y 82 en los que se procederá con arreglo á lo que prescribe dicha ley.

Art. 3. Toda causa criminal, instruida sobre delito que por la ley meresca pena corporal será remitida al supremo tribunal de justicia aun quando la sentencia asesorada haya absuelto al accusado.

Lo tendrá entendido el Gobernador constitucional del Estado para su cumplimiento, haciendolo imprimir, publicar y circular.

Dado an la ciudad de Leona Vicario á 5 de Abril de 1830.

[Los mismos Señores.]

DECRETO No. 128.

El Congreso constitucional del Estado libre, independiente, y soberano de Coahuila y Texas, habiendo tomado en su consideracion los perjuicios que puede la substitucion de la segunda parte del articulo 39 de la ley de colonizacion, como tambien la falta de claridad de la numero 62, y lo justo que es agraciar en la reparticion de terrenos á los ciudadanos Coahuiltexanos que á costa de miles de privaciones los han habitado y defendido de las tribus barbaras, ha tenido á bien decretar lo siguiente:

Art. 1. Los agrimensores que han de practicar las medidas de tierras presentarán fianzas que causionen su manejo con arreglo á las leyes vigentes. Para dichos nombramientos serán preferidos los Mexicanos naturales y naturalizados á los que tengan esta circunstancia.

Art. 2. En recompensa de su trabajo se les satisfarán por los agraciados, ocho pesos por la mensura de un sitio, tres por la de una labor, y doce reales por un solar, quedando en consequencia insubsistente la segunda parte del articulo 39 de la ley de colonizacion.

Art. 3. Sus obligaciones serán las prescritas en dicha ley é instrucciones aprobadas para los comisionados.

Art. 4. El comisionado levantará los planos para el archivo de la colonia, y los del Gobierno con presencia de los que debe entregarle el agrimensor, presenciará todas las medidas, extenderá los titulos suficientemente autorizados tanto para el protocolo como para la pertenencia de los colonos sin que por pretexto alguno pueda delegar su comision, sino es con previo conocimiento del Gobierno.

Art. 5. Por ningun motivo, ni baxo ningun pretesto se exigirá á los colonos otros derechos ni gavelas que las designadas en esta ley y los prescritos para el comisionado por el decreto No. 62.

ment by law, solely from misconstruction of article 88 of the aforementioned decree, has thought proper to decree as follows:

ART. 1. The halls of the supreme tribunal of justice shall continue the administration thereof, without the appointment or assistence of the judges, colleagues, mentioned in the law regulating the administration of justice.

ART. 2. The cases mentioned in article 81 and 82 shall be excepted from the provision of the preceding article, which cases shall be conducted in the manner prescribed by the aforementioned law.

ART. 3. All causes in crimes deserving capital punishment by law, shall be transmitted to the supreme tribunal of justice, even should the accused be acquitted by the decision of the assessor.

For its fulfilment, the Governor of the State shall cause it to be printed, published, and circulated.

Given in the city of Leona Vicario on the 5th of April, 1830.

[The same Signers.

DECREE No. 128.

The Congress of the State of Coahuila and Texas, having taken into consideration the injuries that may arise from the substitution of the second part of article 39 of the colonization law, as well as the want of clearness of decree No. 62; and the justice there is in favoring, in the distribution of lands, the citizens of Coahuila and Texas, who at the cost of a thousand privations, have inhabited the same, and defended them from the savage tribes, has thought proper to decree as follows:

ART. 1. The surveyors, who are to run off the lands, shall give security for their faithful management in conformity to the existing laws. For said appointments native and naturalized Mexicans shall be preferred to those who are not.

ART. 2. As a compensation for their services they shall be paid by the persons, to whom the lands are granted, eight dollars for the survey of a sitio; three for that of a labor; and twelve rials for that of a lot; and in pursuance thereof the second part of article 39 of the colonization law shall remain no longer in force.

ART. 3. Their duties shall be those prescribed in said law, and in the instructions approved for the commissioners.

ART. 4. The commissioner shall construct the plans for the Archives of the colony, and those of the government, in view of those the surveyor shall deliver him; shall be present at all the surveys, and shall write out the titles sufficiently authenticated both for the judicial record or original copy, and right of property of the colonists, without having power, under any pretence, to delegate his commission, unless it is with previous knowledge of the executive.

ART. 5. For no cause, and under no pretence shall any other fees or taxes, be exacted of the colonists, except those designated in this law, and those prescribed for the commissioner by decree No. 62.

ART. 6. Los mozos de acha y cadeneros que se necesiten para las mensuras, los facilitarán los respectivos agraciados, bien sean de los de su servicio, ó de otros que busquen, sin que ni el comisionado, ni el agrimensor tengan facultad para ocupar á los de su comitiva con estos destinos.

ART. 7. Se autoriza al gefe de departamento de Bejar para que si advirtiese mal manejo en algun comisionado de mensuras lo suspenderá inmediatamente formando expediente instructivo con que dará cuenta al Gobierno para que disponga su suspension si lo cree justo, sin perjuicio de la causa que le mandará formar.

ART. 8. Si algun comisionado ó agrimensor abusáre de su oficio no podrá obtener ningun empleo de provision del Gobierno, quedando ademas sugeto á las penas que se imponen por la ley de 24 de Marzo de 1813, á los juezes que obran contra derecho.

ART. 9. El gefe de departamento de Bejar cuidará en su demarcacion baxo su responsabilidad del cumplimiento del articulo 7 de esta ley, y de que el importe de los terrenos enagenados á nacionales ó estrangeros se recoja por los Ayuntamientos precisamente al vencimiento de los plazos, y remitan con las seguridades correspondientes, y su conocimiento á la oficina de rentas del Estado que disponga el Gobierno.

ART. 10. Este para el cumplimiento de la segunda parte del articulo anterior mandará á dicho gefe copia de las contratas que haya celebrado con empresarios, y de los terrenos vendidos á naturales. Tambien le remitirá noticia de las tierras que están repartidas en la colonia de Austin; haciendo igual remision á los demas Ayuntamientos del Estado por lo que respecta á sus municipalidades para que le den el cumplimiento debido al articulo 23 de la ley de colonizacion.

ART. 11. El Executivo hará publicar las contratas que á su termino no hayan tenido efecto para que se entienda haber vuelto los respectivos terrenos á la clase de valdios y colonizables.

ART. 12. Los ciudadanos Coahuiltexanos que á la publicacion de esta ley se hayen radicados en algun pueblo fronterizo á los barbaros y tengan veinte y quatro, treinta y cinco y quarenta años de radicacion habiendolos sostenido con las armas á sus afanes se agracian con una parte de los derechos correspondientes á las rentas del Estado por un sitio y una labor baxo la proporcion siguiente: Los de veinte y quatro años pagarán una mitad; los de treinta y cinco, una tercera parte; y los de quarenta se les exónera del pago.

ART. 13. Los terrenos adquiridos en virtud del articulo anterior solo seran enagenables despues de quatro años de cultivo.

ART. 14. Si los individuos de que habla el articulo 12, tuviesen que recivir mas de un sitio y una labor, quedan sugetos á lo prevenido en la ley de colonizacion, observandose la misma para adquirir los terrenos de cuyo censo se les agracia.

Art. 6. The markers and chain carriers shall be provided by the respective grantees, whether of persons in their service, or others they search for—and neither the commissioner, or the surveyor are authorized to employ those of their retinue in these stations.

Art. 7. The chief of department of Bexar is hereby authorized, should he observe any mismanagement on the part of any commissioner of surveys, to suspend him immediately, forming the record, wherewith he shall give notice to the executive for the same to order his suspension should he think it just, without affecting the judicial process he shall order to be instituted against him.

Art. 8. Should any commissioner or surveyor be guilty of abuse of office he shall obtain no office of provision of the government, and furthermore shall be subject to the penalties imposed by the law of the 24th of March, 1813, on judges who proceed contrary to law.

Art. 9. The chief of department of Bexar, within his jurisdiction, and under his responsibility, shall attend carefully to the fulfilment of article 7, of this law, and also take care that the Ayuntamientos collect the import of the lands transferred to native or naturalized citizens, or to foreigners, indispensably on conclusion of the instalments, and remit the same with the proper security, and their bill or account thereof, to the office of the state rents which the executive shall direct.

Art. 10. For the fulfillment of the second part of the preceding article, the executive shall forward to the aforementioned chief a copy of the contracts he may have made with empresarios, and of the lands sold to natives; he shall also forward him an account of the lands that are distributed in Austins' colony; making a like transmission to the rest of the Ayuntamientos of the state as regards their own municipalities, that they may duly fulfill the 33rd article of the colonization law.

Art. 11. The executive shall cause the contracts, that are not carried into effect in the time stipulated, to be published, that the respective lands may be understood to have again become vacant, and open to colonization.

Art. 12. The citizens of Coahuila and Texas, who on the publication of this law are settled in any town, frontier to the savage tribes, and have a fixed residence of twenty-four, thirty-five and forty years, having sustained the said towns with their arms, and their toils, shall be favored with a concession of a part of the dues belonging to the state rents, for a sitio and a labor in the following proportion: Those of twenty-four years, shall pay one half; those of thirty-five, one third; and those of forty shall be exonerated from the payment.

Art. 13. The lands acquired by virtue of the preceding article shall be alienable, only after four years cultivation.

Art. 14. Should the individuals mentioned in article 12, have more than a sitio and a labor to receive, they shall be subject to the provision of the colonization law, observing the same for acquiring the lands, the tax whereof is remitted in their favor.

Art. 15. Para optar á la gracia de que habla el articulo 12, se presentará al comisionado respectivo un certificado del Ayuntamiento en que se especifique los años que .iene de vecindad el solicitante, y los servicios que haya prestado; dicho documento se extenderá sin mas derechos que el costo del papel.

Art. 16. El comisionado remitirá al Gobierno dichos certificados para el proveido que corresponda, teniendose presente que esta gracia solo debe acordarse al verdadero merito.

Art. 17. Lo dispuesto en los cinco articulos anteriores debe entenderse sin perjuicio de los demas pasos que actualmente se practican en solicitud de merced de tierras.

Lo tendrá entendido el Gobernador constitucional del Estado, para su cumplimiento, haciendolo imprimir, publicar y circular.

Dado en la ciudad de Leona Vicario á 1 de Abril de 1830.

[Los mismos Señores.]

DECRETO No. 129.

El Congreso constitucional del Estado libre, independiente y soberano de Coahuila y Texas, teniendo en consideracion los obstaculos que se han presentado para el exacto cumplimiento del decreto No. 42, ha tenido á bien decretar lo siguiente:

Art. 1. Interin pueden establecerse en el Estado las escuelas Lancasterianas, de que habla el decreto No. 92, hará el Executivo se establescan seis publicas de primeras letras baxo las bases designadas en aquella ley, y con las modificaciones siguientes.

Art. 2. Las seis escuelas se repartirán en los tres departamentos, procurando el Gobierno se establescan en los puntos mas centricos, y que tengan necesidad de este auxilio.

Art. 3. El sueldo de los maestros será el de quinientos pesos anuales.

Art. 4. La donacion de gratitud que den los niños educados se reduce á seis pesos en estos establecimientos.

Art. 5. Los Ayuntamientos de los pueblos en que se establescan las escuelas desempeñarán las obligaciones prescritas en dicho decreto á los de las cabezeras de departamento.

Art. 6. Los directores remitirán al Gobierno anualmente en el mes de Noviembre, un juego de planas de todos los niños de su establecimiento, que servirán para graduar sus adelantos; dichos juegos se le pasarán al Congreso en union de la memoria, con una nota que exprese el estado en que se halla la educacion, y manifestando las trabas que se presenten para su adelanto.

Lo tendrá entendido el Gobernador constitucional del Estado para su cumplimiento, haciendolo imprimir, publicar y circular.

Dado en la ciudad de Leona Vicario á 13 de Abril de 1830.

[Los mismos Señores.]

ART. 15. To obtain the favor mentioned in article 12, a certificate from the Ayuntamiento shall be presented to the respective commissioner, wherein the number of years the petitioner has been settled is specified, and the services he has rendered; said document shall be written without any other fees than the cost of the paper.

ART. 16. The commissioner shall forward the said certificates to the executive for the proper determination or decree thereon; it being borne in mind that this favor shall be accorded only to true merit.

ART. 17. The provisions of the five preceding articles shall be understood as not being to the injury of the steps now taking in solicitation of the grant of lands.

For its fulfilment, the Governor of the State shall cause it to be printed, published, and circulated.

Given in the city of Leona Vicario on the 1st of April, 1830.

[The same Signers.

DECREE No. 129.

The Congress of the State of Coahuila and Texas, in view of the obstacles that have arisen for strictly fulfilling the decree No. 92, has thought proper to decree as follows:

ART. 1. Until the Lancastrian schools, mentioned in secree No. 92, can be established in the state, the executive shall cause six public primary schools to be established on the basis designated in said law, and with the following modifications:

ART. 2. The six schools shall be distributed in the three departments, the executive endeavoring to have them established in places, the most central, and such as require this aid.

ART. 3. The pay of the teachers shall be five hundred dollars per annum.

ART. 4. In said establishments the amount given by the pupils as gratitude money shall be reduced to six dollars.

ART. 5. The Ayuntamientos of the towns wherein the schools are established shall discharge the duties prescribed in said decree to the Ayuntamientos of the department capitals.

ART. 6. The directors shall forward to the executive yearly, on the month of November, a set of samples of all the pupils of their establishment, which shall serve for estimating their their progress; said specimens shall be passed to congress, accompanying the report, with a note expressing the state of the school with regard to education, and manifesting the obstacles that impede its progress.

For its fulfilment, the Governor of the State shall cause it to be printed, published, and circulated.

Given in the city of Leona Vicario on the 13th of April, 1830.

[The same Signers.]

DECRETO No. 130.

El Congreso constitucional del Estado libre, independiente y soberano de Coahuila y Texas, ha tenido á bien decretar:

ART. 1. Se faculta al Gobierno para que contrate un prestamo de tres mil pesos, con el tres por ciento anual de reditos, pudiendo aumentarlo hasta el cinco; pero, si el que se le pidiere fuere mayor, lo consultará al Congreso, y en su receso lo acordará con la diputacion permanente.

ART. 2. Los tres mil pesos se invertirán en socorrer á los atacados del contagio de las viruelas en todo el Estado.

ART. 3. Para su pago comprometerá por hipoteca especial el producto de las tierras colonizadas.

ART. 4. Al efecto se designan mil doscientos pesos al departamento del Saltillo, mil al de Monclova, y ochocientos al de Bejar.

ART. 5. El Góbierno reglamentará el modo en que se debe ministrarse dicho socorro á las clases infelizes del Estado.

ART. 6. Pasado el contagio dará cuenta el Execulivo al Congreso de los que han sido socorridos á virtud de este decreto, y la quota que han percibido haciendo se publique todo por la imprenta.

Lo tendrá entendido el Gobernador constitucional del Estado, para su cumplimiento, haciendolo imprimir, publicar y circular.

Dado en la ciudad de Leona Vicario á 13 de Abril de 1830.

[Los mismos Señores.]

DECRETO No. 131.

Ordenanzas municipales de la villa de San Pedro de Gigedo.

DECRETO No. 132.

El Congreso constitucional del Estado libre, independiente y soberano de Coahuila y Texas, ha tenido á bien decretar:

ART. 1. Se establecerá en la hacienda de San Isidro de Palomas una receptoria de alcabalas.

ART. 2. El ciudadano que la sirva se encargará tambien del estanquillo de cigarros y papel sellado y cuidará en su demarcacion respectiva el cobro de las demas rentas del Estado, y de que no haya contrabando en ningun ramo de los que les pertenecen.

ART. 3. Este empleado será nombrado por el Gobierno quien cuidará causione el manejo de los caudales que se ponen á su cuidado con la fianza de dos mil pesos.

ART. 4. Estará sugeto por ahora al administrador de tabacos y alcabalas de esta capital en sus ramos respectivos, y recivirá por via de recompensa de su trabajo el mismo tanto por ciento de honorario que los ------- y estanquilleros.

DECREE No. 130.

The Congress of the State of Coahuila and Texas has thought proper to decree:

ART. 1. The executive is hereby authorized to contract a loan of three thousand dollars, at an annual interest of three per cent., with power to increase it to five; but should a greater be asked, he shall consult congress, and during the recess agree thereon with the permanent deputation.

ART. 2. Said loan shall be used to succor persons attacked with the small pox thoughout the state.

ART. 3. For the payment thereof the executive shall pledge the product of the colonized lands, by special mortgage.

ART. 4. For said object twelve hundred dollars shall be assigned to the department of Saltillo; one thousand to that of Monclova; and eight hundred to that of Bexar.

ART. 5. The executive shall regulate the manner said succor shall be ministered to the destitute classes in the state.

ART. 6. After the contagion ceases, the executive shall give notice to congress of the persons assisted by virtue of this decree, and the amount they have received, causing the whole to be published through the press.

For its fulfilment, the Governor of the State shall cause it to be printed, published, and circulated.

Given in the city of Leona Vicario on the 13th April, 1830.

[The same Signers.]

DECREE No. 131.
Municipal Ordinances of the town of San Pedro de Gigedo.

DECREE No. 132.

The Congress of the State of Coahuila and Texas has thought proper to decree:

ART. 1. A receiver's office of excise duties shall be established in the hacienda de San Isidro de las Palomas.

ART. 2. The person who has the direction of said office, shall also take charge of the branch cigar agency, stamped paper, and shall take care that the other state rents in his respective limits are collected, and that no smuggling is carried on in any department of said rents.

ART. 3. Said officer shall be appointed by the executive, who shall require him to give bonds to the amount of two thousand dollars for the faithful management of the stock and funds committed to his charge.

ART. 4. He shall be subject for the present to the chief agent of the tobacco and excise departments of this capital in his respective departments, and shall receive as a compensation for his services the same per centage as the receivers and agents of branch cigar establishments,

Art. 5. La comprehension de la nueva subreceptoria será la misma que abraza su jurisdiccion civil.

Lo tendrá entendido el Gobernador constitucional del Estado para su cumplimiento, haciendolo imprimir, publicar y circular.

Dado en la ciudad de Leona Vicario á 14 de Abril de 1830.

[Los mismos Señores.].

DECRETO No. 133.

El Congreso constitucional del Estado libre, independiente, y soberano de Coahuila y Texas, teniendo en consideracion las causales que por conducto del Gobierno ha manifestado el administrador de rentas unidas del Estado, entorpezen el que tenga su mas exacto cumplimiento el decreto No. 11 de 6 de Setiembre de 1827, ha tenido á bien decretar lo siguiente:

Art. 1. El articulo 3 del decreto No. 11 de seis de Setiembre de 1827, en lugar de las voces Setiembre y Agosto se substituyen las de Julio y Junio.

Art. 2. En el articulo 4 de dicho decreto se intercalará la fraze de Agosto en vez de la de Octubre á que se refiere.

Lo tendrá entendido el Gobernador constitucional del Estado para su cumplimiento, haciendolo imprimir, publicar y circular.

Dado en la ciudad de Leona Vicario á 14 de Abril de 1830.

[Los mismos Señores.]

DECRETO No. 134.

Ordenanzas municipales para la villa de Guerrero.

DECRETO No. 135.

El Congreso constitucional del Estado libre, independiente, y soberano de Coahuila y Texas, teniendo en consideracion los graves inconvenientes que se han presentado para el cumplimiento del decreto No. 44, de 21 de Febrero de 1828, y los que en lo succesivo pueden occurir á que en lo absoluto quede illusorio por el en clase que tenia con las rentas generales de la nacion, decreta lo siguiente:

Queda derogado el decreto No. 44 de 21 de Febrero de 1828, y en consequencia se señala por lo succesivo por cabezera del partido de Rio Grande la villa de Nava.

Lo tendrá entendido el Gobernador constitucional del Estado para su cumplimiento, haciendolo imprimir, publicar y circular.

Dado en la ciudad de Leona Vicario á 16 de Abril de 1830.

[Los mismos Señores.]

ART. 5. The limits of the new sub-receivers office shall be co-extensive with those of the civil jurisdiction thereof.

For its ulfilment, the Governor of the State shall cause it to be printed, published, and circulated.

Given in the city of Leona Vicario on the 14th of April, 1830.
[The same Signers.]

DECREE No. 133.

The Congress of the State of Coahuila and Texas, in attention to the causes which occasion a want of activity in the strict fulfillment of decree No. 11, of the 6th of September 1827, as has been manifested by the chief agent of the state rents through the channel of the executive; has thought proper to decree:

ART. 1. In article 3 of decree No. 11, of the 6th of September, 1827, the words June and July shall be inserted instead of those of August and September.

ART 2 In article 4th of said decree, instead of the month of October to which it refers, the word August shall be inserted.

For its fulfilment, the Governor of the State shall cause it to be printed, published, and circulated.

Given in the city of Leona Vicario on the 14th of April, 1830.
[The same Signers.]

DECREE No. 134.

Municipal Ordinances of the town of Guerrero.

DECREE No. 135.

The Congress of the State of Coahuila and Texas, in view of the serious difficulties that have presented themselves for fulfilling the decree No. 44 of the 21st of February, 1828, and of those which may hereafter occur so as entirely to defeat the fulfillment thereof, so far as it has to do with the national rent, has thought proper to decree:

Decree No. 44 of the 21st of February 1828, is hereby repealed, and in pursuance thereof the town of Nava shall henceforth be the capital of the district of Rio Grande.

For its fulfilment, the Governor of the State shall cause it to be printed, published, and circulated.

Given in the city of Leona Vicario on the 16th of April, 1830.
[The same Signers.]

DECRETO No. 136.

El Congreso constitucional del Estado libre, independiente y soberano de Coahuila y Texas, tratando de cumplir en cuanto posible con la obligacion que le impone el articulo 192 de la Constitucion, y deseando el que los Coahuiltejanos comienzen á disfrutar de las ventajas que son anexas á la preciosa institucion del juicio por jurados, ha tenido á bien decretar lo siguiente:

Art. 1. A los tres dias de recivida esta ley en cada capital de partido, procederá el Ayuntamiento por esta vez á nombrar entre los ciudadanos del partido á pluralidad de votos desde 21 hasta 84 jurados, los que deben tener precisamente las calidades requeridas por la Constitucion para ser miembros de la corporacion.

Art. 2. Las subsequentes elecciones se haran anualmente por los Ayuntamientos de que habla el articulo anterior, precisamente el dia tres de Mayo.

Art. 3. Los jurados que no funcionen en su año respectivo podrán ser relegidos indefinidamente, y aquellos que se hallen ocupado en algun juicio podrán exonerarse de servir el mismo encargo hasta para dos años, exceptuandose del primer nombramiento los ciudadanos que comprende el articulo 161 de la Constitucion, y los que se hallen fungiendo como Alcaldes de algun pueblo.

Art. 4. La sumaria, averiguacion de los delitos criminales se practicará como hasta aqui por los juzgados de 1a instancia, pero en qualquiera estado de la causa que aparesca probado el delito se omitirán los demas tramites, y se remitirá al reo con la causa á la capital del partido.

Art. 5. La conduccion se practicará escoltada por la tropa permanente ó milicia civica, y donde no las hubiere, por los ciudadanos que al efecto se nombráren, cubriendose los gastos que se eroguen en la custodia de los reos, de cuenta de las rentas del Estado, siempre que se empleen civicos ó ciudadanos del mismo, á quienes se les pasará el sueldo designado en la ley de la milicia nacional.

Art. 6. Llegado el reo ó reos á la cabezera del partido, se le entregará á el Alcalde 1º, 2º, ó 3º.—segun del que procede la remision, ó al unico si no hubiere mas de uno, quien continuará la causa, aun quando la haya comenzado, si el delito fuere cometido en la capital; y hará que se nombre al defensor ó defensores por los reos, ó por el de oficio en su caso, é incontinente se abrirá el plenario con presencia de todos los cargos, ratificacion y pruebas que contiene el articulo 4, con mas el alegato y citacion para sentencia, todo lo que se practicará en el perentorio termino de diez y seis dias.

Art. 7. En presencia del defensor se le manifestará al reo la lista de los jurados de los que señalará siete para que lo juzguen y sentencion, no pudiendo eligir á los que se hallen ausentes del partido, ni los que á la vez se encuentren fisicamente impedidos.

DECREE No. 136.

The Congress of the State of Coahuila and Texas, designing to fulfil, as far as possible the duty imposed upon them by article 192 of the constitution, and anxious that the inhabitants of the state should begin to enjoy the advantages attending the valuable institution of trial by jury, has thought proper to decree:

ART. 1. At the expiration of three days from the receipt of this law in each district capital, the Ayuntamiento shall proceed, for this time, to choose from among the citizens of the district, by majority of vote, from 21 to 84 jurors, who shall possess the qualifications required by the constitution for being members of the Ayuntamiento or corporation.

ART. 2. Said elections shall thenceforth be holden annually, on the 3d of May, by the aforementioned Ayuntamientos.

ART. 3. The jurors who do not act in their respective year may be indefinitely re-elected, and those who have been engaged in any trial may decline the charge for the term of two years; the citizens comprised in article 161 of the constitution, and those officiating as Alcaldes shall not be chosen jurors.

ART. 4. The summary investigation of criminal offences shall be conducted as heretofore, by the primary courts of justice, but in any state of the cause wherein the crime is proved, the other steps shall be omitted, and the prisoner together with the proceedings, shall be sent to the capital of the district.

ART. 5. Prisoners shall be conducted under custody of a guard, belonging to the regulars or civic militia, and where there are none such, by citizens chosen for the purpose; the expense incurred in the custody shall be paid out of the state rents, should the guard consist of persons belonging to the civic militia, or of citizens of the state, who shall receive the pay designated in the law of the national militia.

ART. 6. The prisoner or prisoners, having arrived at the capital of the district, shall be delivered to the 1st, 2nd or 3rd Alcalde—according to the grade of the one who sent them; or to the sole Alcalde, should there be only one; who shall continue the proceedings, even when commenced by himself, should the crime be committed in the capital, and shall cause the prisoners' counsel to be chosen by the prisoners, or official attorney, as the case may be; and the trial *plenario* shall be immediately opened, having in view all the charges, confirmation, and evidence contained in article 4, also the declaration shewing the ground of complaint of the plaintiff, and citation for sentence; all which shall be performed within the peremptory term of sixteen days.

ART. 7. In presence of his attorney, a list of the jurors shall be shewn to the prisoner, of whom he shall choose seven to act in his trial; not being permitted to choose those absent from the district, or under physical impediment at the time.

Art. 8. Los escogidos por el reo no podrán ser recusados en mayor numero de dos, ni despues de veinte y quatro horas de su señalamiento: los legalmente recusados se remplazarán por el mismo reo con igual numero de los otros que no fueren escogidos.

Art. 9. Previo aviso oficial del alcalde que conosca en la causa, se reunirán los jurados dentro de quatro dias inclusivo el en que lo recivan, bastando la reunion de la mayoria para los tramites de que hablan los dos articulos subseqüentes, y siendo presididos por aquella autoridad prestarán individualmente en sus manos juramento de que segun su leal saber y entender han de desempeñar fiel y cumplidamente los deberes de su encargo.

Art. 10. En seguida y sin tener voto el que preside nombrará de entre ellos mismos por escrutinio secreto un fiscal y un secretario.

Art. 11. El secretario autuará quanto corresponda á este destino, comenzando por estender la acta de la instalacion, y dar precisamente lectura á la causa integra, lo que concluido se entregará al fiscal con lo que cesará la 1a sesion.

Art. 12. El fiscal se ocupará en formar un resumen de la causa que contendrá el delito; su gravedad, actor, pruebas plenarias ó semiplenas en pro y contra del acusado, indicando los demas puntos particulares del proceso, y esponiendo finalmente el parecer que halla formado sin designar pena alguna: ocho dias utiles será el maximum que se demorará el fiscal en cumplir con este deber.

Art. 13. Tan luego como el fiscal halla dado lleno al articulo antecedente se reunirá de nuevo publicamente el jurado, el que abrirá su sesion dando lectura á la causa y su resumen practicado por el fiscal á cuyos actos se hallarán presentes el reo y su defensor, entregandole á este todo el expediente para que dentro de seis dias contados con los festivos, presente su defensa sobre lo que reunido el jurado en ese dia espondra lo que le ocurra, contestando el y su defensor á las preguntas que se le hagan, y retirandose ambos quando el juri lo acuerde.

Art. 14. En seguida el presidente acordará la discusion á los vocales, cuidando se guarde el mayor orden, y concediendo á cada uno hable en el turno en qualquiera que haya pedido la palabra.

Art. 15. Quando ya no haya quien pida la palabra, el presidente hara que pregunte el secretario, *si ha lugar á sentencia*. Acordando por la negativa, continuará la discusion, y se repitirá una ó mas veces aquella pregunta, sin poderse disolver la junta hasta que por unanimidad se declare afirmativamente.

Art. 16. En consequencia se procederá á votar baxo de una de

ART. 8. Of the jurors chosen by the prisoner, objection shall not be made to more than two, or after twenty-four hours from the time they are chosen. The prisoner himself shall supply the place of those, to whom legal objection is made, with the same number from those who were not chosen.

ART. 9. After having official notice from the Alcalde who tries the cause, the jurors shall meet within four days including that whereon the notice is received, the meeting of the majority being sufficient for the steps mentioned in the two following articles; and being presided by the aforementioned authority, shall be separately sworn by the same, according to the best of their knowledge and understanding, fully and faithfully to fulfill the duties of their charge.

ART. 10. The person presiding, without having a vote, shall then proceed to the appointment of a fiscal and a secretary, to be chosen from among themselves by private enquiry.

ART. 11. The secretary shall execute all acts belonging to his station, commencing by writing out the act of installation, and by reading the entire proceedings; and after being read they shall be delivered to the fiscal which shall conclude the first session.

ART. 12. The fiscal shall form a recapitulation of the proceedings, specifying the crime, grade thereof, name of the plaintiff, the evidence, plenary or partial, for or against the accused, shewing the other particulars of the process, and expressing at the conclusion the opinion he has formed, without designating any penalty.—The term allowed the fiscal for fulfilling this duty shall not exceed eight days.

ART. 13. As soon as the fiscal has fulfilled the duties required in the preceding article the jury shall meet again publicly, and open their session by reading the proceedings and recapitulation thereof, made by the fiscal, at which acts the prisoner and his counsel shall be present; and the whole record shall be delivered to the latter to present his defence within six days, including days of festival—upon which the jury, convened on that day, shall make such exposition as occurs to the same; and the prisoner and his counsel shall answer the questions they are asked and both shall retire when the jury so determines by common consent.

ART. 14. The president shall then direct the voters to proceed in the discussion, causing the utmost order to be observed, and permitting each one, who requests the privilege, to speak in his turn.

ART. 15. When the privilege of speaking is no longer requested, the president shall cause the secretary to enquire *whether the decision can be taken.* Determined in the negative the discussion shall proceed: The question shall be asked in one or more instances, and the meeting shall not be dissolved until, by unanimous consent, the answer is declared in the affirmative.

ART. 16. Pursuant thereto, the jurors shall proceed to vote under one of these two forms, to wit: *The prisoner A. B., is not guilty, and he is therefore by me acquitted. Signature. The prisoner A. B., is*

estas dos formulas: *Absuelvo á N——— por ne ser reo criminal.* Firma. *Condeno á N——— á tal pena, por considerarlo de tal crimen.* Firma.

ART. 17. La mayoria forma sentencia y sin que esta quede acordada no podrá disolverse el jurado, ni cerrarse la discusion.

ART. 18. Siendo la sentencia absolutoria, se pondrá el reo en libertad.

ART. 19. Quando el fallo sea contra el reo, se pasará la causa á la primera sala del tribunal de justicia, y este revisará el proceso y sentencia dentro de cinco dias inmediatos al recibo, y bien sea que se agrave ó modifique la pena, se devolverá á su origen dentro de diez dias despues de su recibo.

ART. 20. Las sentencias modificadas ó aprobadas por la expresada sala se executarán sin apelacion: las que reagrave esta serán apelables á la segunda en grado de suplica pidiendo mejora, mas si á pesar de este paso fuere reproducido el gravamen, se executará sin otro tramite.

ART. 21. Quando el fallo de que habla el articulo anterior sea de pena capital en el juicio del jurado, aunque sea confirmado por la primera sala, habrá lugar á solo el recurso de apelacion ante el tribunal de justicia que deberá conocer reunido.

ART. 22. Si la sentencia fuere de muerte, se executará pasando por las armas al reo por la tropa permanente ó la milicia civica, executandose á las nueve de la mañana en el parage publico que se señale por la primera autoridad politica que haya en el partido que se halle el delinquente.

ART. 23. Los jurados, en ningun caso, son responsables de los fallos que pronuncian, ni podran escusarse de este encargo los ciudadanos que no esten fisica ó moralmente impedidos.

Lo tendrá entendido el Gobernador constitucional del Estado para su cumplimiento, haciendolo imprimir, publicar, y circular.

Dado en la ciudad de Leona Vicario á 19 de Abril de 1830.

VICENTE VALDES, Presidente.
JOSE MARIA ARAGON, D. S.
MARIANO GARCIA, D. S.

Observado por el Gobierno en 1 de Setiembre de este año, y devuelto á la comision de legislacion.

DECRETO No. 137.
Ordenanzas municipales de la villa de Abasolo.

Gobierno Supremo del Estado libre de Coahuila y Texas.

El Gobernador interino del Estado de Coahuila y Texas, á todos sus habitantes, Sabed, que el Congreso del mismo ha decretado lo que sigue:—

guilty of the crime of ———, and therefore condemn him to the punishment of ———. Signature.

ART. 17. The majority shall form the sentence, and until this be determined, the jury shall not be dissolved, or the discussion closed.

ART. 18. Should a verdict of acquital be given, the prisoner shall be discharged.

ART. 19. Should a verdict of guilty be given, the proceedings shall be passed to the first hall of the tribunal of justice, which shall review the process and verdict within five days from the receipt thereof, and whether the punishment be, by said hall, increased or diminished, the proceedings shall be returned within ten days from the receipt thereof.

ART. 20. The sentence moderated or approved by the aforementioned hall shall be executed without appeal: from those wherein the said hall increases the punishment, an appeal may be had to the second hall, praying a remission, but should the increased punishment, notwithstanding this step, be again declared, the sentence shall be final, and be carried into execution.

ART. 21. Should the sentence mentioned in the preceding article be that of capital punishment in the trial by the jury, although confirmed by the first hall, an appeal may be made to the tribunal of justice only, which must take cognizance united.

ART. 22. Should sentence of death be pronounced, it shall be executed by shooting the prisoner, to be done by soldiers of the standing army, or civic militia, at nine o'clock in the morning, at the public place, which the first political authority of the district where the prisoner is, shall designate.

ART. 23. The jurors shall in no case be responsible for the verdict they pronouce, and this charge cannot be declined by citizens having no moral or physical impediment.

For its fulfilment, the Governor of the State shall cause it to be printed, published, and circulated.

Given in the city of Leona Vicario on the 19th of April, 1830.

VICENTE VALDES, President.
JOSE MARIA ARAGON, D. S.
MARIANO GARCIA, D. S.

Received the remarks of the executive on the 1st of September, 1830, and was returned to the committee on legislation.

DECREE No. 137.
Municipal Ordinances of the town of Abasolo.

Executive Department of the State of Coahuila and Texas.

The Governor, pro. tem. of the State of Coahuila and Texas, to all the inhabitants thereof: Be it known, that the Congress of said State has decreed as follows:

DECRETO No. 138.

El Congreso constitucional del Estado libre, independiente, y soberano de Coahuila y Texas, deseando impedir algunos abusos, y notorios graves perjuicios que ya resiente la renta mas pingue del Estado, por mala calidad de los tabacos, y fatal elaboracion, ha tenido á bien decretar lo siguiente:

Art. 1. El Gobierno nombrará dos péritos para que procedan al examen del tabaco rama recivido á los ingleses, y cuyo requisito se observará indispensablemente en lo succesivo al recivo de qualquiera otra cantidad de esta especie.

Art. 2. Los interesados deputarán dos ciudadanos para que asociados con los del Gobierno hagan la calificacion, de que habla el articulo anterior.

Art. 3. Si del mencionado escrutinio, resultare no ser el tabaco de la calidad estipulada en el convenio, se depositará á juicio del Gobierno, quien concederá el menor plazo posible para su extraccion de los terminos del Estado, y de no tener efecto en el que se prefije, se quemará.

Art. 4. Las compras de papel, de que habla el articulo 22 del reglamento para la fabrica, será indispensablemente de lino, á lo menos la parte respectiva para la elaboracion del torcido

Art. 5. El Gobierno dictará las mas estrechas ordenes al factor para que salga el mejor labrado posible; y aun hacerlo responsable si resultare deminuto el peso de las tareas ó cajillas.

Art. 6. Que suponiendo continue estancado el tabaco por cuenta de la federacion; entre oportunamente en contratas con el supremo gobierno general ó con algunos ciudadanos particulares, para que, no faltando existencias en el Estado puedan estar siempre provistas las administraciones del mismo.

Art. 7. El Gobierno dictará gubernativamente quantas medidas crea convenientes para la persecucion del contrabando.

Lo tendrá entendido el Gobernador constitucional del Estado para su cumplimiento, haciendolo imprimir, publicar, y circular.

Dado en la ciudad de Leona Vicario á 21 de Abril de 1830.

VICENTE VALDES, Presidente,
MARIANO GARCIA, D. S.
IGNACIO SENDEJAS, D. S. Sup.

Por tanto, mando se imprima, publique, circule, y se le de el debido cumplimiento.

Leona Vicario 1 de Octubre de 1830.

RAFAEL ECA Y MUZQUIZ.

Santiago del Valle, Secretario.

DECREE No. 138.

The Congress of the State of Coahuila and Texas, to prevent the notoriously serious injury and abuse now suffered by the most profitable rent of the state, from the bad quality of the tobacco, and bad manner it is manufactured, has thought proper to decree as follows:

ART. 1. The executive shall appoint two competent persons to examine the tobacco in the leaf, received of the English contractors, which requisite shall be indispensably observed in future, on the receipt of any quantity of leaf tobacco.

ART. 2. The persons interested shall appoint two citizens, to join those appointed by the executive, in making the examination mentioned in the preceding article.

ART. 3. Should the tobacco result, on the aforementioned examination, not to be of the quality stipulated in the contract, it shall be deposited as the executive shall think proper, allowing the shortest possible period for removing it from the limits of the state; and should the removal not be effected within the time prefixed, the tobacco shall be burned.

ART. 4. The purchases of paper mentioned in article 27 of the regulations for the cigar manufactory, at least so much as is required for the operation of twisting, shall indispensably be of that made of linnen material.

ART. 5. The executive shall give the manufacturer the strictest orders to have the tobacco manufactured in the best possible manner, and shall even make him responsible, should the tusks or bunches fall short in weight.

ART. 6. On the supposition that, by national law, tobacco will continue to be a monopoly, the executive shall enter into seasonable contracts with the national executive, or with private individuals, so that there always being tobacco on hand in the state, the agencies of that department may be supplied therewith.

ART. 7. The executive shall dictate administratively whatever measures he shall deem proper to put an end to smuggling.

For its fulfilment, the Governor of the State shall cause it to be printed, published, and circulated.

Given in the city of Leona Vicario on the 21st of April, 1830.

VICENTE VALDES, President.
MARIANO GARCIA, D. S.
IGNACIO SENDEJOS, D. S.

Wherefore I command it to be printed, published, circulated and duly fulfilled.

Leona Vicario, October 1st, 1830.

RAFAEL ECA Y MUZQUIZ.
SANTIAGO DEL VALLE, Secretary.

DECRETO No. 139.

El Congreso constitucional del Estado libre, independiente y soberano de Coahuila y Texas, ha tenido á bien decretar:

Art. 1. Se concede al ministro catolico, Irlandis, Enrique Doyle licencia para que erija una capilla en el punto de las colonias Irlandesas que le paresca mas conveniente.

Art. 2. Puede asi mismo el interesado proceder á la referida edificacion de la capilla y casa cural de la mision del Refugio para administrar los socorros espirituales á los colonos que fixen su residencia en aquel punto, y tomado el terreno que juzgue suficiente para un decente atrio del templo, dexando á beneficio del Estado la mitad del costo de la edificacion de una y otra.

Lo tendrá entendido el Gobernador constitucional del Estado para su cumplimiento, haciendolo imprimir, publicar, y circular.

Dado en la ciudad de Leona Vicario á 21 de Abril de 1830.

VICENTE VALDES, Presidente,
MARIANO GARCIA, D. S.
IGNACIO SENDEJAS, D. S. Sup.

DECRETO No. 140.

El Congreso constitucional del Estado libre, independiente y soberano de Coahuila y Texas, habiendo tomado en su consideracion las observaciones que ha hecho el Ayuntamiento de villa Longin sobre los particulares, á que se contrae los articulos 138 y 139 del reglamento economico de los pueblos, ha tenido á bien decretar lo siguiente:

Art. 1. Que no se haga novedad en la posesion que por el repartimiento á que se refiere el Ayuntamiento de Villa Longin tienen sus ciudadanos.

Art. 2. Que subsista la posesion que proindividuo tienen los mismos en sus agostaderos, exigiendo renta de los no accionistas, y aplicandola al fondo de propios.

Art. 3. El Ayuntamiento dará á cada posedor que no lo tenga el titulo ó escritura de propiedad sin mas costo que el papel y escribiente.

Lo tendrá entendido el Gobernador constitucional del Estado, para su cumplimiento, haciendolo imprimir, publicar y circular.

Dado en la ciudad de Leona Vicario á 21 de Abril de 1830.

[Los mismos Señores.]

DECRETO No. 141.

El Congreso constitucional del Estado libre, independiente y soberano de Coahuila y Texas, teniendo en consideracion las observaciones que el administrador de rentas unidas del Estado hizo por conducto del Gobierno en 18 del corriente, ha tenido á bien decretar como adicionales al decreto No. 132, los articulos siguientes:

Art. 1. El Gobierno aumentará ó diminuirá el quanto de la fianza que prescribe el articulo 3 del decreto No. 132, para el desempeño

DECREE No. 139.

The Congress of the State of Coahuila and Texas has thought proper to decree:

Art. 1. License is hereby granted to Henry Doyle, a Catholic Clergyman, and native of Ireland, to establish a chapel in any part of the Irish colonies he shall think proper.

Art. 2. The aforementioned person may proceed to the construction of the said chapel, also of a curates dwelling at the Mission of Refugio, to minister spiritual succor to the colonists, who establish their residence in that place, taking sufficient ground for a convenient portico, and one half the value of both building shall remain for the benefit of the state.

For its fulfilment, the Governor of the State shall cause it to be printed, published and circulated.

Given in the city of Leona Vicario on the 21st of April, 1830.

VICENTE VALDES, President.
MARIANO GARCIA, D. S.
IGNACIO SENDIJAS, D. S.

DECREE No. 140.

The Congress of the State of Coahuila and Texas, having taking into reflection the remarks made by the Ayuntamiento of the town of Villa Longin, relative to the particulars, which form the substance of articles 138 and 139 of the financial regulations of the towns, has thought proper to decree as follows:

Art. 1. No change shall be made in the possession holden by the citizens by virtue of the distribution, to which the Ayuntamiento of Villa Longin refers.

Art. 2. The individual possession, holden by the said citizens, of their grazing tracts shall be valid, and persons not having shares shall pay a rent, to be added to the municipal funds.

Art. 3. Every person not having a title shall be furnished therewith by the Ayuntamiento without further cost than that of clerk and paper.

For its fulfilment, the Governor of the State shall cause it to be printed, published and circulated.

Given in the city of Leona Vicario on the 21st of April, 1830.

[The same Signers.]

DECREE No. 141.

The Congress of the State of Coahuila and Texas, in view of the remarks made by the general collector of the state rents, through the channel of the executive on the 28th instant, has thought proper to decree the following as additional articles to decree No. 132.

Art. 1. The executive shall increase or diminish the amount of bonds prescribed by article 3 of decree No. 132, for discharging the

de la receptoria de alcabalas en la hacienda de Palomas, con presencia del monto de los caudales publicos que haya de manejar el que la desempeñe, cuidando el que el errario quede á cubierto en todos tiempos, y quedando en consequencia derrogado el citado articulo 3 del mencionado decreto.

Art. 2. Para que dicho establecimiento surte todos sus efectos, habrá en el un guarda de á caballo con el sueldo de doce pesos mensuales, y con las obligaciones impuestas á los demas empleados de su clase.

Lo tendrá entendido el Gobernador constitucional del Estado para su cumplimiento, haciendolo imprimir, publicar y circular.

Dado en la ciudad de Leona Vicario á 23 de Abril de 1830.

DECRETO No. 142.
Ordenanzas municipales de las villa de Candela.

DECRETO No. 143.

El Congreso constitucional del Estado libre, independiente, y soberano de Coahuila y Texas, teniendo en consideracion las observaciones que hizo el Ayuntamiento de esta ciudad relativos á los males que ha causado la observancia de los articulos 2, 3, y 4 del decreto No. 42, del 22 de Enero de 1828, decreta:

Art. 1. Las funciones religiosas que se hagan en lo succesivo serán por colectacion de limosnas voluntarios entre los fieles, quedando prohibido el nombramiento de fiesteros que antes se acostumbró en los pueblos.

Art 2. Quedan derogados en consequencia los articulos 3 y 4 del referido decreto No. 42.

Lo tendrá entendido el Gobernador constitucional del Estado para su cumplimiento, haciendolo imprimir, publicar y circular.

Dado en la ciudad de Leona Vicario á 20 de Abril de 1830.

DECRETO No. 144.

El Congreso constitucional del Estado libre, independiente, y soberano de Coahuila y Texas, con presencia de las actuales escaseces del errario publico, ha tenido á bien decretar:

Art. 1. Se suspende la fiscalia del supremo tribunal de justicia del Estado entre tanto el Congreso determina lo conveniente, y en el interin se desempeñarán las funciones de dicho ministro en la forma siguiente:—

Art. 2. En los negocios en que conforme á aquellos deva conocer en la primera sala, los ministros de la segunda y tercera, funcionarán de fiscales por repartimiento en turno que hará la misma sala. En los que sean del conocimiento de la segunda exerceran dichos ministros en la misma forma los de la primera y tercera, y en los que pertenecen á

duties in the receivers' office of excise in the hacienda de palomas, being governed by the amount of stock and funds to be managed by the officer who has charge of said office, taking care that the revenue be always secure: in pursuance thereof, article 3 of the aforementioned decree is hereby repealed.

Art. 2. That the said establishment may have its full desired effect. the same shall be furnished with a mounted custom house officer, to be paid twelve dollars a month, and to perform the duties imposed on that kind of officers.

For its fulfilment, the Governor of the State shall cause it to be printed, published, and circulated.

Given in the city of Leona Vicario on the 23d April, 1830.

DECREE No. 142.
Municipal Ordinances of the town of Candelas.

DECREE No. 143.

The Congress of the State of Coahuila and Texas, in attention to the observations made by the Ayuntamiento of this city relative to the evils caused by the observance of articles 2, 3 and 4, of decree No. 42 of the 2d of January 1828, decrees—

Art. 1. The religious festivals solemnized in future shall be by collection of voluntary alms among the faithful and the appointment of festival officers, as heretofore observed, shall be prohibited.

Art. 2. In pursuance thereof the articles 3 and 4 of the aforementioned decree No 42, are hereby repealed.

For its fulfilment, the Governor of the State shall cause it to be printed, published, and circulated.

Given in the city of Leona Vicario on the 20th of April, 1830.

DECREE No. 144.

The Congress of the State of Coahuila and Texas, in view of the present reduced state of the public treasury, has thought proper to decree:

Art. 1. The office of attorney general of the supreme tribunal of the state is hereby suspended until congress determines the proper measure, and during the interval the functions of said minister shall be discharged in the following manner.

Art. 2. In business wherein it belongs to the first hall to take cognizance, the ministers of the second and third shall officiate as attorney generals, alternately as the first hall shall direct; in that pertaining to the second, the ministers of the first and third alternately as the se-

esta ultima los desempeñarán los de la primera y segunda en iguales terminos.

Art. 3. Los asuntos que sean de la inspeccion del tribunal reunido, este los despachará sin necesidad de audencia de fiscal.

Art. 4. Los expedientes y negocios que actualmente se hallen pendientes en la fiscalia se devolverán al tribunal y á las respectivas salas en que esten radicados, y se repartirán y despacharán del modo prevenido en los articulos anteriores.

Art. 5. Las diligencias que le estén demarcadas al fiscal por el capitulo 5 del reglamento para el gobierno interior del tribunal, las desempeñarán los ministros quando funcionen con aquella representacion conforme á esta ley.

Lo tendrá entendido el Gobernador constitucional del Estado para su cumplimiento, haciendolo imprimir, publicar y circular.

Dado en la ciudad de Leona Vicario á 29 de Abril de 1830.

DECRETO No. 145.

El Congreso constitucional del Estado libre, independiente y soberano de Coahuila y Texas, ha tenido á bien decretar:

Art. 1. El Gobierno dispondrá que los fondos municipales de cada Ayuntamiento ó de los del Estado en calidad de reintegro se manden hacer tres medallas de plata, de 1a, 2a, y 3a clase, en las que se gravarán las armas nacionales, y al rededor, esta inscripcion:—*Premio á la virtud y aplicacion;* las que servirán de distintivo á los niños de las escuelas en que entervengan aquellos (que mas lo merescan) en los dias de sus concurrencias publicas. Dichas medallas estarán pendientes de unos cintos celestes, con un flor al remate, que se usarán terciados, en la primera se bordará la inscripcion indicada con hilo de oro, en la de la segunda con hilo de plata, quedando el de la tercera lizo.

Art. 2. Para premio de los niños que mas sobresalgan en virtud y aplicacion mandará el Gobierno que de los fondos del Estado, y con calidad de reintegro, se reimprima competente numero de exemplares de la gramatica, ortografia castellana y catecismo de Fleuri.

Art. 3. Los premios y distintivos, de que hablan los articulos anteriores, los distribuirán los respectivos Ayuntamientos en los dias de examen, de acuerdo con el preceptor, y solo á las escuelas que esten baxo su inspeccion, expensadas de los fondos publicos, teniendo siempre el mayor cuidado de no atender á las personas, y quedando baxo la inspeccion del ultimo las medallas, que solo servirán para los fines indicados.

Lo tendrá entendido el Gobernador constitucional del Estado, para su cumplimiento, haciendolo imprimir, publicar y circular.

Dado en la ciudad de Leona Vicario á 30 de Abril de 1830.

cond hall shall direct: and in that belonging to the third, the ministers of the first and second, alternately as the third hall shall direct.

ART. 3. Business pertaining to the cognizance of the tribunal united shall be despatched by said tribunal without requiring the audience of an attorney general.

ART. 4. The records and business now pending in the attorney general's office shall be returned to the tribunal, and to the respective halls, wherein they are established, and shall be distributed and dispatched in the manner provided in the preceding articles.

ART. 5. The duties prescribed to the attorney general by chapter 5 of the regulations for the internal administration of the tribunal, shall be discharged by the ministers who officiate as attorney general according to this law.

For its fulfilment, the Governor of the State shall cause it to be printed, published, and circulated.

Given in the city of Leona Vicario on the 29th of April, 1830.

DECREE No. 144.

The Congress of the State of Coahuila and Texas has thought proper to decree:

ART. 1. The executive shall direct that three silver medals, of 1st, 2nd and 3rd classes be ordered to be made, to be paid for out of the municipal funds of each Ayuntamiento, or the funds of the state, to be restored, and that the national ensign be engraved on the said medals, encircled with the following inscription: *Reward of virtue and application*—to serve on days of public school visits as a mark of distinction for the pupils most deserving in the respective schools. The medals shall be attached to blue bands, with a rosette at the extremity; upon the band of the first, the aforementioned motto shall be embroidered with gold, upon that of the second, with silver thread; and that of the third shall be plain.

ART. 2. The executive shall order that out of the funds of the state, also to be restored, a sufficient number of Fleuris Castillian grammer, orthography and catechism be re-printed, to be distributed as prizes among the pupils, who excel in virtue and application.

ART. 3. The respective Ayuntamientos shall distribute the aforementioned prizes and tokens of distinction with the concurrent opinion of the teacher, on days of examination, and only in schools under their inspection, supported by the public funds; carefully avoiding all partiality. The medals shall remain in charge of the teacher, to be used only for the aforementioned object.

For its fulfilment, the Governor of the State shall cause it to be printed, published, and circulated.

Given in the city of Leona Vicario on the 30th of April, 1830.

DECRETO No. 145.

El Congreso constitucional del Estado libre, independiente y soberano de Coahuila y Texas, ha tenido á bien decretar:

Art. 1. Se accepta el ofrecimiento gratuito que D. Diego Grant hace el Gobierno de expensar las herramientas necesarias para abrir camino recto por direccion del mismo de aqui á Parras, y el mais que se consuma en mantener los operarios, y tropa que los l a de cuidar.

Art. 2. Los Ayuntamientos requerirán á los vagos de su jurisdiccion apercibiendolos para que dando lugar á la segunda reconvencion sean conducidos á la obra de caminos en clase de delinquentes criminales.

Art. 3. Estos serán pagados con solo su mantenimiento, y con dos reales, y la racion del soldado, destinado á cuidarlo.

Art. 4. Exigirá el Gobierno á los propietarios de haciendas, ó ranchos, ó traficantes de caminos que son viandantes, arrieros, y carreteros una contribucion proporcional segun su juicio para que continuen abriendose caminos comodos y rectos para los principales puntos del Estado.

Art. 5 El comisionado que nombre el Gobierno para el manejo de los que se dediquen á tales trabajos sera recompensado con un sueldo prudente que el mismo le señale, y asegurará aquellos baxo su responsabilidad de la manera que crea conveniente para precaver emigraciones, ó penciones, llevando cuenta exacta de las inversiones y pagos con arreglo á la raya diaria que deberá tener del mismo de trabajadores.

Lo tendrá entendido el Gobernador constitucional del Estado, para su cumplimiento, haciendolo imprimir, publicar y circular.

Dado en la ciudad de Leona Vicario á 30 de Abril de 1830.

Observado por el Gobierno en la sesion de 1º de Setiembre, y pasó á la comision de legislacion en la misma fecha.

DECRETO No. 146.

El Congreso constitucional del Estado libre, independiente y soberano de Coahuila y Texas, ha tenido á bien decretar:

Art. 1. Los alcaldes, administradores, receptores, y subreceptores de rentas podrán catear ó allanar qualquiera casa para aprender efectos de contrabando, y detener á los contrabandistas previa la correspondiente informacion sumaria del hecho, quedando los denunciantes sugetos á las penas de calumniadores si resultáre falsa la denuncia; y los juezes, administradores, receptores, y subreceptores, á la respectiva responsabilidad por los abusos que cometan quando procedan de oficio, y unos y otros podrán ser demandados por el quexoso.

Art. 2. Si por la urgencia, ó por qualquiera otro motivo, no pudiere verificarse dicha informacion siempre se executará el detenimiento, cateo, ó allanamiento, debiendo procederse inmediatamente à practicar la sumaria informacion.

DECREE No. 145.

The Congress of the State of Coahuila and Texas has thought proper to decree:

ART. 1. The offer made by James grant to the executive, to furnish at his own expense the necessary tools for opening, under his own direction, a direct road from this city to Parras, also the corn consumed in supporting the workmen, and soldiers required to attend them, is hereby accepted.

ART. 2. The Ayuntamientos shall warn vagrants in their jurisdiction in one instance, and should they not reform, shall require them to be conducted to work on roads, as criminal delinquents.

ART. 3. said persons shall receive in compensation, only their support, being two rials a day, and the same rations as the soldiers who attend them.

ART. 4. Of proprietors of haciendas, ranchos, or travelling merchants, mulateers, teamsters, the executive shall, exact agreeably to his own judgment, a proportionate tax, for the purpose of continuing to open suitable and direct roads to the principal places in the state.

ART. 5. The commissioner appointed by the executive to take charge of those destined to work on the roads shall be compensated with such pay as the executive shall deem prudent to assign him, and under his responsibility, shall secure the workmen as he shall think proper, to prevent escape and trouble, keeping an exact account of the application of funds, and of the payments, to agree with the marks made by himself on papers in possession of the workmen.

For its fulfilment, the Governor of the State, shall cause it to be printed, published, and circulated.

Given in the city of Leona Vicario on the 30th of April, 1830.

Received the comments of the executive in session of the 1st of September, and on the same date was referred to the committee on Legislation.

DECREE No. 146.

The Congress of the State of Coahuila and Texas has thought proper to decree:

ART. 1. Alcaldes, Collectors, Receivers and Sub-Receivers may make search or enter any house by force under the authority of a search warrant to seize smuggled goods and arrest smugglers, after receiving the corresponding plain or summary information of the fact; and should the imformation prove false, the informer shall be subject to the penalties of false accusers. Alcaldes, collectors, or chief-agents, receivers and sub-receivers shall respectively be responsible for abuse they commit when they proceed officially. In both cases a process may be instituted by the complainant.

ART. 2. If, from urgency, or any other cause the said information cannot be proved, the arrest, search or forcible entry shall be executed notwithstanding, and the summary information shall immediately be investigated

Art. 3. Para el cateo y reconocimiento de una casa para la aprencion de un contrabando, ó el arresto ó detencion del contrabandista, no se necesita que la informacion produsca una prueva plena, ni semi plena del delito, ni de quien ser el verdadera delinquente, solo se requiere que por qualquier medio resulte de la informacion la ocultacion del contrabando, y algun indicio suficiente segun las leyes para creer que tal ó tal persona ha cometido la ocultacion.

Art. 4. Para el cateo ó allanamiento de una casa deberán dichos empleados requerir al gefe de ella para que preste su consentimiento, y si se resistiere, se executará en el acto.

Art. 5. Si los administradores, receptores, y subreceptores de rentas necesitáren del auxilio de las fuerzas para los cateos y allanamientos, lo requerirán de los autoridades que puedan disponer de ella, y estos deberán impartirlo baxo la mas estrecha responsabilidad.

Art. 6. Verificada que sea la aprension del contrabando, y la detencion de los contrabandistas, si pudiéren ser habidos, se entregarán estos inmediatamente al juez de hacienda con la informacion que se les hubiére practicado para que se proceda en todo lo demas con arreglo á la ley de 4 de Setiembre de 1823, sobre comisos.

Art. 7. Dicha ley asi como la de 30 de Octubre de 1822, del Congreso general, relativa á cateo de casas quedan derogadas en todo lo que se opongan á la presente.

Art. 8. Este decreto se observará provisionalmente á reserva de poderlo reformar, derogar, ó repetir en las proximas sesiones de Setiembre.

Lo tendrá entendido el Gobernador constitucional del Estado para su cumplimiento, haciendolo imprimir, publicar y circular.

Dado en la ciudad de Leona Vicario á 30 de Abril de 1830.

RAMON GARCIA ROJAS, Presidente.
MARIANO GARCIA, D. S. Suplente.
JOSE M. CARDENAS, D. S.

Gobierno Supremo del Estado libre de Coahuila y Texas.

El Gobernador del Estado de Coahuila y Texas á todos sus habitantes:—Sabed, Que el Congreso del mismo Estado ha decretado lo que sigue.

DECRETO No. 147.

El Congreso constitucional del Estado libre, independiente y soberano de Coahuila y Texas, ha tenido á bien decretar lo siguiente:

Se derogan los decretos No. 47 del primer Congreso constitucional del Estado, de 6 de Marzo, 1828, y el 88 espedido por el actual en 29 de Abril de 1829.

ART. 3. To execute the forcible entry and search of a house, to seize smuggled goods, or to arrest the smuggler, it shall not be required to produce plenary or partial evidence of the crime, or who the real delinquent is; it shall only be required that, by whatever means, the concealment of the smuggled effects, and some sufficient legal clue for believing that this or that person effected the concealment, result from the information.

ART. 4. To enter by force, and search a house, the aforementioned officers shall demand the consent of the master thereof, and should he refuse, it shall be executed instanter.

ART. 5. Should the collectors, receivers or sub-receivers of rents require the assistance of military force, for forcible entry and search they shall apply to the persons having authority to dispose of such force, who under their strictest responsibility shall furnish the same.

ART. 6. The seizure of the smuggled goods being effected, and the arrest of the smugglers if they can be had; the latter shall be delivered immediately to the judge of the treasury, with the information obtained against them, to proceed in every thing else according to the law of the 4th of September 1823, relative to confiscation.

ART. 7. Said law, also that of the 30th of October, 1822, of the general congress, so far as they are opposed to this decree, shall be repealed.

ART. 8. This decree shall be observed provisionally, saving the power to amend, repeal, or confirm the samed uring the approaching September sessions.

For its fulfilment, the Governor of the State shall cause it to be printed, published, and circulated.

Given in the city of Leona Vicario on the 30th of April, 1830.

RAMON GARCIA ROXAS, President.
MARIANO GARCIA, D. S. S.
JOSE MANUEL CARDENAS, D. S.

Executive Department of the State of Coahuila and Texas.

The Governor of the state of Coahuila and Texas, to all the inhabitants thereof: Be it known, that the congress of said state has decreed as follows:

DECREE No. 147.

The Congress of the State of Coahuila and Texas, has thought proper to decree:

Decrees, No. 47 of the first constitutional congress, and No. 88, issued by the present congress on the 29th of April 1829, are hereby repealed.

Lo tendrá entendido el Gobernador constitucional del Estado para su cumplimiento' haciendolo imprimir, publicar y circular.

Dado en la ciudad de Leona Vicario á 15 de Setiembre de 1830.

RAMON GARCIA ROJAS, D. Pres.
VICENTE VALDES, D. S.
MARIANO GARCIA, D. S.

Por tanto mando se imprima, publique, circule, y se le de el debido cumplimiento.

Leona Vicario, 17 de Setiembre 1830.

JOSE MARIA VIESCA.

SANTIAGO DEL VALLE, Secretario.

Gobierno Supremo del Estado libre de Coahuila y Texas.

El Gobernador del Estado de Coahuila y Texas á todos sus habitantes:—Sabed, que el Congreso del mismo Estado ha decretado lo que sigue.

DECRETO No. 148.

El Congreso constitucional del Estado libre, independiente, y soberano de Coahuila y Texas, ha tenido á bien decretar:

El visitador general del Estado disfrutará un sueldo annual de tres mil pesos, del que satisfará los gastos de oficina y escribiente que eroque en el desempeño de su comision, y no cobrará derecho alguno de las municipalidades baxo ningun pretesto.

Lo tendrá entendido el Gobernador constitucional del Estado, para su cumplimiento, haciendolo imprimir, publicar y circular.

Dado en la ciudad de Leona Vicario á 15 de Setiembre de 1830.

RAMON GARCIA ROJAS, D. Pres.
VICENTE VALDES, D. S.
MARIANO GARCIA, D. S.

Por tanto, mando se imprima, publique, circule, y se le de el debido cumplimiento.

Leona Vicario 17 de Setiembre de 1830.

JOSE MARIA VIESCA.

SANTIAGO DEL VALLE, Secretario.

Gobierno Supremo del Estado libre de Coahuila y Texas.

El Gobernador del Estado de Coahuila y Texas á todos sus habitantes:—Sabed, que el Congreso del mismo ha decretado lo siguiente.

DECRETO No. 149.

El Congreso constitucional del Estado libre, independiente, y soberano de Coahuila y Texas, con presencia de la representacion de los principales vecinos de esta capital, apoyada por el ilustre Ayuntamiento

For its fulfilment, the Governor of the State shall cause it to be printed, published, and circulated.

Given in the city of Leona Vicario on the 15th September, 1830.
RAMON GARCIA ROJAS, D. President.
VICENTE VALDES, D. S.
MARIANO GARCIA, D. S.

Wherefore I command it to be printed, published, circulated and duly fulfilled.

Leona Vicario, 17th September, 1830.
JOSE MARIA VIESCA.
SANTIAGO DEL VALLE, Secretary.

Executive Department of the State of Coahuila and Texas.

The Governor of the state of Coahuila and Texas, to all the inhabitants thereof: Be it known, that the congress of said state has decreed as follows:

DECREE No. 148.

The Congress of the State of Coahuila and Texas, has thought proper to decree:

The general visitor of the state shall receive a salary of three thousand dollars per annum; out of which he shall pay the office expenses and expense of clerk, incurred in the discharge of his commission, and under no pretence shall he receive any fee from the municipalities.

For its fulfilment, the Governor of the State shall cause it to be printed, published, and circulated.

Given in the city of Leona Vicario on the 15th September, 1830.
RAMON GARCIA ROJAS, D. President.
VICENTE VALDES, D. S.
MARIANO GARCIA, D. S.

Wherefore I command it to be printed, published, circulated and duly fulfilled.

Leona Vicario, 17th September, 1830.
JOSE MARIA VIESCA.
SANTIAGO DEL VALLE, Secretary.

Executive Department of the State of Coahuila and Texas.

The Governor of the State of Coahuila and Texas, to all the inhabitants thereof: Be it known, that the congress of said state has decreed as follows:

DECREE No. 149.

The Congress of the State of Coahuila and Texas, in view of the remonstrance of the principal citizens of this capital, supported by the Ayuntamiento thereof, also by that of Monclova, and the facts where-

de la misma, secundada por el de Monclova; y siendo de publica notoriedad los hechos en que fundan su peticion, ha tenido á bien decretar:—

Art. 1. Se declaran comprehendidos en el articulo 4 del plan de Xalapa á los ciudadanos diputados, Ignacio Sendejas, y Jose Maria Balmaseda.

Art. 2. Se exceptuan' del articulo que precede á los ciudadanos Jose Maria Aragon y Rafael Manchola.

Art. 3. Se declara asi mismo comprehendido en el precitado articulo 4 al ciudadano licenciado Manuel Carrillo.

Art. 4. Elevese este acontacimiento á la respectiva camara del Congreso de la Union, por la secretaria de este, acompañandole copia de los antecedentes que lo han motivado.

Art. 5. Saquese copia de la exposicion del ciudadano Gomez Arnaez, y devuelvase al Gobierno, manifestandole el desagrado con que se ha visto.

Lo tendrá entendido el Gobernador constitucional del Estado para su cumplimiento, haciendolo imprimir, publicar y circular.

Dado en la ciudad de Leona Vicario á 18 de Setiembre de 1830.
Dios y libertad. RAMON GARCIA ROJAS, Presidente,
MARIANO GARCIA, D. S.
VICENTE VALDES, D. S. Suplente.

Por tanto, mando se imprima, publique, circule, y se le de el debido cumplimiento.

Leona Vicario 1 de Octubre de 1830.
RAFAEL ECA Y MUZQUIZ.
Santiago del Valle, Secretario.

Gobierno Supremo del Estado libre de de Coahuila y Texas.

El Gobernador del Estado de Coahuila y Texas á todos sus habitantes;—Sabed, que el Congreso del mismo Estado ha decretado lo que sigue.

DECRETO No. 150.

El Congreso constitucional del Estado libre, independiente y soberano de Coahuila y Texas, ha tenido á bien decretar:

Art. 1. Se concede ol pueblo del Alamo el titulo de villa, con la denominacion de San Jose de Viesca y Bustamente.

Art. 2. El Gobierno cuidará que los habitantes de Vilbao se reduscan á la poblacion del Alamo, y de que las aguas que los mismos disfrutaban se unan todas con direccion á la nueva villa, repartiendo estas y las tierras conforme á lo prevenido en el decreto numero 37, y demas sobre la materia.

on their petition is founded being publicly known, has thought proper to decree:

ART. 1. Ignacio Sendijas and Jose Maria Balmaseda, representatives, are hereby declared to be comprised in article 4, of the plan of Xalapa.

ART. 2. Jose Maria Aragon and Rafael Manchola, are hereby excepted from the preceding article.

ART. 3. Licentiate Manuel Carrillo is also hereby declared to be comprised in the aforementioned article 4.

ART. 4. This event or act shall be communicated, through the secretary office of this congress, to the respective chamber of the national congress, accompanied by a copy of the antecedents that have given rise thereto.

ART. 5. The exposition of Gomer Arnaes shall be copied, and returned to the executive, with assurance of the displeasure with which it has been viewed.

For its fulfilment, the Governor of the State shall cause it to be printed, published, and circulated.

Given at the city of Leona Vicario on the 18th September, 1830.
God and Liberty,
RAMON GARCIA ROJAS, President.
MARIANO GARCIA, D. S.
VICENTE VALDES, D. S. S.

Wherefore I command it to be printed, published, circulated and duly fulfilled.

Leona Vicario, 1st October, 1830.
RAFAEL ECA Y MUZQUIZ.
SANTIAGO DEL VALLE, Secretary.

Executive Department of the State of Coahuila and Texas.

The Governor of the state of Coahuila and Texas, to all the inhabitants thereof: Be it known, that the congress of said state has decreed as follows:

DECREE No. 150.

The Congress of the State of Coahuila and Texas, has thought propper to decree:

ART. 1. The village of Alamo may be called the town of San Jose de Viesca y Bustamente.

ART. 2. The executive shall take care that the inhabitants of Bilbao be reduced to the town of Alamo, and that the waters, of which the said inhabitants obtained the fruition, be all united and turned to the new town, to be distributed together with the lands agreeably to the provision of decree No. 37, and others on the subject.

Lo tendrá entendido el Gobernador constitucional del Estado para su cumplimiento, haciendolo imprimir, publicar y circular.
Dado an la ciudad de Leona Vicario á 21 de Setiembre de 1830.
RAMON GARCIA ROJAS, Presidente.
MARIANO ARCIA. D. S.
VICENTE VALDES, D. S. S.

Por tanto, mando se imprima, publique, circule, y se le de el debido cumplimiento.

JOSE MARIA VIESCA.
Santiago del Valle, Secretario.

Gobierno Supremo del Estado libre de Coahuila y Texas.

El Gobernador del Estado de Coahuila y Texas á todos sus habitantes:—Sabed. que el Congreso del mismo ha decretado lo que sigue.

DECRETO No. 151.

El Congreso constitucional del Estado libre, independiente y soberano de Coahuila y Texas, ha tenido á bien decretar:

Se concede carta de ciudadano al abogado, Tomas Jefferson Chambers, cuyo titulo exeminado por el tribunal de justicio procederá igualmente al examen del interesado para que pueda exercer la abogacia en el Estado.

Lo tendrá entendido el Gobernador constitucional del Estado, para su cumplimiento, haciendolo imprimir, publicar y circular.
Dado en la ciudad de Leona Vicario á 22 de Setiembre de 1830.
RAMON GARCIA ROJAS, D. Pres.
MARIANO GARCIA, D. S.
VICENTE VALDES, D. S, S.

Por tanto, mando se imprima, publique, circule, y se le de el debido cumplimiento.

Leona Vicario 24 de Setiembre de 1830.

JOSE MARIA VIESCA.
Santiago del Valle, Secretario.

Gobierno Supremo del Estado libre de Coahuila y Texas.

El Gobernador del Estado de Coahuila y Texas á todos sus habitantes:—Sabed, que el Congreso del mismo ha decretado lo siguiente.

DECRETO No. 152.

El Congreso constitucional del Estado libre, independiente y soberano de Coahuila y Texas, ha tenido á bien decretar:

Se concede carta de ciudadano al estrangero D. Diego Grant.

or its fulfilment, the Governor of the State shall cause it to be printed, published, and circulated.

Given in the city of Leona Vicario on the 21st. September, 1830.
RAMON GARCIA ROJAS, President.
MARIANO GARCIA, D. S.
VICENTE VALDES, D. S. S.

Wherefore I command it to be printed published, circulated, and duly fulfilled.

JOSE MARIA VIESCA.

SANTIAGO DEL VALLE, Secretary.

Executive Department of the State of Coahuila and Texas.

The Governor of the State of Coahuila and Texas, to all the inhabitants thereof: Be it known, that the congress of said state has decreed as follows:

DECREE No. 151.

The Congress of the State of Coahuila and Texas, has thought proper to decree:

Letter of citizenship is hereby granted to Thomas Jefferson Chambers, counsellor; whom the tribunal of Justice, after examining his diploma, shall likewise proceed to examine, that he may practice his profession in the state.

For its fulfilment, the Governor of the State shall cause it to be printed, published, and circulated.

Given in the city of Leona Vicario on the 22d September, 1830.
RAMON GARCIA ROJAS, D. President.
MARIANO GARCIA, D. S.
VICENTE VALDES, D. S. S.

Wherefore I command it to be printed, published, circulated and duly fulfilled.

Leona Vicario, 24th September, 1830.

JOSE MARIA VIESCA.

SANTIAGO DEL VALLE, Secretary.

Executive Department of the State of Coahuila and Texas.

The Governor of the State of Coahuila and Texas, to all the inhabitants thereof: Be it known, that the congress of said state has decreed as follows:

DECREE No. 152.

The Congress of the state of Coahuila and Texas, has thought proper to decree:

Letter of citizenship is hereby granted to James Grant.

Lo tendrá entendido el Gobernador constitucional del Estado, para su cumplimiento, haciendolo imprimir, publicar y circular.

Dado en la ciudad de Leona Vicario á 25 de Setiembre de 1830.

RAMON GARCIA ROJAS, D. Pres.
MARIANO GARCIA, D. S.
VICENTE VALDES, D. S. S.

Por tanto, mando se imprima, publique, circule, y se le de el debido cumplimiento.

Leona Vicario 25 de Setiembre de 1830.

JOSE MARIA VIESCA.

Santiago del Valle, Secretario.

Gobierno Supremo del Estado libre de Coahuila y Texas.

El Gobernador del Estado de Coahuila y Texas á todos sus habitantes:—Sabed, que el Congreso del mismo ha decretado lo siguiente.

DECRETO No. 153.

El Congreso constitucional del Estado libre, independiente, y soberano de Coahuila y Texas, ha tenido á bien decretar:

Art. 1. No se admite la renuncia intentada por el Excelentisimo Señor Gobernador del Estado.

Art. 2. En consequencia usará el mismo del tiempo necesario para que consulte su salud desde la data de este decreto. A este efecto, por quanto no hallarse presente el Vice Gobernador y ademas estar ligados sus intereses pecuniarios con los del Estado, entrará funcionando el presidente del tribunal de justicia, segun lo prevenido en el articulo 2 del decreto No. 50.

Lo tendrá entendido el Gobernador constitucional del Estado para su cumplimiento, haciendolo imprimir, publicar y circular.

Dado en la ciudad de Leona Vicario á 25 de Setiembre de 1830.

RAMON GARCIA ROJAS, D. Pres.
MARIANO GARCIA, D. S.
VICENTE VALDES, D. S. S.

Por tanto, mando se imprima, publique, circule, y se le de el debido cumplimiento.

Leona Vicario 25 de Setiembre de 1830.

JOSE MARIA VIESCA.

Santiago del Valle, Secretario.

Gobierno Supremo del Estado libre de Coahuila y Texas.

El Gobernador del Estado de Coahuila y Texas á todos sus habitantes:—Sabed, que el Congreso del mismo ha decretado lo siguiente.

For its fulfilment, the Governor of the State shall cause it to be printed, published, and circulated.

Given in the city of Leona Vicario on the 21st September, 1830.

RAMON GARCIA ROJAS, D. President.
MARIANO GARCIA, D. S.
VICENTE VALDES, D. S. S.

Wherefore I command it to be printed, published, circulated and duly fulfilled.

Leona Vicario, 25th September, 1830.

JOSE MARIA VIESCA.

Santiago del Valle, Secretary.

Executive Department of the State of Coahuila and Texas.

The Governor of the State of Coahuila and Texas, to all the inhabitants thereof: Be it known, that the congress of said state has decreed as follows:

DECREE No. 153.

The Congress of the State of Coahuila and Texas, has thought proper to decree:

Art. 1. The resignation tendered by his excellency the governor of the state shall not be accepted.

Art. 2. In pursuance thereof the governor shall avail himself of the time required for attending to his health, from the date of this decree.—For this purpose, as the vice governor is absent, and furthermore his pecuniary concerns are connected with those of the state, the president of the tribunal of justice, agreeably to the provision of article 2 of decree No. 50, shall officiate as governor.

For its fulfilment, the Governor of the State shall cause it to be printed, published, and circulated.

Given in the city of Leona Vicario on the 25th September, 1830.

RAMON GARCIA ROJAS, D. President.
MARIANO GARCIA, D. S.
VICENTE VALDES, D. S. S.

Wherefore I command it to be printed, published, circulated and duly fulfilled.

Leona Vicario, October 1st, 1830.

JOSE MARIA VIESCA.

Santiago del Valle, Secretary.

Executive Department of the State of Coahuila and Texas.

The Governor of the State of Coahuila and Texas, to all the inhabitants thereof: Be it known, that the congress of said state has decreed as follows:

DECRETO No. 154.

El Congreso constitucional del Estado libre, independiente, y soberano de Coahuila y Texas, teniendo en consideracion ser ya muy limitada el tiempo que falta para concluir el tercer periodo de sesiones ordinarias y hallarse sus comisiones recargadas de diversos asuntos que tienen que despachar antes de concluir aquel termino, decreta lo siguiente:—

Habrá sesiones extraordinarias todas las tardes desde el 27 del corriente hasta el dia 30 del mismo.

Lo tendrá entendido el Gobernador constitucional del Estado para su cumplimiento, haciendolo imprimir, publicar y circular.

Dado en la ciudad de Leona Vicario á 25 de Setiembre de 1830.

RAMON GARCIA ROJAS, D. Pres.
MARIANO GARCIA, D. S.
VICENTE VALDES, D. S. S.

Por tanto, mando se imprima, publique, circule, y se le de el debido cumplimiento.

Leona Vicario 25 de Setiembre de 1830.

JOSE MARIA VIESCA.

Santiago del Valle, Secretario.

Gobierno Supremo del Estado libre de Coahuila y Texas.

El Gobernador del Estado de Coahuila y Texas á todos sus habitantes:—Sabed, que el Congreso del mismo ha decretado lo siguiente.

DECRETO No. 155

El Congreso constitucional del Estado libre, independiente, y soberano de Coahuila y Texas, ha tenido á bien decretar:

Art. 1. El Gobierno proporcionará inmediatamente de los partidos del Estado, de ciento á ciento cinquenta hombres, sean ó no de la milicia civica, al comandante general en caso que pida esta especie de auxilio para la expedicion de Texas.

Art. 2. Tendrá especial cuidado el mismo Gobierno de que la medida anterior recaiga sobre aquellos sugetos que menos falta hagan á los distintos ramos que forman la subsistencia publica, y sean menos necesarios á la de las familias en particular, y mas perniciosos en la sociedad, obrando en esto segun le dicte su juicio y discrecion.

Lo tendrá entendido el Gobernador constitucional del Estado, para su cumplimiento, haciendolo imprimir, publicar y circular.

Dado en la ciudad de Leona Vicario á 28 de Setiembre de 1830.

RAMON GARCIA ROJAS, D. Pres.
MARIANO GARCIA, D. S.
VICENTE VALDES, D. S. S.

DECREE No. 154.

The Congress of the State of Coahuila and Texas, as the third period of ordinary sessions is about to close, and the committees are charged with numerous and various subjects they must despatch previous to the close of said term, decrees as follows:

Congress shall hold extraordinary sessions every evening from the 27th to the 30th inst.

For its fulfilment, the Governor of the State shall cause it to be printed, published, and circulated.

Given in the city of Leona Vicario on the 25th September, 1830.
RAMON GARCIA ROJAS, D. President.
MARIANO GARCIA, D. S.
VICENTE VALDES, D. S. S.

Wherefore I command it to be printed, published, circulated and duly fulfilled.

Leona Vicario, 25th September, 1830,
JOSE MARIA VIESCA.
Santiago del Valle, Secretary.

Executive Department of the State of Coahuila and Texas.

The governor of the State of Coahuila and Texas, to all the inhabitants thereof: Be it known, that the congress of the said state has decreed as follows

DECREE No. 155.

The Congress of the State of Coahuila and Texas has thought proper to decree:

Art. 1. The executive shall immediately provide from one hundred to one hundred and fifty men, whether belonging to the civic militia or not, from the districts of the state, for the general commandant, in case he requests such aid for the expedition to Texas.

Art. 2. The executive shall take special care that, for the aforementioned object, such persons be taken as are least required in pursuits intimately connected with the wants of the community, and especially such as are least required for supporting families, and are most pernicious to society, preceeding in this respect according to his judgement and discretion.

For its fulfilment, the Governor of the State shall cause it to be printed, published, and circulated.

Given in the city of Leona Vicario on the 28th September, 1830.
RAMON GARCIA ROJAS, D. President.
MARIANO GARCIA, D. S.
VICENTE VALDES, D. S. S.

Por tanto, mando se imprima, publique, circule, y se le de el debido cumplimiento.

Leona Vicario 28 de Setiembre de 1830.

JOSE MARIA VIESCA.

Santiago del Valle, Secretario.

Gobierno Supremo del Estado libre de Coahuila y Texas.

El Gobernador del Estado de Coahuila y Texas á todos sus habitantes:—Sabed, que el Congreso del mismo ha decretado lo siguiente.

DECRETO No. 156.

El Congreso constitucional del Estado libre, independiente, y soberano de Coahuila y Texas, consequente á la 3a. parte del articulo 149 del decreto No. 37, ha tenido á bien decretar:

Como que es peculiar de los Ayuntamientos promover el aumento de dotacion á sus secretarios, lo es tambien del Gobierno aprobar ó desaprobar las mismas.

Lo tendrá entendido el Gobernador constitucional del Estado, para su cumplimiento, haciendolo imprimir, publicar y circular.

Dado en la ciudad de Leona Vicario á 29 de Setiembre de 1830.

RAMON GARCIA ROJAS, D. Pres.
MARIANO GARCIA, D. S.
VICENTE VALDES, D. S. S.

Por tanto, mando se imprima, publique, circule, y se le de el debido cumplimiento.

Leona Vicario 29 de Setiembre de 1830.

JOSE MARIA VIESCA.

Santiago del Valle, Secretario.

DECRETO No. 157.

El Congreso constitucional del Estado libre, independiente y soberano de Coahuila y Texas, ha tenido á bien decretar

Art. 1. Dispondrá el Gobierno que los administradores de alcabalas en el Estado cobren el derecho del 2 por ciento á los efectos estrangeros sin el re-encargo del duplo y medio, á que se refiere el decreto general de 14 de Marzo de 1828.

Art. 2. En obvio de perjuicio á los intereses de la federacion y de particulares se observará provisionalmente la misma base respecto del 5 por ciento de que habla el decreto general de 24 de Agosto anterior.

Art. 3. El Gobierno consultará con el supremo de la Union sobre la genuina inteligencia del decreto que se menciona en la proposicion que antecede.

Wherefore I command it to be printed, published, circulated and duly fulfilled.
Leona Vicario, 28th September, 1830.
JOSE MARIA VIESCA.
SANTIAGO DEL VALLE, Secretary.

Executive Department of the State of Coahuila and Texas.

The Governor of the State of Coahuila and Texas, to all the inhabitant thereof: Be it known, that the congress of said state has decreed as follows:

DECREE No 156.

The Congress of the State of Coahuila and Texas, pursuant to the third part of article 149 of decree No. 37, has thought proper to decree:

As it belongs to the Ayuntamientos to promote the increase of salary of their secretaries, so it also belongs to the executive to approve or disapprove said salaries.

For its fulfilment, the Governor of the State shall cause it to be printed, published and circulated.

Given in the city of Leona Vicario on the 29th December, 1830.
RAMON GARCIA ROJAS, D. President.
MARIANO GARCIA, D. S.
VICENTE VALDES, D. S. S.

Wherefore I command it to be printed, published, circulated and duly fulfilled.
Leona Vicario, 26th September, 1830.
JOSE MARIA VIESCA.
SANTIAGO DEL VALLE. Secretary.

DECREE No. 157.

The Congress of the State of Coahuila and Texas has thought proper to decree as follows:

ART. 1. The executive shall direct that the collectors of excise in the state exact the two per cent. duty on foreign effects, without charging the additional three per cent. to which the general decree of March 1828 refers.

ART. 2. To obviate injury to the interests of the nation and of private individuals, the same basis shall be observed provisionally with respect to the five per cent. mentioned in the general decree of the 24th of August last.

ART. 3. The Executive shall consult the national executive upon the subject of the true meaning of the decree mentioned in the preceding article.

Lo tendrá entendido el Gobernador constitucional del Estado para su cumplimiento, haciendolo imprimir, publicar y circular.
Dado en la ciudad de Leona Vicario á 30 de Setiembre de 1830.
RAMON GARCIA ROJAS, Pres.
MARIANO GARCIA, D. S.
VICENTE VALDES, D. S. S.

Gobierno Supremo del Estado libre de Coahuila y Texas.

El Gobernador interino del Estado de Coahuila y Texas, á todos sus habitantes, Sabed, que el Congreso del mismo ha decretado lo que sigue:—

DECRETO No. 158.

El Congreso constitucional del Estado libre, independiente, y soberano de Coahuila y Texas, teniendo en consideracion las observaciones que hizo el Gobierno al devolver el decreto No. 138, decreta lo siguiente:

ART. 1. Suponiendo continue estancado el tabaco por cuenta de la federacion, entrará en contratas oportunas con el general, ó con algunos particulares, para que no faltando existencias en el Estado, estén siempre provistas las administraciones del mismo.

ART. 2. En el primer caso se observará lo prevenido de antemano para recivir los tabacos de la federacion, y reclamar á la misma por los de mala calidad; en el segundo nombrará el Gobierno dos peritos para que examinen el tabaco al recibirse, conforme lo demas que se previene en este decreto.

ART. 3. Quedando vigentes los demas articulos del decreto No. 138, solo se deroga el setimo.

Lo tendrá entendido el Gobernador constitucional del Estado para su cumplimiento, haciendolo imprimir, publicar, circular.
Dado en la ciudad de Leona Vicario á 30 de Setiembre de 1830.
RAMON GARCIA ROJAS, Pres.
MARIANO GARCIA, D. S.
VICENTE VALDES, D. S. S.

Por tanto, mando se imprima, publique, circule, y se le de el debido cumplimiento.
Leona Vicario 4 de Octubre de 1830.
RAFAEL ECA Y MUZQUIZ.
SANTIAGO DEL VALLE, Secretario.

Gobierno Supremo del Estado libre de Coahuila y Texas.

El Gobernador del Estado de Coahuila y Texas á todos sus habitantes:—Sabed, que el Congreso del mismo ha decretado lo siguiente.

For its fulfilment, the Governor of the State shall cause it to be printed, published and circulated.

Given in the city of Leona Vicario on the 30th September, 1830.
RAMON GARCIA ROJAS, President.
MARIANO GARCIA, D. S.
VICENTE VALDES, D. S.

Executive Department of the State of Coahuila and Texas.

The Governor, of the State of Coahuila and Texas, to all the inhabitants thereof: Be it known, that the Congress of said State has decreed as follows:

DECREE No. 158.

The Congress of the State of Coahuila and Texas, in attention to the observations made by the executive on returning decree No. 138. decrees as follows:

ART. 1. On the supposition that tobacco will continue to be a monopoly of the general government the executive shall enter into seasonable contracts with the said government; or with private individuals, that the state not being destitute of tobacco, the agencies may be supplied therewith.

ART. 2. In the former case the provision hitherto made for receiving tobacco of the general government, and for applying to the same to make amends for tobacco of a bad quality, shall be observed—in the latter the executive shall appoint two competent persons to examine the tobacco at the time it is received agreeably to what is furthermore provided in this decree.

ART. 3. The other articles of decree No. 138 continuing in force, the second only shall be repealed.

For its fulfilment, the Governor of the State shall cause it to be printed, published and circulated.

Given in the city of Leona Vicario on the 30th September, 1830.
RAMON GARCIA ROJAS, President.
MARIANO GARCIA, D. S.
VICENTE VALDES, D. S. S.

Wherefore I command it to be printed, published, circulated and duly fulfilled.

Leona Vicario, October 4th, 1830.
RAFAEL ECA Y MUZQUIZ.
SANTIAGO DEL VALLE, Secretary.

Executive Department of the State of Coahuila and Texas.

The Governor of the state of Coahuila and Texas, to all the inhabitants thereof: Be it known, that the congress of said state has decreed as follows:

DECRETO No. 159.

El Congreso constitucional del Estado libre, independiente y soberano de Coahuila y Texas, ha tenido á bien decretar:

Se concede al estrangero James Bowie la carta de ciudadano en el supuesto de que tenga verificativo el establecimiento de tegidos de lana y algodon que ofrece poner en el Estado.

Lo tendrá entendido el Gobernador constitucional del Estado para su cumplimiento, haciendolo imprimir, publicar, y circular.

Dado en la ciudad de Leona Vicario á 30 de Setiembre de 1830.

RAMON GARCIA ROJAS, D. Pres.
VICENTE VALDES, D. S.
MARIANO GARCIA, D. S.

Por tanto, mando se imprima, publique, circule, y se le de el debido cumplimiento.

Leona Vicario 5 de Octubre de 1830.

RAFAEL ECA Y MUZQUIZ.

Santiago del Valle, Secretario.

Gobierno Supremo del Estado libre de Coahuila y Texas.

El Gobernador del Estado de Coahuila y Texas á todos sus habitantes:—Sabed, que el Congreso del mismo Estado ha decretado lo que sigue.

DECRETO No. 160.

El Congreso constitucional del Estado libre, independiente, y soberano de Coahuila y Texas, ha tenido á bien decretar:

Art. 1. Se concede el establecimiento de una compañia para la fabrica de texidos de algodon y lana en el departamento de Monclova, la que tendrá el nombre de *Compañia de manufacturas en Coahuila.*

Art. 2. El capital activo de la compañia no puede exceder de la cantidad de un millon de pesos, divididos en dos mil acciones de quinientos pesos cada una.

Art. 3. Se abrirá un libro por el empresario para las subscripciones por las dichas sciones.

Art. 4. Luego que haya subscritores para mil acciones por lo menos, el empresario convocará por aviso publico una junta de todos los accionistas, y se elejirá á pluralidad de votos de los que ocuriesen un presidente y siete directores de la compañia.

Art. 5. El presidente y los directores de que habla el articulo anterior desempeñarán sus destinos por un año, contado desde el dia de su eleccion.

Art. 6, Treinta dias antes de concluirse el termino del presidente, y los directores se convocará por estos una junta general de los accionistas para eligir sus succesores, y asi cada año se eligirá el presidente y los directores.

DECREE No. 159.

The Congress of the State of Coahuila and Texas has thought proper to decree:

Letter of citizenship is hereby granted to James Bowie, on the supposition that he can accomplish the establishment of cotton and woolen stuffs, which he offers to place in the state.

For its fulfilment, the Governor of the State shall cause it to be printed, published, and circulated.

Given in the city of Leona Vicario on the 30th September, 1830.

RAMON GARCIA ROJAS, D. President.
MARIANO GARCIA, D. S.
VICENTE VALDES, D. S. S.

Wherefore I command it to be printed, published, circulated and duly fulfilled.

Leona Vicario, October 5th, 1830.

RAFAEL ECA Y MUZQUIZ.

SANTIAGO DEL VALLE, Secretary.

Executive Department of the State of Coahuila and Texas.

The Governor of the State of Coahuila and Texas, to all the inhabitants thereof: Be it known, that the congress of said state has decreed as follows:

DECREE No. 160.

The Congress of the State of Coahuila and Texas has thought proper to decree:

ART. 1. The establishment is hereby granted, of a company for manufacturing cotton and woollen stuffs in the department of Monclova, to be styled the *Coahuila Manufacturing Company.*

ART. 2. The companies' active capital shall not exceed the sum of one million of dollars, divided into two thousand shares, of five hundred dollars each.

ART. 3. The empresario shall open a book of subscription for the aforementioned shares.

ART. 4. As soon as there are subscribers for one thousand shares at the least, the empresario shall advertise, calling a meeting of all the shareholders, and from among those present, a president and seven directors of the company shall be chosen by majority of vote.

ART. 5. The president and directors mentioned in the preceding article shall discharge the duties of their stations one year from the time of their election.

ART. 6. The president and directors, thirty days previous to the expiration of their term, shall call a general meeting of the shareholders to choose their successors; and the president and directors shall be chosen every year in like manner.

Art. 7. En todas las elecciones ó juntas de los accionistas, cada accion tendrá un voto con tal que ningun individuo tendrá mas que cinquenta votos, sea qual fuére el numero de acciones que tenga.

Art. 8. El presidente y los directores formarán un reglamento interior para el mejor arreglo de los asuntos de la compañia, y el despacho de los negocios.

Art. 9. Despues de establecida la compañia no podrá ningun miembro de ella adquirir por compra mas de una accion sobre la que tenga por parcionero, ni el accionista podrá vender sino al que tenga una sola, ó al que antes no la haya tenido, debiendo ser el comprador Mexicano por nacimiento, y este obtendrá desde aquel acto todos los derechos del posédor que le vendió.

Art. 10. El presidente y los directores en el reglamento interior de que habla el articulo 8º fixarán el modo de verificar las ventas de acciones entre individuos, y prescribirán las formalidades que se han de observar al otorgar el traspaso de acciones.

Art. 11. El presidente y cada director han de ser dueños de una accion por lo menos cada uno, y ademas ser ciudadanos del Estado de Coahuila y Texas.

Art. 12. El presidente y directores nombrarán un cajero, y agentes necesarios para el desempeño de los negocios de la campañia, y como empleados de ella serán dotados competentemente. El presidente y directores exigirán la fianza necesaria del cajero y agentes para el exacto cumplimiento de sus deberes, quedando responsables los primeros quando hayan votado á favor de los sugetos para tal destino, si padeciésen los intereses de la compañia á causa de haber faltado el requisito de exigir seguras y suficientes fianzas.

Art. 13. Todas las compras y todos los negocios y asuntos de la compañia serán hechos por el presidente, previa resolucion de los directores.

Art. 14. Los billetes ú obligaciones, dadas en el nombre de la compañia, y firmadas por el presidente y cajero, serán obligatorias contra el capital y bienes de la compañia.

Art. 15. La compañia podrá demandar, y ser demandada en juicio, entendiendose en tales casos por un apoderado que precisamente habrán nombrado el presidente y los directores.

Art. 16. Se concede á la compañia tres sitios de tierra de los valdios del departamento de Monclova en la parte que sea escogida por el presidente y los directores para el establecimiento y uso de la dicha compañia.

Art. 17. El titulo para tres sitios será estendido y otorgado en la debida forma por el comisionado que al efecto nombre el Gobernador del Estado.

Art. 18. Puede la compañia adquirir por via de compra de particulares los bienes de campo, raizes ú otros que sean necesarios al establecimiento, quedando sugetos á reparto entre accionistas Mexicanos, aquellos que por leyes expresas solo deben pertenecer á estos, y no á

ART. 7. At all the elections or meetings of the shareholders each shall be entitled to one vote; provided, that no individual shall have more than fifty votes, whatever be the number of his shares.

ART. 8. The president and directors shall form a set of internal rules for the better regulation of the companies' affairs, and the despatch of business.

ART. 9. After the company is established no member of the same shall acquire by purchase more than one share in addition to that which he holds as a partner, nor shall a shareholder sell except to a person having one share only or to one who previously had none. The purchaser shall be a Mexican by birth, and from the time of purchase shall acquire all the rights of the possessor, who made him the sale.

ART. 10. In the internal regulations mentioned in article 8 the president and directors shall establish the manner of effecting the sale of shares among individuals, and shall prescribe the forms to be observed on stipulating the transfer of shares.

ART. 11. The president and each director shall own at least one share each, and shall furthermore be citizens of the state of Coahuila and Texas

ART. 12. The president and directors shall appoint a cashier and the agents required to transact the business of the company, to whom a suitable salary shall be assigned as officers of the same. The president and directors shall require of the cashier and agents the necessary bonds for the faithful discharge of their duties; and those of the former who voted for the persons appointed to the aforementioned stations shall be responsible, should the concerns of the company suffer in consequence of failing to require adequate bonds and security.

ART. 13. All the purchases, business, and affairs of the company shall be executed by the president, the directors previously resolving thereon.

ART. 14. Notes or obligations given in the name of the company, and signed by the president and cashier, shall be binding against the capital stock and property of the company.

ART. 15. The company may sue and be sued, it being understood in such cases by attorney, whom the president and directors shall indispensably have appointed.

ART. 16. Three sitios of vacant land in the department of Monclova shall be granted to the company, where the president and directors shall select, for the establishment and use of said company.

ART. 17. The title to three sitios shall be drawn and stipulated in due form by the commissioner, whom the governor of the state shall appoint for that purpose.

ART. 18. The company may acquire of private individuals by purchase the country property, real estate or other property, required for the establishment; and such as by law should manifestly belong to native and not to alien shareholders shall be subject to distribution among

los estrangeros, á quienes por la parte que en los dichos bienes deben tener al ser disuelta la compañia, se les reintegrarán ya en reales ó ya en otros bienes de que pueden hacer uso libremente.

Art. 19. Siendo el objeto de la compañia el fomentar las manufacturas, las artes, y la industria en lo general en el departamento de Monclova, tendrá facultad la dicha compañia de prestar una parte de su capital á los artesanos y labradores, con tal que nunca cobrará un redito sobre los dichos prestamos que exceda de un cinco por ciento al año.

Art. 20. Los accionistas ausentes pueden votar á las elecciones por agentes nombrados por escritura.

Art. 21. La compañia durará por el termino de treinta años sino se disuelve antes por consentimiento unanime de los accionistas.

Art. 22. Se concede á la compañia la excepcion de alcabalas, y de qualquiera otro derecho que puede pertenecer al Estado por el termino de veinte años que comenzará á correr desde la fecha, en que el empresario ponga en practica el establecimiento.

Lo tendrá entendido el Gobernador constitucional del Estado para su cumplimiento, haciendolo imprimir, publicar y circular.

Dado en la ciudad de Leona Vicario á 30 de Setiembre de 1830.

RAMON GARCIA ROJAS, Pres.
VICENTE VALDES, D. S.
MARIANO GARCIA, D. S.

Por tanto, mando se imprima, publique, circule, y se le dé el debido cumplimiento.

Leona Vicario 2 de Octubre de 1830.

RAFAEL ECA Y MUZQUIZ.

Santiago del Valle, Secretario.

Gobierno Supremo del Estado libre de Coahuila y Texas.

El Gobernador del Estado de Coahuila y Texas á todos sus habitantes:—Sabed, que el Congreso del mismo ha decretado lo siguiente.

DECRETO No. 161.

El Congreso constitucional del Estado libre, independiente, y soberano de Coahuila y Texas, habiendo calificado las elecciones de gobernador, vice gobernador y consejeros, hechas por las asambleas electorales de los partidos de Leona Vicario, Parras, Monclova, Guerrero, y Bejar, en seis de Setiembre ultimo, decreta lo que sigue:

Art. 1. Es Gobernador constitucional del Estado, el ciudadano licenciado Jose Maria de Letona, por haber obtenido la mayoria absoluta de votos, calificada por el Congreso con arreglo á la ley.

Art. 2 Es Vice Gobernador constitucional del Estado, el ciudadano Juan Martin de Beramendi, por haber obtenido la unanimidad de los votos del Congreso.

Art. 3. Son en la propia forma consejeros propietarios, los ciudadanos Rafael Gonzales, y Francisco Bernardino de la Peña.

the former; and the portion of the aforementioned property, that on the dissolution of the company corresponds to the latter, shall be restored them in money, or other property of which they can make free use.

Art. 19. It being the object of the company to encourage manufactures, arts and industry in general in the department of Monclova, the said company shall be authorized to loan a portion of their capital stock to mechanics and labourers; provided they shall never receive over five per cent. rent per annum on the said loans.

Art. 20. Absent shareholders may vote at the elections by proxy.

Art. 21. The company shall continue for the term of thirty years unless previously dissolved by unanimous consent of the shareholders.

Art. 22. The company shall be exempt from excise duties, and every other tax pertaining to the state for the term of twenty years, to commence from the time the contractor shall put the establishment in operation

For its fulfilment, the Governor of the State shall cause it to be printed, published, and circulated.

Given in the city of Leona Vicario on the 30th September, 1830.
RAMON GARCIA ROJAS, President.
MARIANO GARCIA, D. S.
VICENTE VALDES, D. S. S.

Wherefore I command it to be printed, published, circulated and duly fulfilled.

Leona Vicario, 2nd October, 1830.
RAFAEL ECA Y MUZQUIZ.
Santiago del Valle, Secretary.

Executive Department of the State of Coahuila and Texas.

The Governor of the State of Coahuila and Texas, to all the inhabitants thereof: Be it known, that the congress of said state has decreed as follows:

DECREE No. 161.

The Congress of the State of Coahuila and Texas, having examined the elections of governor, vice governor and councellors, made by the electoral assemblies of the districts of Leona Vicario, Parras, Monclova, Guerrero and Bexar on the sixth of September last, decrees as follows:

Art. 1. Licentiate Jose Maria Letona, having received the absolute majority of votes, as investigated by congress according to law, is elected governor of the state.

Art. 2. Juan Martin de Veramendi is elected vice governor of the state, by unanimous vote of congress.

Art. 3. Rafael Gonzales, and Francisco Bernardino de la Peña, are elected councillors, proper, in like manner.

Art. 4. Es igualmente consejero suplente, el ciudadano Nicolas del Moral.

Lo tendrá entendido el Gobernador constitucional del Estado para su cumplimiento, haciendolo imprimir, publicar y circular.

Dado en la ciudad de Leona Vicario á 4 de Enero de 1831.

IGNACIO CANALES, Presidente.
JESUS GONZALES, D. S.
PEDRO de la F. FERNANDEZ, D.S.

Por tanto mando se imprima, publique, circule, y se le de el debido cumplimiento.

Ciudad de Leona Vicario, 5 de Enero 1831.

JOSE MARIA VIESCA.

Santiago del Valle, Secretario.

Gobierno Supremo del Estado libre de Coahuila y Tejas.

El Gobernador del Estado de Coahuila y Texas á todos sus habitantes:—Sabed. que el Congreso del mismo ha decretado lo que sigue.

DECRETO No. 163.

El Congreso constitucional del Estado libre, independiente, y soberano de Coahuila y Texas, teniendo presente el perjuicio que resiente la administracion de justicia, con que las funciones fiscales se desempeñen en el modo y forma que previene el decreto número 143; y que vigente esta disposicion, las causas de mayor gravedad no pueden executoriarse sino interviniendo, como jueces, personas que no obtienen la magistratura, decreta lo siguiente:

Se deroga el decreto No. 143, que dispone, se desempeñen las funciones fiscales, por los ministros del tribunal de justicia.

Lo tendrá entendido el Gobernador constitucional del Estado para su cumplimiento, haciendolo imprimir, publicar y circular.

Dado en la ciudad de Leona Vicario á 21 de Enero de 1831.

JOSE CAYETANO RAMOS, Vice Pres.
JESUS GONZALES, D. S.
PEDRO de la F. FERNANDEZ. D. S.

Por tanto, mando se imprima, publique, circule, y se le dé el debido cumplimiento.

Ciudad de Leona Vicario 26 de Enero de 1831.

JOSE MARIA VIESCA.

Santiago del Valle, Secretario.

ART. 4. Nicolas Moral in like manner is elected substitute councillor.

For its fulfilment, the Governor of the State shall cause it to be printed, published, and circulated.

Given in the city of Leona Vicario on the 4th of January, 1831.
IGNACIO CANALES, President.
JESUS GONZALES, D. S.
PEDRO de la FUENTE FERNANDEZ, D. S.

Wherefore I command it to be printed, published, circulated and duly fulfilled.

Leona Vicario, 5th January, 1830.
JOSE MARIA VIESCA.
SANTIAGO DEL VALLE, Secretary.

Executive Department of the State of Coahuila and Texas.

The Governor of the State of Coahuila and Texas, to all the inhabitants thereof: Be it known, that the congress of said state has decreed as follows:

DECREE No. 163.

The Congress of the State of Coahuila and Texas, regarding the injury experienced in the administration of justice, since the functions of attorney general are discharged in the manner and form provided in decree No. 143; and that so long as this provision remains in force, causes of the greatest importance cannot be decided without the intervention, as judges, of persons who do not obtain the magistracy, decrees as follows:

Decree No. 143, which provides that the functions of attorney general, be discharged by the ministers of the tribunal of justice, is hereby repealed.

For its fulfilment, the Governor of the State shall cause it to be printed, published, and circulated.

Given in the city of Leona Vicario on the 21st of January, 1831.
JOSE CAYETANO RAMOS, Vice Pres.
JESUS GONZALES, D. S..
PEDRO de la FUENTE FERNANDEZ, D. S.

Wherefore I command it to be printed, published, circulated and duly fulfilled.

Leona Vicario, 26th January, 1831.
JOSE MARIA VIESCA.
SANTIAGO DEL VALLE, Secretary.

DECRETO No. 164.

El Congreso constitucional del Estado libre, independiente, y soberano de Coahuila y Texas, considerando los males que se experimentan en la administracion economica politica del departamento de Texas por hallarse comprendido su dilatado territorio en un solo partido, y este poblado en su mayor parte de colonos estrangeros, ubicados en el con dispersion, usando de la facultad que le concede el articulo 8 de la Consitucion, decreta:

Art. 1. Se divide en dos partidos el departamento de Bejar, estableciendo por linea divisoria la que dando principio en el punto de Bolivar, Bahia de Galveston, y siguiendo entre norte y poniente para el intermedio de los rios de San Jacinto y Trinidad, continuando la altúra que divide las aguas de dichos rios hasta la cabezera de San Jacinto, y de aqui siguiendo la altúra que separa los rios Brazos y Trinidad, hasta la cabezera de este, terminará al norte del nacimiento del mismo Trinidad en el rio Roxo de Nachitoches.

Art. 2. El terreno situado al oriente de dicha linea se denominará partido de Nacogdoches, siendo cabezera de el la villa de este nombre.

Art. 3. En la misma villa, ó en el punto donde el Gobierno lo crea mas conveniente, residirá un gefe de partido, cuyo nombramiento, renovacion, atribuciones, sueldo, y gastos de su despacho, serán en el modo y forma que previene la constitucion y leyes vigentes respecto de los funcionarios de su clase.

Art. 4. El referido departamento continuará gobernandose en conformidad de esta disposicion, y de lo establecido al efecto con anterioridad á ella.

Art. 5. Al recibo de este decreto se procederá al nombramiento de gefe de partido á que se refiere.

Lo tendrá entendido el Gobernador constitucional del Estado para su cumplimiento, haciendolo imprimir, publicar y circular.

Dado en la ciudad de Leona Vicario á 31 de Enero de 1831.
JOSE CAYETANO RAMOS, Pres.
PEDRO de la F. FERNANDEZ, D, S.
JOSE de JESUS GRANDE, D. S.

DECRETO No. 165.

El Congreso constitucional del Estado libre, independiente y soberano de Coahuila y Texas, ha tenido á bien decretar:

Se concede al Presbitero D. Miguel Muldoon, natural de Irlanda, la carta de ciudadano que solicita.

Lo tendrá entendido el Gobernador constitucional del Estado para su cumplimiento, haciendolo imprimir, publicar, y circular.

Dado en la ciudad de Leona Vicario á 3 de Febrero de 1831.

DECREE No. 164.

The Congress of the State of Coahuila and Texas, considering the evils experienced in the political and financial administration of the department of Texas for the reason that the extensive territory thereof is comprised in one sole district, and populated mostly by foreign colonists, thinly settled therein; exercising the power conferred by article 8 of the constitution, decrees:

ART. 1. The department of Bexar shall be divided into two districts, and the following shall be the dividing line—commencing at Bolivar Point on Galveston Bay; thence running northwesterly to strike between the San Jacinto and Trinity rivers, following the dividing ridge between the said rivers to the head waters of San Jacinto; thence following the dividing ridge between the Brazos and Trinity to the head waters of the latter, and terminating north of the source of the said Trinity upon Red River.

ART. 2. The territory situated east of said line shall be called the District of Nacogdoches, and the town of the same name shall be the capital.

ART. 3. A district chief shall reside in said town, or at such place as the executive shall think most proper, whose appointment, removal, attributes, salary and office expenses shall be in the manner and form provided by the constitution and laws in force with respect to that class of officers.

ART. 4. The aforementioned department shall continue to be governed agreeably to the provision of this decree, and such as was established for that effect prior thereto.

ART. 5. On the receipt of this decree, measures shall be taken for the appointment of the district chief herein mentioned.

For its fulfilment, the Governor of the State shall cause it to be printed, published, and circulated.

Given in the city of Leona Vicario on the 31st of January, 1831.
JOSE CAYETANO RAMOS, President.
PEDRO de la FUENTE FERNANDEZ, D. S.
JOSE de JESUS GRANDE, D. S.

DECREE No. 165.

The Congress of the State of Coahuila and Texas has thought proper to decree:

Letter of citizenship is hereby granted to Michael Muldoon, Presbyter, and native of Ireland.

For its fulfilment, the Governor of the State shall cause it to be printed, published, and circulated.

Given in the city of Leona Vicario on the 3rd February, 1831.

DECRETO No. 166.

El Congreso constitucional del Estado libre, independiente y soberano de Coahuila y Texas, ha tenido á bien decretar:

Art. 1. Los alcaldes de los pueblo baxo multa que no baxe de cien pesos, ni exceda de doscientos á juicio del Gobierno aprenderán á la publicacion de este decreto, y continuarán en lo succesivo haciendo lo mismo á todos los que por un testigo que declare verbalmente de ciencia cierta, ó por dos que se refierán á otro ú otros, tambien de ciencia cierta, ó por rumor ó fama publica, ó por qualesquiera otro indicio de igual naturaleza se tengan ó reputan por ladrones.

Art. 2. Para la aprension de que habla el articulo anterior, y competente seguridad de las carceles, serán auxiliados los juezes con la fuerza de milicia civica que juzgue necesaria sin perjuicio de los auxilios que los vecinos deverán prestarles baxo penas precisamente corporales que con arreglo á sus facultades aplicarán sin recurso, á los que llegáren á este servicio.

Art. 3. Serán tambien compelidos segun las facultades de los juezes los que se resistan á declarar en estas causas lo que supiéren, exceptuando solo á los hijos de familia, padres, madres, esposas, hermanos, mugeres y yernos de los reos.

Art. 4. Los juezes y asesor que por su parte no disimularan los perjuicios, ni dexaran á esta clase de delinquentes sin infligirles las penas que al efecto demarcan las leyes.

Art. 5. Tan luego como por qualquiera conducto llegue á noticia de los alcaldes que se ha perpetrado algun delito de los que habla esta ley, pasarán al lugar donde se haya cometido á dar fé de el, y quando esto fuere impracticable lo acreditarán en la forma establecida.

Art. 6. Dentro de quarenta y ocho horas, contadas desde el acto de la aprension se recibirá por escrito la declaracion ó declaraciones de que habla el articulo primero, y habiendo cumplido con lo que exige el anterior, se expedirá en su caso el correspondiente auto motivado.

Art. 7. En el sumario se examinarán solo los testigos del hecho que sean bastantes y comodamente puedan ser habidos, omitiendose los careos, citas, y reconocimientos que sean inutiles al descubrimiento de la verdad, ú que solo tengan por objeto anular indicios sobre prueva plena.

Art. 8. Los testigos, luego despues de haber declarado, ratificaran sus dichos en todos casos, y en presencia del reo si ya estuviere preso.

Art. 9. Cada tres dias hasta concluir el sumario, ó antes si asi lo mandáre el tribunal de justicia, le darán cuenta los alcaldes de la capital del numero de actuaciones que en aquel termino hubiéren practicado en cada una de las causas que instruyan con arreglo á esta ley. Los juezes foraneos lo harán en cada correo.

DECREE No. 166.

The Congress of the State of Coahuila and Texas, has thought proper to decree:

ART. 1. The Alcaldes of the towns, under penalty of a fine, not less than one hundred, nor more than two hundred dollars, agreeably to the judgment of the executive, shall arrest on the publication of this decree, and shall continue hereafter to arrest all persons, who in consideration of the testimony of one witness, declaring verbally to his certain knowledge, or of two, referring to another or others, also to their certain knowledge; or who from public rumour or report, or any other indication of a like nature, are considered and reputed as thieves.

ART. 2. For the arrest mentioned in the foregoing article, and adequate security of prison, the Alcaldes shall be aided with such force belonging to the civic militia as they shall judge necessary, besides the assistance the citizens shall render them under corporal penalties, which the Alcaldes, according to their powers, and without appeal, shall inflict upon those whose services are thus required.

ART. 3. Those who refuse to declare what they know in these cases, with the exception only of the children, parents, brothers and sisters, wives, and sons, and daughters-in-law of the criminals, shall also be compelled by the Alcaldes according to their powers.

ART. 4. The Alcaldes and the assessor on their part shall not misrepresent the injury, or fail to inflict upon this class of delinquents the penalties designated by law for this object.

ART. 5. As soon as the Alcaldes are informed by any person that any crime of those mentioned in this law has been perpetrated, they shall pass to the place where it was committed to certify the same; and should this not be practicable, they shall prove it in the established form.

ART. 6. Within forty-eight hours from the act of the arrest the declaration or declarations mentioned in article first shall be taken in writing, and the provision of the preceding article having been fulfilled, as the case may be, the corresponding warrant resulting therefrom shall be issued.

ART. 7. In the trial sumario, only as many witnesses of the fact as are necessary, and conveniently obtained, shall be examined; and all confrontation, citation, and examination of no avail in discovering the truth, or whose sole object is to do away indications based on plenary evidence, shall be omitted.

ART. 8. The witnesses as soon as they have made their declaration, shall confirm their statements in all cases, and in presence of the accused, should he now be a prisoner.

ART. 9. Every three days until the conclusion of the sumario, or before should the tribunal of justice so order, the Alcalde of the capital shall notify the tribunal of the number of judicial acts performed in said term in each case they investigate agreeably to this law. The Alcaldes of other places shall do the same by every post.

Art. 10. Apareciendo comprobado el delito, y aclarado el delinquente despues de su confesion con cargos que como hasta aqui terminará el sumario se entregará el proceso sin que preceda otro trámite al defensor del reo con calidad de todos cargos de pruevas, alegato, y citacion para sentencia, por un termino peremptorio que no exceda de ocho dias, y que solo por causas extraordinarias é insolitas se prorogará hasta veinte sin exceso alguno.

Art. 11. Si interviniere acusador concluido que sea el sumario, se le pasarán los autos por tres dias improrogables al fin de los que los recibirá por igual tiempo el defensor del reo para que cada uno exponga lo que juzgue convenir á su derecho; y abierto á continuacion el termino probatorio, se dividirá entre contendientes los veinte dias de que habla el articulo precedente.

Art. 12. Pasados estos terminos, y omitiendo los jueces las consultas sobre tramites remitirán los jueces los autos en definitiva al asesor, quien consultará en estas causas con preferencia á qualesquiera otras no deteniendo en su estudio la de los juzgados en la capital mas de ocho dias, y consultando en ellas por el orden de las fechas en que las reciba.

Art. 13. En las causas que los juzgados de fuera de la capital remitan al asesor consultará tambien este por el orden de las fechas en que lleguen á su estudio, despachandolas á lo menos al 2º correo de haberlas recibido.

Art. 14. Tan luego como los jueces de 1a instancia reciban del asesor la consulta en definitiva pronunciarán con entero arreglo á ella su sentencia, y notificada á las partes, remitirán el proceso al tribunal de justicia sin perder un dia los de la capital, ni un correo, los de fuera de ella.

Art. 15. La sala á que corresponda su conocimiento, bien sea por apelacion ó por qualesquiera otro recurso pasados dos dias contados del en que reciban el proceso, ú los reos en su caso no hubieren nombrado defensor ó el nombrado en la instancia no se presentase lo nombrará de oficio, y pasará el despacho en los autos por el fiscal y defensor fixará termino que por ninguna causa ni pretesto excederá de cinco dias el concedido á cada uno en qualesquiera estado de la causa, habiendo acusador se concederan á este los terminos asignados al fiscal.

Art. 16. El hecho solo de cumplirse el termino por el que se hayan entregado unos autos producirá en estas causas executoria para extraerlos, lo que tanto por los juzgados inferiores como por los superiores se hará, ó se mandará hacer, en la misma hora de cumplirse el termino.

Art. 17. En el tiempo que señala el articulo 15, y quantos dias mas podrán presentarse las pruebas que las partes estimen conducentes á su derecho.

Art. 10. The crime appearing to be clearly proved against the defendant, and after hearing his plea to the charges which shall thus far terminate the sumario, without any other step being taken, the record shall be delivered to the defendants' counsel, containing all the charges in evidence, ground of complaint, and citation for sentence, for a peremptory term not exceeding eight days, and which only in extraordinary and unusual cases shall be prolonged to twenty and no more.

Art. 11. Should an accuser intervene after the conclusion of the *sumario*, he shall be furnished with the proceedings for three days only, when they shall be delivered to the counsel of the defendant for the same length of time, that each may make such explanation, as he considers to be just—after which, the probatory term remaining open, the twenty days mentioned in the preceding article shall be divided between the contending parties.

Art. 12. After said term, and omitting consultation on proceedings, the Alcaldes shall forward the definitive acts to the assessor; who shall give advice in said cases in preference to any others, not detaining in his office those of the courts of this capital over eight days, and advising thereon in the order of the date of their reception.

Art. 13. In cases forwarded to the assessor from courts without the capital, he shall also give advice in the order of date of their arrival at his office, dispatching them at the furthest by the second post after their reception.

Art. 14. As soon as the primary judges receive the determinate opinion of the assessor, they shall pronounce sentence in entire conformity thereto, and after notifying the parties, they shall forward the record to the tribunal of justice, those of the capital without loosing a day, and those without by the first post without fail.

Art. 15. The hall to which it belongs to take cognizance therein, whether by appeal or any other recourse after the expiration of two days from the reception of the proceedings, should the prisoner, as the case may be, not have appointed a counsel, or should the one appointed in the primary court not appear, shall appoint a counsel officially; and shall pass the despatch accompanied by the judicial acts to the attorney general and counsel, specifying a term, which for no reason or pretence shall exceed five days each, whatever be the condition of the case. Should there be an accuser the same term shall be allowed him as that assigned the attorney general.

Art. 16. The sole fact of the expiration of the term for which any judicial proceedings are delivered shall produce in these cases a decree of execution for their extraction—which, both in inferior and superior courts shall be done, or ordered to be done, at the very hour of the expiration of the term.

Art. 17. During the time specified in article 15 and additional days conceded, the parties may present such evidence as they consider to be just.

Art. 18. Dos dias despues las salas procederán á la vista de las causas, y fallarán á continuacion, á no ser que por algun motivo no comun, que se hará constar en los asuntos sea necesario reverlos en cuyo caso se suspenderá la sentencia por dos dias, inclusivo el de la vista.

Art. 19. La sentencia pronunciada en 2a instancia, ya sea que confirme ó revoque la de la 1a causará executoria en estas causas sin mas recurso que el de nulidad que podrá interponerse con arreglo á las leyes, guardandose en el las prevenciones de los quatro articulos anteriores.

Art. 20. Los ladrones que con arreglo á las leyes sean condenados á trabajos forzados ú obras publicas, se destinarán por ahora al presidio de Vera Cruz si sus condenas no baxáren de un año á lo menos; los que sean juzgados con arreglo á la ley No. 7, y los que lo fuéren en el partido de Rio Grande, y departamento de Bejar, cumplirán sus sentencias en este mismo departamento, segun el articulo 44 de la ley No. 16 de 24 de Marzo de 1825, y orden de 30 de Noviembre de 1827.

Art. 21. Los reos condenados á Vera Cruz serán conducidos á esta capital, y tan luego como se hallen reunidos en ella sino á lo menos pasarán á su destino, asi estos como los que deben extinguir sus condenas en Texas, percivirán del tesorero publico nueve granos diarios cada uno mientras dure su viage los costos de conduccion serán tambien de cuenta del Estado.

Art. 22. Solo los reos comprendidos en los articulos 1º, 2º, y 7º de la ley No. 7, continuarán juzgandose segun lo disponen los articulos 3, 4, y 5 de la misma ley.

Art. 23. El que retuviere ú ocultare las alajas robadas ú con precauciones de serlo, aunque leves, no las pusiese á disposicion del juez del lugar, será castigado como ladron, y se hará lo mismo con los receptadores ó favorecedores de estos, y con aquellos, á quienes se aprendan los efectos robados, y no manifestáren las personas de quienes los hayan habido, ó diéren noticia de ellas.

Art. 24. Los jueces de 1a instancia darán abiso al Gobierno del dia en que comienzan estas causas, y de las personas contra quienes se instruyan, y si pasados sesenta dias no le comunicaren su conclusion definitiva, deberá verificarlos segun sus facultades.

Art. 25. Asi en los juzgados inferiores como en los superiores las causas contra ladrones serán preferentes á qualquiera otras, autoandose en ellas aun en los dias feriados sin la previa habilitacion judicial, y se despacharán por el orden de las fechas en que diéren principio, ó se reciban.

Art. 26. Las causas en que haya complices se terminarán en quanto á los reos que fuéren convictos y por cuerda separada se continuará la investigacion de aquellas.

Art. 27. Los jueces y asesores que por descuido ó negligencia no diéren cumplimiento á los articulos 4, 5, 6, 7, 9, 12, 13 y 14, serán mul

ART. 18. Two days following, the halls shall proceed to examine the cases, and give sentence, unless from some unusual cause, which shall be made to appear it be necessary to review, in which case sentence shall be suspended two days including that of the examination.

ART. 19. The sentence pronounced by the hall, whether confirming or revoking that of the primary court shall be the ground of a decree of execution in these cases, without further appeal than that of nullity, which may be interposed according to the laws, observing therein the provision of the four preceding articles.

ART. 20. Theives sentenced according to law to forced labor, or public works shall be destined for the present to the fortress of Vera Cruz, should they be sentenced for a term not less than one year, those sentenced according to law No. 7, and those sentenced in the district of Rio Grande and department of Bexar, shall fulfill their term of sentence in the latter department, agreeably to article 44 of law number 16, of the 24th of March, 1825, and order of the 30th of November, 1827.

ART. 21. Criminals sentenced to Vera Cruz shall be conducted to this capital, and as soon as collected therein at furthest, shall pass to the place of their destination; both these, and those who fulfill the term of their sentence in Texas shall receive from the public treasurer nine grains a day each during the journey; the expense of conduction shall also be defrayed by the state.

ART. 22. Criminals only comprised in articles 1, 2 and 7, of law No. 7, shall continue to be tried as articles 3, 4 and 5, of the same law provide.

ART. 23. A person who shall retain or conceal stolen goods, or who, taking measures of precaution although slight to do so, shall not place them at the disposal of the Alcalde of the place, shall be punished as a thief, and the same shall be done with those who receive or favor thieves; also with those upon whom the stolen goods are seized, should they not manifest the persons, from whom they obtained them, or give notice of said persons.

ART. 24. Primary judges shall notify the executive of the day on which they commence the aforementioned causes, and of the persons against whom they are carried on, and should they not communicate to him their final conclusion within sixty days, he shall cause them to be terminated according to his powers.

ART. 25. Both in inferior and superior courts causes against theives shall be attended to in preference to any others, acting thereon, without being required to obtain judicial authorization or permission, on days the tribunals are otherwise shut; and shall be despatched in the order of the date of their commencement or reception.

ART. 26. Causes wherein there are accomplices shall be closed according to the criminals respectively convicted, and the investigation thereof shall be continued by a seperate process.

ART. 27. Alcaldes and assessors, who from inattention or neglect shall not comply with articles 4, 5, 6, 7, 9, 12, 13 and 14, shall be fined

tados por los tribunales superiores de ciento á doscicnto pesos; sin otra prueba que la simple constancia del hecho, admitiendoles despues los ocursos que tengan lugar por las leyes.

Art. 28. Los juezes superiores serán en su caso responsables en los terminos que prescriben las leyes,

Art. 29. Todas las causas que se hallan pendientes é instruidas contra ladrones estarán concluidas en la instancia á los dos meses de publicada esta ley.

Lo tendrá entendido el Gobernador constitucional del Estado para su cumplimiento, haciendolo imprimir, publicar y circular.

Dado en la ciudad de Leona Vicario á 17 de Febrero de 1831.
JOSE CAYETANO RAMOS, Pres.
PEDRO de la F. FERNANDEZ, D. S.
JOSE de JESUS GRANDE, D. S.

DECRETO No. 167.

El Congreso constitucional del Estado libre, independiente, y soberano de Coahuila y Texas, ha tenido á bien decretar:

Art. 1. Se establecerán administraciones de alcabalas en los departamentos de Monclova y Bejar, y receptorias en cada una de las municipalidades con sugecion al Gobernador las administraciones, y á estas los receptores.

Art. 2. El tres por ciento de extraccion de plata pasta, y el dós á la moneda que por el decreto No. 3, de 31 de Julio de 1829, estaba à cargo de los fulatos de las administraciones de tabacos de Monclova y Texas se recaudarán en aquellas administraciones lo mismo que los demas derechos, que con arreglo á las leyes vigentes se cobran por la administracion establecida en el departamento del Saltillo.

Art. 3. El distrito de estas administraciones será el mismo que corresponde á cada uno de los departamentos, y el de las receptorias el que abraza la jurisdiccion civil de cada una de sus municipalidades.

Art. 4. Los administradores caucionarán su responsabilidad en las rentas de su cargo con fiadores abonados, y en cantidad de dos mil pesos.

Art. 5. El Gobernador designará el lugar en que deben fixarse las administraciones que por ahora se compondrán de un administrador, un oficial, escribiente, contador, y dos guardas de á caballo. La dotacion de los primeros será el veinte por ciento sobre lo que recauden en sus respectivas administraciones; la de los segundos la cantidad de trecientos pesos anuales; y los ultimos disfrutarán el honorario publico, como los anteriores, un sueldo mensual de diez pesos.

Art. 6. La plaza de guardia que por orden de 29 de Diciembre de 1826 se estableció para el servicio de la administracion de tabacos de Monclova cesará á la publicacion de esta ley.

Art. 7. El Gobierno podrá aumentar hasta el cinco por ciento si con ella apareciéren insuficientemente dotadas las administraciones, dando cuenta al Congreso para su aprobacion.

by the superior courts from one hundred to two hundred dollars, without any other evidence than the plain appearance of the fact, allowing them to proceed afterwards as the law permits.

Art. 28. Superior judges, as the case may be, shall be responsible in the manner the laws provide.

Art. 29. All causes pending and prosecuted against thieves, shall be concluded in the primary courts in two months from the publication of this law.

For its fulfilment, the Governor of the State shall cause it to be printed, published, and circulated.

Given at the city of Leona Vicario on the 17th February, 1831.
JOSE CAYETANO RAMOS, President.
PEDRO de la F. FERNANDEZ, D. S.
JOSE de J. GRANDE, D. S.

DECREE No. 167.

The Congress of the State of Coahuila and Texas, has thought proprer to decree:

Art. 1. Excise agencies shall be established in the departments of Monclova and Bexar, and receivers' offices in each of the municipalities; the former subject to the governor, and the latter to the agencies.

Art. 2. The three per cent. on the export of silver in bullion, and two per cent. on coin committed by decree No. 3, of the 31st of July, 1829, to the charge of the agents of the tobacco department of Monclova and Texas, shall be collected in the aforementioned agencies the same as the other duties, that according to the existing laws are collected by the agency established in the department of Saltillo.

Art. 3. The district of said agencies shall be the same as that corresponding to each of the departments, and that of the receivers' offices the same as that which embraces the civil jurisdiction of each of their municipalities.

Art. 4. The agents shall give bonds in the sum of two thousand dollars for the faithful management of the rents committed to their charge.

Art. 5. The executive shall point out the places where the agencies shall be established, which for the present shall consist of a collector, an officer, clerk, accountant, and two mounted custom house officers. The pay of the first shall be twenty per cent. on what they collect in their respective agencies; of the second three hundred dollars per annum, and the last as heretofore, shall be paid ten dollars per month.

Art. 6. The office of custom house officer, which by order of the 29th of December, 1826, was established for the service of the tobacco agency of Monclova, shall cease on the publication of this law.

Art. 7. Should the per centage allowed to chief agents appear insufficient, the executive may augment the same to five per cent. giving notice to congress for approval.

Art. 8. Del veinte por ciento de que habla el articulo cinco se abonarán á los receptores el ocho de lo que respectivamente cobráren en su distrito.

Art. 9. Queda vigente el articulo 32 de la ley de 24 de Marzo de 1825.

Lo tendrá entendido el Gobernador constitucional del Estado para su cumplimiento, haciendolo imprimir, publicar y circular.

Dado en la ciudad de Leona Vicario á 21 de Marzo de 1831.

JOSE MARIA de AGUIRRE, Pres.
JOSE JESUS GRANDE, D. S.
JOSE MARIA MIER, D. S.

DECRETO No. 168.

El Congreso constitucional del Estado libre, independiente y soberano de Coahuila y Texas, ha tenido á bien decretar:

Art. 1. Los individuos de la milicia nacional local que con arreglo á las ordenanzas de 8 y 22 de Marzo del año proximo pasado de 1830 reciben sueldo de las rentas publicas del Estado se sugetarán por las faltas y delitos que cometiéren en los actos del servicio á las penas impuestas por la ordenanza general del exercito.

Art. 2. El comandante de la fuerza permanente, por conducto de su coronel ó quien haga sus veces elevará al conocimiento del Gobierno del Estado el correspondiente parte del delito cometido para que dicho supremo gefe decrete la formacion de causa si lo creyére conveniente.

Art. 3. Los gefes y oficiales de batallon á que pertenesca el delinquente serán los que conoscan en la formacion de causa, y en consejo de guerra ordinario aplicarán las penas que corresponda, no debiendo estas tener efecto sin la previa aprobacion del Gobierno del Estado.

Lo tendrá entendido el Gobernador constitucional del Estado, para su cumplimiento, haciendolo imprimir, publicar y circular.

Dado en la ciudad de Leona Vicario á 22 de Marzo de 1831.

[Los mismos Señores.]

Gobierno Supremo del Estado libre de Coahuila y Texas.

El Gobernador del Estado de Coahuila y Texas á todos sus habitantes:—Sabed, Que el Congreso del mismo Estado ha decretado lo que sigue.

DECRETO No. 169.

El Congreso constitucional del Estado libre, independiente y soberano de Coahuila y Texas, ha tenido á bien decretar lo siguiente:

La pension de dos pesos impuesta á los billares de fuera de la capi-

ART. 8. Of the twenty per cent. mentioned in article 5, eight per cent. of what they respectively collect in their district shall be allowed to receivers.

ART. 9. Articles 32 of the law of 24th of March 1825 shall remain in force.

For its fulfilment, the Governor of the State shall cause it to be printed, published, and circulated.

Given in the city of Leona Vicario on the 21st of March, 1831.

   JOSE M. de AGUIRRE, President.
   JOSE J. GRANDE, D. S.
   JOSE MARIA MIER, D. S.

DECREE No. 168.

The Congress of the State of Coahuila and Texas, has thought proper to decree:

ART. 1. Individuals belonging to the national local militia who agreeably to the ordinances of the 8th and 22nd of March, 1830, receive pay out of the public rents of the state shall be subject to the penalties imposed by the general ordenances of the army for crimes committed in the service.

ART. 2. The commandant of the standing force, through the channel of his colonel, or the person acting in his place shall communicate the corresponding official notice of the crime committed, to the executive, that he may order the cause to be prosecuted should he deem proper.

ART. 3. The chiefs and officers of the batallion to which the delinquent belongs shall be the persons who take cognizance in the prosecution of the cause, and in ordinary court martial they shall adjudge the corresponding penalties, which shall not be carried into execution until approved by the executive of the state.

For its fulfilment, the Governor of the State shall cause it to be printed, published, and circulated.

Given in the city of Leona Vicario on the 22nd of March, 1831.

        [The same Signers.]

Executive Department of the State of Coahuila and Taxas.

The Governor of the state of Coahuila and Texas, to all the inhabitants thereof: Be it known, that the congress of said state has decreed as follows:

DECREE No. 169.

The Congress of the State of Coahuila and Texas has thought proper to decree:

The two dollar tax laid on billiard tables without the capital shall

tal, cesará desde la publicacion de este decreto quedando solo la de quatro reales.

(Vease el articulo 4 del decreto No. 2 de 28 de Julio de 1827.)

Lo tendrá entendido el Gobernador constitucional del Estado para su cumplimiento, haciendolo imprimir, publicar y circular.

Dado en la ciudad de Leona Vicario á 2 de Abril de 1831.

JOSE JESUS GRANDE, Presidente.
JOSE MARIA de MIER, D. S.
JOSE IGNACIO CANALES, D. S.

Por tanto, mando se imprima, publique, circule, y se le dé el debido cumplimiento.

Leona Vicario 5 de Abril de 1831.

JOSE MARIA de LETONA.

Santiago del Valle, Secretario.

DECRETO No. 170.

El Congreso constitucional del Estado libre, independiente y soberano de Coahuila y Texas, ha tenido á bien decretar

Art. 1. El pueblo de Villa Longin que por su localidad y situacion se halla en la actualidad unido enteramente á la capital del Estado formará con esta una sola poblacion baxo el nombre de ciudad del Saltillo, quedando derogado el decreto No. 29 de 5 de Noviembre 1829.

Art. 2. El dia 31 de Diciembre del presente año cesará en sus funciones el Ayuntamiento de aquel pueblo, extendiendo su jurisdiccion el de la capital á todo el distrito municipal de Villa Longin.

Art. 3. El archivo, edificio, y demas bienes comunales destinado á objetos que deben cubrir los fondos municipales del citado pueblo, pasarán al Congreso del unico Ayuntamiento que debe permanecer.

Art. 4. Se deroga el decreto No. 140 de 21 de Abril ultimo.

Art. 5. El actual Ayuntamiento de Leona Vicario, y el de Villa Longin señalarán por esta sola vez de comun acuerdo los parages publicos en que hallan de celebrarse las asambleas municipales para la eleccion de Ayuntamiento que debe funcionar en el año proximo de 1832.

Lo tendrá entendido el Gobernador constitucional del Estado, para su cumplimiento, haciendolo imprimir, publicar y circular.

Dado en la ciudad de Leona Vicario á 2 de Abril de 1831.

JOSE de JESUS GRANDE, Presidente.
JOSE MARIA MIER D. S.
JOSE IGNACIO CANALES, D. S.

Gobierno Supremo del Estado libre de de Coahuila y Texas.

El Gobernador del Estado de Coahuila y Texas á todos sus habitantes;—Sabed, que el Congreso del mismo Estado ha decretado lo que sigue.

cease from the publication of this decree, and only the four rial tax shall continue.

[See article 4, of decree No. 2, of the 28th of July, 1827.]

For its fulfilment, the Governor of the State shall cause it to be printed, published and circulated.

Given in the city of Leona Vicario on the 2nd of April, 1831.
JOSE J. GRANDE, President.
JOSE MARIA de MIER, D. S.
JOSE I. CANALES, D. S.

Wherefore I command it to be printed, published, circulated and duly fulfilled.

Leona Vicario, 5th April, 1831.
JOSE MARIA de LETONA.
SANTIAGO DEL VALLE, Secretary.

DECREE No. 170.

The Congress of the State of Coahuila and Texas, has thought proper to decree:

ART. 1. The town of Villa Longin, which by its local situation is now entirely united to the capital of the state, shall constitute in connexion with the latter one sole town, to be called the city of Saltillo, and decree No. 29 of November 5th, 1827, is hereby repealed.

ART. 2. On the last day of December of the current year the Ayuntamiento of the town of Villa Longin shall cease to exercise its functions, and that of the capital shall extend its jurisdiction to the whole municipal district of said town.

ART. 3. The archives, building, and other public property destined to purposes, the cost whereof is necessarily defrayed by the municipal funds, shall pass to the sole corporation or Ayuntamiento that shall remain.

ART. 4. Decree No. 140 of the 21st of April last is hereby repealed.

ART. 5. For this time only; and by joint consent, the present Ayuntamiento of Leona Vicario, and that of Villa Longin shall appoint the public places where the municipal meetings, for electing the Ayuntamiento for 1832, shall be holden.

For its fulfilment, the Governor of the State shall cause it to be printed, published, and circulated.

Given in the city of Leona Vicario on the 2nd April, 1831.
JOSE de J. GRANDE, President.
JOSE M. MIER, D. S.
JOSE I. CANALES, D. S.

Executive Department of the State of Coahuila and Texas.

The Governor of the State of Coahuila and Texas, to all the inhabitants thereof: Be it known, that the congress of said state has decreed as follows:

DECRETO No. 171.

El Congreso constitucional del Estado libre, independiente, y soberano de Coahuila y Texas, ha tenido á bien decretar:

Art. 1. Se derogo el decreto No. 105 de fecha 5 de Setiembre de 1829.

Art. 2. Se devolverá á los particulares que comprende el articulo 1 de este decreto lo que hayan entregado en su cumplimiento.

Lo tendrá entendido el Gobernador constitucional del Estado, para su cumplimiento, haciendolo imprimir, publicar y circular.

Dado en la ciudad de Leona Vicario á 5 de Abril de 1831.

[Los mismos Señores.]

Para que el antecedente decreto surta los efectos que el honorable Congreso se propuso al expedirlo, se observarán las prevenciones siguientes:

Primera.—Todo individuo que conforme á lo dispuesto en el articulo 1º del decreto No. 105, haya exhibido alguna parte de su capital, ocurirá á la autoridad judicial que corresponda, pidiendo los justificantes necesarios á fin de acreditar la mencionada exhibicion, y con ellos pasará una representacion á este Gobierno para providenciar lo conveniente á su devolucion.

Segunda.—Las administradores ó fieles de tabaco de que hace referencia el articulo 5 del reglamento expedido por este Gobierno en 12 de Setiembre de 1829; para el excecucion del referido decreto No. 105, como encargados del cobro de la contribucion impuesta á los individuos de la milicia civica que obtuviéron excepcion en virtud de lo dispuesto en el articulo 11 del repetido decreto, cortarán á la publicacion de la presente ley la cuenta que deben haber llevado sobre el particular; y recogiendo lo que los interesados adeuden cesará absolutamente la recaudacion.

Por tanto, mando se imprima, publique, circule, y se le de el debido cumplimiento.

Leona Vicario 6 de Abril de 1831.

JOSE MARIA de LETONA.

Santiago del Valle, Secretario.

Gobierno Supremo del Estado libre de Coahuila y Texas.

El Gobernador del Estado de Coahuila y Texas á todos sus habitantes:—Sabed, que el Congreso del mismo ha decretado lo siguiente.

DECRETO No. 172.

El Congreso constitucional del Estado libre, independiente, y soberano de Coahuila y Texas, teniendo presente que ninguna clase de medidas han sido hasta ahora bastantes para evitar las fugas de los crimi-

DECREE No. 171.

The Congress of the State of Coahuila and Texas, has thought proper to decree:

ART. 1. Decree No. 105, bearing date the 5th of September, 1829, is hereby repealed.

ART. 2. The amount delivered by the private individuals comprised in article 1st of this decree in compliance with that of 105 shall be respectively returned.

For its fulfilment, the Governor of the State shall cause it to be printed, published, and circulated.

Given in the city of Leona Vicario on the 5th of April, 1831.

[The same Signers.]

That the foregoing decree may have the effect intended by congress on issuing the same, the following provisions shall be observed.

First.—Every individual, who, agreeably to the provision of article 1st of decree No. 105 has exhibited any part of his capital, shall apply to the corresponding judicial authority, requesting the necessary vouchers, in order to shew the aforesaid exhibition, and shall forward a representation accompanied by said vouchers to the executive of the state, that he may give the proper orders with respect to the restoration thereof.

Second.—The chief agents or clerks of the tobacco department referred to in article 5, of the regulations issued by the executive on the 12th of September, 1829, for executing the aforementioned decree No. 105, as the persons charged with the collection of the tax imposed on individuals belonging to the civic militia, and excepted by virtue of the provision of article 11, of the decree aforesaid, on the publication of this decree, shall adjust the accounts it has been their duty to keep relative to this subject; and getting together what is due from the persons interested, the collection shall no longer be continued.

Wherefore I command it to be printed published, circulated, and duly fulfilled.

Leona Vicario, 6th April, 1831.

JOSE MARIA de LETONA.

SANTIAGO DEL VALLE, Secretary.

Executive Department of the State of Coahuila and Texas.

The Governor of the State of Coahuila and Texas, to all the inhabitants thereof: Be it known, that the congress of said state has decreed as follows:

DECREE No. 172.

The Congress of the State of Coahuila and Texas, since no measures heretofore taken have sufficed to prevent the excape of criminals,

inales qde diaramente se advierten por la inseguridad en que se hallan las carceles del Estado, ha tenido á bien decretar lo siguiente.

Los jueces podrán aplicar á los delinquentes grillos, esposas, y sepo de pies, interin se mejoran las carceles del Estado que actualmente no pueden prestar seguridad.

Lo tendrá entendido el Gobernador constitucional del Estado para su cumplimiento, haciendolo imprimir, publicar y circular.

Dado en la ciudad de Leona Vicario á 2 de Abril de 1831.

[Los mismos Señores.]

Por tanto, mando se imprima, publique, circule, y se le dé el debido cumplimiento.

Leona Vicario 5 de Abril de 1831.

JOSE MARIA de LETONA.

SANTIAGO DEL VALLE, Secretario.

Gobierno Supremo del Estado libre de Coahuila y Texas.

El Gobernador del Estado de Coahuila y Texas á todos sus habitantes:—Sabed, que el Congreso del mismo ha decretado lo siguiente.

DECRETO No. 173.

El Congreso constitucional del Estado libre, independiente, y soberano de Coahuila y Texas, ha tenido á bien decretar:

Se deroga el decreto No. 70, expedido en 13 de Enero de 1829.

Lo tendrá entendido el Gobernador constitucional del Estado, para su cumplimiento, haciendolo imprimir, publicar y circular.

Dado en la ciudad de Leona Vicario á 8 de Abril de 1831.

[Los mismos Señores.]

Por tanto, mando se imprima, publique, circule, y se le de el debido cumplimiento.

Leona Vicario 8 de Abril de 1831.

JOSE MARIA de LETONA.

SANTIAGO DEL VALLE, Secretario.

Gobierno Supremo del Estado libre de Coahuila y Texas.

El Gobernador del Estado de Coahuila y Texas á todos sus habitantes:—Sabed, que el Congreso del mismo ha decretado lo siguiente.

DECRETO No. 174.

El Congreso constitucional del Estado libre, independiente y soberano de Coahuila y Texas, ha tenido á bien decretar:

ART. 1. El abogado que conosca en las causas que por impedimento legal no pueda hacerlo el fiscal del tribunal de justicia, será satisfecho el primero. del mismo honorario que disfruta el segundo.

which is taking place daily on account of the insecure condition of the prisons of the state, has thought proper to decree as follows:

The Alcaldes may put delinquents in irons, manacles, and put their feet in the stocks until the prisons of the state which now afford no security, are repaired.

For its fulfilment, the Governor of the State shall cause it to be printed, published, and circulated.

Given in the city of Leona Vicario on the 2nd April, 1831.

[The same Signers.]

Wherefore I command it to be printed, published, circulated and duly fulfilled.

Leona Vicario, 5th of April, 1831.

JOSE MARIA de LETONA.

SANTIAGO DEL VALLE, Secretary.

Executive Department of the State of Coahuila and Texas.

The governor of the State of Coahuila and Texas, to all the inhabitants thereof: Be it known, that the congress of the said state has decreed as follows:

DECREE No. 173.

The Congress of the State of Coahuila and Texas has thought proper to decree:

Decree No. 70, issued on the 13th of January, 1829, is hereby repealed.

For its fulfilment, the Governor of the State shall cause it to be printed, published, and circulated.

Given in the city of Leona Vicario on the 8th of April, 1831.

[The same Signers.]

Wherefore I command it to be printed, published, circulated and duly fulfilled.

Leona Vicario, 8th April, 1831.

JOSE MARIA de LETONA.

SANTIAGO DEL VALLE, Secretary.

Executive Department of the State of Coahuila and Texas.

The Governor of the state of Coahuila and Texas, to all the inhabitants thereof: Be it known, that the congress of said state has decreed as follows:

DECREE No. 174.

The Congress of the State of Coahuila and Texas has thought proper to decree:

ART. 1. The counsellor who takes cognizance in cases wherein the attorney general of the tribunal of justice is prevented by legal impediment, shall receive the same compensation as the latter.

Art. 2. El pago de que habla el artículo anterior, será á la tasación que con arreglo al arancel, haga el ministro de la sala á donde corresponda la causa.

Lo tendrá entendido el Gobernador constitucional del Estado, para su cumplimiento, haciendolo imprimir, publicar y circular.

Dado en la ciudad de Leona Vicario á 18 de Abril de 1831.

JOSE JESUS GRANDE, Presidente.
JOSE MARIA de MIER, D. S.
P de la F. FERNANDEZ, D. S. S.

Por tanto, mando se imprima, publique, circule, y se le de el debido cumplimiento.

Leona Vicario 18 de Abril de 1831.

JOSE MARIA de LETONA.

Santiago del Valle, Secretario.

Gobierno Supremo del Estado libre de Coahuila y Texas.

El Gobernador del Estado de Coahuila y Texas á todos sus habitantes:—Sabed, que el Congreso del mismo ha decretado lo siguiente.

DECRETO No. 175.

El Congreso constitucional del Estado libre, independiente y soberano de Coahuila y Texas, ha tenido á bien decretar:

El Gobierno podrá reunir las administraciones y fielatos de tabacos con las de alcabalas y sus receptorias, quando al verificarlo no se priven violentamente de sus destinos á los empleados en las primeras.

Lo tendrá entendido el Gobernador constitucional del Estado para su cumplimiento, haciendolo imprimir, publicar y circular.

Dado en la ciudad de Leona Vicario á 28 de Abril de 1831.

JOSE JESUS GRANDE, Presidente.
JOSE MARIA de MIER, D. S.
JOSE IGNACIO CANALES, D. S.

Por tanto, mando se imprima, publique, circule, y se le de el debido cumplimiento.

JOSE MARIA de LETONA.

Santiago del Valle, Secretario.

Gobierno Supremo del Estado libre de Coahuila y Texas.

El Gobernador del Estado de Coahuila y Texas á todos sus habitantes:—Sabed, que el Congreso del mismo ha decretado lo siguiente.

ART. 2. The pay mentioned in the foregoing article shall be according to the tax made agreeably to the fixed rate by the minister of the hall to which the cause belongs

For its fulfilment, the Governor of the State, shall cause it to be printed, published, and circulated.

Given in the city of Leona Vicario on the 15th of April, 1831.
JOSE JESUS GRANDE, President.
JOSE MARIA de MIER, D. S.
P. de la F. FERNANDEZ, D. S. *ad interim.*

Wherefore I command it to be printed, published, circulated and duly fulfilled.

Leona Vicario, 18th of April, 1831.
JOSE MARIA de LETONA.
SANTIAGO DEL VALLE, Secretary.

Executive Department of the State of Coahuila and Texas.

The Governor of the State of Coahuila and Texas, to all the inhabitants thereof: Be it known, that the congress of said state has decreed as follows:

DECREE No. 175.

The Congress of the state of Coahuila and Texas, has thought proper to decree:

The executive may unite the offices of chief agents and clerks of the tobacco, with those of the excise department and receivers offices thereof, when on so doing the officers of the former are not violently deprived of their stations.

For its fulfilment, the Governor of the State shall cause it to be printed, published, and circulated.

Given in the city of Leona Vicario on the 28th April, 1831.
JOSE JESUS GRANDE, President.
JOSE MARIA de MIER, D. S.
JOSE IGNACIO CANALES, D. S.

Wherefore I command it to be printed, published, circulated and duly fulfilled.
JOSE MARIA de LETONA.
SANTIAGO DEL VALLE, Secretary.

Executive Department of the State of Coahuila and Texas.

The Governor of the State of Coahuila and Texas, to all the inhabitants thereof: Be it known that the congress of said state has decreed as follows:

DECRETO No. 176.

El Congreso constitucional del Estado libre, independiente y soberano de Coahuila y Texas, ha tenido á bien decretar:

Art. 1. Serán libres de todos derechos por espacio de seis años, el algodon en rama, el ganado mayor y menor, y el caballar.

Art 2. Del mismo privilegio gozarán por doce años los plantios de caña de azucar, y uva, y todos los productos que proceden de ellos.

Art. 3. La libertad de derechos acordada en el articulo 1, es gracia concedida á solo los labradores y criadores de los departamentos de Monclova y Bejar.

Lo tendrá entendido el Gobernador constitucional del Estado, para su cumplimiento, haciendolo imprimir, publicar y circular.

Dado en la ciudad de Leona Vicario á 28 de Abril de 1831.

JOSE JESUS GRANDE, Presidente,
JOSE MARIA de MIER, D. S.
JOSE IGNACIO CANALES, D. S.

Por tanto, mando se imprima, publique, circule, y se le de el debido cumplimiento.

Leona Vicario 29 de Abril de 1831.

JOSE MARIA de LETONA.

Santiago del Valle, Secretario.

Gobierno Supremo del Estado libre de Coahuila y Texas.

El Gobernador interino del Estado de Coahuila y Texas, á todos sus habitantes, Sabed, que el Congreso del mismo ha decretado lo que sigue;—

DECRETO No. 177.

El Congreso constitucional del Estado libre, independiente y soberano de Coahuila y Texas, ha tenido á bien decretar:

Art. 1. El Gobierno podrá enagenar los terrenos pertenecientes á las extinguidas Misiones, sugetandose á la ley de colonizacion de 24 de Marzo de 1825.

Art. 2. Las fincas urbanas, que pertenecieron á las mismas Misiones se rematarán en publica subasta con arreglo á las leyes.

Lo tendrá entendido el Gobernador constitucional del Estado, para su cumplimiento, haciendolo imprimir, publicar y circular.

Dado en la ciudad de Leona Vicario á 29 de Abril de 1831.

MANUEL MUZQUIZ, Vice Presidente
JOSE IGNACIO CANALES, D. S.
FRANCISCO de S. ARREOLA, D. S.

Por tanto mando se imprima, publique, circule, y se le de el debido cumplimiento.

Ciudad de Leona Vicario, 2 de Mayo 1831.

JOSE MARIA de LETONA.

Santiago del Valle, Secretario.

DECREE No. 176.

The Congress of the State of Coahuila and Texas has thought proper to decree:

ART. 1. Raw cotton, large and small stock, and horse kind shall be free from all taxes for the term of six years.

ART. 2. Sugar plantations, vine-yards and all the products thereof shall have the same privilege for the term of twelve years.

ART. 3. The privilege of exemption from taxes, accorded in article 1st shall be granted only to cultivators and stock raisers belonging to the department of Monclova and Bexar.

For its fulfilment, the Governor of the State shall cause it to be printed, published, and circulated.

Given in the city of Leona Vicario on the 28th of April, 1831.

JOSE JESUS GRANDE, President.
JOSE MARIA de MIER, D. S.
JOSE IGNACIO CANALES, D. S.

Wherefore I command it to be printed, published, circulated and duly fulfilled.

Leona Vicario, 29th April, 1831.

JOSE MARIA de LETONA.

SANTIAGO DEL VALLE, Secretary.

Executive Department of the State of Coahuila and Texas.

The Governor of the State of Coahuila and Texas, to all the inhabitants thereof: Be it known, that the congress of said state has decree as follows:

DECREE No. 177.

The Congress of the State of Coahuila and Texas, has thought proper to decree:

ART. 1. The executive is hereby authorized to alienate the lands that pertained to the extinguished Missions, conforming in so doing to the colonization law of the 24th of March, 1825.

ART. 2. The town property or securities, that pertained to said Missions, shall be sold at public auction according to law.

For its fulfilment, the Governor of the State shall cause it to be printed, published, and circulated.

Given in the city of Leona Vicario on the 29th of April, 1831.

MANUEL MUZQUIZ, Vice President.
JOSE IGNACIO CANALES, D. S.
FRANCISCO de S. ARREOLA, D. S.

Wherefore I command it to be printed, published, circulated and duly fulfilled.

Leona Vicario, 2nd of May, 1831.

JOSE MARIA de LETONA.

SANTIAGO DEL VALLE, Secretary.

Gobierno Supremo del Estado libre de Coahuila y Texas.

El Gobernador del Estado de Coahuila y Texas á todos sus habitantes:—Sabed. que el Congreso del mismo ha decretado lo que sigue.

DECRETO No. 178.

El Congreso constitucional del Estado libre, independiente, y soberano de Coahuila y Texas, ha tenido á bien decretar:

Se derogan los articulos 3, 5, 6, y 7 del decreto No. 38 de 27 de Noviembre de 1827.

Lo tendrá entendido el Gobernador constitucional del Estado para su cumplimiento, haciendolo imprimir, publicar y circular.

Dado en la ciudad de Leona Vicario á 29 de Abril de 1831.

[Los mismos Señores.]

Por tanto, mando se imprima, publique, circule, y se le dé el debido cumplimiento.

Leona Vicario 1 de Mayo de 1831.

JOSE MARIA de LETONA.

Santiago del Valle, Secretario.

Gobierno Supremo del Estado libre de Coahuila y Texas.

El Gobernador del Estado de Coahuila y Texas á todos sus habitantes:—Sabed, que el Congreso del mismo Estado ha decretado lo que sigue.

DECRETO No. 179.

El Congreso constitucional del Estado libre, independiente y soberano de Coahuila y Texas, deseando llenar los vacios que se advierten en los decretos numeros 28 y 80, espedidos con fecha 2 de Noviembre de 1827, y 26 de Febrero de 1829, sobre penas á los contrabandistas de tabaco, ha tenido á bien decretar como adiccionales á los referidos decretos los articulos siguientes:

Art. 1. El contrabandista á quien se le aprenda menos de una arroba de tabaco de qualesquiera calidad, y por pequeña que sea su cantidad, sufrirá una multa de veinte y cinco pesos, ó en su defecto dos meses de trabajo en obras publicas.

Art. 2. El comerciante que baxo qualesquiera pretesto, vendiese cigarros de los del Estado, sin conocimiento ó anuencia de los respectivos administradores, se le aplicará una multa de 12 pesos, ó un mes de prision.

Art. 3. A los reincidentes en esta clase de delitos se les duplicará la pena, que sera precisamente la corporal.

Executive Department of the State of Coahuila and Texas.

The Governor of the State of Coahuila and Texas, to all the inhabitants thereof: Be it known, that the congress of said state has decreed as follows:

DECREE No. 178.

The Congress of the State of Coahuila and Texas has thought proper to decree:

Articles 3, 5, 6 and 7, of decree No. 38, of the 27th of November, 1827, are hereby repealed.

For its fulfilment, the Governor of the State shall cause it to be printed, published, and circulated.

Given in the city of Leona Vicario on the 29th April, 1831.

[The same Signers.]

Wherefore I command it to be printed, published, circulated and duly fulfilled.

Leona Vicario, May 1st, 1831.

JOSE MARIA de LETONA.

SANTIAGO DEL VALLE, Secretary.

Executive Department of the State of Coahuila and Texas.

The Governor of the State of Coahuila and Texas, to all the inhabitants thereof: Be it known, that the congress of said state has decreed as follows:

DECREE No. 179.

The Congress of the State of Coahuila and Texas, in order to supply the deficiences noticed in decrees No. 28, and 80, issued on the 2nd of November, 1827, and 26th of February 1829, relative to the penalties imposed on smugglers of tobacco, has thought proper to decree the following as additional articles to the aforementioned decree:

ART. 1. Every smuggler, upon whom less than 25 pounds of tobacco shall be seized, however small the quantity, shall incur a fine of twenty-five dollars, and should he fail to pay said fine, he shall be destined two months to public works.

ART. 2. Any merchant, who, under any pretence whatever, shall sell cigars belonging to the state, without the knowledge or consent of the chief agent, shall pay twelve dollars fine, or be imprisoned one month.

ART. 3. Upon those who repeat the like offences, double the punishment, which shall be the corporal, shall be inflicted.

Lo tendrá entendido el Gobernador constitucional del Estado para su cumplimiento, haciendolo imprimir, publicar y circular.

Dado en la ciudad de Leona Vicario á 30 de Abril de 1831.

[Los mismos Señores.]

Por tanto, mando se imprima, publique, circule, y se le dé el debido cumplimiento.

Leona Vicario 2 de Mayo de 1831.

JOSE MARIA de LETONA.

SANTIAGO DEL VALLE, Secretario.

Gobierno Supremo del Estado libre de Coahuila y Texas.

El Gobernador del Estado de Coahuila y Texas á todos sus habitantes:—Sabed, que el Congreso del mismo ha decretado lo siguiente.

DECRETO No. 180.

El Congreso constitucional del Estado libre, independiente y soberano de Coahuila y Texas, ha tenido á bien decretar:

El Ayuntamiento constitucional de la villa de Austin podrá exigir en los años de 1831 y 32, solamente la mitad de las pensiones de que hace referencia el capitulo 8 de sus ordenanzas municipales, dedicando el producto de ellas á las fábricas de casas consistoriales y carcel del mismo lugar.

Lo tendrá entendido el Gobernador constitucional del Estado, para su cumplimiento, haciendolo imprimir, publicar y circular.

Dado en la ciudad de Leona Vicario á 30 de Abril de 1831.

[Los mismos Señores.]

Por tanto, mando se imprima, publique, circule, y se le dé el debido cumplimiento.

Leona Vicario 2 de Mayo de 1831.

JOSE MARIA de LETONA.

SANTIAGO DEL VALLE, Secretario.

Gobierno Supremo del Estado libre de Coahuila y Texas.

El Gobernador del Estado de Coahuila y Texas á todos sus habitantes:—Sabed, que el Congreso del mismo ha decretado lo siguiente.

DECRETO No. 181.

El Congreso constitucional del Estado libre, independiente y soberano de Coahuila y Texas, ha tenido á bien decretar:

ART. 1. Las autoridades ecclesiasticas de Nuevo Leon y Durango remitirán al Gobernador del Estado una lista circunstanciada del individuo ó individuos que intenten promover para los beneficios de que habla la ley general de 16 de Mayo de 1831.

For its fulfilment, the Governor of the State shall cause it to be printed, published, and circulated.

Given in the city of Leona Vicario on the 30th April, 1831.
[The same Signers.]

Wherefore I command it to be printed, published, circulated and duly fulfilled.

Leona Vicario, 2nd May, 1831.
JOSE MARIA de LETONA.
SANTIAGO DEL VALLE, Secretary.

Executive Department of the State of Coahuila and Texas.

The Governor of the State of Coahuila and Texas, to all the inhabitant thereof: Be it known, that the congress of said state has decreed as follows:

DECREE No 180.

The Congress of the State of Coahuila and Texas has thought proper to decree:

During the years 1831 and 1832, the Ayuntamiento of the town of Austin, shall exact only one-half the taxes mentioned in the 8th chapter of the ordinances thereof, and shall dedicate the product thereof to the construction of town halls, and a jail in said town.

For its fulfilment, the Governor of the State shall cause it to be printed, published, and circulated.

Given in the city of Leona Vicario on the 30th of April, 1831.
[The same Signers.]

Wherefore I command it to be printed, published, circulated and duly fulfilled.

Leona Vicario, 2d May, 1831.
JOSE MARIA de LETONA.
SANTIAGO DEL VALLE, Secretary.

Executive Department of the State of Coahuila and Texas.

The Governor of the state of Coahuila and Texas, to all the inhabitants thereof: Be it known, that the congress of said state has decreed as follows:

DECREE No. 181.

The Congress of the State of Coahuila and Texas has thought proper to decree as follows:

ART. 1. The ecclesiastical authorities of Nuevo Leon and Durango shall forward to the executive of the state, a circumstantial list of the person or persons intented as candidates for the benefices mentioned in the general law of the 16th of May, 1831.

Art. 2. El Gobernador pasará la expresada lista al consejo para que este informe si en los postulados concurren las qualidades requeridas por los cánones, estatutos de la iglesia, y leyes vigentes, y califique si son ó no peligrosos á la tranquilidad publica.

Art. 3. Se tendrán por tales los Españoles por nacimiento, los que hayan dado merito á que se califiquen por revolucionarios ó adictos al gobierno monarquico ó central.

Art. 4. El Gobierno con presencia del informe del consejo, excluirá ó no á la persona ó personas que estén para nombrarse.

Art. 5. Si ocurriese discordia entre el dictamen del consejo, y juicio del Gobernador, obrará este con arreglo al articulo 9 del decreto numero 37.

Lo tendrá entendido el Gobernador constitucional del Estado para su cumplimiento, haciendolo imprimir, publicar y circular.

Dado en la ciudad de Leona Vicario á 25 de Enero de 1832.

FRANCISCO CAREAGA, D. Presidente,
FRANCISCO S. de ARREOLA, D. S.
CESARIO FIGUEROA, D. S. interino.

Por tanto, mando se imprima, publique, circule, y se le de el debido cumplimiento.

Leona Vicario 25 de Enero de 1832.

JOSE MARIA de LETONA.

Santiago del Valle, Secretario.

Gobierno Supremo del Estado libre de Coahuila y Texas.

El Gobernador del Estado de Coahuila y Texas á todos sus habitantes:—Sabed, que el Congreso del mismo ha decretado lo siguiente.

DECRETO No. 182.

El Congreso constitucional del Estado libre, independiente y soberano de Coahuila y Texas, ha tenido á bien decretar:

Se deroga el decreto No. 146 de 30 de Abril de 1830.

Lo tendrá entendido el Gobernador constitucional del Estado para su cumplimiento, haciendolo imprimir, publicar, y circular.

Dado en la ciudad de Leona Vicario á 7 de Febrero de 1832.

JOSE JESUS GRANDE, Presidente,
MANUEL MUZQUIZ, D. S.
CESARIO FIGUEROA, D S. interino.

Por tanto, mando se imprima, publique, circule, y se le de el debido cumplimiento.

Leona Vicario 28 de Abril de 1832.

JOSE MARIA de LETONA.

Santiago del Valle, Secretario.

ART. 2. The governor shall refer the aforementioned list to the council, that the latter may report whether the applicants possess the qualifications required by the canon law, church statute, and existing laws, and determine whether said persons are dangerous to the public tranquility.

ART. 3. The following shall be considered dangerous persons: native Spaniards; those who have given cause to be classed as revolutionary persons, or as attached to a monarchical or central form of government.

ART. 4. The executive in view of the report of the council shall determine with respect to the exclusion or admission of the repective candidates.

ART. 5. Should the report of the council be at variance with the opinion of the governor, the latter shall proceed according to the 9th article of decree No. 37.

For its fulfilment, the Governor of the State shall cause it to be printed, published and circulated.

Given in the city of Leona Vicario on the 25th January, 1832.
FRANCISCO CARREAGA, D. President.
FRANCISCO de S. ARREOLA, D. S.
CESARIO FIGUEROA, D. S. *ad interim*.

Wherefore I command it to be printed, published, circulated and duly fulfilled.

Leona Vicario, 25th January, 1832.
JOSE MARIA de LETONA.
SANTIAGO DEL VALLE, Secretary.

Executive Department of the State of Coahuila and Texas.

The Governor, of the State of Coahuila and Texas, to all the inhabitants thereof: Be it known, that the Congress of said State has decreed as follows:

DECREE No. 182.

The Congress of the State of Coahuila and Texas, has thought proper to decree:

Decree No. 146 of the 30th of April, 1830, is hereby repealed.

For its fulfilment, the Governor of the State shall cause it to be printed, published and circulated.

Given in the city of Leona Vicario on the 7th February, 1832.
JOSE JESUS GRANDE, President.
MANUEL MUZQUIZ, D. S.
CESARIO FIGUEROA, D. S. *ad interim*.

Wherefore I command it to be printed, published, circulated and duly fulfilled.

Leona Vicario, 28th April, 1832.
JOSE MARIA de LETONA
SANTIAGO DEL VALLE, Secretary.

DECRETO No. 183.

El Congreso constitucional del Estado libre, independiente y soberano de Coahuila y Texas, ha tenido á bien decretar:

Art. 1. Se prohibe el comercio al menudeo de los efectos nacionales y estrangeros, á los no nacidos en el territorio de la Republica Mexicana, y solo podran hacerlo por tercios ó cargas enteras.

Art. 2. Se exceptuan del articulo anterior los Españoles no comprendidos en la ley general de expulsion de 20 de Marzo de 1829, y los exceptuados por las camaras de la Union despues de dada dicha ley.

Art. 3. Con respecto á los de que habla el articulo 1, que actualmente hacen el comercio al menudeo en el Estado esta ley surtirá todos sus efectos á los ocho dias de su publicacion.

Art. 4. Ningun Mexicano, ni Español de los comprendidos en el articulo 2, podrá menudiar en el Estado efectos de alguno ó algunos estrangeros, ya sea por comision, compañia, ó por qualesquiera otro pretesto, si no es en el caso de que acredite ante los juezes del lugar, por medio de instrumento publico, que ha adquirido en dichos efectos plano dominio y propiedad.

Art. 5. Las infracciones de esta ley producen accion popular; los juezes por si ó excitados por algun otro individuo, procederán contra los contraventores.

Art. 6. La pena que á estos se imponga será la de uno á dos años de presidio, y decomisadas sus mercancias, gratificando con la mitad de su importe á los denunciantes y aprensores, y la otra se aplicará á la hacienda publica, deduciendose del todo los costos del juzgado.

Art. 7. En las colonias del departamento de Texas podrán exercer el comercio por mayor y al menudeo los colonos estrangeros, y lo mismo podrán hacer en todo el Estado respecto de los efectos que les produsca su propio arte ó industria.

Art. 8. Los estrangeros que se establescan en el Estado, y exersan en el algun arte ó industria util podrán vender por mayor y al menudeo los efectos que esta ley produsca.

Lo tendrá entendido el Gobernador constitucional del Estado para su cumplimiento, haciendolo imprimir, publicar y circular.

Dado en la ciudad de Leona Vicario á 9 de Febrero de 1832.

JOSE MARIA de AGUIRRE, Presidente,
FRANCISCO S. de ARREOLA, D. S.
CESARIO FIGUEROA, D. S.

DECRETO No. 184.

El Congreso constitucional del Estado libre, independiente, y soberano de Coahuila y Texas, ha tenido á bien decretar:

Se conceden al ciudadano Santiago Power tres años mas de termi-

DECREE No. 183.

The Congress of the State of Coahuila and Texas has thought proper to decree:

ART. 1. Persons not born within the territory of the republic of Mexico are hereby prohibited from retailing national and foreign effects, and shall be permitted to sell only by half or entire mule loads.

ART. 2. Spaniards not comprised in the general law of exile, of the 20th of March, 1829, and those excepted by the general congress since the enactment of said law, shall be excepted from the foregoing article.

ART. 3. Eight days from the publication thereof, this law shall have its full effect with respect to those mentioned in article 1st, now engaged in retailing goods in the state.

ART. 4. No Mexican or Spaniard, comprised in article 2nd, shall retail the effects of any foreigner or foreigners within the state, whether on commission, in company or under any other pretext, unless he proves to the Alcaldes of the place, by a proper writing, that he has acquired full control and ownership in the said goods.

ART. 5. For infringements of this law the power to institute a judicial process shall be common to the people. The Alcaldes of themselves, or solicited by any other person, shall proceed against the transgressors.

ART. 6. The penalty imposed upon offenders shall be from one to two years destination to a fortress, and the confiscation of their goods; and after deducting the costs of court, one-half the value of said effects shall go to reward the informers and captors, and the other shall be added to the public treasury.

ART. 7. In the colonies of the department of Texas, also throughout the state, foreign colonists may sell the effects produced by their own art or industry at wholesale and retail.

ART. 8. Foreigners who settle in the state and follow therein any useful trade or industrious pursuit, may sell the effects, to which this law gives rise, at wholesale and retail.

For its fulfilment, the Governor of the State shall cause it to be printed, published and circulated.

Given in the city of Leona Vicario on the 9th April, 1832.
JOSE MARIA de AGUIRRE, President,
FRANCISCO S. de ARREOLA, D. S.
CESARIO FIGUEROA, D. S.

DECREE No. 184.

The Congress of the State of Coahuila and Texas, has thought proper to decree:

Three years additional term is hereby conceded to Santiago Power,

no para que verifique el establecimiento de colonizacion que contrató con el Gobierno del Estado en el mes de Abril del año de 1828.

Lo tendrá entendido el Gobernador constitucional del Estado para su cumplimiento, haciendolo imprimir, publicar, y circular.

Dado en la ciudad de Leona Vicario á 22 de Marzo de 1832.

JOSE IGNACIO CANALES, Presidente,
CESARIO FIGUEROA, D. S.
FRANCISCO S. de ARREOLA, D. S.

Gobierno Supremo del Estado libre de Coahuila y Texas.

El Gobernador del Estado de Coahuila y Texas á todos sus habitantes:—Sabed, Que el Congreso del mismo Estado ha decretado lo que sigue.

DECRETO No. 185.

El Congreso constitucional del Estado libre, independiente y soberano de Coahuila y Texas, ha tenido á bien decretar:

Se conceden al ciudadano Juan Cameron tres años mas de termino para que cumpla las contratas de colonizacion que celebró con el Gobierno del Estado, en 21 de Mayo de 1827, y 19 de Setiembre de 1828.

Lo tendrá entendido el Gobernador constitucional del Estado para su cumplimiento, haciendolo imprimir, publicar y circular.

Dado en la ciudad de Leona Vicario á 3 de Abril de 1832.

JOSE JESUS GRANDE, Dip. Presidente,
MANUEL HERNANDEZ, D. S.
MANUEL MUZQUIZ, D. S.

Por tanto, mando se imprima, publique, circule, y se le de el debido cumplimiento.

Leona Vicario 4 de Abril de 1832.

JOSE MARIA de LETONA.

Santiago del Valle, Secretario.

Gobierno Supremo del Estado libre de Coahuila y Texas.

El Gobernador del Estado de Coahuila y Texas á todos sus habitantes:—Sabed, que el Congreso del mismo ha decretado lo siguiente.

DECRETO No. 186.

El Congreso constitucional del Estado libre, independiente, y soberano de Coahuila y Texas, ha tenido á bien decretar:

Se faculta al Gobierno para que á mas de las cantidades de que habla en su ultima memoria para la recomposicion de la carcel de la capital, disponga de la de tres mil pesos de las rentas del Estado, debiendo reintegrarse esta cantidad de los fondos municipales de la misma capital tan luego como sea posible.

to effect the colonization settlement which he contracted with the executive of the state in April 1828.

For its fulfilment, the Governor of the State shall cause it to be printed, published, and circulated.

Given in the city of Leona Vicario on the 22d of March, 1832.
JOSE IGNACIO CANALES, President.
CESARIO FIGUEROA, D. S.
FRANCISCO S. de ARREOLA, D. S.

Executive Department of the State of Coahuila and Texas.

The Governor of the State of Coahuila and Texas, to all the inhabitants thereof: Be it known, that the congress of said state has decreed as follows:

DECREE No. 185.

Three years additional term is hereby granted to John Cameron to fulfill the colonization contracts which he ratified with the executive of the state, on the 21st of May 1827, and 19th of September, 1828.

For its fulfilment, the Governor of the State shall cause it to be printed, published, and circulated.

Given in the city of Leona Vicario on the 3d of April, 1832.
JOSE JESUS GRANDE, D. President.
MANUEL HERNANDEZ, D. S.
MANUEL MUZQUIZ, D. S.

Wherefore I command it to be printed, published, circulated and duly fulfilled.

Leona Vicario, 4th April, 1832
JOSE MARIA de LETONA.
SANTIAGO DEL VALLE, Secretary.

Executive Department of the State of Coahuila and Texas.

The Governor of the State of Coahuila and Texas, to all the inhabitants thereof: Be it known that the congress of said state has decreed as follows:

DECREE No. 186.

The Congress of the State of Coahuila and Texas, has thought proper to decree:

The executive, besides the sum specified in his last report for repairing the prison in the capital, is hereby authorized to dispose of three thousand dollars of the state rents, to be restored as early as possible from the municipal funds of the capital.

Lo tendrá entendido el Gobernador constitucional del Estado para su cumplimiento, haciendolo imprimir, publicar y circular.

Dado en la ciudad de Leona Vicario á 3 de Abril de 1832.

[Los mismos Señores.]

Por tanto, mando se imprima, publique, circule, y se le dé el debido cumplimiento.

Leona Vicario 4 de Abril de 1832.

JOSE MARIA de LETONA.

Santiago del Valle, Secretario.

Gobierno Supremo del Estado libre de de Coahuila y Texas.

El Gobernador del Estado de Coahuila y Texas á todos sus habitantes;—Sabed, que el Congreso del mismo Estado ha decretado lo que sigue.

DECRETO No. 187.

El Congreso constitucional del Estado libre, independiente, y soberano de Coahuila y Texas, ha tenido á bien decretar:

Art. 1. La feria que anualmente se celebra en esta capital, dará principio el dia veinte y tres del mes de Setiembre, y concluirá el ocho de Octubre.

Art. 2. Todos los efectos nacionales que se introduscan desde el ocho de Setiembre al ocho de Octubre, y se consuman en el tiempo de la feria, pagarán la mitad de derechos de alcabala que actualmente se cobran en el Estado.

Art. 3. En los dias en que con arreglo al articulo 1 debe celebrarse la feria en esta capital, no tendrá cumplimiento la ley No. 183, sino en lo relativo á la venta al menudeo de efectos nacionales.

Lo tendrá entendido el Gobernador constitucional del Estado para su cumplimiento, haciendolo imprimir, publicar, y circular.

Dado en la ciudad de Leona Vicario á 16 de Abril de 1832.

FRANCISCO CAREAGA, Vice Presidente,
CESARIO FIGUEROA, D. S. interino,
JOSE IGNACIO CANALES, D. S. interino.

Por tanto mando se imprima, publique, circule, y se le de el debido cumplimiento.

Ciudad de Leona Vicario; 18 de Abril 1832.

JOSE MARIA de LETONA.

Santiago del Valle, Secretario.

Gobierno Supremo del Estado libre de Coahuila y Texas.

El Gobernador interino del Estado de Coahuila y Texas, á todos sus habitantes, Sabed, que el Congreso del mismo ha decretado lo que sigue;—

For its fulfilment, the Governor of the State shall cause it to be printed, published, and circulated.

Given in the city of Leona Vicario on the 3rd of April, 1832.

[The same Signers.]

Wherefore I command it to be printed published, circulated, and duly fulfilled.

Leona Vicario, 4th April, 1832.

JOSE MARIA de LETONA.

SANTIAGO DEL VALLE, Secretary.

Executive Department of the State of Coahuila and Taxas.

The Governor of the state of Coahuila and Texas, to all the inhabitants thereof: Be it known, that the congress of said state has decreed as follows:

DECREE No. 187.

The Congress of the State of Coahuila and Texas has thought proper to decree:

ART. 1. The fair annually holden in this capital shall commence on the 23d of September, and close on the 8th of October

ART. 2. All the national effects introduced from the 8th of September to the 8th of October, and consumed during the time of the fair shall pay one-half the duties at present collected in the state.

ART. 3. During the time the fair shall be holden in this capital agreeably to article 1, the law No. 183 shall not be fulfilled except so far as relates to retailing national effects.

For its fulfilment, the Governor of the State shall cause it to be printed, published, and circulated.

Given in the city of Leona Vicario on the 16th of April, 1832.

FRANCISCO CARREAGA, Vice President.
CESARIO FIGUEROA, D. S *ad interim.*
JOSE I. CANALES, D. S. *ad interim.*

Wherefore I command it to be printed, published, circulated and duly fulfilled.

Leona Vicario, 18th of April, 1832

JOSE MARIA de LETONA.

SANTIAGO DEL VALLE, Secretary.

Executive Department of the State of Coahuila and Texas.

The Governor of the State of Coahuila and Texas, to all the inhabitants thereof: Be it known, that the congress of said state has decreed as follows:

DECRETO No. 188.

El Congreso constitucional del Estado libre, independiente, y soberano de Coahuila y Texas, ha tenido á bien decretar:

Los derechos de alcabala que se cobran en los departamentos de Monclova y Bejar se reducirán á una tercera parte de su valor actual.

Lo tendrá entendido el Gobernador constitucional del Estado para su cumplimiento, haciendolo imprimir, publicar y circular.

Dado en la ciudad de Leona Vicario á 21 de Abril de 1832.

JOSE JESUS GRANDE, Presidente,
MANUEL MUZQUIZ, D. S.
CESARIO FIGUEROA, D. S. interino.

Por tanto, mando se imprima, publique, circule, y se le de el debido cumplimiento.

Leona Vicario 24 de Abril de 1832.

JOSE MARIA de LETONA.

SANTIAGO DEL VALLE, Secretario.

Gobierno Supremo del Estado libre de
Coahuila y Texas.

El Gobernador del Estado de Coahuila y Texas á todos sus habitantes:—Sabed, que el Congreso del mismo ha decretado lo siguiente.

DECRETO No. 189.

El Congreso constitucional del Estado libre, independiente, y soberano de Coahuila y Texas, ha tenido á bien decretar:

El Gobierno en beneficio de la obra de la carcel para que lo faculta el decreto No. 186, puede tambien disponer del modo que le paresca conveniente de algunas de las fincas urbanas pertenecientes á los propios de esta ciudad, procurando que dichos fondos no sufran perjuicio al verificarlo.

Lo tendrá entendido el Gobernador constitucional del Estado, para su cumplimiento, haciendolo imprimir, publicar y circular.

Dado en la ciudad de Leona Vicario á 21 de Abril de 1832.

JOSE JESUS GRANDE, President,
MANUEL MUZQUIZ, D. S.
CESARIO FIGUEROA, D. S. in.

Por tanto, mando se imprima, publique, circule, y se le de el debido cumplimiento.

JOSE MARIA de LETONA.

SANTIAGO DEL VALLE, Secretario.

Gobierno Supremo del Estado libre de
Coahuila y Texas.

El Gobernador del Estado de Coahuila y Texas á todos sus habitantes:—Sabed, que el Congreso del mismo ha decretado lo siguiente.

DECREE No. 188.

The Congress of the state of Coahuila and Texas, has thought proper to decree:

The excise duties collected in the departments of Monclova and Bexar shall be reduced to one-half their present amount.

For its fulfilment, the Governor of the State shall cause it to be printed, published, and circulated.

Given in the city of Leona Vicario on the 21st April, 1832.

JOSE JESUS GRANDE, President.
MANUEL MUZQUIZ, D. S.
CESARIO FIGUEROA, D. S. *ad interim.*

Wherefore I command it to be printed, published, circulated and duly fulfilled.

Leona Vicario, 24th April, 1832.

JOSE MARIA de LETONA.
SANTIAGO DEL VALLE, Secretary.

Executive Department of the State of Coahuila and Texas.

The Governor of the State of Coahuila and Texas, to all the inhabitants thereof: Be it known, that the congress of said state has decreed as follows:

DECREE No. 189.

The Congress of the State of Coahuila and Texas, has thought proper to decree:

The executive for the benefit of the work upon the prison, for which he is authorized by decree No. 186, in the manner that shall seem to him most proper, may also dispose of any of the city property pertaining to the corporation funds of this city, procuring in so doing that said funds suffer no injury.

For its fulfilment, the Governor of the State, shall cause it to be printed, published, and circulated.

Given in the city of Leona Vicario on the 21st of April, 1832.

JOSE J. GRANDE, President,
MANUEL MUZQUIZ, D. S.
CESARIO FIGUEROA, D. S. *ad interim.*

Wherefore I command it to be printed, published, circulated and duly fulfilled.

JOSE MARIA de LETONA.
SANTIAGO DEL VALLE, Secretary.

Executive Department of the State of Coahuila and Texas.

The governor of the State of Coahuila and Texas, to all the inhabitants thereof: Be it known, that the congress of the said state has decreed as follows:

DECRETO No. 190.

El Congreso constitucional del Estado libre, independiente y soberano de Coahuila y Texas, ha tenido á bien decretar:

ART. 1. Los Mexicanos, que á la publicacion de esta ley se determináren á poblar qualesquiera de los terrenos valdios del Estado, éste les ofrece su proteccion y auxilio.

ART. 2. El Mexicano ó Mexicanos, que ofrescan conducir á sus expensas noventa familias á lo menos, se presentarán al Gobierno, con quien celebrarán sus contratas con arreglo á esta ley, y les señalará el terreno en que han de situarse, cuya contrata deberán cumplir en el termino de quatro años. Los que no establescan el espresado numero de familias, perderán los derechos y gracias, que esta misma les concede.

ART. 3. Luego que se hayan reunido treinta familias, se procederá al formal establecimiento de la nueva poblacion en el sitio mas aproposito á juicio del Gobierno, ú de la persona comisionada por este al intento, y para cada nueva poblacion se designarán quatro leguas quadradas, cuya area podrá ser en una figura regular ó irregular, segun su localidad.

ART. 4. Si algun sitio de los en que deba formarse alguna nueva poblacion perteneciére á propiedad particular, y el establecimiento fuére de una conocida utilidad general, podrá sin embargo ocuparse, observandose lo dispuesto por la constitucion en la 4a restriccion del art. 113.

ART. 5. El Gobierno en consequencia de la contrata que haya celebrado el empresario, ó empresarios, y para la mejor situacion y formacion de las nuevas poblaciones, reparto exacto de tierras, solares y agua, comisionará una persona de su confianza que sea de orígen Mexicano y no disfrute de fuero privilegiado, la que obrará con arreglo á las instrucciones de 4 de Setiembre de 1827, en quanto no se opongan á esta ley.

ART. 6. En la poblacion que permita sacas de agua, se harán por cuenta de los interesados. El comisionado las dividirá en azequias, procurando que estas tengan á lo menos media vara quadrada, designando una para el uso de la villa, y las restantes para el de labores.

ART. 7. El empresario y nuevo poblador, en el reparto y posesion de aguas y terrenos, no tendrán otro costo que el pago que, con arreglo a las leyes, hagan al comisionado y agrimensor.

ART. 8. A cada familia de las comprendidas en la contrata de que habla el articulo 2°, se le dará un dia de agua y una labor, ó dos si el terreno fuere de temporal, y un solar de sesenta varas en quadro, en el que precisamente fabricará casa dentro de dos años, y si no perderá la gracia. Si tubiére ganado vacuno, caballar ó menor, que pasen de cien cabezas las dos primeras clases, ó de seiscientas la ultima, será acredora á un sitio de tierra de agostadero.

DECREE No. 190.

The Congress of the State of Coahuila and Texas has thought proper to decree as follows:

Art. 1. To any Mexicans, who on the publication of this law shall resolve to settle any of the vacant lands thereof, the state hereby tenders its protection and aid.

Art. 2. Any Mexican or Mexicans who offer to effect at their own expense the removal of ninety families at least, shall present themselves to the executive, with whom they shall ratify their contracts according to this law, and shall fulfill the said contracts within the term of four years. Those who do not settle the aforementioned number of families shall forfeit the rights and privileges granted them by this law.

Art. 3. As soon as thirty families are collected, the formal establishment of the new town shall be commenced on the site most appropriate in the judgment of the executive, or person commissioned by him for the purpose; and four square leagues shall be assigned for each new town, whose area may be of a regular or irregular figure, as the local situation shall require.

Art. 4. Should any of the sites designed for founding a new town consist of land already appropriated, and the establishment be of evident general utility, it may be taken notwithstanding, observing the provision made by the constitution in restriction fourth, of article 113.

Art. 5. The executive, pursuant to the contract ratified by the empresario or empresarios, and for the better situation and formation of the new towns, and exact distribution of lands, lots, and water, shall commission a person of his confidence, a Mexican born, to act agreeably to the instructions of the 4th of September, 1827, so far as they are not opposed to this law.

Art. 6. In towns which admit of canals (for irrigation,) said canals shall be made at the expense of the persons interested. The commissioner shall divide them into channels or drains, procuring to have them made half a vara in width at least, and the same in depth, assigning one for the use of the town, and the rest for that of the fields in cultivation.

Art. 7. In the distribution of lands and waters, the empresario and new settler shall be subject to no other expense than the legal charges paid to the commissioner and surveyor.

Art. 8. To each of the families comprised in the contract mentioned in article 2, one day for watering, and one labor shall be granted, or two labors, should the land be temporal, (land cultivated during ordinary rains) and a lot sixty yards square, whereon said family shall erect a dwelling within two years, otherwise they shall forfeit the privilege. Should a family have neat stock, horse kind, or small stock, exceeding one hundred head of the two former kinds, or six hundred of the latter, the same shall be entitled to one sitio of grazing land.

Art. 9. Un quadro de tierra que por cado ludo tenga una legua de cinco mil varas, ó lo que es lo mismo, una superficie de veinte y cinco millones de varas quadradas, se llamará sitio, y esta será la unidad para contar uno, dos, ó mas sitios, así como la unidad para contar una, dos ó mas labores será un millon de varas quadradas, ó mil varas por cada lado, de que se compondrá una labor. La vara para estas dimensiones constara de tres pies geometricos.

Art. 10. A los empresarios les concede esta ley por cada noventa familias que establescan en la nueva poblacion, quatro sitios de tierra de agostadero, y tres dias de agua en cada saca de las que puedan cultivar el terreno de su empresa; pero solo podrán cobrar en razon de novecientas familias, aunque sea mayor el numero que conduscan, ni tendrán derecho alguno á premio alguno por fraccion que no llegue á noventa.

Art. 11. Ni el comisionado, ni ninguna otro autoridad, podrá dar á una misma persona otro solar sin haber fabricado en el primero.

Art. 12. El empresario que en razon de las familias que establesca adquiera, con arreglo al articulo diez, mas de once sitios, deberá enagenar el exceso dentro de nueve años, y si no le verificare así, la autoridad politica respectiva lo pondrá en pública subastá, entregando á sus dueños el producto liquido, deducidas las costas de venta.

Art. 13. El Gobierno podrá vender á los Mexicanos los terrenos que soliciten, cuidando no se reunan en una misma mano mas de once sitios, y baxo la precisa condicion de que el comprador ha de tener introducido en dicho terreno para el quarto año de su adquisicion, á lo menos treinta cabezas de ganado mayor, o doscientas de menor por cada sitio. El comprador entregará en la tesoreria del Estado, ó en la parte que el Gobierno le designe en el acto de la venta, la quarta parte del valor del terreno concedido, y las tres restantes las satisfará la primera al segundo año, la segunda al tercero, y la ultima al quarto, pena de perder el derecho adquirido en la parte que se falta al cumplimiento de esta disposicion.

Art. 14. El precio de cada sitio, dentro de las diez leguas litorales á la costa del seno Mexicano, será el de doscientos pesos, si fuére de agostadero, y de trescientos si de temporal. En lo restante del departamento de Bejar su valor será el de cien pesos, si es de agostadero, y si de temporal, ciento y cincuenta; y en los demas valdios del Estado, valdrá quince pesos el de agostadero, y veinte el de temporal.

Art. 15. Los terrenos que por su localidad permitan sacas de agua, y no sean de las señaladas para poblaciones, el Gobierno podrá venderlos á solo los Mexicanos en trecientos pesos cada sitio en el departamento de Bejar, y en los restantes del Estado á doscientos pesos, satisfaciendose á este su valor, segun dispone el articulo 13, y baxo la misma pena que en el se impone, con la precisa condicion de que para el quarto año de su adquisicion, ha de tener cultivado el comprador la octava parte del

ART. 9. A square of land measuring one league, consisting of five thousand varas on each side, or what is the same thing, a superficies of twenty-five million square varas shall be called a sitio, and this shall be the unit for enumerating one, two or more sitios, in the same manner as one million square varas, or one thousand varas, on each side, which shall constitute a labor, shall be the unit for reckoning one, two or more labors. The vara for this measure shall consist of three geometrical feet.

ART. 10. This law shall grant to empresarios, for every ninety families they settle in the new town, four sitios of grazing land, and three watering days from the aqueducts or canals that can be applied to the cultivation of the land pertaining to ther *empresa*; but they shall receive premium only in the ratio of ninety families, although they should introduce more, and they shall be entitled to no prize land for a fraction not amounting to ninety.

ART. 11. Neither the commissioner or any other authority shall grant another lot to the same person until he shall have built upon the first.

ART. 12. Any empresario who, in consideration of the families he settles, shall acquire agreeable to article 10, more than eleven sitios, shall alienate the excess within nine years, and should he not, the respective political authority shall sell the same at public auction, and deliver the proceeds to the owners thereof after deducting the costs of sale.

ART. 13. The government may sell to Mexicans the lands they solicit, taking care that more than eleven leagues are not united in the same hands, and on the positive condition that, by the fourth year from the acquisition thereof, the purchaser shall have introduced upon said land at least thirty head of large, or two hundred of small stock for each sitio. The purchaser shall deliver one-fourth, of the value of the land granted, to the state treasury or where the executive designates, at at the time of the sale; and the remaining three-fourths shall be paid, the first on the second, the second on the third, and the last on the fourth year, under penalty of forfeiting the right acquired in the part wherein this provision is not fulfilled.

ART. 14. Within the ten littoral leagues upon the coast of the Gulf of Mexico the price of each sitio shall be two hundred dollars for grazing and three hundred for tillage land, not irrigable. In the rest of the department of Bexar, the price thereof shall be one hundred dollars for the former, and one hundred and fifty for the latter kind of land; and that of the other vacant lands of the state fifteen dollars a sitio for the former, and twenty for the latter.

ART. 15. Lands, whose local situation admits of canals, and not designed for towns may be sold by the executive, to Mexicans only, at three hundred dollars each sitio in the department of Bexar, and at two hundred in the others of the state; to be paid as article 13 provides, and under the same penalty imposed therein; on the express condition that by the fourth year from the acquisition thereof the purchaser shall have

terreno, observandose lo mismo respecto de los de temporal de que habla el articulo anterior.

Art. 16. No se hará variacion respecto de las contratas que el Gobierno tenga celebradas, ni de las concesiones que halla otorgado á compradores, ó pobladores, á virtud del decreto No. 16, de 24 de Marzo de 1825; mas cuidará á que los compradores dentro de los diez y ocho meses de publicada esta ley entren en posesion del terreno que se les tenga concedido. Los que en lo succesivo celebráren nuevas contratas, ó tuviéren nuevas concesiones por via de compra, se exigirá á los primeros que á los diez y ocho meses de celebrada la contrata, tengan introducida la sexta parte de las familias contratadas, y à los segundos que en el mismo tiempo entren en posesion del terreno adquirido, perdiendo el derecho el que contraviniére.

Art. 17. Toda nueva poblacion será libre de contribuciones qualquiera que sea su denominacion por el espacio de diez años, contados desde su establecimiento, á excepcion de las que en caso de invasion enemiga, á para prevenirla se imponga generalmente.

Art. 18. Las familias que á sus espensas se trasporten á qualesquiera de las nuevas poblaciones, y quisieren establecerse en alguna de ellas, podrán hacerlo en todo tiempo, y por lo mismo serán acreedoras á las gracias que esta ley concede á los nuevos pobladores, á cuyo efecto se presentarán al comisionado, y en faltá de este, á la autoridad politica respectiva, para que poniendolo en conocimiento del Gobierno, se les ocuerde la correspondiente concesion.

Art. 19. Todo nuevo poblador, ya sea Mexicano ó estrangero, no podrá vender, ni enagenar baxo ningun titulo ni pretesto la agua ni terreno que les halla tocado, hasta despues de seis años de haber entrado en posesion.

Art. 20. El Mexicano ó estrangero que emprenda colonizar con familias estrangeras, cuya introduccion no este prohibida por la ley general de seis de Abril de 1830, será acreedor á las gracias que concede el articulo 10 de esta misma ley.

Art. 21. El reparto de tierras y aguas á las familias estrangeras, que citan los articulos 18 y 20, se hará con arreglo al articulo 8, si concurrieren en ellas las condiciones que esta ley requiere, pagandolas al Estado por una tercera parte menos del precio, que señala el articulo 14 y en los terminos siguientes: la mitad del valor á los dos años de haber tomado posesion, y lo restante á los seis.

Art. 22 A las familias de que habla el articulo anterior, si tubieren el numero de cabezas de ganado mayor y menor que requiere la segunda parte del articulo 8, se les dará medio sitio de agostadero.

Art. 23. Los Ayuntamientos, cada una en su comarca, harán gratis la recaudacion de aquellos caudales por medio de una comision de dentro ó fuera de su seno, las pasarán segun se fuéren cobrando al depositario ó tesorero que lo sea de sus fondos y arbitrios, quien otargará el recibo correspondiente, y sin mas interes que el de dos y medio por ciento, unico que se abonará, lo tendrá á disposicion del Gobierno, dan-

cultivated one-eighth of the land, and the same shall be observed with respect to the tillage land not irrigable mentioned in the preceding article.

ART. 16. No change shall be made with respect to the contracts which the executive has ratified, or the concessions stipulated to purchasers or settlers by virtue of decree No. 16, of the 24th of March 1825; but the executive shall take care that, within eighteen months from the publication of this law, the purchasers enter in possession of the land which he has granted them. Those who shall hereafter ratify new contracts, or acquire new concessions by purchase, shall be required, the former to have introduced one-sixth of the families contracted within eighteen months from the ratification of the contract, and the latter to enter in possession of the land acquired, within the same term; under penalty of forfeiture for the non-fulfilment thereof.

ART. 17. All new towns shall be free from taxes of whatever denomination for the term of ten years, reckoned from the time they are founded, with the exception of those that may be generally levied to prevent or repel foreign invasion.

ART. 18. Families that remove to any of the new towns to settle therein, shall always be permitted to do so, and in consideration thereof shall be entitled to the privileges granted to new settlers by this law, for which purpose they shall appear before the commissioner, and in his default, the respective political authority, that the subject may be communicated to the executive, and their corresponding concession accorded.

ART. 19. No new settler, Mexican or foreigner, shall under any title or pretence sell or alienate the land or water that falls to his share, until after six years from the time of taking possession.

ART. 20. Mexicans or foreigners who undertake to colonize with foreign families, whose introduction is not prohibited by the general law of the 6th of April, 1830, shall be entitled to the privileges granted by article 6th of the present law.

ART. 21. The distribution of lands and waters to the foreign families mentioned in articles 18 and 20, shall be made agreeably to article 8, should they possess the merit required by this law, and they shall pay the state for the same one-third less than the price specified in article 14, and in the following manner—one-half the amount in two, and the remainder in six years from the time of taking possession.

ART. 22. To the families mentioned in the preceding article, should they possess the number of head of large and small stock, required in the second part of article 8, half a sitio of grazing land shall be granted.

ART. 23. The Ayuntamiento, each in its own limits, shall collect the aforesaid funds gratis, by a committee appointed from within or without their own body, and remit them as fast as collected to the depository or treasurer of their funds and means, who shall give the corresponding receipt for no other compensation than two and a-half per cent., which is all that shall be paid him, and who shall hold the said funds at the disposal of the executive, giving an account monthly of the amounts received and remitted, and of any negligence or fraud he observes in

dole parte cada mes de su ingreso y egreso, y del descuido ó disimulo que se advierta en su cobro. Del manejo de este, y de la comision, responderán con sus intereses los mismos empleados y comisionados, y á demas los individuos del Ayuntamiento que los nombráren. Y para que en todo tiempo pueda hacerse efectiva esta responsabilidad, se verificarán aquellos nombramientos, por votacion nominal, y darán aviso de ellos al Gobierno inmediatamente.

Art. 24. Los estrangeros para ser admitidos en clase de nuevos pobladores, han de acreditar competentemente ante el comisionado, y baxo su responsabilidad, su cristiandad, moralidad y buenas costumbres: estos indispensables requisitos se harán constar en el libro vecerro, de que habla el articulo 9 de las instrucciones de 4 de Setiembre de 1827.

Art. 25. El Gobierno cuidará que en las veinte leguas limitrofes con los Estados Unidos del Norte, y diez litorales sobre la costa del seno Mexicano en la demarcacion del Estado, no se hagan establecimientos que no tengan dos terceras partes de Mexicanos, recabando con anticipacion la aprobacion del supremo gobierno de la Union á cuyo efecto le pasará informadas quantas solicitudes se hagan en el particular, ya sean Mexicanos ó estrangeros los empresarios.

Art. 26. En la distribucion de tierras serán preferidos los Mexicanos por nacimiento á los estrangeros, y no se hará otra distincion entre los primeros, que la que funden sus meritos particulares y servicios hechos á la patria, ó en igualdad de circunstancias, la vecindad en el lugar á que pertenescan los terrenos.

Art. 27. Los indios de todas las naciones confinantes con el Estado, asi como las tribus errantes que hay dentro de el, serán recibidas en los mercados sin exigirles derechos algunos por el comercio que hagan de efectos del pais, y si atraidos asi por la dulzura y confianza con que ademas serán tratados quisiéren algunos, declarandose antes por nuestra religion é instituciones, establecerse en qualesquiera de los pueblos que se formen, se les admitirá y dará el mismo terreno que á los demas pobladores de que habla esta ley, distinguiendo á los naturales como Mexicanos, y á los confinantes como estrangeros, sin exigir á los primeros ningun numero de ganado.

Art. 28. Para que no queden vacios de posesion á posesion, de que se cuidará mucho en la distribucion de los terrenos, se hará esta por quadros ú otra figura aunque sea irregular, si asi lo exige la localidad, y dicha distribucion como la designacion de los en que se han de plantear las nuevas poblaciones, se harán previa citacion de colindantes si los hubiere, en obvio de disenciones y pleitos.

Art. 29. Las medidas de tierras valdias que deban tirarse sobre las margenes de algun rio, arroyo de agua corriente ó laguna, no excedera de una quarta parte del fondo del terreno concedido, si este lo permitiere.

Art. 30. Si por error habido en la concesion, fuére ocupado algun terreno de propiedad particular, acreditado aquel, se le dará al que lo obtenia otra igual valdio enteramente, y ademas se le indemnizarán

their collection. For the management of the treasurer and committee, these officers themselves, and furthermore the individuals of the Ayuntamiento that shall appoint them shall be held responsible with their property: and that this responsibility may always be effectual the said appointments shall be made viva voce, and notice thereof shall immediately be given to the executive.

ART. 24 Foreigners, to be admitted as new settlers, shall furnish adequate proof to the commissioner, and under his responsibility, of their christianity and good moral character: these indispensible requisites shall be made to appear in the manuscript mentioned in article 9, of the instructions of the fourth of September 1827.

ART. 25. The executive shall take care that, within twenty border leagues fronting upon the United States line, and ten littoral leagues upon the coast of the Gulf of Mexico, no settlements are made that are not composed of two-thirds Mexicans, previously obtaining by request the approval of the national executive, to whom he shall forward all petitions made on the subject, accompanied by his report, whether the empresarios are Mexicans or foreigners.

ART. 26. In the distribution of lands native Mexicans shall be preferred to foreigners, and no other distinction shall be made between the former than such as is founded in their special merit and services rendered the country, or in equal circumstances, a residence in the place where the lands are situated.

ART. 27. The Indians of all nations bordering on the state, as well as the wandering tribes within the same, shall be admitted in market exempt from all duties in their traffic in the effects of the country; and should any of the same being attracted in this manner, and by the mildness and confidence with which they shall otherwise be treated, wish to establish themselves in any of the settlements, after declaring themselves in favor of our institutions and religion, they shall be admitted, and share the same quantity of land as the other settlers mentioned in this law, native Indians to be distinguished as Mexicans, and border Indians as foreigners, and the former shall not be required to furnish any stock.

ART. 28. That no vacancies be left between the tracts, which shall be carefully avoided in the distribution of lands, they shall be distributed in squares or other forms, although irregular should the locality so require, and to prevent litigation and dispute, in making the distribution aforesaid, as well as in the designation of sites, whereon new towns are to be founded, the adjoining proprietors, should there be any, shall be previously notified.

ART. 29. The survey of vacant lands that shall be made upon the borders of any river, running rivulet or creek, or lake, shall not exceed one fourth of the depth of the land granted, should the land permit.

ART. 30. Should any appropriated land be taken possession of through error in the concession, on proof thereof an equal quantity of

por el dueño á justa tasacion de peritos, y conforme á las leyes, los gastos que halla erogado en las mejoras que aparescan.

Art. 31. En testamento arreglado á las leyes que actualmente rigen ó rigiéren en lo sucesivo, todo nuevo poblador desde el dia de su establecimiento, puede disponer de su terreno aunque no lo tenga cultivado; y si muriére intestado, le sucederán en el la persona ó personas que fuéren llamadas por las mismas leyes á todos sus bienes y derechos, reportando en uno y otro caso los herederos las obligaciones y condiciones que corrian á su causante.

Art. 32. Las tierras adquiridas á virtud de esta ley, por ningun motivo podrán pasar á manos muertas, y los que las hayan adquirido á titulo de compra, no las enagenarán sin haber cumplido con lo prevenido en el artículo 13 de esta misma.

Art. 33. El nuevo poblador que para establecerse en pais estrangero resolviese salir del territorio del Estado, podrá hacerlo libremente con todos sus intereses; pero verificada dicha salida, no conservará mas su terreno, y si antes no lo enagenáre, ó su enagenacion no fuére conforme al articulo 19, quedará valdio enteramente.

Art. 34. El Gobierno, de acuerdo con los ordinarios ecclesiasticos respectivos, cuidará de que se provea á las nuevas poblaciones del competente numero de parrocos, y con acuerdo de la misma autoridad, propondrá al Congreso su dotacion, que deberán pagar los nuevos pobladores.

Art. 35. Los nuevos pobladores en quanto á la introduccion de esclavos, se sugetaran á las leyes establecidas, y que en adelante se establecieren sobre la materia.

Art. 36. Los sirvientes y jornaleros que en lo sucesivo introduscan los colonos estrangeros, no podrán por contrata alguna permanecer comprometidos al servicio de estos por mas espacio de tiempo que el de diez años.

Art. 37. El comisionado ó comisionados que se nombren conforme á esta ley, no podrán suspenderse en sus funciones por ninguna otra autoridad que no sea la del Gobierno; los Jueces en cuyos territorios funcionen aquellos, se restringirán á informar del mal manejo que les adviertan.

Art. 38. Se deroga el decreto No. 16 de 24 de Marzo de 1825.

Lo tendrá entendido el Gobernador constitucional del Estado, para su cumplimiento, haciendolo imprimir, publicar y circular.

Dado en la ciudad de Leona Vicario á 28 de Abril de 1832.
JOSE JESUS GRANDE, Presidente,
MANUEL MUZQUIZ, D. S.
CESARIO FIGUEROA, D. S. interino.

land entirely vacant shall be granted to the person who obtained the same, and moreover he shall be indemnified by the owner of the land aforesaid, agreeably to a just estimate made by competent judges, and according to law, for the expense he has incurred in the improvements that appear thereon.

Art. 31. Every new settler from the time of his settlement, shall be permitted to dispose of his land, although it shall not be cultivated, by testament made in conformity to the laws that are now, or shall be hereafter in force; and should he die intestate, his lawful heir or heirs shall succeed him in the enjoyment of his rights and property, assuming in both cases the obligations and conditions incumbent on the respective grantee.

Art. 32. Land acquired by virtue of this law shall from no cause be transferred in mortmain, and those who have acquired by purchase shall not alienate their land without having complied with the provision made in article 13 of the present law.

Art. 33. New settlers, who shall resolve to leave the state to establish themselves in a foreign country, shall be at liberty to do so with all their property, but after thus leaving they shall no longer hold their land; and should they not have previously disposed of the same, or should not the alienation be in conformity to art. 19, it shall become entirely vacant.

Art. 34. The executive in connection with the respective vicarial ecclesiastics, shall take care that the new towns are adequately supplied with curates, and with the concurrence of the said authority, shall propose their salary to congress, which shall be paid by the new settlers.

Art. 35. The new settlers, in respect to the introduction of slaves, shall conform to the laws that are now, or shall be hereafter enacted on the subject.

Art. 36. Servants and day laborers, hereafter introduced by foreign colonists, cannot be obligated by any contract to continue in the service of the latter longer than ten years.

Art. 37. The commissioner or commissioners, who shall be appointed agreeably to this law, shall not be suspended in their functions by any other authority than that of the executive. The judges, within whose jurisdiction the commissioners officiate, shall confine themselves to giving information with respect to the bad management they observe in said commissions.

Art. 38. Decree No. 16 of the 24th of March 1825, is hereby repealed.

For its fulfilment, the Governor of the State shall cause it to be printed, published, and circulated.

Given in the city of Leona Vicario on the 28th of April, 1832.

JOSE J. GRANDE, President.
MANUEL MUZQUIZ, D. S.
CESARIO FIGUEROA, D. S. *ad interim.*

Por tanto, mando se imprima, publique, circule, y se le dé el debido cumplimiento.

Leona Vicario 2 de Mayo de 1832.

JOSE MARIA de LETONA.

SANTIAGO DEL VALLE, Secretario.

Gobierno Supremo del Estado libre de de Coahuila y Texas.

El Gobernador del Estado de Coahuila y Texas á todos sus habitantes;—Sabed, que el Congreso del mismo Estado ha decretado lo que sigue.

ART. 1. Se establece en la secretaria de gobierno una mesa de cuenta y razon, en que deberán glozarse las cuentas de todos los caudales publicos del Estado, interin permanece la suspension del consejo acordada por el decreto No. 59.

ART. 2. Esta mesa será formada de un oficial, que se denominará oficial de mesa de cuenta y razon, y de un escribiente; el primero disfrutará el sueldo de mil pesos anuales, y el segundo el de quatrocientos.

ART. 3. Tanto el oficial como el escribiente deberán ser de nombramiento del Gobierno, amoribles á su voluntad, y en todos casos serán responsables á los actos relativos á sus funciones.

Lo tendrá entendido el Gobernador constitucional del Estado, para su cumplimiento, haciendolo imprimir, publicar y circular.

Dado en la ciudad de Leona Vicario á 27 de Abril de 1832.

JOSE JESUS GRANDE, Presidente,
MANUEL MUZQUIZ, D. S.
CESARIO FIGUEROA, D. S. in.

Por tanto, mando se imprima, publique, circule, y se le dé el debido cumplimiento.

Y á fin de que el antecedente decreto surta todo el efecto que el honorable Congreso propuso al dictarlo, ha tenido á bien (usando de la facultad que el articulo 3º me confiere) prefixar el termino de quarenta dias contados desde el dia de la fecha para proveer las plazas que corresponden á la mesa de cuenta y razon nuevamente creada en la secretaria de este Gobierno, dentro de cuyo termino los ciudadanos que se consideren con los conocimientos necesarios para optar los destinos indicados, manifestarán por escrito los servicios que tengan hechos á la patria, acreditando estos y su aptitud con los docomentos que crean bastantes al efecto.

Leona Vicario 27 de Abril de 1832.

JOSE MARIA de LETONA.

SANTIAGO DEL VALLE, Secretario.

Gobierno Supremo del Estado libre de Coahuila y Texas.

El Gobernador del Estado de Coahuila y Texas á todos sus habitantes:—Sabed, que el Congreso del mismo ha decretado lo siguiente.

Wherefore I command it to be printed, published, circulated and duly fulfilled.

Leona Vicario, 2nd May, 1832.

JOSE MARIA de LETONA.

SANTIAGO DEL VALLE, Secretary.

Executive Department of the State of Coahuila and Texas.

The Governor of the state of Coahuila and Texas, to all the inhabitants thereof: Be it known, that the congress of said state has decreed as follows:

ART. 1. A bureau of accounts, wherein those of all the public funds of the state are to be explained, shall be established in the office of secretary of state, to be continued during the suspension of the council, accorded by decree No. 59.

ART. 2. Said department shall consist of an officer, to be called officer of the bureau of accounts, and a clerk; the former shall receive one thousand, and the latter four hundred dollars salary per annum.

ART 3. Both the officer and clerk shall be appointed by the executive, removable at his pleasure, and shall in all cases be responsible for the acts relating to their functions.

For its fulfilment, the Governor of the State shall cause it to be printed, published, and circulated.

Given in the city of Leona Vicario on the 27th April, 1832.

JOSE J. GRANDE, President.
M. MUZQUIZ, D. S.
C. FIGUEROA, D. S. *ad interim.*

Wherefore I command it to be printed, published, circulated and duly fulfilled.

That the foregoing decree may have the full effect which the honorable congress intended, I have thought proper (exercising the power conferred upon me by article 3,) to prefix the term of forty days, from date, for filling the stations pertaining to the bureau of accounts newly created in the office of secretary of state, for those citizens who consider themselves duly qualified for said stations to manifest in writing, within said term, the services they have rendered the country, and their qualifications, with such documents as they deem sufficient for that object.

Leona Vicario, 27th of April, 1832.

JOSE MARIA de LETONA.

SANTIAGO DEL VALLE, Secretary.

Executive Department of the State of Coahuila and Texas.

The Governor of the State of Coahuila and Texas, to all the inhabitants thereof: Be it known, that the congress of said state has decreed as follows:

DECRETO No. 192.

El Congreso constitucional del Estado libre, independiente y soberano de Coahuila y Texas, ha tenido á bien decretar:

Se conceden á los empresarios Jose Belhein y David G. Burnet, tres años mas de termino para que verifiquen los establecimientos de colonizacion que contratáron con el Gobierno del Estado en 21 y 22 de Diciembre de 1826.

Lo tendrá entendido el Gobernador constitucional del Estado, para su cumplimiento, haciendolo imprimir, publicar y circular.

Dado en la ciudad de Leona Vicario á 27 de Abril de 1832.— JOSE JESUS GRANDE, Presidente.—MANUEL MUZQUIZ, D. S.—CESARIO FIGUEROA, D. S. interino.

Por tanto, mando se imprima, publique, circule, y se le de el debido cumplimiento.

Leona Vicario 28 de Abril de 1832.

JOSE MARIA de LETONA.

Santiago del Valle, Secretario.

Gobierno Supremo del Estado libre de Coahuila y Texas.

El Gobernador del Estado de Coahuila y Texas á todos sus habitantes:—Sabed, que el Congreso del mismo ha decretado lo siguiente.

DECRETO No. 193.

Art. 1. Se concede licencia para el termino de doce dias al Gobernador del Estado para que pueda pasar al de Nuevo Lean, con el objeto de atender á su salud.

Art. 2. No hallandose en la capital el Vice Gobernador, se encargara del Gobierno, conforme al decreto numero 50, el presidente del tribunal de justicia.

Lo tendrá entendido el Gobernador constitucional del Estado, para su cumplimiento, haciendolo imprimir, publicar y circular.

Dado en la ciudad de Leona Vicario á 28 de Abril de 1832. [Los mismos Señores.]

Por tanto mando se imprima, publique, circule, y se le de el debido cumplimiento.

Ciudad de Leona Vicario; 28 de Abril 1832.

JOSE MARIA de LETONA.

Santiago del Valle, Secretario.

DECREE No. 192.

The Congress of the State of Coahuila and Texas, has thought proper to decree:

The years additional term are hereby granted to the empresarios Joseph Bellhein and David G. Burnett in order that they may accomplish the establishments of colonization which they contracted with the government on the 21st and 22nd of December, 1826.

For its fulfilment, the Governor of the State shall cause it to be printed, published and circulated.

Given in the city of Leona Vicario on the 27 of April, 1832.
JOSE JESUS GRANDE, President.
M. MUZQUIZ, D. S.
C. FIGUEROA, D. S. *ad interim.*

Wherefore I command it to be printed, published, circulated and duly fulfilled.

Leona Vicario, 28th April, 1832.

J. M. de LETONA.

SANTIAGO DEL VALLE, Secretary.

Executive Department of the State of Coahuila and Texas.

The Governor of the state of Coahuila and Texas, to all the inhabitants thereof: Be it known, that the congress of said state has decreed as follows:

DECREE No. 193.

The Congress of the State of Coahuila and Texas has thought proper to decree:

ART. 1. Licence is hereby granted to the governor of the state, for the term of twelve days, to repair to the state of Nuevo Leon for the purpose of consulting his health.

ART. 2. The Vice Governor being absent from the capital, in conformity to decree No. 50, the president of the tribunal of justice shall officiate as governor.

For its fulfilment, the Governor of the State shall cause it to be printed, published, and circulated.

Given in the city of Leona Vicario on the 28th of April, 1832.
[The same Signers.]

Wherefore I command it to be printed published, circulated, and duly fulfilled.

Leona Vicario, 28th April, 1832.

JOSE MARIA de LETONA.

SANTIAGO DEL VALLE, Secretary.

Gobierno Supremo del Estado libre de Coahuila y Texas.

El Gobernador interino del Estado de Coahuila y Texas, á todos sus habitantes, Sabed, que el Congreso del mismo ha decretado lo que sigue:—

DECRETO No. 194.

El Congreso constitucional del Estado libre, independiente, y soberano de Coahuila y Texas, ha tenido á bien decretar:

Si en el termino de un mes que señala el articulo 110 de la ley numero 39, á los arbitros arbitradores, y tercero en discordia en su caso, paro que puedan dar su juicio no lo verificáren, por el mismo hecho incurirán cada uno en la multa de cinquente pesos, y ademas en el resarcimiento de los daños y perjuicios causados á las partes que satisfarán entre ambos, ó uno solo si el otro por su parte hubiére cumplido; en este caso los litigantes procederán desde luego al nombramiento de nuevos arbitros.

Lo tendrá entendido el Gobernador constitucional del Estado para su cumplimiento, haciendolo imprimir, publicar y circular.

Dado en la ciudad de Leona Vicario á 28 de Abril de 1832.

[Los mismos Señores.]

Por tanto, mando se imprima, publique, circule, y se le dé el debido cumplimiento.

Leona Vicario 1 de Mayo de 1832.

JOSE MARIA de LETONA.

Santiago del Valle, Secretario.

Gobierno Supremo del Estado libre de Coahuila y Texas.

El Gobernador del Estado de Coahuila y Texas á todos sus habitantes:—Sabed, que el Congreso del mismo ha decretado lo siguiente.

DECRETO No. 195.

El Congreso constitucional del Estado libre, independiente y soberano de Coahuila y Texas, ha tenido á bien decretar:

En atencion de la familia nacida en el Estado, que tienen los ciudadanos José M. Bangs y Felipe Dimitt, se exceptuan del articulo 1º del decreto No. 183.

Lo tendrá entendido el Gobernador constitucional del Estado para su cumplimiento, haciendolo imprimir, publicar y circular.

Dado en la ciudad de Leona Vicario á 28 de Abril de 1832.

[Los mismos Señores,]

Por tanto, mando se imprima, publique, circule, y se le dé el debido cumplimiento.

Leona Vicario 1 de Mayo de 1832.

JOSE MARIA de LETONA.

Santiago del Valle, Secretario.

Executive Department of the State of Coahuila and Texas.

The Governor of the State of Coahuila and Texas, to all the inhabitants thereof: Be it known, that the congress of said state has decreed as follows:

DECREE No. 194.

The Congress of the State of Coahuila and Texas has thought proper to decree:

Arbitrators, and the third person in case of disagreement, as the case may be, who shall not render their decision within the term of one month prescribed them by article 110 of law No. 39, shall thereby incur a fine of fifty dollars each besides paying the damages accrueing to the parties, the indemnification to be made between both persons, or by one only, should the other on his part have complied. In this case the contending parties shall immediately proceed to choose new arbitrators.

For its fulfilment, the Governor of the State shall cause it to be printed, published, and circulated.

Given in the city of Leona Vicario on the 28th of April, 1832.

[The same Signers.]

Wherefore I command it to be printed, published, circulated and duly fulfilled.

Leona Vicario, 1st of May, 1832.

JOSE MARIA de LETONA.

SANTIAGO DEL VALLE, Secretary.

Executive Department of the State of Coahuila and Texas.

The Governor of the State of Coahuila and Texas, to all the inhabitants thereof: Be it known, that the congress of said state has decree as follows:

DECREE No. 195.

The Congress of the State of Coahuila and Texas, has thought proper to decree:

Joseph M. Bangs and Philip Dimitt, in consideration of their having families, born in the state, are hereby excepted from article 1, of decree No. 183.

For its fulfilment, the Governor of the State shall cause it to be printed, published, and circulated.

Given in the city of Leona Vicario on the 28th of April, 1832.

[The same Signers.]

Wherefore I command it to be printed, published, circulated and duly fulfilled.

Leona Vicario, 1st of May, 1832.

JOSE MARIA de LETONA.

SANTIAGO DEL VALLE, Secretary.

Gobierno Supremo del Estado libre de Coahuila y Texas.

El Gobernador del Estado de Coahuila y Texas á todos sus habitantes:—Sabed, que el Congreso del mismo ha decretado lo siguiente.

DECRETO No. 196.

El Congreso constitucional del Estado libre, independiente, y soberano de Coahuila y Texas, ha tenido á bien decretar:

ART. 1. Se formará una nueva municipalidad en la parte meridional de la de Austin, siendo su cabezera la villa de Brassoria.

ART. 2. Las limites de esta municipalidad serán los siguientes:— Desde la emvocadura del arroyo claro en la Bahia de Galveston, se tirará una linea que siguiendo el brasso principal del mismo arroyo, llegará hasta su nacimiento, y desde este entre sur y poniente; siguirá la linea recta hasta quatro leguas arriba del desemboque del *arroyo grande* en el rio de los Brassos; de este punto saldrá otra linea recta que terminará en el lugar en que se reunen el arroyo guajolote y rio de San Bernardo, desde alli al sudoueste saldrá una linea recta que deberá terminar cinco leguas al poniente del rio Colorado, desde donde se tirará otra linea que tocando en el nacimiento del arroyo Trespalacios, baxará por este arroyo hasta terminar en su embocadura en la Bahia de Matagorda, y de este punto siguirá la linea por la playa de la costa asi á el norte y oriente hasta el lugar en que comenzó.

ART. 3. El Gobierno acordará las medidas convenientes á fin de que en las proximas elecciones constitucionales para la renovacion de Ayuntamientos procedan los habitantes de Brassoria á eligir el que establece esta ley.

Lo tendrá entendido el Gobernador constitucional del Estado, para su cumplimiento, haciendolo imprimir, publicar y circular.

Dado en la ciudad de Leona Vicario á 28 de Abril de 1832.

[Los mismos Señores.]

Por tanto, mando se imprima, publique, circule, y se le dé el debido cumplimiento.

Leona Vicario 1 de Mayo de 1832.

JOSE MARIA de LETONA.

SANTIAGO DEL VALLE, Secretario.

Gobierno Supremo del Estado libre de Coahuila y Texas.

El Gobernador del Estado de Coahuila y Texas á todos sus habitantes:—Sabed, que el Congreso del mismo Estado ha decretado lo que sigue.

DECRETO No. 179.

El Congreso constitucional del Estado libre, independiente y soberano de Coahuila y Texas, ha tenido á bien decretar:

ART. 1. En las elecciones populares para los destinos publicos del Estado, no han tenido, ni tienen derecho de votar los individuos del exercito permanente en actual exercicio.

Executive Department of the State of Coahuila and Texas.

The Governor of the state of Coahuila and Texas, to all the inhabitants thereof: Be it known, that the congress of said state has decreed as follows:

DECREE No. 196.

The Congress of the State of Coahuila and Texas has thought proper to decree as follows:

ART. 1. In the Southern portion of the municipality of Austin a new municipality shall be formed, of which the town of Brazoria shall be the capital.

ART. 2. The limits of said municipality shall be as follows: commencing at the mouth of Clear Creek on Galveston Bay, following the principal branch of said creek to its source; thence southwesterly in a straight line to strike the Brazos four leagues above the mouth of Big Creek, thence in a straight line to the confluence of Guajolote Creek and the river San Bernard; thence due southwest to the distance of five leagues west of the Colorado; thence to the source of Trespalacios Creek, descending said creek to its entrance into Matagorda Bay; thence following the beach upon the coast northward and eastward to the place of beginning.

ART. 3. The executive shall accord the proper measures in order that the inhabitants of Brazoria, at the approaching elections for new Ayuntamientos, may proceed to elect the Ayuntamiento established by this law.

For its fulfilment, the Governor of the State shall cause it to be printed, published, and circulated.

Given in the city of Leona Vicario on the 28th of April, 1832.
[The same Signers.]

Wherefore I command it to be printed, published, circulated and duly fulfilled.

Leona Vicario, 1st of May, 1832.

JOSE MARIA de LETONA.

SANTIAGO DEL VALLE, Secretary.

Executive Department of the State of Coahuila and Texas.

The Governor of the State of Coahuila and Texas, to all the inhabitant thereof: Be it known, that the congress of said state has decreed as follows:

DECREE No. 197.

The Congress of the State of Coahuila and Texas has thought proper to decree:

ART. 1. Individuals of the standing army in actual service have not possessed and do not possess the right of voting for the public officers of the state.

Art. 2. A la milicia presidial que existe en el Estado, solo en los puntos de su ubicacion le es permitido sufragar en las juntas electorales.

Lo tendrá entendido el Gobernador constitucional del Estado para su cumplimiento, haciendolo imprimir, publicar y circular.

Dado en la ciudad de Leona Vicario á 28 de Abril de 1832.

[Los mismos Señores.]

Por tanto, mando se imprima, publique, circule, y se le de el debido cumplimiento.

Leona Vicario 1 de Mayo de 1832.

JOSE MARIA de LETONA.

Santiago del Valle, Secretario.

Gobierno Supremo del Estado libre de Coahuila y Texas.

El Gobernador del Estado de Coahuila y Texas á todos sus habitantes:—Sabed. que el Congreso del mismo ha decretado lo que sigue.

DECRETO No. 198.

El Congreso constitucional del Estado libre, independiente y soberano de Coahuila y Texas, ha tenido á bien decretar:

Art. 1. Los solares de que habla la parte primera del artículo 47 del decreto No. 98, quedan pensionados en sesenta y siete pesos, prorateandose estos á razon de las varas quadradas que cada uno tenga.

Art. 2. Se pensionan á cada uno de los dias de agua de que constan las diversas sacas que existen en la municipalidad de Bejar, en dos reales anuales, exceptuandose los de la labor de abaxo.

Art. 3. Se derogan la parte primera del artículo 47, la 11a y 13a del 49 del decreto No. 98, de 13 de Mayo de 1829.

Lo tendrá entendido el Gobernador constitucional del Estado para su cumplimiento, haciendolo imprimir, publicar y circular.

Dado en la ciudad de Leona Vicario á 30 de Abril de 1832.

JOSE MARIA AGUIRRE, D. Presidente.
MANUEL MUZQUIZ, D. S.
PEDRO de la F. FERNANDEZ, D. S.

Por tanto, mando se imprima, publique, circule, y se le de el debido cumplimiento.

Leona Vicario 1 de Mayo de 1832.

JOSE MARIA de LETONA.

Santiago del Valle, Secretario.

Gobierno Supremo del Estado libre de Coahuila y Texas.

El Gobernador del Estado de Coahuila y Texas á todos sus habtantes:—Sabed, Que el Congreso del mismo Estado ha decretado l que sigue.

ART. 2. The fortress militia in the state shall be permitted to vote at electoral meetings only in the places of their station.

For its fulfilment, the Governor of the State shall cause it to be printed, published, and circulated.

Given in the city of Leona Vicario on the 28th April, 1832.
[The same Signers.]

Wherefore I command it to be printed, published, circulated and duly fulfilled.

Leona Vicario, 1st May, 1832.
JOSE MARIA de LETONA.
SANTIAGO DEL VALLE, Secretary.

Executive Department of the State of Coahuila and Texas.

The Governor of the State of Coahuila and Texas, to all the inhabitants thereof: Be it known, that the congress of said state has decreed as follows:

DECREE No. 198.

The Congress of the State of Coahuila and Texas has thought proper to decree:

ART. 1. The lots mentioned in the first part of article 47, of decree No. 98, shall be taxed to the amount of 77 dollars, the respective quota to be allotted to each in the ratio of the number of square varas, of which it consists.

ART. 2. For the watering days afforded by the different canals in the municipality of Bexar, each one shall be taxed two rials per annum, with the exception of those of the labor below.

ART. 3. The first part of article 47, and the 11th and 13th clauses of article 49 of decree No. 98, of the 13th of May 1829, are hereby repealed.

For its fulfilment, the Governor of the State shall cause it to be printed, published and circulated.

Given in the city of Leona Vicario on the 30th April, 1832.
JOSE MARIA de AGUIRRE, D. President.
MANUEL MUZQUIZ, D. S.
P. de la FUENTE FERNANDEZ, D. S.

Wherefore I command it to be printed, published, circulated and duly fulfilled.

Leona Vicario, 1st May, 1832.
JOSE MARIA de LETONA.
SANTIAGO DEL VALLE, Secretary.

Executive Department of the State of Coahuila and Texas.

The Governor, of the State of Coahuila and Texas, to all the inhabitants thereof: Be it known, that the Congress of said State has decreed as follows:

DECRETO No. 199.

El Congreso constitucional del Estado libre, independiente y soberano de Coahuila y Texas, ha tenido á bien decretar:

Art. 1. Todos los efectos nacionales que se hayan introducido desde el ocho de presente, y se introduscan y consuman hasta el ocho de Octubre proximo, pagarán solo la mitad de derechos de alcabala que actualmente se cobran en el Estado.

Art. 2. De igual gracia gozarán los que se introduscan y consuman en los años siguientes, desde el ocho de Setiembre al ocho de Octubre.

Art. 3. Se deroga el articulo 2 del decreto No. 187.

Lo tendrá entendido el Gobernador constitucional del Estado para su cumplimiento, haciendolo imprimir, publicar, y circular.

Dado en la ciudad de Leona Vicario á 17 de Setiembre de 1832.

JOSE JESUS GRANDE, D. Presidente,
PEDRO de la F. FERNANDEZ, D. S.
JOSE CAYETANO RAMOS, D. S.

Por tanto, mando se imprima, publique, circule, y se le de el debio cumplimiento.

Leona Vicario 18 de Setiembre de 1832.

RAFAEL ECA Y MUZQUIZ.

Santiago del Valle, Secretario.

Gobierno Supremo del Estado libre de Coahuila y Texas.

El Gobernador del Estado de Coahuila y Texas á todos sus habitantes:—Sabed, que el Congreso del mismo ha decretado lo **siguiente**.

DECRETO No. 200.

El Congreso constitucional del Estado libre, independiente, y soberano de Coahuila y Texas, ha tenido á bien decretar:

Se indulta á Pablo Hernandez, vecino de Villa Longin, de la pena de inhabilidad para todo empleo honorifico del Estado, que por el termino de dos años le aplicó la primera sala del tribunal de justicia.

Lo tendrá entendido el Gobernador constitucional del Estado para su cumplimiento, haciendolo imprimir, publicar y circular.

Dado en la ciudad de Leona Vicario á 25 de Setiembre de 1832.

[Los mismos Señores]

Por tanto, mando se imprima, publique, circule, y se le de el debido cumplimiento.

Leona Vicario 26 de Setiembre de 1832.

RAFAEL ECA Y MUZQUIZ.

Santiago del Valle, Secretario.

DECREE No. 199.

The Congress of the State of Coahuila and Texas, has thought proper to decree:

Art. 1. All national effects introduced since the 8th inst., and that shall be introduced and consumed up to the 8th of October next, shall pay only one half the excise duties at present collected in the state.

Art. 2. Hereafter, every year, those introduced and consumed from the 8th of September to the 8th of October, shall be allowed the same privilege.

Art. 3. Article 2, of decree 187, is hereby repealed.

For its fulfilment, the Governor of the State shall cause it to be printed, published and circulated.

Given in the city of Leona Vicario on the 17th September, 1832.
JOSE JESUS GRANDE, D. President.
P. de la FUENTE FERNANDEZ, D. S.
JOSE CAYETANO RAMOS, D. S.

Wherefore I command it to be printed, published, circulated and duly fulfilled.

Leona Vicario, 18th September, 1832.
RAFAEL ECA Y MUZQUIZ.
Santiago del Valle, Secretary.

Executive Department of the State of Coahuila and Texas.

The Governor of the State of Coahuila and Texas, to all the inhabitants thereof: Be it known that the congress of said state has decreed as follows:

DECREE No. 200.

The Congress of the State of Coahuila and Texas, has thought proper to decree:

Immunity from the penalty of incapability of holding any office of profit or trust in the state, adjudged him by the first hall of the tribunal of justice for the term of two years, is hereby granted to Pablo Hernandez of Villa Longin.

For its fulfilment, the Governor of the State shall cause it to be printed, published, and circulated.

Given in the city of Leona Vicario on the 25th September, 1832.
[The same Signers.]

Wherefore I command it to be printed, published, circulated and duly fulfilled.

Leona Vicario, 26th September, 1832.
RAFAEL ECA Y MUZQUIZ.
Santiago del Valle, Secretary.

DECRETO No. 201.

El Congreso constitucional del Estado libre, independiente, y soberano de Coahuila y Texas, ha tenido á bien decretar:

Se aprueba el acuerdo de la diputacion permanente de 11 de Agosto del presente año.

Lo tendrá entendido el Gobernador constitucional del Estado para su cumplimiento, haciendolo imprimir, publicar y circular.

Dado en la ciudad de Leona Vicario á 2 de Setiembre de 1832.

[Los mismos Señores.]

Gobierno Supremo del Estado libre de Coahuila y Texas.

El Gobernador del Estado de Coahuila y Texas á todos sus habitantes:—Sabed, que el Congreso del mismo ha decretado lo siguiente.

DECRETO No. 202.

El Congreso constitucional del Estado libre, independiente, y soberano de Coahuila y Texas, ha tenido á bien decretar:

Art. 1. Sobre el cinco por ciento de derecho de consumo que se cobra á los efectos estrangeros, se aumenta el uno por ciento mas para los fondos municipales de los Ayuntamientos del Estado.

Art. 2. Los administradores de rentas cuidarán de hacer este cobro, entregando mensualmente á los respectivos Ayuntamientos lo que se colecte.

Art. 3. Este decreto comenzará á tener su cumplimiento á los ocho dias de su publicacion.

Lo tendrá entendido el Gobernador constitucional del Estado para su cumplimiento, haciendolo imprimir, publicar, y circular.

Dado en la ciudad de Leona Vicario á 29 de Setiembre de 1832.

MANUEL MUZQUIZ, D. Presidente.
JOSE C. RAMOS, D. S.
FRANCISCO de S. ARREOLA, D. S.

Por tanto, mando se imprima, publique, circule, y se le dé el debido cumplimiento.

Leona Vicario 30 de Setiembre de 1832.

RAFAEL ECA Y MUZQUIZ.

Santiago del Valle, Secretario.

Gobierno Supremo del Estado libre de Coahuila y Texas.

El Gobernador interino del Estado de Coahuila y Texas, á todos sus habitantes, Sabed, que el Congreso del mismo ha decretado lo que sigue;—

DECREE No. 201.

The Congress of the State of Coahuila and Texas, has thought proper to decree:

The resolution adopted by the standing deputation on the 11th of August last, is hereby approved.

For its fulfilment, the Governor of the State shall cause it to be printed, published and circulated.

Given in the city of Leona Vicario on the 2nd September, 1832.

[The same Signers.]

Executive Department of the State of Coahuila and Texas.

The Governor of the State of Coahuila and Texas, to all the inhabitants thereof: Be it known, that the congress of said state has decreed as follows:

DECREE No. 202.

The Congress of the State of Coahuila and Texas has thought proper to decree:

ART. 1. The five per cent. consumption duty on foreign effects shall be increased one per cent., for the municipal funds of the state.

ART. 2. The revenue agents shall take care to make this collection, and deliver to the respective Ayuntamientos monthly, the amount collected.

ART. 3. This decree shall go into effect in eight days from the publication thereof.

For its fulfilment, the Governor of the State shall cause it to be printed, published, and circulated.

Given in the city of Leona Vicario on the 29th September, 1832.

MANUEL MUZQUIZ, D. President.
JOSE CAYETANO RAMOS, D. S.
FRANCISCO S. de ARREOLA, D. S

Wherefore I command it to be printed, published, circulated and duly fulfilled.

Leona Vicario, September 30, 1832.

RAFAEL ECA Y MUZQUIZ.

SANTIAGO DEL VALLE, Secretary.

Executive Department of the State of Coahuila and Texas.

The Governor of the State of Coahuila and Texas, to all the inhabitants thereof: Be it known, that the congress of said state has decreed as follows:

DECRETO No. 203.

El Congreso constitucional del Estado libre, independiente y soberano de Coahuila y Texas, ha tenido á bien decretar:

Art. 1. El Gobierno dispondrá que de las rentas del Estado se auxilie el Ayuntamiento de esta capital con la cantidad de mil y quinientos pesos para la compra de la plazuela de Villa' Longin, conocida con el nombre de las cruces.

Art. 2. Esta cantidad será reintegrada por el mismo Ayuntamiento, á los dos años, contados desde la fecha, en que se haga el prestamo.

Lo tendrá entendido el Gobernador constitucional del Estado para su cumplimiento, haciendolo imprimir, publicar y circular.

Dado en la ciudad de Leona Vicario á 30 de Setiembre de 1832.
MANUEL MTZQUIZ, D. Presidente,
FRANCISCO de S. ARREOLA, D. S.
P. de la F. FERNANDEZ, D. S interino.

Por tanto, mando se imprima, publique, circule, y se le dé el debido cumplimiento.

Leona Vicario 30 de Setiembre de 1832.
RAFAEL ECA Y MUZQUIZ.
Santiago del Valle, Secretario.

DECRETO No. 204.

El Congreso constitucional del Estado libre, independiente, y soberano de Coahuila y Texas, habiendo procedido á calificar las elecciones que ultimamente se hiciéron de un vocal proprietario, y un suplente para el consejo del gobierno del Estado, y no habiendo reunido ninguno de los postulados el numero de votos qui requiere el articulo 133 de la Constitucion, ha tenido á bien decretar:

Es consejero propietario el ciudadano Jesus Estrada, vecino de la villa de Parras.

Es asi mismo consejero suplente el ciudadano Arberto Gutierres, vecino de esta ciudad.

Lo tendrá entendido el Gobernador constitucional del Estado para su cumplimiento, haciendolo imprimir, publicar y circular.

Dado en la ciudad de Leona Vicario á 4 de Enero de 1833.
A. VIESCA, Presidente,
D. ELISONDO, D. S.
J. M. URANGA, D S.

DECRETO No. 205.

El Congreso constitucional del Estado libre, independiente, y soberano de Coahuila y Texas, ha tenido á bien decretar:

Art. 1. Se ratifica el acuerdo de la diputacion permanente de 11 de Agosto á que se refiere el decreto del Congreso, fecha 27 de Setiembre de 1832, en que se reconoce por presidente constitucional de la República al Excelentisimo Señor General Manuel Gomez Pedraza.

DECREE No. 203.

The Congress of the State of Coahuila and Texas has thought proper to decree:

Art. 1. The executive shall direct that the Ayuntamiento of this capital be supplied with fifteen hundred dollars, from the state revenue, for purchasing the small public square of Villa Longin, called las Cruzes.

Art. 2. Said Ayuntamiento shall refund the aforementioned sum in two years from the time the loan is made.

For its fulfilment, the Governor of the State shall cause it to be printed, published, and circulated.

Given in the city of Leona Vicario on the 30th September, 1832.
MANUEL MUZQUIZ, D. President.
FRANCISCO de S. ARREOLA, D. S.
P. de la F. FERNANDEZ, D. S. *ad interim.*

Wherefore I command it to be printed, published, circulated and duly fulfilled.

Leona Vicario.
RAFAEL ECA Y MUZQUIZ.
Santiago del Valle, Secretary.

DECREE No. 204.

The Congress of the state of Coahuila and Texas, having proceeded to examine the votes given at the last elections for a voter, proper—and a substitute to the executive council, and none of the candidates having received the number required by article 133 of the constitution, has thought proper to decree:

J. Estrada, of Parras, is hereby elected councillor proper.

A. Gutierres, of this city, is hereby elected substitute councillor.

For its fulfilment, the Governor of the State, shall cause it to be printed, published, and circulated.

Given in the city of Leona Vicario on the 4th of January, 1833.
A. VIESCA, President.
D. ELISONDO, D. S.
J. M. URANGA, D. S.

DECREE No. 205.

The Congress of the State of Coahuila and Texas, has thought proper to decree:

Art. 1. The resolution adopted by the permanent deputation on the 11th of August, to which the decree of congress, bearing date the 27th of September, 1832, refers, wherein his excellency general Manuel Gomez Pedraza is recognized as president of the republic, constitutionally elected, is hereby confirmed.

Art. 2. En consequencia, el Estado de Coahuila y Texas obedecerá todos los decretos y ordenes que, como legitimo presidente, expida dentra de la orbita de sus facultades constitucionales.

Art. 3. El Estado no secundará convenio alguno, establecido ó que se estableciére en lo succesivo, que propenda á atacar direçta ó indirectamente el sistema federal, y la soberania del Estado.

Art. 4. Este, representado legitimamente por su actual legislatura protesta de un modo solemne contra qualquiera violacion relativa á los actos de su administracion y gobierno interior.

Art. 5. El Gobierno del Estado en sus relaciones ulteriores obrará de conformidad con este decreto, y para sostenerlo dictará todas las providencias que estén en sus facultades.

Lo tendrá entendido el Gobernador constitucional del Estado, para su cumplimiento, haciendolo imprimir, publicar y circular.

Dado en la ciudad de Leona Vicario á 6 de Enero de 1833.

[Los mismos Señores.]

DECRETO No. 206.

El Congreso constitucional del Estado libre, independiente y soberano de Coahuila y Texas, ha tenido á bien decretar:

Art. 1. El Estado de Coahuila y Texas solo reconoce por voluntad nacional la que libremente fuére manifestada por el organo legitimo de las legislaturas de los Estados.

Art. 2. Qualquiera medida de pacificacion, que fuére aprobada por la mayoria absoluta de estos cuerpos soberanos, será secundada por la de este Estado que en tal caso, aunque fuére de opinion contraria, la sacrificará al interes publica.

Lo tendrá entendido el Gobernador constitucional del Estado, para su cumplimiento, haciendolo imprimir, publicar y circular.

Dado en la ciudad de Leona Vicario á 6 de Enero de 1833.

[Los mismos Señores.]

Gobierno Supremo del Estado libre de Coahuila y Texas.

El Vice Gobernador del Estado de Coahuila y Texas, en exercicio del supremo poder executivo, á todos sus habitantes:—Sabed, que el Congreso del mismo ha decretado lo siguiente.

DECRETO No. 207.

El Congreso constitucional del Estado libre, independiente y soberano de Coahuila y Texas, ha tenido á bien decretar:

El cobro de dos por ciento que se hace á los efectos estrangeros de que habla la ley general de 22 de Agosto de 1829, se practicará del

ART. 2. Pursuant thereto the state of Coahuila and Texas shall obey all orders and decrees by him issued as legitimate president within the sphere of his constitutional powers.

ART. 3. The state shall not support any convention that is now, or shall be hereafter established, tending directly or indirectly to attack the federal form of government and the state sovereignty.

ART. 4. The state, legally represented by its present legislature, solemnly protests, against any violation in respect to the acts of the internal administration and government thereof.

ART. 5. The executive of the state, in the internal relations thereof, shall proceed in conformity to this decree, and shall dictate all the measures in the compass of his powers in support of the same.

For its fulfilment, the Governor of the State shall cause it to be printed, published, and circulated.

Given in the city of Leona Vicario on the 6th January, 1833.

[The same Signers.

DECREE No. 206.

The Congress of the State of Coahuila and Texas, has thought proper to decree:

ART. 1. The state of Coahuila and Texas recognizes as the will of the nation, only that which shall be freeyl manifested through the legitimate organ of the state legislatures.

ART. 2. Whatever measure of pacification shall be approved by the absolute majority of these sovereign bodies, the same shall be supported by the legislature of this state, which although it should be of a contrary opinion, in such an event shall sacrifice it in behalf of the public interest.

For its fulfilment, the Governor of the State shall cause it to be printed, published, and circulated.

Given at the city of Leona Vicario on the 6th January, 1833.

[The same Signers.]

Executive Department of the State of Coahuila and Texas.

The Vice Governor of the State of Coahuila and Texas, to all the inhabitants thereof: Be it known, that the congress of said state has decreed as follows:

DECREE No. 207.

The Congress of the State of Coahuila and Texas, has thought proper to decree:

The collection of the two per cent. on foreign goods mentioned in the general law of the 22nd of August 1829, shall be made in the man-

mismo modo que previene la de 14 de Marzo de 1828, para la exaccion del tres por ciento decretada á los mismos efectos de 22 de Diciembre de 1824.

Lo tendrá entendido el Gobernador constitucional del Estado para su cumplimiento, haciendolo imprimir, publicar y circular.

Dado en la ciudad de Leona Vicario á 15 de Enero de 1833.
[Los mismos Señores.]

Por tanto, mando se imprima, publique, circule, y se le dé el debido cumplimiento.

Leona Vicario 15 de Enero de 1833.

JUAN MARTIN de VERAMENDI.

Santiago del Valle, Secretario.

DECRETO No. 208.

El Congreso constitucional del Estado libre, independiente, y soberano de Coahuila y Texas, ha tenido á bien decretar:

Quando por imposibilidad perpetua ó muerte del Gobernador, funcione el Vice, disfrutará este del sueldo integro señalado á aquel desde el dia que tome posesion del Gobierno.

Lo tendrá entendido el Gobernador constitucional del Estado para su cumplimiento, haciendolo imprimir, publicar y circular.

Dado en la ciudad de Leona Vicario á 23 de Enero de 1833.
[Los mismos Señores.]

DECRETO No. 209.

El Congreso constitucional del Estado libre, independiente y soberano de Coahuila y Texas, ha tenido á bien decretar

Art. 1, El dos por ciento impuesto á la circulacion de moneda, que el Estado hizo renta suya en 31 de Julio de 1827, se exigirá unicamente de la extraccion que de qualesquiera pueblo se haga para fuera del mismo Estado.

Art. 2. La plata pasta pagará del mismo modo un tres por ciento de derecho en el primar lugar de su extraccion, sin que se pueda repetir el cobro en otro, llevando la correspondiente guia.

Art. 3. Los empleados encargados del cobro, de acuerdo con el juez de hacienda, podrán pasar á los comerciantes y traficantes de veinte y cinco á trescientos pesos para gastos de caminos, y, de la cantidad que prudencialmente los graduarán, se les dará el correspondiente pase sin exigir derecho alguno.

Art. 4. En las oficinas de recaudacion se llevará cuenta por separado de las partidas que cobren correspondientes á este impuesto, las que serán firmados por el causante, el empleado, y el alcalde 1º ó unico.

Art. 5. Los administradores cobrarán de honorario un diez por ciento, y de el cederán un siete á sus subalternos; á unos y otros se les pasarán los gastos de libros, papel y portes de cartas, previa la correspondiente justificacion.

her provided by the law of the 14th of March 1828, for collecting the three per cent. levied on said goods by decree of the 22nd of December 1824.

For its fulfilment, the Governor of the State shall cause it to be printed, published, and circulated.

Given at the city of Leona Vicario on the 15th January, 1833.
[The same signers.]

Wherefore I command it to be printed, published, circulated and duly fulfilled.

Leona Vicario, 15th January, 1833.
JUAN M. de VERAMENDI.
SANTIAGO DEL VALLE, Secretary.

DECREE No. 208.

The Congress of the State of Coahuila and Texas, has thought proper to decree:

When the vice governor officiates on account of lasting imposibility or the death of the governor, he shall receive, from the time he enters in possession of office, the entire salary assigned the latter.

For its fulfilment, the Governor of the State shall cause it to be printed, published, and circulated.

Given in the city of Leona Vicario on the 23rd of January, 1833.
[The same Signers.

DECREE No. 209.

The Congress of the State of Coahuila and Texas, has thought proper to decree:

ART. 1. The two per cent. levied as a state rent, on the 31st of July 1827, upon the exportation of coin, shall be exacted only on taking it from any town to be carried without the limits of the state.

ART. 2. In the same manner silver in bullion, shall pay a tax of three per cent. at the place from which it is first taken, and the corresponding paper, shewing said payment, being taken along, the collection shall not be repeated at any other place.

ART. 3. Officers charged with the collection, with the concurrence of the treasury judge, may allow to merchants and dealers from twenty-five to three hundred dollars for travelling expenses, and without exacting any tax, shall give them the corresponding permit for such prudential amount as they judge proper to allow them.

ART. 4. A seperate account of the parcels collected corresponding to this tax shall be kept in the offices of the collectors, which shall be signed by those who pay, the officer, and first or sole Alcalde.

ART. 5. The collectors shall receive an emolument of ten per cent., out of which they shall allow seven to their subordinates, and after corresponding proof, both shall be allowed the amount expended for books, paper, and postage.

Art. 6. La plata en pasta y acuñada, que se aprenda sin guia, caerá en la pena de comiso.

Art. 7. El empleado, que abusáre de su deber en el cobro del impuesto de que habla este decreto, á mas de pagar el tres tantos, no podrá volverlo hacer del Estado, sin expresa rehabilitacion del Congreso.

Art. 8. Se derogan los decretos Nos. 3, 6, y 79 de 31 de Julio, y 21 de Agosto de 1827, y 26 de Febrero de 1829.

Lo tendrá entendido el Gobernador constitucional del Estado para su cumplimiento, haciendolo imprimir, publicar y circular.

Dado en la ciudad de Leona Vicario á 25 de Enero de 1833.

[Los mismos Señores.]

DECRETO No. 210.

El Congreso constitucional del Estado libre, independiente y soberano de Coahuila y Texas, ha tenido á bien decretar:

Art. 1. Se derogan los decretos Nos. 108, 110, y 113.

Art. 2. El 147 quedará vigente en la parte que derogó al No. 88.

Lo tendrá entendido el Gobernador constitucional del Estado, para su cumplimiento, haciendolo imprimir, publicar y circular.

Dado en la ciudad de Leona Vicario á 29 de Enero de 1833.

JOSE F, MADERO, Presidente,
JOSE M. de URANGA, D. S.
JOSE M. del MORAL, D. S.

DECRETO No. 211.

El Congreso constitucional del Estado libre, independiente, y soberano de Coahuila y Texas, considerando, *Primero*,—Que por decreto de 6 del corriente ofreció esta legislatura sacrificar su opinion al interes publico, secundando la medida de pacificacion que adopte la mayoria de la nacion legitimamente representada. *Segundo*—Que hasta ahora no se tienen seguras noticias sobre este punto. *Tercero*—Que hay datos suficientes para creer que se ha adoptado el plan de Zavaleta en su parte principal que consiste en la eleccion de los altos funcionarios que han de representar á la nacion en los poderes federales.— *Quarto*—Que esta eleccion es de la mayor importancia para evitar á la acefalia de la nacion en 1º del inmediato Abril, y la repeticion de los desastres que han terminado felizmente por ahora. *Quinto*— Que esta legislatura ofreció al Presidente de la Republica no contribuirá á tanto mal, dexando de hacer las elecciones referidas. *Sexto*, Que en tal evento solo se consiguiria perturbar el orden constitucional que el Estado ha mantenido hasta aqui, y que lejos de reportar algun

Art. 6. Silver in bullion and coin, seized without a permit, shall incur the penalty of confiscation.

Art. 7. Officers, who violate their duty in the collection of the tax mentioned in this decree, shall pay triple, and furthermore make no collection in behalf of the state, unless expressly reinstated by congress.

Art. 8. Decrees No. 3, 6 and 79 of the 31st of July, and 21st of August, 1827, and 26th of February, 1829, are hereby repealed.

For its fulfilment, the Governor of the State shall cause it to be printed, published, and circulated.

Given in the city of Leona Vicario on the 25th January, 1833.

[The same Signers.]

DECREE No. 210.

The Congress of the State of Coahuila and Texas, has thought proper to decree:

Art. 1. Decrees No. 108, 110 and 113, are hereby repealed.

Art. 2. Decree No. 147, in the part wherein No. 88 was repealed, shall continue in force.

For its fulfilment, the Governor of the State shall cause it to be printed, published, and circulated.

Given in the city of Leona Vicario on the 29th January, 1833.

J. F. MADERO, President.
J. M. de URANGA, D. S.
J. M. del MORAL, D. S.

DECREE No. 211.

Taking into view the following ground: *First*,—That by decree of the 6th inst., this legislature offered to sacrifice its opinion in behalf of the public interest, and support any measure of pacification which the majority of the legislatures of the several states might adopt. *Second*,—Until the present, no certain information on that subject has been received. *Third*,—There are sufficient data for believing that the plan of Zavaleta, in the principal part thereof,—the election of the members of the general government—has been adopted. *Fourth*,—Said election is of the greatest importance to avoid being without a national government on the first of April next, and to prevent the repetition of disasters which have terminated favorably for the present. *Fifth*,—This legislature has made known to the president that it would not contribute to so great an evil by omitting to hold the aforesaid election. *Sixth*,—Such an event would only interrupt the order of the constitution which the state has maintained until the present, and far from effecting any good, would occasion incalculable evils. *Seventh*,—No reasonable objection can be made against the elections made

bien se causarán males incalculables. *Septimo*—Que no puede oponerse una racional objeccion á las elecciones que se hagan por el actual Congreso, de constitucionalidad incontestable, y de cuya legitimidad jamas se ha dudado, ha tenido á bien decretar:

Art. 1. El Estado de Coahuila y Texas, fiel á sus compromisos, hará nuevas elecciones de funcionarios para los supremos poderes de la Union.

Art. 2. Al efecto el Gobierno citará á los electores de que habla el articulo 106 de la Constitucion para que, reunidos en esta capital, procedan el ultimo domingo de Febrero á nombrar los diputados y suplente á la camara de representantes del Congreso general.

Art. 3. El dia primero de Marzo se nombrarán dos individuos para Presidente y Vice Presidente de la Republica, y dos senadores en la forma prevenida por la Constitucion.

Art. 4. Solo subsistirán estas elecciones en caso de ser conformes con la voluntad nacional, y el Estado somete la renovacion de su actual legislatura á la resolucion del futuro Congreso general.

Lo tendrá entendido el Gobernador constitucional del Estado para su cumplimiento, haciendolo imprimir, publicar y circular.

Dado en la ciudad de Leona Vicario á 30 de Enero de 1833.

A. VIESCA, Presidente,
D. ELISONDO, D. S.
J. M. URANGA, D. S.

DECRETO No. 212.

El Congreso constitucional del Estado libre, independiente y soberano de Coahuila y Texas, considerando: *Primero*—Que es de la mayor importancia arreglar el derecho de peticion. *Segundo*—Que la falta de una ley en una materia tan interesante se han cometido hechos desordenes, y causado males de gran tamaño. *Tercero*—Que á la sombra de este derecho, y con el pretesto de exercerlo pueden repetirse las escenas escandalosas que otras veces han comprometido el orden publico. *Quarto*—Que notoriamente pertenece al gobierno interior del Estado fixar las reglas que sobre esta materia han de rigir en su territorio,—ha tenido á bien decretar:

Art. 1. Solamente los poderes supremos elegidos con arreglo á la Constitucion, representan legitimamente al Estado, ó qualquiera ó persona que tome la voz del pueblo para pedir alguna cosa, usurpa los derechos de la sociedad, y perturbo el orden.

Art. 2. Todo ciudadano está autorizado para reclamar las faltas de los funcionarios publicos en el desempeño de su obligacion, y pedir lo que estime conveniente al bien general de la sociedad, ó al particular de sus individuos.

Art. 3. Estas reclamaciones ó demandas se harán precisamente por escrito dirigido á la autoridad correspondiente, concebido en terminos decorosos, y firmado por tres individuos á lo mas. La falta de todos ó alguno de estos requisitos las hacen inadmisibles.

by the present congress, whose constitutionality is beyond question, and whose legitimacy has never been doubted—The Congress of the State of Coahuila and Texas, has thought proper to decree:

Art. 1. The State of Coahuila and Texas, faithful to its engagements, shall hold new elections to choose the members of the federal government.

Art. 2. For that purpose the executive shall cite the electors mentioned in article 106 of the constitution to convene at this capital, and proceed on the last Sunday in February to choose the deputies and a substitute to the house of representatives of the general congress.

Art. 3. On the 1st of March the election shall be holden for President and Vice President of the Republic, and two senators, in the manner the constitution provides.

Art. 4. Said elections shall continue in force only in case they are in accordance with the will of the nation, and the state hereby submits the renewal of its present legislature to the future general congress.

For its fulfilment, the Governor of the State shall cause it to be printed, published, and circulated.

Given in the city of Leona Vicario on the 30th January, 1833.

A. VIESCA, President.
D. ELISONDO, D. S.
J. M. URANGA, D. S.

DECREE No. 212.

Whereas, *First*,—It is of the greatest importance to regulate the right of petition. *Second*,—From the want of a law on a subject of so much moment, acts of disorder have been committed, and enormous evils have arisen. *Third*,—Under shelter of said right, and pretence of exercising the same, the turbulent scenes, which on other occasions have compromised the public order, may be repeated. *Fourth*, —It manifestly belongs to the internal administration of the state to establish the rules which are to govern on this subject within its territory,—The Congress of the State of Coahuila and Texas, has thought proper to decree:

Art. 1. The supreme authorities constitutionally elected, are the sole representatives of the state, and any corporation or person, who assumes the voice of the people to make any petition, usurps the rights of society, and excites disorder.

Art. 2. Every citizen is authorized to demand redress of public officers for faults committed in the discharge of their duties, and to petition as he deems proper for the general good of society, or private good of individuals of whom it is composed.

Art. 3. Said demands or petitions shall be made to the proper authority, and expressly in writing, couched in decorous language, and signed by no more than three persons. Should they be deficient in all, or any of these requisites, they shall not be accepted.

Art. 4. Es igualmente inadmisible toda peticion contraria á la Constitucion, ó á los derechos que ella guarantiza á los ciudadanos.— No se entiende contraria á la Constitucion la que se dirija á solicitar la derogacion ó reforma legal de alguna ó algunas de las leyes existentes.

Art. 5. Toda peticion, aunque sea justa, será desentendida, si se hiciére de mano armada, ó por medio de motines, asonadas, ó qualquiera otro modo que indique disposicion á conseguir por fuerza la resolucion que d sea.

Art. 6. Si, por alguno de los medios prohibidos en el articulo anterior, se obtuviére alguna providencia, será nula y no subsistirá quando el orden fuére restablecido, y si de ella resultáren daños á la sociedad, ó á los particulares, serán reclamables en todo tiempo contra los que lo hayan arrancado, quien serán exclusivamente responsables de ellos con sus personas y bienes.

Art. 7. Del mismo modo, y por las mismas personas, serán endemnizados los gastos que se eroguen por la hacienda publica para restablecer el orden que se hubiére turbado á pretesto de exercer el derecho de peticion.

Art. 8. Toda asonada es un grave atentado contra el reposo publico, y sus autores y factores sin sediciosos,

Art. 9. En caso de una asonada ó motin, cuyos autores no se pudiéren descubrir inmediatamente se eligirán por la autoridad correspondiente de entre los perturbadores, tres individuos que por su representacion, fortuna, ú otras circunstancias, le parescan mas al proposito para que mediante un juicio sumario, reducido solo á identificar las personas, y probar que eran de los anotados se les aplique la pena corporal que las leyes tienen señaladas al delito de sedicion, haciendo ademas efectiva la responsabilidad pecuniaria que hubiéren contraido con arreglo á este decreto.

Art. 10. Lo dispuesto en el articulo anterior antecedente no salva á los autores de la azonada, ó cabezas de motin que serán juzgados como tales.

Art. 11. Los funcionarios á quienes inmediatamente está encargada la conservacion del orden publico serán personalmente responsables del exacto cumplimiento de esta ley, y si se les acreditáre complicidad en alguno de los casos, de que habla la misma, serán juzgados como principales cabezas de el.

Art. 12. Se renuevan las leyes que imponen la pena de ultimo suplicio á los sediciosos, y todas las que arreglan el modo de proceder en caso de alboroto ó motines, en todo lo que no se opongan á la presente.

Lo tendrá entendido el Gobernador constitucional del Estado para su cumplimiento, haciendolo imprimir, publicar, y circular.

Dado en la ciudad de Leona Vicario á 1 de Marzo de 1833.

J. M. VIESCA, Presidente,
J. M. de URANGA, D. S
M. BORREGO, D. S.

Art. 4. All petitions contrary to the constitution, or rights guaranteed the citizens therein, shall likewise be rejected. Petitions for the repeal or legal reform of any one or more of the existing laws shall not be understood as contrary to the constitution.

Art. 5. No petition, although just, if made by armed persons, or with tumult and riot, or in any other way shewing a disposition to extort the resolution desired, shall receive attention.

Art. 6. Any measures obtained by any of the means prohibited in the preceding article shall be null, and after order is restored, shall no longer continue, and should any injury result to society, or to private individuals therefrom, redress may always be exacted of those who extorted the measure, who alone shall be responsible with their persons and their property.

Art. 7. The public treasury shall be indemnified in the same manner and by the same persons, for any expense incurred in the restoration of order, interrupted under pretence of exercising the right of petition.

Art. 8. Tumultuous and hostile meetings are a grave offence against the public tranquillity, and the authors and doers are seditious persons.

Art. 9. In the event of any tumultuous and hostile meeting, the authors whereof are not immediately discovered, the proper authority shall select from among the disturbers of order three persons, whom, from their standing, wealth or other considerations said authority shall think most suitable, in order that, undergoing a trial *sumario*, reduced solely to identifying the person, and proving that they were among those particularly noticed, the corporal punishment prescribed by law for the crime of sedition, be inflicted upon them, besides exacting the responsibility they might have incurred agreeably to this decree.

Art. 10. The provision of the foregoing article shall not screen the authors of tumultuous and hostile meetings, or leaders of riot, who shall be tried as such.

Art. 11. Officers charged directly with the preservation of public order, shall be personally responsible for the strict fulfilment of this law; and should they be proved to be accomplices in any of the cases herein mentioned, they shall be tried as the principal leaders thereof.

Art. 12. The laws imposing pain of death on seditious persons, and all those regulating the manner of proceeding in case of riot or tumult, so far as they are not opposed to the present law are hereby re-established.

For its fulfilment, the Governor of the State shall cause it to be printed, published, and circulated.

Given in the city of Leona Vicario on the 1st of March, 1833.

J. M. VIESCA, President.
J. M. de URANGA, D. S.
M. BORREGO, D. S.

DECRETO No. 213.

El Congreso constitucional del Estado libre, independiente y soberano de Coahuila y Texas, ha tenido á bien decretar:

Art. 1. Se deroga el decreto No. 50, y los Nos. 68, 148 y 191.

Art. 2. Se legitiman los actos respectivos á la administracion publica que se ha exercido en conformidad del decreto No. 50, y no están derogados expresamente.

Lo tendrá entendido el Gobernador constitucional del Estado, para su cumplimiento, haciendolo imprimir, publicar y circular.

Dado en la ciudad de Leona Vicario á 8 de Marzo de 1832.

[Los mismos Señores.]

DECRETO No. 214.

El Congreso constitucional del Estado libre, independiente, y soberano de Coahuila y Texas, ha tenido á bien decretar:

Art. 1. Se declara por ahora la ciudad de Monclova capital del Estado de Coahuila y Texás.

Art. 2. Los funcionarios y empleados, que deben residir en ella, se hallarán alli para el dia primero de Abril proximo.

Lo tendrá entendido el Gobernador constitucional del Estado para su cumplimiento, haciendolo imprimir, publicar y circular.

Dado en la ciudad de Monclova á 9 de Marzo de 1833.

[Los mismos Señores.]

Gobierno Supremo del Estado libre de de Coahuila y Texas.

El Vice Gobernador del Estado de Coahuila y Texas, en exercicio del supremo poder, á todos sus habitantes;—Sabed, que el Congreso del mismo Estado ha decretado lo que sigue.

DECRETO No. 215.

El Congreso constitucional del Estado libre, independiente, y soberano de Coahuila y Texas, ha tenido á bien decretar:

Art. 1. Quando alguna ó algunas de las asambleas electorales de una municipalidad, no hubiéren observado lo prevenido por la Constitucion y leyes, se tendrá por resultado legal el computo formado de la enumeracion de los votos de las otras. En este caso se hará la calificacion por la junta prevenida en el articulo 60 de la Constitucion, y 100 del decreto No. 37.

Art. 2. Este mismo se entenderá en quanto á la eleccion de comisario de policia y sindico de que habla el articulo 158 de la Constitucion.

DECREE No. 213.

The Congress of the State of Coahuila and Texas, has thought proper to decree:

ART. 1. Decree No. 50, and number 68, 148 and 191 are hereby repealed.

ART. 2. The respective acts of the public administration that has been exercised in conformity to decree No. 50, and not expressly repealed, are hereby legalized.

For its fulfilment, the Governor of the State shall cause it to be printed, published, and circulated.

Given in the city of Leona Vicario on the 8th March, 1833.

[The same Signers.]

DECREE No. 214.

The Congress of the State of Coahuila and Texas has thought proper to decree:

ART. 1. The city of Monclova is hereby declared to be for the present the capital of the state of Coahuila and Texas.

ART. 2. The functionaries and officers required to reside in the capital shall be present at said city by the first of April next.

For its fulfilment, the Governor of the State shall cause it to be printed, published, and circulated.

Given in the city of Monclova on the 9th March, 1833.

[The same Signers.]

Executive Department of the State of Coahuila and Texas.

The Vice Governor of the State of Coahuila and Texas, in exercise of the executive power, to all the inhabitants thereof: Be it known, that the congress of the said state has decreed as follows:

DECREE No. 215.

The Congress of the State of Coahuila and Texas has thought proper to decree as follows:

ART. 1. Should any one or more of the electoral assemblies not have observed the provision of the constitution and laws, the computation formed by counting the votes of the remaining municipalities shall be considered the legal result. In that event the examination shall be made by the junta provided in article 60 of the constitution, and 100 of decree No. 37.

ART. 2. The same shall be understood with respect to the election of commissary of police and syndic mentioned in article 158 of the constitution.

ART. 3. Si ninguna de dichas asambleas hubiére cumplido con la Constitucion y leyes, se procederá á nuevas elecciones, en el modo y tiempo que el Gobierno disponga,

Lo tendrá entendido el Gobernador constitucional del Estado, para su cumplimiento, haciendolo imprimir, publicar y circular.

Dado en la ciudad de Monclova á 1 de Abril de 1833.

[Los mismos Señores.]

Por tanto, mando se imprima, publique, circule, y se le de el debido cumplimiento.

Monclova 3 de Abril de 1833.

J. M. de VERAMENDI.

SANTIAGO DEL VALLE, Secretario.

Gobierno Supremo del Estado libre de Coahuila y Texas.

El Vice Gobernador del Estado de Coahuila y Texas, en exercicio del supremo poder, á todos sus habitantes:—Sabed, que el Congreso del mismo ha decretado lo siguiente.

DECRETO No. 216.

El Congreso constitucional del Estado libre, independiente y soberano de Coahuila y Texas, ha tenido á bien decretar:

Cesarán en el servicio que prestan en Leona Vicario los treinta hombres de su milicia civica, quedando en consequencia derogadas las ordenes de 5 y 26 de Mayo de 1829, las de 8 y 22 de Marzo de 1830, y el decreto No. 168 de 22 de Marzo de 1831, que disponian se pagásen de las rentas del Estado, y los sugetaba á la ordenanza general del exercito.

Lo tendrá entendido el Gobernador constitucional del Estado, para su cumplimiento, haciendolo imprimir, publicar y circular.

Dado en la ciudad de Monclova á 3 de Abril de 1833.

Por tanto mando se imprima, publique, circule, y se le de el debido cumplimiento.

Monclova 3 de Abril 1833.

J. M. de VERAMENDI.

SANTIAGO DEL VALLE, Secretario.

DECRETO No. 217.

El Congreso constitucional del Estado libre, independiente y soberano de Coahuila y Texas, ha tenido á bien decretar:

ART. 1. Se deroga el decreto No. 183, que prohibe el comercio al menudeo de los no nacidos en la Republica.

ART. 2. Se sobreserá en todas las causas formadas por infracciones del mencionado decreto, qualquiera que sea su estado, á la publicacion de esta ley.

ART. 3. Should none of said assemblies have complied with the constitution and laws, new elections shall be holden, in the manner and at the time the executive shall direct.

For its fulfilment, the Governor of the State shall cause it to be printed, published, and circulated.

Given in the city of Monclova, on the 1st of April, 1833.

[The same Signers.

Wherefore I command it to be printed, published, circulated and duly fulfilled.

Monclova 3rd April, 1833.

JUAN M. de VERAMENDI.

SANTIAGO DEL VALLE, Secretary.

Executive Department of the State of Coahuila and Texas.

The Vice Governor of the State of Coahuila and Texas, to all the inhabitants thereof: Be it known, that the congress of said state has decreed as follows:

DECREE No. 216.

The Congress of the State of Coahuila and Texas has thought proper to decree:

The services rendered in Leona Vicario by the thirty men belonging to the civic militia of that city, shall cease; and in pursuance thereof the orders of the 5th and 26th of May 1829, those of the 8th and 22nd of March, 1830, and decree No. 168 of March 22nd, 1831, providing that said men be paid out of the state revenue, and subjecting them to the general ordinance of the army, are hereby repealed.

For its fulfilment, the Governor of the State shall cause it to be printed, published and circulated.

Given in the city of Monclova on the 3rd April, 1833.

Wherefore I command it to be printed, published, circulated and duly fulfilled.

Monclova, 3rd of April, 1833.

J. M. de VERAMENDI.

SANTIAGO DEL VALLE, Secretary.

DECREE No. 217.

The Congress of the State of Coahuila and Texas, has thought proper to decree:

ART. 1. Decree No. 158, prohibiting persons not born in the republic from selling goods at retail, is hereby repealed.

ART. 2. All suits commenced for infractions of said decree, whatever be their state, shall be relinquished on publication of this law.

Art. 3. Si, en consequencia de las causas de que habla el articulo anterior hubiéren ingresado al errario publico algunas cantidades, se devolverán á los interesados que ígualmente quedarán absueltos en caso de que hayan incurrido en pena personal.

Lo tendrá entendido el Gobernador constitucional del Estado para su cumplimiento, haciendolo imprimir, publicar y circular.

Dado en la ciudad de Monclova á 3 de Abril de 1833.

D. ELISONDO, Presidente.
M. BORREGO, D. S.
J. F. LOMBRANA, D. S.

DECRETO No. 218.

El Congreso constitucional del Estado libre, independiente, y soberano de Coahuila y Texas, ha tenido á bi n decretar:

Art. 1. Se concede al ciudadano Francisco Madero privilegio exclusivo por el termino de diez y ocho años, para que pueda introducir en el rio Trinidad buques de vapor, ó de caballo, vela ó remo, siempre que de su cuenta lo ponga en disposicion de poderlo verificar.

Art. 2. El mencionado privilegio comenzará desde el dia de la publicacion de esta ley.

Art. 3. Por el termino de los mismos diez y ocho años ningun derecho particular, de los que pueda imponer el Estado á los buques de vapor, de caballo, vela ó remo, se impondrá á los del referido empresario, quien por dicho tiempo solo quedará sugeto á los establecidos, ó que se establescan por leyes generales á todas las embarcaciones que lleguen á los puertos de la Republica.

Art. 4. El empresario á quien se concede el anterior privilegio, podrá trasferirlo en otro, ó en parte, avisandolo al supremo Gobierno del Estado, con tal de que los individuos, en quienes haya de verificarse no sean subditos en nacion, que esté en guerra con la de los Estados Unidos Mexicanos.

Art. 5. No cumpliendo el referido empresario, ó los que hagan sus vezes, su compromiso de poner en corriente la navegacion del mencionado rio en el termino de tres años, contados desde la publicacion de este decreto, perderán los derechos que en el se le conceden.

Lo tendrá entendido el Gobernador constitucional del Estado, para su cumplimiento, haciendolo imprimir, publicar y circular.

DECRETO No. 219.

El Congreso constitucional del Estado libre, independiente y soberano de Coahuila y Texas, ha tenido á bien decretar:

Se suprime las palabras *por ahora*, del articulo 1 de la ley de 10 de Marzo del corriente, que designó por capital del Estado la ciudad de Monclova.

Lo tendrá entendido el Gobernador constitucional del Estado, para su cumplimiento, haciendolo imprimir, publicar y circular.

ART. 3. Should any sums have entered the public treasury in consequence of the actions specified in the preceding article, said sums shall be returned to the persons interested, and should they have incurred corporal punishment, they shall likewise be acquitted.

For its fulfilment, the Governor of the State shall cause it to be printed, published, and circulated.

Given in the city of Monclova on the 3rd April, 1833.

D. ELISONDO, President.
M. BORREGO, D. S.
J. F. LOMBRANA, D. S.

DECREE No. 218.

The Congress of the State of Coahuila and Texas, has thought proper to decree:

ART. 1. Exclusive privilege is hereby granted to Francisco Madero, for the term of eighteen years, to introduce vessels propelled by steam or horse power, sails or oars, upon the river Trinity, provided, that he shall render said river navigable at his own expense.

ART. 2. Said privilege shall commence from the time of the publication of this law.

ART. 3. During said term of eighteen years no private tax, such as the state may levy on vessels propelled by steam or horse power, sails or oars, shall be imposed on the vessels of the aforesaid empresario, who for said term shall be subject only to those that are now, or shall be hereafter established by the general laws on all vessels arriving in the ports of the republic.

ART. 4. The undertaker, to whom the aforesaid privilege is granted, may transfer the same to another person, or in part, giving notice thereof to the executive of the state; provided, that the persons to whom the transfer is made do not belong to a nation at war with the republic of Mexico.

ART. 5. Should the aforesaid undertaker, or the persons acting in his stead, not fulfil his engagement to commence the navigation of the aforementioned river in the term of three years, reckoned from the publication of this decree, they shall forfeit the rights herein conferred.

For its fulfilment, the Governor of the State shall cause it to be printed, published, and circulated.

DECREE No. 219.

The Congress of the State of Coahuila and Texas, has thought proper to decree:

The words, *for the present*, in article 1, of the law of March the 10th instant, designating the city of Monclova as the capital of the state, shall be omitted.

For its fulfilment, the Governor of the State shall cause it to be printed, published, and circulated.

DECRETO No. 220.

El Congreso constitucional del Estado libre, independiente y soberano de Coahuila y Texas, ha tenido á bien decretar:

Art. 1. El administrador de alcabalas de Leona Vicario tendrá un sueldo anual de mil quinientos pesos.

Art. 2. Se considera inclusivo en el sueldo del articulo anterior el honorario que debia disfrutar por el cobro de todos los ramos que son á su cargo, excepto el de tabaccos y papel sellado.

Lo tendrá entendido el Gobernador constitucional del Estado, para su cumplimiento, haciendolo imprimir, publicar y circular.

DECRETO No. 221.

El Congreso constitucional del Estado libre, independiente y soberano de Coahuila y Texas, ha tenido á bien decretar lo siguiente:

Art. 1. Se suprime la receptoria de alcabalas establecida en la hacienda de San Isidro de las Palomas.

Art. 2. Quedan derogados los decretos No. 132 y 141 de 14 y 23 de Abril de 1830.

Art. 3. El Gobierno en cumplimiento de esta ley dictará las providencias que son consiguientes.

Lo tendrá entendido el Gobernador constitucional del Estado, para su cumplimiento, haciendolo imprimir, publicar y circular.

D. ELISONDO, Presidente,
M. BORREGO, D. S.
J. F. LOMBRANA, D. S.

DECRETO No. 222.

El Congreso constitucional del Estado libre, independiente y soberano de Coahuila y Texas, ha tenido á bien decretar:

Se declara D. Juan Brown ciudadano del Estado.

Lo tendrá entendido el Gobernador constitucional del Estado para su cumplimiento, haciendolo imprimir, publicar y circular.

DECRETO No. 223.

El Congreso constitucional del Estado libre, independiente y soberano de Coahuila y Texas, ha tenido á bien decretar:

Art. 1. El partido de Saltillo formará por si solo un departamento.

Art. 2. En los mismos terminos formará otro el partido de Parras.

Art. 3. El Gobierno al nombrar los gefes de Policia, obrará en conformidad con lo dispuesto en esta ley.

Art. 4. Se suprime el secretario en los departamentos de que habla este decreto, y solo habrá un escribiente archivero con sueldo de trescientos pesos.

Lo tendrá entendido el Gobernador constitucional del Estado para su cumplimiento, haciendolo imprimir, publicar y circular.

DECREE No. 220.

The Congress of the State of Coahuila and Texas, has thought proper to decree:

ART. 1. The collector of excise duties of Leona Vicario shall be paid a salary of fifteen hundred dollars per annum.

ART. 2. The emolument he is entitled to receive for the collection of all revenues under his charge, with the exception of tobacco and stamped paper, shall be considered as included in the salary specified in the foregoing article.

For its fulfilment, the Governor of the State shall cause it to be printed, published and circulated.

DECREE No. 221.

The Congress of the State of Coahuila and Texas has thought proper to decree:

ART. 1. The receivers office of excise duties, established in the hacienda of San Isadro de las Palomas, is hereby abolished.

ART. 2. Decrees No. 132, and 141, of the 14th and 23rd of April, 1830, are hereby repealed.

ART. 3. The executive shall dictate the necessary measures in fulfilment of this law.

For its fulfilment, the Governor of the State shall cause it to be printed, published, and circulated. D. ELISONDO, President.
M. BORREGO, D. S.
J. F. LOMBRANA, D. S.

DECREE No. 222.

The Congress of the State of Coahuila and Texas, has thought proper to decree:

John Brown is hereby declared a citizen of the state.

For its fulfilment, the Governor of the State shall cause it to be printed, published, and circulated.

DECREE No. 223.

The Congress of the State of Coahuila and Texas, has thought proper to decree:

ART. 1. The district of Saltillo shall constitute a sole department by itself.

ART. 2. The district of Parras shall constitute another seperate department.

ART. 3. The executive, in appointing the police chiefs, shall proceed in conformity to the provisions of this law.

ART. 4. The office of secretary, in the departments mentioned in this decree, shall be abolished; and there shall be only a clerk of Archives, whose salary shall be three hundred dollars.

For its fulfilment, the Governor of the State shall cause it to be printed, published, and circulated.

DECRETO No. 224.

El Congreso constitucional del Estado libre, independiente y soberano de Coahuila y Texas, ha tenido á bien decretar:

ART. 1. Por las razones que han manifestado los ciudadanos Nicolas Moral y Alberto Gutierres, se declaran que tienen imposibilidad para servir el empleo de consejeros,

ART. 2. Son consejeros propietarios nombrados por el Congreso con arreglo a la Constitucion para funcionar en el periodo que debe terminar el dia primero de Marzo de 1835, los ciudadanos Presbytero Andres Florentino Ramos y Francisco Vidauri y Villaseñor.

ART. 3. Es consejero suplente, nombrado en iguales terminos. y para el mismo tiempo, el ciudadano Licenciado Jesus Gonzales.

ART. 4. Del mismo modo es consejero suplente para funcionar como tal en el quatrienio que comenzó el primero de Marzo proximo pasado, el ciudadano Pedro Jose de la Garza.

ART. 5. Si por falta de alguno de los consejeros propietarios no se pudiére instalar el cuerpo consultivo para el primero de Mayo, el Gobierno lo verificará á la mayor posible brevidad mandando entre tanto al suplente que estuviére mas expedito.

Lo tendrá entendido el Gobernador constitucional del Estado, para su cumplimiento, haciendolo imprimir, publicar y circular.

DECRETO No. 225.

El Congreso constitucional del Estado libre, independiente y soberano de Coahuila y Texas, ha tenido á bien decretar:

ART. 1. El administrador de alcabalas de Parras disfrutará un quinientos por ciento de honorario sobre el producto del ramo.

ART. 2. A los receptores que pertenecen á su administracion les pasará el diez por ciento sobre los rendimientos de su receptoria, quedando el cinco restante á favor del administrador.

ART. 3. Solo pasarán al primero doscientos pesos para el pago de un escribiente que fungirá de vista interinamente.

ART. 4. Queda facultado el Gobernador para poner en Parras y las demas administraciones los guardas de á pie y á caballo que crea necesarios, dotandolos con de diez á quince pesos los primeros, y de veinte á treinta y cinco los segundos.

Lo tendrá entendido el Gobernador constitucional del Estado, para su cumplimiento, haciendolo imprimir, publicar y circular.

DECRETO No. 226.

El Congreso constitucional del Estado libre, independiente, y soberano de Coahuila y Texas, ha tenido á bien decretar:

El decreto No. 184 sobre proroga á los empresarios Power y Hewitson, es contrario al articulo 9 de la ley general de colonizacion,

DECREE No. 224.

The Congress of the State of Coahuila and Texas, has thought proper to decree:

ART. 1. N. Moral and A. Gutierrez, for reasons they have manifested, are hereby declared unable to serve as councillors.

ART. 2. A. F. Ramos, presbyter, and F. Viilauri y Villaseñor, are hereby declared councillors proper, constitutionally chosen by congress, to serve during the term that is to expire on the first of March, 1835.

ART. 3. Licentiate J. Gonzales is hereby declared substitute councillor, elected in like manner, and for the same term.

ART. 4. P. J. de la Garza is hereby declared substitute councillor, chosen in like manner, to serve during the four years term, that commenced on the first of March last.

ART. 5. Should it not be possible for the body of council to be installed by the first of May, the executive shall accomplish it as early as possible, meanwhile consulting with the substitute most disencumbered.

For its fulfilment, the Governor of the State shall cause it to be printed, published, and circulated.

DECREE No. 225.

The Congress of the State of Coahuila and Texas, has thought proper to decree:

ART. 1. The chief agent of excise at Parras shall receive a compensation of fifteen per cent. on the proceeds of that revenue.

ART. 2. To receivers belonging to his agency said collector shall allow ten per cent. on the income of their receiving offices, and shall himself be entitled to the five remaining.

ART. 3. Only to the collector two hundred dollars shall be allowed for paying a clerk, who shall officiate provisionally as surveyor at the custom house.

ART. 4. The governor is hereby authorized to furnish the agency at Parras and those at other places with such number of custom house officers, mounted or not, as he shall deem necessary, the former to receive a monthly compensation of from twenty to thirty-five, and the latter from ten to fifteen dollars.

For its fulfilment, the Governor of the State shall cause it to be printed, published, and circulated.

DECREE No. 226.

The Congress of the State of Coahuila and Texas, has thought proper to decree:

Decree No. 184, prolonging the term in favour of the empresarios Power and Hewitson, is contrary to article 9 of the general coloniza-

fecha 18 de Agosto de 1824. Se declara por tanto sin ningun valor ni efecto.

Lo tendrá entendido el Gobernador constitucional del Estado, para su cumplimiento, haciendolo imprimir, publicar y circular.

DECRETO No. 227.

El Congreso constitucional del Estado libre, independiente, y soberano de Coahuila y Texas, ha tenido á bien decretar:

La sesion de gran jurado se compondrá de tres individuos con voto nombrados al modo prevenido en el decreto No. 84, de los que el primer electo fungirá de presidente y el ultimo de secretario.

Lo tendrá entendido el Gobernador constitucional del Estado para su cumplimiento, haciendolo imprimir, publicar y circular.

DECRETO No. 228.

El Congreso constitucional del Estado libre, independiente, y soberano de Coahuila y Texas, ha tenido á bien decretar:

ART. 1. Se reducirá la milicia civica del Estado, tomandose un individuo para cada cien almas de las que respectivamente componen el censo de las poblaciones del mismo.

ART. 2. El numero que resulte, observada la base que se establece en el articulo anterior, se arreglará por compañias y demas faciones en los terminos que prescriben los articulos 18, 19, 20 y 21 del reglamento de milicia nacional local del Estado, en los pueblos que por la cortedad de su censo no produscan mas de diez soldados se alistarán no obstante este numero á fin de que formen una esquadra.

ART. 3. El servicio á que esté sugeta la expresada milicia será de caballeria ó infanteria indistintamente segun lo exijan á la vez los casos para que sea destinada.

ART. 4. En todo lo que no se oponga el presente decreto se observará el de 23 de Junio de 1828, que reglamenta la referida milicia.

ART. 5. Las compañias que deben formárse en cada partido se calificarán por el orden de primera, segunda, &c., comensando esta numeracion por las de la cabezera del mismo distrito el capitan de la primera compañia será el comandante de todas las del partido siendo la graduacion de este gefe la de teniente coronel.

ART. 6. A los dos meses de la publicacion de esta ley los Ayuntamientos tendrán formada la milicia que corresponde á sus respectivas municipalidades en conformidad del buen orden que en ella se prescribe.

Lo tendrá entendido el Gobernador constitucional del Estado para su cumplimiento, haciendolo imprimir, publicar, y circular.

tion law of the 18th of August 1824. Therefore said decree is hereby declared without value or force.

For its fulfilment, the Governor of the State shall cause it to be printed, published and circulated.

DECREE No. 227.

The Congress of the State of Coahuila and Texas has thought proper to decree:

The session of grand jury shall be formed by three persons having a vote, chosen in the manner provided by decree No. 84, of whom the one first chosen shall act as foreman and the last as secretary.

For its fulfilment, the Governor of the State shall cause it to be printed, published, and circulated.

DECREE No. 228.

The Congress of the State of Coahuila and Texas has thought proper to decree as follows:

ART. 1. The civic militia of the state shall be reduced to the proportion of one person for every hundred souls, agreeably to the census of the respective towns.

ART. 2. The number that results, after observing the basis established in the preceding article, shall be regulated in companies and otherwise as prescribed by articles 18, 19, 20 and 21 of the regulations of the national local militia of the state; in towns, whose scanty population does not give over ten soldiers, they shall be enrolled notwithstanding in order that they may form a squadron.

ART. 3. The aforesaid militia shall be subject to serve indiscriminately as cavalry or infantry, as occasion and the purposes for which they are destined shall require.

ART. 4. So far as this decree is not in opposition, that of the 23rd of June 1828, regulating the aforementioned militia, shall be observed.

ART. 5. The companies to be formed in each district shall be classed in the order of first, second, &c., the enumeration to commence with the companies of the capital of the respective district. The captain of the first company shall be the commandant of all those belonging to the district, and shall hold the rank of lieutenant colonel.

ART. 6. In two months from the publication of this law the Ayuntamientos shall have completed the formation of the militia, corresponding to their respective municipalities, agreeably to the arrangemen herein prescribed.

For its fulfilment, the Governor of the State shall cause it to be printed, published, and circulated.

LEYES Y DECRETOS DE COAHUILA Y TEXAS.

Gobierno Supremo del Estado libre de Coahuila y Texas.

El Vice Gobernador del Estado de Coahuila y Texas, en exercicio del supremo poder, á todos sus habitantes:—Sabed, que el Congreso del mismo Estado ha decretado lo que sigue.

DECRETO No. 229.

El Congreso constitucional del Estado libre, independiente y soberano de Coahuila y Texas, ha tenido á bien decretar:

Art. 1. Todas las fincas rusticas y urbanas, que están al cargo de los ayuntamientos, serán reducidos á propiedad particular.

Art. 2. Esceptuanse de la disposicion anterior, las casas que por ser puramente de comercio deban producir arrendadas mas del cinco por ciento anual sobre su valor, las consistoriales, las que se destinen para escuelas, y los molinos de pan.

Art. 3. Igualmente se esceptuan las aguas conocidas por de propios en los distintos pueblos del departamento de Monclova.

Art. 4. La enagenacion de las fincas dispuesta por el articulo 1º. se hará repartiendo las rusticas entre los vecinos de la municipalidad que lo soliciten, á censo enfiteútico arreglado á les leyes de la materia en cuanto no se opongan á la presente, y prefiriendo á los que tengan en propiedad pesesiones colindantes, á quienes se concede el derecho de reclamar lo que se hiciére sin su citacion y conocimiento. En el caso de haber dos ó mas colindantes, gozarán este derecho por su orden los que lo fueren en mayor cantidad de terreno.

Art. 5. Las fincas urbánas, se subhastarán y rematarán en el mejor postor, quien por el mismo hecho se constituirá enfiteuta del valor á que ascienda la puja.

Art. 6. Los terrenos cultivados, ó eriasos, que estubiéren situados en las plazas y calles principales, se dividirán en porciones de á treinta varas de frente, y rematarán en el mejor postor, arreglandose en todo á lo prevenido en el articulo antecedente; quedando el enfiteuta obligado á fabricar dentro de dos años por lo menos la parte del solar que mire ála calle, pena de perder todo derecho si no lo verifica, en cuyo caso, el terreno se dará de nuevo á otra persona.

Art. 7. Para la validéz de estos contratos, se requiere:—I. Que conste haberse citado á los que por esta ley deben ser preferidos; y que no quisiéron, ó no pudiéron usar de su derecho. II. Que el enfiteuta caucione su responsabildad con la misma finca que recibe, y á demas otra, ú otras de igual valor. III. Que el censo, que deba pagar anualmente sea el de un tres por ciento sobre el valuo, que se haga de la finca al tiempo del contrato, ó sobre el que estubiére hecho yá, con tál qua no pase de dos años, ó sobre la cantidad en que se le remató. IIII. Que sean aprobados por el Gobierno.

Executive Department of the State of Coahuila and Texas.

The Vice Governor of the State of Coahuila and Texas, to all the inhabitant thereof: Be it known, that the congress of said state has decreed as follows:

DECREE No. 229.

The Congress of the State of Coahuila and Texas has thought proper to decree:

ART. 1. Municipal town and country property or securities (fincas) under charge of the Ayuntamientos, shall be reduced to private property.

ART. 2. Buildings, which on being let, yield over five per cent. per annum on their value, from being designed exclusively for commercial use, also town halls, school edifices and bread mills, shall be excepted from the foregoing provision.

ART. 3. The waters known to pertain to the municipal funds in the different towns of the department of Monclova shall likewise be excepted.

ART. 4. In respect to country securities, the alienation provided by article 1, shall be effected by distributing them among the resident citizens who apply for them on condition of paying *emphytutic* revenue hire, agreeably to the laws on the subject, so far as they are not at variance with this decree, the preference to be given to those who own property adjoining, to whom is hereby conceded the right of claiming redress for whatever is done without their citation and knowledge.— Should there be two or more adjoining proprietors, they shall enjoy this right, in the order as they own the most adjoining land.

ART. 5. City securities shall be sold at public auction, and struck off to the highest bidder, who by this act shall become subject to the aforesaid revenue in the amount of his offer.

ART. 6. Grounds cultivated or not, situated on public squares and principal streets shall be divided into portions with thirty varas front, and struck off to the highest bidder in entire conformity to the provision of the foregoing article, and the person assuming the liability for the aforesaid rent shall be obligated to build within two years at furthest upon the part of the lot fronting the street, under penalty of forfeiting his entire right should he fail so to do, in which event a new concession of the ground shall be made to another person.

ART. 7. For these contracts to be valid the following shall be required; First,—it shall appear that the person entitled to the preference by this law were cited, and that they did not wish, or were not able to exercise their right. Second,—the person assuming the payment shall bind himself responsible with the same security he receives and another or others of equal value. Third,—the annuity to be paid shall be three per cent. on the valuation of the property made at the time of the contract, or previously, should it not be further back than two years, or upon the amount at which it was struck off.

Art. 8. Perderá su derecho el enfiteuta, que deje pasar dos años consecutivos sin satisfacer él canon, haciendosele constar que ha sido reconvenido.

Art. 9. Si se vende la finca por el enfiteuta, pagará este al censualista el uno por ciento sobre su valor.

Art. 10. El enfiteuta que quisiére comprar la finca que recibió dentro de los diez primeros años, podrá hacerlo con deducion de una tercera parte de su valor, y conocimiento del Gobierno para que ordene y cuide que el capital se ponga inmediatamente á un redito anual de cinco por ciento á lo menos.

Art. 11. En el caso del articulo anterior se admitirá, al enfiteuta comprador, abonos parciales, que no importen menos que la tercera parte de la total cantidad que debe pagar.

Art. 12. En los casos de ventas, se satisfará al Estado el derecho de alcabála conforme á las leyes.

Art. 13. Las escrituras de todos estos contraots se otorgarán á favor de los fondos municipales, y los ayuntamientos cuidarán muy escrupulosamente de que los cénsos anuales, se recauden con puntualidad, y que sus productos ingresen en su tesoreria.

Art. 14. Las fincas que sobraren por que no hubiere quien las reciba en los terminos espresados, las casas de comercio, y los molinos de que habla el articulo 2º, y las aguas comprehendidas en el 3º, se arrendarán al mejor postor, publicandose con tiempo y observandose en lo posible todas las formalidades y requisitos que se observan y practican en los arrendamientos de diezmos. Solo en el caso de no haber postores, se administrarán por cuenta de los ayuntamientos.

Art. 15. Los capitales que hubiére impuestos á censo redimible, y pertenescan á los fondos municipales, continuarán sin novedad: los reditos vencidos, que no se hubieren satisfecho á la publicacion de esta ley, se capitalizarán si quiéren los responsables, garantizando suficientemente el nuevo compromiso. Esceptuanse de esta disposicion los capitales y reditos impuestos sobre los bienes vacantes de que se hablará despues.

Art. 16. Las deudas que hubiere en dinero á favor de los fondos de los pueblos, y los capitales que fuéren redimidos total ó parcialmente se impondrán á reditos de un cinco por ciento anual con las garantias, y firmezas necesarias.

Art. 17. Las imagenes, alajas, y otros utensilios destinados al servicio inmediato del culto, pertenecientes á las cofradias, que hagan parte de los fondos municipales, se entregarán á las Iglesis en que estaban fundadas bajo de formal inventario que firmará el cura parroco.

Art. 18. Las vacijas de bodega, y otros muebles, que pertenescan á los bienes que administra el ayuntamiento de Parras, se venderán en almoneda publica, y su importe se pondrá á reditos en los terminos prevenidos en el articulo 16.

Art. 8. Should the person liable for *emphyteutic* revenue, let two years pass in succession without paying, he shall forfeit his right, it being shown him that payment was demanded.

Art. 9. Should the aforesaid person tranfer the property, he shall pay one per cent. upon the value thereof to the person, in whose favour the annuity was imposed.

Art. 10. Should the person assuming the payment of the revenue wish to purchase the security he received within the first ten years, he may do so, deducting one third the value thereof, and giving notice to the executive that he may order and take care that the capital be immediately let out at a rent of at least five per cent. per annum.

Art. 11. Should said person purchase agreeably to the preceding article, he shall be allowed to pay in instalments of an amount not less than one-third of the entire amount he is to pay.

Art. 12. In case of sales the excise duty shall be paid the state according to law.

Art. 13. The bonds of all these contracts shall be stipulated in favor of the municipal funds, and the Ayuntamientos shall take special care that the annuities are punctually collected, and the proceeds paid into their treasury.

Art. 14. Securities left, from there being no one to receive them on the aforementioned terms, commercial buildings, and mills mentioned in article 2, and waters in article 3, shall be let to the person who makes the best offer, giving seasonable public notice thereof, and observing as far as possible all the formalities and requisites observed and practiced in letting the tythes. The Ayuntamientos shall have the management of said property only in the event of their being no bidders.

Art. 15. Capital let on redeemable rent, and pertaining to the municipal funds shall continue without variation. Rent due and not paid on publication of this law, should it be the desire of the persons responsible, shall become capital, the new contract being adequately secured. Capital and revenue imposed on vacant property hereinafter specified, shall be excepted from the aforesaid arrangement.

Art. 16. Debts there shall be in money in favor of the funds of the towns and capital that shall be totally or partially redeemed, shall be placed at a revenue of five per cent. per annum, with the necessary bonds and security.

Art. 17. Images, ornaments and other utensils, used particularly in religious worship, pertaining to the confraternities, and composing a part of the municipal funds, shall be delivered to the churches wherein they originated, with a formal inventory, to be signed by the parish curate.

Art. 18. Casks of wine vaults, and other chattels, pertaining to property under management of the Ayvntamiento of Parras, shall be sold at public auction, and the proceeds placed at rent in the manner provided in article 16.

ART. 19. Los valuos, fianzas, arrendamientos, é imposiciones de que habla esta ley, se harán á satisfaccion del gefe respectivo del partido.

ART. 20. No podrá haber arrendatarios, ni administradores de bienes pertenecientes á los fondos municipales, sin que garantizen su responsabilidad con fianzas competentes, ó bienes propios que aseguren por parte de los últimós el valor de lo que produzcan en dos años los bienes de su manejo.

ART. 21. Está, y ha estado prohibido por las leyes, que los individuos de los ayuntamientos sean administradores ó arrendatarios de bienes municipales. Son nulos por tanto los contratos de esta naturaleza, que haya celebrados, y cesan en todos sus efectos á la publicacion de esta ley.

ART. 22. En todos los pueblos que sean cabeceras de partido, cuyos fondos alcancen para el efecto, quedarán establecidas dentro de seis meses á mas tardar, escuelas de primeras letras en que á demas de los objetos que designa el articulo 215 de la Constitucion, se enseñe la geografia elemental, y se dén lecciones de moral, politica, y urbanidad.— Con este objeto, los ayuntamientos de acuerdo con el gefe del partido, designarán una casa que tenga la posible capacidad para la enseñanza y habitacion del preceptor.

ART. 23. En los demas pueblos, cuidará el gobierno de que á la mayor brevedad se pongan estos establecimientos del modo que sea posible.

ART. 24. A mas de las fundaciones particulares que huviéren establecidas para su dotacion, se asigna con el mismo objeto la mitad de lo que produzcan anualmente los fondos municipales del pueblo respectivo hasta llegar á dos mil pesos.

ART. 25. Perteneciendo al Estado por el art. 15 de la Constitucion, toda especie de bienes vacantes, se declarán tales, cuantas fincas rusticas y urbánas se hallan mantenido en sequestro ó deposito por mas de treinta años, y permanescan en tál situacion sin reconocer dueño determinado.

ART. 26. Estos bienes se enagenarán bajo las reglas y condiciones prescriptas en esta ley, y el censo, ó canon que produzcan, y deberán cobrarse anualmente por los administradores de rentas de los pueblos en cuya demarcacion estubiéren, se aplicarán á la dotacion de escuelas en aquellos, cuyos fondos no alcansáren para este objeto conforme al art. 22.

ART. 27. Las escrituras de estos contratos, se otorgarán á favor del Estado, que se reserva el dominio directo en los bienes vacantes, mientras no se vendan conforme á los articulos 10 y 11.

ART. 28. Se concede el termino perentorio é improrrongable de tres meses para oir los reclamos, que se quieran hacer por algun interesado en los bienes que se denunciáren como vacantes por hallarse en el caso del art 25.

ART. 29. Si entablado algun ocurso dentro del termino asignado, se justificáre legalmente algun derecho, lo declarará así el tribunal cor-

Art. 19. The valuations, bonds, obligations and leases mentioned in this law, shall be executed to the satisfaction of the respective district chief.

Art. 20. No person shall be lessee or manager of property pertaining to the municipal funds without giving adequate bonds and security for his responsibility, or pledging property of his own sufficient to secure, on the part of the latter, the amount yielded in two years by the property under his direction.

Art. 21. Persons belonging to Ayuntamientos are and have been prohibited by law from being lessees or managers of municipal property. Contracts of this kind that have been made are therefore null, and shall cease to have any effect on publication of this law.

Art. 22. In all capital towns of districts, whose funds are sufficient for that purpose primary schools shall be established within six months at furthest, wherein besides the objects specified in article 215 of the constitution, the elements of geography shall be taught, and lessons given, moral and political, and on good breeding. With this object the Ayuntamientos, with the concurrence of the district chief shall designate a building as large as can be obtained for purposes of instruction and the residence of the teacher.

Art. 23. The executive shall take care that said schools be established in the other towns as early as possible, and in the manner found to be practicable.

Art. 24. Besides the private revenue there may have been established for the support thereof, one half the annual product of the municipal funds of the respective towns until said product reaches to two thousand dollars shall be appropriated to the same object.

Art. 25. By article 15 of the constitution all kinds of vacant property belong to the state; and whatever country and town securities have been kept in a state of sequestration and deposite over thirty years, and still so continue without being known to have a determinate owner, the same are hereby declared to be vacant property.

Art. 26. Said property shall be alienated agreeably to the rules and conditions prescribed by this law. The revenue they yield shall be collected annually by the chief agents of rents, of the towns within whose jurisdiction the property is situated, and appropriated to the support of schools, whose funds agreeably to article 22, are not sufficient for that object.

Art. 27. The bonds of these contracts shall be stipulated in favour of the state, which reserves to itself the immediate control of vacant property so long as it is not sold in conformity to articles 10 and 11.

Art. 28. The peremptory term of three months, not be prolonged, is hereby granted for hearing the claims, which any person interested in property declared to be vacant from being found as represented in article 25, shall wish to offer.

Art. 29. Should any right be legally proved on having taken the steps within the term specified, the corresponding tribunal shall so de-

respondiente por solo el capital, y nunca por los reditos ó intereses, que haya podido causar en el tiempo del deposito

Art. 30. Esta declaracion se hará dentro de otros tres meses, contados desde el dia en que se hizo el reclamo, y en este tiempo, el interesado producirá las pruebas, que convengan á su intension, pues concluido se hará la declaracion y no se admitirá ya mas recurso.

Art. 31. Ninguna incidencia de estas, podrá embarazar la enagenacion prevenida por el art. 26 pues si el derecho que se alegáre fuére perteneciente á los fondos de algun pueblo, será adjudicada á su escuela la parte proporcional del canon: si fuére de alguna otra corporacion, que no quiera cederlo á favor de este objeto de beneficencia, persibirá anualmente la parte de él que le corresponda, y si perteneciére á algun particular, será indemnizado por los fondos publicos del Estado.

Art. 32. En todos los pueblos, cabeceras de departamento y partido, se criarán juntas bajo la denominacion de *protectoras de la educacion publica*.

Art. 33. Estas juntas se compondrán del gefe de policia respectivo, que será su presidente, del cura parroco, y de un vecino del lugar, que nombrará el gobierno todos los años á propuesta de la misma junta por la primera vez lo nombrará libremente.

Art. 34. Estará al cargo de dichas juntas todo lo concerniente á la educacion de la juventud en el territorio del partido, y para atender á su objeto en los pueblos en que no residan tendrán por socios corresponsales, á los alcaldes y curas de los mismos pueblos.

Art. 35. En consecuencia cuidarán principalmente de que los fondos destinados á la dotacion de escuelas, se inviertan precisamente en este objeto, y no se distraigan de él por motivo alguno: y procurar que los padres de familia embien á sus hijos á la escuela.

Art. 36. Proveerán los establecimientos de su inspeccion de preceptores útiles, é idoneos, y celarán con la mayor vigilancia su conducta por lo que respecta al fiel desempeño de su obligacion; cuidando muy escrupulosamente, que su ejemplo no inutilise las lecciones, que deben dár de moral y urvanidad.

Art. 37. Calificarán los que por pobres deben ser auxiliados con los libros, y papel necesarios y cobrarán su importe, y una moderada pension, que no pase de doce pesos anuales á los que notoriamente puedan satisfacerla con comodidad, y desahogo: y lo que esto fuére, ingresará á los fondos de la escuela.

Art. 38. Propondrán al gobierno arbitrios para aumentar estos fondos, que deben servir para multiplicar las cátedras, y estará á su cargo el regimen y gobierno economico de los establecimientos de educacion publica.

Art. 39. Las disposiciones, ó acuerdos de estas juntas, serán ausiliadas pronta y eficasmente por los ayuntamientos bajo la mas estrecha responsabilidad.

clare in respect to the capital only, and in no case, to the revenue or interest it has produced during the time of deposite.

ART. 30. Said declaration shall be made within another two months term reckoned from the time the claim was presented, during which term the person interested shall produce the proofs going to establish his object, since at the expiration thereof the declaration shall be made, and no further recourse shall be admitted.

ART. 31. No incident of this kind shall impede the alienation provided in article 26, since should the right alledged pertain to the funds of any town, the proportional part of the rent shall be awarded to the school thereof; should it pertain to any other corporation unwilling to resign it in favor of this beneficent object, said corporation shall receive annually its corresponding portion thereof; and should it pertain to any private individual, he shall be indemnified out of the public funds of the state.

ART. 32. In all department and district capitals juntas shall be created, to be styled *Juntas for the support of public education.*

ART. 33. Said juntas shall be composed of the respective police chief, who shall be president thereof, of the parish curate, and one of the resident citizens of the place, whom, on nomination of said junta, the executive shall appoint every year, and whom, for the first time, he shall appoint of his own judgment.

ART. 34. All that concerns the education of youth, within the precincts of the district, shall be under charge of said juntas, and for attending to their object in towns where they do not reside, the alcaldes and curates of said towns shall correspond with them as associates.

ART. 35. In pursuance thereof they shall take special care that the funds destined to the support of schools be used expressly for that object, and that they be not separated therefrom from any cause whatever; they shall also use their efforts to have parents send their children to school.

ART. 36. They shall provide the schools under their inspection with useful teachers, and well qualified, whose conduct as regards the faithful discharge of their duties they shall carefully observe, taking strict care they do not render useless by their example the lessons it is their duty to give on morality and good breeding.

ART. 37. They shall determine on those who, on account of being poor, ought to be assisted with the necessary books and paper; and of those who manifestly can conveniently pay, they shall collect the value thereof, also a moderate tax not exceeding twelve dollars per annum, which whatever it is shall be paid into the school funds.

ART. 38. They shall propose means to the executive for augmenting said funds, which shall serve to multiply the different branches of education; and they shall have charge of the direction and financial administration of the schools for public education.

ART. 39. The provisions and measures of said juntas shall be promptly and efficiently supported by the Ayuntamientos under the most strict responsibility.

Art. 40 Las infracciones de esta ley, las omisiones culpables de los funcionarios á quienes se encarga su cumplimiento, y los abusos, que se hagan de ella, producen accion popular. Todo ciudadano por tanto puede reclamarlos y denunciarlos á la autoridad correspondiente.

Lo tendrá entendido el Vice Gobernador constitucional del Estado para su cumplimiento, haciendolo imprimir, publicar y circular.

DIONICIO ELIZONDO, Presidente.
MARCIAL BORREGO, D. S.
JUAN F. de LOMBRANA, D. S.

Por tanto, mando se imprima, publique, circule, y se le dé el debido cumplimiento.

Dado en la ciudad de Monclova á 27 de Abril de 1833.

JUAN MARTIN de VERAMENDI.

Santiago del Valle, Secretario.

Gobierno Supremo del Estado libre de Coahuila y Texas.

El Vice Gobernador del Estado de Coahuila y Texas, en exercicio del supremo poder executivo, á todos sus habitantes, sabed:—Que el Congreso del mismo Estado ha decretado lo siguiente.

DECRETO No. 230.

El Congreso constitucional del Estado libre, independiente, y soberano de Coahuila y Texas, ha tenido á bien decretar:

Art. 1. Se autoriza al gobierno para que solicite empresarios que habiliten de norias ó estanques el camino que por el bolson vá á Chihuahua, en la parte que pertenece al Estado.

Art. 2. Las norias ó estanques se construirán en los parajes nombrados *el Cuervo, Jabalines, Palo blanco, y puerto de San José.*

Art. 3. Por cada uno de los estanques ó norias que en los lugares indicados se construyan, se agraciará á los empresarios, con de uno á seis sitios de tierra, gratis, en los mismos parages, quedando los establecimientos de su cuenta.

Art. 4. Si alguno de los puntos designados pertenece á propiedad particular, se pondrá por el gobierno al dueño, un termino moderado y perentorio, para que dentro de él, lo probea de agua; y si no cumple se entiende lo há renunciado y se le repondrá un terreno igual de los baldios de este departamento.

Lo tendrá entendido el Vice Gobernador constitucional del Estado para su cumplimiento, haciendolo imprimir, publicar, y circular.

DIONICIO ELIZONDO, Presidente,
MARCIAL BORREGO, D. S.
JUAN F. de LOMBRANA. D. S.

Por tanto, mando se imprima, publique, circule, y se le dé el debido cumplimiento.

Dado en la ciudad de Monclova á 2 de Mayo de 1832.

JUAN M. de VERAMENDI.

Santiago del Valle, Secretario.

ART. 40. Violations of this law, culpable omission on the part of functionaries entrusted with its fulfillment, and abuse that is made of the same, shall be public matter of complaint. Therefore every citizen may tender accusation, and demand justice therefor, before the proper authority.

For its fulfilment, the Governor of the State shall cause it to be printed, published, and circulated.

DIONICIO ELIZONDO, President.
MARCIAL BORREGO, D. S.
JUAN F. de LOMBRANA, D. S.

Wherefore I command it to be printed, published, circulated and duly fulfilled.

Monclova 27th of April 1833.

J. M. de VERAMENDI.

SANTIAGO DEL VALLE, Secretary.

Executive Department of the State of Coahuila and Texas.

The Vice Governor of the state of Coahuila and Texas, to all the inhabitants thereof: Be it known, that the congress of said state has decreed as follows:

DECREE No. 230.

The Congress of the State of Coahuila and Texas, has thought proper to decree:

ART. 1. The executive is hereby authorized to solicit empresarios to provide tanks or draw-wells upon the road leading to Chihuahua, by way of El Bolson (de Mapimi) in the part belonging to the state.

ART. 2. Tanks or draw-wells shall be made at the places called el Cuervo, Javalines, Palo blanco, and Puerto de San Jose.

ART. 3. From one to six sitios of land, in the aforementioned places shall be given to the undertakers gratis for each tank or draw-well they make in said places, and the works shall remain at their expense.

ART. 4. Should any of the places specified consist of private property, the executive shall allow the owner a reasonable and peremptory term to supply it with water, and should he not comply, it shall be understood that he has declined, and he shall receive in return an equal quantity of land, of the vacant land of this department.

For its fulfilment, the Vice Governor of the State shall cause it to be printed, published and circulated.

DIONICIO ELIZONDO, President.
MARCIAL BORREGO, D. S.
JUAN F. de LOMBRANA, D. S.

Wherefore I command it to be printed, published, circulated and duly fulfilled.

Given in the city of Monclova on the 2nd of May, 1833.

J. M. de VERAMENDI.

SANTIAGO DEL VALLE, Secretary.

Gobierno Supremo del Estado libre de Coahuila y Texas.

El Vice Gobernador del Estado de Coahuila y Texas, en exercicio del supremo poder executivo, á todos sus habitantes:—Sabed, que el Congreso del mismo ha decretado lo siguiente.

DECRETO No. 231.

El Congreso constitucional del Estado libre, independiente, y soberano de Coahuila y Texas, ha tenido á bien decretar:

Se deroga el decreto núm. 182, quedando en consecuencia subsistente en todos sus partes, el núm. 146 que previene los perjuicios que á las rentas publicas del Estado pueden occcionarse del exercicio impugne del contrabando.

Lo tendrá entendido el Vice Gobernador constitucional del Estado para su cumplimiento, haciendolo imprimir, publicar y circular.

DIONICIO ELIZONDO, Presidente,
MARCIAL BORREGO, D. S.
JUAN F. de LOMBRANA, D. S.

Por tanto, mando se imprima, publique, circule, y se le de el debido cumplimiento.

Dado en la ciudad de Monclova á 1 de Mayo de 1833.

JUAN M. de VERAMENDI.

Santiago del Valle, Secretario.

Gobierno Supremo del Estado libre de Coahuila y Texas.

El Vice Gobernador del Estado de Coahuila y Texas, en exercicio del supremo poder executivo, á todos sus habitantes, sabed:—Que el Congreso del mismo Estado ha decretado lo que sigue.

DECRETO No. 232.

El Congreso constitucional del Estado libre, independiente y soberano de Coahuila y Texas, ha tenido á bien decretar

Art. 1. En las acusaciones que por delitos de oficio se intente contra el asesor general, el Congreso constituido en gran jurado, declarará si ha ó no lugar á la formacion de causa.

Art. 2. Si la resolucion fuére afirmativa, quedará suspenso el acusado y á disposicion del supremo tribunal de justicia, á fin de que sea juzgado del modo que establece el articulo 197 de la Constitucion.

Art. 3. Queda derogado el decreto número 31 fecha 7 de Noviembre de 1827.

Lo tendrá entendido el Vice Gobernador constitucional del Estado para su cumplimiento, haciendolo imprimir, publicar y circular.

D. ELISONDO, Presidente,
M. BORREGO, D. S.
J. F. LOMBRANA, D. S.

Executive Department of the State of Coahuila and Texas.

The Vice Governor of the state of Coahuila and Texas, to all the inhabitants thereof: Be it known, that the congress of said state has decreed as follows:

DECREE No. 231.

The Congress of the State of Coahuila and Texas has thought proper to decree:

Decree No. 182 is hereby repealed; in pursuance thereof No. 146, providing against the injury that would result to the state rents from smuggling with impunity, shall continue in force in all its parts.

For its fulfilment, the Vice Governor of the State, shall cause it to be printed, published, and circulated.

DIONICIO ELIZONDO, President.
MARCIAL BORREGO, D. S.
JUAN F. de LOMBRANA, D. S.

Wherefore I command it to be printed, published, circulated and duly fulfilled.

Given in the city of Monclova on the 1st of May 1833.

J. M. de VERAMENDI.

SANTIAGO DEL VALLE, Secretary.

Executive Department of the State of Coahuila and Texas.

The Vice Governor of the State of Coahuila and Texas, to all the inhabitants thereof: Be it known that the congress of said state has decreed as follows:

DECREE No. 232.

The Congress of the state of Coahuila and Texas, has thought proper to decree:

ART. 1. In accusations made against the assessor general for crimes in office, congress resolving itself into a grand jury, shall declare whether there is a just cause of action.

ART. 2. Should the resolution be in the affirmative the accused shall be suspended, and at the disposal of the supreme tribunal of justice, to be tried in the manner established in article 197 of the constitution.

ART. 3. Decree No. 31, of the 7th of November 1827, is hereby repealed.

For its fulfilment, the Vice Governor of the State shall cause it to be printed, published, and circulated.

DIONICIO ELIZONDO, President.
MARCIAL BORREGO, D. S.
JUAN F. de LOMBRANA, D. S.

Por tanto, mando se imprima, publique, circule, y se le dé el debido cumplimiento.

Dado en la ciudad de Monclova á 30 de Abril de 1833.

J. M. de VERAMENDI.

Santiago del Valle, Secretario.

Gobierno Supremo del Estado libre de Coahuila y Texas.

El Vice Gobernador del Estado de Coahuila y Texas, en exercicio del supremo poder executivo, á todos sus habitantes, sabed:—Que el Congreso del mismo Estado ha decretado lo siguiente.

DECRETO No. 233.

El Congreso constitucional del Estado libre, independiente y soberano de Coahuila y Texas, ha tenido á bien decretar:

Art. 1. Cuando la 1a. ó 2a. sala del supremo tribunal de justicia, se halle vacante por licencia que obtuviére el ministro que la forma, desempeñará las funciones que á este le corresponde, el ministro de la tercera.

Art. 2. La anterior disposicion no impedirá al ministro suplente de conocer en los recursos de nulidad y los demas que sean de su resorte, no habiendo intervenido en ellos. En caso contrario, se le considerará impedido y se proverá con arreglo á las leyes.

Art. 3. No se podrá conceder licencia á dos ministros á un tiempo, ni por mas de tres meses. Cuando por causas graves y justificadas, se necesitáre por mas tiempo, ó para fuera del territorio del Estado, se impetrará del Congreso, y en sus recesos de la diputacion permanente. En este caso, pasados que sean los tres meses, se nombrará el substituto que hán prevenido las leyes.

Art. 4 Cuando el ministro á quien se conceda licencia fuére el de la 3a. sala. no sera substituido en el tiempo que dure la licencia; y solo en el remoto caso de que ocurra algun recurso de los que le incumben, se nombrará el substituto respectivo.

Art. 5. Si en este corto tiempo tubiére que reunirse el tribunal, lo hará con los dos ministros y el fiscal que tendrá voto.

Lo tendrá entendido el Vice Gobernador constitucional del Estado para su cumplimiento, haciendolo imprimir, publicar y circular.

D. ELISONDO, Presidente,
M. BORREGO, D. S.
J. F. LOMBRANA, D. S.

Por tanto, mando se imprima, publique, circule, y se le dé el debido cumplimiento.

Dado en la ciudad de Monclova á 4 de Mayo de 1833.

J. M. de VERAMENDI.

Santiago del Valle, Secretario.

Wherefore I command it to be printed, published, circulated and duly fulfilled.

Given at the city of Monclova on the 30th of April, 1833.

J. M. de VERAMENDI.

SANTIAGO DEL VALLE, Secretary.

Executive Department of the State of Coahuila and Texas.

The Vice Governor of the State of Coahuila and Texas, to all the inhabitants thereof: Be it known, that the congress of said state has decreed as follows:

DECREE No. 233.

The Congress of the State of Coahuila and Texas, has thought proper to decree;

ART. 1. When the first or second hall of the supreme tribunal of justice becomes vacant from licence, the minister who forms the hall might obtain, the duties belonging to that functionary shall be discharged by the minister of the third.

ART. 2. The foregoing provision shall not impede the minister by substitution from having cognizance in appeals of nulity, and others in his province, not having intervened therein. In the contrary event, he shall be considered impeded, and provision shall be made according to law.

ART. 3. Licence shall not be granted to two ministers at a time, nor longer than three months. When, for weighty and manifest reasons, it should be required for a longer time, or for leaving the limits of the state, it shall be obtained by application to congress, and during the recess thereof, to the standing deputation.

ART. 4. Should the minister to whom the licence is granted be of the third hall, a substitute shall not be put in his place during the time of the licence and only in the improbable event of the occurrence of any appeal, of those within his provice, shall the respective substitute be appointed.

ART. 5. Should the tribunal have to unite during this limited period, it shall be effected by the two ministers and the attorney general, (fiscal) who shall have a vote.

For its fulfilment, the Vice Governor of the State shall cause it to be printed, published, and circulated.

DIONICIO ELIZONDO, President.
MARCIAL BORREGO, D. S.
JUAN F. de LOMBRANA, D. S.

Wherefore I command it to be printed, published, circulated and duly fulfilled.

Given at the city of Monclova on the 4th of May, 1833.

J. M. de VERAMENDI.

SANTIAGO DEL VALLE, Secretary.

Gobierno Supremo del Estado libre de Coahuila y Texas.

El Vice Gobernador del Estado de Coahuila y Texas, en exercicio del supremo poder executivo, á todos sus habitantes, sabed:—Que el Congreso del mismo Estado ha decretado lo siguiente.

DECRETO No. 234.

El Congreso constitucional del Estado libre, independiente, y soberano de Coahuila y Texas, ha tenido á bien decretar:

Art. 1, Se declara el sueldo anual de seiscientos pesos, al oficial 1º. de la administracion de rentas unidas de Leona Vicario.

Art. 2. El 2º. oficial de la misma administracion, tendrá cuatrocientos pesos en los mismos terminos.

Art. 3. El empleo de tesorero del Estado, lo desempeñará el administrador de rentas unidas de esta capital, á quien por todo sueldo, se asignará mil doscientos pesos anuales.

Lo tendrá entendido el Vice Gobernador constitucional del Estado para su cumplimiento, haciendolo imprimir, publicar y circular.

D. ELIZONDO, Presidente,
M. BORREGO, D. S.
J. F. LOMBRANA, D. S.

Por tanto, mando se imprima, publique, circule, y se le de el debido cumplimiento.

Dado en la ciudad de Monclova á 3 de Mayo de 1833.

JUAN M. de VERAMENDI.

Santiago del Valle, Secretario.

Gobierno Supremo del Estado libre de Coahuila y Texas.

El Vice Gobernador del Estado de Coahuila y Texas, en exercicio del supremo poder executivo, á todos sus habitantes, sabed:—Que el Congreso del mismo Estado ha decretado lo siguiente.

DECRETO No. 235.

El Congreso constitucional del Estado libre, independiente y soberano de Coahuila y Texas, ha tenido á bien decretar:

Art. 1. El conducto de comunicacion entre el gobierno y las autoridades subalternas del Estado, será el secretario. Se derogan las disposiciones anteriores que se opongan á la presente.

Art. 2. El gobernador en sus comunicaciones oficiales, pondrá firma entera cuando sean dirijidas á las camaras de la Union, al Congreso del Estado, y al presidente de la Republica si la comunicacion con este ultimo fuére directa.

Art. 3. Con las demás autoridades y empleados civiles eclesiasticos, y militares, nacionales ó estrangeros, usará de firma entera ó me-

Executive Department of the State of Coahuila and Texas.

The Vicec Governor of the State of Coahuila and Texas, to all the inhabitants thereof: Be it known, that the congress of said state has decreed as follows:

DECREE No. 234.

The Congress of the State of Coahuila and Texas, has thought proper to decree:

ART. 1. The salary of the first officer, attached to the general revenue agency at Leona Vicario, is hereby declared to be six hundred dollars per annum.

ART. 2. The second officer of said agency shall receive a salary of four hundred dollars per annum.

ART. 3. The collector of general rents in this capital shall discharge the office of State treasurer, to whom twelve hundred dollars per annum shall be assigned, as his entire salary.

For its fulfilment, the Vice Governor of the State shall cause it to be printed, published, and circulated.

DIONICIO ELIZONDO, President.
MARCIAL BORREGO, D. S.
J. F. de LOMBRANA, D. S.

Wherefore I command it to be printed published, circulated, and duly fulfilled.

Given in the city of Monclova on the 3rd of May, 1833.

J. M. de VERAMENDI.

SANTIAGO DEL VALLE, Secretary.

Executive Department of the State of Coahuila and Texas.

The Vice Governor of the State of Coahuila and Texas, to all the inhabitants thereof: Be it known, that the congress of said state has decree as follows:

DECREE No. 235.

The Congress of the State of Coahuila and Texas, has thought proper to decree:

ART. 1. The channel of communication, between the executive and subordinate authorities of the state, shall be the sedretary.

ART. 2. The governor shall use his entire signature in his official communications, whom they are directed to the chambers of the union, to the congress of the state, and to the president of the republic should the communication with the latter be direct.

ART. 3. With other authorities and officers, civil, ecclesiastical, and military, national or foreign, he shall use eis entire or partial signature,

dia, sosteniendo en este punto su alta dignidad con una reciproca y decorosa correspondencia.

Lo tendrá entendido el Vice Gobernador constitucional del Estado para su cumplimiento, haciendolo imprimir, publicar y circular.

D. ELIZONDO, Presidente,
M. BORREGO, D. S.
J. F. de LOMBRANA, D. S.

Por tanto, mando se imprima, publique, circule, y se le dé el debido cumplimiento.

Dado en la ciudad de Monclova á 8 de Mayo de 1833.

JUAN M. de VERAMENDI.

Santiago del Valle, Secretario.

DECRETO No. 236.

El Congreso constitucional del Estado libre, independiente, y soberano de Coahuila y Texas, ha tenido á bien decretar:

Se dispensa al ciudadano Jesus Estrada el grado de Bachiller para que pueda recibirse de Abogado.

Lo tendrá entendido el Vice Gobernador constitucional del Estado para su cumplimiento, haciendolo imprimir, publicar y circular.

Gobierno Supremo del Estado libre de Coahuila y Texas.

El Vice Gobernador del Estado de Coahuila y Texas, en exercicio del supremo poder executivo, á todos sus habitantes, sabed:—Que el Congreso del mismo Estado ha decretado lo que sigue.

DECRETO No. 237.

El Congreso constitucional del Estado libre, independiente y soberano de Coahuila y Texas, ha tenido á bien decretar:

Art. 1. Se esceptuan del pago de la contribucion, impuesta á los exentos de prestar servicio en la milicia civica, á los habitantes de la frontera del Estado. Se considera por frontera desde el Valle de Santa Rosa para adentro.

Art. 2. Se condona en todo el Estado. á los exentos de prestar servicio en la milicia civica, la contribucion que hayan dejado de pagar hasta la fecha.

Lo tendrá entendido el Vice Gobernador constitucional del Estado para su cumplimiento, haciendolo imprimir, publicar y circular.

D. ELIZONDO, Presidente,
M. BORREGO, D. S.
J. F. de LOMBRANA, D. S.

Por tanto, mando se imprima, publique, circule, y se le dé el debido cumplimiento.

Dado en la ciudad de Monclova á 29 de Abril de 1833.

JUAN M. de VERAMENDI.

Santiago del Valle, Secretario.

sustaining the dignity of his office on such officasions, by observing a decorous style of mutual correspondence.

For its fulfilment, the Governor of the State shall cause it to be printed, published, and circulated.

DIONICIO ELIZONDO, President.
MARCIAL BORREGO, D. S.
J. M. de LOMBRANA, D. S.

Wherefore I command it to be printed, published, circulated and duly fulfilled.

Given in the city of Monclova on the 8th May, 1833.

J. M. de VERAMENDI.

SANTIAGO DEL VALLE, Secretary.

DECREE No. 236.

The Congress of the State of Coahuila and Texas, has thought proper to decree:

The bachelors degree, on the part of J. Estrada, is hereby dispensed with, that he may be admitted as councellor.

For its fulfilment, the Governor of the State shall cause it to be printed, published and circulated.

Executive Department of the State of Coahuila and Texas.

The Vice Governor of the State of Coahuila and Texas, to all the inhabitants thereof: Be it known, that the congress of said state has decreed as follows:

DECREE No. 237.

The Congress of the State of Coahuila and Texas, has thought proper to decree:

ART. 1. The inhabitants of the state are hereby exonerated from paying he tax imposed on persons exempted from serving in the civic militia.

ART. 2. The tax which those exempted from said service have failed to pay up to this date is hereby remitted, throughout the state.

For its fulfilment, the Governor of the State shall cause it to be printed, published, and circulated.

DIONICIO ELIZONDO, President.
MARCIAL BORREGO, D. S.
J. F. de LOMBRANA, D. S.

Wherefore I command it to be printed, published, circulated and duly fulfilled.

Given in the city of Monclova on the 29th of April, 1833.

J. M. de VERAMENDI.

SANTIAGO DEL VALLE, Secretary.

Gobierno Supremo del Estado libre de Coahuila y Texas.

El Vice Gobernador del Estado de Coahuila y Texas, en exercicio del supremo poder executivo, á todos sus habitantes, sabed:—Que el Congreso del mismo Estado ha decretado lo siguiente.

DECRETO No. 238.

El Congreso constitucional del Estado libre, independiente, y soberano de Coahuila y Texas, ha tenido á bien decretar:

ART. 1. Los causantes de diezmos en los pueblos que conforme á las leyes pagan esta contribucion, lo harán unicamente del producto neto de sus cosechas y crias.

ART. 2. No se ha podido fundar ninguna demanda sobre pago de diezmos, sino en la relacion jurada del causante y no de otro modo.— Son nulos por las leyes, todos los juicios que ecsistan pendientes sin tal requisito, y se sobre-será en ellos á la publicacion de este decreto.

ART. 3. Los recaudadores no podrán inferir fuerza á los causantes, ni las autoridades impartirán otro auxilio que para hacer efectivo el pago de lo que resulte de la libre manifestacion de los interesados.

ART. 4. Quedan en libertad los arrendatarios de diezmos, para renovar sus contratos ó apartarse de ellos si se concideráren perjudicados en virtud del presente decreto.

Lo tendrá entendido el Vice Gobernador constitucional del Estado para su cumplimiento, haciendolo imprimir, publicar y circular.

D. ELIZONDO, Presidente,
M. BORREGO, D. S.
J. F. LOMBRAÑA, D. S.

Por tanto, mando se imprima, publique, circule, y se le dé el debido cumplimiento.

Dado en la ciudad de Monclova á 30 de Abril de 1833.

J. M. de VERAMENDI.

SANTIAGO DEL VALLE, Secretario.

Gobierno Supremo del Estado libre de Coahuila y Texas.

El Vice Gobernador del Estado de Coahuila y Texas, en exercicio del supremo poder executivo, á todos sus habitantes, sabed:—Que el Congreso del mismo Estado ha decretado lo siguiente.

DECRETO No. 239.

El Congreso constitucional del Estado libre, independiente y soberano de Coahuila y Texas, ha tenido á bien decretar:

ART. 1. En las demandas civiles y criminales que se intenten, ó contesten en el Estado por individuos que carescan del idioma del pais, se solicitarán por los respectivos jueces de tribunales, interpretes que

Executive Department of the State of Coahuila and Texas.

The Vice Governor of the State of Coahuila and Texas, to all the inhabitants thereof: Be it known, that the congress of said state has decreed as follows:

DECREE No. 238.

The Congress of the State of Coahuila and Texas has thought proper to decree:

ART. 1. Persons who pay tythes, in towns in which the law requires this tax to be paid shall pay the same only on the net proceeds of their harvests, and the stock they raise.

ART. 2. It has not been feasible to establish any suit, as respects the payment of tythes, upon any other ground than the deposition upon oath of the person, by whom the payment is to be made. All trials now pending, and without this requisite are null by law, and shall be relinquished on publication of this decree.

ART. 3. Tythe gatherers cannot induce force as regards those who are to pay; and the authorities shall grant no other aid than for the purpose of exacting the payment of what results from the free declaration of the persons interested.

ART. 4. Lessees of tythes shall remain at liberty to renew their contracts, or to relinquish them, should they consider themselves injured by virtue of this decree.

For its fulfilment, the Vice Governor of the State shall cause it to be printed, published and circulated.

DIONICIO ELIZONDO, President.
MARCIAL BORREGO, D. S.
JUAN F. de LOMBRANA, D. S.

Wherefore I command it to be printed, published, circulated and duly fulfilled.

Given in the city of Monclova on the 30th of April, 1833.

J. M. de VERAMENDI.

SANTIAGO DEL VALLE, Secretary.

Executive Department of the State of Coahuila and Texas.

The Governor, of the State of Coahuila and Texas, to all the inhabitants thereof: Be it known, that the Congress of said State has decreed as follows:

DECREE No. 239.

The Congress of the State of Coahuila and Texas has thought proper to decree:

ART. 1. In civil and criminal demands commenced or contested in the state by persons unacquainted with the language of the country, the respective judges of tribunals shall solicit interpreters to translate liter-

traduscan literalmente el contenido de ellas, previo juramento en forma que otorgarán de desempeñar fiel y ecsactamente el deber de su encargo.

Art. 2. Tales interpretes serán indemnisados con dos pesos por cada demanda, que se pagarán por la parte condenada en costas. Si ninguna resultáre condenada en ellas, ó se conviniéren, se pagarán por mitad entre los contendientes.

Art. 3. En los juicios escritos, se indemnisarán á razón de tres pesos diarios, pagables en los mismos terminos, y solo los dias que ejersan su encargo.

Art. 4. Las pruebas legalmente producidas en idioma estrangero, se traducirán literalmente por dos interpretes juramentados en forma, sin que baste que se haga por uno, sino es que asi convengan las partes, ó no haya otro perito del idioma en el lugar.

Lo tendrá entendido el Vice Gobernador constitucional del Estado para su cumplimiento, haciendolo imprimir, publicar y circular.

D. ELISONDO, Presidente.
M. BORREGO, D. S.
J. F. LOMBRAÑA, D. S.

Por tanto, mando se imprima, publique, circule, y se le dé el debido cumplimiento.

Dado en la ciudad de Monclova á 1 de Mayo de 1833.

J. M. de VERAMENDI.

Santiago del Valle, Secretario.

Gobierno Supremo del Estado libre de Coahuila y Texas.

El Vice Gobernador del Estado de Coahuila y Texas, en exercicio del supremo poder executivo, á todos sus habitantes, sabed:—Que el Congreso del mismo Estado ha decretado lo siguiente.

DECRETO No. 240.

El Congreso constitucional del Estado libre, independiente y soberano de Coahuila y Texas, ha tenido á bien decretar:

Art. 1. Se conceden al ayuntamiento de Nacogdoches, cuatro sitios de tierra en los valdios de aquella municipalidad, cuya posesion le dará el comisionado que al efecto nombrará el gobierno, pudiendo elegirlos juntos ó separados segun mejor le convenga á juicio del mismo ayuntamiento.

Art. 2. Los terrenos de que habla el articulo 1º, seran administrados por la misma corporacion conforme á lo dispuesto ó que dispongan en adelante las leyes.

Art. 3. Sus productos, qualesquiera que sean, se destinarán total y exclusivamente á la dotacion de la escuela de primeras letras, en que por precision se enseñará el idioma castellano y lo demás que dispone el articulo 215 de la Constitucion.

ally the contents of said demands after being duly sworn strictly and faithfully to perform the duty of their trust.

Art. 2. Said interpreters shall receive as a compensation two dollars for each demand, to be payed by the party sentenced to pay the cost. Should neither turn out sentenced to pay the cost, or should the parties compound, said compensation shall be paid equally between the contending parties.

Art. 3. In trials by writing they shall be paid at the rate of three dollars a day, payable in the same manner, and only for the days they are employed in discharging their trust.

Art. 4. Testimony legally produced in a foreign language shall be translated literally by two interpreters duly sworn, without its being sufficient that it be done by one, unless the parties so agree, or there be no other in the place versed in the language.

For its fulfilment, the Governor of the State shall cause it to be printed, published, and circulated.

DIONICIO ELIZONDO, President.
MARCIAL BORREGO, D. S.
JUAN F. de LOMBRANA, D. S.

Wherefore I command it to be printed, published, circulated and duly fulfilled.

Monclova 1st of May, 1833.

J. M. de VERAMENDI.

Santiago del Valle, Secretary.

Executive Department of the State of Coahuila and Texas.

The Vice Governor of the state of Coahuila and Texas, to all the inhabitants thereof: Be it known, that the congress of said state has decreed as follows:

DECREE No. 240.

The Congress of the State of Coahuila and Texas, has thought proper to decree:

Art. 1. Four sitios of land, of the vacant lands of that municipality are hereby granted to the Ayuntamiento of Nacogdoches, to which possession thereof shall be given by the commissioner, whom the executive shall appoint for that purpose—with power to select said sitios in continuity or separate as may be most proper in the judgment of the said Ayuntamiento.

Art. 2. The lands mentioned in article 1, shall be under the management of said corporation in conformity to the provision that is now, or shall be hereafter made by law.

Art. 3. The products thereof, whatever they are, shall be appropriated entirely and exclusively as a fund of the primary shool, wherein the Castilian language, and what is furthermore, provided in article 215, of the constitution, shall be expressly taught.

Lo tendrá entendido el Vice Gobernador constitucional del Estado para su cumplimiento, haciendolo imprimir, publicar y circular.

DIONICIO ELIZONDO, Presidente,
MARCIAL BORREGO, D. S.
JUAN F, de LOMBRANA, D. S.

Por tanto, mando se imprima, publique, circule, y se le de el debido cumplimiento.

Dado en la ciudad de Monclova á 2 de Mayo de 1833.

JUAN M. de VERAMENDI.

Santiago del Valle, Secretario.

Gobierno Supremo del Estado libre de Coahuila y Texas.

El Vice Gobernador del Estado de Coahuila y Texas, en exercicio del supremo poder executivo, á todos sus habitantes:—Sabed, que el Congreso del mismo ha decretado lo siguiente.

DECRETO No. 241.

El Congreso constitucional del Estado libre, independiente, y soberano de Coahuila y Texas, ha tenido á bien decretar:

No hán estado, ni están comprehendidos en la excepcion de derechos de que habla el articulo 1º del decreto núm. 176: los traficantes que comercien con ganados no procedentes de los de su cria.

Lo tendrá entendido el Vice Gobernador constitucional del Estado para su cumplimiento, haciendolo imprimir, publicar y circular.

D. ELISONDO, Presidente,
M. BORREGO, D. S.
J. F. LOMBRANA, D. S.

Por tanto, mando se imprima, publique, circule, y se le de el debido cumplimiento.

Dado en la ciudad de Monclova á 3 de Mayo de 1833.

JUAN M. de VERAMENDI.

Santiago del Valle, Secretario.

Gobierno Supremo del Estado libre de Coahuila y Texas.

El Vice Gobernador del Estado de Coahuila y Texas, en exercicio del supremo poder executivo, á todos sus habitantes, sabed:—Que el Congreso del mismo Estado ha decretado lo que sigue.

DECRETO No. 242.

El Congreso constitucional del Estado libre, independiente y soberano de Coahuila y Texas, ha tenido á bien decretar

Art. 1. El Estado de Coahuila y Texas, reconoce en el actual Congreso de la Union, facultad bastante para tomar en concideracion y resolver sobre las iniciativas que hagan las legislaturas de los Estados, para reformar la Constitucion federal.

For its fulfilment, the Vice Governor of the State shall cause it to be printed, published, and circulated.

DIONICIO ELIZONDO, President.
MARCIAL BORREGO, D. S.
JUAN F. de LOMBRANA, D. S.

Wherefore I command it to be printed, published, circulated and duly fulfilled.

Given at the city of Monclova on the 2d of May, 1833.

J. M. de VERAMENDI.

SANTIAGO DEL VALLE, Secretary.

Executive Department of the State of Coahuila and Texas.

The Vice Governor of the State of Coahuila and Texas, to all the inhabitants thereof: Be it known, that the congress of said state has decreed as follows:

DECREE No. 241.

The Congress of the State of Coahuila and Texas, has thought proper to decree;

Traders, who deal in stock that does not proceed from that of their own raising have not been, and are not included in the exemption from duties, mentioned in article 1, of decree No. 176.

For its fulfilment, the Vice Governor of the State shall cause it to be printed, published, and circulated.

DIONICIO ELIZONDO, President.
MARCIAL BORREGO, D. S.
J. F. de LOMBRANA, D. S.

Wherefore I command it to be printed published, circulated, and duly fulfilled.

Given in the city of Monclova on the 3rd of May, 1833.

J. M. de VERAMENDI.

SANTIAGO DEL VALLE, Secretary.

Executive Department of the State of Coahuila and Texas.

The Vice Governor of the State of Coahuila and Texas, to all the inhabitants thereof: Be it known, that the congress of said state has decreed as follows:

DECREE No. 242.

The Congress of the State of Coahuila and Texas, has thought proper to decree:

ART. 1. The state of Coahuila and Texas hereby recognizes sufficent power, on the part of the present congress of the union, to weigh and to resolve upon introductory propositions made by the state legislatures, for reforming the federal constitution.

Art. 2. Esta facultad se entiende amplia y sin otra restriccion, que la de respetar el sistema popular representativo federal, y la soberanía de los Estados.

Lo tendrá entendido el Vice Gobernador constitucional del Estado para su cumplimiento, haciendolo imprimir, publicar y circular.

D. ELIZONDO, Presidente.
M. BORREGO, D. S.
J. F. de LOMBRANA, D. S.

Por tanto, mando se imprima, publique, circule, y se le dé el debido cumplimiento.

Dado en la ciudad de Monclova á 4 de Mayo de 1833.

JUAN M. de VERAMENDI.

Santiago del Valle, Secretario.

Gobierno Supremo del Estado libre de Coahuila y Texas.

El Vice Gobernador del Estado de Coahuila y Texas, en exercicio del supremo poder executivo, á todos sus habitantes, sabed:—Que el Congreso del mismo Estado ha decretado lo que sigue.

DECRETO No. 243.

El Congreso constitucional del Estado libre, independiente y soberano de Coahuila y Texas, ha tenido á bien decretar:

Art. 1. El articulo 150 de la Constitucion, no prohibe que el gefe politico de Nacogdoches sea vecino y residente en cualquiera otro punto del departamento de Bejar (con quien formaba un solo partido) mientras en el nuevamente creado hay sugetos que puedan desempeñar este destino.

Art. 2. Mientras el gefe politico de Nacogdoches, sea vecino del partido de Bejar, gozará un sueldo anual de ochocientos pesos.

Art. 3. La linea divisoria de que habla el articulo 1.º del decreto núm. 164, comenzará en la Laguna que forman los rios Trinidad y San Jacinto, y continuará por la margen de este hasta su cabezera, donde seguirá la linea que sirbe á la colonia de Austin, y por la altura que separa los rios Brazos y Trinidad, hasta la cabezera de este, y terminará al Norte del nacimiento del mismo en el rio Rojo de Natchitoches.

Lo tendrá entendido el Vice Gobernador constitucional del Estado para su cumplimiento, haciendolo imprimir, publicar, y circular.

DIONICIO ELIZONDO, Presidente.
MARCIAL BORREGO, D. S.
JUAN F. de LOMBRANA. D. S.

Por tanto, mando se imprima, publique, circule, y se le dé el debido cumplimiento.

Dado en la ciudad de Monclova á 6 de Mayo de 1832.

JUAN M. de VERAMENDI.

Santiago del Valle, Secretario.

Art. 2. Said power is hereby understood as ample, and under no other restriction than that of respecting the federal republican form of government, and state sovereignties.

For its fulfilment, the Vice Governor of the State, shall cause it to be printed, published, and circulated.

DIONICIO ELIZONDO, President.
MARCIAL BORREGO, D. S.
JUAN F. de LOMBRANA, D. S.

Wherefore I command it to be printed, published, circulated and duly fulfilled.

Given in the city of Monclova on the 4th of May 1833.

J. M. de VERAMENDI.

SANTIAGO DEL VALLE, Secretary.

Executive Department of the State of Coahuila and Texas.

The Vice Governor of the state of Coahuila and Texas, to all the inhabitants thereof: Be it known, that the congress of said state has decreed as follows:

DECREE No. 243.

The Congress of the State of Coahuila and Texas has thought proper to decree:

ART. 1. Article 150 of the constitution does not prohibit the political chief of Nacogdoches from being an inhabitant and resident of any other place in the department of Bexar (with which it formed a sole district) until there are persons, in that newly created, who can perform the duties of that station.

ART. 2. While the political chief of Nacogdoches is domiciliated in the district of Bexar, he shall receive a salary of eight hundred dollars per annum.

ART. 3. The dividing line mentioned in article 1, of decree No. 164 shall commence at the expanse of water formed by the Trinity and San Jacinto rivers, and continue along the margin of the latter to the headwaters thereof, thence following the line of Austin's colony, and by way of the dividing ridge that separates the Brazos and Trinity rivers, to the head waters of the latter, terminating north of the source of said river, upon Red river.

For its fulfilment, the Vice Governor of the State shall cause it to be printed, published, and circulated.

DIONICIO ELIZONDO, President.
MARCIAL BORREGO, D. S.
JUAN F. de LOMBRANA, D. S.

Wherefore I command it to be printed, published, circulated and duly fulfilled.

Given at the city of Monclova on the 6th of May, 1833.

J. M. de VERAMENDI.

SANTIAGO DEL VALLE, Secretary.

Gobierno Supremo del Estado libre de Coahuila y Texas.

El Vice Gobernador del Estado de Coahuila y Texas, en exercicio del supremo poder executivo, á todos sus habitantes, sabed:—Que el Congreso del mismo Estado ha decretado lo siguiente.

DECRETO No. 244.

El Congreso constitucional del Estado libre, independiente, y soberano de Coahuila y Texas, ha tenido á bien decretar:

ART. 1. Los productos resultivos de terrenos concedidos para asientos de casa y solares, que se diéren ó hayan dado en los departamentos de Monclova y Bejar, ingresarán á los fondos municipales de los pueblos respectivos.

ART. 2. En el departamento de Bejar, se destinarán tales cantidades exclusivamente para la dotacion de preceptores de primeras letras que se plantearán conforme á las leyes de la materia.

Lo tendrá entendido el Vice Gobernador constitucional del Estado para su cumplimiento, haciendolo imprimir, publicar y circular.

D. ELIZONDO, Presidente,
M. BORREGO, D. S.
J. F. de LOMBRANA, D. S.

Por tanto, mando se imprima, publique, circule, y se le dé el debido cumplimiento.

Dado en la ciudad de Monclova á 5 de Mayo de 1833.

JUAN M. de VERAMENDI.

SANTIAGO DEL VALLE, Secretario.

Gobierno Supremo del Estado libre de Coahuila y Texas.

El Gobernador interino del Estado de Coahuila y Texas, en exercicio del supremo poder executivo, á todos sus habitantes, Sabed:— Que el Congreso del mismo Estado ha decretado lo que sigue.

DECRETO No. 245.

El Congreso constitucional del Estado libre, independiente y soberano de Coahuila y Texas, ha tenido á bien decretar:

Se dispensa al ciudadano Tomas Jefferson Chambers el examen prevenido por el decreto de 22 de Setiembre de 1830, pudiendo en consequencia exercer la abogacia en el Estado por solo el titulo, y certificados que tiene presentados.

Lo tendrá entendido el Gobernador interino constitucional del Estado, para su cumplimiento, haciendolo imprimir, publicar y circular.

JOSE M. VIESCA, Presidente,
J. F. de LOMBRANA, D. S.
RAFAEL de la FUENTE, D. S.

Executive Department of the State of Coahuila and Texas.

The Vice Governor of the State of Coahuila and Texas, to all the inhabitants thereof: Be it known that the congress of said state has decreed as follows:

DECREE No. 244.

The Congress of the state of Coahuila and Texas, has thought proper to decree:

ART. 1. The proceeds resulting from grounds for building spots, and lots that have been, and shall be granted in the departments of Monclova and Bexar, shall be annexed to the municipal funds of the respective towns.

ART. 2. In the department of Bexar, said sums shall be appropriated exclusively for a teachers fund, of primary schools, which shall be established in conformity to the laws on the subject.

For its fulfilment, the Vice Governor of the State shall cause it to be printed, published and circulated.

D. ELIZONDO, President.
M. BORREGO, D. S.
J. F. de LOMBRANA, D. S.

Wherefore I command it to be printed, published, circulated and duly fulfilled.

Given in the city of Monclova, on the 8th May, 1833.

J. M. de VERAMENDI.

SANTIAGO DEL VALLE, Secretary.

Executive Department of the State of Coahuila and Texas.

The Governor *ad interim* of the state of Coahuila and Texas, to all the inhabitants thereof: Be it known, that the congress of said state has decreed as follows:

DECREE No. 245.

The Congress of the State of Coahuila and Texas has thought proper to decree as follows:

The examination of Thomas Jefferson Chambers, as provided by decree of the 22nd of September 1830, is hereby dispensed with; in pursuance thereof he is authorized to practice as councellor in the state by sole virtue of the diploma, and credentials he has presented.

For its fulfilment, the Governor *ad interim* of the State shall cause it to be printed, published and circulated.

JOSE MARIA VIESCA, President.
J. F. de LOMBRANA, D. S.
R. de la FUENTE, D. S.

Por tanto, mando se imprima, publique, circule, y se le dé el debido cumplimiento.

Dado en la ciudad de Monclova á 8 de Enero de 1834.

FRANCISCO V. y VILLASENOR.

Jose M. Falcon, Secretario.

Gobierno Supremo del Estado libre de Coahuila y Texas.

El Gobernador interino del Estado de Coahuila y Texas, en exercicio del supremo poder executivo, á todos sus habitantes, Sabed:—Que el Congreso del mismo Estado ha decretado lo que sigue.

DECRETO No. 246.

El Congreso constitucional del Estado libre, independiente, y soberano de Coahuila y Texas, ha tenido á bien decretar:

Por fallecimiento del gobernador y vice gobernador del Estado, se deposita constitucionalmente el exercicio del supremo poder-executivo del mismo, en el ciudadano consejero Francisco Vidaurri y Villaseñor.

Lo tendrá entendido el Gobernador interino constitucional del Estado para su cumplimiento, haciendolo imprimir, publicar, y circular.

JOSE M. VIESCA, Presidente,
J. F. de LOMBRANA, D. S.
R. de la FUENTE, D. S.

Por tanto, mando se imprima, publique, circule, y se le de el debido cumplimiento.

Dado en la ciudad de Monclova á 8 de Enero de 1834.

FRANCISCO V. y VILLASENOR.

Jose M. Falcon, Secretario.

Gobierno Supremo del Estado libre de Coahuila y Texas.

El Gobernador del Estado de Coahuila y Texas, en exercicio del supremo poder executivo, á todos sus habitantes, Sabed:—Que el Congreso del mismo Estado ha decretado lo que sigue.

DECRETO No. 247.

El Congreso constitucional del Estado libre, independiente y soberano de Coahuila y Texas, ha tenido á bien decretar:

Mientras se dá la ley sobre ladrónes, de que actualmente se ocupa el Congreso, el gobierno tomará por si, cuantas medidas juzgáre convenientes para su persecucion y exterminio.

Lo tendrá entendido el Gobernador constitucional del Estado para su cumplimiento, haciendolo imprimir, publicar y circular.

JOSE J. GRANDE, V. Presidente,
J. F. de LOMBRANA, D. S.
R. de la FUENTE, D. S.

Wherefore I command it to be printed, published, circulated and duly fulfilled.

Given in the city of Monclova on the 8th January, 1834.

FRANCISCO V. y VILLASENOR.

JOSE MIGUEL FALCON, Secretary.

Executive Department of the State of Coahuila and Texas.

The Governor *ad interim* of the State of Coahuila and Texas, to all the inhabitants thereof: Be it known, that the congress of said state has decreed as follows:

DECREE No. 246.

The Congress of the State of Coahuila and Texas, has thought proper to decree:

From default of the Governor and Vice Governor of the state, Francisco Vidaurri and Villa Senor, councillor, is hereby invested with the executive power thereof.

For its fulfilment, the Governor *ad interim* of the State shall cause it to be printed, published, and circulated.

JOSE MARIA VIESCA, President.
JUAN F. de LOMBRANO, D. S.
R. de la FUENTE, D. S.

Wherefore I command it to be printed, published, circulated and duly fulfilled.

Given at the city of Monclova on the 8th January, 1834.

FRANCISCO V. y VILLASENOR.

JOSE MIGUEL FALCON, Secretary.

Executive Department of the State of Coahuila and Texas.

The Governor of the State of Coahuila and Texas, to all the inhabitants thereof: Be it known, that the congress of said state has decreed as follows:

DECREE No. 247.

The Congress of the State of Coahuila and Texas, has thought proper to decree:

Until the law, which at present occupies the attention of congress, with respect to robbers, shall be enacted, the executive of himself, shall take whatever measures he shall deem proper for their pursuit and extermination.

For its fulfilment, the Governor of the State shall cause it to be printed, published, and circulated.

JOSE J. GRANDE, Vice President.
J. F. LOMBRANO, D. S.
R. de la FUENTE, D. S.

Por tanto mando se imprima, publique, circule, y se le de el debido cumplimiento.

Dado en la ciudad de Monclova á 11 de Enero de 1834.

FRANCISCO V. y VILLASEÑOR.

Jose M. Falcon, Secretario.

Gobierno Supremo del Estado libre de de Coahuila y Texas.

El Gobernador del Estado de Coahuila y Texas á todos sus habitantes, Sabed:—Que el Congreso del mismo Estado ha decretado lo siguiente.

DECRETO No. 248.

El Congreso constitucional del Estado libre, independiente, y soberano de Coahuila y Texas, ha tenido á bien decretar:

Art. 1. La espresion *impedimento legal* que contiene el articulo 1.º del decreto de 15 de Abril de 1831, no comprende las licencias temporales que conforme á las leyes obtenga el fiscal del supremo tribunal de justicia.

Art. 2. El que substituya al fiscal en tales casos, disfrutará del mismo honorario que á este designa la ley.

Lo tendrá entendido el Gobernador constitucional del Estado para su cumplimiento, haciendolo imprimir, publicar y circular.

JOSÉ M. VIESCA, Presidente,
J. F. de LOMBRAÑA, D. S.
R. de la FUENTE, D. S.

Por tanto, mando se imprima, publique, circule y se le dé el debido cumplimiento.

Dado en la ciudad de Monclova á 15 de Enero de 1834.

FRANCISCO V. y VILLASEÑOR.

Jose M. Falcon, Serretario.

Gobierno Supremo del Estado libre de Coahuila y Texas.

El Gobernador del Estado de Coahuila y Texas á todos sus habitantes, sabed —Que el Congreso del mismo Estado ha decretado lo siguiente.

DECRETO No. 249.

El Congreso constitucional del Estado libre, independiente y soberano de Coahuila y Texas, teniendo en consideracion que está para reformarse el reglamento de milicia civica del Estado. por el mismo, ha tenido á bien decretar:

Se suspende la execucion del decreto de 13 de Enero sobre arreglo de milicia civica al respecto de uno por cada cien almas de las que componen el censo de las poblaciones del mismo.

Wherefore I command it to be printed, published, circulated and duly fulfilled.

Given in the city of Monclova on the 11th January, 1834.

FRANCISCO V. y VILLASENOR.

JOSE MIGUEL FALCON, Secretary.

Executive Department of the State of Coahuila and Texas.

The Governor of the State of Coahuila and Texas, in exercise of the executive power, to all the inhabitants thereof: Be it known, that the congress of the said state has decreed as follows:

DECREE No. 248.

The Congress of the State of Coahuila and Texas has thought proper to decree as follows:

ART. 1. The phrase *legal impediment*, contained in article 1, of decree of the 15th of April 1831, shall not include temporary licences that may be obtained according to law by the fiscal of the supreme tribunal of justice.

ART. 2. The person substituted in such cases in place of the fiscal, shall receive the same salary the law assigns the latter.

For its fulfilment, the Governor of the State shall cause it to be printed, published, and circulated.

JOSE M. VIESCA, President.
J. F. de LOMBRANA, D. S.
R. de la FUENTE, D. S.

Wherefore I command it to be printed, published, circulated and duly fulfilled.

Given in the city of Monclova on the 15th of January, 1834.

FRANCISCO V. y VILLASENOR.

JOSE MIGUEL FALCON, Secretary.

Executive Department of the State of Coahuila and Texas.

The Governor of the State of Coahuila and Texas, to all the inhabitants thereof: Be it known, that the congress of said state has decree as follows:

DECREE No. 249.

The Congress of the State of Coahuila and Texas, being about to reform the regulations of the civic militia of the state, has thought proper to decree:

The execution of the decree of the 13th January, in regard to regulating the civic militia in the proportion of one for every hundred souls, agreeably to the census of the towns of the state, is hereby suspended.

Lo tendrá entendido el Gobernador constitucional del Estado para su cumplimiento, haciendolo imprimir, publicar y circular.

JOSÉ M. VIESCA, Presidente,
J. F. de LOMBRANA, D. S.
R. de la FUENTE, D. S.

Por tanto, mando se imprima, publique, circule y se le dé el debido cumplimiento.

Dado en la ciudad de Monclova á 25 de Enero de 1834.

FRANCISCO V. y VILLASENOR.

José M. Falcon, Secretario.

Gobierno Supremo del Estado libre de Coahuila y Texas.

El Gobernador del Estado de Coahuila y Texas á todos sus habitantes, sabed:—Que el Congreso del mismo Estado ha decretado lo siguiente.

DECRETO No. 250.

El Congreso constitucional del Estado libre, independiente y soberano de Coahuila y Texas, ha tenido á bien decretar:

Se accede á las solicitudes de los empresarios, Lorenzo de Zavala y Juan Macmulen, prorrogando por cuatro años el termino de sus contratas.

Lo tendrá entendido el Gobernador constitucional del Estado, para su cumplimiento, haciendolo imprimir, publicar y circular.

JOSE M. VIESCA, Presidente,
J. F. de LOMBRANA, D. S.
R. de la FUENTE, D. S.

Por tanto, mando se imprima, publique, circule y se le dé el debido cumplimiento.

Dado en la ciudad de Monclova á 27 de Enero de 1834.

FRANCISCO V. y VILLASENOR.

José M. Falcon, Secretario.

Gobierno Supremo del Estado libre de Coahuila y Texas.

El Gobernador del Estado de Coahuila y Texas á todos sus habitantes, sabed:—Que el Congreso del mismo Estado ha decretado lo siguiente.

DECRETO No. 251.

El Congreso constitucional del Estado libre, independiente y soberano de Coahuila y Texas, ha tenido á bien decretar lo siguiente:

Se dispensan los terminos designados al asesor en el decreto núm. 166 de 17 de Febrero de 1831, para el despacho de las causas pendientes sobre delitos que comprehende esta ley.

For its fulfilment, the Governor of the State shall cause it to be printed, published, and circulated.
JOSE M. VIESCA, President.
J. F. de LOMBRANA, D. S.
R. de la FUENTE, D. S.

Wherefore I command it to be printed, published, circulated and duly fulfilled.

Given in the city of Monclova on the 25th of January, 1834.
FRANCISCO V. y VILLASENOR.
JOSE MIGUEL FALCON, Secretary.

Executive Department of the State of Coahuila and Texas.

The Governor of the State of Coahuila and Texas, to all the inhabitants thereof: Be it known, that the congress of said state has decreed as follows:

DECREE No 250.

The Congress of the State of Coahuila and Texas has thought proper to decree:

The petitions of Lorenzo de Zavala and John Mac Mullen are hereby acceded to, and the term of their contracts prolonged four years.

For its fulfilment, the Governor of the State shall cause it to be printed, published, and circulated.
J. M. VIESCA, President.
J. F. de LOMBRANA, D. S.
R. de la FUENTE, D. S.

Wherefore I command it to be printed, published, circulated and duly fulfilled.

Given in the city of Monclova on the 27th January, 1834.
F. V. y VILLASENOR.
JOSE M. FAFCON, Secretary.

Executive Department of the State of Coahuila and Texas.

The Governor of the State of Coahuila and Texas, to all the inhabitants thereof: Be it known, that the congress of said state has decree as follows:

DECREE No. 251.

The Congress of the State of Coahuila and Texas has thought proper to decree as follows:

The limitations, designated to the assessor in decree No. 166 of the 17th of February 1831, for despatching actions pending upon crimes comprised in said law are hereby dispensed with.

Lo tendrá entendido el Gobernador constitucional del Estado, para su cumplimiento, haciendolo imprimir, publicar y circular.

JOSE M. VIESCA, Presidente,
J. F. de LOMBRANA, D. S.
R. de la FUENTE, D. S.

Por tanto, mando se imprima, publique, circule y se le dé el debido cumplimiento.

Dado en la ciudad de Monclova á 30 de Enero de 1834.

FRANCISCO V. y VILLASEÑOR.

José M. Falcón, Secretario.

Gobierno Supremo del Estado libre de Coahuila y Texas.

El Gobernador del Estado de Coahuila y Texas, en exercicio del supremo poder executivo, á todos sus habitantes, sabed:—Que el Congreso del mismo Estado ha decretado lo siguiente.

DECRETO No. 252.

El Congreso constitucional del Estado libre, independiente y soberano de Coahuila y Texas, ha tenido á bien decretar:

Art. 1. La cuenta de oficina, de gastos erogados en la del supremo tribunal de justicia desde su instalacion hasta la fecha, se pasará dentro del termino de un mes al gobierno, con sus respectivos documentos, para que á la mayor brevidad corra los tramites que designa la parte 6a. del art. 127 de la Constitucion.

Art. 2. En lo subsecivo se practicará al fin de cada mes la indicada operacion, observandose las mismas reglas establecidas para la secretaria del gobierno.

Art. 3. Se hace estenciva la disposicion anterior, á la secretaría del consejo.

Lo tendrá entendido el Gobernador constitucional del Estado para su cumplimiento, haciendolo imprimir, publicar y circular.

MARCIAL BORREGO, Presidente,
JUAN F. de LOMBRANA, D. S.
JOSE Y. C. FALCON, D. S.

Por tanto, mando se imprima, publique, circule, y se le dé el debido cumplimiento.

Dado en la ciudad de Monclova á 31 de Enero de 1834.

FRANCISCO V. y VILLASEÑOR.

José M. Falcon, Serretario.

DECRETO No. 253.

El Congreso constitucional del Estado libre, independiente y soberano de Coahuila y Texas, ha tenido á bien decretar lo siguiente:

Art. Se conceden ocho sitios de tierra á cada uno de los empresarios Santiago Power y Santiago Hewenton en los valdios del Estado,

For its fulfilment, the Governor of the State shall cause it to be printed, published, and circulated.

JOSE MARIA VIESCA, President.
JUAN F. de LOMBRANO, D. S.
R. de la FUENTE, D. S.

Wherefore I command it to be printed, published, circulated and duly fulfilled.

Given in the city of Monclova on the 30th January, 1834.

FRANCISCO V. y VILLASENOR.

Jose Miguel Falcon, Secretary.

Executive Department of the State of Coahuila and Texas.

The Governor of the State of Coahuila and Texas, in exercise of the executive power, to all the inhabitants thereof: Be it known, that the congress of the said state has decreed as follows:

DECREE No. 252.

The Congress of the State of Coahuila and Texas, has thought proper to decree:

Art. 1. The account of office expense incurred in the supreme tribunal of justice from the instalations thereof until the present time, shall be passed to the executive within the term of one month, accompanied by the respective documents, that he may, as early as possible, take the steps designated in the 6th part of article 127, of the constitution.

Art. 2. In future the same course shall be pursued at the close of every month, observing the same rules established for the office of secretary of state.

Art. 3. The foregoing arrangement shall comprise the office of secretary of the council.

For its fulfilment, the Governor of the State shall cause it to be printed, published, and circulated.

MARCIAL BORREGO, President.
JUAN F. de LOMBRANA, D. S. S.
JORE Y. C. FALCON, D. S.

Wherefore I command it to be printed, published, circulated and duly fulfilled.

Given at the city of Monclova on the 31st January, 1834.

FRANCISCO V. y VILLASENOR.

Jose Miguel Falcon, Secretary.

DECREE No. 253.

The Congress of the State of Coahuila and Texas, has thought proper to decree:

Art. 1. Eight sitios of land are hereby granted to each of the empresarios, Santiago Power and Santiago Hewenton, of the vacant

como indemnizacion de los gastos que han erogado en virtud de la contrata que celebráron el año de 1828, siempre que al concluir los terminos, no hayan podido cumplir su compromiso.

Art. 2. El gobierno cuidará de que esta concesion no se establesca en los terrenos disputados por la villa de Goliad, si es con su consentimiento.

Lo tendrá entendido el Gobernador constitucional del Estado para su cumplimiento, haciendolo imprimir, publicar y circular.

DECRETO No. 254.

El Congreso constitucional del Estado libre, independiente, y soberano de Coahuila y Texas, ha tenido á bien decretar:

Se suprime la expresion *nacido en la Republica Mexicana*, del articulo 26 del decreto de 21 de Junio de 1827.

Lo tendrá entendido el Gobernador constitucional del Estado para su cumplimiento, haciendolo imprimir, publicar y circular.

Gobierno Supremo del Estado libre de
de Coahuila y Texas.

El Gobernador del Estado de Coahuila y Texas á todos sus habitantes, Sabed:—Que el Congreso del mismo Estado na decretado lo siguiente.

DECRETO No. 255.

El Congreso constitucional del Estado libre, independiente, y soberano de Coahuila y Texas, con objeto de amplear la ley de 27 de Abril del año proximo pasado, que trata de reducir á propiedades particulares las fincas rusticas y urbanas, que están á cargo de los ayuntamientos, decreta:

En el caso de no presentarse ningun colindante que quiera tomar para si las fincas rusticas de que trata el decreto de 27 de Abril de 1833 se adjudicarán estas al individuo, en quien aquellos hayan cedido su derecho; peri si alguno de los colindantes aunque lo sea en menor cantidad de terreno que el que representa el derecho cedido contendiese la adquicicion la obtendrá este. Si ni los colindantes, ni individuos en quien aquellos hayan pasado sus derechos solicitáren dichas fincas, las obtendrán los que hayan hecho las primeras posturas.

Lo tendrá entendido el Gobernador constitucional del Estado para su cumplimiento, haciendolo imprimir, publicar y circular.

MARCIAL BORREGO, Presidente,
R. de la FUENTE, D. S.
JOSE Y. C. FALCON, D. S.

Por tanto mando se imprima, publique, circule, y se le dé el debido cumplimiento.

Dado en la ciudad de Monclova á 11 de Febrero de 1834.

FRANCISCO V. y VILLASENOR.

Jose M. Falcon, Secretario.

lands of the state, as an indemnification for the expense they have incurred in virtue of the contract which they entered into in 1828; provided, that at the expiration of the terms they shall not have been able to fulfil their engagement.

Art. 2. The Executive shall take care that the grant be not established upon the lands disputed by the town of Goliad, should it be with their consent.

For its fulfilment, the Governor of the State shall cause it to be printed, published, and circulated.

DECREE No. 254.

The Congress of the State of Coahuila and Texas, has thought proper to decree:

The words, *born in the Mexican Republic*, in article 26 of decree of the 21st of June 1827, shall be omitted.

For its fulfilment, the Governor of the State shall cause it to be printed, published, and circulated.

Executive Department of the State of Coahuila and Texas.

The Governor of the State of Coahuila and Texas, to all the inhabitants thereof: Be it known, that the congress of said state has decreed as follows:

DECREE No. 255.

The Congress of the State of Coahuila and Texas, in order to amplify the law of the 27th of April last, which treats of reducing municipal town and country securities under charge of the Ayuntamiento to private property, decrees:

In case no adjoining proprietor appears, wishing to take for himself the country securities, of which the decree of the 27th of April treats, they shall be awarded to the person, in whose favor said proprietors have yielded their right; but should any one of the adjoining proprietors contend for the acquisition, he shall obtain it, although he should be a proprietor in a less amount of adjoining land than the person who represents the right ceded. Should neither the adjoining proprictors, or the persons to whom they have transferred their rights solicit said securities, those persons shall obtain them, who fixed the first prices.

For its fulfilment, the Governor of the State shall cause it to be printed, published, and circulated.

MARCIAL BORREGO, President.
R. de la FUENTE, D. S.
JOSE Y. C. FALCON, D. S.

Wherefore I command it to be printed, published, circulated, and duly fulfilled.

Given in the city of Monclova on the 11th of February, 1834.

FRANCISCO V. y VILLASEÑOR.

Jose Miguel Falcon, Secretary.

Gobierno Supremo del Estado libre de Coahuila y Texas.

El Gobernador del Estado de Coahuila y Texas á todos sus habitantes, sabed:—Que el Congreso del mismo Estado ha decretado lo siguiente.

DECRETO No. 256.

El Congreso constitucional del Estado libre, independiente, y soberano de Coahuila y Texas, ha tenido á bien decretar:

Se suprime la palabra y *Bustamante* al articulo 1º del decreto de 21 de Setiembre de 1830.

Lo tendrá entendido el Gobernador constitucional del Estado, para su cumplimiento, haciendolo imprimir, publicar y circular.

M. BORREGO, Presidente.
R. de la FUENTE, D. S.
JOSE Y. C. FALCON, D. S.

Por tanto, mando se imprima, publique, circule y se le dé el debido cumplimiento.

Dado en la ciudad de Monclova á 17 de Febrero de 1834.

FRANCISCO V. y VILLASENOR.

JOSE M. FALCON, Secretario.

Gobierno Supremo del Estado libre de Coahuila y Texas.

El Gobernador del Estado de Coahuila y Texas á todos sus habitantes, sabed:—Que el Congreso del mismo Estado ha decretado lo siguiente.

DECRETO No. 257.

El Congreso constitucional del Estado libre, independiente y soberano de Coahuila y Texas, ha tenido á bien decretar:

ART. 1. Todas las fincas y bienes de qualquiera clase, ubicadas en el territorio del Estado, que pertenecen al concurso llamado de Aguayo quedan desde la publicacion de esta ley por cuenta del mismo Estado, quien se constituye responsable por el valor que tengan en la actualidad.

ART. 2. A este fin, el gobierno mandará hacer un inventario y valuo de todo lo que existe, con citacion del administrador ó apoderado general, ò quien haga sus veces, y supliendo en personalidad, en caso de que se dificulte, por algun medio legal que no dilate el cumplimiento de este decreto mas tiempo del que á su juicio fuére indispensable. Los gastos necesarios, se harán por el erario del Estado.

ART. 3. De su total importe, se sacará:—1º. La alcabala que causó la venta celebrada en favor del concurso por D. José Maria Valdivielzo, cuya liquidacion hará la tesoreria general, inquiriendo y sacando de donde se hallen las constancias necesarias. 2ª. La cantidad á que asciendan las penas pecuniarias á que están sugetos por las leyes los que intentan defraudar aquel derecho. 3º. Lo que por el mismo, ó

Executive Department of the State of Coahuila and Texas.

The Governor, of the State of Coahuila and Texas, to all the inhabitants thereof: Be it known, that the Congress of said State has decreed as follows:

DECREE No. 256.

The Congress of the State of Coahuila and Texas has thought proper to decree:

The word *y Bustamante*, in article 1, of the decree of the 21st of September, 1830, shall be omitted.

For its fulfilment, the Governor of the State shall cause it to be printed, published, and circulated.

MARCIAL BORREGO, President.
R. de la FUENTE, D. S.
JOSE Y. C. FALCON, D. S.

Wherefore I command it to be printed, published, circulated and duly fulfilled.

Given in the city of Monclova, on the 17th of February, 1834.

F. V. y VILLASEÑOR.

Jose M. Falcon, Secretary.

Executive Department of the State of Coahuila and Texas.

The Governor of the State of Coahuila and Texas, to all the inhabitants thereof: Be it known, that the congress of said state has decreed as follows:

DECREE No. 257.

Art. 1. All municipal securities (fincas) and property of every kind, situated within the limits of the state, and pertaining to what is called el Concurso de Aguayo, from and after the publication of this law shall remain for account of the state, which hereby binds itself responsible for the present value thereof.

Art. 2. For that object the executive shall order an inventory and a valuation to be made, of all that exists, citing the superintendant, or general attorney, or person acting in their stead, and making substitution of persons, should difficulties be raised, in any lawful way that shall not retard the fulfilment of this decree a longer time than in his judgment shall be indispensable.

Art. 3. From the total import the following shall be taken: 1st. The excise duty arising from the sale ratified in favor of said *concurso* by Don. J. M. Valdivielzo, which shall be liquidated by the general treasury, ascertaining by research the necessary proofs, and taking them where they are found. 2nd. The amount of pecuniary penalties, to which those who attempt to defraud said duty are liable by law. 3rd.

por qualquiera otro titulo adeuden ademas al Estado las mismas fincas previas las respectivas liquidaciones que harán los administradores principales de rentas de los partidos en cuya demarcacion estubiéren las haciendas responsables.

Art. 4. El sobrante se aplicará á los acreedores, segun sus derechos calificados y graduados que sean por los tribunales del Estado y con arreglo á las leyes, bien sea en fincas de las que se toman por el precio en que se valuen al tiempo de pagarles, ò en dinero, ò acciones en conformidad de las ventas que ya se hubiéren hecho.

Art. 5. Los arrendamientos exsistentes continuarán hasta la conclucion del termino porque se hallan celebrado, y el gobierno cuidará de que las rentas ingresen puntualmente en la tesoreria general y se recauden por las administraciones respectivas, no subsistiendo sin su aprobacion los contratos celebrados despues del dia 11 del corriente.

Art. 6. Esto no impedirá que desde ahora, se vendan las fincas divididas por lo menos en cincuenta porciones que designará el gobierno, tomando para el efecto los informes que le parescan necesarios;— pero los compradores no podrán recibirla en propiedad, sino hasta que se cumplan los terminos de que habla el articulo anterior.

Art. 7. El gobierno reglamentará el modo, plazos, y condiciones con que hayan de verificarse estas ventas, en que no se admitirán posturas por meños del valuo que se haga de las fincas y serán preferidos: 1º, Los mismos acreedores á quienes sin necidad de esperar al termino de que habla el articulo 4º, se recibirán en pago sus creditos por el principal é intereses, cuando sean notoriamente privilegiados y gozen de hipoteca tacita dando siempre la fianza de acreedores de mejor derecho: 2.º Los poseedores que actualmente cultivan las fincas con labores ó ganados, y por ningun titulo recaerá su propiedad en manos muertas.

Art. 8. A la agua principal de la hacienda del Rosario, se impone la searidumbre de dar movimiento á las máquinas de tejidos que se están planteando en la villa de Parras, y á las que en adelante se pusiéren siempre que no sea menester hacerla variár del curso que tiene actualmente.

Art. 9. De la misma agua toma el Estado la tercera parte ó una ventana, para fomentar el cultivo de las viñas que hacen el ramo principal de subsistencia en aquella villa, la cual se repartirá entre los vecinos que actualmente se ocupan en esta clase de agricultura, que no estén comprendidos en el articulo 137 del reglamento para el gobierno economico politico de los pueblos, y á proporcion de los terrenos que cultivan.

Art. 10. Los individuos entre quienes se reparta, quedarán obligados á pagar el valor de la que les corresponda segun el justiprecio que se haya hecho en conformidad de lo que previene el articulo 2.º,

What said securities, on said ground or any other are furthermore indebted to the state after the respective liquidations, which shall be made by the chief agents of rents of the districts, within whose limits the haciendas should be responsible.

ART. 4. The residue shall be awarded to the creditors according to their claims after being examined and comparatively estimated by the state tribunals, and according to law, whether in securities of those that are taken at the price at which they are valued at the time of paying them, or in money, or shares in conformity to sales that should already have been made.

ART. 5. Existing leases shall continue to the expiration of the term for which they were contracted, and the executive shall take care that the rents be collected by the respective agencies, and punctually paid into the general treasury; contracts entered into since the 11th instant shall not remain in force without his approbation.

ART. 6. This shall not prevent the securities from being sold, from the present time, divided into fifty portions at least, which the executive shall designate, taking for that purpose the information he shall deem necessary; but purchasers shall not receive them as their own property until the expiration of the term mentioned in the foregoing article.

ART. 7. The executive shall regulate the mode, instalments and conditions wherewith said sales are to be effected, wherein prices offered, less than the valuation of the property, shall not be accepted: and the following persons shall have the preference: 1st. The creditors themselves, when they manifestly possess peculiar rights, and hold tacit mortgage, of whom the amount placed to their credit for principal and interest shall be taken in payment, without being required to wait the term specified in article 4, and in all cases they shall give the pledge of creditors of the best claim. 2nd. Possessors now cultivating the tenements with fields or cattle thereon; and by no title shall their property fall back in mortmain.

ART. 8. The main water of the hacienda del Rosario shall be required to serve for turning the machinery of the factory, now constructing at the town of Parras, and those that shall be hereafter established, provided, that it shall not be required to change the present course thereof.

ART. 9. The state shall take one-third, or one aperture of said water to favour the cultivation of the vineyards which constitute the principal means of support in said town, to be distributed among the inhabitants at present engaged in that branch of agriculture, who are not comprised in article 137 of the regulations for the politico-financial administration of the towns, and in porportion to the ground they cultivate.

ART. 10. The persons among whom it is distributed, shall be obligated to pay the value of that which corresponds to them agreeably to the estimate made in conformity to the provision of article 2, in three

verificandolo por tercios cumplideros á los 4, 5 y 6 años contados desde el dia en que reciban la posecion, pena de perder el derecho en caso de no cumplir y pagar ádemas el redito anual de un cinco por ciento sobre el valor de la agua por el tiempo que la disfrutó.

Art. 11. Lo dispuesto en los dos articulos precedentes, se executará por el gefe de aquel departamento quien dará á los interesados los titulos de su propiedad, exsijiendo de ellos la parte respectiva de los costos erogados en las operaciones que fuére necesario practicar dando cuenta al gobierno y pasando el aviso correspondiente á la administracion de rentas para el cobro de las cantidades que se deben abonar al vencimiento de los plazos establecidos.

Art. 12. La viña del Rosario, se enagenará bajo las reglas prescriptas en la ley de 27 de Abril del año proximo pasado con la diferencia de que los solares en que se divida, serán de treinta varas de frente y sesenta de fondo, considerando el resto como finca rustica para el efecto y dandose á censo anual de un cinco por ciento redimible á voluntad de los tomadores.

Art. 13. Al actual arrendatario de la espresada hacienda, se le rebejarán un mil seiscientos pesos de la renta anual á que está obligado como justa indemnizacion de lo que debia percibir por el valor de la agua, y frutos de la viña.

Art. 14. Se aumentarán los ejidos de la municipalidad de cuatro Cienegas desde el anteojo chico al grande por el puerto, hasta lindar con el rio de San Marcos y tomando dicho rio abajo hasta llegar al punto de los que tiene actualmente designados.

Art. 15. El casco de la hacienda de Patos, se destina para una poblacion que se llamará villa de Santa-Anna, y el gobierno reglamentará su ereccion designandole el terreno conveniente y los edificios necesarios para casas consistoriales, carcel, escuela, y demas establecimientos publicos; pero esta disposicion no tendrá efecto mientras no se concluya el arrendamiento actual sin perjuicio de que desde ahora se dicten providencias preparatorias que no lastimen el derecho del arrendatario.

Art. 16. En el paraje nombrado las galeras de la hacienda de S. Juan. se formará otro poblacion que se llamará villa de Moctezuma; y conforme al articulo anterior, el gobierno reglamentará su eréccion sujetandose ádemás á las bases siguientes, 1a. Le asignará dos terceras partes de las aguas de la mencionada hacienda, sin que se incluyan los ranchos de S. Pablo, el Carmen, y Contotoros. 2a. Esta agua se repartirá en sesenta acciones por lo menos. 3a En el repartimiento serán preferidos los vecinos de Cienegas, S. Buenaventura, y Nadadores con tal que no tengan otras propiedades de la misma clase.

Art. 17. El actual arrendatario de la hacienda de S. Juan, queda en libertad para celebrar nueva contrata por el tiempo que falta para cumplir la que tiene hecha, ó separarse de ella si asi le pareciére conveniente.

instalments, payable in four, five and six years, from the time of taking possession, under penalty of forfeiting the right in case of non-fulfilment and paying furthermore a rent of five per cent. per annum, on the value of the water for the time they availed themselves thereof.

Art. 11. The provision of the two preceding articles shall be executed by the chief of that department, who shall give the titles to the persons interested, exacting from them the respective part of the costs incured in the works it should be necessary to perform, giving notice to the executive, and communicating the proper information to the agency of rents for the collection of the instalments as they become due.

Art. 12. The vineyard of el Rosario shall be alienated under the rules prescribed in the law of the 27th of April last, with the difference that the lots into which it is divided shall have thirty varas front and sixty deep; the remainder in its alienation shall be considered as municipal country secury, and granted at a revenue of five per cent. per annum, redeemable at the pleasure of the persons taking the same.

Art. 13. The annual rent, for which the present lessee of the aforesaid hacienda is obligated, shall be abated sixteen hundred dollars, as a just indemnification for what he ought to receive for the value of the water, and fruits of the vineyard.

Art. 14. The limits of the municipality of Quatro Cienegas shall be augmented from Anteojo Chico to Anteojo Grande, by way of the pass, as far as the river San Marcos, descending said river to those already designated.

Art. 15. The rubbish of the hacienda de Patos shall be appropriated for a town to be called Sant-Anna, and the executive shall regulate the construction thereof, designating the proper ground, and necessary edifices for town halls, prison, school and other public establishments; but this provision shall not go into effect until the conclusion of the present lease; yet from the present time preparatory measures, not affecting the right of the lessee, may be prescribed.

Art. 16 Another town shall be founded at the place called las Galeras de la hacienda de San Juan, to be denominated the town of Moctezuma, and the executive shall regulate the construction thereof agreeably to the preceding article, conforming moreover to the following fundamental provisions: 1st. He shall assign to said town two thirds of the waters of the aforementioned hacienda, without including the ranchos of S. Pablo, el Carmen, and Contotoros. 2nd. Said water shall be distributed in sixty shares at least. 3rd. The inhabitants of Cienegas, S. Buenaventura and Nadadores shall have the preference in the distribution, provided they have no other property of the same kind.

Art. 17. The present tenant of the hacienda of San Juan shall be at liberty to enter into a new contract for the time yet wanting for the expiration of that he has made, or to withdraw therefrom, should he think proper.

ART. 18. Se concede el derecho de tanteo á los vecinos de los respectivos departamentos en cuyo territorio se hayan ubicadas las fincas que se vendan con ecsepcion unicamente de las preferencias que establece el articulo 7º.

ART. 19. El administrador general de estos bienes, quedará sujeto al gobierno quien le detallará sus atribuciones, y gozará el sueldo anual de tres mil pesos por el tiempo que dure su encargo.

Lo tendrá entendido el Gobernador constitucional del Estado para su cumplimiento, haciendolo imprimir, publicar, y circular.

M. BORREGO, Presidente,
R. de la FUENTE, D. S.
JOSE Y. C. FALCON, D. S.

Por tanto, mando se imprima, publique, circule, y se le de el debido cumplimiento.

Dado en la ciudad de Monclova á 21 de Febrero de 1834.

FRANCISCO V. y VILLASENOR.

JOSE M. FALCON, Secretario.

Gobierno Supremo del Estado libre de Coahuila y Texas.

El Gobernador del Estado de Coahuila y Texas, en exercicio del supremo poder executivo, á todos sus habitantes, Sabed:—Que el Congreso del mismo Estado ha decretado lo que sigue.

DECRETO No. 258.

El Congreso constitucional del Estado libre, independiente y soberano de Coahuila y Texas, ha tenido á bien decretar:

Se aumenta á cuatrocientos pesos el sueldo que por el articulo 4.º del decreto de 22 de Abril ultimo, se señaló á los escribientes de los gefes de departamento de Parras y Saltillo.

Lo tendrá entendido el Gobernador constitucional del Estado para su cumplimiento, haciendolo imprimir, publicar y circular.

M. BORREGO, Presidente,
R. de la FUENTE, D. S.
JOSE Y. C. FALCON, D. S.

Por tanto, mando se imprima, publique, circule, y se le dé el debido cumplimiento.

Dado en la ciudad de Monclova á 24 de Febrero de 1834.

FRANCISCO V. y VILLASENOR.

JOSE M. FALCON, Secretario.

DECRETO No. 259.

El Congreso constitucional del Estado libre, independiente, y soberano de Coahuila y Texas, ha tenido á bien decretar:

Quando el consejo de gobierno quede reducido á solos dos miembros porque carescae de su Presidente nato, y falte uno de los consejeros

ART. 18. The right of valuation is hereby granted to the nhabitants of the respective departments within whose limits the securities to be sold are situated, with the exception solely of the preferences established in article 7.

ART. 19. During the time of his employ, the general superintendant of said property shall receive a salary of three thousand dollars per annum, and shall be subject to the executive, from whom he shall receive a detail of his powers.

For its fulfilment, the Governor of the State shall cause it to be printed, published, and circulated.

M. BORREGO, President.
R. de la FUENTE, D. S.
J. Y. C. FALCON, D. S.

Wherefore I command it to be printed, published, circulated and duly fulfilled.

Given in the city of Monclova on the 21 of February, 1834.

F. V. y VILLASENOR.

Jose M. Falcon, Secretary.

Executive Department of the State of Coahuila and Texas.

The Governor of the state of Coahuila and Texas, to all the inhabitants thereof: Be it known, that the congress of said state has decreed as follows:

DECREE No. 258.

The Congress of the State of Coahuila and Texas, has thought proper to decree:

The salary assigned the clerks of the chiefs of department of Parras and Saltillo, by article 4 of decree of the 22nd of April last, is hereby augmented to four hundred dollars.

For its fulfilment, the Governor of the State shall cause it to be printed, published and circulated.

M. BORREGO, President.
R. de la FUENTE, D. S.
JOSE Y. C. FALCON, D. S.

Wherefore I command it to be printed, published, circulated and duly fulfilled.

Given in the city of Monclova on the 24th of February. 1834.

F. V. y VILLASENOR.

Jose M. Falcon, Secretary.

DECREE No. 259.

The Congress of the State of Coahuila and Texas, has thought proper to decree:

When the executive council is reduced to two members only from default of the original president, or one of the councillors for a short

por poco tiempo, bien sea en razon de enfermedad ó licencia, y en los dictamenes ó acuerdos á que hayan de proceder segun las leyes, disintiésen en opinion, formarán cada uno la suya por escritinio, y ambas se pasarán al gobierno, aquel voto, que fuére acceptado por el gobernador, tendrá el caracter de dictamen ó acuerdo del consejo.

Lo tendrá entendido el Gobernador constitucional del Estado para su cumplimiento, haciendolo imprimir, publicar y circular.

Gobierno Supremo del Estado libre de Coahuila y Texas.

El Gobernador del Estado de Coahuila y Texas, en exercicio del supremo poder executivo, á todos sus habitantes, sabed:—Que el Congreso del mismo Estado ha decretado lo que sigue.

DECRETO No. 260.

El Congreso constitucional del Estado libre, independiente y soberano de Coahuila y Texas, ha tenido á bien decretar:

Los escribanos que abran oficio público, estenderán unicamente sus funciones, á los terminos de la municipalidad correspondiente al lugar en que lo hayan establecido.

Lo tendrá entendido el Gobernador constitucional del Estado para su cumplimiento, haciendolo imprimir, publicar y circular.

M. BORREGO, Presidente,
R. de la FUENTE, D. S.
JOSE Y. C. FALCON, D. S.

Por tanto, mando se imprima, publique, circule y se le dé el debido cumplimiento.

Dado en la ciudad de Monclova á 26 de Febrero de 1834.

FRANCISCO V. y VILLASEÑOR.

Jose M. Falcon, Secretario.

Gobierno Supremo del Estado libre de Coahuila y Texas.

El Gobernador del Estado de Coahuila y Texas á todos sus habitantes, sabed:—Que el Congreso del mismo Estado ha decretado lo siguiente.

DECRETO No. 261.

El Congreso constitucional del Estado libre, independiente, y soberano de Coahuila y Texas, ha tenido á bien decretar:

No comprende la ley de 27 de abril del año anterior las aguas destinadas á los usos y comodidades domesticas de los habitantes de los pueblos, ni las que sirven para el ornato y limpieza de estos.

Lo tendrá entendido el Gobernador constitucional del Estado para su cumplimiento, haciendolo imprimir, publicar y circular.

M. BORREGO, Presidente,
R. de la FUENTE, D. S.
JOSE Y. C. FALCON, D. S.

period, whether from sickness or licence, and they shall disagree in the opinions and resolutions the law requires them to give, each shall draw up his own opinion in writing both which shall be passed to the executive, and the vote he accepts, shall be regarded as the opinion or resolution of the council.

For its fulfilment, the Governor of the State shall cause it to be printed, published, and circulated.

Executive Department of the State of Coahuila and Texas.

The Governor of the State of Coahuila and Texas, to all the inhabitants thereof: Be it known that the congress of said state has decreed as follows:

DECREE No. 260.

The Congress of the state of Coahuila and Texas, has thought proper to decree:

Notaries who open a public office, shall not extend their functions beyond the limits of the municipality, to which the place, where the office is established, belongs.

For its fulfilment, the Governor of the State shall cause it to be printed, published, and circulated.

M. BORREGO, President.
R. de la FUENTE, D. S.
JOSE Y. C. FALCON, D. S.

Wherefore I command it to be printed, published, circulated and duly fulfilled.

Given in the city of Monclova on the 26th of February. 1834.

F. V. VILLASEÑOR.

JOSE M. FALCON, Secretary.

Executive Department of the State of Coahuila and Texas.

The Governor of the State of Coahuila and Texas, to all the inhabitants thereof: Be it known, that the congress of said state has decreed as follows:

DECREE No. 261.

The Congress of the State of Coahuila and Texas, has thought proper to decree:

The law of the 27th of April last does not comprise the waters appropriated to the domestic use and convenience of the inhabitants of the towns, or those which serve for decorating and cleansing the towns.

For its fulfilment, the Governor of the State shall cause it to be printed, published, and circulated.

MARCIAL BORREGO, President.
R. de la FUENTE, D. S.
S. Y. C. FALCON, D. S.

Por tanto, mando se imprima, publique, circule, y se le dé el debido cumplimiento.

Dado en la ciudad de Monclova á 27 de Febrero de 1834.

FRANCISCO V. y VILLASENOR.

José M. Falcon, Secretario.

Gobierno Supremo del Estado libre de Coahuila y Texas.

El Gobernador del Estado de Coahuila y Texas á todos sus habitantes, sabed:—Que el Congreso del mismo Estado ha decretado lo que sigue.

DECRETO No. 262.

El Congreso constitucional del Estado libre, independiente y soberano de Coahuila y Texas, ha tenido á bien decretar:

Art. 1. Los ayuntamientos de los pueblos que por si, ó con su comarca no pasen de cinco mil almas. se compondrán de un alcalde que será el presidente, dos regidores y un procurador. En los que pasen de este numero, sea cual fuere su poblacion habrá dos regidores mas, óbserbandose para su eleccion, y renovacion periodica lo prevenido en la constitucion y en el reglamento para el gobierno económico politico de los pueblos. Se deroga el art. 98 del mismo reglamento.

Art. 2. Los alcaldes exercerán exclusivamente el oficio de conciliadores, y tendrán ademas las atribuciones que como autoridades politicas les designa el mismo reglamento, debiendo ser substituidos en sus faltas, lo mismo que hasta aqui.

Art. 3. En los pueblos que segun la constitucion y leyes deben tener ayuntamiento aun cuando no lleguen á mil almas y en los que desde este numero tengan hasta cinco mil habrá un juez de primera instancia: en los que desde cinco mil lleguen á diez mil se nombrarán dos; en todos los demas sea cual fuére su poblacion habrá tres. Eceptuase san Buenaventura en que se nombrarán dos jueces de primera instancia aunque no tenga cinco mil almas.

Art. 4. Las atribuciones de estos jueces serán las mismas que la ley reglamentaria de justicia y las demas concordantes cometian á los alcaldes tanto para las demandas verbales, como para los negocios escritos, y percibirán solamente en lo civil, los derechos de arancel en la forma que determinan las leyes.

Art. 5. Estos funcionarios usaran por distintivo de su empleó, baston con borlas negras, y cuando concurran á los actos de pública solemnidad, se incorporarán con el ayuntamiento despues del alcalde, obserbandose para su nombramiento lo que previenen los arts. siguientes.

Wherefore I command it to be printed, published, circulated and duly fulfilled.

Given in the city of Monclova on the 27th of February, 1834.

F. V. y VILLASEÑOR.

Jocе M. Falcon, Secretary.

Executive Department of the State of Coahuila and Texas.

The Governor of the State of Coahuila and Texas, to all the inhabitants thereof: Be it known, that the congress of said state has decreed as follows:

DECREE No. 262.

The Congress of the State of Coahuila and Texas, has thought proper to decree:

Art. 1. The Ayuntamientos of the towns, which of themselves or with their jurisdiction do not contain a population exceeding five thousand souls, shall be composed of an Alcalde, who shall be the president, two Regidores, and one Procurator. In those whose population exceeds this number, whatever it may be, there shall be two Regidores more; and for their election and periodical renewal the provision made in the constitution and regulations for the politico-financial administration of the towns shall be observed. Article 98 of said regulations is hereby repealed.

Art. 2. The Alcaldes shall be the exclusive officers of the peace, and shall moreover possess the atributes assigned them by the aforesaid regulations as political authorities, and in default shall be replaced by substitutes agreeably to the present custom.

Art. 3. In towns which the constitution and laws require to have an Ayuntamiento, even when their population does not amount to one thousand, and in those having from this number to five thousand, there shall be one primary judge; in those from five to ten thousand, two shall be appointed; and in all others, three, be their population what it may. San Buena Ventura shall be excepted, wherein two primary judges shall be appointed, although it does not contain a population of five thousand.

Art. 4. The attributes of said judges shall be the same that the law regulating the administration of justice, and others concordant, intrusted to Alcaldes, both for verbal demands and business in writing; and they shall, in civil cases only, receive the fees in the form the law provides.

Art. 5. Said judges shall use a staff with black tassels in token of distinction of office, and when attending upon acts of public ceremony shall unite with the Ayuntamiento after the Alcalde; and for their appointment the provision of the following articles shall be observed:

ART. 6. El domingo segundo de Octubre reunidos los ayuntamientos formarán una lista de cuatro individuos por cada juez de los que debe haber en su pueblo, segun la base prescripta en el articulo tercero, la que remitirán por el correo inmediato al gefe del partido respectivo.

ART. 7. Los gefes de partido podrán variar el orden numerico de las personas comprehendidas en las listas, y se tendrán por nombrados para juez, ó jueces, los colocados en primer lugar.

ART. 8. Los mismos gefes remitirán á los ayuntamientos respectivos la lista que hubiéren formado autorizada con su firma, y estos harán fijar inmediatamente una copia en la puerta de las casas consistoriales quedando el original en el archivo.

ART. 9. El presidente del ayuntamiento comunicará de oficio su nombramiento á los ciudadanos que lo hallan obtenido, á fin de que se presenten el dia 1º de Enero del año entrante á tomar posecion de su destino, y prestar en sus manos el juramento de que habla el art. 220 de la constitucion, cuyo acto no podrá suspenderse, sino es que los nombrados estén fisicamente impedidos, pudiendo despues representar al gobierno las causas que crean tener para escusarse.

ART. 10. Los nombrados se renovarán cada año, y podrán ser reelejidos, pero no obligados á admitir sino han tenido dos años de descanzo en estos y los demas oficios de carga consejil.

ART. 11. Si falleciére alguno de estos jueces, tubiére impedimento legal, ó por cualquiera otro motivo vacáre su encargo, lo substituirá el que siga en el orden de la lista respectiva, avisado que sea por el presidente del ayuntamiento.

ART. 12. Estos jueces no podrán separarse por asuntos particulares del exercicio de sus funciones, ni salir por la misma causa del pueblo en que residan sino con licencia del gefe del partido, quien podrá concederla á segun la pidan los interesados sin que pase de tres meses en todo el año.

ART. 13 Estos empleos se servirán con preferencia á los municipales, y para unos y otros se requiéren las mismas calidades.

ART. 14. Los ayuntamientos á los tres dias del recibo de esta ley, formarán las listas de que habla el articulo 6º las que remitirán á los respectivos gefes politicos y obrando estos en conformidad de lo que dispone el articulo 7º. las devolverán con la brevedad posible procediendo en seguida los presidentes de los ayuntamientos y las mismas corporaciones por actos succesivos y continuos á lo demas que segun esta ley les corresponde hasta poner en posecion á los nombrados.

ART. 15. Por esta sola vez podrán ser electos los jueces de primera instancia de entre los individuos comprehendidos en las listas de que habla el articulo anterior, ó de entré los que componen los ayuntamientos actuales; y para el remplaso de los destinos municipales que por esta particular disposicion pueden resultar vacantes, se ocurrirá á las listas respectivas.

ART. 16. Para que en este año el numero de los alcaldes, regidores y sindicos sea reducido al que designa el art. 1º. quedarán de los

ART. 6. On the second Sunday of October the Ayuntamientos having convened shall form a list of four persons for each judge their town is required to have agreeably to the provision of article 3rd, which they shall transmit by the first post to the respective district chief.

ART. 7. Said chiefs may change the order of number of the persons comprised in the lists, and those occupying the first places therein shall be considered appointed as judges.

ART. 8. Said chiefs shall forward the lists they shall have formed, authenticated with their signature, to the respective Ayuntamientos, and the latter shall cause a copy to be immediately posted on the door of the town halls, and the original shall be deposited in the archives.

ART. 9. The president of the Ayuntamiento shall communicate their appointment officially to the persons who have obtained it in order that they may appear on the first of January ensuing to enter in possession of office and in his presence take the oath prescribed in article 220 of the constitution, which act shall not be suspended except from physical impediment of those appointed; they may afterwards manifest to the executive the reasons they may think they have for declining.

ART. 10. New appointments shall be made every year, and persons may be re-appointed but shall not be obliged to accept unless they have had a respite of two years from these and other municipal offices.

ART. 11. In case of decease of any one of said judges, or legal impediment, or should the office become vacant from any other cause, the person succeeding him in the order of the respective list shall take his place on being notified by the president of the Ayuntamiento.

ART. 12. Said judges shall not withdraw from the exercise of their functions on account of private affairs, nor leave from the same cause the town wherein they reside unless by license from the district chief, who may grant it as the persons interested request, without exceeding theree months during the whole year.

ART. 13. Said officers shall be served in preference to municipal offices, and for both the same qualifications shall be required.

ART. 14. The Ayuntamientos three days from the receipt of this law shall form the lists mentioned in article 6, which they shall forward to the respective political chiefs, who, conforming to the provision of article 7, shall return them as early as possible, and the presidents of the Ayuntamientos and corporations themselves shall proceed by successive and continuous acts to perform what they are by this law furthermore required until the persons appointed are placed in possession of office.

ART. 15. For this time only the primary judges may be chosen from among the persons comprized in the lists mentioned in the foregoing article, or from among those who compose the present Ayuntamientos; and to supply the municipal stations that may become vacant by this particular provision, recourse shall be had to the respective lists.

ART. 16. In order that the number of Alcaldes, Regidores and Syndicos may be reduced the present year to that designated in article 1,

primeros los mismos que exsisten saliendo los segundos y terceros en donde hubiére mas que uno: de los regidores y sindicos saldran los mas antiguos; pero si por el uso ne las facultades que concede á los gefes en esta vez el articulo precedente quedaren vacias las plazas de que deben componerse los ayuntamientos conforme á lo que esta ley previene, se llenarán en el modo y forma establecidos por las leyes en los casos ordinarios que ocurren de esta clase.

Art. 17. Las poblaciones cuyos edificios, plazas, calles ó paseos públicos estén continuados unos de otros, siendo ademas diario el trato, concurrencia, relaciones y comercio de sus respectivos habitantes entre si, se refundirán todas aun cuando haya en ellas dos, ó mas ayuntamientos establecidos en la que tenga mayor numero de almas llebando la denominacion de esta y conciderandose como una sola para poner un solo ayuntamiento, y las demas autoridades que corresponde á una municipalidad.

Art. 18. En estas poblaciones asi refundidas, se elegirán totalmente los ayuntamientos que deben tener, y el gobierno para llebarlo á afecto dispondrá lo conveniente con analogia á lo que previenen la constitucion y leyes de la materia á fin de que queden instaurados el dia 1º de Mayo de este año.

Art. 19. En el dia siguiente al de su instauracion formarán las listas relativas á los jueces de primera instancia y tanto ellos como los gefes politicos obrarán en lo demas en conformidad de lo que disponen los articulos 14 y 15 de esta ley.

Art. 20. Segun se vallan estableciendo los jueces de primera instancia de que se ha tratado, se les pasarán por los alcaldes respectivos los negocios que tubiéren pendientes y sean de sus atribuciones.

Lo tendrá entendido el Gobernador constitucional del Estado para su cumplimiento, haciendolo imprimir, publicar y circular.

MARCIAL BORREGO, Presidente,
RAFAEL de la FUENTE, D. S.
JOSE I. C. FALCON, D. S.

Y para que la presente ley tenga su puntual y debido cumplimiento en conformidad con lo que se me previene por el articulo 18, se observarán las prevenciones siguientes:

1. La municipalidad de San Francisco y San Miguel de Aguayo, se unirá á la de esta capital y la de Villalongin á la de Leona Vicario.

2. El dia 30 del corriente los presidentes de cada uno de estos ayuntamientos convocarán las juntas municipales para la eleccion de los nuevos ayuntamientos en el tiempo que aqui se dispone y segun el modo ó forma que previene la constitucion y leyes vigentes.

3. En este dia se reunirán tambien los individuos del ayuntamiento de San Miguel de Aguayo al de Monclova y los de Villalongin al de Leona Vicario formando una sola corporacion bajo la presidencia del gefe politico ó alcalde 1.º de las ultimas para determinar el número

the first Alcaldes now in office shall continue, and the second, where there are more than one, shall retire; of the Regidores and Syndicos the oldest in office shall retire; but should the stations, of which the Ayuntamientos agreeably to this law should consist, become vacant from the exercise of the power granted to the chiefs in the preceding article for this time, they shall be filled in the manner and form established by law in ordinary cases of this kind that occur.

ART. 17. Towns whose edifices, public squares, streets or public promenades are continuous, one with another, and whose respective inhabitants furthermore maintain a daily intercourse, trade, and connexion with each other, even should there be two or more Ayuntamientos established therein, shall be united, and incorporated into that having the greatest population, assuming the name of the latter, and being considered as one town for establishing one Ayuntamiento only, and other authorities corresponding to one municipality.

ART. 18. In said towns thus conjoined there shall be a full and entire election of the Ayuntamientos they are required to have, and the executive for carrying it into effect shall take the proper measures, analagous to the provision of the constitution and laws on the subject, in order that they may be re-established by the first of May next.

ART. 19. On the day following their restoration they shall form lists relative to the primary judges, and both they and the political chiefs shall otherwise proceed in conformity to the provision of articles 14 and 15 of this law.

ART. 20. The respective Alcaldes shall pass to the aforementioned primary judges, as fast as they are established, the business they might have pending, and that is within the sphere of their attributes.

For its fulfilment, the Governor of the State shall cause it to be printed, published, and circulated.

MARCIAL BORREGO, President.
R. de la FUENTE, D. S.
S. Y. C. FALCON, D. S.

That this law may be duly and punctually fulfilled in conformity to the course prescribed to the executive in article 18, the following provisions shall be observed.—

First:—The municipality of San Francisco and San Miguel de Aguago shall be annexed to that of this capital, and that of Villa Longin, to that of Leona Vicario.

Second:—On the 30th instant the presidents of each of said Ayuntamientos shall convoke the municipal meetings for the election of the new Ayuntamientos within the time specified and according to the manner and form the constitution and existing laws provide.

Third:—On said day the members of the Ayuntamiento of San Miguel de Aguayo, shall also meet with the Ayuntamiento of Monclova, and those of Villa Longin with that of Leona Vicario, forming one sole corporation, the political chief or first Alcalde of the latter presiding

de asambleas que deberán formarse segun dispone el articulo 43 de la constitucion.

4. El dia 6 de Abril y el siguiente, se procederá á las elecciones de un alcalde, quatro regidores y un procurador. El domingo procsimo se reunirán como se dijo anteriormente los ayuntamientos para los demás actos prevenidos por la constitucion y leyes vigentes. Los alcaldes primeros de Monclova y Leona Vicario cjercerán las funciones de presidente cometidas en los articulos 103 y 104 del reglamento y en los demás actos relativos á este asunto.

5. Los nuevamente electos tomarán posesion de sus respectivos cargos el dia 27 del sitado mes.

6. Los quatro ayuntamientos mencionados, dispondrán el corte de cuentas pertenecientes á sus respectivos fondos y las pasarán con la exsistencia liquida á los nuevamente establecidos.

7. Los ayuntamientos de Monclova y Leona Vicario, se recibirán de los archivos muebles y cuanto mas hallan reconocido por de su propiedad, los de San Miguel de Aguayo y Villalongin, por medio de formal entrega que estos ultimos harán á los primeros respectivos bajo inventario.

8. Los ayuntamientos nuevamente electos en esta capital y Leona Vicario en el dia siguiente al de su instalacion procederán al cumplimiento del articulo 19 de este decreto.

9. Luego que se hallan establecido los jueces de primera instancia en los pueblos del Estado, se les pasarán por los respectivos alcaldes los asuntos pendiéntes, libros en que se sientan los juicios y demas archivos correspondientes á los jusgados.

Por tanto, mando se imprima, publique, circule, y se le dé el debido cumplimiento.

Dado en la ciudad de Monclova á 4 de Marzo de 1834.

FRANCISCO V. y VILLASEÑOR.

Jose M. Falcon, Secretario.

DECRETO No. 263.

El Congreso constitucional del Estado libre, independiente, y soberano de Coahuila y Texas, ha tenido á bien decretar:

Art. 1. Despues de publicada el decreto de las Cortes Españoles en 6 de Marzo 1824, sobre supresion de toda clase de vinculaciones, las manos muertas no han podido, ni pueden adquirir bienes raises por ningun titulo.

Art. 2. Se prohibe absolutamente la fundacion de obras pias baxo qualquiera denominacion.

Art. 3. Los capitales que con el titulo de legado ó qualquiera otro se hayan destinado á obras pias, cuya fundacion, ó ereccion no se haya verificado se aplicarán, segun el orden de succesion que señalan las leyes, á los herederos del fundador.

for determining the member of assemblies to be formed as provided in article 43 of the constitution.

Fourth:—On the 6th and 7th of April an election shall be holden for one alcalde, four Regidores and one Procurador. On the Sunday next ensuing the Ayuntamientos shall meet as hereinbefore mentioned for the further acts the constitution and existing laws provide. The first Alcaldes of Monclova and Leona Vicario, shall exercise the functions of president intrusted in articles 103 and 104 of the regulations and in the other acts relative to this subject.

Fifth:—On the 27th of the aforesaid month the persons newly elected shall enter in possession of office.

Sixth:—The aforementioned four Ayuntamientos shall direct the accounts pertaining to their respective funds to be adjusted, and shall pass them with the nett amount on hand to those newly established.

Seventh:—The Ayuntamientos of Monclova and Leona Vicario shall receive the archives, chattels and whatever else the Ayuntamientos of San Miguel de Aguayo and Villa Longin have recognized as their own property, of which the latter shall make to the former respectively a formal delivery by inventory.

Eighth:—The Ayuntamientos newly elected in this capital and Leona Vicario on the day following their installation shall proceed to the fulfillment of article 19th of this decree.

Ninth:—As soon as the primary judges are established in the towns of the state the respective Alcaldes shall pass to them the subjects pending, books wherein the trials are recorded, and other archives belonging to the courts of justice.

Wherefore I command it to be printed, published, circulated and duly fulfilled.

Given at the city of Monclova on the 4th of March, 1834.

F. V. VILLASENOR.

Jose M. Falcon, Secretary.

DECREE No. 263.

The Congress of the State of Coahuila and Texas has thought proper to decree as follows:

Art. 1. Since the publication of the decree of the Spanish Cortes on the 6th of March 1821, on abolishment of every kind of Entail, real estate cannot have been, or be acquired in mortmain by any title.

Art. 2. The founding of edifices built by charitable donation (obras pias) under any denomination whatever is hereby absolutely prohibited.

Art. 3. Capital which under the title of legacy or any other has been appropriated to said edifices which are not yet founded or constructed shall be adjudged, according to the order of succession which the laws point out, to the heirs of the founder.

ART. 4. Quando falten herederos, recaerán los capitales de que habla el articulo anterior conforme á lo dispuesto en la constitucion, en su articulo 15, en la hacienda publica del Estado, y los individuos que no verifiquen su entrega debiendo executarlo serán multados en la quinta parte de lo que importan aquellos.

ART. 5. Si los interesados, á quienes corresponda reclamar los capitales que se refieren no lo verifican dentro del perentorio termino de cinco meses, por solo ese hecho se declarán vacantes, y se adjudicarán á la hacienda publica del Estado.

ART. 6. Ningun testador podrá disponer en beneficio de su alma sino hasta la decima parte del quinto de sus bienes.

ART. 7. Los jueces y escribanos que autorizen instrumentos publicos con clausulas contrarias á este decreto, y al ya citado de las Cortes de España, á mas de le nulidad de dichos instrumentos, devolverán los derechos que hayan exigido, y serán suspendidos, los primeros de los derechos de ciudadanos por el termino de tres años, y los segundos por igual tiempo de su oficio.

ART. 8. Se prohibe la intervencion de la autoridad Ecclesiastica sobre negocios puramente civiles, y queda prohibida en el Estado la visita de testamentos por los Obispos Diocesanos.

Lo tendrá entendido el Gobernador constitucional del Estado para su cumplimiento, haciendolo imprimir, publicar, y circular.

Gobierno Supremo del Estado libre de Coahuila y Texas.

El Gobernador del Estado de Coahuila y Texas, á todos sus habitantes, sabed:—Que el Congreso del mismo Estado ha decretado lo siguiente.

DECRETO No. 264.

El Congreso constitucional del Estado libre, independiente, y soberano de Coahuila y Texas, ha tenido á bien decretar:

El articulo 3.º del decreto de 8 de Abril de 1830 ha debido entenderse aun de aquellas causas en que las determinaciones asesoradas hayan dispuesto sobreserse en ellas. En consequencia, el supremo tribunal de justicia tomará conocimiento de todas las de esta clase que hayan dejado de remitirsele.

Lo tendrá entendido el Gobernador constitucional del Estado para su cumplimiento, haciendolo imprimir, publicar y circular.

RAFAEL de la FUENTE, Presidente,
JOSE Y. C. FALCON, D. S.
JOSE JESUS GRANDE, D. S.

Por tanto, mando se imprima, publique, circule, y se le de el debido cumplimiento.

Dado en la ciudad de Monclova á 5 de Marzo de 1834.

FRANCISCO V. y VILLASENOR.

JOSE M. FALCON, Secretario.

ART. 4. When there are no heirs the capital mentioned in the foregoing article in conformity to the provision of the 15th article of the constitution shall devolve to the state treasury, and the individuals whose duty it is to deliver the same, should they fail so to doo, shall incur a fine of one fifth the import of said capital.

ART. 5. Should the persons interested to whom it belongs to demand the capital herein mentioned not verify it within the peremptory term of five months, pursuant to this sole fact it shall be declared vacant, and adjudged to the state treasury.

ART. 6. No person shall dispose of more than one tenth of the fifth of his property in benefit of his soul.

ART. 7. Judges and notaries who authorize public instruments with clauses contrary to this decree or that before mentioned of the Spanish Cortes, besides the nullity of said instruments, shall return the fees they have exacted, and be suspended, the former in the enjoyment of the rights of citizens for the term of three years, and the latter for the same length of time in their office.

ART. 8. The intervention of the ecclesiastical authority in affairs purely civil is hereby prohibited, also the testament visit in the state by the Bishops of diocess.

For its fulfilment, the Governor of the State shall cause it to be printed, published, and circulated.

Executive Department of the State of Coahuila and Texas.

The Governor of the State of Coahuila and Texas, to all the inhabitants thereof: Be it known, that the congress of said state has decreed as follows:

DECREE No. 264.

The Congress of the State of Coahuila and Texas, has thought proper to decree:

Article 3 of the decree of the 8th of April 1830, should have been understood even in respect to those cases which by decision of the assessor were directed to be relinquished. In pursuance thereof, the supreme tribunal of justice shall take cognizance in all those of this class that have not been forwarded to said tribunal.

For its fulfilment, the Governor of the State shall cause it to be printed, published and circulated.

R. de la FUENTE, President.
JOSE Y. C. FALCON, D. S.
J. J. GRANDE, D. S.

Wherefore I command it to be printed, published, circulated and duly fulfilled.

Given in the city of Monclova on the 5th of March, 1834.

F. V. y VILLASENOR.

JOSE M. FALCON, Secretary.

DECRETO No. 265.

El Congreso constitucional del Estado libre, independiente y soberano de Coahuila y Texas, ha tenido á bien decretar

Art. 1.. Se establece una municipalidad de Matagorda, cuya jurisdiccion se comprende desde donde se desemboca el arroyo carizo en el seno Mexicano, subiendo hasta interceptar el lindero septentrional de la municipalidad de Austin, y de alli al poniente hasta el rio de la Vaca, baxando este hasta su embocadura, y siguiendo la costa hacia el oriente hasta el punto donde dió principio.

Art. 2. A este efecto el alcalde de la villa de Austin pasará á dicha poblacion para presidir las juntas eléctorales del nuevo ayuntamiento segun las leyes.

Art. 3. Se establecerá tambien otro ayuntamiento en San Augustin sobre el arroyo de los Ais; los limites de su jurisdiccion se principiarán en la desembocadura del arroyo chico de la Vaca, donde confluye con el rio de Sabinas, pasando linea recta hasta la desembocadura del mencionado arroyo de los Ais, subiendo en el rio Atoyaque hasta su cabezera principal, y tomando de aqui el rumbo hacia el norte hasta llegar al rio Sabinas decenderá con dicho rio hasta el punto donde comenzó.

Lo tendrá entendido el Gobernador constitucional del Estado, para su cumplimiento, haciendolo imprimir, publicar y circular.

Dado en la ciudad de Monclova á 6 de Marzo de 1834.

Gobierno Supremo del Estado libre de Coahuila y Texas.

El Gobernador del Estado de Coahuila y Texas, á todos sus habitantes, sabed:—Que el Congreso del mismo Estado ha decretado lo siguiente.

DECRETO No. 266.

El Congreso constitucional del Estado libre, independiente y soberano de Coahuila y Texas, ha tenido á bien decretar:

Art. 1. Se toman por el Estado al redito de un cinco por ciento anual sobre el valor que tengan las aguas pertenecientes á los fondos de propios y arbitrios de las villas de Gigedo, Nava, Allende y Morelos, las que se adjudicarán á la villa de Guerrero; debiendo ser por cuenta de los vecinos de esta, todos los gastos que se eroguen en disponer los aqüeductos necesarios para su conduccion.

Art. 2. El vecino ó vecinos de dicha villa que no quieran contribuir pecuniaria ó personalmente á las obras ante dichas, no tendrán derecho alguno al goze de la agua concedida.

Art. 3. El censo de que habla el primer articulo, se pagará por el erario del Estado anualmente á las villas respectivas durante el termino de diez años, y pasado este se amortizará con dinero el capital

DECREE No. 265.

The Congress of the State of Coahuila and Texas, has thought proper to decree:

ART. 1. A municipality shall be established at Matagorda, whose jurisdiction shall be embraced in the following limits; commencing at the entrance of Caney Creek into the Gulph of Mexico, ascending said creek to intercept the northern boundary of the municipality of Austin, thence west as far as la Vaca river, descending said river, to its mouth, and following the coast eastward to the place of beginning.

ART. 2. With this intent the Alcalde of the town of Austin shall proceed to said settlement to preside the at electoral meetings of the new Ayuntamiento according to law.

ART. 3. Another Ayuntamiento shall also be established at San Augustine on Ayish Bayou, the limits of whose jurisdiction shall commence at the junction of Little Cow Creek with the Sabine river, thence in a straight line to the mouth of the aforementioned Ayish Bayou, ascending the river Atoyac to the principal head waters thereof, thence northward to the river Sabine, descending said river to the place of beginning.

For its fulfilment, the Governor of the State shall cause it to be printed, published, and circulated.

March 6, 1834.

Executive Department of the State of Coahuila and Texas.

The Governor of the state of Coahuila and Texas, to all the inhabitants thereof: Be it known, that the congress of said state has decreed as follows:

DECREE No. 266.

The Congress of the State of Coahuila and Texas, has thought proper to decree:

ART. 1. The waters pertaining to the municipal funds and means of the towns of Gigedo, Nava, Allende, and Morelos shall be taken by the state at a rent of five per cent. per annum on the value thereof, and adjudged to the town of Guerrero, and all expense incurred in providing aqueducts for the conveyance thereof, shall be on account of the inhabitants of said town of Guerrero.

ART. 2. Those of the inhabitants of said town who are unwilling to contribute pecuniary or personally to the aforementioned works, shall have no right to avail themselves of the water conceded.

ART. 3. The rent specified in article 1, shall be paid annually to the respective towns by the state treasury, for the term of ten years, and at the expiration thereof the capital to which the waters taken amount

que importen las aguas tomadas, si asi lo permite la situacion en que se halle el mismo erario; ó con tierras valdias por el precio que tengan por las leyes, si no pudiére ser del otro modo.

ART. 4. Se concede á la referida villa de Guerrero quatro citios de tierra de los valdios que halla aprocsimados á la de su antiguo fondo.

ART. 5. Para sacar las aguas concedidas y darles la aplicadion que quiére esta ley, el gobierno dispondrá lo conveniente á fin de que por los respectivos calculos, y operaciones que deben practicarse en las acequias por donde corran las aguas principales pertenecientes á los vecinos de las quatro villas de cuyos propios se toma la agua para Guerrero, venga á correr expeditamente la que se concede á esta villa, se gradue y dedusca de manera que su curso hácia la misma sea continuado, y sin intermision alguna de tiempo.

ART. 6. El mismo gobierno dictará las providencias relativas á la aplicacion de tierras valdias de que habla el articulo 4º.

Lo tendrá entendido el Gobernador constitucional del Estado para su cumplimiento, haciendolo imprimir, publicar, y circular.

J. F. de LOMBRANA, Presidente
JOSE Y. C. FALCON, D. S.
JOSE J. GRANDE, D. S.

Por tanto, mando se imprima, publique, circule, y se le dé el debido cumplimiento.

Dado en la ciudad de Monclova á 8 de Marzo de 1834.

FRANCISCO V. y VILLASENOR.

JOSE M. FALCON, Secretario.

Gobierno Supremo del Estado libre de Coahuila y Texas.

El Gobernador del Estado de Coahuila y Texas, á todos sus habitantes, Sabed:—Que el Congreso del mismo Estado ha decretado lo que sigue.

DECRETO No. 267.

El Congreso constitucional del Estado libre, independiente y soberano de Coahuila y Texas, ha tenido á bien decretar:

Se derogan los decretos de 4 y 25 de Abril de 1832.

Lo tendrá entendido el Gobernador constitucional del Estado para su cumplimiento, haciendolo imprimir, publicar y circular.

J. F. de LOMBRANA, Presidente,
JOSE Y. C. FALCON, D. S.
JOSE JESUS GRANDE, D. S.

Por tanto, mando se imprima, publique, circule, y se le de el debido cumplimiento.

Dado en la ciudad de Monclova á 10 de Marzo de 1834.

FRANCISCO V. y VILLASENOR.

JOSE M. FALCON, Secretario.

shall be amortized in money, should the condition of said treasury permit, or should that not be possible, in vacant lands at their lawful price.

ART. 4. Four sitios of vacant land are hereby granted to the town of Guerrero, of the vacant lands lying near the ancient established farm tract of said town.

ART. 5. For conducting the waters granted, and applying them according to the intent of this law, the executive shall take the proper measures in order that the respective channels which are to convey the main waters pertaining to the inhabitants of the four towns, from whose municipal means the water is taken for Guerrero, be respectively measured, having the proper inclination, and so made, that the water granted the latter shall run freely, and be conveyed to said town in an uninterrupted and continued current.

ART. 6. The executive shall dictate the proper measures relative to awarding the vacant lands specified in article 4.

For its fulfilment, the Governor of the State shall cause it to be printed, published, and circulated.

J. F. de DOMBRANA, Vice President.
J. Y: C. FALCON, D. S.
J. J. GRANDE, D. S.

Wherefore I command it to be printed, published, circulated and duly fulfilled.

Given at the city of Monclova on the 8th of March, 1834.

F. V. y VILLASENOR.

JOSE M. FALCON, Secretary.

Executive Department of the State of Coahuila and Texas.

The Governor of the State of Coahuila and Texas, to all the inhabitants thereof: Be it known, that the congress of said state has decreed as follows:

DECREE No. 267.

The decrees of the 4th and 25th of April, 1832, are hereby repealed.

For its fulfilment, the Governor of the State shall cause it to be printed, published, and circulated.

J. F. de LOMBRANA, Vice President.
J. Y. C. FALCON, D. S.
J. J. GRANDE, D. S.

Wherefore I command it to be printed published, circulated, and duly fulfilled.

Given at the city of Monclova on the 10th of March, 1834.

FRANCISCO V. y VILLASENOR.

JOSE MIGUEL FALCON, Secretary.

Gobierno Supremo del Estado libre de Coahuila y Texas.

El Gobernador del Estado de Coahuila y Texas á todos sus habitantes, sabed:—Que el Congreso del mismo Estado ha decretado lo que sigue.

DECRETO No. 268.

El Congreso constitucional del Estado libre, independiente y soberano de Coahuila y Texas, ha tenido á bien decretar:

Art. 1. La dotacion para el gobernador del Estado, será de quatro mil pesos anuales, y mil que por una vez en cada cuatrenio se le darán al tiempo de comunicarle su nombramiento para que esteblesca su casa en la capital.

Art. 2. El secretario para el despacho de gobierno, disfrutará dos mil y quinientos pesos al año.

Lo tendrá entendido el Gobernador constitucional del Estado para su cumplimiento, haciendolo imprimir, publicar y circular.

J. F. de LOMBRANA, Presidente,
JOSE Y. C. FALCON, D. S.
JOSE JESUS GRANDE, D, S.

Por tanto mando se imprima, publique, circule, y se le dé el debido cumplimiento.

Dado en la ciudad de Monclova á 7 de Marzo de 1834.

FRANCISCO V. y VILLASENOR.

Jose M. Falcon, Secretario.

Gobierno Supremo del Estado libre de de Coahuila y Texas.

El Gobernador del Estado de Coahuila y Texas á todos sus habitantes, Sabed:—Que el Congreso del mismo Estado ha decretado lo siguiente.

DECRETO No. 269.

El Congreso constitucional del Estado libre, independiente, y soberano de Coahuila y Texas, ha tenido á bien decretar:

Art. 1. Solo tienen derecho á las aguas y tierras de Vilbao adjuntadas á la villa de Viesca conforme lo dispuesto en el decreto de 21 de Septiembre de 1830, los que pecuniaria ó personalmente contribuyan á los trabajos necesarios para hacerlas utiles.

Art. 2. Los que hasta ahora no hayan contribuido de la manera dicha en los trabajos que se han impendido, tendrán opcion á dichas tierras y aguas si se sujetáren á contribuir proporcionalmente segun lo que se hubiére gastado, y sea preciso seguir gastando hasta la conclucion de las obras respectivas.

Executive Department of the State of Coahuila and Texas.

The Governor of the State of Coahuila and Texas, to all the inhabitants thereof: Be it known that the congress of said state has decreed as follows:

DECREE No. 268.

The Congress of the state of Coahuila and Texas, has thought proper to decree:

The salary of the Governor of the state shall be four thousand dollars per annum, and one thousand which shall be paid him once every four years term, at the time of communicating him his appointment, for establishing his dwelling in the capitol.

For its fulfilment, the Governor of the State shall cause it to be printed, published, and circulated.

J. F. de LOMBRANA, Vice President.
JOSE Y. C. FALCON, D. S.
J. J. GRANDE, D. S.

Wherefore I command it to be printed, published, circulated and duly fulfilled.

Given at the city of Monclova on the 7th March, 1834.

FRANCISCO V. y VILLASENOR.

Jose Miguel Falcon, Secretary.

Executive Department of the State of Coahuila and Texas.

The Governor of the State of Coahuila and Texas, in exercise of the executive power, to all the inhabitants thereof: Be it known, that the congress of the said state has decreed as follows:

DECREE No. 269.

The Congress of the State of Coahuila and Texas, has thought proper to decree:

Art. 1. Only those who contribute pecuniary or personally to the labour required for rendering serviceable the lands and waters of Bilbao, annexed to the town of Viesca, in conformity to the provision of the decree of the 21st of September, 1830, shall be entitled to said lands and waters.

Art. 2. Those who have not hitherto contributed in said manner to the labour that has been suspended, shall acquire a right in said lands and waters should they submit to contribute proportionally to the expense hitherto incurred, and that it shall be necessary to incur until the conclusion of the respective works.

Art. 3. El ayuntamiento de la villa de Viesca en la manera mas solemne publicará esta ley á fin de que llegando á noticia de todos los que pueden optar las tierras y aguas de que se habla expliquen su voluntad sobre contribuir, ò no, en conformidad de lo que prebiene el articulo anterior, para dicerniles el derecho que por el primero les corresponda.

Lo téndrá entendido el Gobernador constitucional del Estado para su cumplimiento, haciendolo imprimir, publicar y circular.

J. F. de LOMBRANA, Presidente,
JOSE Y. C. FALCON, D. S.
JOSE JESUS GRANDE, D. S.

Por tanto, mando se imprima, publique, circule y se le dé el debido cumplimiento.

Dado en la ciudad de Monclova á 11 de Marzo de 1834.

FRANCISCO V. y VILLASENOR.
Jose M. Falcon, Secretario.

Gobierno Supremo del Estado libre de Coahuila y Texas.

El Gobernador del Estado de Coahuila y Texas á todos sus habitantes, sabed:—Que el Congreso del mismo Estado ha decretado lo siguiente.

DECRETO No. 270.

El Congreso constitucional del Estado libre, independiente, y soberano de Coahuila y Texas, usando de la facultad que le concede el articulo 8º de la constitucion, ha tenido á bien decretar lo siguiente.

Art. 1. Para el gobierno politico, se divide el territorio del Estado en siete departamentos ò partidos que serán, Bejar, Brazos, Guerrero, Monclova, Nacogdoches, Parras y Saltillo.

Art. 2. En la seccion conocida con el nombre de Coahuila, serán los limites, y cabezeras de cada uno, los mismos que tenian antes.

Art. 3. La linea divisoria entre los de Bejar y Brazos, comenzará en la desembocadura del Rio de la Baca, y subiendo el espresado Rio hasta el limite meridional de la que fué colonia de Gren de Wite: dejando el Rio sigue el referido limite hácia al Occidente hasta pasar el Rio de Guadalupe: volviendo hácia el Norueste sigue el limite occidental de la citada colonia hasta el camino que pasa de Bejar á Nacogdoches, y tomando desde este punto el rumbo al Norte se remata en el Rio Rojo de Natchitoches. Su cabezera será la villa de San Felipe.

Art. 4. Los limites del departamento de Nacogdoches serán los mismos señalados por el decreto de 31 de Enero de 1831, y la villa de su nombre es la cabezéra.

ART. 3. The Ayuntamiento of the town of Viesca shall publish this law in the most formal manner, that it may come to the knowledge of all persons who can acquire a right in the lands and waters herein specified, and that they may express their pleasure with regard to contributing agreeably to the provision of the preceding article, for the purpose of determining the right that belongs to them by article 1.

For its fulfilment, the Governor of the State shall cause it to be printed, published, and circulated.

J. F. de LOMBRANA, Vice President.
J. Y. C. FALCON, D. S.
J. J. GRANDE, D. S.

Wherefore I command it to be printed, published, circulated and duly fulfilled.

Given at the city of Monclova on the 11th March, 1834.

FRANCISCO V. y VILLASENOR.

Jose Miguel Falcon, Secretary.

Executive Department of the State of Coahuila and Texas.

The Governor, of the State of Coahuila and Texas, to all the inhabitants thereof: Be it known, that the Congress of said State has decreed as follows:

DECREE No. 270.

The Congress of the State of Coahuila and Texas, in exercise of the power conferred in article 8 of the constitution, has thought proper to decree:

ART. 1. The territory of the state, for the political administration thereof, shall be divided into the seven following departments or districts, to wit:—Bexar, Brazos, Guerrero, Monclova, Nacogdoches, Parras and Saltillo.

ART. 2. In the section denominated Coahuila, the limits and capital towns of each shall be the same as heretofore.

ART. 3. The dividing line between those of Bexar and Brazos, shall commence at the mouth of la Vaca river, and ascending said river to the southern limit of the former colony of Green de Witt; thence leaving said river and following said boundary westward until it crosses the river Guadalupe; thence taking a north westerly direction, and following the western boundary of the aforesaid colony to the road leading between Nacogdoches and Bexar; thence north, and terminating at Red River. The town of San Felipe shall be the capitol thereof.

ART. 4. The limits of the department of Nacogdoches shall be the same as pointed out in decree of the 31st of January, 1831, and the town of the same name shall be the capital.

Art. 5. En cada uno de los departamentos habrá un gefe de policía con el caracter y atribuciones que la constitucion y leyes señalan á los funcionarios de esta clase.

Art. 6. Al recibo de este decreto se procederá con arreglo á la constitucion, al nombramiento de estos gefes donde no los haya establecidos, y los que fuéren nombrados durarán en sus funciones hasta el 1.º de Mayo de 1835 en que debe hacerse la renovacion general.

Art. 7. En el mismo año y en los cuatrienios siguientes recordará el gobierno desde el mes de Enero, á los ayuntamientos ecepto los que pertenecen al departamento de la capital, la obligacion que tienen de remitir los informes de que habla el articulo 147 de la constitucion, á fin de que oportunamente se propongan las ternas por el consejo, y se hagan los nombramientos de dichos gefes por el gobernador, que ha de funcionar en el mismo tiempo que ellos.

Art. 8. El sueldo de estos funcionarios, será el de ochocientos pesos anuales que se les pagarán por mesadas vencidas, comprendiendo esta disposicion al de la capital, cuando por falta del vice-gobernador ejersa la gefatura de policia el substituto de que habla el articulo 116 de la constitucion, á menos de que el nombramiento recaiga en un empleado de mayor sueldo, en cuyo caso se estará á lo dispuesto por las leyes.

Art. 9. No se hará novedad en cuanto á la dotacion y planta de las oficinas del gobierno politico en la capital, y departamentos del Saltillo y Parras, y se abonarán cuatrocientos pesos anuales á cada uno de los gefes de Tejas, y doscientos al de Guerrero, para todo gasto de despacho.

Art. 10. En Tejas se nombrará un diputado propietario, y un suplente en cada departamento para el Congreso del Estado, comensando esta disposicion á tener su efecto desde las primeras elecciones que se hagan para la renovacion del actual.

Art. 11. Son idiomas legales en Tejas el castellano y el ingles: de ambos se podrá usar en los actos de la administracion publica, segun lo requiera el caso, menos en las comunicaciones con los poderes supremos que se tendrán precisamente en castellano.

Art. 12. En Tejas no rejirá el articulo 69 del decreto numero 37 de 13 de Junio de 1827.

Lo tendrá entendido el Gobernador constitucional del Estado para su cumplimiento, haciendolo imprimir, publicar y circular.

R. de la FUENTE, Presidente,
JOSE Y. C. FALCON, D. S.
JOSE J. GRANDE, D. S.

Por tanto, mando se imprima, publique, circule, y se le dé el debido cumplimiento.

Dado en la ciudad de Monclova á 18 de Marzo de 1834.

FRANCISCO V. y VILLASENOR.
Jose M. Falcon, Secretario.

ART. 5. In each of the departments there shall be a police chief having the character and attributes the constitution and laws assign to that class of officers.

ART. 6. On receipt of this decree, the appointment of these chiefs where there are none established, shall be proceeded to agreeably to the constitution, and those appointed shall continue in the exercise of their functions until the 1st day of May, 1835, when the general election for new officers shall be holden.

ART. 7. On said year, and each succeeding four years term the executive from the month of January shall remind the Ayuntamientos, with the exception of those pertaining to the department of the capital, of their obligation to forward the reports specified in article 147 of the constitution, that the nominations of three may be seasonably proposed by the council, and that the appointment of said chiefs may be made by the Governor, who is to hold his office for the same term as themselves.

ART. 8. Said officers shall receive a salary of eight hundred dollars per annum, in payments at the end of every month, and when from default of the Vice Governor the substitute mentioned in article 116 of the constitution shall officiate as police chief, he shall receive the same salary, unless the appointment devolve on some officer whose salary is still more, in which case the provision of the laws shall be adhered to.

ART. 9. No change shall be made with regard to the appropriation for, and location of, the police halls or offices in the capital, and departments of Saltillo and Parras, and four hundred dollars per annum shall be paid to each of the chiefs of Texas, and the chief of Guerrero for all office expense.

ART. 10. In Texas, one deputy proper, and one substitute to the state congress, shall be chosen, and this arrangement shall commence to go into effect from the first election made to renew the present congress.

ART. 11. The Castilian and English shall be lawful languages in Texas; both may be used in the acts of the public administration as the case may require, except in communications with the supreme power, which shall be made expressly in Castilian.

ART. 12. Article 69 of decree No. 37 of the 13th of June 1827, shall not be in force in Texas.

For its fulfilment, the Governor of the State shall cause it to be printed, published, and circulated.

R. de la FUENTE, President.
JOSE Y. C. FALCON, D. S.
J. J. GRANDE, D. S.

Wherefore I command it to be printed, published, circulated and duly fulfilled.

Given in the city of Monclova on the 18th March, 1834.

F. V. y VILLASENOR.

Jose M. Falcon, Secretary.

Gobierno Supremo del Estado libre de Coahuila y Texas.

El Gobernador del Estado de Coahuila y Texas á todos sus habitantes, sabed:—Que el Congreso del mismo Estado ha decretado lo siguiente.

DECRETO No. 271.

El Congreso constitucional del Estado libre, independiente y soberano de Coahuila y Texas, ha tenido á bien decretar:

Art. 1. Se concede al ciudadano Diego Grant, privilegio esclusivo por el término de diez años, para fabricar con máquinas toda clase de generos burdos de algodon y lana; en los tres departamentos de Monclova, Saltillo y Parras, con tal que las máquinas no sean de las hasta ahora establecidas, y que los generos tengan mejor calidad de los que ya se fabrican en dichos departamentos.

Art. 2. Se admite la obligacion en que el mismo ciudadano Grant se constituye de comprar preferentemente los algodones y lanas que produscan dichos departamentos y le presenten los cultivadores ó vendedores de estos articulos, por el mismo precio que podriá adquirirlos de otro suelo.

Art. 3. Por el tiempo que dure el privilegio, pagarán los artefactos producidos de estas máquinas como unico derecho, el cinco por ciento de consumo señalado á los efectos estrangeros de su clase, y son absolutamente libres en las ventas por mayor.

Lo tendrá entendido el Gobernador constitucional del Estado, para su cumplimiento, haciendolo imprimir, publicar y circular.

R. de la FUENTE, Presidente.
JOSE Y. C. FALCON, D. S.
JOSE J. GRANDE. D. S.

Por tanto, mando se imprima, publique, circule y se le dé el debido cumplimiento.

Dado en la ciudad de Monclova á 26 de Marzo de 1834.

FRANCISCO V. y VILLASENOR.

Jose M. Falcon, Secretario.

Gobierno Supremo del Estado libre de Coahuila y Texas.

El Gobernador del Estado de Coahuila y Texas, á todos sus habitantes, sabed:—Que el Congreso del mismo Estado ha decretado lo siguiente.

DECRETO No. 272.

El Congreso constitucional del Estado libre, independiente y soberano de Coahuila y Texas, ha tenido á bien decretar:

SECCION I.

Art. 1. Las tierras valdias del Estado, se venderán en publica subasta.

Art. 2. Para la medida lineal, será unidad la vara de tres pies geometricos y la milla que consta de mil varas; y para la medida areal

Executive Department of the State of Coahuila and Texas.

The Governor of the State of Coahuila and Texas, to all the inhabitants thereof: Be it known, that the congress of said state has decree as follows:

DECREE No. 271.

The Congress of the State of Coahuila and Texas has thought proper to decree as follows:

ART. 1. Exclusive privilege is hereby granted to James Grant for the term of ten years for manufacturing with machinery every kind of common cotton and woolen goods, in the three departments of Monclova, Saltillo and Parras, provided, that the machines be not of those hitherto established, and that the goods be of a better quality than those now manufactured in said departments.

ART. 2. It is hereby admitted that said Grant bind himself to purchase in preference the cotton and wool produced in said departments, and presented him by the growers or traders of said articles at the same price he could obtain them elsewhere.

ART. 3. During the term of the privilege the goods manufactured by said machines shall pay only the five per cent. duty of consumption assigned to foreign effects of that class, and at wholesale they shall be entirely free.

For its fulfilment, the Governor of the State shall cause it to be printed, published and circulated.

R. de la FUENTE, President.
JOSE Y. C. FALCON, D. S.
J. J. GRANDE, D. S.

Wherefore I command it to be printed, published, circulated and duly fulfilled.

Given in the city of Monclova on the 26th March, 1834.

F. V. y VILLASENOR.

JOSE M. FAFCON, Secretary.

Executive Department of the State of Coahuila and Texas.

The Governor of the State of Coahuila and Texas, to all the inhabitants thereof: Be it known, that the congress of said state has decreed as follows:

DECREE No. 272.

The Congress of the State of Coahuila and Texas has thought proper to decree:

SECTION 1.

ART. 1. The vacant lands of the state shall be sold at public auction.

ART. 2. A vara of three geometrical feet, and a mile consisting of a thousand varas, shall be the unit for lineal measure; and a *millonada*

lo será la vará cuadrada, y la millonada que contiene un millon de varas cuadradas, ó lo que es lo mismo estando en cuadro mil varas por cada lado.

Art. 3. Las tierras se subastarán de orden del gobierno cuando tenga á bien mandar que se midan y vendan las de algun distrito, ó por denuncio de alguna personá interesada en comprar algun terreno que podrá señalar y pedir que se mida.

Art. 4. En uno y otro caso, se medirán las tierras en partes que no ecsedan de una millonada, y medidas que fuéren, se dará aviso al público por tres meses de la venta y del dia en que se ha de verificar, fixandose para el efecto cédulas en todas las municipalidades del departamento á que correspondan las tierras y en las de los dos mas inmediatos, y estando en Tejas en todos las de los tres departamentos con una descripcion de ellas en terminos generales y noticia del punto en que se hallen.

Art. 5. Llegado el dia señalado para la venta se ofrecerán en almoneda publica por millonadas, ó fracciones de millonada y se rematarán en el mejor postor siempre que no baje la postura del precio minimo.

Art. 6. El precio minimo son diez pesos en Tejas por cada millonada pagaderos por terceras partes, la primera al contado, la segunda al espirar el primer año y la tercera al concluir el segundo, bajo la pena de perderse lo que se ha pagado y quedar nulo el titulo en caso de que falte el cumplimiento pudiendo el comprador pagarlo todo al contado si asi le conviniere.

Art. 7. En los demas del Estado será el precio minimo de una millonada, cuatro pesos en el primer año de publicada esta ley: seis en el año segundo: ocho en el tercero, y diez en los siguientes, pagaderos en los mismos términos y con las mismas condiciones prevenidas en el articulo anterior.

Art. 8. El estrangero que quiéra ser comprador prestará juramento de obedecer y sostener las constituciones y leyes generales y del Estado que adopta por su patria, con cuyo requisito se considerará desde luego como colodo del mismo Estado y por consequencia naturalizado al fin de un año sin que antes de su terminacion pueda quedar perfecto su titulo.

Art. 9 Los compradores que no pertenecen al Estado, se establecerán en él con sus familias, si las tienen, dentro de un año pena de perder las tierras compradas, y lo que hayan pagado por ellas.

Art. 10. A nadie se molestará por sus opiniones politicas y religiosas con tal que no turbe el orden público.

Art. 11. No puede una misma persona ser comprador de mas de doscientas setenta y cinco millonadas, y ninguna corporacion ó compañia puede comprar.

Art. 12. A este fin todo comprador al tiempo de recibir el titulo de su tierra, declarará bajo juramento que no ha comprado para otra

containing a million square varas, or what is the same thing, a square measuring a thousand varas on each side shall be the unit for area measure.

Art. 3. The lands shall be sold at public auction by order of the executive when he thinks proper to order those of any district to be surveyed and sold, or on notice from any person interested in purchasing any land, which he may point out, and of which he may request a survey.

Art. 4. The lands in both cases shall be surveyed in parcels not exceeding a *millonada*, and after they are surveyed, the sale, and day whereon it is to be made, shall be advertised for three months, posting written slips for that object in all the municipalities of the department to which the lands belong, and in those of the two nearest departments, and should it be in Texas in all those of the three departments; describing said lands in general terms, and giving notice of the place where they lie.

Art. 5. The day appointed for the sale having arrived, they shall be offered at public auction in millonadas, or fractions of millonada, and adjudged to the highest bidder, provided, that the bid does not fall short of the minimum price.

Art. 6. The minimum price in Texas shall be ten dollars for each millonada, payable in three installments; the first in hand, the second at the expiration of the first, and the third of the second year, under penalty of forfeiting what has been paid, and of the title becoming null in case of non-fulfilment, and the purchaser may pay the whole in advance should it thus suit his convenience.

Art. 7. In the other departments of the state the minimum price shall be four dollars for the first year from the publication of this law, six the second, eight the third, and ten for subsequent years, payable in the same manner, and with the same conditions as provided in the foregoing article.

Art. 8. Foreigners, who wish to become purchasers shall make oath to obey and sustain the constitution and laws of the republic and those of the state they adopt as their country, and having complied with this requisite they shall be considered as colonists of said state, and in pursuance thereof naturalized, at the expiration of one year; before which period their titles cannot become perfected.

Art. 9. Purchasers not belonging to the state shall settle therein with their families, if they have any, within one year under penalty of forfeiting the lands purchased, and what they shall have paid thereon.

Art. 10. No person shall be molested for political and religious opinions, provided, he shall not disturb the public order.

Art. 11. The same person shall not be permitted to purchase more than two hundred and seventy-five millonadas, and no corporation or company shall be allowed to purchase.

Art. 12. For this object every purchaser, on receiving the title to his land, shall declare under oath that he has not purchased for another

persona sin solo para él mismo: ó como apoderado de otro que señalará por su nombre y apellido; y en este caso no se expedirá el titulo hasta que no se presente el verdadero comprador á recibirlo en su propio nombre, lo que debe verificar dentro de un año pena de perder su derecho y lo que sa haya pagado.

SECCION II.

Art. 13. Para el buen arreglo y mejor administracion de este ramo habrá dos comisionodos generales que se nombrarán por el gobierno, uno para Tejas y otro para Coahuila.

Art. 14. Tambien habrá comisionados subalternos en el numero que crea conveniente el gobierno, y este señalará en el despacho de su nombramiento los limites del distrito en que hayan de funcionar.

Art. 15. Las atribuciones y obligaciones de los comisionados subalternos son las siguientes:—Cumplir las ordenes, é instrucciones del gobierno, y del comisionado general respectivo. Nombrar agrimensores idoneos, bajo su responsabilidad, y recibirles el juramento del articulo 19. Hacer medir las tierras segun está prevenido en los articulos 3 y 4. Tener un libro encuadernado de papel comun en que registrar muy escrupulosamente las medidas con todas sus circunstancias, poniendo un mapa de ellas, y firmando la razon con el agrimensor que las haya hecho, y testigos que han andado con él. Formar un mapa general de su distrito en que se anotarán las medidas particulares, y las ventas que se hayan hecho. Dar los avisos de que se habla en el articulo 4.º y dirijirlos á los alcaldes respectivos, para que los hagan fijar en el paraje mas público y acostumbrado. Vender las tierras como se previene en los articulos 1, 3, 4, 5, 6, y 7. Tener otro libro encuadernado en que tomará razon de todas las ventas que hiciére, describiendo circunstanciadamente las tierras y sus medidas con un mapa, y espresando el precio de la venta que firmará con el comprador y testigos. Dar sin dilacion una copia certificada al comprador de dicha razon con el mapa y estando las tierras en diversos parajes un certificado distinto por cada uno. Remitir al comisionado general el mapa de su distrito y dar á este y al gobierno las noticias que le pidan.

Art. 16. Las facultades y obligaciones de los comisionados generales, son: sugetarse en todo á las ordenes é instrucciones del gobierno y darle cuantos informes pida, y los que sean convenientes sobre las tierras que segun su parecer puedan y deban venderse estando muy á la mira de los términos en que fenecerán las contratas de colonizacion celebradas antes de publicarse esta ley. Expedir á nombre del Estado á los compradores los titulos de las tierras vendidas en conformidad de los certificados que le presenten de los comisionados subalternos con descripcion de las tierras y sus medidas, y esprecion del valor en que se vendiéron. Recibir el juramento de que habla el articulo 12, y en su caso el prevenido en el 8.º antes de expedir su titulo al comprador estrangero. Registrar dichos titulos en un libro encuadernado que ten-

person, but for himself only, or as attorney of another, whom he shall make known by his entire name, and in that case the title shall not be issued until the true purchaser appears to receive it in his own name, which shall do within one year under penalty of forfeiting his right, and what shall have been paid.

SECTION 2.

ART. 13. For the proper regulation, and better administration of this department there shall be two general commissioners, to be appointed by the executive, one for Coahuila, the other for Texas.

ART. 14. There shall also be such number of subordinate commissioners as the executive shall deem proper, and he shall assign them in their commissions the limits of the district wherein they are to exercise their functions.

ART. 15. The attributes and duties of the subordinate commissioners shall be as follows:—To fulfil the orders and instructions of the executive, and the respective general commissioners.—Appoint surveyors duly qualified, on their responsibility, and administer them the oath specified in article 19.—Cause the lands to be surveyed in accordance with the provision of articles 3 and 4.—Keep a bound book of common paper for carefully recording the surveys therein, adding a map of the same, and signing the recital with the surveyor who made the survey, and witnesses who accompanied him.—Form a general map of his district, whereon the particular surveys, and sales that shall have been made, shall be noted down.—Furnish the advertisements mentioned in article 4, and direct them to the respective Alcaldes that they may cause them to be posted up in the most public and usual place.—Sell the lands as provided in articles 1, 3, 4, 5, 6 and 7.—Keep another bound book, wherein he shall specify all the sales he shall make, minutely describing the lands and surveys thereof, with a map, and stating the price of the sale, which he shall sign with the purchaser and witnesses.—Furnish the purchaser, without delay, a certified copy of said recital, with a map, and should the lands be in different places, a seperate certificate for each. —And forward to the general commissioner the map of his district, and give to said commissioner and to the executive such information as they shall request.

ART. 16. The powers and duties of the general commissioners shall be as follows:—To conform entirely to the orders and instructions of the executive, and submit to him whatever information he requests, and what is proper with regard to lands which in his opinion may be, and ought to be sold, paying strict attention to the time specified, whereon the colonization contracts entered into previous to the publication of this law, are to expire.—Issue to purchasers in the name of the state the titles to the land sold in accordance with the certificates they present him from the subordinate commissioners, describing the lands and surveys thereof, and expressing the amount for which they were sold.—Administer the oath mentioned in article 12, and, as the case may be, that prescribed in article 8 previous to issuing to a purchaser his titles, being a

drán al afecto haciendo que tambien los interesados y testigos firmen los espresados registros. Pedir á los comisionados subalternos los informes que le parescan convenientes, y darles las instrucciones necesarias, recibiendo de ellos los mapas de sus distritos, y formar un archivo de todos.

Art. 17. Los titulos se expedirán en papel del sello correspondiente á la cantidaa que se verse en conformidad de las leyes ecsistentes.

Art. 18. Habrá en cada departamento del Estado, un oficial recaudador de nombramiento del gobierno, y sus obligaciones son las siguientes:—Afianzar su responsabilidad á satisfaccion del gobierno, y recidir en el punto que les designe. Cobrar y ricibir de los compradores el precio de las tierras en conformidad de los articulos 5, 6, y 7, estendiendo al pie de los titulos que les presentarán de los comisionados generales el recibo correspondiente que firmarán con testigos, y hacer ademas todas las liquidaciones y cobros de lo que por qualquiera titulo se deba al Estado á no ser que por la autoridad respectiva se disponga otra cosa Registrar dichos titulos en un libro encuadernado que tendrán para este efecto con esprecion de la cantidad de la tierra, sus medidas y precio y firmarlo con el interesado, y testigos. Dar cuenta con el pago en los tiempos que el gobierno señale, y siempre que lo pida.

Art. 19. Los agrimensores prestarán juramento de desempeñar verdadera y fielmente su oficio, ante el comisionado respectivo.

Art. 20. El rumbo de las lineas se determinará por la aguja magnectica y se cuidará de determinar su variacion del norte verdadero en el distrito donde se tiren las medidas.

Art. 21. Estas se harán muy escrupulosamente con cadenas metálicas, hechas al proposito, y se cuidará que el punto de partir la medida de cada pedazo de tierra, se establesca con certeza, tomandase los rumbos y las distancias de dos objetos permanentes á lo menos.

Art. 22. Las tierras que linden con arroyos permanentes, rios, lagunas grandes, bahias y la playa del mar, tendrán de fondo el tamaño duplicado de su frente.

Art. 23. Para evitar pleitos, y dificultades futuras, se presentarán por las autoridades respectivas al comisionado subalterno luego que empiese á funcionár, todos los titulos y concesiones de tierras ya hechas á fin de que tome razon de ellas en el libro respectivo, y haga rectificar las medidas que estubiéren confuscs para que no choquen unas con otras.

Art. 24. Si los documentos de que se habla en el articulo anterior estubiéren en poder de particulares, los presentarán estos para el mismo fin dentro de un año, pena de perdér el derecho si por falta de estas noticias se diéren las tierras á otra persona.

Art. 25. Los agrimensores cobrarán de los compradores de tierras, doce reales por cada mil varas de medida lineal.

foreignor.—Record said titles in a bound book which they shall keep for the purpose, causing the persons interested and witnesses also to sign the registers.—To require of the subordinate commissioners such information as they think proper, and give them the necessary instructions, receiving from them the maps of their districts.—And to form Archives of the whole.

Art. 17. The titles shall be issued on paper of the seal corresponding to the amount negotiated in conformity to the existing laws.

Art. 18. There shall be a collector in each department of the state, appointed by the executive; and their duties shall be as follows:— To bind themselves responsible to the satisfaction of the executive, and reside at the place he designates.—Collect and receive of purchasers the price of the lands in conformity to articles 5, 6 and 7, writing out at the bottom of the titles which said purchasers shall present them from the general commissioners, the corresponding receipt, which they shall sign with witnesses.—And furthermore, to make all the liquidations and collections of what shall be due the state on any ground whatever, unless the respective authority shall otherwise direct.—Record said titles in a bound book, which they shall keep for that object, stating the survey and price thereof.—And signing the same with witnesses.—To notify the payment at such times as the executive designates, and whenever he requests.

Art. 19. The surveyors shall make oath before the respective commissioner truly and faithfully to discharge the duties of their office.

Art. 20. The course of the lines shall be determined by the magnetic needle, and care shall be taken to determine its variation from the pole in the district where the surveys are made.

Art. 21. The surveys shall be made with great caution with metalic chains made for the purpose, and care shall be taken that the place of beginning the survey of each parcel of land be established with certainty, taking the bearings and distances of two permanent objects at least.

Art. 22. Lands fronting on permanent creeks, rivers, large lakes, bays and the sea shore, shall run back double the extent of their front.

Art. 23. To avoid litigation and future difficulties the respective authorities shall present to the subordinate commissioner as soon as he enters on the discharge of his duties, all the titles and grants of land heretofore made that he may note down the same in the respective book, and cause such surveys as should not be distinct, to be rectified, that they may not interfere one with another.

Art. 24. Should the documents mentioned in the preceding article be in possession of private individuals, they shall present the same for the aforesaid object within one year, under penalty of forfeiting the right, should the lands be granted to other persons for want of this knowledge.

Art. 25. The surveyors shall receive from the purchasers of lands twelve rials for every thousand varas of lineal measure.

Art. 26. Los comisionados subalternos, cobrarán en los mismos términos cinco pesos por cada certificado que expidiéren de las ventas que hagan.

Art. 27. Los comisionados generales cobrarán ocho pesos por cada titulo que dén.

Art. 28. Los recaudadores tendrán por honorario el seis por ciento de las cantidades que cobren y reciban.

Art. 29. Se derogan todas las instrucciones para los comisionados expedidas con anterioridad á este decreto en cuanto se opongan á él, y quedan igualmente derogados los decretos numeros 62 de 15 de Mayo de 1828, 190 de 28 de Abril de 1832, y 128 de 7 de igual mes de 1830 quedando vigentes unicamente los sies últimos articulos de este.

Art. 30. No se hará en lo succesivo ninguna contrata de colonizacion, y las celebradas hasta aqui serán cumplidas religiosamente con entero arreglo á la ley de 24 de Marzo de 1825.

SECCION III.

Art. 31. Ninguna solicitud sobre prórroga de tiempo á las contratas se pasará al Congreso por el gobierno si no están documentadas en manera que se compruebe suficientemente que los interesados han gastado por lo menos diez mil pesos en llebar á efecto sus compromisos y que la falta de su cumplimiento ha consistido unicamente en obstaculos insuperables opuestos por las autoridades Mejicanas.

Art. 32. A los habitantes de la frontera de Nacogdoches y á los que reciden al Oriente de las colonias de Austin, se expedirán titulos á las tierras, que ocupen segun el articulo 16 de la ley de colonizacion de 24 de Marzo de 1825, y las resoluciones del gobierno federal de Abril y Agosto de 1828, y para este fin nombrará el gobierno uno ó dos comisionados que lo verificarán sin dilacion alguna á costa de los interesados, quedando confirmados los titulos ya espedidos legalmente.

Art. 33. Los demas colonos del Estado que habiendo hecho por si, y de su cuenta el viaje dentro de los seis primeros años de establecida alguna colonia, no hubiéren recibido el aumento concedido por el citado articulo 16 de la citada ley de colonizacion, lo manifestará al gobierno por conducto del gefe politico.

Art. 34. Para resolver sobre estos reclamos nombrará el gobierno tres comisionados que oyendo verbalmente á los colonos con citacion del empresario respectivo, determinen á pluralidad de votos si el pretendiente es ó no acreedor al aumento. Si la determinacion fuére afirmativa, darán á la parte el correspondiente certificado.

Art. 35. Esta se presentará con el ayuntamiento señalando la tierra que pretende y pidiendo se nombre agrimensor que la mida, y verificado, el mismo ayuntamiento le expedirá el titulo dando cuenta al gobierno por el conducto ordinario.

ART. 26. The subordinate commissioners shall receive in the same manner, five dollars for each certificate they shall issue of the sales they make.

ART. 27. The general commissioners shall receive eight dollars for every title they give.

ART. 28. The collectors shall receive a compensation of six per cent. on the sums they collect and receive.

ART. 29. All the instructions for commissioners issued prior to this decree, so far as they are opposed to the same, are hereby repealed, and decrees numbers 62 of the 15th of May 1828, 190 of the 28th of April 1832, and 128 of the 7th of April 1830, are likewise repealed, with the exception of the last six articles of the latter, which shall continue in force.

ART. 30. Hereafter no colonization contract shall be made, and those heretofore made shall be strictly fulfilled, and in entire accordance with the law of the 24th of March, 1825.

SECTION 3.

ART. 31. No petition for prolonging the time in contracts shall be passed to congress by the executive, unless authenticated so as sufficiently to prove that the persons interested have expended ten thousand dollars at least for carrying their engagements into effect, and that the non-fulfilment thereof has consisted solely in insuperable obstacles interposed by the Mexican authorities.

ART. 32. To the inhabitants of the frontier of Nacogdoches, and those residing east of Austin's colonies, titles shall be issued to the lands they occupy according to article 16 of the colonization law of the 24th of March 1825, and the resolutions of the general government of April and August 1828, and the executive shall appoint one or two commissioners for that object, who without any delay shall execute the same at the expense of the persons interested, and the titles heretofore legally issued are hereby confirmed.

ART. 33. The other colonists of the state, who, having emigrated separately, and at their own expense, within the six first years from the establishment of any colony, should not have received the augmentation conceded by said article 16 of said colonization law, shall manifest the same to the executive through the channel of the political chief.

ART. 34. To resolve in regard to said claims the executive shall appoint three commissioners, who, citing the respective empresario, shall give the colonists a verbal hearing, and decide by majority of vote whether the claimant be entitled to the augmentation. Should it be decided in the affirmative, they shall give the party the corresponding certificate.

ART. 35. Said party shall present himself to the Ayuntamiento specifying the land which he solicits, and requesting a surveyor to be appointed to run off the same, and that being done, the said Ayuntamiento shall issue him the title giving notice to the executive through the ordinary channel.

Art. 36. Los pobladores que hayan recibido titulos á sus tierras, podrán venderlas en qualquiera tiempo quedando el comprador con el cargo de cumplir las obligaciones del vendedor con el Estado, y la tierra afecta á la responsabilidad.

Lo tendrá entendido el Gobernador constitucional del Estado para su cumplimiento, haciendolo imprimir, publicar y circular.

R. de la FUENTE, Presidente,
JOSE Y. C. FALCON, D. S.
JOSE JESUS GRANDE, D, S.

Por tanto mando se imprima, publique, circule, y se le dé el debido cumplimiento.

Dado en la ciudad de Monclova á 26 de Marzo de 1834.

FRANCISCO V. y VILLASENOR.

Jose M. Falcon, Secretario.

DECRETO No. 273.

El Congreso constitucional del Estado libre, independiente, y soberano de Coahuila y Texas, ha tenido á bien decretar:

Se faculta al gobierno para que nombre uno ó dos letrados, que, aunque sea fuéra de la capital, despachen los asuntos pendientes en la asesoria, retardados por la muerte del asesor, indemnizandolos segun le paresca mas conveniente, guardando una prudente economia.

Lo tendrá entendido el Gobernador constitucional del Estado, para su cumplimiento, haciendolo imprimir, publicar y circular.

DECRETO No. 274.

El Congreso constitucional del Estado libre, independiente y soberano de Coahuila y Texas, ha tenido á bien decretar

Art. 1. Si las porciones de que habla el articulo 6 de la ley de 21 del ultimo Febrero, resultáren de tan pequeña importancia que no estimulen el interes de los que pudiéran comprar, en terminos de que al mes de publicadas para su venta no aparescan postores á las tres quartas partes de ellas por lo menos, ó aun quando los hayan, manifiesten pretensiones perjudiciales á la total enagenacion de las fincas, podrá el gobierno dividirlas en manera que juzgue mas conveniente para no gravar al Estado y librarlo quanto antes de toda responsabilidad, pagando sin demora á los acreedores quando llegue el caso en que se debe hacer.

Art. 2. En el rancho de ——— se erigirá una poblacion, que se llamará villa de *Iturbide.*

Art. 3. Su agua se repartirá en treinta acciones, dandose la preferencia, 1.º á los casados, y entre estos al que tubiére mas familia; 2.º á los vecinos del departamento del Saltillo en igual de circunstancias, con tal que ni aquellos ni estos posean otras propindades de la misma clase.

ART. 36. Settlers, who shall have received titles to their lands may sell them at any time, and the purchaser shall remain with the charge of fulfilling the duties of the vender to the state, and the land shall be liable for the responsibility.

For its fulfilment, the Governor of the State shall cause it to be printed, published, and circulated.

R. de la FUENTE, President.
J. Y. C. FALCON, D. S.
J. J. GRANDE, D. S.

Wherefore I command it to be printed, published, circulated and duly fulfilled.

Given in the city of Monclova on the 26th of March, 1834.

FRANCISCO V. y VILLASENOR.

JOSE MIGUEL FALCON, Secretary.

DECREE No. 273.

The Congress of the State of Coahuila and Texas, has thought proper to decree:

The executive is hereby authorized to appoint one or two professors of law to despatch the business pending in the assessor's office, and retarded by the death of the assessor, although it should be without the capital, allowing them such compensation as he shall deem proper, observing a proper degree of economy.

For its fulfilment, the Governor of the State shall cause it to be printed, published, and circulated.

DECREE No. 274.

The Congress of the State of Coahuila and Texas, has thought proper to decree:

ART. 1. Should the portions mentioned in article 6 of the law of the 21st of February last, prove to be of so little importance as to fail in exciting the interest of those who might purchase, to such an extent that in one month after being advertised for sale, there should not appear bidders for three quarters of said portions at least, or even when there are, should they manifest pretentions prejudicial to the total alienation of the securities, the executive may divide them in the manner he shall judge most proper, not to injure the state, and to clear them as speedily as possible from all responsibility, paying the creditors without delay in any case wherein it ought to be done.

ART. 2. At the rancho of —— town shall be founded to be called *Iturbide*.

ART. 3. The water thereof shall be divided into 30 shares and the preference given as follows: 1st. To married persons, and among these, to those having the largest families. 2nd. To the inhabitants of the department of Saltillo in parity of circumstances, provided that neither the former nor the latter possess other property of the same kind.

Art. 4. El gobierno reglamentará la ereccion de la villa, y le designará el terreno conveniente, reservando su formal plantacion hasta el termino en que debe concluir el actual arrendamiento.

Art. 5. La ubicacion de la villa de Moctezuma será la que el gobierno designe como mas conveniente.

Art. 6. Las dificultades, que ocurran al tiempo de executarse esta ley, y la ya citada de 21 del ultimo Febrero, que pueden embarazar su pronto cumplimiento, serán removidas por el gobierno, y el mismo formará los reglamentos que estime necesarios para que se dividan gubernativamente, y sin recurso ni figura de juicio las questiones que se susciten por las que pretenden tener derecho á las gracias que ambas conceden en la parte que disponen se hagan repartimientos de tierras y aguas.

Lo tendrá entendido el Gobernador constitucional del Estado, para su cumplimiento, haciendolo imprimir, publicar y circular.

DECRETO No. 275.

El Congreso constitucional del Estado libre, independiente, y soberano de Coahuila y Texas, ha tenido á bien decretar:

Los jueces autuarán con testigos de asistencia aun quando haya escribano publico en el distrito de su jurisdiccion, siempre que dicho escribano se halle impedido por ocupacian que tenga en alguno de los juzgados en que á la vez exerca su oficio, ó por qualquiera otra causa en que su falta pueda entorpecer la pronta administracion de justicia.

Lo tendrá entendido el Gobernador constitucional del Estado para su cumplimiento, haciendolo imprimir, publicar y circular.

Gobierno Supremo del Estado libre de de Coahuila y Texas.

El Gobernador del Estado de Coahuila y Texas á todos sus habitantes, Sabed:—Que el Congreso del mismo Estado ha decretado lo siguiente.

DECRETO No. 276.

El Congreso constitucional del Estado libre, independiente, y soberano de Coahuila y Texas, ha tenido á bien decretar:

Art. 1. Las pastorales, edictos ú ordenes que se remitan á los pueblos ó particulares del Estado por los prelados diosesanos, lo mismo que las patentes ó providencias de los reverendos provinciales de las religiones que estos remitan á sus subditos residentes en el Estado, no tendrán su cumplimiento en él, sin el correspondiente pase que dará el gobierno con conocimiento del Congreso, y en su receso de la diputacion permanente.

Art. 2. Se exseptuan de lo prevenido en el articulo anterior las ordenes correccionales, los asuntos particulares que pertenescan al fuero de la penitencia, y aquellos que sean dignos de reserva por exsijirlo asi la decencia publica.

ART. 4. The executive shall regulate the construction of the town and assign it the proper ground, reserving its formal establishment until the expiration of the present lease.

ART. 5. The locality of the town of Montizuma shall be that which the executive shall point out as most proper.

ART. 6. Difficulties that may occur on executing this law, and that above mentioned of the 21st of February last, so as to impede their prompt fulfilment shall be removed by the executive, and he shall himself form the regulations he shall judge necessary in order that the questions, that may be agitated by those who pretend to have a right to the favours conceded in both laws, in the part that provides for the distribution of lands and waters, may be divided administratively, and without appeal or form of trial.

For its fulfilment, the Governor of the State shall cause it to be printed, published, and circulated.

DECREE No. 275.

The Congress of the State of Coahuila and Texas has thought proper to decree:

Judges shall perform judicial acts with assisting witnesses even should there be a notary public in the district of their jurisdiction, provided, that said notary be prevented by any occupation he may have in any of the courts of justice, performing the business of his office therein at the time, or for any other reason wherein his default may impede the prompt administration of justice.

For its fulfilment, the Governor of the State shall cause it to be printed, published, and circulated.

Executive Department of the State of Coahuila and Texas.

The Governor of the State of Coahuila and Texas, to all the inhabitants thereof: Be it known, that the congress of said state has decreed as follows:

DECREE No. 276.

The Congress of the State of Coahuila and Texas has thought proper to decree:

ART. 1. Pastorals, edicts, or orders transmitted by prelates of the diocess to towns of private individuals, as well as letters of obedience and decrees from the reverend spiritual governors of the different religious orders to those persons under their authority, who reside in the state, shall not be fulfilled therein without the corresponding permit to be granted by the executive, with the knowledge of congress, and during the recess thereof, of the standing deputation.

ART. 2. Disciplinary orders, private subjects pertaining to penitence immunity, and those which the public decorum require should be private, are hereby excepted from the provision of the preceding article.

Art. 3. Los parrocos, prelados, vicarios, y demás personas á quiénes se dirijan los documentos de que habla el articulo 1.º luego que los reciban, los presentarán al gobierno para que este inmediatamente los remita al Congreso ó á la diputacion permanente. Su contravencion se castigará los primeros con dos años de expulsion fuéra del Estado, y extrañados de su beneficio, y á los demás con la expulsion ya dicha.

Art. 4. Las personas que impriman ó reimpriman los edictos y demás que se prohibe en el articulo 1.º serán juzgados conforme á las leyes de libertad de imprenta.

Lo tendrá entendido el Gobernador constitucional del Estado para su cumplimiento, haciendolo imprimir, publicar y circular.

AGUSTIN VIESCA, Presidente,
JOSE JESUS GRANDE, D. S.
JOSE M. de URANGA, D. S.

Por tanto, mando se imprima, publique, circule y se le dé el debido cumplimiento.

Dado en la ciudad de Monclova á 18 de Abril de 1834.

FRANCISCO V. y VILLASENOR.

Jose M. Falcon, Secretario.

Gobierno Supremo del Estado libre de Coahuila y Texas.

El Gobernador del Estado de Coahuila y Texas á todos sus habitantes, sabed:—Que el Congreso del mismo Estado ha decretado lo siguiente.

DECRETO No. 277.

El Congreso constitucional del Estado libre, independiente y soberano de Coahuila y Texas, deseando proveer lo conveniente á la felicidad de sus comitentes y llenar el encargo que tiene por el articulo 192 de la Constitucion, decreta el siguiente.

Plan para el mejor arreglo de la administracion de

Justicia en Texas.

SECCION I.

Art. 1. Texas se constituye en un circuito judicial que se denominará *Superioridad Judicial de Texas.*

Art. 2. Todos los asuntos civiles y criminales, se juzgarán por jurados en el modo y forma que se prescribe por esta ley.

Art 3. El circuito, se divide en tres distritos, que son los tres departamentos de Texas.

ART. 3. Curates, prelates, vicars, and others to whom the documents mentioned in article 1, are directed, on reception thereof, shall present them to the executive that he may transmit them immediately to congress or the standing deputation. In case of contravention on the part of curates, they shall be banished from the state for the term of two years, and rejected from their benefice; and should it be on the part of the others, they shall incur the said banishment.

ART. 4. Persons who print, or re-print the edicts &c., prohibited in article 1, shall be tried in conformity to the laws relative to the liberty of the press.

For its fulfilment, the Governor of the State shall cause it to be printed, published, and circulated.

AUGUSTIN VIESCA, President.
J. J. GRANDE, D. S.
J. M. de URANGA, D. S.

Wherefore I command it to be printed, published, circulated and duly fulfilled.

Given in the city of Monclova on the 18th of April, 1834.

F. V. VILLASENOR.

JOSE M. FALCON, Secretary.

[Copied from a former Translation.]

Supreme Government of the free State of Coahuila and Texas.

The constitutional Governor of the State of Coahuila and Texas, to all its inhabitants: Know ye, that the congress of the same state has decreed the following:

DECREE No. 277.

The constitutional Congress of the free, independent and sovereign State of Coahuila and Texas, desirous to provide for the happines and prosperity of their constituents, and to comply with the obligation imposed on them by the 192 article of the constitution, decree the following:

A PLAN, FOR THE BETTER REGULATION OF THE ADMINISTRATION OF JUSTICE IN TEXAS.

SECTION 1.

ART. 1. Texas shall be formed into one Judicial Circuit, which shall be denominated *"The Superior Judicial Court of Texas."*

ART. 2. All causes civil and criminal shall be tried by juries, in the manner and form prescribed by this law.

ART. 3. The circuit shall be divided into three districts, which are the three departments of Texas.

Art. 4. La Superioridad Judicial, se compone de un Juez Superior, un Secretario, y un Sherif para cada distrito judicial; y para las causas criminales el Juri, y un Promotor.

Art. 5. La Superioridad tendrá sesiones cada cuatro meses en las cabeceras de los tres distritos, debiendo ser en el de Bejar los primeros lunes de Enero, Abril y Agosto. En el de Brazos, los primeros lunes de Febrero, Mayo, y Setiembre; y en el de Nacogdoches, los primeros lunes de Marzo, Junio y Octubre.

Art. 6. Para los asuntos civiles, habrá en cada municipalidad un tribunal por cada juez de primera instancia compuesto del mismo, un sherif subalterno, y el juri. Sus sesiones serán el cuarto lunes de cada bimestre del año.

Art. 7. Tanto en lo criminal como en lo civil, el juri se compone de doce jurados, y la opinion conforme de ocho de ellos, se tendrá por la resolucion del juri.

Art. 8. En cada comisaria de policia habrá un alguacil para ejecutar las ordenes de los comisarios, y á demas tendrá las obligaciones que esta ley le señala.

Art. 9. Para ser alguacil, se requiéren las mismas calidades que para ser comisario, y su eleccion será en el mismo tiempo, y con todas las circumstancias que se observarán en las de estos.

Art. 10. Los sherifes subalternos, se elegirán en el mismo numero, al propio tiempo, y en el mismo modo que se eligen los alcaldes:—en iguales terminos y forma, se nombrarán tambien los sherifes de distrito.

Art. 11. Una de las listas que segun el artículo 100 del decreto No. 37 de 13 de Junio de 1827, deben formarse en cada municipalidad para las elecciones de los sherifes de distrito, se remitirán al Juez Superior, y este con vista de todas las remitidas, computará los votos, y declarará quien ha sido electo, participandole á este por oficio su nombramiento.

Art. 12. Los promotores, secretarios, y sherifes de distrito, se nombrarán por el juez superior de entre los ciudadanos mas idoneos y ante él mismo prestarán el juramento prevenido por el articulo 220 de la Constitucion.

Art. 13. Para la formacion del juri en lo civil, los comisarios, al principio de cada año, remitirán una lista que contenga los nombres de todos los vecinos de su jurisdiccion, idoneos para jurados, à los ayuntamientos respectivos, y estos tendrán una caja por cada comisaria en que guardarán los nombres escritos uno en cada cedula.

Art. 14. Un mes antes de abrirse las sesiones del tribunal, se reunirá el ayuntamiento, y á su precencia sacará el secretario un nombre de cada caja hasta completar el numero de 36: los que reunidos se pondrán en otra caja distinta, y se guardarán hasta la apertura de las sesiones, entregandose una lista de ellos á los sherifes para que los citen con oportunidad.

ART. 4. The Superior court shall be composed of one superior judge, one secretary, and one sheriff, for each judicial district; and in criminal cases, the jury and one prosecuting attorney.

ART. 5. The court shall hold its sessions every four months in the capitals of the three districts, commencing in that of Bexar, the first Monday of January, April and August: In that of Brazos, the first Monday of February, May and September: And in that of Nacogdoches, the first Monday of March, June and October.

ART. 6. For the trial of civil causes, there shall be in every municipality a tribunal for each *primary* judge, composed of the judge, a *subaltern* sheriff, and the jury. Their sessions shall be held every two months of the year, commencing on the fourth Monday of the month in which the session ought to be held.

ART. 7. In all cases both civil and criminal, the jury shall be composed of twelve men, who shall be sworn, and the joint opinion of eight of them shall be considered the decision of the jury.

ART. 8. In every commissary's district there shall be one constable, to execute the orders of the commissary, and discharge such further duties as this law may designate.

ART. 9. To be constable it is necessary that the individual possess the same qualifications as are required of the commissary; and he shall be elected at the same time, and under the same regulations that are prescribed for the election of the latter.

ART. 10. The same number of *subaltern* sheriff shall be elected, and at the same time, and in the same manner as the Alcaldes: The district sheriffs shall also be appointed in the same manner and form.

ART. 11. One of the lists, which according to the 100dth. article of decree No. 37, of the 13th of June 1827, are directed to be formed in every municipality for the election of district sheriff, shall be remitted to the superior judge, who on examination of all the lists remitted shall, compute the votes and declare who has been elected, giving official notice thereof to the individual so elected.

ART. 12. The prosecuting attorneys, secretaries and district sheriffs, shall be appointed by the superior judge, from among the most proper persons [of the jurisdiction;] and before him they shall take the oath prescribed by the 220th article of the constitution.

ART. 13. For the formation of the jury in civil cases, the commissaries, at the commencement of every year, shall remit to the respective Ayuntamientos, a list containing the names of all the citizens of his jurisdiction, qualified to serve as jurors, and the Ayuntamientos shall have a seperate box for each *comisaria* in which shall be kept the names of the jurors, each written on a seperate slip of paper.

ART. 14. One month before the opening of the sessions of the court, the Ayuntamiento shall meet, and in their presence the secretary shall draw out of each box one name, until he get 36 names, which shall then be put together into another and seperate box, and a list of them shall be given to the sheriff, in order that he may cite them in due time.

Art. 15. Para la formacion del juri en lo criminal, los ayuntamientos remitirán todos los años al de la cabecera del distrito, listas de los vecinos que hubiére en su respectiva municipalidad idoneos para jurados, cuyos nombres escritos uno en cada cedula, se echarán en una caja, y el secretario en presencia del ayuntamiento, sacará un numero de nombres que multiplicado por el de las municipalidades del distrito, produzca un resultado que no baje de 36: entregará una lista de ellos á los sherifes subalternos para que los citen á la capital del distrito para el dia de la apertura de las sesiones de la Superioridad Judicial, y dos meses antes de dicha apertura remitirá otra lista al secretario de distrito quien juntará en una caja los nombres remitidos guardandolos asi hasta las proximas sesiones.

Art. 16. Todos los actos señalados en los dos articulos anteriores serán secretos y los nombres de los jurados no se divulgarán hasta que se llamen para prestar el juramento, ni por los miembros de los ayuntamientos, sus secretarios, los sherifes, ni por los jurados mismos, á quienes se advertirá por los referidos sherifes, al tiempo de citarlos, la obligacion que tienen de guardar el mas rigoroso secreto; en el concepto de que su violacion será reputada como delito de falsedad, y el que lo cometiére sufrirá la pena correspondiente.

Art. 17. Para ser juez superior, se requiére ser ciudadano en el ejercicio de sus derechos, mayor de veinte y cinco años, y letrado de probidad y luces: será nombrado por el Congreso á propuesta en terna del gobierno, y no podrá ser removido sino por causa legalmente justificada. Su sueldo será de tres mil pesos anuales.

Art. 18. Si este funcionario no poseyére los dos idiomas legales de Texas nombrará un interprete que disfrutará mil pesos de sueldo en cada año.

SECCION II.

Prevenciones Preliminares.

Art. 19. Los jueces de 1.a instancia en las cabeceras de municipio, y los comisarios en su respectivo territorio, son jueces de pesquiza y policia para la pronta averiguacion de los delitos y delinquentes, á efecto de aprenderlos, y en ello deben proceder á virtud de sus encargos sin esperar ordenes ni excitativas de ningun superior.

Art. 20. Los sherifes y alguaciles son los ministros executores para auxiliar á los jueces y deben cumplir sus ordenes á la letra no siendo manifiestamente contra ley espresa. Faltando algun ministro puede el juez nombrar substituto para la ocasion.

ART. 15. For the formation of the jury in criminal cases the Ayuntamientos shall remit, every year, to the Ayuntamiento of the capital of the district, a list of the names of all the citizens of their respective municipalities, having the necessary qualifications for jurymen, which names separately written on slips of paper, shall be put into a box and the secretary, in presence of the Ayuntamiento, shall draw out a number of names, which multiplied by the number of the municipalities which compose the district, shall produce a result not less than 36; and shall deliver a list of them to the subaltern sheriffs, in order that they may summon them to appear at the capital of the district, on the day of the opening of the sessions of the of the superior court; and two months previous thereto, he shall transmit another list to the secretary of the district, who shall put together in one box the names thus transmitted, and keep them in this manner till the day of the approaching sessions.

ART. 16. All the acts designated in the two preceding articles shall be kept secret, and the names of the jurors shall not be divulged, until they are called on to be sworn, neither by the members of the Ayuntamientos, their secretaries, the sheriffs, nor by the jurors themselves, who shall be notified by the aforesaid sheriffs, at the time of their citation, of the obligation imposed upon them, of observing the most rigorous silence; with the understanding that the violation of this obligation will be considered as the crime of *falsehood*, and the delinquent shall suffer the correspondent punishment.

ART. 17. To be superior judge, it is required that he be a citizen in the full exercise of his rights, over 25 years of age, a lawyer by profession, and a man of probity and science. He shall be appointed by the congress, on the nomination of the governor, *en terna*, and he cannot be removed from office, except for some cause legally manifested and proved. His salary shall be three thousand dollars per annum.

ART. 18. In case the judge appointed may not be acquainted with both the legal idioms of Texas, he shall appoint an interpreter, whose salary shall be one thousand dollars per annum.

SECTION 2.

Preliminary Provisions.

ART. 19. The primary judges in the municipal capitals, and the commissaries in their respective jurisdictions, are judges of enquiry and police, for the prompt investigation of crimes and the apprehension of delinquents; and in so doing they may proceed by virtue of their office, without waiting for orders or instructions from any superior.

ART. 20. The sheriffs and constables are *executive officers*, to aid and assist the judges, and are required to comply strictly with their orders, when not manifestly contrary to some express law. In the absence of the proper officer, the judge may appoint a substitute *pro tem*.

ART. 21. Los ministros executores en caso de necesidad podrán requerir de los comandantes respectivos el auxilio de la milicia civica, para executar las ordenes que se les hayan dirigido por la autoridad competente, y todo ciudadano está obligado á auxiliarlos para el cumplimiento de sus deberes.

ART. 22. En el tiempo de las sesiones de los tribunales, se nombrarán por suerte seis alguaciles que auxilien al sherif de distrito, y tres para el subalterno.

ART. 23. A este efecto se juntarán los nombres de todos los alguaciles de la jurisdiccion respectiva, y los secretarios de distrito ó jueces de 1.a instancia en su caso, sacarán los nueve, prevenidos en el articulo anterior y notificarán el resultado á aquellos á quienes hubiére tocado la suerte.

ART. 24. Los jurados son jueces de los hechos controvertidos y de las leyes sobre pruebas bajo la instruccion del juez pudiendo discrepar de su opinion; pero en cuanto á las demas leyes se arreglarán estrictamente á su tenor literal.

ART. 25. Se tendrán por verdaderos los hechos establecidos por la determinacion de juri, y no se podrán disputar ante ningun tribunal ni autoridad si no es en el solo caso de corrupcion en el juri.

ART. 26. En las causas criminales, podrá el acusado recusar perentoriamente y sin espresion de causa, veinte jurados, al tiempo de formarse el juri.

ART. 27. Todo interesado puede recusar los jurados por las causas siguientes: Por no ser ciudadano en el ejercio de sus derechos:—Por ser menor de veinte años siendo casado, y de veinte y cinco siendo soltero: Por haber cometido algun delito de alevosia, ó falsedad, ó qualquier otro que merezca pena corporal: Por falta de imparcialidad en razon de ser pariente de alguno de las partes dentro del quinto grado inclusivo: Por haber conocido en la causa antes como juez, hombre bueno, jurado, abitro, ó abitrador: Por tener un interes propio en la misma causa: Por haber sido sobornado y recibido pago por hacer justicia:— Por haber sido abogado, apoderado, ó agente, en la misma causa de alguna de las partes, ó ser actualmente su sirviente, ó amo. Estas causas son absolutas, y el juez las determinará por un testigo, ú otra prueba que le parezca suficiente.

ART. 28. Tambien pueden recusarse los jurados por qualquiera otra justa sospecha de parcialidad establecida por indicios ó circunstancias á discrecion del juez.

ART. 29. Todos los actos judiciales prevenidos en esta ley serán publicos á exsepcion de las pesquizas de policia,

ART. 30. El juicio criminal plenario será presisamente en el idioma del acusado, si este es de alguno de los dos que están declarados por legales en Texas; y si no se facilita conseguir un juri en el distrito judicial en donde se cometió el delito, que entienda la lengua del reo, se

ART. 21. The executive officers, in case of necessity, may demand of the respective commandants, the assistance of the civil militia, to carry into execution the orders which they may have received from the competent authority; and every citizen is under obligation to assist them in the fulfilment of this duty.

ART. 22. During the time of the sessions of the court, there shall be appointed by lot, six constables, who shall assist the sheriff of the district; and three others for the subaltern sheriff.

ART. 23. For this purpose, the names of all the constables of the respective jurisdiction shall be put together, and the secretaries of districts, or the primary judges, as the case may be, shall draw out the nine provided for in the preceding article, and shall communicate the result to the individuals who may in this manner have been appointed.

ART. 24. The juries are judges of all the facts in controversy, and of the laws concerning evidence, subject to the instruction of the judge, but they have the right to differ from him in opinion; but in regard to all other laws, they shall be regulated strictly according to their literal tenor.

ART. 25. The facts established by the decision of the jury shall be considered as conclusive, and cannot be controverted before any tribunal or authority, except in the single case of corruption of the jury.

ART. 26. In all criminal cases, at the time of forming the jury, the accused shall have the right to object peremptorily and without assigning his reasons, to twenty of the individuals named as jurors.

ART. 27 Any person interested in the case may object to jurors on account of any of the following disabilities: For not being a citizen in the exercise of his rights; For being under twenty years of age, if married, or under twenty-five if a single man; For having committed some crime of treachery or falsehood, or any other whatever meriting corporal punishment; For want of impartiality on account of being a relative of one of the parties within the fifth degree inclusive; For having acted in the case on a former occasion, as judge, juror, arbiter, or arbitrator: For having some private interest in the case: For having been suborned, or having received pay for administering justice: For having been counsel, attorney, or agent, for one of the parties in the case pending; or for being autually his servant or master. These disabilities are absolute, and the judge shall determine them by one witness, or such other testimony as he may deem sufficient.

ART. 28. Jurors may also be objected to for any just suspicion of partiality whatever, established by indications or circumstances at the discretion of the judge.

ART. 29. All the judicial acts contemplated by this law, shall be public, except the investigations of the police.

ART. 30. The trial, in all criminal cases, shall be conducted in the language of the accused party, provided it be one of the two idioms established by law in Texas; and if a jury acquainted with the language of the defendant cannot be procured in the district where the crime was

remitirá este al distrito mas cercano en que no exista la misma dificultad.

Art. 31. En los negocios civiles y criminales, serán oidas las partes por si, sus apoderados, ó abogados, segun les coviniére.

Art. 32. No pudiendo el acusado, en lo criminal, conseguir por si, abogado ó defensor, se le proveerá por el juez, y nadie podrá excusarse de este encargo si no es con justa causa calificada por el juez mismo.

Art. 33. Habiendo parte actora en las causas criminales, el promotor la auxiliará, y si no la hay, personará este la vindicta publica.

Art. 34. Puede el juez prorogar discrecionalmente el juicio plenario, cuando alguna de las partes lo pida por no estar prevenida para entrar en él por falta de pruebas, ú otro motivo racional; pero siempre de modo de que no se retarde la pronta administracion de justicia.

Art. 35. Si el demandado civilmente está para ausentarse del lugar, ó se teme que haga fuga, ó que estraiga ú oculte sus efectos, se embargarán estos, ó se compelerá á aquel á que dé fiador abonado de cumplir lo que se jusgue y sentencie, y de estar á derecho para con el actor en lo respectivo á su demanda.

Art. 36. Se pueden nombrar los apoderados en la forma ordinaria, y apudacta, ó en los mismos autos, presentandose el litigante y nombrando apoderado para seguir y concluir el pleito en su nombre, firmando ambos la diligencia que se estienda. En este ultimo caso, el apoderado puede hacer todas las gestiones que le convengan, y tendrá todas las facultades de su poderdante para seguir la causa hasta la difinitiva con execucion, y evacuacion de ella siendo responsable personalmente de los abusos que cometa en perjuicio de su parte.

Art. 37. Siendo una obligacion que el hombre debe á la sociedad el declarar la verdad ante los tribunales como testigo para que se administre la justicia, nadie se escusará de hacerlo si no es bajo las escepciones establecidas por ley. Nadie tampoco puede, sin justa causa, escusarse de ser jurado siendo idoneo, y el juez en ambos casos podrá compeler á todos al efecto por medio de multas, ó prision á los que no pueden reportarlas.

Art. 38. Los testigos serán indemnizados por las partes, menos cuando haga de tal el Estado: el juez discrecionalmente designará lo que tenga por justa indemnizacion.

Art. 39. En las causas criminales declararán los testigos verbalmente ante el tribunal al tiempo de ventilarse el juicio,

Art. 40. En los juicios plenarios y executivos, y en los sumarios criminales, se formarán espedientes en que espresen todos los actos es-

committed, he shall be sent for trial to the nearest district in which this difficulty does not exist.

ART. 31. Both in civil and criminal cases, the parties shall have the privilege of being heard by themselves, without employing an agent or attorney, at their option.

ART. 32. In criminal cases, where the accused party may not be able to procure a lawyer or attorney to defend his cause, the judge shall appoint one for that purpose, and no one shall be permitted to excuse himself from this obligation, unless it be for some just cause approved by the judge.

ART. 33. In criminal cases, where there is no prosecutor, the prosecuting attorney shall espouse the cause in the name of public justice; and where a prosecutor appear he shall assist him in the trial.

ART. 34. The judge may continue the cause at discretion, on the solicitation of one of the parties, for not being prepared to enter on the trial for want of witnesses, or any other reasonable cause, but always in such a manner as not to retard the prompt administration of justice.

ART. 35. If the person against whom a civil suit may have been commenced, shall be about to absent himself from the place, or it is feared that he may escape, or that he may remove or conceal his effects, they may be embargoed, or he may be compelled to give bail with security, for his compliance with the sentence of the court, and for his appearance before the same, to answer to the demands of the plaintiff.

ART. 36. Attorneys may be appointed in the ordinary way, or the litigant may present himself before the court, even during the progress of the trial, and name his attorney to continue and conclude the cause in his name, both signing the customary instrument in such cases. In this case the attorney is invested with all the powers and faculties of the principal himself, to follow up and conclude the action to its final sentence, being personally responsible for the abuses which he may commit to the prejudice of his employer.

ART. 37. It being an obligation due to society, that every man declare the truth when called on as a witness, before the judiciary Tribunals, in order that justice may be administered, no one shall excuse himself from so doing, unless it be under the exceptions established by law; neither can any one excuse himself, (having the proper qualification,) from serving as a juror, unless he show good and sufficient cause; and in both cases the judge may compel the individual to compliance by the infliction of fines, or imprisonment, in case the offender is unable to pay the fine.

ART. 38. The witnesses shall be paid by the parties, except in those cases where the state is a party; and the judge shall designate, discretionally, what shall be considered a just compensation.

ART. 39. In criminal cases, the witnesses shall declare verbally before the court, at the time of the trial of the cause.

ART. 40. In *plenary* and *executive* trials, and in those of enquiry, in criminal cases, a record shall be made of all the principal proceed-

cenciales prevenidos en esta ley, del modo que ella indica. A los jueces de 1.a instancia toca formarlos, y autorizarlos, menos en la Superioridad Judicial, de cuyo secretario será esta atribucion.

Art. 41. Los ministros executivos escribirán una relacion sencilla pero clara y esplicita del modo en que han executado las ordenes superiores, y de todos sus actos oficiales que deben constar en los juicios por escrito, y la firmarán los sherifes de distrito con los secretarios, los subalternos con las jueces, y los alguaciles con los comisarios.

Art. 42. Estas relaciones se pondrán segun el caso lo requiera, en el expediente, en el libro, ó al pié de las ordenes executadas, y en el lugar que naturalmente deban ocupar.

Art. 43. Los jueces, y comisarios actuarán con testigos de asistencia.

SECCION III.

DE LA ADMINISTRACION DE JUSTICIA EN LO CRIMINAL.

Parafo 1.º—Del Juicio Verbal.

Art. 44. Los juicios criminales son tres: el verbal para la correccion ó castigo de las faltas, ó delitos leves: el sumario informativo que es la pronta averiguacion del delito y del delincuente, para solo asegurarlo en los casos de mayor entidad: y el plenario para la resolucion difinitiva y la aplicacion de la pena en los mismos casos.

Art. 45. Las contravenciones á reglamentos ó leyes de policia, cuya responsabilidad pecuniaria ó personal no exceda de diez pesos, de tres dias de prision ó de trabajo en obras publicas, se castigarán por determinaciones verbales de los jueces, ó comisarios.

Art. 46. Las injurias leves y demas delitos en que no se deba imponer mas pena que alguna advertencia ó reprension ligera, ó cuya responsabilidad pecuniaria no pasa de diez pesos, se castigarán en la propia forma.

Art. 47. Las determinaciones sobre estas correcciones ó multas, se asentarán en libros que se tendrán al efecto, se firmarán por el juez y testigos de asistencia, y se executarán sin recurso.

Art. 48. Toda persona á quien cite el juez competente para la determinacion de los juicios verbales, tiene obligacion de comparecer por si ó por apoderado, á la hora señalada en la citacion; y si existe casualmente en otra jurisdiccion, se citará por medio de oficio dirijido al juez del lugar en que se halle. No compareciendo el citado, le nom-

ings provided for in this law, and in the form therein indicated. In the inferior courts, the primary judges shall make out and authenticate these records, and in the superior court that duty shall be performed by the secretary thereof.

ART. 41. The executive officers shall make out in writing, a simple, but clear and explicit statement, of the manner in which they have executed the orders of their superiors, and of all their official acts that ought to appear in trials by writing, which statement shall be signed by the secretary and district sheriff, and in the inferior courts by the primary judge and subaltern sheriff, and in the commissary's jurisdiction by the commissary and the constable.

ART. 42. These statements shall be placed, according to the nature of the case, either in the record, or in the book, or at the foot of the orders executed, and in the place which they ought naturally to occupy.

ART. 43. The official acts of the judges and commissaries shall be attested by assisting witnesses.

SECTION 3.

OF THE ADMINISTRATION OF JUSTICE IN CRIMINAL CASES.

Paragraph 1st.—*Of the Trial Verbal.*

ART. 44. Criminal trials are divided into three parts; *Verbal*, for the correction and punishment of slight offences: The *Sumario*, which is the prompt investigation of the crime, and the discovery of the criminal, for the purpose of securing him, where the importance of the crime requires it: And the *Plenario* for the final resolution of the case, and the application of the penalty, where the nature of the case requires its infliction.

ART. 45. The violation of laws or regulations of police, the penalty of which does not exceed ten dollars, or three days imprisonment or labor in the public works, shall be punished by a verbal determination of the judge or commissary.

ART. 46. Slight infractions of law, and all delinquencies which merit no other punishment than admonition, or moderate reproof, or where the pecuniary penalty does not exceed ten dollars, shall be punished accordingly.

ART. 47. All decisions relative to these penalties, or fines, shall be recorded in a book kept for that purpose, and shall be signed by the judge and *assisting witnesses*, and shall be executed without appeal.

ART. 48. Every person who shall be cited by the competent judge for the decision of verbal trials, shall appear either personally or by his attorney, at the hour specified in the citation, and if he should casually reside in another jurisdiction, he shall be cited by an official notice, directed to the judge of the jurisdiction in which he may reside, and if he refuse to appear after such citation, the judge shall appoint for him a

brará el juez un defensor con quien determinará la demanda, y la sentencia se executará irremisiblemente.

Parafo 2.º—*Del Juicio Sumario Informativo.*

ART. 49. Luego que el juez ó comisario tenga noticia por denuncio, carta, ú oficio, aviso, rumor, ó de otro qualquier modo de haberse cometido algun delito por el cual deba formarse causa, pondrá por escrito una relacion de ello y procederà á practicar las diligencias conducentes para su averiguacion y la de su autor, ó autores.

ART. 50. Pasará personalmente con testigos de asistencia y peritos pudiendo ser habidos á dar fee del delito con todas sus circunstancias reconociendo, si fuére homicidio, el cadaver, la situacion de las heridas, sus dimensiones y la arma con que se hiziéron. Si es robo, sus señales la previa exsistencia de la cosa robada, la oradacion, el escalamiento y, cuantos rastros se puedan descubrir, y asi en los demas, firmando las diligencias que practique con los testigos y peritos á quienes habrá recibido juramento de decir verdad.

ART. 51. Hecho esto, el juez tomará la declaracion del reo, si está en su poder, y examinará despues todos los testigos de que se tenga noticia.

ART. 52. Cuando el delito no merezca, segun las leyes, ser castigado con pena corporal de muerte. deportacion, destierro. prision, grillete, ó trabajos publicos, se dejará libre al reo dando fianza con arreglo al articulo 184 de la Constitucion.

ART. 53. Los vagos, los ebrios consuetudinarios, los pendencieros y los reincidentes, no gozarán el beneficio de que habla el art. anterior.

ART. 54. Si de las diligencias aparece no ser delinquente el que se tenia por tal, lo pondrá el juez en libertad inmediatamente; pero si está comprobado el delito y resulta alguno reo, se estenderá, dentro de quarenta y ocho horas contadas desde la en que se arrestó, el auto de bien preso, se le notificará y se remitirá á la capital del distrito con la copia correspondiente del mencionado auto para que el alsaide esté entendido de su responsabilidad. El sumario se ambiara al secretario del distrito.

Parafo 3.º—*Del Juicio Criminal Plenario.*

ART. 55. Los secretarios de distrito llebarán libros, en que sentarán, por el orden de las fechas de los autos de prision, una razon de las

suitable person to defend his case, and with him the demand shall be determined, and the sentence executed without redress.

Paragraph 2nd.—Of the Trial Sumario.

ART. 49. Immediately on receiving information whether by accusation, letter, official notice, or in any other manner whatever, of a crime having been committed, for which a judicial process is required to be instituted, the judge, or commissary, as the case may be, shall take an account of said information, in writing, and shall immediately take such steps as shall conduce to the investigation of the crime and the detection of its author or authors.

ART. 50. The [the judge or commisary,] shall concur personally with assisting witnesses; and others professionally instructed in such cases, if they can be had, to certify, the crime, with all its circumstances, recognising, (if it be homicide,) the body, the situation of the wounds, their dimensions, and with what weapon they were inflicted: If it be a robbery, its signs, the previous existence of the thing robbed, the mode of entrance, and what vestiges or tracks may be discovered; and in like manner in all other cases, signing the investigations made, with the assisting witnesses, and professional men, who shall previously be sworn to make a true and faithful report.

ART. 51. After these preliminaries, the judge shall take the declaration, of the accused if in his power, and afterwards examine all the witnesses, that may be had in the case.

ART. 52. When, according to the laws, the crime shall not merit the panishment of death, transportation, banishment, imprisonment, fetters, or labor on the public works, the accused shall be set at liberty, giving bail and security in conformity with the 184 article of the constitution.

ART. 53. Vagabonds, Habitual drunkards, the quarrelsome, and the delinquent who may have committed the same crime more than once, shall not enjoy the privilege mentioned in the preceding article.

ART. 54. If upon examination, it appear that the accused is not guilty, he shall immediately be set at liberty by the judge; but if the crime be proved, and the criminal ascertained, the sentence of imprisonment shall be made out within forty-eight hours after his arrest, he shall be notified thereof, and sent to the capital of the district, with a copy of the aforementioned sentence, that the alcalde may be made acquainted with his responsibility; and a summary of the whole proceedings shall be forwarded to the Secretary of the district.

Paragraph 3rd.—Of the Trial Criminal Plenario.

ART. 55. The district secretaries shall keep a record, in a book suitable for that purpose, according to the dates of the sentences of imprisonment, giving therein an account of the causes transmitted by he

causas remitidas por los jueces de 1.a instancia. con espresion del delito, del lugar y dia en que se cometió, y el nombre del delinquente.

Art. 56. En vista de estas causas, el promotor con la parte agraviada, si la hay, y quiere seguir el juicio, formalizará la acusacion, y presentará una lista de los testigos de que intenta valerse en las pruebas con espresion de su recidencia, á fin de que el sherif pueda citarlos oportunamente para el dia en que se ha de hacer el juicio.

Art. 57. El acusado presentará tambien al secretario una lista de los testigos que necesita para su defensa, y lo hará con anterioridad suficiente para que los cite el sherif.

Art. 58. El secretario entregará al acusado copia de la acusacion y de la lista de los testigos, á lo menos tres dias anteriores al del juicio para que se prevenga con su defensa.

Art. 59. Llegado el dia de la apertura de las sesiones de la Superioridad Judicial, se verificará por un acto de solemnidad, en que á demás del Juez Superior, del Promotor, del Secretario, del Sherif, y de los abogados, asistirán todos los jueces, los comisarios, los sherifes subalternos, y los alguaciles del distrito: sentandose los sherifes, y los alguaciles á la derecha del Juez Superior, y los jueces, y comisarios á su izquierda. El promotor, el secretario, y los abogados, se sentarán en frente al derredor de una mesa, y los espectadores se quedarán en pié.

Art. 60. El Juez Superior abrirá las sesiones del tribunal, pronunciando un discurso analago á las circunstancias, dirigido principalmente á instruir á los jueces y ministros de justicia en el desempeño de sus deberes.

Art. 61. Concluido esto, se retirarán los jueces y ministros á sus respectivas jurisdicciones, y el tribunal procederá á despachar las causas criminales segun su gravedad, y el orden de sus fechas.

Art. 62. Se traerá el acusado al tribunal, para que presencie el juicio, é inmediatamente se procederá á formar el juri.

Art. 63. Se pondrá sobre la mesa, la caja de que habla el articulo 15 de esta ley que contiene los nombres de todos los jurados citados para la ocacion; y el acusado si quiére, y si no, el secretario sacará una cedula, el sherif hará venir al tribunal inmediatamente al jurado que ha salido, y le pondrá en presencia del reo: el jurado tomará su asiento en el tribunal, si no fuére recusado por alguna de las partes. En los mismos terminos se repetirá esta operacion hasta completar el juri.

Art. 64. Si por medio de las recusaciones se acaba el total numero de los jurados citados, antes de completar el juri, se tomarán los necesarios de los espectadores y vecinos, que el sherif hará citar inmediatamente.

primary judges, expressing the crime, the place and day on which it was committed, and the name of the delinquent.

ART. 56. On examination of these causes, the prosecuting attorney in conjunction with the party injured, if he appear, and wish to continue the trial, shall formally make out the accusation and shall present a list of the witnesses intended to be procured on the day of trial, expressing the place of their residence, that the sheriff may be able to cite them in due time for that purpose.

ART. 57. The defendant shall also forward to the secretary, a list of the witnesses which he intends to employ in his defence, which shall be presented in time sufficient for their citation by the sheriff.

ART. 58. The secretary shall deliver to the accused party a copy of the accusation, and of the list of the witnesses, at least three days previous to that of the trial, in order that he may be properly prepared to make his defence.

ART. 59. The opening of the sessions of the superior court, on the day appointed, shall be verified by an act of solemnity, in which besides the superior judge, the prosecuting attorney, the secretary, the sheriff, and the attorneys of the court, there shall be present also, all the primary judges, the commissaries, the subaltern sheriffs, and the constables of the district: The sheriffs and constables shall be seated on the right of the superior judge; and the primary judges and commissaries on the left: The prosecuting attorney, the secretary, and the lawyers, shall be seated in front around a table, and the spectators shall remain standing.

ART. 60. The superior judge shall open the sessions of the court, by pronouncing a discourse analagous to the circumstances, directed principally to the instruction of the judges, and officers of justice, in the discharge of their several obligations.

ART. 61. This ceremony concluded, the judges and officers of justice shall retire to their respective jurisdictions, and the court shall proceed to the despatch of criminal causes, according to their grade and the order of their dates.

ART. 62. That the accused may be present during his trial, he shall be brought before the court, which shall proceed immediately to the formation of the jury.

ART. 63. The box mentioned in the 15th. article of this law, containing the names of all the jurymen cited for the occasion, shall be put upon the table, and the accused, or on his refusal, the secretary, shall draw out one name, and the sheriff shall immediately cause the individual to present himself before the court, in presence of the defendant, and if not challenged by one of the parties, shall take his seat in court: This operation shall be repeated in the same manner, until the jury be completed.

ART. 64. If in consequence of objections made to jurors, the whole number shall be exhausted before completing the jury, the number that may be wanted shall be taken from among the by-standers, and those of the vicinity, whom the sheriff shall immediately cite for that purpose.

Art. 65. Habiendose formado el jurí, y estando completo, prestará juramento de *oir, conocer, y determinar sobre los puntos controvertidos en el juicio que se ventila, fiel y verdaderamente, segun las pruebas y leyes que se aduzcan sobre la materia, sin desviarse de ellas por favor, odio, temor, ó recompensa, y que no tendrá comunicacion con ninguna persona, tocante á los asuntos del juicio, fuera del tribunal, hasta dar su determinacion.*

Art. 66. Estando el tribunal pronto para oir la causa, la parte actora por sí, su apoderado, ó abogado, leerá la acusacion, y espondrá verbalmente con brevedad los fundamentos de ella, y las pruebas que intenta presentar: entonces el reo esplicará del mismo modo las bases de la defensa que quiera hacer.

Art. 67. Concluido esto, se presentarán las pruebas principiando con la declaracion del reo sobre la acusacion, y este despues de concluir la relacion que hará por sí, será preguntado por su abogado, ó defensor en lo que le parezca conveniente, y su examen se concluirá con las preguntas de la parte actora. Si el juez tubiére á bien preguntarle alguna cosa, lo puede hacer en qualquier tiempo antes de finalisarse las pruebas.

Art. 68. Despues de la confesion, se leeerá el sumario formado por el juez de 1.a instancia y se presentarán las demás pruebas. Primeramente la parte actora ofrecerá las suyas, y despues el reo.

Art. 69. El testigo despues de haber prestado juramento de decir verdad entera y cumplida en cuanto supiére, y fuére preguntado sobre las materias que se versan en el juicio, y entendida la causa de este, declarará con la sencillez y claridad posible, lo que sepa en el asunto, y la parte que le presentó le puede preguntar lo que le paresca conveniente, concluyendo su examen con las preguntas que le quiera hacer la contraria. El juez tambien lo puede examinar en qualquiera tiempo hasta la conclucion de las pruebas.

Art. 70. El secretario pondrá por escrito un estracto substancial de la declaracion, y concluida lo lecrá al testigo para que lo corrija en caso de parecerle menos ecsacto, y lo firmará con el secretario.

Art. 71. Habiendose concluido las pruebas, la parte actora alegará verbalmente cuanto le parezca necesario, para convencer al tribunal del derecho que le asiste, y el reo se defenderá del mismo modo.

Art. 72. En seguida, el juez hará con toda libertad las observaciones que sobre lo deducido en el juicio, le parezcan justas y necesarias para la instruccion del juri y entonces se retirará este para deliberar.

Art. 73. El juri durante su deliberacion, estará al cargo del sherif, y los jurados no tendrán comunicacion en secreto ó fuéra del tribunal sobre las materias del juicio con persona alguna. El sherif les mi-

ART. 65. The number having been completed, and the jury formed, they shall take an oath, *to hear, try, and decide upon the matters in controversy, in the case then pending, truly and faithfully, according to the evidence and laws that may be produced, relative to the case, withont deviating therefrom, either from favor, or enmity, fear or reward, and that they will have communication with no individual whatever, on subjects connected with the case, out of court, till they shall have given their Verdict.*

ART. 66. The court being ready to hear the cause, the plaintiff by himself, his attorney, or counsel, shall read the accusation, and explain verbally and briefly, the principal points contained in it, and the evidence which he proposes to present. The defendant shall then explain in the same manner, the grounds of the defence which he intends to make.

ART. 67. This being concluded, the evidence shall be presented, beginning with the declaration of the defendant upon the accusation, who after having concluded the relation which he shall make by himself, shall be questioned by his attorney, as he may see proper, and his examination shall be concluded by questions on the part of the Plaintiff. The judge may question him during any stage of the trial, before the summing up of the evidence.

ART. 68. After the confession, the sumario formed by the primary judge, shall be read, and the further evidence on the part of the plaintiff, shall be presented; and afterwards that of the defendant.

ART. 69. The witness, after having been sworn to depose the whole and entire truth, according to the best of his knowledge, or as he may be questioned upon the subject then before the court, shall declare with all the plainness and clearness he is capable of what he may know in the case, and the party who presented said witness shall have the privilege of asking him any questions he may think proper; the opposite party shall also be allowed the same privilege. The judge may examine the witness at any time before the final conclusion of the testimony.

ART. 70. The secretary shall make a minute of the declaration of the witness, which he shall read in his presence, that it may be corrected if necessary, and the witness shall sign it with the secretary.

ART. 71. The testimony being concluded, the plaintiff shall make a verbal plea, stating to the court the reasons and circumstances that may appear most conducive to establish his demand: The accused shall also make his defence in the same manner.

ART. 72. The judge shall then make such observations upon the evidence and facts deduced in the trial as he may think proper and necessary for the instruction of the jury, who shall then retire for deliberation.

ART. 73. During their deliberations the jury shall remain in charge of the sheriff, and shall not be permitted to communicate in any manner whatever, with persons out of court on subjects connected with the trial. The sheriff shall render them all necessary assistance, and if

nistrará una asistencia necesaria, y si tienen que volver al tribunal para informarse sobre algun punto, les atenderá.

Art. 74. Habiendose convenido los jurados en el numero prefinido sobre la determinacion que deben dar, se pondrá por escrito con espresion de todos los hechos importantes que se hayan establecido por las pruebas, el cual se firmará por todos los jurados, pudiendo los dicidentes exigir que se manifieste su opinion. Se presentará al tribunal, y el secretario la leerá en voz alta para que corregida por el juri si fuére necesario y aprobada por el mismo, se agegue al expediente.

Art. 75. En vista de la determinacion del juri, y con arreglo á las leyes, pronunciará el juez la sentencia definitiva con cuyo acto se concluye el juicio.

SECCION IV.

DEL RECURSO DE NULIDAD.

Art. 76. De la sentencia definitiva pronunciada en el juicio criminal plenario, el unico recurso que se puede intentar, es el de nulidad.

Art. 77. Este se interpondrá dentro de ocho dias de pronunciada la sentencia, en el mismo tribunal que la dió para la 3.a sala del supremo de justicia.

Art. 78. La parte que interponga este recurso, espondrá por escrito las razones en que se funda, y dandose traslado á la otra parte que lo absolverá dentro de tres dias, lo admitirá el juez, y remitirá el proceso con oficio dirigido á la sala mencionada.

Art. 79. Esta conocerá en el recurso por las solas constancias del proceso, sin nueva instancia ó comparecencia de las partes, ni atencion á los defectos que aparezcan en el sumario, no siendo sustanciales.

Art. 80. Si en el proceso falta alguna de las formalidades ó requisitos substanciales prevenidos por esta ley, se revocará la sentencia por la sala, citandose las leyes en que se funda: se devolverá el proceso y se entablará el juicio de nuevo.

Art. 81. Si los principios de las leyes no están bien aplicados en la sentencia á los hechos establecidos por el juri, se corregirá por el supremo tribunal citandose las leyes en que se funda, y se ejecutará la sentencia de este modo corregida.

Art. 82. Si se intenta el recurso de nulidad por motivo de corrup-

it be necessary to return into court for information upon any point, he shall attend them.

Art. 74 The verdict of the jury being agreed upon by the number required by law, it shall be committed to writing, expressing all the important circumstances that may have been established by the evidence and shall be signed by all the jurors: Those however, who may dissent from the verdict shall be permitted to express their seperate opinion. The decision shall then be presented to the court, and read by the secretary, in a distinct voice, that it may be corrected by the jury if necessary, and if approved, shall be added to the record.

Art. 75. In conformity with the verdict of the jury, and agreeably to the laws, the judge shall pronounce the final sentence, with which act the trial shall be concluded.

SECTION 4.

Of the Appeal of Nullity.

Art. 76. From the definitive sentence pronounced in the trial *Criminal Plenario*, the only recourse which can be attempted is the appeal of *Nullity*.

Art. 77. This appeal of *Nullity* shall be made within eight days after the sentence may have been pronounced, and before the same court in which the case may have been tried, in order that it may be transmitted to the third hall of the supreme court of justice.

Art. 78. The party that may attempt this appeal, shall express in writing, the reasons upon which it is founded, and shall deliver a copy of the same to the other party who shall make his replication within three days; it shall be admitted by the judge, and the proceedings of the trial shall be officially transmitted by him to the abovementioned hall of justice.

Art. 79. This court shall try the appeal solely upon the proceedings of the court below, without commencing a new prosecution, or requiring the presence of the parties, nor shall any attention be paid to defects that may appear in the *Sumario*, unless they be such as materially affect the case.

Art. 80. If, in the proceedings of the trial, any of the formalities or important requisites, contemplated by this law were omitted, the sentence shall be revoked by the court, citing the laws on which the revocation is founded, and the whole sent back to the original court, where a new trial shall be instituted.

Art. 81. If the principles of the law may not have been accurately applied, in the sentence, to the facts established by the jury, it shall be corrected by the supreme tribunal, citing the laws on which it [the correction] is founded, and the sentence thus corrected shall be carried into execution.

Art. 82. If this appeal of *Nullity* be made on account of bribery

cion de algun jurado de los que se concordaron en la opinion afirmativa del juri, se formalizará una acusacion contra el jurado sin necesidad de previo sumario; se le asegurará y se seguirá el juicio por todos los tramites prevenidos en esta ley para el juicio criminal plenario, hasta la sentencia definitiva. Si esta es condenatoria, se revocará la sentencia pronunciada sobre la determinacion del juri á que pertenecia el jurado condenado, y se entablerá el juicio de nuevo.

Art. 83 El jurado puede interponer el recurso de nulidad en cuanto á la pena que se le imponga, y se observará en tál caso lo prevenido para este recurso en los articulos anteriores. La pena que se debe aplicar al jurado corrompido, es la que corresponda al delito de falsedad.

SECCION V.

DE LOS DELITOS COMETIDOS POR EL JUEZ SUPERIOR Y LOS DE 1.ª INSTANCIA.

Art. 84. En el caso de acusarse al Juez Superior de algun delito comun ó de oficio, se observará lo prevenido en el articulo 197 de la Constitucion, previa la declaracion que haga el Congreso de haber lugar á la formacion de causa.

Art. 85. Se observará tambien lo prevenido en el citado articulo 197 de la Constitucion en las acusaciones contra los jueces de 1.ª instancia por delito de oficio, previa la declaracion de haber lugar á la formacion de causa, que hará la Superioridad Judicial del circuito.

Art. 86. Para esto, se formalizará la acusacion sin necesidad del juicio sumario prevenido en esta ley, y se practicará lo dispuesto en ella para el juicio criminal plenario hasta la determinacion del juri. En vista de los hechos establecidos por este, y con arreglo á las leyes de la materia, declarará el juez si ha, ó no lugar para la formacion de causa.

Art. 87. Siendo afirmativa la declaracion, presentará la parte actora, una acusacion en forma dirijida á la sala correspondiente del Supremo Tribunal de Justicia, la que se agregará al espediente, y sin examen alguno se remitirá á la referida sala.

Art. 88. En vista de los hechos constantes del espediente y sin admitir nuevas pruebas, el Supremo Tribunal procederá á conocer y sentenciar la causa en todas las instancias, y recursos permitidos por las leyes, sin necesidad de nuevo ocurso, ó comparecencia de la parte actora ó notificacion á ella; obrando el fiscal como promotor de la causa.

Art. 89. El acusado puede alegar en su defensa, nulidad del espediente; y en este caso se observará lo dispuesto en esta ley sobre el recurso de nulidad.

Art. 90. Dada la sentencia se remitirá el proceso para su execucion á la Superioridad Juicial.

of one of the jurors, who may have concurred in the opinion of the majority of the jury, an action shall be formed against said juror, without the necessity of a previous *Sumario;* he shall be taken into custody, and the trial shall proceed, with all the formalities provided for by this law in the trial *Criminal Plenario,* to the definitive sentence. If this be condemnatory, the sentence pronounced upon the verdict of the jury of which the condemned juror was one, shall be revoked, and the trial commenced anew.

Art. 83. The juror may interpose the plea of *Nullity,* in regard to the penalty that may have been imposed upon him, and in that case, all the formalities mentioned in the preceding articles in regard to cases of this nature shall be observed. The penalty inflicted on a juror convicted of bribery shall be the same as for that of perjury.

SECTION 5.

Of Crimes committed by the Superior and Primary Judges.

Art. 84. In case the superior judge shall be accused of any crime whether official or ordinary, the provisions of the 197 article of the constitution shall be observed, and the legislature shall previously declare that there be just cause of action.

Art. 85. The provisions of the above cited 197th article of the constitution shall also be observed in accusations against primary judges for crimes of office, the suprerior court first declaring that there be just cause of action.

Art. 86. For this purpose, the accusation shall be formed without the necessity of the process *Sumario,* provided in this law, and the trial shall be entered upon and pursued according to the process *Criminal Plenario,* till the verdict of the jury. In conformity with the regulations of law in such cases, the judge shall declare whether there be sufficient cause of action, or not.

Art. 87. The declaration of the judge being in the affirmative, the plaintiff shall present his accusation in form, directed to the corresponding hall of the supreme court, which shall be added to the record, and without any examination whatever, shall be remitted to the aforementioned hall of justice.

Art. 88. In conformity with the facts manifested in the record, and without admitting new evidence, the supreme tribunal shall proceed to take cognizance of, and determine the cause, according to all the circumstances of the case, and recourses permitted by the law, without the necessity of the personal appearance of the plaintiff, the *Fiscal* acting as prosecutor in the case.

Art. 89. The defendant may alledge in his defence the nullity of the record, in conformity with the provisions of this law in such cases.

Art. 90. The sentence given, the proceedings shall be transmitted to the superior court, for its execution.

SECCION VI.

DE LA ADMINISTRACION DE JUSTICIA EN LO CIVIL.

Parafo 1.º—*Del Juicio Verbal, y de la Conciliacion*

Art. 91. Los jueces de 1.a instancia, y los comisarios, determinarán por si solos en lo verbal las demandas cuya importancia no pase de diez pesos, y sentarán la razon correspondiente en un libro que tendrán al efecto, firmando con las partes, si supieren hacerlo, ó con dos testigos en caso contrario.

Art. 92. Lo dispuesto en estas determinaciones, se executará segun previene el articulo 179 de la Constitucion.

Art. 93. En las demandas civiles, y en lrs criminales por injurias los alcaldes ejercerán el oficio de conciliadores con arreglo á las leyes.

Parafo 2.º—*Del Juicio Escrito.*

Art. 94. Para entablar juicio por escrito, ocurrirá el interesado al juez de 1.a instancia en la jurisdiccion respectiva, y espondrá su demanda en una peticion sencilla; pero clara; acompañando á ella el certificado de haber en vano intentado la conciliacion, y sin este requisito no será admitida.

Art. 95. El juez citará inmediatamente al reo por escrito, señalandole dia para contestar y espresando en la citacion el nombre del actor, y el asunto ó materia de la demanda.

Art. 96. El sherif notificará la citacion al reo entregaudole copia certificada de ella, y si no le puede hallar la dejará en su casa, ó en la que se le asiste si no la tubiére propia, y si esto no se puede verificar de modo que deba llegar á su noticia, la fijará en el parage mas público de la jurisdiccion.

Art. 97. Si el demandado exsiste en otra jurisdiccion, se ciiará por medio de un despacho dirigido al juez de ella.

Art. 98. Si no se sabe donde está el demandado, ó exsiste fuéra del Estado en un lugar de donde se dificulte el que comparesca pronto, ó siendo citado en la forma prevenida por el articulo anterior, no contesta en el termino que señale la citacion, ò si en qualquier estado del juico, alguna de las partes no comparece cuando tiene obligacion de hacerlo: con informacion del hecho, y á pedimento de la parte interesada nombrará el juez á la ausente curador *adlitem* con quien seguirá el pleito como si fuéra con la parte misma.

Art. 99. En qualquiera tiempo que la parte ausente quiera comparacer, y seguir el pleito. puede hacerlo, y el curador cesará en su encargo.

SECTION 6.

OF THE ADMINISTRATION OF JUSTICE IN CIVIL CASES.

Paragraph 1st.—Of the Trial Verbal, and of the Conciliation.

ART. 91. The primary judges, and commissaries, shall determine by themselves alone, and verbally, all demands, the import of which shall not exceed ten dollars, and a record of such decisions shall be kept in a book for that purpose, and be signed by the judge or commissary and the parties, or by two witnesses in case the parties may not know how to write.

ART. 92. The decisions in these cases shall be executed in conformity which the 179th article of the constitution.

ART. 93. In all civil demands, and in those for personal injuries, the Alcaldes shall exercise the office of conciliators, in conformity with the laws to that effect.

Paragraph 2nd.—Of the Trial by Writing.

ART. 94. In order to commence an action by writing, the complainant shall present himself before the primary judge of the respective jurisdiction, and shall signify his demand by a petition plainly and clearly expressed, accompanied by a certificate of having attempted in vain a reconciliation with the opposite party; and without this requisite his demand shall not be admitted.

ART. 95. The judge shall immediately cite the defendant, by a written notice, appointing the day of trial, and expressing in the citation the name of the plaintiff, and the subject matter of the demand.

ART. 96. The sheriff shall notify the defendant, of the citation, and shall deliver him a certified copy thereof, and if he cannot be found, the said copy shall be left at his house, or at the house where he may reside, or if he cannot be notified in this manner, it shall be posted up in the most public place of the jurisdiction.

ART. 97. If the defendant reside in another jurisdiction, he shall be cited by an official notice directed to the judge of said jurisdiction.

ART. 98. When the defendant cannot be found, or his residence be out of the state, and under such circumstances that he cannot soon return, or being cited in the manner mentioned in the preceding article he do not reply in the time specified in the citation, or if in any stage of the trial whatever, one of the parties shall not appear, when under obligation to do so, the judge, on information and petition of the party interested, shall appoint an attorney *ad litem,* for the party absent, and the trial shall proceed in the same manner as if the party himself were present.

ART. 99. The absent party, however, may at any time appear and continue the trial in person, and in that case the powers of his attorney shall cease.

Art. 100. Habiendo el demandado, ó su curador respondido á la demanda, y alegado las partes lo que les convenga, quedan los autos espeditos para el juicio.

Art. 101. No se admitirán mas que dos escritos por cada parte, y el termino en que se debe hacer la replica, es de tres dias contados desde el de la contestacion, y la duplica en igual numaro de dias que se contarán desde el de la replica; debiendo el juez dar los traslados en el acto mismo de recibir el espediente.

Art. 102. Para el despacho de los juicios civiies plenarios, los tribunales de que habla el articulo 6.º de esta ley, tendrán sus sesiones en los tiempos que hayli mismo se previene, y durarán hasta concluirse los negocios pendientes.

Art. 103. Los pleitos se despacharán por el orden de su antigüedad, no habiendo justa razon para demorarlos bajo la mas estrecha responsabilidad de los jueces.

Art. 104. Para este fin, se tendrá un libro en que se anotarán con toda cláridad los pleitos expeditos para el juicio segun sus fechas con espresion de los nombres de las partes, y sus apoderados si los hay, la materia de la controversia, y el dia de la conclusion de los autos para juicio,

Art. 105. El dia señalado para el juicio, presentarán las partes sus pruebas, y á este efecto entregarán al juez listas de los testigos cuya declaracion necesiten, con anterioridad bastante para que los cite el sherif.

Art. 106 Si alguno de los testigos existe fuéra de la jurisdiccion entregará la parte que lo necesite su interogatorio con anterioridad suficiente, y se notificará á la otra para que añada las preguntas que hagan á su intencion, ó presente el contra interogatorio que le convenga, lo que verificará dentro de tres dias.

Art. 107. El juez los despachará con un oficio al del lugar en que existen el testigo ó testigos, ó con una comision en que nombrará uno ó mas examinadores para evacuar sus declaraciones bajo el juramento de estilo.

Art. 108. Llegado el dia del juicio y estando prontas las partes para entrar en él, se les pondrá delante la caja que contiene los nombres de los jurados que se habrán citado segun el articulo 16 ee esta ley y entre el actor y el demandado comensando por aquel, sacarán alternativamente los jurados necesarios para formar el juri. Desde entonces, se observará en este juicio lo dispuesto para el criminal plenario hasta la sentencia difinitiva.

SECCION VII.

DEL RECURSO A LA SUPERIORIDAD.

Art. 109. La sentencia difinitiva, se executará si las partes sc

Art. 100. The defendant, or his attorney having replied to the demand, and the pleadings of the parties being concluded, the case shall be ready for trial.

Art. 101. Neither of the parties shall be permitted to present more than two *writings*, and the term of three days shall be allowed for the *Replica*, counted from that of the *Contestation*, and the same time shall be allowed for the *Duplica*, counted from that of the *Replica*; and the judge shall deliver these documents to the parties to whom they may respectively appertain; immediately on receiving them.

Art. 102. For the despatch of civil cases, the tribunals spoken of in the 6th article of this law shall hold their sessions at the times therein mentioned, and they shall continue till the conclusion of all the causes before them.

Art. 103. All causes shall be despatched according to the order of their dates, unless there be just grounds for their delay, subject to the strictest responsibility of the judge.

Art. 104. For this purpose a record shall be kept, in which shall be entered with all clearness, the causes ready for trial, according to their dates, stating the names of the parties, their attorneys, if they have any, the matter of controversy, and the day of the conclusion of the pleadings preparatory to the trial

Art. 105. On the day assigned for the trial, the parties shall present their evidence, and for this purpose, they shall previously deliver to the judge a list of the witnesses whose testimony they require, in time sufficient for them to be summoned by the sheriff.

Art. 106. If any of the witnesses reside out of the jurisdiction, the party interested shall present his interrogatories in sufficient time, and shall give notice to the other party, in order that he may add such interrogatories as he may think proper, which he shall do within three days.

Art. 107. The judge shall transmit these documents, with an official notice to the judge of the place of residence of the witness or witnesses, or with a commission in which he shall appoint one or more examiners who shall take down in full, the testimony given, under the usual form of oath in such cases.

Art. 108. On the day appointed for the trial, and the parties being ready, the box containing the names of the jurors which have been cited according to the 16th article of this law, shall be placed before them, and the plaintiff and defendant alternately, commencing with the former, shall draw out the number of names necessary to form the jury; and during the remainder of the trial the same formalities shall be observed as are prescribed in the trial *Criminal Plenario*.

SECTION 7.

Of Appeals to the Superior Court.

Art. 109. The parties being satisfied with the decision of the

conforman con ella: pero en caso contrario puede pedir qualquiera de ellas dentro de ocho dias que la vea el juez superior.

Art. 110. La parte que por considerarse agravida, quiera interponer este remedio prestará juramento de que no lo intenta por dilatar, y si por que creé que no se le ha hecho justicia conforme al derecho que le asiste, y presentará una peticion dentro del termino espresado en que espondrá las razones en que se funda:

Art. 111. El jmez la admitirá, y dará traslado á la otra parte que contestará dentro de tres dias contados desde el de la peticion, y se remitirá el espediente al secretario del distrito judicial respectivo.

Art. 112. Este llevará un libro en que tomará razon de los negocios civiles asi remitidos con espresion de los litigantes la materia en controversia y el dia del recibo del espediente.

Art. 113. Habiendo abierto sus sesiones la Superioridad Judicial en el distrito respectivo, y despachado los negocios criminales, que son de preferencia, se ocupará en ver los civiles y dictaminar sobre ellos, oyendo primeramente á las partes en lo verbal si tubiéren que alegar.

Art. 114. La Superioridad Judicial en su dictamen, se guiará por lo dispuesto en esta ley sobre el recurso de nulidad, desde el articulo 81 hasta el 83 inclusive.

Art. 115. Devuelta la causa, el juez se arreglará á lo determinado por el superior, y procederá á executarlo sin dilacion.

Art. 116. En caso de no conformarse alguna de las partes con la opinion de la Superioridad, puede interponer en esta el recurso de nulidad para la sala correspondiente del supremo tribunal de justicia, y en este caso se observará lo dispuesto en esta ley sobre el recurso de nulidad, remitiendose el espediente en copia certificada, y volviendo al juez respectivo el original para la execucion de la sentencia conforme queda prevenido en el articulo anterior.

SECCION VIII.

DE LA EXECUCION, Y DEL JUICIO EXECUTIVO.

Art. 117. El ministro á quien fuére cometida alguna execucion en lo criminal se arreglará con toda escrupulosidad á lo dispuesto en el mandamiento, y el juez cuidará de espresar en él con claridad las circunstancias que se han de guardar.

Art. 118. En lo civil, se arreglará tambien el ministro executor, á lo dispuesto en el mandamiento de execucion.

Art. 119. Sobre las sentencias que causan executoria, se despa-

court, it shall be carried into execution; or otherwise either of them may, within eight days, petition for an appeal to the superior court.

ART. 110. The party who considers himself aggrieved, and may wish to interpose this remedy, shall swear that he does not intend it for the purpose of delay, but that he believes justice has not been done according to the law in his favor, and he shall present his petition within the time specified, in which he shall set forth the reasons upon which it is founded.

ART. 111. The petition shall be admitted by the judge, who shall give a copy thereof to the other party, who shall contest the same within three days, counting from that on which the petition was presented, and these documents shall be remitted to the secretary of the respectives judicial district.

ART. 112. The secretary shall keep a book in which he shall take an account of all the civil cases thus transmitted, expressing the names of the litigants, the matter of controversy, and the day on which he received the documents.

ART. 113. The superior court having opened its sessions in the respective district, and the criminal cases, which have the preference, being despatched, the court shall proceed to hear and determine the civil cases, first hearing the verbal pleadings if any are to be made.

ART. 114. The superior court shall be guided in its determinations by the provisions of this law concerning the appeal of *Nullity*, from the 81st to the 83rd article inclusive.

ART. 115. The cause being returned, the judge shall be regulated by the decision of the supreme court and shall proceed without delay to carry it into execution.

ART. 116. If either of the parties shall be dissatisfied with the opinion of the superior court, he may resort to the appeal of *Nullity*, to the correspondent hall of the supreme tribunal of justice, and in that case the provisions of this law concerning the appeal of *Nullity* shall be observed, remitting a certified copy of the record, the original being returned to the respective judge for the execution of the sentence, according to the preceding article.

SECTION 8.

OF EXECUTIONS AND OF THE TRIAL EXECUTIVE.

ART. 117. The officer to whom a writ of execution may be committed, in criminal cases, shall govern himself with the most scrupulous exactness according to the directions of the precept, in which the judges shall take care to designate clearly all the circumstances which are to be observed.

ART. 118. In civil cases also, the executive officer shall be governed by the directions contained in the order of execution.

ART. 119. In respect to judgments which demand an order of exe-

chará el correspondiente mandamiento de execucion sin necesidad de nueva instancia de la parte.

Art. 120. El acreedor que intente execucion contra su deudor, presentará al juez una peticion en que esponga los fundamentos de su solicitud, acompañando el documento correspondiente.

Art. 121. Si el instrumento presentado, es de los que traen *ciertamente* aparejada execucion, se librará sin retardo el respectivo mandamiento.

Art. 122. Si el deudor puede ser habido, se le requerirá con el ministro executor para que pague la cantidad por que se despachó, ó señale bienes en que se trabe la execucion.

Art. 123. Si el deudor no puede ser habido, ó no quiere señalar bienes, el ministro procederá á trabar la execucion empesando por los muebles, siguiendo con los raizes en caso de faltar los primeros, y embargando por ultimo los derechos y adeciones si no alcanzan los otros.

Art. 124. Hecha la execucion, se venderán los bienes en que recayó publicandose al efecto por treinta dias en que permanecerán fijadas cedulas de aviso en tres parajes á lo menos que sean de los mas públicos de la jurisdiccion, en que se espresarán los bienes, y el dia y lugar de la venta.

Art. 125. El executado podrá oponerse á la venta dentro de ocho dias de trabada la execucion presentando un escrito al juez, en que esponga la excepcion que crea tener. Si no la prueba antes del dia de la venta, se llevará esta adelante, y probandola, se le devolverán los bienes.

Art. 126. Cualquiera de las partes puede pedir que la Superioridad Judicial vea la sentencia dada sobre la oposicion, y se observará entonces lo prevenido sobre este recurso en el juicio civil plenario; llevandose á efecto sin embargo lo dispuesto por el juez conforme al articulo anterior.

Art. 127. Antes del dia de la venta se justipreciarán los bienes executados por dos peritos nombrados uno por cada parte, y si el deudor no quiere usar de su derecho, lo nombrará el juez, quien tambien nombrará un tercero que decida en caso de discordia.

Art. 128. El dia de la venta se pregonarán los efectos, y llegando las posturas á dos tercios de su justiprecio, se rematarán en el mayor postor otorgandole el juez venta judicial de ellos.

Art. 129. En falta de postor abonado, ó si no se ofrecen las dos terceras partes del justiprecio, puede el acreedor recibirlos en pago de su deuda con la rebaja indicada y el juez le otorgará la correspondiente escritura.

Art. 130. Cualquiera tercero opositor puede resistir el pago para ser preferido al executante; y siendo tres ó mas los acredores que de-

cution, the corresponding precept shall be issued, without the necessity of a new application by the party.

ART. 120. The creditor who solicits an execution against his debtor, shall present a petition to the judge, in which he shall set forth the grounds of his solicitation, accompanied by the corresponding document.

ART. 121. If the document be of that character which carries with it *Aparejada Execucion*, the corresponding precept shall be issued without delay.

ART. 122. If the debtor can be found he shall be required by the executive officer, to satisfy the demand set forth in the precept, or to designate property on which the execution may be levied.

ART. 123. If the debtor cannot be found, or refuse to designate property, the officer shall proceed to levy the execution, first on personal property, and if this be not sufficient to satisfy the demand, secondly, on real estate, and lastly, embargoing his rights and claims, if the other property be not sufficient.

ART. 124. The property executed shall be sold at public auction, after 30 days notice to that effect having been given, by posting up written notices in three of the most public places of the jurisdiction, specifying the kind of property, and the day and place of sale.

ART. 125. The defendant may oppose the sale within eight days from that on which the execution was levied, by presenting a written statement to the judge, expressing the exception that he believes to exist in his favor. If this exception be proved before the day of sale, the property shall be returned; otherwise the sale shall take place agreeable to notice.

ART. 126. Either of the parties may request that the superior court review the sentence given upon the opposition, and in that case the provisions of the law concerning this appeal in the trial *Civil Plenario*, shall be observed. The determination of the judge in the case mentioned in the preceding article shall, notwithstanding be carried into effect.

ART. 127. Before the day of sale, the property executed shall be appraised by two persons acquainted with the value of such property, each party choosing one: If the debtor refuse to use this privilege, the judge shall appoint the appraiser and shall also appoint a third, to decide in case of a division.

ART. 128. On the day of sale the property shall be cried, and sold to the highest bidder, but at a price not less than two-thirds of its appraised value, and the judge shall give to the purchaser a bill of judicial sale.

ART. 129. In case there should be no bidders, or two thirds of the appraised value be not offered, the creditor may receive the property, in payment of his debt, with the deduction mentioned, and the judge shall give him the corresponding instrument of writing.

ART. 130. Any other creditor may oppose the payment, on account of being preferred to the plaintiff; and where there are three or more

mandan al mismo deudor, cuando no alcancen sus bienes para satisfracérseles á todos, se llamará concurso.

Art. 131. Este pleito se sigue entre el deudor y los acredores, siendo todos actores y reos al mismo tiempo, y concluyendose los autos para el juicio con dos escritos de cada parte, se seguirá por todos los tramites prevenidos por esta ley para el civil plenario hasta la sentencia que en este caso se llamará de graduacion por que en ella se señalará el orden en que deben ser pagados todos los que han probado su derecho.

Art. 132. De esta sentencia puede qualquiera de las partes, intentar el remedio de pedir que se vea por la Superioridad Judicial, y se observará entonces lo dispuesto para estas apelaciones.

SECCION IX.

DISPOSICIONES GENERALES.

Art. 133. Para hacerse respectar y obedecer el juez superior en el desempeño de sus deberes, puede imponer multas hasta en cantidad de doscientos pesos, ó treinta dias de prision, quedando responsable por el abuso que haga de esta facultad.

Art. 134. Cuando por haberse interpuesto el recurso de nulidad, se haya de remitir al supremo tribunal de justicia un espediente que estuviére escrito en Ingles se nombrará por el juez un traductor que lo vierta al Castellano; y la parte que haya interpuesto el recurso, pagará lo que costare la traduccion.

Art. 135. El traje de etiqueta del juez superior será vestido negro ó azul-obscuro y vanda blanca con borlas de oro, ceñida á la cintura, y usará de él en los actos de solenidad.

Art. 136. Cuando los jueces, los comisarios, los sherifes, ó los alguaciles obran injusta, ilegal ó arvitrariamente en la administracion de justicia, la parte agraviada puede acudir al juez superior: y este con una informacion sumaria del hecho, despachará el mandamiento correspondiente para corregir la falta.

Art. 137. Todas las municipalidades contribuirán á proporcion del numero de sus habitantes para construir una carcel en la cabezera del partido á que pertenecen, y el iuterim para la seguridad de los delinquentes. Las multas y demás penas pecuniarias que se impongan con arreglo á esta ley, se dedican á este objeto.

Art. 138. El juez superior dará cuenta mensualmente al gobierno, del estado en que se halla la administracion de justicia en su circuito, como tambien del efecto que produzca esta ley, y las dificultades ó dudas que se ofrezcan en su cumplimiento para que recomiende el remedio al Congreso.

Art. 139. Los sueldos que establece esta ley se pagarán el primer año con tierras valdias ubicadas en el circuito judicial, dandose á los interesados por cien pesos cada sitio.

creditors, having demands against the same debtor, and there be not proprerty sufficient to satisfy the whole, there shall be called a *Concurso.*

Art. 134. This trial is had between the debtor and his creditors, all being plaintiffs and defendants at the same time; and these preliminary proceedings shall be concluded by two instruments of writing by each of the parties, and the trial shall proceed and be concluded according to all the forms established by this law, for the trial *Civil Plenario,* until the judgment, which in this case shall be called, the sentence of *Graduation,* because in it the order shall be designated in which all the creditors who may have proved their right shall be paid.

Art. 132. From this sentence, either of the parties may appeal to the superior court, the dispositions of the law in such cases being strictly observed.

SECTION 9.

General Provisions.

Art. 133. That the superior judge may be respected and obeyed in the discharge of his several duties, he may impose fines, not exceeding two hundred dollars, or imprisonment not exceeding thirty days; being always responsible for the abuse of this power.

Art. 134. In the case of the appeal of nullity, should it be necessary to transmit to the supreme court a record that may be written in English, the judge shall appoint a translator, who shall translate it into Spanish and the appellant shall pay the cost of translation.

Art. 135. The dress of etiquette of the supreme judge shall be black, or dark blue, and a white sash with gold tassels; and this dress shall be used on all solemn occasions.

Art. 136. When the judge, commissary, sheriff or constable, act unjustly, illegally, or arbitrarily, in the administration of justice, the party aggrieved may have recourse to the superior judge, who after taking the information *Sumaria* of the act, shall despatch the necessary order for the correction of the offence.

Art. 137. All the municipalities shall contribute, according to the number of their inhabitants, to the construction of a jail, in the capital of the district to which they belong, and in the meantime, for the securing of offenders, all fines and other pecuniary penalties, which may be imposed according to this law shall be applied to that object.

Art. 138. The superior judge shall give account, every month, to the government, of the state of the administration of justice in his circuit, as also the effects which this law may produce, and the difficulties or doubts which may offer themselves, in its execution, in order that he may recommend to the legislature the proper remedy.

Art. 239. The salaries established by this law shall be paid, the first year, with vacant lands situated within the judicial circuit, and at the rate of one hundred dollars for each sitio.

Art. 140. Pará dar á este decreto la notoriedad correspondiente en las dos lenguas que hablan los habitantes de Texas, se públicará en ambos ideomas; y á este fin nombrará el-gobierno traductor que tenga un conocimiento critico de ellas.

Lo tendrá entendido el Gobernador constitucional del Estado para su cumplimiento, haciendolo imprimir, publicar y circular.

AGUSTIN VIESCA, Presidente,
JOSE JESUS GRANDE, D. S.
JOSE M. de URANGA, D. S.

Por tanto, mando se imprima, publique, circule y se le dé el debido cumplimiento.

Dado en la ciudad de Monclova á 17 de Abril de 1834.
FRANCISCO V. y VILLASEÑOR.
José M. Falcon, Secretario.

Gobierno Supremo del Estado libre de Coahuila y Texas.

El Gobernador del Estado de Coahuila y Texas á todos sus habitantes, sabed:—Que el Congreso del mismo Estado ha decretado lo siguiente.

DECRETO No. 278.

El Congreso constitucional del Estado libre, independiente y soberano de Coahuila y Texas, con el objeto de asegurar las vidas y propiedades de los ciudadanos continuamente sacrificadas al furor, crueldad, y alevosia de los indios barbaros: deseoso al mismo tiempo de que tan importante y sagrado objeto se logre sin multiplicar las atenciones del supremo gobierno general demaciado ocupadas actualmente en defender las instituciones de la patria, y sin angustiar mas las urgencias del erario nacional, librando por ahora en los recursos del Estado su propia defenza contra esta clase de enemigos que jamas han conocido, ni respetado otro derecho que el del mas fuérte; y haciendo uso del que tiene toda sociedad para proveer á su conservacion asegurado por la naturaleza, y consignado en el parafo 4.º del art. 162 de la Constitucion federal, ha tenido á bien decretar lo siguiente.

Art. 1. El gobierno valiendose de los recursos del Estado reprimirá la osadia de los indios salvajes para poner á cubierto de sus agresiones las vidas y propiedades de los ciudadanos.

Art. 2. A este fin dispondrá en el numero que concidére necesario de la milicia que el Estado tiene en los departamentos hostilizados, y para pagar ó premiar á los milicianos podrá hechar mano de las tierras valdias hasta en cantidad de cuatrocientos sitios, repartiendolos bajo las reglas y condiciones que establesca.

Art. 3. Por ahora se designan veinte mil pesos de lo primero que ingrese al tesoro del Estado, por las ventas de tierras que se hagan en virtud de la ley de la materia.

Art. 140. In order to give to this law the corresponding publicity, in the two languages spoken by the inhabitants of Texas, it shall be published in both idioms, and for that purpose, the governor shall appoint a translator, possessing a critical knowledge of both.

For its fulfilment, the Constitutional Governor of the State shall cause it to be printed, published, and circulated.

AUGUSTIN VIESCA, President.
J. J. GRANDE, D. S.
J. M. de URANGA, D. S.

I therefore command that it be printed, publised, circulated and carried into effect.

Given in the city of Monclova on the 17th April, 1834.

F. V. y VILLASENOR.

Jose M. Falcon, Secretary.

Executive Department of the State of Coahuila and Texas.

The Governor of the State of Coahuila and Texas, to all the inhabitants thereof: Be it known, that the congress of said state has decreed as follows:

DECREE No. 278.

With the intention of protecting the lives and property of the citizens, constantly sacrificed to the perfidy, rage, and barbarity of the hostile Indians, and desirous that so important and sacred an object may be accomplished without giving additional care to the general government, at present excessively employed in protecting the institutions of the country, also, without occasioning further embarrassment to the national treasury—entrusting the present defence of the state to its own resources, against this class of enemies, who have never understood, or respected any other right than that of superior force; and exercising the right which naturally belongs to every society, of providing for its own safety, and which is intrusted by the 4th clause of article 162 of the constitution of the republic, the congress of the state of Coahuila and Texas has thought proper to decree:

Art. 1. The executive, availing himself of the resources of the state, shall repress the ferocity of the savages to shield the lives and property of the citizens from their aggressions.

Art. 2. For said object the executive may dispose of such number as he shall consider necessary of the militia which the state has in the departments whrein hostilities are committed and for paying or remunerating the militia-men, he may take of the vacant lands to the amount of four hundred sitios, distributing them agreeably to the rules and conditions he shall establish.

Art. 3. For the present twenty thousand dollars are hereby appropriated, of the first receipts of the state treasury for sales of lands made by virtue of the law on the subject.

Art. 4. Por el Estado jamas se harán á los indios barbaros regalos de ninguna clase.

Art. 5. Queda prohibido el comercio can los indios enemigos principalmente el de armas y municiones, declarandose enemigo del Estado al que contravenga á esta disposicion y sugeto á ser jusgado como traidor.

Lo tendrá entendido el Gobernador constitucional del Estado para su cumplimiento, haciendolo imprimir, publicar y circular.

AGUSTIN VIESCA, Presidente,
JOSE J. GRANDE, D. S.
JOSE M. de URANGA, D. S.

Por tanto, mando se imprima, publique, circule, y se le dé el debido cumplimiento.

Dado en la ciudad de Monclova á 19 de Abril de 1834.

FRANCISCO V. y VILLASENOR.

Jose M. Falcon, Secretario.

Gobierno Supremo del Estado libre de de Coahuila y Texas.

El Gobernador del Estado de Coahuila y Texas á todos sus habitantes, Sabed:—Que el Congreso del mismo Estado ha decretado lo siguiente.

DECRETO No. 279.

El Congreso constitucional del Estado libre, independiente, y soberano de Coahuila y Texas, ha tenido á bien decretar:

En lo subsecivo se pagarán por unico derecho en el ramo de matanzas, seis granos por cada cabeza de ganado si fuére hembra, y nueve granos siendo macho, no alterandose por esto los impuestos municipales, ni los demas á que están sugetos sus efectos, cuando por variar de forma adquiéran mayor valor.

Lo tendrá entendido el Gobernador constitucional del Estado para su cumplimiento, haciendolo imprimir, publicar y circular.

AGUSTIN VIESCA, Presidente,
JOSE JESUS GRANDE, D, S.
JOSE M. de URANGA, D. S.

Por tanto mando se imprima, publique, circule, y se le dé el debido cumplimiento.

Dado en la ciudad de Monclova á 21 de Abril de 1834.

FRANCISCO V. y VILLASENOR.

Jose M. Falcon, Secretario.

Gobierno Supremo del Estado libre de Coahuila y Texas.

El Gobernador del Estado de Coahuila y Texas, á todos sus habitantes, sabed:—Que el Congreso del mismo Estado ha decretado lo siguiente.

ART. 4. No presents of any kind shall ever be made by the state to the savage tribes.

ART. 5. Trade with the savages especially in arms and ammunition, is hereby prohibited, and all persons who violate this provision shall be declared enemies of the state, and subject to be condemned as traitors.

For its fulfilment, the Governor of the State shall cause it to be printed, published and circulated.

AUGUSTIN VIESCA, President.
J. J. GRANDE, D. S.
J. M. de URANGA, D. S.

Wherefore I command it to be printed, published, circulated and duly fulfilled.

Given in the city of Monclova on the 19th April, 1834.

F. V. y VILLASENOR.

JOSE M. FALCON, Secretary.

Executive Department of the State of Coahuila and Texas.

The Governor of the State of Coahuila and Texas, to all the inhabitants thereof: Be it known, that the congress of said state has decree as follows:

DECREE No. 279.

The Congress of the State of Coahuila and Texas has thought proper to decree as follows:

Hereafter the only tax to be paid in the slaughtering business shall be nine grains a head, for male, and six, for female stock the, municipal taxes not being altered thereby, or others to which their products are liable, when by a change of form they acquire an increase in value.

For its fulfilment, the Governor of the State shall cause it to be printed, published, and circulated.

A. VIESCA, President.
J. J. GRANDE, D. S.
J. M. de URANGA, D. S.

Wherefore I command it to be printed, published, circulated and duly fulfilled.

Given in the city of Monclova, on the 21st of April, 1834.

FRANCISCO V. y VILLASENOR.

JOSE MIGUEL FALCON, Secretary.

Executive Department of the State of Coahuila and Texas.

The Governor, of the State of Coahuila and Texas, to all the inhabitants thereof: Be it known, that the Congress of said State has decreed as follows:

DECRETO No. 280.

El Congreso constitucional del Estado libre, independiente y soberano de Coahuila y Texas, ha tenido á bien decretar:

Una vez puestas en pública subasta las tierras valdias con todas las formalidades prevenidas en la ley de 26 de Marzo de este año, y no llegando la postura al precio minimo señalado en ella, quedan expeditas para que qualquiera persona las compre en dicho precio, sin necesidad de que se vuelva abrir la almoneda.

Lo tendrá entendido el Gobernador constitucional del Estado, para su cumplimiento, haciendolo imprimir, publicar y circular.

AGUSTIN VIESCA, Presidente.
JOSE J. GRANDE. D. S.
JOSE M. de URANGA, D. S.

Por tanto, mando se imprima, publique, circule y se le dé el debido cumplimiento.

Dado en la ciudad de Monclova á 23 de Abril de 1834.

FRANCISCO V. y VILLASEÑOR.

JosE M. Falcon, Secretario.

DECRETO No. 281.

El Congreso constitucional del Estado libre, independiente y soberano de Coahuila y Texas, teniendo en consideracion que en algunos de los pueblos del Estado aun no se ha cumplido, despues de casi siete años el repartimiento de tierras y aguas que previenen los articulos 137, 138, 139, y 140 del reglamento economico politico, y advirtiendo que tales infracciones, mas que la ignorancia, se han derivado de la malicia de algunos que interesados en que dicho repartimiento no se verifique, suscitan dificultades sobre puntos bien sencillos, pero han surtido hasta ahora los efectos que desean con injusticia y perjuicio de los que tienen derecho á construirse propietarios de las mismas tierras y aguas, y de los pueblos en donde estos existen mancomunadas, ha tenido á bien decretar:

Art. 1. En los pueblos que antes se llamaban de naturales, en que no se habiére perfeccionado el repartimiento de tierras y aguas pertenecientes á sus fundos en la manera que lo dispone el articulo 37 para el gobierno economico politico, y en los que no se ha empezado á practicar la ley en esta parte, tendrá aquella todo su cumplimiento al cargo de los ayuntamientos, y baxo su mas estrecha responsabilidad dentro de un mes de publicada la presente.

Art. 2. Los gefes de departamento determinarán gubernativamente y sin recurso á los quince dias de recividas las quexas, que, con este motivo, se les dirijan por los individuos, que se crean perjudicados, y quiéran gestionar, no teniendo lugar las que hiciéren, pasados quince dias de hecho el reparto.

DECREE No. 280.

The Congress of the State of Coahuila and Texas has thought proper to decree:

After the lands are once exposed at public sale with all the formalities provided in the law of the 26th of March last, should there be no offer as high as the minimum price therein specified, they shall be open for any person to purchase them at said price, without the necessity of again opening the auction.

For its fulfilment, the Governor of the State shall cause it to be printed, published, and circulated.

AUGUSTIN VIESCA, President.
J. J. GRANDE, D. S.
J. M. de URANGA, D. S.

Wherefore I command it to be printed published, circulated, and duly fulfilled.

Given at the city of Monclova on the 23rd of April, 1834.

FRANCISCO V. y VILLASENOR.

JOSE MIGUEL FALCON, Secretary.

DECREE No. 281.

Taking into contemplation that nearly seven years have passed and some of the towns of the state have not yet completed the distribution of lands and waters provided in articles 137, 138, 139 and 140 of the politico-financial regulations, and noting that said infringements have proceeded from evil intention rather than ignorance on the part of some persons, who being interested that said distribution may not be accomplished, excite difficulties with regard to very clear points, but which have hitherto had the effect they desired, causing injustice and injury to those who have a right to become proprietors in said lands and waters, and to the towns where they exist for joint fruition, the congress of the state of Coahuila and Texas has thought proper to decree:

ART. 1. In towns formerly called ——— of natives ——— wherein the distribution of lands and waters, pertaining to the established farm-tracts thereof, should not have been consummated in the manner provided by degree No. 37, for the politico-financial administration, and in those which have not commenced the execution of the law in this respect, said law shall be strictly fulfilled under charge of the Ayuntamientos, on their most rigid responsibility, within one month from the publication of this decree.

ART. 2. The department chiefs, in fifteen days after receiving the complaints directed to them from said cause by persons claiming to be aggrieved, and wishing to use their exertions, shall decide the same administratively and without appeal; after fifteen days have expired from making the distribution, complaints that are made shall not be heard.

Art. 3. Los ojos de agua, que á juicio de los mismos gefes no sean susceptibles de comoda y util division, y las tierras que se hallan en el mismo caso, se venderán en basta publica, y sus productos se aplicarán á los gastos que ocasione la reparticion de las otras.

Art. 4. Las familias de que habla el articulo 138 del expresado reglamento No. 37, se considerarán en su cabeza, ó lo que es lo mismo, quando el gefe de ellas sea un individuo de los que antes se llamaban naturales, componen tambien familia con derecho al repartimiento en conformidad del mismo articulo 138; las viudas indias con hijos ó sin ellos; los indios casados ó viudos, tengan ó no hijos; y las indios aun solteros con tal que por las leyes pueden emanciparse, entendiendose esto aun quando vivan los padres de unos y otros, y sin perjuicio del derecho que estos tambien tienen.

Art. 5. A cada familia clasificada en los terminos que asienta el articulo anterior, se dará una porcion igual de las tierras y aguas repartibles, sin que por ningun otro titulo sea qual fuére se les permita alegar derecho á mas cantidad.

Art. 6. Los terminos de que trata el articulo 140 del decreto No. 37 citado, se reduce á tres años, en los pueblos en que no se ha hecho hasta ahora el repartimiento, contandose dicho tiempo desde la fecha que tenga el respectivo titulo de propiedad, y en los pueblos en que ya se han repartido las tierras y aguas de que se habla, pero que aun no se han dado los titulos, se contarán seis años desde que aquellas fuéren adjudicadas.

Lo tendrá entendido el Gobernador constitucional del Estado, para su cumplimiento, haciendolo imprimir, publicar y circular.

Gobierno Supremo del Estado libre de Coahuila y Texas.

El Gobernador del Estado de Coahuila y Texas á todos sus habitantes, sabed:—Que el Congreso del mismo Estado ha decretado lo siguiente.

DECRETO No. 282.

El Congreso constitucional del Estado libre, independiente y soberano de Coahuila y Texas, ha tenido á bien decretar:

Se faculta al gobierno para celebrar coaliciones con los demás Estados, sobre las bases dictadas por el Congreso general, elebando sus contratos al del Estado para su aprobacion.

Lo tendrá entendido el Gobernador constitucional del Estado para su cumplimiento, haciendolo imprimir, publicar y circular.

AGUSTIN VIESCA, Presidente,
JOSE JESUS GRANDE, D. S.
JOSE M. de URANGA. D. S.

ART. 3. Springs, that in the opinion of said chiefs, are not susceptible of convenient and useful division and lands that are in the same condition shall be sold at public auction, and the proceeds thereof shall be appropriated to the expense occasioned by the distribution of the others.

ART. 4. The families mentioned in article 138 of the aforementioned regulations, No. 37, shall be considered with respect to the head thereof, or what is the same thing when the master of the family belongs to that class formerly called natives, said family shall thereby have a right in the distribution conformably to said article 138, the same in respect to Indian widows with or without children; Indians married or widowers, with or without children, and Indians even unmarried, provided, that they can become emancipated by law, and this shall be understood even should the parents of either be living, and as not affecting the right which said parents also possess.

ART. 5. To each family classed in the manner specified in the foregoing article an equal share of the distributable lands and waters shall be given, and on no other ground whatever shall they be allowed to claim a right to a greater quantity.

ART. 6. The term specified in article 140 of the aforementioned decree No. 37, shall be reduced to three years in towns wherein the distribution has not been made until the present time, reckoning said term from the date whereon they obtain the respective title; and in towns wherein the lands and waters herein mentioned have already been distributed, but the titles not yet given, six years shall be reckoned from the time said lands and waters were adjudicated.

For its fulfilment, the Governor of the State shall cause it to be printed, published, and circulated.

Executive Department of the State of Coahuila and Texas.

The Governor of the State of Coahuila and Texas, to all the inhabitants thereof: Be it known, that the congress of said state has decreed as follows:

DECREE No. 282.

The Congress of the State of Coahuila and Texas, has thought proper to decree:

The executive is hereby authorized to form coalitions with the other states on the basis prescribed by the general congress, laying his compacts before the legislature of the state for approval.

For its fulfilment, the Governor of the State shall cause it to be printed, published, and circulated.

A. VIESCA President.
J. J. GRANDE, D. S.
J. M. de URANGA, D. S.

Por tanto, mando se imprima, publique, circule, y se le de el debido cumplimiento.

Dado en la ciudad de Monclova á 24 de Abril de 1834..

FRANCISCO V. y VILLASEÑOR.

José M. Falcon, Secretario.

DECRETO No. 283.

El Congreso constitucional del Estado libre, independiente, y soberano de Coahuila y Texas, ha tenido á bien decretar:

Art. 1. Se establece en la villa de San Patricio, del departamento de Bexar, un ayuntamiento, y el juez ó juezes de primera instancia respectivos.

Art. 2. Serán los limites de esta nueva municipalidad los que comenzando del margen izquierdo del rio de las Nueces terminan asi el oriente las diez leguas litorales, y siguiendo la linea de estas hasta dexar diez leguas distante de la Bahia del Espiritu Santo, y de ay corriendo una linea recta hasta el desemboque del Medina en el rio de San Antonio de Bexar, y corriendo una linea por el margen derecho de este hasta donde pasa el camino viejo del rio Grande á Bexar, siguiendo el mismo camino hasta el rio de las Nueces, y de aqui á donde comenzó.

Art. 3. Lo dispuesto en los articulos anteriores tendrá un efecto inmediato á su publicacion, pasando el alcalde de Goliad á presidir las elecciones respectivas.

Art. 4. Se establece otra municipalidad sobre las aguas del rio Colorado, baxo el nombre de la municipalidad de Mina, y cuya cabezera será la nueva villa establecida en la margen izquierda del espresado rio, donde crusa el camino de arriba, que va de Bexar á Nacogdoches, y esta tendrá tambien el nombre de Mina.

Art. 5. La jurisdiccion de esta municipalidad se compondrá baxo los limites siguientes: empezando en el punto donde el camino viejo, que pasa de la Bahia á Nacogdoches, cruza el Brazzo del Arroyo del Palmito, como se delinea en el mapa de Texas por Austin, pasarán por linea recta hasta el punto donde el limite oriental de la colonia concedida á Austin en el año de 1827, sale del espresado camino que va de Bejar á Nacogdoches, de este punto pasará por linea recta hasta la cabezera del brazzo principal del arroyo del Oso, de aqui se siguirán por linea recta hasta la confluencia del rio Llano con el espresado Colorado, subirán el espresado Llano hasta la desembocadura del arroyo del Chimal, de aqui pasarán por linea recta hasta la cabezera del rio de la Vaca, de aqui siguirán dicho rio para abajo hasta el camino de arriba de la Bahia, y de aqui siguirán con el espresado camino hasta rematar en el punto donde comenzáron.

Art. 6. El alcalde de la villa de Austin pasará á la de Mina para presidir las juntas electorales del nuevo ayuntamiento segun las leyes.

Wherefore I command it to be printed, published, circulated and duly fulfilled.

Given at the city of Monclova on the 24th April, 1834.

FRANCISCO V. y VILLASENOR.

JOSE MIGUEL FALCON, Secretary.

DECREE No. 283.

The Congress of the State of Coahuila and Texas, has thought proper to decree:

ART. 1. An Ayuntamiento and the respective primary judge or judges shall be established at the town of San Patricio in the department of Bexar.

ART. 2. Said new municipality shall have the following limits; commencing on the left bank of the river Nueces at the boundary of the ten literal leagues, and following said line eastward to within the distance of ten leagues of La Bahia del Espiritu Santo; thence in a straight line to strike the junction of the river Medina with that of San Antonio and following the right bank of the latter as far as the crossing of the old road leading from Rio Grande to Bexar, thence following said road as far as the river Nueces, and thence to the place of beginning.

ART. 3. The provision of the foregoing articles shall go into effect immediately on their publication, and the Alcalde of Goliad shall repair to preside at the respective elections.

ART. 4. Another municipality shall be established upon the river Colorado, to be called municipality of Mina, the capital of which shall be the new town established upon the left bank of said river at the crossing of the upper road leading between Bexar and Nacogdoches, and said town shall also be called Mina.

ART. 5. The jurisdiction of said Municipality shall be included in the following limits; commencing at the crossing of the old road leading from La Bahia to Nacogdoches at the branche of Palmito Creek as delineated upon Austin's map of Texas; thence in a straight line to the place where the eastern line of the colony granted to Austin in 1827, leaves the aforementioned road leading from Bexar to Nacogdoches; thence in a straight line to the head waters of the main branch of Bear Creek; thence in a direct course to the confluence of the rivers Llano and Colorado, ascending said Llano as far as the mouth of Chimal Creek; thence in a straight line to the head waters of the la Vaca river, descending said river to the upper la Bahia road, and following said road to the place of beginning

ART. 6. The Alcalde of the town of Austin, shall proceed to the town of Mina to preside at the electoral meetings of the new Ayuntamiento according to law.

ART. 7. Se traslada la cabezera de la municipalidad de Brazoria de la villa da este nombre á la de Colombia, cosa de tres ó quatro leguas arriba.

ART. 8. En lo de adelante la espresada municipalidad tendrá el nombre de municipalidad de Colombia.

ART. 9. Tendrán efecto estas disposiciones desde su publicacion.

Lo tendrá entendido el Gobernador constitucional del Estado para su cumplimiento, haciendolo imprimir, publicar y circular.

Gobierno Supremo del Estado libre de Coahuila y Texas.

El Gobernador del Estado de Coahuila y Texas, á todos sus habitantes, sabed:—Que el Congreso del mismo Estado ha decretado lo siguiente.

DECRETO No. 284.

El Congreso constitucional del Estado libre, independiente, y soberano de Coahuila y Texas, ha tenido á bien decretar:

Se derogan en el articulo 9 del decreto 32 de 7 de Abril de 1827, estas espresiones con que concluye; *no permitiendose por ahora la entrada á las mugeres.*

Lo tendrá entendido el Gobernador constitucional del Estado para su cumplimiento, haciendolo imprimir, publicar y circular.

AGUSTIN VIESCA, Presidente,
JOSE JESUS GRANDE, D. S.
JOSE M. de URANGA, D. S.

Por tanto, mando se imprima, publique, circule, y se le de el debido cumplimiento.

Dado en la ciudad de Monclova á 28 de Abril de 1834:

FRANCISCO V. y VILLASEÑOR.

JOSE M. FALCON, Secretario.

Gobierno Supremo del Estado libre de Coahuila y Texas.

El Gobernador del Estado de Coahuila y Texas, á todos sus habitantes, Sabed:—Que el Congreso del mismo Estado ha decretado lo que sigue.

DECRETO No. 285.

El Congreso constitucional del Estado libre, independiente, y soberano de Coahuila y Texas, ha tenido á bien decretar:

ART. 1. En el caso que la resolucion que se tomare en el asunto promovido con fecha 2 de Abril de este año, por el estrangero Sterling C. Robertson, fuére favorable al interesado, se le prorroga por cuatro años, contados desde la fecha de esta ley el termino de su contrata.

ART. 7. The capital of the municipality of Brazoria shall be removed from the town of the same name, to that of Columbia, situated three or four leagues above, more or less.

ART. 8. Hereafter said municipality shall be denominated municipality of Columbia.

ART. 9. The provisions herein made shall go into effect from the time of their publication.

For its fulfilment, the Governor of the State shall cause it to be printed, published, and circulated.

Executive Department of the State of Coahuila and Texas.

The Governor of the State of Coahuila and Texas, to all the inhabitants thereof: Be it known that the congress of said state has decreed as follows:

DECREE No. 284.

The Congress of the state of Coahuila and Texas, has thought proper to decree:

The following concluding words of article 9 of decree No. 32, of the 7th of April, 1827, *for the present women shall not be permitted to enter*, are hereby repealed.

For its fulfilment, the Governor of the State shall cause it to be printed, published, and circulated.

AUGUSTUS VIESCA, President.
J. J. GRANDE, D. S.
J. M. de URANGA, D. S.

Wherefore I command it to be printed, published, circulated and duly fulfilled.

Given in the city of Monclova on the 28th of April, 1834.

F. V. VILLASENOR.

JOSE M. FALCON, Secretary.

Executive Department of the State of Coahuila and Texas.

The Governor of the State of Coahuila and Texas, to all the inhabitants thereof: Be it known, that the congress of said state has decreed as follows:

DECREE No. 285.

The Congress of the State of Coahuila and Texas has thought proper to decree:

ART. 1. Should the resolution that shall be adopted on the subject brought forward by Sterling C. Robertson, be favorable to the person interested, the term of his contract shall be prolonged four years reckoned from the date of this law.

Art. 2. Así tambien se le concede el premio correspondiente al número de familias que introdujo á sus espensas, y fuéron estrañadas por la ley general de 6 de Abril de 1830, observandose lo que dispone el articulo 12 de la ley de 24 de Marzo de 1825.

Lo tendrá entendido el Gobernador constitucional del Estado para su cumplimiento, haciendolo imprimir, publicar, y circular.

AGUSTIN VIESCA, Presidente,
JOSE J. GRANDE, D. S.
JOSE M. de URANGA, D. S.

Por tanto, mando se imprima, publique, circule, y se le dé el debido cumplimiento.

Dado en la ciudad de Monclova á 29 de Abril de 1834.

FRANCISCO V. y VILLASENOR.

Jose M. Falcon, Secretario.

Gobierno Supremo del Estado libre de Coahuila y Texas.

El Gobernador del Estado de Coahuila y Texas á todos sus habitantes, sabed:—Que el Congreso del mismo Estado ha decretado lo que sigue.

DECRETO No. 286.

El Congreso constitucional del Estado libre, independiente y soberano de Coahuila y Texas, ha tenido á bien decretar:

Durante el procsimo receso del honorable Congreso, el gobierno podrá nombrar provisionalmente, el juez superior de circuito de Texas de que habla la ley de jurados, sin sujetarse á lo que para esto dispone el articulo 17 de dicha ley.

Lo tendrá entendido el Gobernador constitucional del Estado para su cumplimiento, haciendolo imprimir, publicar, y circular.

AGUSTIN VIESCA, Presidente,
JOSE JESUS GRANDE, D. S.
JOSE M. de URANGA, D. S.

Por tanto, mando se imprima, publique, circule, y se le dé el debido cumplimiento.

Dado en la ciudad de Monclova á 5 de Mayo de 1834.

FRANCISCO V. y VILLASENOR.

Jose M. Falcon, Secretario.

DECRETO No. 287.

El Congreso constitucional del Estado libre, independiente, y soberano de Coahuila y Texas, ha tenido á bien decretar:

Se dispensan las leyes sobre enagenacion de terrenos valdios, á fin

ART. 2. In the same manner also the premium corresponding to the number of families he introduced at his own expense, and which were rejected by the general law of the sixth of April 1830, shall be granted him, observing the provision of article 12th of the law of the 24th of March, 1825.

For its fulfilment, the Governor of the State shall cause it to be printed, published, and circulated.

AUGUSTUS VIESCA, President.
J. J. GRANDE, D. S.
J. M. de URANGA, D. S.

Wherefore I command it to be printed, published, circulated and duly fulfilled.

Given in the city of Monclova, on the 29th of April, 1834.

FRANCISCO V. y VILLASENOR.

JOSE MIGUEL FALCON, Secretary.

Executive Department of the State of Coahuila and Texas.

The Governor of the state of Coahuila and Texas, to all the inhabitants thereof: Be it known, that the congress of said state has decreed as follows:

DECREE No. 286.

The Congress of the State of Coahuila and Texas, has thought proper to decree:

During the approaching recess of congress the executive may appoint provisionally, the superior circuit judge of Texas mentioned in the law relative to jurors, without adhering to the provision of article 17th of said law, in respect to making that appointment.

For its fulfilment, the Governor of the State shall cause it to be printed, published, and circulated.

AUGUSTUS VIESCA, President.
J. J. GRANDE, D. S.
J. M. de URANGA, D. S.

Wherefore I command it to be printed, published, circulated and duly fulfilled.

Given in the city of Monclova on the 5th of May, 1834.

F. V. y VILLASENOR.

JOSE M. FALCON, Secretary.

DECREE No. 287.

The Congress of the State of Coahuila and Texas, has thought proper to decree:

The laws in respect to alienation of vacant lands are hereby dispensed with, to enable the executive, in the manner and on the terms he

de que el gobierno pueda tratar con el de la federacion los que necesite, en el modo y terminos que considere ventajosos al Estado.

Lo tendrá entendido el Gobernador constitucional del Estado para su cumplimiento, haciendolo imprimir, publicar y circular.

Dado en la ciudad de Monclova á 7 de Mayo de 1834.

DECRETO No. 288.
Aqui el Reglamento de Milicia Civica.

Gobierno Supremo del Estado libre de Coahuila y Texas.

El Gobernador del Estado de Coahuila y Texas, á todos sus habitantes, sabed:—Que el Congreso del mismo Estado ha decretado lo siguiente.

DECRETO No. 289.

El Congreso constitucional del Estado libre, independiente y soberano de Coahuila y Texas, ha tenido á bien decretar:

La gracia de que hablan los seis ultimos articulos de la ley numero 128 de 7 de Abril de 1830, solo se entenderá respecto del precio de las tierras adquiridas hasta la publicacion del decreto de 26 de Marzo de este año.

Lo tendrá entendido el Gobernador constitucional del Estado, para su cumplimiento, haciendolo imprimir, publicar y circular.

AGUSTIN VIESCA, Presidente,
JOSE JESUS GRANDE, D. S.
JOSE M. de URANGA, D. S.

Por tanto, mando se imprima, publique, circule y se le dé el debido cumplimiento.

Dado en la ciudad de Monclova á 3 de Mayo de 1834.

FRANCISCO V. y VILLASENOR.

José M. Falcon, Secretario.

DECRETO No. 290.

El Congreso constitucional del Estado libre, independiente, y soberano de Coahuila y Texas, ha tenido á bien decretar:

Los quatro sitios de tierra, destinados á la fundacion de la villa de Bajan, se repartiran por partes iguales en plena propiedad entre los pobladores, que como tales hayan cumplido con las obligaciones respectivas.

Lo tendrá entendido el Gobernador constitucional del Estado para su cumplimiento, haciendolo imprimir, publicar y circular.

Gobierno Supremo del Estado libre de Coahuila y Texas.

El Gobernador del Estado de Coahuila y Texas á todos sus habitantes, sabed.——Que la honorable diputacion permanente, unido con el ecsmo. consejo, y señores diputados que se hallan en la capital, usando

shall consider advantageous to the state, to negotiate with the ntaiona executive, those of which he may stand in need.

For its fulfilment, the Governor of the State shall cause it to be printed, published, and circulated.

Given at the city of Monclova on the 2nd of May, 1834.

DECREE No. 288.
Civic Militia Regulations.

Executive Department of the State of Coahuila and Texas.

The Governor of the State of Coahuila and Texas, to all the inhabitants thereof: Be it known, that the congress of said state has decreed as follows:

DECREE No. 289.

The Congress of the State of Coahuila and Texas has thought proper to decree as follows:

The favor mentioned in the six last articles of the law No. 128 of the 7th of April 1830, shall be understood only in respect to the price of lands acquired, until the publication of the decree of the 26th of March last.

For its fulfilment, the Governor of the State shall cause it to be printed, published, and circulated.

AUGUSTUS VIESCA, President.
J. J. GRANDE, D. S.
J. M. de URANGA, D. S.

Wherefore I command it to be printed, published, circulated and duly fulfilled.

Given at the city of Monclova on the 3rd of May, 1834.

F. V. y VILLASENOR.

Joce M. Falcon, Secretary.

DECREE No. 290.

The Congress of the State of Coahuila and Texas, has thought proper to decree:

The four sitios of land appropriated to the establishment of the town Bajan shall be distributed in equal portions, in plenary rightful possession, among the settlers who have fulfilled the respective duties as such.

For its fulfilment, the Vice Governor of the State shall cause it to be printed, published, and circulated.

Executive Department of the State of Coahuila and Texas.

The Governor of the state of Coahuila and Texas, to all the inhabitants thereof: Be it known, that, with the intention of preventing any subversion that might produce extensive evils by reason of the political

de la facultad que le confiere el articulo 90 de la Constitucion del Estado, con el objeto de evitar qualquier trastorno que podria producir males de trascendencia, con motivo de las ocurrencias politicas que amagan á la Nacion, ha tenida á bien decretar lo que sigue:

Art. 1. El Estado no permitirá que en su territorio se invoque en vano el nombre augusto de religion, perturbandose con tal pretesto ó qualquiera otro por medio de pronunciamientos la tranquilidad que disfruta. Ni consentirá queden impunes los crimenes de los que siendo enemigos de las instituciones federales han querido cubrirse con el manto de la misma religion, promoviendo sediciones prevalidos de la ignorancia y supersticion de algunos pueblos, para causar sorpresas y vér si logran restablecer la injusta y perversa administracion de los que llenaron de luto y sangre la patria, cuando sacrificaron al ilustre General C. VICENTE GUERRERO.

Art. 2. A este fin el executivo dictará cuantas medidas crea convenientes por estarbar los conatos de los que tal intenten, estrañandolos, si fuére necesasio, del territorio del Estado, mientras dure la actual revolucion en la Republica.

Art. 3. El gobierno impedirá la introduccion de todos aquellos que en la actual crisis de revolucion en que se versa la Republica, hayan sido espulsos por qualquiera de los otros Estados legalmente representados: y hará salir inmediatamente sin escepcion de persona, bajo su mas estrecha responsabilidad á los que se hayan introducido despues del 1º de Mayo ultimo.

Art. 4. Tampoco permitirá que se introdusca en el Estado tropa permanente bajo ningun pretesto.

Lo tendrá entendido el Gobernador constitucional del Estado para su cumplimiento, haciendolo imprimir, publicar y circular.

MARCIAL BORREGO, Presidente,
JOSE JESUS GRANDE, D. S.

Por tanto, mando se imprima, publique, circule, y se le dé el debido cumplimiento.

Dado en la ciudad de Monclova á 24 de Junio de 1834.

FRANCISCO V. y VILLASENOR.

J. A. Padilla, Secretario.

Gobierno Supremo del Estado libre de Coahuila y Texas.

El Gobernador del Estado de Coahuila y Texas, á todos sus habitantes, sabed:—Que la honorable diputacion permanente, unida con el Ecsmo. consejo de gobierno, con arreglo á lo dispuesto en el articulo 89 de la Constitucion del Estado, á consequencia de las ocurrencias politicas en que se encuentra la Republica Mejicana, ha tenido á bien decretar lo siguiente:

Art. 1 Se convoca al honorable Congreso del Estado á sesiones extraordinarias, que se abrirán el dia 11 de Agosto, teniendo su junta preparatoria el 9 del mismo.

occurences that threaten the republic, the permanent deputation, associated with the council, and those members of congress who are present at the capital, exercising the power conferred by article 90 of the constitution of the state, has thought proper to decree:

ART. 1. The state shall not permit the exalted name of religion to be wontonly invoked within its territory, and its present tranquillity disturbed by resorting to *pronunciamentos*, under that or any other pretence. The state shall not consent to the impunity of the crimes of those persons, hostile to the federal institutions, who have sought to screen themselves within the mantle of religion, availing themselves of the ignorance and superstition in some of the towns to excite sedition for the purpose of attempting, by taking the public unawares, to re-establish the corrupt administration of those, who sacrificed the existence of the illustrious *Guerrero*, and filled the country with mourning.

ART. 2. With that view the executive shall dictate whatever measures he shall deem proper to obstruct the efforts of those who make such attempts, banishing them from the limits of the state, should it be necessary, during the continuance of the present revolution in the republic.

ART. 3. The executive shall prevent the entrance of all those persons, who in the present revolutionary crisis of the republic have been banished by any of the other states legally represented, and on his strict responsibility, shall cause all those, who have entered since the first of May last, immediately to depart.

ART. 4. The executive shall not permit troops of the standing army to be introduced into the state, under any pretence.

For its fulfilment, the Governor of the State shall cause it to be printed, published and circulated.

MARCIAL BORREGO, President.
J. J. GRANDE, D. S.

Wherefore I command it to be printed, published, circulated and duly fulfilled.

Given at the city of Monclova on the 24th of June, 1834.

F. V. y VILLASENOR.

J. ANTONIO PADILLA, Secretary.

Executive Department of the State of Coahuila and Texas.

The Governor of the state of Coahuila and Texas, to all the inhabitants thereof: Be it known, that the permanent deputation, united with the executive council, agreeably to the provision of article 89 of the constitution of the state, in consequence of the present political occurrences in the republic, has thought proper to decree as follows:

ART. 1. The congress of the state is hereby convoked to hold extraordinary sessions to be opened on the 11th of August—the preparatory meeting to be holden on the 9th of said month.

ART. 2. En ellas se dictarán medidas para la conservacion del sistema federal: para hacer permanecer la tranquilidad publica perturbada actualmente por el choque de las supremos poderes federales, y pronunciamientos invocando por pretesto la religion que aún permanece ilesa; y para evitar qualquiera trastorno que por tales sucesos pueda producirse en lo interior del mismo Estado.

ART. 3. Se tratará asi mismo del arreglo de la hacienda publica del Estado, considerandose al efecto cuantos proyectos hay pendientes alusivos á tan importante ramo.

Lo tendrá entendido el Gobernador constitucional del Estado para su cumplimiento, haciendolo imprimir, publicar y circular.

MARCIAL BORREGO, Presidente,
JOSE J. GRANDE, D. S.

Por tanto, mando se imprima, publique, circule, y se le dé el debido cumplimiento.

Dado en la ciudad de Monclova á 24 de Junio de 1834.

FRANCISCO V. y VILLASENOR.

J. A. PADILLA, Secretario.

Gobierno Supremo del Estado libre de Coahuila y Texas.

El Gobernador del Estado de Coahuila y Tejas á todos sus habitantes, sabed:—Que la honorable diputacion permanente, unida con el Ecsmo. consejo, y señores diputados que se hallan en la capital, atendiendo á que las cirbnnstancias en que se encuentra la Nacion, exsigen providencias del momento, que sin embarazo dén impulso al sostén de las instituciones federales, en uso de las facultades que le confiere el articulo 90 de la Constitucion del Estado, ha tenido á bien decretar lo que sigue:

ART. 1. Se autoriza al gobierno para que levante y organize la milicia civica del Estado, en el numero que lo crea conveniente para la defenza de las instituciones federales.

ART. 2. En el aiistamiento, organizacion y fuerza de cuerpos y compañias, procederá extraordinariamente sin sujetarse á los tramites y formulas que previene el reglamento de la milicia. de 6 de Mayo del corriente año. por el tiempo que duren las circunstancias.

ART. 3. Queda facultado el gobierno para hacer todos los gastos que crea necesarios para el fin que manifiestan los dos articulos anteriores.

Lo tendrá entendido el Gobernador constitucional del Estado para su cumplimiento, haciendolo imprimir, publicar y circular.

MARCIAL BORREGO, Presidente,
JOSE JESUS GRANDE, D. S.

Por tanto, mando se imprima, publique, circule, y se le de el debido cumplimiento.

Dado en la ciudad de Monclova á 26 de Junio de 1834.

FRANCISCO V. y VILLASENOR.

J. A. PADILLA, Secretario.

Art. 2. During said sessions measures shall be dictated for the safety of the federation, for the permanent restoration of the public tranquillity at present interrupted by the collision of the supreme national authorities, and by *pronunciamentos*, invoking religion as a pretext, which is yet free from harm, and for the avoidance of any internal overthrow, which such events might occasion in the state.

Art. 3. The regulation of the public treasury shall also be discussed, and with that view all projects there are pending, relative to so important a department, shall be brought under deliberation.

For its fulfilment, the Governor of the State shall cause it to be printed, published, and circulated.

MARCIAL BORREGO, President.
J. J. GRANDE, D. S.

Wherefore I command it to be printed, published, circulated and duly fulfilled. Given in the city of Monclova on the 24th of June, 1834.

F. V. y VILLASENOR.

J. Antonio Padilla, Secretary.

Executive Department of the State of Coahuila and Texas.

The Governor of the State of Coahuila and Texas, to all the inhabitants thereof: Be it known, that the standing deputation, associated with the executive council and the members of congress now in the capital, perceiving that the present state of affairs in the republic requires measures at this juncture which may contribute, without causing embarrassment, to sustain the federal institutions, in exercise of the powers conferred in article 90 of the constitution of the state, has thought proper to decree as follows:

Art. 1. The executive is hereby authorized to levy and organize such number of the civic militia of the state, as he shall deem proper, for the defence of the federal institutions.

Art. 2. During the continuance of the present state of things he shall proceed with discretionary power in the enrollment, organization and force of the corps and companies, without subjecting himself to the steps and forms provided in the militia regulations of the 6th of May last.

Art 3. The Executive is hereby authorized to make whatever disbursements he shall deem necessary for the object set forth in the two foregoing articles.

For its fulfilment, the Governor of the State, shall cause it to be printed, published, and circulated.

MARCIAL BORREGO, President.
J. J. GRANDE, D. S.

Wherefore I command it to be printed, published, circulated and duly fulfilled.

Given in the city of Monclova on the 26th June, 1834.

F. V. y VILLASENOR.

J. Antonio Padilla, Secretary.

Gobierno Supremo del Estado libre de Coahuila y Tejas.

El Gobernador del Estado de Coahuila y Tejas á todos sus habitantes, sabed:—Que la honorable diputacion permanente, unida con el Ecsmo. consejo de gobierno y señores diputados que se hallan en la capital, atendiendo á que las críticas circunstancias en que se encuentra la Republica Mejicana, exsigen medidas del momento, que aquieten las convulsiones que se advierten haciendo uso de las facultades que le confiere el articulo 90 de la Constitucion, ha tenido á bien decretar lo siguiente:

1.º Manifestada con uniformidad por el voto unanime de los pueblos de la mayoria de los Estados la voluntad de la Nacion; en este concepto, y haciendo un sacrificio de su opinion: por creerla contra el interés dublico: el Estado de Coahuila y Tejas, reconoce por presidente de la Republica, al general Don Antonio Lopez de Santa-Anna, obedeciendo en consequencia todos sus actos gubernativos que sean conformes á la Constitucion y leyes generales.

2.º Cualquiera medida de pacificacion que se dictare y fuére aprobada por la mayoria absoluta de los Estados, será secundada inmediatamente por el de Coahuila y Tejas.

Lo tendrá entendido el Gobernador constitucional del Estado para su cumplimiento, haciendolo imprimir, publicar y circular.

MARCIAL BORREGO, Presidente,
JOSE JESUS GRANDE, D. S.

Por tanto, mando se imprima, publique, circule, y se le dé el debido cumplimiento.

Dado en la ciudad de Monclova á 23 de Julio de 1834.

FRANCISCO V. y VILLASENOR.
J. A. Padilla, Secretario.

Gobierno Supremo del Estado libre de Coahuila y Tejas.

El Gobernador interino del Estado de Coahuila y Texas, en exercicio del supremo poder executivo, á todos sus habitantes, sabed:—Que el Congreso del mismo Estado ha decretado lo siguiente.

DECRETO No. 291.

El Congreso constitucional del Estado libre, independiente, y soberano de Coahuila y Texas, ha tenido á bien decretar:

Se presentará el ciudadano José Maria Cantú, gobernador interino del Estado, el dia 12 del corriente á prestar el juramento prescripto por la Constitucion á las doce de la mañana.

Lo tendrá entendido el Gobernador constitucional del Estado para su cumplimiento, haciendolo imprimir, publicar y circular.

JOSE A. TIJERINA, Presidente,
A. de la V. y MONTES, D. S.
DIEGO GRANT, D. S.

Executive Department of the State of Coahuila and Texas.

The governor of the state of Coahuila and Texas, to all the inhabitants thereof: Be it known, that the permanent deputation, associated with the executive council and deputies present in the capital, persuaded that the critical state of affairs in the republic demands ready measures, to allay the present disturbances, and exercising the power conferred in article 90 of the constitution, has thought proper to decree as follows:

ART 1. Of opinion that the will of the nation has been concurrently expressed by the unanimous vote of the towns of a majority of the states, and relinquishing its sentiments, believing them to be contrary to the public interest, the state of Coahuila and Texas hereby recognizes general Don Antonio Lopez de Santa Anna as president of the republic; yielding obedience, in pursuance thereof, to all his executive acts, that are in conformity to the constitution and general laws.

ART. 2. All pacificatory measures, that shall be dictated, and approved by a majority of the whole of the states, shall be immediately supported by the state of Coahuila and Texas.

For its fulfilment, the Governor of the State shall cause it to be printed, published and circulated.

M. BORREGO, President.
J. J. GRANDE, D. S.

Wherefore I command it to be printed, published, circulated and duly fulfilled.

Given in the city of Monclova on the 23rd July, 1834.

F. V. y VILLASENOR.
J. ANTONIO PADILLA, Secretary.

Executive Department of the State of Coahuila and Texas.

The Governor of the State of Coahuila and Texas, *ad interim*, in exercise of the executive power, to all the inhabitants thereof: Be it known, that the congress of the said state has decreed as follows:

DECREE No. 291.

The Congress of the State of Coahuila and Texas has thought proper to decree:

Jose M. Cantu, Governor of the State *ad interim*, shall present himself on the morning of the 12th instant, at 12 o'clock, to take the oath prescribed by the constitution.

For its fulfilment, the Governor of the State shall cause it to be printed, published and circulated.

JOSE ANTONIO TIJERINA, President.
ANDRES de la VIESCA y MONTES, D. S.
DIEGO GRANT, D. S.

Por tanto, mando se imprima, publique, circule, y se le dé el debido cumplimiento.

Dado en la ciudad de Monclova á 12 de Marzo de 1835.

JOSE MARIA CANTU.

J. B. C. y Estrada, Oficial segundo.

Gobierno Supremo del Estado libre de Coahuila y Texas.

El Gobernador interino del Estado de Coahuila y Texas, en exercicio del supremo poder executivo, á todos sus habitantes, Sabed:—Que el Congreso del mismo Estado ha decretado lo que sigue.

DECRETO No. 292.

El Congreso constitucional del Estado libre, independiente y soberano de Coahuila y Texas, habiendo tomado en consideracion la renuncia que en la exposicion dirijida por el Ecsmo. Sr. gobernador D. Juan José Elguezabel, en su oficio de 1.º del corriente, hace S. E. del mando supremo que obtiene, y en atencion á que la calificacion y regulacion general de votos que para el referido empleo han emitido los pueblos en las posteriores elecciones no puede efectuarse en el tiempo prescripto en la Constitucion, por faltar aun las noticias relativas á los departamentos de Brazos y Nacogdoches, ha tenido á bien decretar:

Art. 1. Se admite la renuncia que hace del gobierno supremo del Estado, el Ecsmo. Sr. D. Juan José Elguezabal.

Art. 2. Se deposita interinamente el supremo poder executivo del mismo Estado, en la persona del C. José Maria Cantú.

Lo tendrá entendido el Gobernador constitucional del Estado, para su cumplimiento, haciendolo imprimir, publicar y circular.

JOSÉ A. TIJERINA, Presidente,
A. de la V. y MONTES, D. S.
DIEGO GRANT, D. S.

Por tanto, mando se imprima, publique, circule y se le dé el debido cumplimiento.

Dado en la ciudad de Monclova á 12 de Marzo de 1835.

JOSE MARIA CANTU.

J. B. C. y Estrada, Oficial segundo.

Gobierno Supremo del Estado libre de Coahuila y Texas.

El Gobernador interino del Estado de Coahuila y Texas, en exercicio del supremo poder executivo, á todos sus habitantes:—Sabed, que el Congreso del mismo ha decretado lo siguiente.

DECRETO No. 293.

El Congreso constitucional del Estado libre, independiente y soberano de Coahuila y Texas, ha tenido á bien decretar:

Art. 1. Puede el gobierno disponer hasta de la cantidad de cua-

Wherefore I command it to be printed, published, circulated and duly fulfilled.

Given at the city of Monclova on the 12th March, 1835.

JOSE MARIA CANTU.

J. B. C. y ESTRADA, Deputy Secretary.

Executive Department of the State of Coahuila and Texas.

The Governor of the State of Coahuila and Texas, *ad interim*, in exercise of the executive power, to all the inhabitants thereof: Be it known, that the congress of said state has decreed as follows:

DECREE No. 292.

The Congress of the State of Coahuila and Texas, having taken under deliberation the resignation of office tendered by his excellency the Governor, D. Juan J. Elguezabal, in the exposition directed in his official communication on the 1st instant, and in attention to the impracticability of accomplishing, within the time prescribed by the constitution, the general examination and regulation of votes given by the towns for said office at the last elections, as the returns have not yet been received from the departments of Bexar and Nacogdoches, has thought proper to decree:

ART. 1 The resignation of office, tendered by his excellency, Don. Juan J. Elguezabal is hereby accepted.

ART. 2. Jose M. Cantu is hereby provisionally invested with the executive power of the state.

For its fulfilment, the Governor of the State shall cause it to be printed, published, and circulated.

J. A. TIJERINA, President.
A. de la V. y MONTES, D. S.
D. GRANT, D. S.

Wherefore I command it to be printed, published, circulated and duly fulfilled.

Given in the city of Monclova on the 12th of March, 1835.

JOSE M. CANTU.

J. B. C. y ESTRADA, Deputy Secretary.

Executive Department of the State of Coahuila and Texas.

The Governor of the State of Coahuila and Texas, *ad interim*, in exercise of the executive power, to all the inhabitants thereof: Be it known, that the congress of said state has decreed as follows:

DECREE No. 293.

The Congress of the State of Coahuila and Texas has thought proper to decree:

ART. 1. The executive, for attending to the present public exigen-

trocientos sitios de tierra de los valdios del Estado, para atender á las úrgencias públicas eu que actualmente se encuentra.

Art. 2. Reglamentará la colonizacion de dichos terrenos bajo las bases y condiciones que estime convenientes sin sujecion á lo que dispone la ley de 26 de Marzo del año procsimo pasado.

Art. 3. El gobierno dictará las providencias necesarias para el cobro de cuantas cantidades se adeuden al Estado qualquiera que sea su origen y precedencia.

Lo tendrá entendido el Gobernador constitucional del Estado, para su cumplimiento, haciendolo imprimir, publicar y circular.

JOSE A. TIJERINA, Presidente,
A. de la V. y MONTES, D. S.
DIEGO GRANT, D. S.

Por tanto, mando se imprima, publique, circule y se le dé el debido cumplimiento.

Dado en la ciudad de Monclova á 14 de Marzo de 1835.

JOSE MARIA CANTU.

J. B. C. y Estrada, Oficial segundo.

Gobierno Supremo del Estado libre de Coahuila y Texas.

El Gobernador interino del Estado de Coahuila y Texas, en exercicio del supremo poder executivo, á todos sus habitantes, sabed:—Que el Congreso del mismo Estado ha decretado lo que sigue.

DECRETO No. 294.

El Congreso constitucional del Estado libre, independiente y soberano de Coahuila y Texas, habiendo calificado las elecciones de gobernador, vice-gobernador, y consejeros hechas por las asambleas electorales de los partidos de Leona Vicario, Parras, Monclova, Rio Grande, Bejar, Brazos y Nacogdoches, en 9 de Febrero del presente año, decreta lo que sigue:

Art. 1. Es gobernador constitucional del Estado, el ciudadano Agustin Viesca por haber obtenido la mayoria absoluta de votos en las juntas electorales de partido, calificada por el Congreso conforme á la ley.

Art. 2 Es vice-gobernador constitucional del mismo, el ciudadano Ramon Muzquiz.

Art. 3. Son asi mismo consejeros propietarios, los ciudadanos Marcial Borrego, José Maria Uranga, y Miguel Falcon.

Art. 4. Son igualmente consejeros suplentes, los ciudadanos Bartolomé de Cardenas, y Eugenio Navarro.

Lo tendrá entendido el Gobernador constitucional del Estado para su cumplimiento, haciendolo imprimir, publicar y circular.

JOSE A. TIJERINA, Presidente.
A. de la V. y MONTES, D. S.
DIEGO GRANT, D. S.

cies of the state, may dispose of the vacant lands thereof to the amount of four hundred sitios.

ART. 2. He shall regulate the colonization of said lands on the basis and conditions he shall judge proper, without subjection to the provision of the law of the 26th of March of the year last past

ART. 3. The executive shall dictate the necessary measures for the collection of all sums due the state, from whatever source they are to come.

For its fulfilment, the Governor of the State shall cause it to be printed, published and circulated.

J. A. TIJERIN&, President.
A. de la V. y MONTES, D. S.
D. GRANT, D. S.

Wherefore I command it to be printed, published, circulated and duly fulfilled.

Given in the city of Monclova on the 14th March, 1835.

J. M. CANTU.
J. B. C. y ESTRADA, D. Secretary.

Executive Department of the State of Coahuila and Texas.

The Governor of the State of Coahuila and Texas, *ad interim* in exercise of the executive power, to all the inhabitants thereof: Be it known, that the congress of said state has decree as follows:

DECREE No. 294.

The Congress of the state of Coahuila and Texas having determined the elections of governor, vice governor, and councillors, made by the electoral district assemblies of the districts of Leona Vicario, Parras, Monclova, Rio Grande, Bexar, Brassos and Nacogdoches, on the 9th of February last, decrees as follows:

ART. 1. Augustin Viesca, having received the majority of all the votes at the electoral district juntas, determined by congress according to law, is hereby declared Governor of the state.

ART. 2. Ramon Muzquiz is hereby declared Vice Governor of the state.

ART. 3. In the same manner, Marcial Borrego, Jose M. de Uranga, and Miguel Falcon are hereby declared councillors, proper.

ART. 4. Bartolome de Cardenas and Eugenio Navarro are likewise substitute councillors.

For its fulfilment, the Governor of the State shall cause it to be printed, published, and circulated.

J. A. TIJERINA, President.
A. de la V. y MONTES, D. S.
D. GRANT, D. S.

Por tanto mando se imprima, publique, circule, y se le dé el debido cumplimiento.

Dado en la ciudad de Monclova á 20 de Marzo de 1835.

JOSE MARIA CANTU.

J. B. C. y Estrada, Oficial segundo.

Gobierno Supremo del Estado libre de Coahuila y Texas.

El Gobernador interino del Estado de Coahuila y Texas, en exercicio del supremo poder executivo, á todos sus habitantes, sabed:—Que el Congreso del mismo Estado ha decretado lo siguiente.

DECRETO No. 295.

El Congreso constitucional del Estado libre, independiente, y soberano de Coahuila y Texas, ha tenido á bien decretar:

La facultad concedida al gobierno para disponer de cuatrocientos sitios de tierra de los valdios del Estado, por la ley de 14 del presente, debe entenderse con sugecion á las leyes generales de la Union.

Lo tendrá entendido el Gobernador constitucional del Estado para su cumplimiento, haciendolo imprimir, publicar y circular.

JOSÉ A. TIJERINA, Presidente,
A. de la V. y MONTES, D. S.
DIEGO GRANT, D. S.

Por tanto, mando se imprima, publique, circule, y se le dé el debido cumplimiento.

Dado en la ciudad de Monclova á 30 de Marzo de 1835.

MARCIAL BORREGO.

Jose M. Falcon, Oficial 1.º

Gobierno Supremo del Estado libre de de Coahuila y Texas.

El Gobernador interino del Estado de Coahuila y Texas, en exercicio del supremo poder executivo, á todos sus habitantes, Sabed:—Que el Congreso del mismo Estado ha decretado lo siguiente.

DECRETO No. 296.

El Congreso constitucional del Estado libre, independiente, y soberano de Coahuila y Texas, ha tenido á bien decretar:

Se concede carta de ciudadano ai estrangero don Dan'l Juan Toler.

Lo tendrá entendido el Gobernador constitucional del Estado para su cumplimiento, haciendolo imprimir, publicar y circular.

JOSÉ M. MIER, Presidente,
DIEGO GRANT, D. S.
JOSE M. CARBAJAL, D. S.

Wherefore I command it to be printed, published, circulated and duly fulfilled.

Given in the city of Monclova on the 20th of March, 1835.

J. M. CANTU.

J. B. C. y ESTRADA, D. Secretary.

Executive Department of the State of Coahuila and Texas.

The Governor of the State of Coahuila and Texas, *ad interim* in exercise of the executive power, to all the inhabitants thereof: Be it known, that the congress of said state has decreed as follows:

DECREE No. 295.

The Congress of the State of Coahuila and Texas, has thought proper to decree:

The power conceded to the executive for disposing of four hundred sitios of the vacant lands of the state, by the law of the 14th instant, shall be understood as subject to the general laws of the union.

For its fulfilment, the Governor of the State shall cause it to be printed, published, and circulated.

J. A. TIJERINA, President.
A. de la V. y MONTES, D. S.
D. GRANT, D. S.

Wherefore I command it to be printed, published, circulated and duly fulfilled.

Given in the city of Monclova, on the 30th of March, 1835.

M. BORREGO.

J. M. FALCON, Secretary.

Executive Department of the State of Coahuila and Texas.

The Governor, of the State of Coahuila and Texas, *ad interim* in exercise of the executive power, to all the inhabitants thereof: Be it known, that the Congress of said State has decreed as follows:

DECREE No. 296.

The Congress of the state of Coahuila and Texas, has thought proper to decree:

Certificate of citizenship is hereby granted to Daniel J. Toler.

J. M. MIER, President.
D. GRANT, D. S.
J. M. CARBASAL, D. S.

Por tanto, mando se imprima, publique, circule, y se le de el debido cumplimiento.

Dado en la ciudad de Monclova á 4 de Abril de 1835.

MARCIAL BORREGO.

José M. Falcon, Oficial 1.º

Gobierno Supremo del Estado libre de Coahuila y Texas.

El Gobernador interino del Estado de Coahuila y Texas, en exercicio del supremo poder executivo, á todos sus habitantes, sabed:—Que el Congreso del mismo Estado ha decretado lo siguiente.

DECRETO No. 297.

El Congreso constitucional del Estado libre. independiente y soberano de Coahuila y Texas, considerando:—*Primero*, que por las noticias oficiales que se han recibido por el correo ordinario del dia de hoy, el departamento de Leona Vicario concecuente á la protesta que hiciéron sus diputados al separarse de esta legislatura, han desconocido sus actos y los del gobierno supremo del Estado; *Segundo*, que el comandante general de estos Estados don Martin Perfecto de Cós por comunicacion oficial que dirijó al supremo gobierno, hace otro tanto patrocinando de este modo las miras anarquicas de los sublevados;— *Tercero*, que por comunicaciones recibidas por extraordinario de algunos puntos de la frontera, se sabe el movimiento de tropas permanentes que el mismo gefe militar hace sobre esta capital: ha tenido á bien decretar.

Art. 1. Se faculta al gobierno para tomar por si cuantas providencias crea convenientes á fin de asegurar la tranquilidad publica en el Estado, y sostener á sus autoridades en el libre exercicio de sus funciones.

Art. 2. En consequencia podrá reunir la milicia civica del mismo Estado en el número y fuerza que le paresca necesario, organizandos segun las facultades que le concede el decreto de la diputacion permanente de 26 de Junio del año procsimo pasado.

Art. 3. No permitará que ninguna fuerza militar permanente exsista en esta capital, sino es por disposicion expresa del supremo gobierno general. Se eceptua de esta prevencion la compañia presidial de Monclova.

Art. 4. Queda suficientemente autorizado el executivo para contraer prestamos sobre las rentas del Estado á efecto de cubrir los gastos que erogue en la execucion de este decreto.

Lo tendrá entendido el Gobernador constitucional del Estado para su cumplimiento, haciendolo imprimir, publicar y circular.

JOSE M. MIER, Presieente,
DIEGO GRANT, D. S.
JOSE M. CARBAJAL, D. S.

Wherefore I command it to be printed, published, circulated and duly fulfilled.

Given in the city of Monclova on the 4th of April, 1835.

M. BORREGO.

JOSE M. FALCON, Secretary.

Executive Department of the State of Coahuila and Texas.

The Governor of the State of Coahuila and Texas, *ad interim* in exercise of the executive power, to all the inhabitants thereof: Be it known, that the congress of said state has decreed as follows:

DECREE No. 297.

Whereas, 1st., According to official information this day received by the ordinary post, the department of Leona Vicario, consequent to the protest made by its deputies on withdrawing from this legislature, has disavowed the acts thereof, and also those of the executive of the state. 2nd.—Don Martin Perfecto de Cos, general commandant of these states, in his official communication to the executive, takes the like course, thus favoring the anarchick views of those who have revolted. 3rd.—It is known by communications received by express from some places on the frontier that the said military chief is marching troops composed of regulars upon this capital: The Congress of the State of Coahuila and Texas, has thought proper to decree:

ART. 1. The executive is hereby authorized to take of himself whatever measures he may think proper for securing the public tranquillity in the state, and sustaining the authorities thereof, in the free exercise of their functions.

ART. 2. In pursuance thereof he may collect such number and force of the civic militia of the state as he deems necessary, organizing the same according to the powers granted him by decree of the permanent deputation of the 26th of June last.

ART. 3. He shall not permit any military force pertaining to the standing army to exist in this capital unless by express order of the national executive.

ART. 4. The executive is hereby competently authorized to contract loans upon the state rents for the purpose of discharging the expense incurred in the execution of this decree.

For its fulfilment, the Governor of the State shall cause it to be printed, published, and circulated.

J. M. MIER, President.
D. GRANT, D. S.
J. M. CARBAJAL, D. S.

Por tanto, mando se imprima, publique, circule y se le dé el debido cumplimiento.

Dado en la ciudad de Monclova á 7 de Abril de 1835.

MARCIAL BORREGO.

José M. Falcon, Oficial 1.º

EXPOSICION

Que el H. C. del Estado de Coahuila y Texas, elevó á las AA. Camaras generales pidiendo no se limite el termino en la ley de amnistia que se discute y se haga extensiva á los nacidos en la Republica, y que hayan adquirido los derechos de ciudadania.

Señor,

La H. L. de este Estado, se há enterado por los periodicos que se redactan en esa capital, del proyecto de ley sobre amnistia por delitos politicos con que el soberano congreso general desea poner termino á las divisiones intestinas que tantos males hán causado á la nacion, y que solo deben su origen á las facciones ó partidos que mucho tiempo há se disputan la influencia y direccion de los negocios respectivos á la administracion publica. Sus miras siempre abanzadas perdiendo los diques de la razon á que debiéran circunscribirse, se hán sobrepuesto al poder de las leyes y de las autoridades, sometiendo sus pretenciones al exito aventurado de las armas que no dando nunca un derecho legitimo, deja la puerta abierta para reclamar despues contra el que obtuvo semejante ilegalidad. engendrando por otra parte la discordia, el odio y el espiritu de persecucion y venganza entre hijos de una misma famila y entre CC dependientes de un mismo gobierno, porque tales son los tristes resultados de la guerra civil. Tiempo es yá de poner el conveniente remedio á tantas desgracias: tiempo es yá de remitir á un perpetuo olvido los pasados extravios: y tiempo es en fin de pensar en medidas de reconciliacion que afianzen para siempre la union, la paz y tranquilidad, sin cuyos bienes, la nacion no podrá caminar á la prosperidad y engrandecimiento á que la llaman sus altos destinos.

En efecto, Señor: el proyecto de amnistia de que actualmente se ocupa esa A. camara, llenará un objeto tan laudable si en lo succesivo se obrare de buena fé; pero el Congreso de Coahuila y Texas, animado de los mismos sentimientos que los representantes de la nacion, desea se conceda en terminos mas extensos sin señalar época ni escluir las personas de los no nacidos en el pais como lo dispone el articulo 7 del proyecto: Organo legitimo de una parte muy considerable de esta clase, faltaria á sus deberes y á los principios enternos de justicia, si no reclamara la igualdad á que los juzga acredores manifestando á esa A. camara que en este Estado existen millares de estrangeros por su origen; pero que establecidos legalmente en su territorio hán adquirido propiedades y derechos que la Constitucion y las leyes, garantizan lo mismo que á los Mexicanos, de modo que tan interesados como estos en la estabilidad y consolidacion del gobierno, habrán tomado parte en nu-

Wherefore I command it to be printed, published, circulated and duly fulfilled.

Given in the city of Monclova, on the 7th of April, 1835.

M. BORREGO.

Jose M. Falcon, Secretary.

EXPOSITION,

Submitted by the congress of the state of Coahuila and Texas, to both houses of the general congress, requesting that the term in the law of amnesty under discussion may not be limited, and that it may include persons not born in the republic, who have acquired the rights of citizenship.

To the Hon. Congress of the Republic.

The legislature of this state, by the newspapers published in this capital, has been apprized of the project of an act of oblivion in respect to political offences, whereby the general congress desires to terminate the internal dissentions, that have caused so many evils to the country, and that have arisen solely from factions or parties, which have for a long time disputed the ascendency, and direction of the respective affairs with the public administration.

Always with artful designs, disregarding, instead of following the distates of reason, they have set themselves above the power of the laws and authorities, committing their pretentions to the successful issue of arms, which, while it never gives a legal right, leaves open room for subsequent complaint against the party that attained the like illegality; besides, exciting discord, ill-will, and a disposition to persecution and revenge among members of the same family, and citizens living under the same government, for such are the sad results of civil war. It is now time to apply the proper means to repair these manifold calamities, to consign the past deviations to oblivion; it is time, in short, to meditate upon measures of reconciliation to perpetuate union, peace and tranquility, without which blessings, the country cannot advance to the attainment of that prosperity, and greatness, to which she is eminently destined.

In fact, the project of a law of amnesty, that now occupies the attention of your honerable body, will accomplish so laudable an object should good faith be hereafter preserved. But the congress of Coahuila and Texas, animated by the same feelings as the national representatives, desires it may be granted in more extensive terms, without specifying any epoch, or excluding persons not born in the country, as article 7th of the project provides. This body being the legitimate organ of a very considerable portion of that class of persons, would be wanting in its duty, and in the immutable principles of justice, did it not claim the equality, to which it considers them entitled, manifesting to your honorable body that in this state there are thousands of persons originally foreignors, but who, being legally established therein, have acquired property and rights, guaranteed by the constitution and laws, the same as to the natives of the country; so that, being as much interested as the latter in the

estros disturvios politicos, y no se obraria con équidad y con justicia si no fuéran tratados con la misma igualdad. Por todo lo que esta H. L. hace formal iniciativa ante esa A. camara, y pide se digne aprobar las proposiciones que siguen.

I. La amnistia ó indulto concedida por delitos politicos, és extensiya á cualquiera que sea el tiempo en que se cometiéron.

II. Esta gracia comprehende á los no nacidos en la Republica que despues de haber adquirido legalmente en ella los derechos civiles, hán tenido parte en los mismos delitos.

Salon de sesiones del H. C. del Estado de Coahuila y Texas, en Monclova á 8 de Abril de 1835.

JOSE M. MIER, Presidente,
DIEGO GRANT, D. S.
JOSE M. CARBAJAL, D. S.

Gobierno Supremo del Estado libre de Coahuila y Texas.

El Gobernador interino del Estado de Coahuila y Texas, en exercicio del supremo poder executivo, á todos sus habitantes, sabed:—Que el Congreso del mismo Estado ha decretado lo siguiente.

DECRETO No. 298.

El Congreso constitucional del Estado libre, independiente y soberano de Coahuila y Texas, ha tenido á bien decretar:

ART. 1. El privilegio de esencion de derechos que por el articulo 1.º de la ley numero 176 de 28 de Abril de 1831 se concedió al algodon en rama, sé prorroga por seis años mas.

ART. 2. Esta gracia es estensiva al algodon que se coseche en qualquiera parte del Estado; pero debe entenderse sujeta á las restricciones que previno el articulo 3º de la citada ley numero 176.

Lo tendrá entendido el Gobernador constitucional del Estado para su cumplimiento, haciendolo imprimir, publicar y circular.

JOSÉ M. MIER, Presidente,
DIEGO GRANT, D. S.
JOSE M. CARBAJAL, D. S.

Por tanto, mando se imprima, publique, circule y se le dé el debido cumplimiento.

Dado en la ciudad de Monclova á 13 de Abril de 1835.

MARCIAL BORREGO.

JOSE M. FALCON, Oficial 1.º

Gobierno Supremo del Estado libre de Coahuila y Texas.

El Gobernador interino del Estado de Coahuila y Texas, en exercicio del supremo poder executivo, á todos sus habitantes, sabed:—Que el Congreso del mismo Estado ha decretado lo que sigue.

stability and consolidation of the government, they may have participated in our political disturbances, and equity and justice require that they should be treated with the same equality. Therefore this legislature formally introduces the following propositions, which it requests your honorable body will condescend to approve.

I. The amnesty or pardon, granted for political offences, shall extend to all periods, at which they have been committed.

II. Said grace shall include those persons not born in the republic, who, after having legally acquired the civil rights therein, have participated in the said crimes.

Hall of sessions of the congress of the state of Coahuila and Texas, at Monclova, on the 8th of April, 1835.

J. M. MIER, President.
D. GRANT, D. S.
J. M. CARBAJAL, D. S.

Executive Department of the State of Coahuila and Texas.

The Governor, of the State of Coahuila and Texas, *ad interim* in exercise of the executive power, to all the inhabitants thereof: Be it known, that the Congress of said State has decreed as follows:

DECREE No. 298.

The Congress of the state of Coahuila and Texas, has thought proper to decree:

ART. 1. The privilege of exemption from duties, granted by article 1 of the law No. 176 of the 28th of April 1831, to raw cotton, is hereby prolonged six years.

ART. 2. Said privilege shall include the cotton grown in any part of the state, but shall be understood as subject to the restrictions provided in article 3 of the aforementioned law No. 176.

For its fulfilment, the Governor of the State shall cause it to be printed, published and circulated.

J. M. MIER, President.
D. GRANT, D. S.
J. M. CARBAJAL, D. S.

Wherefore I command it to be printed, published, circulated and duly fulfilled.

Given in the city of Monclova on the 13th of April, 1835.

M. BORREGO.

JOSE M. FALCON, Secretary.

Executive Department of the State of Coahuila and Texas.

The Governor of the State of Coahuila and Texas, *ad interim* in exercise of the executive power, to all the inhabitants thereof: Be it known, that the congress of said state has decreed as follows:

DECRETO No. 299.

El Congreso constitucional del Estado libre, independiente y soberano de Coahuila y Texas, ha tenido á bien decretar:

Art. 1. El gobierno no podrá disponer de los cuatrocientos sitios de tierra de que habla el articulo 2.º de la ley de 19 de Abril de 1834, sino unicamente para el objeto que ella misma determina.

Art. 2. Conforme á la expresada ley, há estado y está facultado el gobierno para contratar los expresados terrenos; ó distribuirlos entre los milicianos que hagan la guerra á los indios barbaros segun le paresca mas conveniente.

Art. 3. No solo será destinada al escarmiento de los barbaros la milicia de los departamentos hostilizados, sino en caso necesario á juicio del gobierno la de los demás del Estado pagandose de la misma manera queaquella.

Lo tendrá entendido el Gobernador constitucional del Estado para su cumplimiento, haciendolo imprimir, publicar y circular.

JOSE M. MIER, Presieente,
DIEGO GRANT, D. S.
JOSE M. CARBAJAL, D. S.

Por tanto, mando se imprima, publique, circule, y se le de el debido cumplimiento.

Dado en la ciudad de Monclova á 14 de Abril de 1835.

MARCIAL BORREGO.

Jose M. Falcon, Oficial 1.º

Gobierno Supremo del Estado libre de Coahuila y Texas.

El Gobernador del Estado de Coahuila y Texas á todos sus habitantes, sabed:—Que el Congreso del mismo Estado ha decretado lo que sigue.

DECRETO No. 300.

El Congreso constitucional del Estado libre, independiente y soberano de Coahuila y Texas, ha tenido á bien decretar:

Art. 1. Se establecen administraciones principales de rentas unidas en los departamentos de Rio Grande, Brazos y Nacogdoches, independientes de las de Monclova y Bejar á que han estado sujetas, quedandolo en lo sucesivo solo al gobierno.

Art. 2. Su demarcacion será la que comprehende cada departamento y el de las receptorias, la que abraza la jurisdiccion civil de cada una de sus municipalidades, debiendose uvicar la administracion en la respectiva cabezera.

Art. 3. El gobierno procederá al nombramiento de estos empleados conforme á lo que está prevenido por las leyes vigentes de la materia, y señalará á cada uno las cantidades con que deben caucionar su manejo con vista de los productos que recauden y á proporcion de las fianzas que otorgan los demás empleados de su clase.

DECREE No. 299.

The Congress of the State of Coahuila and Texas has thought proper to decree:

ART. 1. The executive cannot dispose of the four hundred sitios of land, mentioned in article 2nd of the law of the 19th of April 1834, except solely for the object which said law determines.

ART. 2. Agreeably to the aforementioned law, the executive has been, and is, authorized to contract the aforementioned lands, or to distribute them, as he shall think most proper, among the militia-men, who prosecute the war against the savages.

ART. 3. Not only the militia of the departments where hostilities are committed shall be destined to the chastisement of the savages, but also that of the other departments of the state in the event it should be necessary in the opinion of the executive; and they shall be paid in the same manner as the former.

For its fulfilment, the Governor of the State shall cause it to be printed, published, and circulated.

J. M. MIER, President.
D. GRANT, D. S.
J. M. J. CARBAJAL, D. S.

Wherefore I command it to be printed, published, circulated and duly fulfilled.

Given in the city of Monclova, on the 14th of April, 1835.

M. BORREGO.

J. M. FALCON, Secretary.

Executive Department of the State of Coahuila and Texas.

The constitutional Governor of the State of Coahuila and Texas, to all the inhabitants thereof: Be it known, that the congress of said state has decreed as follows:

DECREE No. 300.

ART. 1. Chief agencies of joint rents shall be established in the departments of Rio Grande, Brazos and Nacogdoches, independent of those of Monclova and Bexar, to which they have been subject, to be subject hereafter to the executive alone.

ART. 2. The limits thereof shall be those that comprise each department, and those of the receivers offices the same that embrace the civil jurisdiction of each of their municipalities; the agency to be situated in the respective capital.

ART. 3. The executive shall proceed to the appointment of said officers agreeably to the provision made by the existing laws on the subject, and assign to each of them the amount of security they are to give for their management, taking into view the products of their collection, and in proportion to the security given by the other officers of their class.

Art. 4. Su honorario será por ahora el veinte por ciento de cuantos productos recauden en las rentas de su manejo, abonando el ocho por ciento á sus receptores en lo que estos respectivamente colecten.

Art. 5. Los mismos receptores afianzarán la responsabilidad de su manejo á satisfaccion de los administradores quienes son los responsables para con el gobierno.

Art. 6. En las cantidades que perciban por tierras valdias, tendrán el seis por ciento que señalo el articulo 28 de la ley de 26 de Marzo de 1834.

Lo tendrá entendido el Gobernador constitucional del Estado para su cumplimiento, haciendolo imprimir, publicar, y circular.

JOSÉ M. MIER, Presidente,
A. de la V. y MONTES, D. S.
JOSE M. CARBAJAL, D. S.

Por tanto, mando se imprima, publique, circule, y se le dé el debido cumplimiento.

Dado en la ciudad de Monclova á 22 de Abril de 1835.

AGUSTIN VIESCA,

J. M. Irala, Secretario.

EXPOSICION

Que el H. C. del Estado de Coahuila y Texas elevó á las AA. Camaras de la Union, pidiendo no se hagan reformas á la constitucion federal sino en los terminos que ella misma previene.

Señor,

Ni el curso de cuantos revoluciones nos hán precedido, ni el doloroso desengaño que ellas hán dejado, hán bastado para contener en sus limites las pretenciones de dos partidos, que con miras sobre-puestas, se disputan much tiempo há, un triunfo desicivo. Se forman planes, se repiten pronunciamientos y alarmas, y en todos se proclaman los principios constitucionales y los derechos de los pueblos; pero parece que solo se invocan para destruirse, porque desgraciadamente nunca los dichos hán correspondido á los hechos, y de semejante alternativa la desconfianza, la desunion y el espiritu de persecucion y de venganza, son nuestro sistema de obrar por que no bien se acaba de organisar un pronunciamiento cuando aparecen sintomas de otro nuevo. Todavia no hace un año que el grito de Cuernavaca ecsitando los conciencias timoratas y el interés particular de varios descontentos por los convenios de Zavaleta, fué generalizado en toda la Republica y por él se desconoció la mision legitima del congreso general, y fuéron disueltas las mas legislaturas de los Estados bajo el pretesto de haber expedido leyes sobre reformas religiosas y otras que se jusgaron contrarias á las constituciones federal y de los Estados, y si esé solo motivo causó un movimiento general y simultaneo en toda la Republica, ¿Que se puede esperar de as reformas violentas de que actualmente se ocupan las AA. camaras?

ART. 4. For the present said officers shall receive as an emolument twenty per cent. on the entire product of the rents they collect, allowing eight per cent. to receivers on what the latter respectively collect.

ART. 5. Said receivers shall bind themselves responsible for their management to the satisfaction of the collectors, who shall be responsible to the executive.

ART. 6. On the sums they receive for vacant lands, they shall have the six per cent., assigned in article 28 of the law of the 26th of March, 1834.

For its fulfilment, the Governor of the State shall cause it to be printed, published, and circulated.

J. M. MIER, President.
A. de la V. y MONTES, D. S. S.
J. M. J. CARVAJAL, D. S.

Wherefore I command it to be printed, published, circulated and duly fulfilled.

Given in the city of Monclova on the 22d of April, 1835.

AUGUSTIN VIESCA.

J. M. YRALA, Secretary.

EXPOSITION,

Submitted by the Congress of the State of Coahuila and Texas to the Congress of the Republic, requesting that the Federal Constitution may not be reformed, except in the manner therein provided.

TO THE HON. CONGRESS OF THE REPUBLIC.

The course of all our former revolutions, and the sad experience they have left, have not sufficed to restrain the pretensions of the two parties, which, with deceptive purpose, have long contended for a decided victory. Plans are formed, *pronunciamentos*, accompanied by appeal to arms, constantly occur, and in all these eruptions the principles of the constitution, and the rights of the people, are proclaimed. But it appears that they are invoked, only to be destroyed Action, unfortunately, has never corresponded to declaration; and from the like alternative, distrust, discord, and a disposition to persecution and revenge constitute our settled course of action. Before one *pronunciamento* is entirely organized, signs of another appear.

One year has not yet passed since the *grito* of Cuernavaca, rousing the religious fears of some, and the private interest of others, who were dissatisfied with the Convention of Zavaleta, became general throughout the republic. By that *grito* the lawful authority of the general congress was disavowed, and most of the state legislatures dissolved, un-

El modo con que se pretenden, há llamado justamente la atencion de esta H. legislatura, asi por la importancia y gravedad del asunto, como porque representante de un pueblo que se gloria de haber sostenido en todos tiempos la inalterabilidad de las bases constitucionales, faltaria al mas sagrado de sus deberes, si guardara silencio en manifestar á esa A. camara los deseos que le animan por su conservacion y la decision en que está de sostenerlos á todo trance. Si en todas partes y en todas épocas hán sido peligrosas las reformas, para Coahuila y Texas lo serian actualmente mas que nunca. Colindante con una Republica poderosa y floreciente, y poblada yá una considerable parte de su territorio, con millares de hombres á quienes no acomoda el espiritú de novedad ni se pueden conformar con esa versatilidad en los actos mas esenciales de la administracion publica, comprometerian altamente no solo al orden y tranquilidad interior. sino la integridad misma del territorio nacional las reformas que se meditan. Para decretarlas, se hán vertido especies y opiniones en esa A. camara tan estraviadas de la razon, como que se considera el actual congreso general con un poder ilimitado para variar la constitucion. No se comprehende señor, como una representacion nacional que debe su origen al pacto fundamental éxsistente. pueda tener facultad para reformarlo ó variarlo segun le pareciere conveniente. ¿En que principio de derecho constitucional se podrá fundar? ¿En que actos de los que hán precedido para su organizacion há podido conferirsele tan estraordinaria prerrogativa? ¿Los electorales de donde recibió su mision? ¿no se han practicado con arreglo á esa misma constitucion? Luego no hay duda en que las actuales camaras generales, no tienen ni deben tener mas facultades que las consignadas en los articulos 47, 48, 49, y 50 de la constitucion federal, por que tambien es evidente que los pueblos para constituirlas no han usado de otros actos ni otras formulas que las prescriptas por esa misma constitucion y del modo que lo dispuso. Por lo mismo, el Estado de Coahuila y Texas legitimamente representado por su legislatura, protesta de la manera mas solemne, que habiendose confederado en virtud del pacto fundamental, y bajo las bases que en él se establecieron, no reconoce ni reconocerá jamas las medidas y providencias que emanen del C. general, si no se adjustaren al tenor expreso de los mencionados articulos: ni admitirá otras reformas de la constitucion que aquellas que se sujetaren á los tramites y requisitos que ella previno, por el contrario verá como un atentado contra su soberania qualquiera medida que se sobre-ponga á estas legales disposiciones. Una fatalidad digna de sentirse siempre, nos há inclinado á pretender remediar un mal con otra mal. Cuando en el Sur del Estado de Mejico, aparece una chispa revolucionaria, en las Camaras de la Union se promueven y se agitan con calor las cuestiones mas interesantes y que llaman la atencion de todos como son las de reformas: se derogan unas leyes y se expiden otras qué dando tanta preponderancia á las clases privilegiadas, no cesarán estas de repetir sus conatos de desorden para conservar sus abusos: se reduce la milicia civica en toda la Republica, ó mas bien dicho,

der the pretext of having issued laws on religious and other reforms, considered contrary to the federal and state constitutions. If this alone caused a general and simultaneous movement throughout the republic, what may be expected from the violent reforms, that now occupy the attention of your honorable body?

The manner they are attempted has justly attracted the attention of this legislature. The subject is of great importance, besides, this body, representing a people, proud of having always sustained the immutability of the fundamental principles of the constitution, would be wanting in its most sacred duty, were it to refrain from manifesting to your honorable body its ardent desires for their preservation, and its determination firmly to sustain them. If at all times, and in all places, reforms have been dangerous for Coahuila and Texas they would be more so now than ever. Bordering on a powerful and flourishing republic, and a considerable portion of its territory already settled with thousands of inhabitants, whom the spirit of change does not suit, and who cannot conform to such inconstancy in the most essential acts of the public administration, the contemplated reforms would highly compromit, not only the internal order and tranquillity, but also the very integrity of the national territory. For effecting these reforms, ideas and opinions have been advanced in your honorable body, as unreasonable as if the present general congress considered itself possessed of unlimited power to alter the constitution. It is not conceived how a national representation, owing its origin to an existing fundamental pact, can have power to reform or change it as it may think proper. Upon what principle of constitutional right can it be founded? What former acts for its organization could have conferred upon it so extraordinary a prerogative? The electoral acts, from which source its authority was received,—were *they* not performed according to the same constitution? Then, the present national congress neither does or should possess more powers than those intrusted in articles 47, 48, 49 and 50 of the federal constitution, as the people, in constituting the same, have exercised no other acts or forms than those prescribed by the same constitution, and in the manner therein provided. Therefore, the State of Coahuila and Texas, lawfully represented by its legislature, protests in the most solemn manner, that having joined in the confederacy by virtue of the fundamental pact, and and on the basis therein established, it neither does, or ever will, recognize the acts and measures emanating from the general congress, should they not conform to the plain meaning of the aforementioned articles It will admit no other amendments of the constitution than those effected conformably to the steps and requisites provided in the same; on the contrary, it will regard any measure, transcending these legal provisions, as a violation of its sovereignty. A fatality, ever to be regreted, has inclined us to endeavor to repair one evil by means of another. When a revolution is breaking out in the south of the state of Mexico, the momentous and exciting question of reform is introduced and discussed with warmth in the general congress; some laws are repealed

se destruye el unico baluarte de la libertad y de los derechos de la comunidad: el gobierno general que debia poner su atencion en las revoluciones del Sur, prepara una expidicion de tropa contra un Estado pacifico como el de Zacátecas que tantos dias de gloria há dado á la nacion, enfrenando la arbitrariedad y los abusos del poder: el comandante general de los Estados Internos de Oriente, interviniendo en la administracion interior de el de Coahuila y Texas del modo mas escandaloso, hasta el extremo de dictar ordenes para que no sean cumplidas algunas leyes que se hán expedido por esta legislatura, dispone mover las tropas presidiales de los puntos fronterizos que cubren, y donde son tan necesarias para los indios bárbaros, y las aprocsima sobre esta capital, sin duda para amagar á las autoridades supremas ò para llevar al cabo sus caprichosos intentos: el gobierno general á quien se há ocurrido para contener estos abances de la autoridad militar; guarda un profnndo silencio en tan delicado negocio, de modo que todo está indicando el peligroso camino que llevamos y en el que si no hubiére teda la reflecsion, prudencia y cordura para proceder, serémos de nuevo envueltos en los desastres de la guerra civil y en las desgracias que son consiguientes todavia mas funestas que las que hán pasado.

Semejante principio no se puede ocultar á la penetracion y sabiduria del soberano C. general y sabrá como lo esperamos, acordar las medidas que sean eficaces y oportunas con cuyo objeto tiene esta H. A. el honor de dirijirse á esa A. camara.

Sala de sesiones del honorable congreso del Estado de Coahuila y Texas, en Monclova á 22 de Abril de 1835.

JOSE M. MIER, Presidente.
A. de la V. y MONTES, D. S.
JOSE M. CARBAJAL, D. S.

INICIATIVA

Que el Hon. Congreso del Estado de Coahuila y Texas dirijió á las agustas camaras generales, sobre derogacion de la ley que disminuye la milicia nacional local, secundando la que al efecto elevó el de Zacatecas.

Señor:

El decreto sobre reforma de milicia civica, ha llamado la atencion de este congreso y determinadolo á iniciar su derogacion, por que de otro modo no llenaria sus deberes siendo indiferente á los gravisimos males que su cumplimiento debe causar á la nacion entera y al Estado que representa.

En Coahuila y Texas Sr., se sufre la cruel y desoladora guerra de los indios barbaros. Las compañias presidiales destinadas á su persecucion y escarmiento, sobre encontrarse incapaces de obrar por el ab-

and others enacted, whereby such preponderance is given to the privileged classes that they will not cease to reiterate their disorderly efforts to continue their abuses. The civic militia is diminished throughout the republic, or, more properly speaking, the only defence of liberty, and of the rights of the commonwealth, is destroyed. The national executive, whose attention should be given to the revolution in the south, prepares a military expedition against the friendly state of Zacatecas, which has so often contributed to the national renown by curbing despotism and the abuse of power. The general commandant of the interior states, intervenes in the most turbulent manner in the internal administration of the state of Coahuila and Texas, to the extremity of dictating orders prohibiting the execution of some of the laws issued by this legislature, and commands the garrisons to move from their stations upon the frontier where they are so much needed against the savages, and to approach this capital, evidently with the intention of overawing the civil authorities, and accomplishing his capricious designs. The national executive, to whom application has been made to restrain these encroachments of the military authority, maintains a profound silence in so delicate a matter. Every thing indicates the danger with which we are threatened, and should we not proceed with great circumspection and wisdom, we shall be again involved in a civil war, and its consequent evils still more disastrous than the past. That we are on the verge of that condition, cannot escape the wisdom and penetration of your honorable body, which, it is hoped, will not fail to adopt efficient and seasonable measures, and which, with that view, this legislature has the honor to address.

Hall of sessions of the congress of the state of Coahuila and Texas at Monclova on the 22nd of April, 1835.
J. M. MIER, President.
A. de la V. y MONTES, D. S. S.
J. M. CALVAJAL, D. S

INTRODUCTORY PROPOSITION,

Directed to the General Congress by the legislature of the State of Coahuila and Texas, on the subject of repealing the law diminishing the national local militia, in support of a similar proposition, directed by the Congress of Zacatecas.

To the Hon. Congress of the Republic.

The decree diminishing the civic militia, has called the attention of this legislature, and determined it to propose its repeal. This body would fail in its duty, were it to be indifferent to the serious evils that the fulfillment of that decree would cause to the entire nation and to the state it represents.

soluto abandono en que se hallan, son distrahidas de los objetos de su instituto segun la voluntad y capricho de los comandantes generales;—quienes cuando quiéren las retiran de las fronteras, como sucede actualmente en este Estado en que su comandante Don Martin Perfecto de Cós, há creido mas conveniente y de mayor utilidad imponer á las autoridades supremas y proteger las turbulencias de un pueblo, que nó el perseguir salbajes, aunque estos sacrifiquen las vidas y haciendas de los ciudadanos.

¿Y en tan complicadas y dificiles circunstancias, se podrá ecsijir del congreso Coahuiltexano que nó clame al ver que desaparese su unico apoyo y defenza como és la milicia civica, unica fuersa que puede dedicarse á la conservacion del orden y al sostén de sus leyes? ¿Cual seria entonces su suerte? ¡la mas deplorable y abatida que puede presentarse!!!

En vano se inculpa á la milicia el orijen de las revoluciones que nos hán afligido: este és el pretesto que se há querido hacer valer para atacarla; pero es necesario atarse una venda á los ojos para nó conocer y distinguir que todas hán sido hechas por el ejercito permanente, y debemos recordar que en Guanajuato la milicia civica salvó las instituciones.

El H. Congreso del Estado libre de Zacatecas en la exposicion que dirijió á las agustás camaras en 7 del presente, desmiente victoriosamente cuanto se há meditado para desprestigiar á la milicia nacional local, haciendo palpable hasta la evidencia su buen comportamiento, la necesidad de su ecsistencia y que nó ocasiona los males que por los enemigos de la libertad se han querido suponer.

El de Coahuila y Texas siendo del mismo sentir y hallandose en la situacion de que há hecho referencia, secunda en todas sus partes la mencionada exposicion y pide á las agustas camaras de la Union, revoquen el decreto sobre reduccion de la milicia civica en los Estados.

La notoria sabiduria de los representantes de la nacion inclina á creér se escucharán con calma las quejas y reclamos de este cuerpo legislativo, y consultando al bien publico se decretará la derogacion que solicita.

Salon de sesiones del H Congreso del Estado de Coahuila y Tex. as, en Monclova á 22 de Abril de 1835.
JOSE M. MIER, Presidente.
JOSE M. CARBAJAL, D. S.
A. de la V. y MONTES, D. S.

Gobierno Supremo del Estado libre de Coahuila y Texas.

El Gobernador del Estado de Coahuila y Texas, á todos sus habitantes, Sabed:—Que el Congreso del mismo Estado ha decretado lo que sigue.

Coahuila and Texas suffers a cruel and desolating Indian war. The garisons destined to pursue and chastise the savages, besides being incapable of acting, from absolute neglect, are seperated from the purpose for which they were established at the pleasure and caprice of the general commandants, who withdraw them from the frontier when they choose, as is actually the case in this state, in which the commandant Don Martin Perfecto de Cos has considered it more proper and beneficial to coerce the supreme authorities, and favor the disturbances of one town, than to pursue the savages, although they are destroying the lives and property of the citizens.

In so perplexed and difficult a state of affairs, can the congress of Coahuila and Texas be desired not to remonstrate on seeing the civic militia disappear, its sole support and defence—the only force that can apply itself to the preservation of order, and support of the laws? What would be its condition in such an event? The most deplorable and abject that could occur.

The cause of the revolutions we have suffered is in vain imputed to the militia. Recourse has been had to this as a pretext for impugning the militia, but it is impossible not to know and to discern that they have all been occasioned by the standing army. We should remember that in Guanaxuato the institutions were saved by the civic militia.

The congress of the state of Zacatecas, in the exposition it directed to your honorable body, on the 7th instant, completely refutes all the artifice that has been resorted to against the national local militia, clearly manifesting the propriety of its conduct, the necessity of its existence, and that it has not caused the evils which the enemies of liberty have been willing to suppose.

The state of Coahuila and Texas being of the same opinion, and in the situation above represented, supports the aforementioned exposition in all its parts, and requests that your honorable body will revoke the decree disminishing the civic militia in the states.

The well known wisdom of the national representatives induces the belief that the remonstrances of this legislature will be dispassionately heard, and that, in consideration of the public good, the revocation it requests will be enacted.

Hall of sessions of the congress of the state of Coahuila and Texas, at Monclova on the 22nd. of April, 1835.

J. M. MIER, President.
A. de la V. y MONTES, D. S. S.
J. M. J. CARVAJAL, D. S.

Executive Department of the State of Coahuila and Texas.

The constitutional Governor of the State of Coahuila and Texas, to all the inhabitants thereof: Be it known, that the congress of said state has decreed as follows:

DECRETO No. 301.

El Congreso constitucional del Estado libre, independiente, y soberano de Coahuila y Texas, ha tenido á bien decretar:

Art. 1. A los que hubiéren comprado terrenos segun el articulo 6 de la ley de 27 de Abril de 1833, se les prorroga dos años mas de termino para fabricarlos, bajo las penas señaladas en el citado articulo si nó cumplieren.

Art. 2. El plazo de cuatro años que por dicha prorroga resulta, se les contará desde el dia en que el gobierno haya aprobado los contratos

Lo tendrá entendido el Gobernador constitucional del Estado para su cumplimiento, haciendolo imprimir, publicar y circular.

JOSE M. MIER, Presidente,
A. de la V. y MONTES, D. S.
JOSE M. CARBAJAL, D. S.

Por tanto, mando se imprima, publique, circule, y se le dé el debido cumplimiento.

Dado en la ciudad de Monclova á 24 de Abril de 1835.

AGUSTIN VIESCA,

J. M. Irala, Secretario.

Gobierno Supremo del Estado libre de Coahuila y Texas.

El Gobernador del Estado de Coahuila y Texas á todos sus habitantes, sabed:—Que el Congreso del mismo Estado ha decretado lo siguiente.

DECRETO No. 302.

El Congreso constitucional del Estado libre, independiente, y soberano de Coahuila y Texas, ha tenido á bien decretar:

Art. 1. Se admite la propuesta del ciudadano Benjamin R. Milam para expeditar y hacer navegable en el termino de tres años el Rio Colorado de Texas hasta la villa de Mina, dejandolo desembarazado enteramente, de las palizadas y otros obstaculos que actualmente impiden su navegacion.

Art. 2. En consequencia se concede derecho esclusibo al espresado Benjamin R. Milam por el termino de diez años, para que pueda navegar dicho Rio con botes ó buques de vapor, quedando libre la que se haga por los de remo, vela ó de qualquiera otra clase.

Art. 3. El empresario perderá la gracia que se le concede por el articulo anterior, si deutro de un año no comensare la obra, y si á los tres no estuviére concluida.

Lo tendrá entendido el Gobernador constitucional del Estado para su cumplimiento, haciendolo imprimir, publicar y circular,

JOSE M. MIER, Presidente,
DIEGO GRANT, D. S.
JOSE M. CARBAJAL, D. S.

DECREE No. 301.

The Congress of the State of Coahuila and Texas, has thought proper to decree:

ART. 1. Two years longer term for building thereon is hereby granted to those, who may have purchased grounds according to article 6th of the law of the 27th of April 1833, under the penalties determined in said article, should they not comply.

ART. 2. That term of four years resulting from the said extension shall be reckoned from the date, whereon the executive shall have approved the contracts.

For its fulfilment, the Governor of the State shall cause it to be printed, published, and circulated.

J. M. MIER, President.
A. de la V. y MONTES, D. S. S.
J. M. J. CARVAJAL, D. S.

Wherefore I command it to be printed, published, circulated and duly fulfilled.

Given in the city of Monclova on the 24th April, 1835.

AUGUSTIN VIESCA.

J. M. IRALA, Secretary,

Executive Department of the State of Coahuila and Texas.

The Governor of the State of Coahuila and Texas, to all the inhabitants thereof: Be it known, that the congress of said state has decreed as follows:

DECREE No 302.

The Congress of the State of Coahuila and Texas, has thought proper to decree:

ART. 1. The proposition of Benjamin R. Milam, to clear out the river Colorado of Texas, and render it navigable as far as the town of Mina, in the term of three years, leaving it entirely clear of the accumulated drift timber, and other obstacles that now obstruct its navigation, is hereby accepted.

ART. 2. In pursuance thereof, exclusive right is hereby granted to the said Milam, for the term of ten years, for navigating the said river with boats or vessels propelled by steam; and for those propelled by oars, sails, or of any other kind, the navigation shall be free.

ART. 3. Should the undertaker not commence the work within one, and should it not be completed in thee years, he shall forfeit the privilege granted him in the preceding article.

For its fulfilment, the Governor of the State shall cause it to be printed, published and circulated.

J. M. MIER, President.
D. GRANT, D. S.
J. M. J. CARVAJAL, D. S.

Por tanto, mando se imprima, publique, circule y se le dé el debido cumplimiento.

Dado en la ciudad de Monclova á 25 de Abril de 1835.

AGUSTIN VIESCA,

J. M. Irala, Secretario.

Gobierno Supremo del Estado libre de Coahuila y Texas.

El Gobernador del Estado de Coahuila y Texas á todos sus habitantes, sabed:—Que el Congreso del mismo Estado ha decretado lo siguiente.

DECRETO No. 303.

El Congreso constitucional del Estado libre, independiente, y soberano de Coahuila y Texas, ha tenido á bien decretar:

Art. unico. Se prorrogan las sesiones ordinarias del H. congreso del Estado, por un mes, conforme al articulo 87 de la constitucion.

Lo tendrá entendido el Gobernador constitucional del Estado para su cumplimiento, haciendolo imprimir, publicar y circular.

JOSÉ M. MIER, Presidente,
DIEGO GRANT, D. S.
JOSE M. CARBAJAL, D. S.

Por tanto, mando se imprima, publique, circule, y se le de el debido cumplimiento.

Dado en la ciudad de Monclova á 27 de Abril de 1835.

AGUSTIN VIESCA.

J. M. Irala, Secretario.

Gobierno Supremo del Estado libre de Coahuila y Texas.

El Gobernador del Estado de Coahuila y Texas á todos sus habitantes, sabed:—Que el Congreso del mismo Estado ha decretado lo siguiente.

DECRETO No. 304.

El Congreso constitucional del Estado libre, independiente, y soberano de Coahuila y Texas, ha tenido á bien decretar:

Art. 1. Son y han sido nulos los actos gubernativos de Don Miguel Ramos y Don José Maria Goribar, qualquiera que heya sido la investidura publica con que los exercieron en el departamento del Saltillo, mientras este estubo substraido de la obediencia del gobierno del Estado.

Art. 2. En consequencia todos quedan sujetos á la revision del gobierno sin cuya autorizacion expresa, ninguno tendrá valor.

Art. 3. Se esceptuan todas las providencias que hayan tenido por objeto disponer de las rentas publicas del Estado sobre lo cual el congreso se reserva disponer lo conveniente cuando se le pasen los antecedentes necesarios.

Wherefore I command it to be printed, published, circulated and duly fulfilled.

Given in the city of Monclova on the 25th of April, 1835.

AUGUSTIN VIESCA.

J. M. IRALA, Secretary.

Executive Department of the State of Coahuila and Texas.

The Governor of the state of Coahuila and Texas, to all the inhabitants thereof: Be it known, that the congress of said state has decreed as follows:

DECREE No. 303.

The Congress of the State of Coahuila and Texas, has thought proper to decree:

The ordinary sessions of the congress of the state, are hereby prorogued one month, in conformity to the 87th article of the constitution.

For its fulfilment, the Constitutional Governor of the State shall cause it to be printed, published, and circulated.

J. M. MIER, President.
D. GRANT, D. S.
J. M. CARVAJAL, D. S.

Wherefore I command it to be printed, published, circulated and duly fulfilled.

Given at the city of Monclova on the 27th April, 1835.

AUGUSTIN VIESCA.

J. M. IRALA, Secretary.

Executive Department of the State of Coahuila and Texas.

The Governor of the State of Coahuila and Texas, to all the inhabitants thereof: Be it known, that the congress of said state has decreed as follows:

DECREE No. 304.

The Congress of the State of Coahuila and Texas, has thought proper to decree:

ART. 1. The executive acts performed in the department of Saltillo, so lang as the said department refused obedience to the executive of the state, by Don Miguel Ramos and Don Jose M. Goribar, whatever may have been their official investiture, are hereby declared to be, and to have been, of no force.

ART. 2. In pursuance thereof, they shall all be subject to be reviewed by the executive, without whose express authorization, none shall be valid.

ART. 3. All the provisions that have had for their object the disposal of the public revenue of the state, are hereby excepted, in regard to which, congress reserves to itself to take the proper measures when the necessary data are transmitted.

Lo tendrá entendido el Gobernador constitucional del Estado para su cumplimiento, haciendolo imprimir, publicar y circular.

JOSE M. MIER, Presidente,
DIEGO GRANT, D. S.
JOSE M. CARBAJAL, D. S.

Por tanto, mando se imprima, publique, circule y se le dé el debido cumplimiento.

Dado en la ciudad de Monclova á 27 de Abril de 1835.

AGUSTIN VIESCA.

J. M. IRALA, Secretario.

Gobierno Supremo del Estado libre de Coahuila y Texas.

El Gobernador del Estado de Coahuila y Texas, á todos sus habitantes, Sabed:—Que el Congreso del mismo Estado ha decretado lo siguiente.

DECRETO No. 305.

El Congreso constitucional del Estado libre, independiente y soberano de Coahuila y Texas, ha tenido á bien decretar:

ART. 1. Se faculta al gobierno para que exija de los capitalistas del Estado, un prestamo forzoso, hasta la cantidad de veinte mil pesos para acudir á las actuales necesidades del mismo Estado.

ART. 2. El gobierno asegurará con las rentas publicas las cantidades que por esta ley se colecten, hipotecando el ramo que señale el mismo prestamista.

ART. 3. Serán devueltas dichas sumas en Enero del año procsimo de 1836 ó antes si se pudiere, con el premio de un uno por ciento mensual.

Lo tendrá entendido el Gobernador constitucional del Estado, para su cumplimiento, haciendolo imprimir, publicar y circular.

JOSE M. MIER, Presieente,
DIEGO GRANT, D. S.
JOSE M. CARBAJAL, D. S.

Por tanto, mando se imprima, publique, circule, y se le dé el debido cumplimiento.

Dado en la ciudad de Monclova á 28 de Abril de 1835.

AGUSTIN VIESCA,

J. M. IRALA, Secretario.

Gobierno Supremo del Estado libre de Coahuila y Texas.

El Gobernador del Estado de Coahuila y Texas, á todos sus habitantes, Sabed:—Que el Congreso del mismo Estado ha decretado lo que sigue.

For its fulfilment, the Governor of the State shall cause it to be printed, published, and circulated.

J. M. MIER, President.
D. GRANT, D. S.
J. M. J. CARBAJAL, D. S.

Wherefore I command it to be printed, published, circulated and duly fulfilled.

Given in the city of Monclova, on the 27th of April, 1835.

AUGUSTIN VIESCA.

J. M. YRALA, Secretary.

Executive Department of the State of Coahuila and Texas.

The constitutional Governor of the State of Coahuila and Texas, to all the inhabitants thereof: Be it known, that the congress of said state has decreed as follows:

DECREE No. 305.

The Congress of the State of Coahuila and Texas has thought proper to decree:

ART. 1. The executive is hereby authorized to exact a forced loan, to the amount of twenty thousand dollars, of the capitalists of the state, to relieve the present exigencies of the said state.

ART. 2. The executive shall secure with the public revenue the amounts collected by this law, mortgaging such branch as the person making the loan shall designate.

ART. 3. Said sums shall be returned in January 1836, or before if possible, with one per cent. interest per month.

For its fulfilment, the Governor of the State shall cause it to be printed, published and circulated.

J. M. MIER, President.
D. GRANT, D. S.
J. M. J. CARVAJAL, D. S.

Wherefore I command it to be printed, published, circulated and duly fulfilled.

Given in the city of Monclova on the 28th of April, 1835.

AUGUSTIN VIESCA.

J. M. IRALA, Secretary,

Executive Department of the State of Coahuila and Texas.

The constitutional Governor of the State of Coahuila and Texas, to all the inhabitants thereof: Be it known, that the congress of said state has decreed as follows:

DECRETO No. 306.

El Congreso constitucional del Estado libre, independiente, y soberano de Coahuila y Texas, ha tenido á bien decretar:

Art. 1. La resolucion del gobierno de 18 de Diciembre de 1834 aclarando su convocatoria de 16 del mismo y sus concordantes de 14 de Enero y 9 de Febrero del presente año, son contrarios á la constitucion del Estado.

Art. 2. En consecuencia no pudo su execucion tener ningun efecto legal.

Lo tendrá entendido el Gobernador constitucional del Estado para su cumplimiento, haciendolo imprimir, publicar y circular.

JOSÉ M. MIER, Presidente,
DIEGO GRANT, D. S.
JOSE M. CARBAJAL, D. S.

Por tanto, mando se imprima, publique, circule, y se le dé el debido cumplimiento.

Dado en la ciudad de Monclova á 29 de Abril de 1835.

AGUSTIN VIESCA,

J. M. Irala, Secretario.

Gobierno Supremo del Estado libre de de Coahuila y Texas.

El Gobernador del Estado de Coahuila y Texas, á todos sus habitantes, Sabed:—Que el Congreso del mismo Estado ha decretado lo siguiente.

DECRETO No. 307.

El Congreso constitucional del Estado libre, independiente y soberano de Coahuila y Texas, ha tenido á bien decretar:

Art. 1. Se dispensa la ley de 4 de Marzo de 1834, en la parte que dispuso la union del ayuntamiento de Villalongin al de Leona-Vicario.

Art. 2. Se restablecerá en consecuencia el que funcionaba al tiempo de expedirse la mencionada ley para que se encargue de la administracion de la municipalidad mientras se renueve conforme á las leyes.

Lo tendrá entendido el Gobernador constitucional del Estado para su cumplimiento, haciendolo imprimir, publicar y circular.

JOSÉ M. MIER, Presidente,
DIEGO GRANT, D. S.
JOSE M. CARBAJAL, D. S.

Por tanto, mando se imprima, publique, circule, y se le dé el debido cumplimiento.

Dado en la ciudad de Monclova á 29 de Abril de 1835.

AGUSTIN VIESCA,

J. M. Irala, Secretario.

DECREE No. 306.

The Congress of the state of Coahuila and Texas, has thought proper to decree:

ART. 1. The resolution of the executive, of the 18th of December 1834, explaining his letter of convocation of the 16th of said month, and its concordants of the 14th of January and 9th of February last, is hereby declared contrary to the constitution of the state.

ART. 2. In pursuance thereof, its execution could have no legal effect.

For its fulfilment, the Governor of the State shall cause it to be printed, published and circulated.

J. M. MIER, President.
D. GRANT, D. S.
J. M. CARBAJAL, D. S.

Wherefore I command it to be printed, published, circulated and duly fulfilled.

Given in the city of Monclova on the 29th of April, 1835.

AUGUSTIN VIESCA.

J. M. IRALA, Secretary.

Executive Department of the State of Coahuila and Texas.

The Governor of the State of Coahuila and Texas, to all the inhabitants thereof: Be it known, that the congress of said state has decreed as follows:

DECREE No 307.

The Congress of the State of Coahuila and Texas, has thought proper to decree:

ART. 1. The law of the 4th of March, 1834, in the part wherein provision was made for uniting the Ayuntamiento of Villa Longin with that of Leona Vicario, is hereby dispensed with.

ART. 2. In pursuance thereof, the one, which was acting at the time of issuing the aforementioned law, shall be re-established, to take charge of the administration of the municipality, until it is renewed according to law.

For its fulfilment, the Governor of the State shall cause it to be printed, published, and circulated.

J. M. MIER, President.
D. GRANT, D. S.
J. M. J. CARVAJAL, D. S.

Wherefore I command it to be printed, published, circulated and duly fulfilled.

Given in the city of Monclova on the 29th April, 1835.

AUGUSTIN VIESCA.

J. M. IRALA, Secretary.

Gobierno Supremo del Estado libre de Coahuila y Texas.

El Gobernador del Estado de Coahuila y Texas, á todos sus habitantes, sabed:—Que el Congreso del mismo Estado ha decretado lo siguiente.

DECRETO No. 308.

El Congreso constitucional del Estado libre, independiente, y soberano de Coahuila y Texas, ha tenido á bien decretar:

Art. 1. Se concede el establecimiento de un banco de avio en el departamento de los Brazos que se denominará, Banco de Comercio y Agricultura. El ciudadano Samuel M. Williams promoverá como empresario lo conveniente para su plantacion.

Art. 2. El capital de dicho banco no excederá de la cantidad de un millon de pesos, dividida en diez mil acciones de á cien pesos cada una.

Art. 3. Reunidos suscritores para tres mil acciones por lo menos, el empresario convocará una junta de los mismos y procederá á elegir ocho directores quienes nombrarán entre si un presidente y desempeñarán sus destinos por un año.

Art. 4. Para obtener el empleo de director, se requiere ser ciudadano del Estado y dueño de cinco acciones por lo menos.

Art. 5. Los votos se emitirán en razon de uno por cada accion; pero ningun susecritor tendrá mas de cincuenta sufragios sea cual fuére el numero de acciones que tenga en propiedad. Los ausentes pueden votar por medio de apoderados.

Art. 6. Anualmente se renovará la direccion y la convocatoria se hará por esta cuarenta y cinco dias antes de espirar su termino, verificandose la eleccion ocho dias antes de cumplirse el año correspondiente.

Art. 7. La misma direccion formará un reglamento interior para el manejo economico de todos los negocios de la compañia.

Art. 8. Los villetes que se expidiéren serán firmados por el presidente y cajero á nombre de la compañia, y el capital del banco será responsable al pago de sus valores. El mismo banco puede demandar y ser demandado en juicio.

Art. 9. Para fomentar el comercio, las artes y la industria, puede el banco hacer prestamos cobrando hasta en razon de un ocho por ciento anual cuando el plazo no ecseda de seis meses y hasta un diez por ciento, cuando pase de este termino, ecsigiendo de los interesados las fianzas necesarias.

Art. 10. Los suscritores afianzarán suficientemente con bienes raices en la Republica el valor de sus acciones y tan luego como hayan ingresado cien mil pesos por lo menos á la caja del banco, podrá dar principio á sus operaciones previa la intervencion de un comisionado que nombrará el gobierno, quien ademas reconocerá anualmente el estado de los negocios de la compañia.

Art. 11. La duracion de este banco será de veinte años, y puede establecer ramos del mismo en qualquiera punto del Estado.

Executive Department of the State of Coahuila and Texas.

The Governor, of the State of Coahuila and Texas, to all the inhabitants thereof: Be it known, that the Congress of said State has decreed as follows:

DECREE No. 308.

The Congress of the State of Coahuila and Texas, has thought proper to decree:

ART. 1. It is hereby granted that a bank be established in the department of Brazos, to be called *"Commercial and Agricultural Bank."* Samuel M. Williams, as empresario, shall take the proper measures for the establishment thereof.

ART. 2. The capital of said bank shall not exceed the sum of one million of dollars, to be divided into ten thousand shares, of one hundred dollars each.

ART. 3. Subscribers having joined for three thousand shares at least, the empresario shall call a meeting of the same, and proceed to elect eight directors, who shall choose a president among themselves, and they shall perform the duties of their office one year.

ART. 4. To obtain the office of director, it shall be required to be a citizen of the state, and an owner of five shares at least.

ART. 5. The votes shall be given at the rate of one for each share; but no subscriber shall have more than fifty votes, whatever be the number of shares he may own. Absent persons may vote by proxy.

ART. 6. The board of directors shall be annually renewed, and the letter of convocation shall be issued by said board forty-five days before the expiration of their term, and the election shall be holden eight days before the close of the corresponding year.

ART. 7. The board of directors shall form internal regulations for the financial management of all the business of the association.

ART. 8. The notes that are issued shall be signed by the president and cashier in the name of the association, and the bank capital shall be responsible for the payment of the value thereof. Said bank may sue and be sued.

ART. 9. To give activity to commerce, arts and industry, the bank may make loans, receiving as high as at the rate of eight per cent. per annum for a period not exceeding six months, and ten per cent. when it exceeds that term, exacting the necessary security of the persons interested.

ART. 10. The subscribers shall adequately secure the value of their shares with real estate in the republic, and as soon as one hundred thousand dollars at least have entered the vault of the bank, it may commence operations; a commissioner, to be appointed by the executive previously intervening, who shall furthermore examine every year the state of the concerns of the association.

ART. 11. The bank shall continue for the term of twenty years, and may establish branches thereof, at any place in the state.

Lo tendrá entendido el Gobernador constitucional del Estado para su cumplimiento, haciendolo imprimir, publicar y circular.

JOSE M. MIER, Presidente,
DIEGO GRANT, D. S.
JOSE M. CARBAJAL, D. S.

Por tanto mando se imprima, publique, circule, y se le dé el debido cumplimiento.

Dado en la ciudad de Monclova á 30 de Abril de 1835.

AGUSTIN VIESCA,

J. M. Irala, Secretario.

Gobierno Supremo del Estado libre de Coahuila y Texas.

El Gobernador del Estado de Coahuila y Texas, á todos sus habitantes, sabed:—Que el Congreso del mismo Estado ha decretado lo siguiente.

DECRETO No. 309.

El Congreso constitucional del Estado libre, independiente y soberano de Coahuila y Texas, ha tenido á bien decretar;

Art. 1. Todas las personas ó familias que actualmente ecsisten en Texas y se hayan introducido antes de la fecha de esta ley con el fin de establ cerse en el pais y que no hán recibido terrenos segun las leyes de colonizacion, se declaran con derecho á las porciones que señala la de 24 de Marzo ee 1825, con tal que reunan las cualidades que ella prescribe.

Art. 2. Los agraciados por el articulo anterior que se introdujeron antes del 28 de Abril de 1832 pagarán en clase de reconocimiento al tiempo de recibir sus titulos, lo que señala el articulo 22 de la ley de 24 de Marzo de 1825 y los que lo verificaron despues, á razon de sesenta pesos por cada sitio de agostadero y cinco pesos por labor de temporal.

Art. 3. El gobierno nombrará un comisionado por cada departamento de los tres de Texas, para que expida los titulos correspondientes á las personas de que habla esta ley segun las instrucciones de comisionados de 4 de Septiembre de 1837, sin sujecion al articulo adicional. Dichos comisionados serán pagados por los interesados segun lo señalado por decreto de 15 de Mayo de 1828.

Art. 4. El executivo dispondrá lo conveniente á fin de que esta ley surta sus efectos con la brevedad posible.

Lo tendrá entendido el Gobernador constitucional del Estado para su cumplimiento, haciendolo imprimir, publicar, y circular.

JOSE M. MIER, Presidente,
DIEGO GRANT, D. S.
JOSE M. CARBAJAL, D. S.

For its fulfilment, the Governor of the State shall cause it to be printed, published, and circulated.

J. M. MIER, President.
D. GRANT, D. S.
J. M. CARBAJAL, D. S.

Wherefore I command it to be printed published, circulated, and duly fulfilled.

Given in the city of Monclova on the 30th April, 1835.

AUGUSTIN VIESCA.

J. M. IRALA, Secretary.

Executive Department of the State of Coahuila and Texas.

The Governor of the State of Coahuila and Texas, to all the inhabitants thereof: Be it known that the congress of said state has decreed as follows:

DECREE No. 309.

The Congress of the State of Coahuila and Texas, has thought proper to decree:

ART. 1. All persons or families now résiding in Texas, and who shall have emigrated previous to the date of this law for the purpose of settling in the country, and who have not received lands according to the colonization laws, are hereby declared to be entitled to the portions designated by the law of the 24th of March, 1825, provided, that they possess the qualifications therein prescribed.

ART. 2. Those favored in the preceding article, who emigrated previous to the 28th of April 1832, shall pay as an acknowledgement at the time of receiving their titles, the amount specified in article 22nd of the law of the 24th of March 1825, and those who came since, at the rate of sixty dollars a sitio for grazing, and five dollars a labor for temporal land.

ART. 3. The executive shall appoint a commissioner for each of the three departments of Texas, to issue the titles, corresponding to the persons mentioned in this law, agreeably to the commissioner's instructions of the 4th of September 1827, without being subject to the additional article. Said commissioners shall be paid by the persons interested agreeably to the provision made by decree of the 15th of May 1828.

ART. 4. The executive shall take the proper measures in order that this law may be carried into effect as soon as possible.

For its fulfilment, the Governor of the State shall cause it to be printed, published, and circulated.

J. M. MIER, President.
D. GRANT, D. S.
J. M. CALVAJAL, D. S.

Por tanto, mando se imprima, publique, circule y se le dé el debido cumplimiento.

Dado en la ciudad de Monclova á 2 de Mayo de 1835.

AGUSTIN VIESCA,

J. M. IRALA, Secretario.

Gobierno Supremo del Estado libre de Coahuila y Texas.

El Gobernador constitucional del Estado de Coahuila y Texas á todos sus habitantes, sabed: Que el Congreso del mismo Estado ha decretado lo siguiente.

DECRETO No. 310.

El Congreso constitucional del Estado libre, independiente y soberano de Coahuila y Texas, há tenido á bien decretar:

ART. 1. Se legitiman los actos gubernativos, ejercidos por el Sr. Don Juan José Elguezabal, durante el tiempo de su administracion, en cuanto no se opongan á la constitucion y á las leyes.

ART. 2. El gobierno propondrá al congreso los que á su juicio tubiéren aquella nulidad para que recaiga sobre ellos la conveniente calificacion, y ratificará como legales los que ecsijieren este requisito.

ART. 3. Se ecseptuan todos aquellos que teniendo por objeto decretar gastos y disponer de las rentas publicas, necesitan la aprobacion del Congreso.

Lo tendrá entendido el Gobernador constitucional del Estado para su cumplimiento, haciendolo imprimir, publicar y circular.

A. de la V. y MONTES, Presidente,
JOSE M. CARBAJAL, D. S.
JOSE A. TIJERINA, D. S.

Por tanto, mando se imprima, publique, circule, y se le dé el debido cumplimiento.

Dado en la ciudad de Monclova á 6 de Mayo de 1835.

AGUSTIN VIESCA,

J. M. IRALA, Secretario.

Gobierno Supremo del Estado libre de Coahuila y Texas.

El Gobernador constitucional del Estado de Coahuila y Texas, á todos sus habitantes, sabed:—Que el Congreso del mismo Estado ha decretado lo siguiente.

DECRETO No. 311.

El Congreso constitucional del Estado libre, independiente y soberano de Coahuila y Texas, ha tenido á bien decretar:

ART. 1. La fabrica de cigarros establecida en Leona Vicario, se traslada á la villa de Parras.

ART. 2. El gobierno dispondrá que á la mayor brevedad tenga efecto esta ley.

Wherefore I command it to be printed, published, circulated and duly fulfilled.
Given at the city of Monclova on the 2nd of May, 1835.
AUGUSTIN VIESCA.
J. M. IRALA, Secretary.

Executive Department of the State of Coahuila and Texas.

The Governor of the State of Coahuila and Texas, to all the inhabitants thereof: Be it known, that the congress of said state has decreed as follows:

DECREE No. 310.

The Congress of the State of Coahuila and Texas has thought proper to decree:

ART. 1. The executive acts performed by Don Juan J. Elguezabal, during the time of his administration, are hereby legalized, so far as they are not opposed to the constitution and laws.

ART. 2. The executive shall propose to congress those, which, in his opinion, should possess that nullity, for adopting the proper resolution thereon, and shall ratify as legal those that require such provision.

ART. 3. All those, which, having for their object the decreeing of expenses, or disposal of the public revenue, are hereby accepted.

For its fulfilment, the Governor of the State shall cause it to be printed, published, and circulated.

A. de la V. y MONTES, President.
J. M. J. CARVAJAL, D. S.
J. A. TIJERINA, D. S.

Wherefore I command it to be printed, published, circulated and duly fulfilled.
Given at the city of Monclova on the 6th May, 1835.
AUGUSTIN VIESCA.
J. M. IRALA, Secretary.

Executive Department of the State of Coahuila and Texas.

The Governor of the State of Coahuila and Texas, to all the inhabitants thereof: Be it known, that the congress of said state has decreed as follows:

DECREE No. 311.

The Congress of the State of Coahuila and Texas has thought proper to decree:

ART. 1. The cigar manufactory, established at Leona Vicario, shall be removed to the town of Parras.

ART. 2. The executive shall provide that this law be carried into effect as early as possible.

Art. 3. Los empleados que en el dia que les señale el gobierno no se hallen en Parras á desempeñar sus destinos, se entiende los renunciaron.

Lo tendrá entendido el Gobernador constitucional del Estado para su cumplimiento, haciendolo imprimir, publicar y circular.

A. de la V. y MONTES, Presidente.
JOSE M. CARBAJAL, D. S.
JOSE A. TIJERINA, D. S.

Por tanto, mando se imprima, publique, circule, y se le dé el debido cumplimiento.

Y usando de la facultad que me conceden los articulos anteriores, decreto:

Art. 1. El dia ultimo del presente mes de Mayo, estarán en Parras los empleados de la fabrica de cigarros que quiéran conservar sus destinos.

Art. 2. Para proveer á los inconvenientes que presenta el estado actual de Leona Vicario, se remitirán por tres diversos conductos, exemplares de este decreto al administrador de la Factoria.

Art. 3. El referido administrador hará trasladar conforme al articulo 1.º, bajo su responsabilidad, todas las ecsistencias y enseres pertenecientes á la fabrica de su cargo presentandolos al gefe politico del departamento de Parras con el inventario esacto que habrá formado de todos ellos.

Dado en la ciudad de Monclova á 7 de Mayo de 1835.
AGUSTIN VIESCA,
J. M. Irala, Secretario.

Gobierno Supremo del Estado libre de Coahuila y Texas.

El Gobernador del Estado de Coahuila y Texas á todos sus habitantes, sabed:—Que el Congreso del mismo Estado ha decretado lo siguiente.

DECRETO No. 312.

El Congreso constitucional del Estado libre, independiente, y soberano de Coahuila y Texas, ha tenido á bien decretar:

Art. 1. Se autoriza al gobierno para expedir cartas de ciudadania á todos los estrangeros que conforme á la constitucion federal, la particular del Estado y leyes de colonizacion, hubiéren legalmente adquirido los derechos de tales.

Art.. 2. En lo sucesivo, los no nacidos en el territorio de la Republica, no podrán desempeñar ningun empleo del Estado, ser admitidos en las juntas populares del mismo, ni en ningun otro acto en que por las leyes se requiere ser ciudadano en el ejercicio de sus derechos, si no tubiéren el documento de que habla el articulo 1.º Se esceptuan de esta prevencion, los comprehendidos en la parte 4.a del articulo 18 de la constitucion del Estado.

ART. 3. Those officers who are not present at Parras on the day the executive shall appoint, to enter on the discharge of their duties, shall be understood to have resigned.

For its fulfilment, the Governor of the State shall cause it to be printed, published, and circulated.

A. de la V. y MONTES, President.
J. M. J. CARVAJAL, D. S.
J. A. TIJERINA, D. S.

Wherefore I command it to be printed, published, circulated and duly fulfilled.

In exercise of the power conferred in the foregoing articles, I hereby decree·

ART. 1. Those officers of the cigar manufactory, who wish to continue in office, shall be present at Parras on the 31st instant.

ART. 2. To provide against the difficulties arising from the present condition of Leona Vicario, copies of this decree shall be forwarded to the superintendent of the manufactory by three different conveyances.

ART. 3. The aforementioned superintendant, under his responsibility, shall cause the stock and funds on hand, and chattels pertaining to the manufactory under his charge, to be removed agreeably to article 1, and presented, accompanied by an exact inventory which he shall have formed of the whole, to the political chief of the department of Parras.

Given at the city of Monclova on the 7th of May, 1835.

AUGUSTIN VIESCA.

J. M. IRALA, Secretary.

Executive Department of the State of Coahuila and Texas.

The Governor of the State of Coahuila and Texas, to all the inhabitants thereof: Be it known, that the congress of said state has decreed as follows:

DECREE No. 312.

The Congress of the State of Coahuila and Texas has thought proper to decree as follows:

ART. 1. The executive is hereby authorized to issue letters of citizens to all foreigners who shall have legally acquired the rights of citizens agreeably to the federal and state constitutions, and the colonization laws.

ART. 2. Hereafter persons not born in the limits of the republic cannot hold any office in the state, or be admitted to the popular meetings of the same, or any other act wherein it is required by law to be a citizen in the exercise of his rights, should they not possess the document mentioned in article 1. Those compriesd in the 4th clause of article 18th of the constitution are hereby excepted from said provision.

ART. 3. Los que se consideren en el ultimo caso del articulo anterior, acreditarán ante las autoridades que corresponde, que estaban legalmente avecindados en el Estado para cuando se publicó la constitucion; sin cuyo requisito ó la carta de ciudadania, no serán admitidos en los actos electorales ni optarán los destinos publicos del Estado.

ART. 4. En los departamentos de Bejar, Brazos y Nacogdoches, reglamentará el gobierno la expedicion de estas cartas como lo pareciere mas conveniente, asi para que los interesados puedan recibirlas sin embarazos, como para que no se cometan fraudes con perjuicio del erario.

ART. 5. Cada cuatro meses el executivo dará cuenta al Congreso, y en sus recesos á la diputacion permanente, del número de cartas que hubiére expedido é individuos á cuyo favor fuéron estendidas con espresion de su origen.

Lo tendrá entendido el Gobernador constitucional del Estado, para su cumplimiento, haciendolo imprimir, publicar y circular.

A. de la V. y MONTES, Presidente,
JOSE M. CARBAJAL, D. S.
JOSE A. TIJERINA, D. S.

Por tanto, mando se imprima, publique, circule, y se le de el debido cumplimiento.

Dado en la ciudad de Monclova á 8 de Mayo de 1835.

AGUSTIN VIESCA,

J. M. IRALA, Secretario.

Gobierno Supremo del Estado libre de Coahuila y Texas.

El Gobernador del Estado de Coahuila y Texas á todos sus habitantes, sabed:—Que el Congreso del mismo Estado ha decretado lo siguiente.

DECRETO No. 313.

El Congreso constitucional del Estado libre, independiente, y soberano de Coahuila y Texas, ha tenido á bien decretar:

ART. 1. Se faculta al gobierno para que atendiendo á la quietud y seguridad del Estado, señale en sus terrenos valdios los que le parescan mas á proposito para situar las tribus de indios pacificos y civilizados que se han introducido á Texas.

ART. 2. Establecerá con ellos mismos una linea de resguardo en la frontera que liberte al Estado de las irrupciones y hostilidades de los barbaros.

Lo tendrá entendido el Gobernador constitucional del Estado, para su cumplimiento, haciendolo imprimir, publicar y circular.

A. de la V. y MONTES, Presidente,
JOSE M. CARBAJAL, D. S.
JOSE A. TIJERINA, D. S.

ART. 3. Those who consider themselves in the latter case mentioned in the preceding article, shall prove to the proper authorities that they were legally domiciliated in the State, at the time the constitution was published, without this requisite or the certificate of citizenship they shall neither be admitted at the electoral acts, or be eligible to public office in the state.

ART. 4. In the departments of Bexar, Brazos and Nacogdoches, the executive shall regulate the issuing of said certificates as he shall think most proper, as well that the persons interested may receive them without difficulty, as that fraud may not be committed to the detriment of the public treasury

ART. 5. Every four months the executive shall notify congress, and during the recess thereof, the standing deputation, of the number of certificates he should have issued, and of the persons, in whose favour they were made out, stating the place of their origin.

For its fulfilment, the Governor of the State shall cause it to be printed, published, and circulated.

A. de la V. y MONTES, President.
J. M. J. CARVAJAL, D. S.
J. A. TIJERINA, D. S.

Wherefore I command it to be printed, published, circulated and duly fulfilled.

Given in the city of Monclova on the 8th of May, 1835.

AUGUSTIN VIESCA.

J. M. IRALA, Secretary.

Executive Department of the State of Coahuila and Texas.

The Governor of the state of Coahuila and Texas, to all the inhabitants thereof: Be it known, that the congress of said state has decreed as follows:

DECREE No. 313.

The Congress of the State of Coahuila and Texas has thought proper to decree:

ART. 1. The executive is hereby authorized to designate, in attention to the repose and safety of the state, such of the vacant lands thereof as he shall think most appropriate for situating the tribes of friendly and civilized Indians, who have emigrated to Texas.

ART. 2. He shall establish with the said tribes a line of defence upon the frontier, to protect the state from the irruptions and hostilities of the savages.

For its fulfilment, the Governor of the State shall cause it to be printed, published, and circulated.

A. de la V. y MONTES, President.
J. M. J. CARVAJAL, D. S.
J. A. TIJERINA, D. S.

Por tanto, mando se imprima, publique, circule y se le dé el debido cumplimiento.

Dado en la ciudad de Monclova á 12 de Mayo de 1835.

AGUSTIN VIESCA.

J. M. Irala, Secretario.

Señor:

Esta legislatura há recibido el decreto de 25 de Abril procsimo pasado que deroga el que expidió este congreso en 14 de Marzo anterior, autorizando al gobierno del Estado para cisponer hasta de cuatrocientos sitios de tierra, para atender con sus productos á las urgencias publicas en que se encontraba, con facultad de reglamentar la colonizacion de dichas tierras bajo las bases y condiciones que estimara convenientes sin sugecion á lo que dispone la ley de 26 de Marzo del año procsimo pasado.

La legislatura de este Estapo, no há podido menos que ver con sumo dolor la imposibilidad que ofrece el cumplimiento del decreto del congreso general derogatorio del de este cuerpo legislativo de 14 de Marzo ultimo por las consideraciones que pasa á exponer

Se hace indespensable hacer presente y manifestar que el decreto de 14 de Marzo, no es contrario en sus articulos 1º y 2º á la ley general de colonizacion de 18 de Agosto de 1824 por que para que hubiéra esa contrariedad, era necesario que asi constara expresamente; en el mencionado decreto. El art. 1º dice que *el gobierno puepe disponer hasta de la cantidad de cuatrocientos sitios de tierra de los valdios del Estado.* No hay en toda la ley de 18 de Agosto de 1824 articulo alguno que pueda tener analogia con el 1º del decreto en cuestion, sino es el 12 que prohibe la reunion en una sola mano como propiedad de mas de onze sitios. La demostracion palmaria que resulta es, que onze no se parecen á 400; pues esta dificultad aparente queda disitelta con lo que previene el articulo 2.º que dice: *Reglamentará la colonizacion de diehos terrenos bajo las bases y condiciones que estime convenientes sin sugecion á lo que dispone la ley de 26 de Marzo del año procsimo pasado,* lo cual no quiére decir que enagene á una sola mano los cuatrocientos sitios en propiedad, sino que al reglamentar la colonizacion de dichas tierras, no se sugete á las formalidades que previene la ley del Estado de 26 de Marzo del año procsimo pasado; ley que podia el congreso variar modificar ó alterar; pero es un agravio de la razon deducir del contenido de ese articulo, que quiso el congreso que tampoco se sugetase el gobierno á la ley general de 18 de Agosto de 1824 al reglamentar la colonizacion de esos terrenos: y la prueba mas concluyente que puede dar esta legislatura de que estubo muy distante de pensar en atacar la ley general de 18 de Agosto, es el decreto que expidió en 30 del mismo Marzo declarando que la facultad concedida al gobierno para disponer de 400 sitios de tierra, debia entenderse con sugecion á las *leyes generales de la Union;* de que se acompañan dos ejemplares

Wherefore I command it to be printed, published, circulated and duly fulfilled.

Given at the city of Monclova on the of 12th May, 1835.

AUGUSTIN VIESCA.

J. M. IRALA, Secretary.

TO THE HON. CONGRESS OF THE REPUBLIC.

This legislature has received the decree of the 25th of April last, repealing that issued by this legislature on the 14th March preceding, authorizing the executive of the state to dispose of land, to the amount of four hundred sitios, to relieve the exigencies of the state with its proceeds, with power to regulate the colonization of said lands on the basis and conditions he might judge proper, without being subject to the provision of the law of the 26th of March, 1834.

The legislature of this state could not but regard with extreme regret the impossibility that offers for fulfilling the decree of the general congress, repealing that of this legislature of the 14th of March last, for reasons which it proceeds to explain.

It becomes necessary to show that the decree of the 14th of March, in its 1st and 2nd articles, is not opposed to the general colonization law of the 18th of August 1824, because for that contravention to exist, it were necessary that it should expressly so appear in the aforementioned decree. Article 1st says—*the executive may dispose of the vacant lands of the state, to the amount of four hundred sitios.* There is not an article in the whole law of the 18th of August 1824, that can bear analogy to article 1 of the decree in question, unless it be the 12th, which prohibits more than 11 sitios to be united in the hands of a single owner; hence it is obvious that eleven do not resemble four hundred, inasmuch as this apparent difficulty is explained by the provision of article 2nd, which says—*he shall regulate the colonization of said lands on the basis and conditions he may think proper, without being subject to the provision of the law of the 26th of March of the year last past,* which does not mean that he may alienate the four hundred sitios to a single owner, but, that in regulating the colonization of said lands, he shall not be subject to the formalities provided in the law of the state of the 26th of March 1834,—a law which congress could vary, modify, or alter. But it is unreasonable to infer from the contents of this article that congress also intended that the executive should not be subject to the general law of the 18th of August 1824, in regulating the colonization of said lands. The most conclusive evidence this legislature can give that it was far from thinking to attack the general law of the 18th of August is the decree which it issued on the 30th of the same month of March declaring that the power granted the executive for disposing of the four hundred sitios of land should be understood as subject to the *general laws of the union,* of

autorizados por la secretaria por si en la discucion del decreto de 25 de Abril no se hubiére tenido presente por algun accidente.

Esto es en cuanto á la primera parte del articulo 1º de mencionado decreto de 25 de Abril: por lo que respecta á la 2.a es forzoso á esta legislatura decir que la fé publica de los contratos queda violada con declarar nulos los hechos en virtud del decreto de 14 de Marzo; por que resultando que no es contrario en sus articulos 1º y 2º á la ley general de 18 de Agosto de 1824, tambien han de ser subsistentes y perfectos los contratos celebrados entre el gobierno del Estado y las partes con quienes se han concluido.

Esta legislatura ha leido, y meditado con detenida refleccion el testo literal del art. 7º de la ley general de 18 de Agosto, y lo há cotejado con el art. 2º de la ley de 25 de Abril procsimo pasado, y no encuentra en la letra ni en el espiritu de aquel, la razon de este para prohibir á los Estados limitrofes y litorales, enagenar sus terrenos valdios para colonizar en ellos, hasta que se establescan las reglas que deban observar para hacerlo.

Pero el articulo 4º es todavia mas impracticable para nuestro caso; por la razon sencilla de que el gobierno del Estado tiene yá celebrados contratos con particulares para la colonizacion de esos cuatrocientos sitios de tierra y recibido en cuenta sumas de dinero que están invertidas nada menos que en los gastos mas precisos del Estado; y declarar ahora nulos unos contratos hechos con buena fé y justo titulo, es destruir la fé publica no solo del Estado, sino la de toda la nacion; y es por otra parte una ley *ex post facto* contraria á la acta constitutiva, y constitucion federal.

Por ultimo ¿quien no vé en ese documento de 14 de Marzo que su materia y objeto no es otro que el de una providencia economica, esclusivamente propia del congreso de este Estado: y cuyo contenido bajo ningun aspecto está incluido en las facultades que describe el articulo 50 de la constitucion federal como propias del congreso general?

Es de tal naturaleza el estado en que se encuentra actualmente el puntual y exacto cumplimiento del decreto del congreso general de 25 de Abril derogatorio del de 14 de Marzo anterior expedido por esta legislatura; y está de tal manera empeñada la fé publica del Estado en este asunto, que no es posible hacer volver atrás un hecho que está yá practicado; porque el derecho del tanto que se concede al gobierno general en un contrato celebrado yá, produce un efecto retroactivo y esto ya se mira que no es posible executar sin atacar la constitucion federal que prohibe las leyes retroactivas.

Por otra parte, se hace preciso llamar la atencion de las agustas camaras de la Union á un punto de vista que es el mas importante en el asunto. A la instalacion de esta legislatura que fué el 1º de Marzo del corriente año, se hallaban las cajas del Estado sin un peso siquiera para ocurrir á sus primeros y mas indispensables gastos, debido á los cuantiosos que tubo que erogar la pasada administracion por la escandalosa ecsicion que promovio un pueblo del Estado contra sus supremas auto-

which two copies, authenticated in the secretaries office, are accompanied herewith, since it may have happened that the general congress was not apprized of said decree during the discussion of that of the 25th of April.

Thus much in regard to the 1st clause of article 1st of the aforementioned decree; so far as respects the second, this legislature is compelled to say, that, by declaring null the transactions performed by virtue of the decree of the 14th of March, the public faith stands violated in the contracts, since, resulting that in the first and 2nd articles thereof, it is not in opposition to the general law of the 18th of August, the contracts ratified between the executive of the state, and the parties with whom they have been concluded, must also be valid and perfect.

This legislature has read and deliberately weighed the literal text of article 7th of the general law of the 25th of April last, and does not find, either in the letter or the spirit of the former, the reasons of the latter for prohibiting the border and literal states from alienating their vacant lands for colonizing thereon, until the regulations to be observed in doing it shall be established.

Article 4 is still more impracticable for our case,—for the plain reason that the executive of the state has already ratified contracts with private individuals for colonizing these four hundred sitios of land, and received sums of money on account, which are applied to no other than the most urgent expenses of the state; and now, to declare null contracts made in good faith and on just ground, is to destroy the public faith, not only of the state, but of the whole nation. It is furthermore an *ex post facto* law, contrary to the constitutive act and federal constitution.

Finally, who does not perceive in this document of the 14th of March, that its substance and object is no other than a financial measure, appertaining exclusive to the congress of the state, and whose tenor, under no aspect, is embraced in the prerogatives of the general congress as described in article 50 of the federal constitution?

The present circumstances attending the prompt and exact fulfilment of the decree of the general congress of the 25th of April, repealing that of the 14th of March preceding, issued by this legislature, are of such a nature, the public faith of the state is pledged in such a manner, that it is not possible to retract an action that is already performed, because a right conceded to the general government to that extent, in a contract already ratified, produces a retroactive effect, and this, as has already been seen, cannot be done without attacking the federal constitution, which prohibits retroactive laws.

It is furthermore necessary to call the attention of your honorable body to a point of view, the most important in the subject. On the first of March last, when this legislature was installed, there was not even a dollar in the coffers of the state to meet the principal and most indispensable expenses, owing to the large disbursments, the past administration had to make on account of the turbulent revolt produced by one town of the state against its supreme authorities, and legislative and executive acts during the preceding two years term—disbursements which it is

ridades y actos legislativos y executivos en el anterior bienio, gastos que todavia hay necesidad de erogar, porque aun susbsiste la anarquia por la abierta proteccion que le dispensa la comandancia general. ¿Y podria ecsistir por muchos dias un Estado cuyos empleados no eran satisfechos de sus salarios, cuando nó con la puntualidad correspondiente, á lo menos con una parte de sus vencimientos? ¿Podria racionalmente aguardarse á que el gobierno general comprase esos terrenos en circunstancias en que se hallaba exausto de recursos, y que lo mas que podria ofrecer por ellos habria sido en cuenta del contingente del Estado cuya liquidacion está pendiente?

La enagenacion de estas tierras há sido una medida extraordinaria de economia, cuyo objeto há sido dar al Estado vitalidad en ocasion en que estaban obstruidos todos los canales de los ramos ordinarios que forman su hacienda publica; destruir de un solo golpe esta medida con providencias impracticables, compromisorias y de grave trascendencia, es lo mismo que aniquilar la ecsistencia politica del Estado, atacar la soberania que le otorgó el pacto federal sobre la administracion interior de todas las cosas que le pertenecen en el circulo de su extension; y es destruir el pacto federativo.

Por todas estas consideraciones y por las mas que fluyen ecsaminado el asunto bajo todas sus relaciones, esta legislatura usando de la prerrogativa que le concede la constitucion, presenta á la deliberacion del congreso general la siguiente

INICIATIVA

Se deroga el decreto de 35 de Abril del presente año que anula el de la legislatura del Estado de Coahuila y Texas de 14 de Marzo anterior.

Sala de sesiones del honorable congreso del Estado de Coahuila y Texas, en Monclova á 13 de Mayo de 1835.

A. de la V. y MONTES. Presidente,
JOSE M. CARBAJAL, D. S.
JOSE A. TIJERINA, D. S.

Gobierno Supremo del Estado libre de Coahuila y Texas.

El Gobernador del Estado de Coahuila y Texas á todos sus habitantes, sabed:—Que el Congreso del mismo Estado ha decretado lo siguiente.

DECRETO No. 314.

El Congreso constitucional del Estado libre, independiente, y soberano de Coahuila y Texas, ha tenido á bien decretar:

Art. 1. En las contratas de colonizacion que existen pendientes y deben cumplirse con arreglo á la ley de 24 de Marzo de 1825, no tendrá efecto el articulo adicional á las instrucciones de comisionados de 4 de Setiembre de 1827, en cuanto exije el consentimiento y aprobacion de los empresarios.

still necessary to make on account of the anarchy that prevails by reason of the open protection afforded by the general commandancy. Besides, could a state long exist, whose officers are not paid their salaries, or at least a part of their dues, should they not be paid with due punctuality? Could it be reasonably expected that the general government would purchase these lands at a time when its resources were exhausted, and when all that it could offer for them would have been on account of the contingent expense corresponding to the state, of which the liquidation is pending.

The alienation of these lands has been on extraordinary measure of finance, the object of which was to give vitality to the state when all the avenues of the ordinary branches that form its public treasury were obstructed. To destroy this measure at a single blow by provisions, impracticable, compromitting, and so extensive in their effect, is the same as to annihilate the political existence of the state; to attack the sovereignty stipulated in the federal compact in respect to the internal administration of every thing pertaining to it throughout the whole extent of its territory. It is destroying the federal compact.

For all these considerations, and others that arise on examining the subject in all its bearings, this legislature, exercising the prerogative conferred by the constitution, offers to the deliberation of the general congress the following,

INTRODUCTORY PROPOSITION.

The decree of the 25th of April last, annulling that of the legislature of Coahuila and Texas, of the 14th of March preceding, is hereby repealed.

Hall of sessions of the congress of the state of Coahuila and Texas at Monclova on the 13th of May, 1835.

     A. de la V. y MONTES, President.
     J. M. J. CARVAJAL, D. S.
     J. A. TIJERINA, D. S.

Executive Department of the State of Coahuila and Texas.

The Governor of the state of Coahuila and Texas, to all the inhabitants thereof: Be it known, that the congress of said state has decreed as follows:

DECREE No. 314.

The Congress of the State of Coahuila and Texas has thought proper to decree:

ART. 1. In the colonization contracts that are now pending, and required to be fulfilled in conformity to the law of the 24th of March, 1825, the additional article to the commissioner's instructions of the 4th of September, 1827, so far as it requires the consent and approbation of the empresarios, shall not be in force.

Art. 2. Estos no tienen derecho para exijir compensaciones de ninguna clase á familias ó personas que no se hán introducido al pais á sus espensas, aun cuando hayan adquirido terrenos dentro de la demarcacion de sus empresas.

Art. 3. No se hará novedad ninguna en cuantas posesiones se hubiéren dado con consentimiento de los empresarios, ó sin él, con tal que hubiére precedido la expresa concesion del gobierno y las demás formalidades que previenen las leyes.

Art. 4. Si par el articulo anterior resultaren perjudicados los empresarios en la ocupacion de terrenos yá repartidos, solo tendrán lugar á que el gobierno les compense con otros valdios los suficientes para la colocacion de las familias porque capitularon.

Lo tendrá entendido el Gobernador constitucional del Estado para su cumplimiento, haciendolo imprimir, publicar y circular.

A. de la V. y MONTES, Presidente,
JOSE M. CARBAJAL, D. S.
JOSE A. TIJERINA, D. S.

Por tanto, mando se imprima, publique, circule, y se le dé el debido cumplimiento.

Dado en la ciudad de Monclova á 16 de Mayo de 1835.

AGUSTIN VIESCA,

J. M. Irala, Secretario.

Gobierno Supremo del Estado libre de Coahuila y Texas.

El Gobernador del Estado de Coahuila y Texas, á todos sus habitantes, Sabed:—Que el Congreso del mismo Estado ha decretado lo que sigue.

DECRETO No. 315.

El Congreso constitucional del Estado libre, independiente y soberano de Coahuila y Texas, ha tenido á bien decretar:

Art. 1. Se concede á la ciudad de Monclova una feria anual que dará principio el dia quince de Octubre y finalizará el treinta del mismo.

Art. 2. Los efectos nacionales que se espenden en los dias de la feria, serán libres de los derechos de alcabala por el termino de cuatro años.

Art. 3. La misma gracia de que hablan los articulos anteriores, se concede á la villa de S. Buena-ventura, comenzando desde el quince de Noviembre y terminando en fin de dicho mes.

Lo tendrá entendido el Gobernador constitucional del Estado para su cumplimiento, haciendolo imprimir, publicar, y circular.

A. de la V. y MONTES, Presidente,
JOSE M. CARBAJAL, D. S.
JOSE A. TIJERINA, D. S.

ART. 2. Empresarios have no right to exact any kind of compensation of families or persons who have not emigrated to the country at their expense, even should they have acquired lands within the limits of their *empresas*.

ART. 3. No change shall be made in any of the possessions that should have been given with the consent of the empresarios, or without it, provided, that the express concession of the executive, and the other formalities the laws provide, shall have preceded.

ART. 4. Should the foregoing article result to the prejudice of the empresarios in the occupation of lands already distributed, they shall be allowed the sole recourse of being compensated by the executive with other vacant lands, sufficient for placing the families for which they contracted.

For its fulfilment, the Governor of the State shall cause it to be printed, published, and circulated.

A. de la V. y MONTES, President.
J. M. J. CARVAJAL, D. S.
J. A. TIJERINA, D. S.

Wherefore I command it to be printed, published, circulated and duly fulfilled.

Given in the city of Monclova on the 16th of May, 1835.

AUGUSTIN VIESCA.

J. M. IRALA, Secretary.

Executive Department of the State of Coahuila and Texas.

The Governor, of the State of Coahuila and Texas, to all the inhabitants thereof: Be it known, that the Congress of said State has decreed as follows:

DECREE No. 315.

The Congress of the State of Coahuila and Texas, has thought proper to decree:

ART. 1. It is hereby granted that an annual fair be holden at the city of Monclova, to commence on the 15th and close on the 30th of October.

ART. 2. National effects sold during the time of the fair shall be free from excise duties for the term of four years.

ART. 3. The same privilege mentioned in the foregoing articles is hereby granted to the town of San Buena-ventura, commencing from the 15th of November, and closing at the end of said month.

A. de la V. y MONTES, President.
J. M. J. CARVAJAL, D. S.
J. A. TIJERINA, D. S.

Por tanto, mando se imprima, publique, circule y se le dé el debido cumplimiento.

Dado en la ciudad de Monclova á 16 de Mayo de 1835.

AGUSTIN VIESCA,

J. M. IRALA, Secretario.

Gobierno Supremo del Estado libre de Coahuila y Texas.

El Gobernador del Estado de Coahuila y Texas á todos sus habitantes, sabed:—Que el Congreso del mismo Estado ha decretado lo que sigue.

DECRETO No. 316.

El Congreso constitucional del Estado libre, independiente, y soberano de Coahuila y Texas, ha tenido á bien decretar:

Se agrega la segunda colonia contratada por el empresario ciudadano Martin de Leon, ahora difunto, al departamento de Bejar, la cual se comprehendia dentro del de Brazos en virtud del articulo 3º del decreto de 18 de Marzo de 1834.

Lo tendrá entendido el Gobernador constitucional del Estado para su cumplimiento, haciendolo imprimir, publicar y circular.

A. de la V. y MONTES, Presidente,
JOSE M. CARBAJAL, D. S.
JOSE A. TIJERINA, D. S.

Por tanto, mando se imprima, publique, circule, y se le de el debido cumplimiento.

Dado en la ciudad de Monclova á 17 de Mayo de 1835.

AGUSTIN VIESCA.

J. M. IRALA, Secretario.

Gobierno Supremo del Estado libre de Coahuila y Texas.

El Gobernador constitucional del Estado de Coahuila y Texas á todos sus habitantes, sabed:—Que el Congreso del mismo Estado ha decretado lo siguiente.

DECRETO No. 317.

El Congreso constitucional del Estado libre, independiente, y soberano de Coahuila y Texas, ha tenido á bien decretar:

ART. 1. La resolucion de que habló el decreto de 6 de Abril de 1834 en el asunto que promovió el estrangero D. Sterling Robertson, debió entenderse propia, como lo és del poder judicial.

ART. 2. Es nula en consecuencia la que se dictare por otra autoridad.

ART. 3. El gobierno dispondrá la devolucion de la colonia á los empresarios Austin y Williams, respetando, sin embargo de lo expresa-

Wherefore I command it to be printed, published, circulated and duly fulfilled.

Given at the city of Monclova on the 16th May, 1835.

AUGUSTIN VIESCA.

J. M. IRALA, Secretary.

Executive Department of the State of Coahuila and Texas.

The Governor of the State of Coahuila and Texas, to all the inhabitants thereof: Be it known, that the congress of said state has decreed as follows:

DECREE No. 316.

The Congress of the State of Coahuila and Texas has thought proper to decree:

The second colony, contracted by the empresario, Martin de Leon, now deceased, which, by virtue of article 3 of the decree of the 18th of March, 1834, was embraced within the department of Brassos, shall be annexed to that of Bexar.

For its fulfilment, the Governor of the State shall cause it to be printed, published, and circulated.

A. de la V. y MONTES, President.
J. M. J. CARVAJAL, D. S.
J. A. TIJERINA, D. S.

Wherefore I command it to be printed, published, circulated and duly fulfilled.

Given at the city of Monclova on the 17th of May, 1835.

AUGUSTIN VIESCA.

J. M. IRALA, Secretary.

Executive Department of the State of Coahuila and Texas.

The Governor of the State of Coahuila and Texas, to all the inhabitants thereof: Be it known, that the congress of said state has decreed as follows:

DECREE No. 317.

The Congress of the State of Coahuila and Texas has thought proper to decree as follows:

ART. 1. The resolution spoken of in the decree of the 6th of April, 1834, on the subject proposed by Sterling Robertson, foreigner, should have been understood as properly belonging, as it does, to the judicial power.

ART. 2. In pursuance thereof, any resolution that shall be dictated by any other authority, shall be null.

ART. 3. The executive shall provide that the colony be returned to Austin and Williams, respecting, notwithstanding what is expressed in

dó en los artículos anteriores, los derechos adquiridos legalmente por las familias introducidas por Robertson, antes de cumplirse el termino de su contrata, y los de las que del mismo modo los hayan adquirido en virtud de la prorroga del año pasado.

Lo tendrá entendido el Gobernador constitucional del Estado para su cumplimiento, haciendolo imprimir, publicar y circular.

A. de la V. y MONTES, Presidente,
JOSE M. CARBAJAL, D. S.
JOSE A. TIJERINA, D. S.

Por tanto, mando se imprima, publique, circule, y se le de el debido cumplimiento.

Dado en la ciudad de Monclova á 18 de Mayo de 1835.

AGUSTIN VIESCA,

J. M. IRALA, Secretario.

Gobierno Supremo del Estado libre de Coahuila y Texas.

El Gobernador del Estado de Coahuila y Texas á todos sus habitantes, sabed:—Que el Congreso del mismo Estado ha decretado lo siguiente.

DECRETO No. 318.

El Congreso constitucional del Estado libre, independiente, y soberano de Coahuila y Texas, ha tenido á bien decretar:

ART. 1. El gobierno nombrará otro comisionado para el repartimiento de tierras en el departamento de Nacogdoches á mas del que debe elegir conforme al decreto de 2 del presente á fin de expeditar el mas pronto despacho de los titulos que se hande estender á favor de las familias sueltas de aquel departamento.

ART. 2. Este comisionado se sujetará á las instrucciones de 4 de Setiembre de 1827 en la misma manera que los de que habla el citado decreto.

Lo tendrá entendido el Gobernador constitucional del Estado, para su cumplimiento, haciendolo imprimir, publicar y circular.

A. de la V. y MONTES, Presidente,
JOSE M. CARBAJAL, D. S.
JOSE A. TIJERINA, D. S.

Por tanto, mando se imprima, publique, circule, y se lo de el debido cumplimiento.

Dado en la ciudad de Monclova á 18 de Mayo de 1835.

AGUSTIN VIESCA,

J. M. IRALA, Secretario.

Gobierno Supremo del Estado libre de Coahuila y Texas.

El Gobernador del Estado de Coahuila y Texas á todos sus habitantes, sabed:—Que el Congreso del mismo Estado ha decretado lo siguiente.

the foregoing articles, the rights legally acquired by the families introduced by Robertson previous to the expiration of the term of his contract, and those of the families that shall have thus acquired them by virtue of the prolongation of 1834.

For its fulfilment, the Governor of the State shall cause it to be printed, published, and circulated.

A. de la V. y MONTES, President.
J. M. J. CARVAJAL, D. S.
J. A. TIJERINA, D. S.

Wherefore I command it to be printed, published, circulated and duly fulfilled.

Given at the city of Monclova on the 18th of May, 1835.

AUGUSTIN VIESCA.

J. M. IRALA, Secretary.

Executive Department of the State of Coahuila and Texas.

The Governor of the State of Coahuila and Texas, to all the inhabitants thereof: Be it known, that the congress of said state has decreed as follows:

DECREE No. 318.

The Congress of the State of Coahuila and Texas has thought proper to decree:

ART. 1. The executive shall appoint another commissioner for the distribution of lands in the department of Nacogdoches, besides the one he is to appoint in conformity to the decree of the 2d instant, in order to facilitate the more ready despatch of the titles that are to be issued in favor of the loose families of that department.

ART. 2. Said commissioner shall conform to the instructions of the 4th of September, 1827, in the same manner as those mentioned in the aforesaid decree.

For its fulfilment, the Governor of the State shall cause it to be printed, published, and circulated.

A. de la N. y MONTES, President.
J. M. CARBAJAL, D. S.
J. A. TIJERINA, D. S.

Wherefore I command it to be printed, published, circulated and duly fulfilled.

Given in the city of Monclova on the 18th May, 1835.

AUGUSTIN VIESCA.

J. M. IRALA, Secretary.

Executive Department of the State of Coahuila and Texas.

The Governor of the State of Coahuila and Texas, to all the inhabitants thereof: Be it known, that the congress of said state has decreed as follows:

DECRETO No. 319.

El Congreso constitucional del Estado libre, independiente y soberano de Coahuila y Texas, ha tenido á bien decretar:

Art. 1. Se concede al ciudadano José Maria Carbajal licencia para imprimir en idioma castellano é ingles, la coleccion de todas las leyes, decretos y ordenes dictadas por la legislatura del Estado, desde la instalacion del congreso constituyente, hasta el ultimo periodo de la cuarta asamblea constitucional, y asi mismo las que dicte el actual Congreso.

Art. 2. Igualmente se le conceden seis años para que pueda espenderlas, no permitiendosele á otro en este termino esta gracia.

Art. 3 El empresario entregará doscientos ejemplares para uso de las oficinas y autoridades del Estado.

Art. 4. Se señalará el precio de ventas para el publico á veinte reales volúmen de doscientas paginas, á la rustica.

Art. 5. La obra quedará concluida al año de habersele concedido la licencia.

Art. 6. El interesado bajo su responsabilidad, cuidará de que la edicion sea ecsacta, y no podrá vender al publico ningun ejemplar, mientras no fuére revisada por una comision del congreso.

Lo tendrá entendido el Gobernador constitucional del Estado, para su cumplimiento, haciendolo imprimir, publicar y circular.

A. de la V. y MONTES, Presidente,
DIEGO GRANT, D. S.
JOSE A. TIJERINA, D. S.

Por tanto, mando se imprima, publique, circule y se le dé el debido cumplimiento.

Dado en la ciudad de Monclova á 18 de Mayo de 1835.

AGUSTIN VIESCA.

J. M. Irala, Secretario.

Gobierno Supremo del Estado libre de de Coahuila y Texas.

El Gobernador del Estado de Coahuila y Texas, á todos sus habitantes, Sabed:—Que el Congreso del mismo Estado ha decretado lo siguiente.

DECRETO No. 320.

El Congreso constitucional del Estado libre, independiente, y soberano de Coahuila y Texas, ha tenido á bien decretar:

Art. 1. Se conceden á los vecinos de la villa de Guerrero en propiedad comunal, diez sitios de tierra de agostadero en los valdios de las margenes opuestas del Rio Bravo, siendo su centro el paso denominado el Pacuache en el camino que conduce á Bejar.

DECREE No 319.

The Congress of the State of Coahuila and Texas, has thought proper to decree:

ART. 1. License is hereby granted to Jose M. Carvajal for printing in the Castilian and English languages the collection of all the laws, decrees and orders, dictated by the legislature of the state from the instalation of the constituent congress, to the last term of the fourth constitutional assembly, and also those which the present congress shall dictate.

ART. 2. Six years are likewise hereby granted him for selling them, and during said term no other person shall be allowed that privilege.

ART. 3. The empresario shall deliver two hundred copies for the use of the officers, and the authorities of the state.

ART. 4. The price at which they are to be sold to the public shall be fixed at twenty rials a volume, of two hundred pages, in common board binding.

ART. 5. The work shall be completed in one year from the grant of the license.

ART. 6. The person interested, on his reponsibility, shall take care that the edition be exact, and shall sell no copy to the public until it shall have been revised by a committee of congress.

For its fulfilment, the Governor of the State shall cause it to be printed, published, and circulated.

A. de la V. y MONTES, President.
J. A. TIJERINA, D. S.
D. GRANT, D. S. S.

Wherefore I command it to be printed, published, circulated and duly fulfilled.

Given in the city of Monclova on the 18th of May, 1835.

AUGUSTIN VIESCA.

J. M. IRALA, Secretary.

Executive Department of the State of Coahuila and Texas.

The constitutional Governor of the State of Coahuila and Texas, to all the inhabitants thereof: Be it known, that the congress of said state has decreed as follows:

DECREE No. 320.

The Congress of the state of Coahuila and Texas, has thought proper to decree:

ART. 1. Ten sitios of grazing land, upon the opposite sides of Rio Bravo, of which the crossing called Pacuache, on the road leading to Bexar, shall be the centre, are hereby granted to the inhabitants of the town of Guerrero as joint property.

ART. 2. El gobierno dispondrá lo conveniente á fin de que el pueblo agraciado, reciba la posesion de los terrenos que se le conceden.

ART. 3. Se derogan los articulos 1.º 2.º 3.º y 5.º del decreto de 8 de Marzo de 1834.

Lo tendrá entendido el Gobernador constitucional del Estado para su cumplimiento, haciendolo imprimir, publicar y circular.

A. de la V. y MONTES, Presidente,
JOSE M. CARBAJAL, D. S.
JOSE A. TIJERINA, D. S.

Por tanto, mando se imprima, publique, circule, y se le dé el debido cumplimiento.

Dado en la ciudad de Monclova á 18 de Mayo de 1835.

AGUSTIN VIESCA,

J. M. IRALA, Secretario.

Gobierno Supremo del Estado libre de Coahuila y Texas.

El Gobernador constitucional del Estado de Coahuila y Texas, á todos sus habitantes, sabed:—Que el Congreso del mismo Estado ha decretado lo siguiente.

DECRETO No. 321.

El Congreso constitucional del Estado libre, independiente y soberano de Coahuila y Texas, habiendo tomado en consideracion varias consultas que se han hecho por dudas que han ocurrido; para la mejor observancia del decreto numero 8 de 31 de Agosto de 1827, sobre Mesteñas y Mostrencas en aclaracion de aquellas y como adiciones á la expresada ley, ha tenido á bien decretar.

ART. 1. Se tendrá por ganado mostrenco:—*Primero*, El de fierro y señal desconocida.—*Segundo*, El que apareciere sin otros fierros que los que tiene venteados.—*Tercero*, El que se aprehenda á los ladrones nó siendo de fierros conocidos.—*Cuarto*, El que del mismo modo se quite á los indios de guerra.

ART. 2. Las mostrencas asi presentadas á los alcaldes ó ayuntamientos, se harán inmediatamente valuar por peritos y depositarán en personas abonadas ó en los mismos aprehensores con las garantias necesarias.

ART. 3. Los depositarios son responsables al demerito ó extravio que tubiéren si no justificaren su inculpabilidad.

ART. 4. El termino que conforme al art. 11 de la ley numero 8, deben estár depositados los animales mostrencos, se reduce á tres meses, despues de los que se procederá á su venta conforme alli se dispone.—Las cabezas de ganado mayor y menor y las bestias caballares y mulares correras, inmediatamente que se presenten, se dispondrá su venta justipreciadas que sean.

ART. 2. The executive shall take the proper measures in order that the town, to which the concession is made, may receive possession of the said lands.

ART. 3. Articles 1, 2, 3, and 5th of the decree of the 8th of March 1834, are hereby repealed.

For its fulfilment, the Governor of the State shall cause it to be printed, published and circulated.

A. de la V. y MONTES, President.
J. M. J. CARVAJAL, D. S.
J. A. TIJERINA, D. S.

Wherefore I command it to be printed, published, circulated and duly fulfilled.

Given in the city of Monclova on the 18th of May, 1835.

AUGUSTIN VIESCA.

J. M. IRALA, Secretary.

Executive Department of the State of Coahuila and Texas.

The constitutional Governor of the State of Coahuila and Texas, to all the inhabitants thereof: Be it known, that the congress of said state has decreed as follows:

DECREE No. 321.

The congress of the state of Coahuila and Texas, having considered the different questions proposed by reason of doubt that has arisen, for the better observance of decree number 8 of the 31st of August 1827, has thought proper to decree the following explanatory and additional articles.

ART. 1. The following shall be considered stray animals. 1st.—Those having unknown marks and brands. 2nd.—Those that shall appear only with brands that are counterbranded. 3rd.—Those taken from thieves, not having brands that are known. 4th.—Those of the same description taken from hostile Indians.

ART. 2. Strays thus presented to the Alcaldes or Ayuntamientos shall immediately be valued by competent judges, and deposited with responsible persons, or those by whom they were taken, on giving the necessary security.

ART. 3. The persons with whom they are deposited shall be responsible for their demerit or straying away, unless they prove themselves inculpable.

ART. 4. The term for retaining stray animals in deposite, agreeably to article 11 of the law No. 8, shall be reduced to three months, after which the sale shall be proceeded to as therein provided. Large and small stock, horsekind and mules, running wild, immediately on their presentation, shall be valued and offered for sale.

ART. 5. Los propietarios que resulten de los animales de que habla la ultima parte del articulo anterior, tendrán accion á que se les devuelvan hasta á los dos meses despues de vendidas, si aun estuviéren ecsistentes, en cuyo caso, se satisfacerá á los compradores á mas de lo que diéron por ellas, el trabajo de haberlas amansado, á justa tasacion de peritos.

ART. 6. Las bestias de fierros no conocidos y las orejanas que se quitaren á los indios barbaros en accion de guerra por los vecinos ó milicianos civicos, se repartirán precisamente despues de valoradas como queda dicho entre los aprehensores que hubiéren concurrido al acto.

ART. 7. Si las bestias repartidas conforme al articulo anterior fueren de fierros no conocidos, no serán propietarios legitimos de ellas á los que les tocaren hasta despues de tres años, por que si antes resultaren sus dueños, tendrán accion á que se les entreguen justificando que lo son y pagando el derecho conocido con el nombre de saca.

ART. 8. Si alguno ó algunos de los vecinos ó civicos que fuéren á la guerra murieren en ella, tendrán lugar en el reparto de bestias, sus padres, mugeres ó hijos en su respectivo caso.

ART. 9. Los ayuntamientos cuidarán de circular las planillas de que habla el articulo 8 de la ley de mostrencas, á todos los pueblos del Estado y á las autoridades de los limitrofes bajo su mas estrecha responsabilidad, que se les hará efectiva por qualquiera omision que se note en este particular.

ART. 10. Por el termino de cuatro años quedan eceptuados los habitantes del departamento de Rio Grande de pagar el canon que establece el articulo 2.º de la referida ley numero 8 de 31 de Agosto de 1827 quedando en todo lo demás vigente en cuanto no se oponga á la presente.

Lo tendrá entendido el Gobernador constitucional del Estado para su cumplimiento, haciendolo imprimir, publicar y circular.

A. de la V. y MONTES, Presidente,
JOSE M. CARBAJAL, D. S.
JOSE A. TIJERINA, D. S.

Por tanto, mando se imprima, publique, circule y se le dé el debido cumplimiento.

Dado en la ciudad de Monclova á 19 de Mayo de 1835.

AGUSTIN VIESCA,

J. M. IRALA, Secretario.

Gobierno Supremo del Estado libre de Coahuila y Texas.

El Gobernador constitucional del Estado de Coahuila y Texas á todos sus habitantes, sabed: Que el Congreso del mismo Estado ha decretado lo siguiente.

Art. 5. Those resulting to the owners of animals mentioned in the last part of the preceding article shall be allowed two months from the sale to have them returned, should they be still to be had, in which case, besides paying the purchasers what they gave for them, they shall pay them for the trouble of breaking them, agreeably to the decision of competent judges.

Art. 6. Animals having brands not known, and those that shall be taken from the savages in warfare by the inhabitants or persons belonging to the civic militia, shall be valued as above mentioned and distributed among those who concurred in the act of taking them.

Art. 7. Should the beasts distributed agreeably to the preceding article have unknown brands, those to whose lot they should fall shall not be legitimate owners thereof until after the expiration of three years, for should their owners previously appear, they shall be entitled to receive them on proving property and pay what is called the tax of removal.

Art. 8 Should any person or persons, of the inhabitants, or those belonging to the civic militia, who shall go to carry on the war, die in that service, their parents, wives and children, shall be respectively included, as the case may be, in the distribution of the animals.

Art. 9. The ayuntamientos shall take care to circulate the lists mentioned in article 8 of the law relative to strays, to all the towns of the state, and to the authorities of those adjoining, under their most strict responsibility, which shall be made effectual for any omission that shall be noted in this particular.

Art. 10. The inhabitants of the department of Rio Grande shall be excepted from paying the tax established in article 6th of the aforementioned law No. 8 of the 31st of August 1827, for the term of four years, and otherwise the said law, so far as it is not opposed to this decree, shall continue in force.

For its fulfilment, the Governor of the State shall cause it to be printed, published, and circulated.

A. de la V. y MONTES, Presiden.
J. M. J. CARBAJAL, D. S.
J. A. TIJERINA, D. S.

Wherefore I command it to be printed, published, circulated and duly fulfilled.

Given in the city of Monclova, on the 19th of May, 1835.

AUGUSTIN VIESCA.

J. M. YRALA, Secretary.

Executive Department of the State of Coahuila and Texas.

The Governor of the State of Coahuila and Texas, to all the inhabitants thereof: Be it known, that the congress of said state has decreed as follows:

DECRETO No. 322.

El Congreso constitucional del Estado libre, independiente, y soberano de Coahuila y Texas, ha tenido á bien decretar:

El dia 20 del actual se cerrarán las sesiones ordinarias del honorable congreso.

Lo tendrá entendido el Gobernador constitucional del Estado para su cumplimiento, haciendolo imprimir, publicar y circular.

A. de la V. y MONTES, Presidente.
JOSE M. CARBAJAL, D. S.
JOSE A. TIJERINA, D. S.

Por tanto, mando se imprima, publique, circule, y se le dé el debido cumplimiento.

Dado en la ciudad de Monclova á 19 de Mayo de 1835.

AGUSTIN VIESCA,

J. M. IRALA, Secretario.

Gobierno Supremo del Estado libre de Coahuila y Texas.

El Gobernador constitucional del Estado de Coahuila y Texas, á todos sus habitantes, Sabed:—Que el Congreso del mismo Estado ha decretado lo que sigue.

DECRETO No. 323.

El Congreso constitucional del Estado libre, independiente y soberano de Coahuila y Texas, há tenido á bien decretar:

ART. 1. El gobierno nombrará una comision compuesta de tres individuos de su confianza y de conocido aptitud, que se encargue del ecsamen de los titulos de tierras que se hallen en cuestion en la que antes se llamó provincia de Texas y demas en punto á terrenos en los departamentos de Nacogdoches, Brazos y Bejar.

ART. 2. El primer nombrado será el presidente con el nombre de comisionado general de Texas: el segundo que poseerá los conocimientos cientificos necesarios, será el agrimensor general, y el tercero servirá de secretario en los negocios que se trataren. El primero y ultimo á mas de reunir las calidades necesarias para el desempeño de sus empleos, deben ser Mejicanos de nacimiento. Todas son responsables con su persona y bienes por los abusos é infracciones de ley que cometan en el desempeño de sus funciones, y prestarán juramento ante el gobierno de proceder fiel y legalmente en lo relativo á su encargo.

ART. 3. El gobierno demarcará sus attribuciones y reglamentará lo que crea conveniente con arreglo á las leyes.

ART. 4. Sus sueldos anuales serán los siguientes:
El comisionado general, dos mil quinientos pesos.
El de agrimensor, igual cantidad.
El del secretario, un mil quinientos pesos.

DECREE No. 322.

The Congress of the State of Coahuila and Texas, has thought proper to decree:
On the 20th instant, congress shall close its ordinary sessions.
For its fulfilment, the Governor of the State shall cause it to be printed, published, and circulated.

A. de la V. y MONTES, President.
J. M. J. CARVAJAL, D. S.
J. A. TIJERINA, D. S.

Wherefore I command it to be printed, published, circulated and duly fulfilled.
Given at the city of Monclova on the 20th of May, 1835.

AUGUSTIN VIESCA.

J. M. IRALA, Secretary.

Executive Department of the State of Coahuila and Texas.

The Governor of the State of Coahuila and Texas, to all the inhabitants thereof: Be it known, that the congress of said state has decreed as follows:

DECREE No. 323.

The Congress of the State of Coahuila and Texas has thought proper to decree as follows:

ART. 1. The executive shall appoint a commission of three individuals of his confidence, and known to be qualified, to take charge of the examination of land titles that may be in dispute in what was formerly called province of Texas, and other matters in relation to lands in the departments of Nacogdoches, Brazos and Bexar.

ART. 2. The first appointed shall be president, and styled commissioner general of Texas;—the second, who shall possess the necessary scientific information, shall be the surveyor general;—and the third shall act as secretary in the business that should be transacted The first and last, besides possessing the necessary qualifications for performing the duties of their office, shall be Mexicans by birth. They shall all be responsible with their persons and property for abuse and violation of law in the exercise of their functions, and shall make oath before the executive faithfully and legally to proceed in whatever relates to their trust.

ART. 3. The executive shall point out their attributes, and make such regulations as he deems proper in accordance with the laws.

ART. 4. They shall be paid the following salaries per annum.
The commissioner general and the surveyor fifteen hundred dollars each.
The secretary one thousand dollars.

Todos serán considerados como empleados publicos del Estado, mientras permanescan en el desempeño de sus encargos.

Art. 5. La comision cobrará de los interesados por los titulos que les resulten válidos, á razon de tres pesos por cada sitio de agostadero y cinco reales por labor, cuyos derechos ingresarán á los fondos publicos del Estado.

Art. 6. Se asignan á la comision, cien pesos anuales para gastos de su oficina, y el gobierno podrá aumentar esta cantidad, si asi fuére necesario, con aprobacion del congreso y en su receso de la diputacion permanente.

Art. 7. El gobierno señalará á esta comision el termino en que hade desempeñar sus funciones sin que ecseda de dos años.

Lo tendrá entendido el Gobernador constitucional del Estado, para su cumplimiento, haciendolo imprimir, publicar y circular.

A. de la V. y MONTES, Presidente,
JOSE M. CARBAJAL, D. S.
JOSE A. TIJERINA, D. S.

Por tanto mando se imprima, publique, circule, y se le dé el debido cumplimiento.

Dado en la ciudad de Monclova á 20 de Mayo de 1835.

AGUSTIN VIESCA,

J. M. Irala, Secretario.

Gobierno Supremo del Estado libre de Coahuila y Texas.

El Gobernador constitucional del Estado de Coahuila y Texas, á todos sus habitantes, sabed:—Que el Congreso del mismo Estado ha decretado lo siguiente.

DECRETO No. 324.

El Congreso constitucional del Estado libre, independiente y soberano de Coahuila y Texas, ha tenido á bien decretar;

Se deroga la ley de 11 de Enero de 1834, en que se faculta al gobierno para la persecucion y exterminio de ladrones.

Lo tendrá entendido el Gobernador constitucional del Estado para su cumplimiento, haciendolo imprimir, publicar, y circular.

A. de la V. y MONTES, Presidente,
JOSE M. CARBAJAL, D. S.
JOSE A. TIJERINA, D. S.

Por tanto, mando se imprima, publique, circule, y se le dé el debido cumplimiento.

Dado en la ciudad de Monclova á 20 de Mayo de 1835.

AGUSTIN VIESCA.

J. M. Irala, Secretario.

They shall all be considered as public officers of the state, so long as they continue in the discharge of their trust.

ART. 5. The commission shall receive from the persons interested, for their titles that prove to be valid at the rate of three dollars a sitio for grazing land, and five rials a labor, to be paid into the state funds.

ART. 6. The sum of one hundred dollars is hereby assigned the commission for office expense, and the executive may augment said sum, should it be necessary, with the approval of congress, and, during recess, of the standing deputation.

ART. 7. The executive shall assign the commission the term for which they are to exercise their functions, which shall not exceed two years.

For its fulfilment, the Governor of the State shall cause it to be printed, published, and circulated.

A. de la V. y MONTES, President.
J. M. J. CARVAJAL, D. S.
J. A. TIJERINA, D. S.

Wherefore I command it to be printed, published, circulated and duly fulfilled.

Given in the city of Monclova on the 20th of May, 1835.

AUGUSTIN VIESCA.

J. M. IRALA, Secretary.

Executive Department of the State of Coahuila and Texas.

The constitutional Governor of the State of Coahuila and Texas, to all the inhabitants thereof: Be it known, that the congress of said state has decreed as follows:

DECREE No. 324.

The Congress of the state of Coahuila and Texas, has thought proper to decree:

The law of the 11th of January 1834, authorizing the executive for the pursuit and extermination of robbers is hereby repealed.

For its fulfilment, the Governor of the State shall cause it to be printed, published, and circulated.

A. de la N. y MONTES, President.
J. M. CARBAJAL, D. S.
J. A. TIJERINA, D. S.

Wherefore I command it to be printed, published, circulated and duly fulfilled.

Given in the city of Monclova on the 20th May, 1835.

AUGUSTIN VIESCA.

J. M. IRALA, Secretary.

Gobierno Supremo del Estado libre de Coahuila y Texas.

El Gobernador constitucional del Estado de Coahuila y Texas, á todos sus habitantes, sabed:—Que el Congreso del mismo Estado ha decretado lo siguiente.

DECRETO No. 325.

El Congreso constitucional del Estado libre, independiente, y soberano de Coahuila y Texas, ha tenido á bien decretar:

Art. 1. Se autoriza al gobierno para que si durante el receso del congreso, creyese conveniente establecer su despacho en otro punto del Estado, que no sea la capital, lo pueda hacer provisionalmente.

Art. 2. En el caso de usar de la facultad que se le concede en el articulo anterior, la diputacion permanente y consejo de gobierno, podrán funcionar en el punto que designare el mismo gobierno, ejerciendo en sus respectivos casos el poder que tienen por la constitucion.

Art. 3. Este decreto no podrá regir por mas tiempo, que el intermedio de unas á otras sesiones ordinarias del congreso.

Lo tendrá entendido el Gobernador constitucional del Estado para su cumplimiento, haciendolo imprimir, publicar y circular.

A. de la V. y MONTES, Presidente,
JOSE M. CARBAJAL, D. S.
JOSE A. TIJERINA, D. S.

Por tanto, mando se imprima, publique, circule y se le dé el debido cumplimiento.

Dado en la ciudad de Monclova á 21 de Mayo de 1835.

AGUSTIN VIESCA.

J. M. Irala, Secretario.

Executive Department of the State of Coahuila and Texas.

The Governor of the State of Coahuila and Texas, to all the inhabitants thereof: Be it known, that the congress of said state has decreed as follows:

DECREE No. 325.

The Congress of the State of Coahuila and Texas has thought proper to decree:

ART. 1. Should the executive think proper, during the recess of congress, to establish his despatch at any other place in the state than the capital, he is hereby authorized to do so provisionally.

ART. 2. In case they avail themselves of the power granted in the foregoing article, the standing deputation and executive council may perform their functions at the place the executive shall designate, exercising respectively, as the case may be, the power granted them by the constitution.

ART. 3. This decree cannot have effect for a longer time than during the interval between both terms of ordinary session of congress.

For its fulfilment, the Governor of the State shall cause it to be printed, published, and circulated.

A. de la V. y MONTES, President.
J. M. J. CARVAJAL, D. S.
J. A. TIJERINA, D. S.

Wherefore I command it to be printed, published, circulated and duly fulfilled.

Given at the city of Monclova on the 21st of May, 1835.

AUGUSTIN VIESCA.

J. M. IRALA, Secretary.

CONSTITUCION POLITICA

DEL

ESTADO LIBRE DE COAHUILA Y TEXAS.

El Gobernador interino del Estado libre de Coahuila y Texas, á todos sus habitantes, sabed:—Que el Congreso constituyente del mismo Estado ha decretado y sancionado la siguiente Constitucion Politica del Estado libre de Coahuila y Texas.

En el nombre de Dios omnipotente, autor y supremo legislador del universo, el congreso constituyente del Estado de Coahuila y Texas, deseando cumplir con la voluntad de los pueblos sus comitentes, y con el fin de llenar debidamente el grande y magnifico objeto de promover la gloria y prosperidad del mismo Estado, decreta para su administracion y gobierno, la

CONSTITUCION QUE SIGUE.

DISPOSICIONES PRELIMINARES.

Art. 1. El Estado de Coahuila y Texas es la reunion de todos los Coahuiltejanos.

Art. 2. Es libre é independiente de los demas estados unidos Mejicanos, y de qualquiera otra potencia ó dominacion estrangera.

Art. 3. La soberania del estado reside originaria y esencialmente en la masa general de los individuos que lo componen; pero estos no exercerán por si mismos otros actos de la soberania, que los señalados en esta Constitucion y en la forma que ella dispone.

Art. 4. En los asuntos relativos á la federacion Mexicana el estado delega sus facultades y derechos al congreso general de la misma;— mas en todo lo que toca á la administracion y gobierno interior del propio estado, éste retiene su libertad independencia y soberania.

Art. 5. Por tanto, pertenece esclusivamente al mismo estado el derecho de establecer, por medio de sus representantes, sus leyes fundamentales, conforme á las bases sancionadas en la acta constitutiva y constitucion general.

CONSTITUTION

OF THE

STATE OF COAHUILA AND TEXAS.

The Governor of the state of Coahuila and Texas, to all the inhabitants thereof: Be it known, that the organizing congress of said state has decreed and sanctioned the following political constitution of the State of Coahuila and Texas.

In the name of the Creator and Supreme Lawgiver of the Universe, the Congress of the State of Coahuila and Texas, desiring to comply with the will of the people, their constituents, and for the purpose of duly fulfilling the grand and magnificent object of promoting the glory and prosperity of said state, decrees for its administration and government the following

CONSTITUTION.

PRELIMINARY PROVISIONS.

ART. 1. The State of Coahuila and Texas is the union of all the *Coahuiltexanos*.

ART. 2. It is free, and independent of the other Mexican United States, and of every other power and dominion whatsoever.

ART. 3. The sovereignty of the state resides originally and essentially in the general mass of the individuals who compose it, but they shall not, of themselves, exercise any other acts of sovereignty than those pointed out in this constitution, and in the form which it provides.

ART. 4. In all subjects relating to the Mexican confederacy the state delegates its powers and rights to the general congress of the same, but in all that belongs to the internal government and administration of said state, it retains its liberty, independence and sovereignty.

ART. 5. Wherefore, the right of establishing its fundamental laws through the medium of its representatives, in conformity to the basis established in the constitutive act and general constitution, belongs exclusively to the said state.

Art. 6. El territorio del estado es el mismo que comprendian las provincias conocidos antes con el nombre de Coahuila y Texas. Una ley constitucional demarcará sus limites respecto de los demas estados colindantes de la federacion Mexicana.

Art. 7. El territorio del estado se dividirá por ahora para su mejor administracion en tres departamentos, que serán

Bejar:—Cuyo distrito se estenderá à todo el territorio que correspondia á la que se llamó provincia de Texas, que hará un solo partido.
Monclova:—Que comprenderá el partido de este nombre, y el de Rio Grande.
Saltillo:—Que abrazará el partido de este nombre, y el de Parras.

Art. 8. El congreso podrá en lo sucesivo alterar, variar y modificar esta division del territorio del estado, del modo que estime ser mas conveniente á la felicidad de los pueblos.

Art. 9. La religion católica, apostólica romana, es la del estado. Este la proteje por leyes sábias y justas, y prohibe el ejercicio de cualquiera otra.

Art. 10. El estado regulará y costeará todos los gastos que fuéren necesarios para conservar el culto, con arreglo á los concordatos que la nacion celebrare con la silla apostólica, y á las leyes que dictare sobre el ejercicio del patronato en toda la federacion.

Art. 11. Todo hombre que habite en el territorio del estado, aunque sea de tránsito, goza los imprescriptibles derechos de libertad, seguridad, propiedad é igualdad: y es un deber del mismo estado conservar y protejer por leyes sabias y equitativas estos derechos generales de los hombres.

Art. 12. Es tambien una obligacion del estado protejer á todos sus habitantes en el ejercicio del derecho que tienen de escribir, imprimir y publicar libremente sus pensamientos y opinions politicas, sin necesidad de ecsamen, revision ó censura alguna anterior á la publicacion, bajo las restricciones y responsabilidad establecidas' ó que en adelante se establecieren por las leyes generales de la materia.

Art. 13. En el estado nadie nace esclavo desde que se publique esta constitucion en la cabecera de cada partido, y despues de seis meses tampoco se permite su introduccion bajo ningun pretesto.

Art. 14. En correspondencia todo hombre que habite en el estado debe obedecer sus leyes, respetar sus autoridades constituidas, y contribuir al sostenimiento del mismo estado del mado que este lo pida.

Art. 15. Al estado pertenece toda especie de bienes vacantes en su territorio, y los intestados de sus habitantes sin sucesor legitimo en el modo que dispongan las leyes.

Art. 16. El estado se compone únicamente de dos clases de personas, á saber: Coahuiltejanos y ciudadanos Coahuiltejanos.

Art. 17. Son Coahuiltejanos,

ART. 6. The territory of the state is the same as that embraced in the provinces formerly known by the names of Coahuila and Texas. A constitutional law shall mark out its limits, in respect to the adjoining states, of the Mexican Confederacy.

ART. 7. For the better administration thereof, the territory of the state shall for the present be divided into three departments as follows,—viz:

Bexar,—Embracing all the territory corresponding to what was called province of Texas, which shall form one sole district.

Monclova,—Consisting of the district of the same name, and that of Rio Grande.

Saltillo,—Comprehending the district of the same name, and that of Parras.

ART. 8. Hereafter congress may alter, vary, and modify this division of the territory of the state as it shall judge most conducive to the felicity of the people

ART. 9. The Roman Catholic Apostolic Religion shall be the religion of the state. The state protects it by wise and just laws, and prohibits the exercise of any other.

ART. 10. The state shall regulate and pay all expense that should be necessary for the preservation of religious worship, agreeably to the concordates the nation should ratify with the Apostolic See, and to the laws that shall be prescribed on the exercise of the *patronato* throughout the republic.

ART. 11. Every man who resides within the limits of the state, although but transiently, shall enjoy the imprescriptible rights of liberty, security, property and equality; and it is the duty of said state to preserve and protect by wise and equitable laws, these universal rights of men.

ART. 12. The state is also obligated to protect all its inhabitants in the exercise of the right which they possess of writing, printing and freely publishing their sentiments and political opinions, without the necessity of any examination, or critical review previous to their publication, under the responsibility and restrictions that are now, or shall be hereafter established by the general laws on the subject.

ART. 13. From and after the promulgation of the constitution in the capital of each district, no one shall be born a slave in the state, and after six months the introduction of slaves under any pretext shall not be permitted.

ART. 14. In return, all men who inhabit the state shall obey its laws, respect its constituted authorities, and constribute to its support in the manner it requires.

ART. 15. All kinds of vacant property within its limits, and all intestate property without a legal successor, shall belong to the state.

ART. 16. The state shall be composed solely of two classes of persons,—viz: *Coahuiltexanos*, and citizens of Coahuila and Texas.

ART. 17. The following persons shall be Coahuiltexians.

Primero—Todos los hombres nacidos y avecindados en el territorio del estado, y los hijos de estos.

Segundo—Todos los que habiendo nacido en cualquiera otro lugar del territorio de la federacion fijen su domicilio en el estado.

Tercero—Los estrangeros que en la actualidad ecsisten establecidos legitimamente en el estado, sean de la nacion que fuéren.

Cuarto—Los estrangeros que obtengan del congreso carta de naturaleza, ó tengan vecindad en el estado ganada segun la ley, que se dará luego que el congreso de la Union dicte la regla general de naturalizacion, que debe establecer conforme á la XXVI de las facultades que le señala la constitucion federal.

Art. 18. Son ciudadanos Coahuiltejanos,

Primero—Todos los hombres nacidos en el estado y que estén avecindados en cualquiera lugar de su territorio.

Segundo—Todos los ciudadenos de los demas estados y territorios de la federacion, luego que se avecinden en el estado.

Tercero—Todos los hijos de ciudadanos Mexicanos que nazcan fuéra del territorio de la federacion, o fijen su domicilio en el estado.

Cuarto—Los estrangeros que en la actualidad están avecindados legalmente en el estado, sea cual fuére el pais de su origen.

Quinto—Los estrangeros que gozando ya de los derechos de Coahuiltejanos, obtuviéren del congreso carta especial de ciudadanos. Las leyes prescribirán el mérito y circunstancias que se requiéren para que se les conceda.

Art. 19. Los nacidos en el territorio de la federacion, y los estrangeros avecindados en él (á ecepcion de los hijos de familia) al tiempo de proclamarse la emancipacion politica de la nacion, que no permanecieron fieles á la causa de su independencia, sino que emigraron á pais estrangero ó dependiente del gobierno Español, ni son Coahuiltejanos ni ciudadanos Coahuiltejanos.

Art. 20. Los derechos de ciudadano se pierden,

Primero—Por adquirir naturaleza en pais estrangero.

Segundo—Por admitir empleo, pension ó condecoracion de un gobierno estrangero sin permiso del congreso.

Tercero—Por sentencia ejecutoriada en que se impongan penas aflictivas ó infamatorias.

Cuarto—Por vender su voto ó comprar el ageno para si, ó para un tercero; bien sea en las asambleas populares, ó en cualesquiera otras, y por abusar de sus encargos los que en las mismas asambleas sean presidentes, escrutadores ó secretarios, ó desempeñen cualquiera otra funcion pública.

Quinto—Por haber residido cinco años consecutivos fuéra del territorio de la federacion sin comision del gobierno general, ó particular del estado, ó sin licencia de éste.

Art. 21. El que haya perdido los derechos de ciudadano no puede recobrarlos sino por espresa rehabilitacion del congreso.

First,—All men born and domiciliated in the territory of the state, and the children of the same.

Second,—All those born in any other part of the territory of the republic, who shall fix their residence in the state.

Third,—Foreigners, of whatever nation, now legally established in the state.

Fourth,—Foreigners, who obtain from congress letters of citizenship, or become domiciliated in the state according to the law that shall be enacted as soon as the general congress issues the general Nuturalization Law, which, agreeably to the 27th prerogative conferred by the constitution of the republic, ought to be established.

ART. 18. The following shall be freemen of Coahuila and Texas.

First,—All men born in the state and domiciliated in any part of the territory thereof.

Second,—All citizens of the other states and territory of the republic, as soon as they are domiciliated in the state.

Third,—All sons of Mexican citizens, born without the territory of the republic, who establish their domicil in the state.

Fourth,—Foreigners, from whatever country, now legally domiciliated in the state.

Fifth,—Foreigners, now enjoying the rights of *Coahuiltexanos,* who shall obtain special certificates of citizenship from congress. The laws shall prescribe the qualifications and conditions for granting them the same.

ART. 19. Those born within the territory of the republic, and foreigners domiciliated therein (except minors) when the political liberties of the country were proclaimed, who did not remain true to the cause of its independence, but emigrated to a foreign country, or dependency of Spain, shall neither be Coahuiltexians, nor citizens of Coahuila and Texas.

ART. 20. The rights of citizenship shall be forfeited.

First,—By becoming naturalized in a foreign country.

Second,—By admitting office, pension, or title form a foreign government without permission from congress.

Third,—By receiving executory sentence, wherein corporal or disgraceful punishment is imposed.

Fourth,—By a person selling his vote, or buying that of another for himself, or a third person, whether in popular assemblies, or in any other; and by violation of public trust in the said assemblies, whether by presidents, secretaries, tellers, or those discharging any other public function.

Fifth,—By having resided five years in succession without the territory of the republic, without a commission from the general government or that of the state, or without licence from the latter.

ART. 21. A person who forfeits the rights of a citizen cannot recover the same, unless reinstated therein by congress.

Art. 22. El ejercicio de los mismos derechos se suspende,

Primero—Por incapacidad física ó moral, previa la correspondiente calificacion judicial.

Segundo—Por no tener veinte y un años cumplidos. Eceptúanse los casados, quienes entrarán al ejercicio de estos derechos desde quo contraigan matrimonio, cualquiera que sea su edad.

Tercero—Por ser deudor á los caudales públicos con plazo cumplido. y habiendo precedido requerimiento para el pago.

Cuarto—Por hallarse procesado criminalmente, hasta que el tratado como reo sea absuelto ó condenado á pena no aflictiva ni infamatoria.

Quinto—Por no tener empleo, oficio, ó modo de vivir conocido.

Sesto—Por no saber leer y escribir; pero esta disposicion no tendrá efecto hasta despues del año de 1850 respecto de los que de nuevo entren en el ejercicio de los derechos de ciudadano.

Art. 23. Solamente por las causas señalados en los articulos 20 y 22 se pueden perder ó suspender los derechos de ciudadano.

Art. 24. Solo los ciudadanos que estén en el ejercicio de sus derechos pueden sufragar para los empleos populares del estado en los casos señalados por la ley, y solo ellos podrán obtener los espresados empleos y todos los demas del mismo estado.

Art. 25. Eceptúanse de lo dispuesto en la segunda parte del articulo anterior los empleos facultativos, los cuales pueden tambien conferirse á cualesquiera personas de fuéra del estado.

FORMA DE GOBIERNO DEL ESTADO.

Art. 26. El objeto del gobierno del estado es la felicidad de los individuos que lo componen, puesto que el fin de toda sociedad politica no es otro que el bienestar de los asociados.

Art. 27. Los oficiales del gobierno investidos de cualquiera especie de autoridad, no son mas que unos meros agentes ó comisarios del estado responsables á él de su conducta pública.

Art. 28. El gobierno del estado es popular representativo federado. En consecuencia no podrá haber en él empleo ni privilegio alguno hereditario.

Art. 29. El poder supremo del estado se divide para su ejercicio en legislativo, ejecutivo y judicial. y jamás podrán reunirse estos tres poderes, ni dos de ellos en una corporacion ó persona, ni depositarse el legislativo en un solo individuo.

Art. 30. El ejercicio del poder legislativo residirá en un congreso compuesto de diputados nombrados popularmente.

Art. 31. El ejercicio del poder ejecutivo residirá en un ciudadano que se denominará gobernador del estado, y será elegido tambien popularmente.

Art. 32. El ejercicio del poder judicial residirá en los tribunales y juzgados que establece esta constitucion.

ART. 22. The exercise of the said rights shall be suspended.
First,—For moral or physical disability, after judicial investigation.
Second,—For not having attained the age of twenty-one years, except married persons, who shall enjoy the said rights from the time they marry, whatever be their age.
Third,—For being debtor to the public funds, the time of payment having expired, and payment having been demanded.
Fourth,—For being under criminal prosecution, until acquitted or sentenced to a punishment not corporal or disgraceful.
Fifth,—For having no employment, trade, or known way of support.
Sixth,—For not being able to read and write, but this provision shall not take effect until after the year 1850, and with respect to those who shall enter on the exercise of the rights of citizens after that time.
ART. 23. Only for the causes specified in articles 20 and 22 shall the rights of citizenship be forfeited or suspended.
ART. 24. None but citizens in the exercise of their rights shall vote for officers of the state in cases designated by law, and such only shall be elected to the said officers, and all othes of the state.
ART. 25. Offices requiring persons belonging to any professional faculty shall be excepted from the latter part of the preceding article, and may be conferred upon persons not residing in the state.

FORM OF GOVERNMENT OF THE STATE.

ART. 26. The object of the government shall be the happiness of the individuals who compose it, since the end of every political society is no other than the wellbeing of its members.
ART. 27. The officers of the gevernment cloathed with any kind of authority are mere agents or delegates of the state, responsible to the same for their political conduct.
ART. 28. The federal republican shall be the form of government of the state. In pursuance thereof there shall be no hereditary office or privilege in the state.
ART. 29. The supreme powers of the state shall be divided for its exercise into legislative, executive and judicial, and neither these three powers, or any two of the same, shall ever be united in one corporation or person, nor shall the legislative be deposited in one individual alone.
ART. 30. The exercise of the legislative power shall reside in a congress composed of deputies, chosen by the people.
ART. 31. The executive power shall reside in a citizen, to be styled the governor of the state, and to be chosen by the people.
ART. 32. The exercise of the judicial power shall reside in the tribunals and courts of justice established by this constitution.

TITULO I.

DEL PODER LEGISLATIVO DEL ESTADO.

SECCION I.

De los Diputados del Congreso.

Art. 33. El congreso es la reunion de los diputados que representan el estado, eligidos conforme á esta constitucion. Su número será el de doce propietarios y seis suplentes hasta el año de 1832.

Art. 34. El congreso en este año y en el último de cada uno de los decenios que siguén, podrá aumentar el número de sus diputados, bajo la base de uno por cada siete mil almas.

Art. 35. Las elecciones de diputados propietarios y suplentes se harán en todos y cada uno de los partidos del estado. La ley señalará el número de diputados de una y otra clase que deba nombrar cada partido.

Art. 36. Para ser diputado propietario ó suplente se requiére tener al tiempo de la eleccion las calidades siguientes:

Primera—Ser ciudadano en el ejercicio de sus derechos.

Segunda—Tener la edad de veinte y cinco años cumplidos.

Tercera—Ser vecino del estado con residencia en el de dos años inmediatamente antes de la eleccion. A los naturales del estado les bastará tener los dos primeros requisitos.

Art. 37. Los no nacidos en el territorio de la federacion, necesitan para ser diputados propietarios ó suplentes, tener ocho años de vecindad en él, y ocho mil pesos en bienes raices, ó una industria que les produzca mil cada año, y las calidades prevenidas en el articulo antecedente.

Art. 38. Se eceptúan del articulo anterior los nacidos en cualquiera otra parte del territorio de América que en el año de 1810 dependia de la España, y que no se haya unido á otra nacion, ni permanezca en dependencia de aquella, á quienes bastará tener tres años completos de vecindad en la República Mexicana y las circunstancias prescritas en el articulo 36.

Art. 39. No pueden ser diputados propietarios ó suplentes,

Primero—El gobernador, el vice-gobernador del estado, ni los miembros del consejo del gobierno.

Segundo—Los empleados de la federacion.

Tercero—Los funcionarios civiles de provision del gobierno del estado.

Cuarto—Los eclesiasticos que ejerzan cualquiera especie de jurisdiccion ó autoridad en algun lugar de los del partido donde se haga la eleccion.

Quinto—Los estrangeros en el tiempo en que haya declarada guerra entre la nacion de su origen y la Mexicana.

TITLE I.

LEGISLATIVE POWER OF THE STATE.

SECTION I.

Deputies of Congress.

ART. 33. Congress shall be the union of the deputies, representing the state, and elected in conformity to this constitution. Until the year 1832, it shall consist of the number of twelve deputies proper, and six substitute deputies.

ART. 34. During the present year, and last of every ten years following. Congsess may augment the number of its deputies, on the basis of one for every thousand souls.

ART. 35. The election of deputies proper and substitutes, shall be holden at the same time in each and every district of the state.

ART. 36. To be eligible to the office of deputy, proper or substitute the following qualifications at the time of the election shall be required.

First,—To be a citizen in the enjoyment of his rights.

Second,—To have attained the age of Twenty-five years.

Third,—To be domiciliated in the state, and te have resided therein the two years immediately preceding the election.

ART. 37. Those not born within the territory of the republic, to be eligible as deputies, proper or substitutes, shall have been eight years domiciliated therein, and possess real estate to the amount of eight thousand dollars, or an industrious employment that shall yield them one thousand dollars per annum, and the qualifications provided in the preceding article.

ART. 38. Natives of any other part of America, subject to Spain in 1810, and not now annexed to any other nation, nor in subjection to the former, shall be excepted from the foregoing article, and for such three years domicil in this republic, and the requisites prescribed in article 36, shall be sufficient.

ART. 39. The following persons cannot be deputies, proper or substitutes.

First,—The governor and vice governor of the state, and members of the executive council.

Second,—Officers of the republic.

Third,—Civil officers appointed by the executive of the state.

Fourth,—Ecclesiastics, exercising any jurisdiction or authority in the district where the election is holden.

Fifth,—Foreigners in time of war between their own country and this republic.

Art. 40. Para que los funcionarios públicos de la federación ó del estado comprendidos en el artículo anterior, puedan ser elegidos diputados, deberán haber cesado absolutamente en sus destinos cuatro meses antes de las elecciones.

Art. 41. Si un mismo individuo fuére nombrado diputado propietario por dos ó mas partidos, preferirá la eleccion hecha por aquel en que esté actualmenie avecindado. Si en ninguno de ellos lo estuviére, prevalecerá la del partido de su naturaleza. Si no fuére vecino ni natural de alguno de dichos partidos, subsistirá la de aquel que designe el mismo diputado electo. En cualquiera de estos casos, y en el de muerte ó imposibilidad de los propietarios para desempeñar sus funciones á juicio del congreso, concurrirán á él los diputados suplentes respectivos.

Art. 42. Si tambien aconteciére que un mismo ciudadano salga electo para diputado suplente por dos ó mas partidos, en este caso se seguirá el mismo orden de preferencia prevenido en las tres primeras partes del artículo anterior; y en los demas partidos que queden sin diputado suplente se llenará la vacante por el otro que en la asamblea electoral respectiva haya reunido mayor número de votos despues de aquel que debe ser remplazado. En caso de empate la suerte decidirá.

Art. 43. Los diputados en el tiempo que desempeñen su comision obtendrán del tesoro público del estado la indemnizacion que el congreso anterior les asignare, y se les abonará ademas lo que parezca necesario á juicio del mismo para los gastos que deban hacer en concurrir al lugar de las sesiones, y volverse á sus casas concluidas aquellas.

Art. 44. Los diputados en ningun tiempo ni caso, ni ante ninguna autoridad serán responsables por las opiniones que manifiestan en el desempeño de su encargo. En las causas criminales que se intentaren contra ellos serán juzgados por los tribunales que despues se dirá, y desde el dia de su nombramiento hasta cumplidos los dos años de su diputacion no podrán ser acusados sino ante el congreso, quien se constituirá en gran jurado para declarar si ha ó no lugar á la formacion de causa. Mientras duren las sesiones, los diputados no podrán ser demandados civilmente, ni ejecutados por deudas.

Art. 45. Durante el tiempo de su diputacion, contado para este efecto desde el dia de su nombramiento, no podrán obtener para sí empleo alguno de provision del gobierno, ni solicitarlo para otro, ni aun ascenso, como no sea de escala en su respectiva carrera.

SECCION II.

DEL NOMBRAMIENTO DE LOS DIPUTADOS

Art. 46. Para la eleccion de los diputados se celebrarán asambleas electorales municipales, y asambleas electorales de partido.

ART. 40. The officers of the republic, or of the state, comprised in the foregoing article, to be eligible as deputies, shall have entirely ceased in office four months previous to the election.

ART. 41. Should the same person be chosen deputy proper for two or more districts, he shall prefer the choice for that wherein he is domiciliated for the time being. Should he not be domiciliated in either, that of his native district shall prevail. Should he neither be domiciliated in, or a native of any of said districts, that of the one which the deputy chosen shall himself designate, shall be effective. In either of these cases, or in that of death, should it be impossible, in the opinion of congress, for the deputies proper to perform their functions, the respective substitute deputies shall fill their places.

ART. 42. Should the same person also prove to be elected substitute deputy for two or more districts, the same order of preference shall be observed as provided in the three first parts of the preceding article, and in the other districts that remain without a substitute deputy, the vacancy shall be filled by the one who received in the respective electoral assembly, the next highest number of votes to that of the one whose place is to be filled. In case of a tie, it shall be decided by lot.

ART. 43. The deputies during the time of discharging their duties, shall receive from the state treasury such pay as the preceding congress shall assign them, and they shall furthermore be paid the amount that said congress thinks proper for the expense they have to incur in repairing to the place of session, and in returning home after the close of the same.

ART. 44. At no time, in no case, and to no authority shall the deputy be responsible for the opinions they manifest in the discharge of their duties. In criminal actions that should be commenced against them they shall be tried by the tribunals hereinafter mentioned, and from the day of their election until the expiration of the two years term of service, they can be accused only before congress, which shall form itself into a grand jury, for declaring whether there be a just ground of action.

ART. 45. During the time of their service, reckoned for this object from the day of their election, they can obtain no office of provision of the executive, either for themselves, or request it for another, not even promotion, except by the scale in their respective career.

SECTION II.

ELECTION OF DEPUTIES.

ART. 46. For the election of deputies, municipal and district electoral assemblies shall be holden.

PARAFO PRIMERO.

De las Asambleas Electorales Municipales.

Art. 47. Las asambleas electorales municipales se compondrán de los ciudadanos que estén en el ejercicio de sus derechos, y que sean vecinos y residentes en el territorio del respectivo ayuntamiento, no pudiendo escusarse nadie de esta clase de concurrir á ellas.

Art. 48. Estas asambleas se celebrarán el primer domingo y el día siguiente del mes de Agosto del año anterior al de la renovacion del congreso, para nombrar los electores de partido que deben elegir á los diputados, y ocho dias antes el presidente de cada ayuntamiento, sin necesidad de esperar ningunas ordenes, convocará á los ciudadanos de su distrito por el correspondiente bando, ó como sea de costumbre, para que concurran á hacer las elecciones en el tiempo y forma que previene esta constitucion, avisando con anticipacion á las haciendas y ranchos del mismo distrito para inteligencia de sus vecinos.

Art. 49. Para que los ciudadanos puedan asistir con mayor comodidad, cada ayuntamiento segun la localidad y poblacion de su territorio, determinará el número de asambleas municipales que deban formarse en su demarcacion, y los parages publicos en que hayan de celebrarse, designando á cada una los puntos que les correspondan.

Art. 50. Serán presididas, una por el gefe de policia ó el alcalde, y las restantes por los demas individuos del ayuntamiento á quienes toque por suerte; y por falta de estos, nombrará aquella corporacion para presidente de la respectiva asamblea municipal á un vecino del distrito designado á la misma, que sepa leer y escribir.

Art. 51. En el citado domingo de Agosto, llegada la hora de la reunion, hallandose juntos los ciudadanos que hayan concurrido en el lugar señalado para ella; se dará principio á estas asambleas nombrando de entre ellos mismos á pluralidad de votos, un secretario y dos escrutadores que sepan tambien leer y escribir.

Art. 52. Las elecciones estarán abiertas en los dos dias espresados en el art. 48 por espacio de cuatro horas diarias, distribuidas en mañana y tarde, y en cada una de las asambleas habrá un registro en que se escrivan los votos de los ciudadanos que concurran á nombrar los electores de partido, sentando por orden alfabético los nombres de los votantes y votados.

Art. 53. Para ser elector de partido se necesita ser ciudadano en el ejercicio de sus derechos, de edad de veinte y cinco años cumplidos, saber leer y escribir, y ser vecino y residente en cualquiera lugar del mismo partido el año anterior inmediato á la eleccion

Art. 54. Cada ciudadano elegirá de palabra ó por escrito los respectivos electores de partido, cuyos nombres, hecha la eleccion del primer modo, los designará el sufragante en alta voz, y ejecutada por lista, será leida esta por el secretario en la propia forma, y se escribirán indispensablemente á presencia de aquel en el registro. Nadie podrá vo-

PARAGRAPH FIRST.

Municipal Electoral Assemblies.

ART. 47. Municipal electoral assemblies shall be composed of citizens in the enjoyment of their rights, domiciliated and resident within the limits of the respective Ayuntamiento. No person of this class shall decline attending the same.

ART. 48. Said assemblies shall be holden on the first Sunday, and day following, in the month of August of the year preceding that of the renewal of congress, for choosing district electors, who are to elect the deputies, and eight days previous, the president of each Ayuntamiento, without the necessity of awaiting any orders shall convoke the citizens of his district by the proper edict, or as the custom may be, to convene in order to hold the election at the time and in the manner this constitution provides, previously giving notice to the haciendas and ranchos of said district that it may come to the knowledge of the inhabitants thereof.

ART. 49. That the citizens may more conveniently attend, each Ayuntamiento, according to the locality and population of its territory, shall determine the number of municipal assemblies to be formed within its limits, and the public places where they shall be holden, designating to each the places corresponding thereto.

ART. 50. They shall be presided, one by the chief of police, or the Alcalde, and the rest by the other individuals of the Ayuntamiento, as it shall fall to them by lot, and in default of the latter, said corporation shall choose for president of the respective municipal assembly, an inhabitant of the district assigned thereto, who can read and write.

ART. 51. On the aforementioned Sunday in August, the hour of the meeting having arrived, and the citizens assembled in the place appointed, being together, the said assembly shall commence by choosing from among themselves, by majority of vote one secretary and two tellers, who can also read and write.

ART. 52. The election shall remain open on both days specified in article 48, four hours each, divided in morning and evening, and a register shall be kept in each assembly to record therein the votes of the citizens convened to choose the district electors, entering alphabetically the names of the voters and candidates.

ART. 53. To be eligible as district elector it shall be required to be a citizen in the exercise of his rights, to have attained the age of twenty-five years—to be able to read and write, and to be domiciliated and resident in the same district one year, immediately preceding the election.

ART. 54. Each citizen shall vote for the respective district electors, *viva voce* or in writing, in the former case the voter shall call the name of those for whom he votes, in an audible voice, and should he give in his vote in writing, the secretary shall read the ticket in the same

tarse á si mismo en este, ni en los demas actos de eleccion, bajo la pena de perder el derecho de votar.

Art. 55. En los partidos en que solo haya de elegirse un diputado, se nombrarán once electores; y en donde se elijan dos ó mas diputados, se nombrarán veinte y un electores.

Art. 56. Las dudas ó controversias que se ofrezcan sobre si en alguno ó algunos de los presentes concurren las calidades requeridas para poder votar, se decidirán verbalmente por la asambleá, y lo que ella resolviére se ejecutará sin recurso, por esta sola vez y para este solo efecto, entendiéndose que la duda no podrá versar sobre lo prevenido por esta constitucion ni otra ley. Si en dicha resolucion resultare empate, se estará por la opinion absolutoria.

Art. 57. Si se suscitaren quejas sobre cohecho, soborno ó fuerza para que la eleccion recaiga en determinadas personas, se hará una justificacion pública y verbal. Resultando ser cierta la acusacion serán privados de voz activa y pasiva los que hubiéren cometido el delito, debiendo sufrir la misma pena los calumniadores; y de este juicio no se admitirá recurso alguno. Las dudas que ocurran sobre la calidad de las pruebas, las decidirá la asamblea del modo que queda dicho en el articulo precedente.

Art. 58. Las asambleas municipales se celebrarán á puerta abierta y sin guardia alguna, y ningun individuo, sea de la clase que fuére. se podrá presentar armado en ellas.

Art. 59. Cumplidos los dos dias en que deben estar abiertas las elecciones, el presidente, escrutadores y secretario de cada asamblea procederán á hacer el cómputo y la suma de los votos que haya reunido cada ciudadano en el registro, y este será firmado por los mismos individuos, con cuya operacion las asambleas quedarán disueltas; y cualquiera otro acto en que se mezclen, no solamente sera nulo, sino que se reputará como un atentado contra la seguridad pública. Dicho registro se entregará cerrado al secretario del respectivo ayuntamiento.

Art. 60. En el segundo domingo del espresado mes de Agosto se reunirá cada ayuntamiento en sus casas consistoriales en sesion pública. A su presencia y con asistencia tambien de los presidentes, escrutadores y secretarios de las asambleas municipales se abrirán los registros, y con vista de todos ellos se formará una lista general por orden alfabético, en la que se comprenderán todos los individuos votados, y el número de votos que hubiéren sacado.

Art. 61. Esta lista y la acta capitular que se estendiere relativa al asunto serán firmadas por el presidente del ayuntamiento, por el secretario de éste, y los secretarios de las asambleas. En seguida se sacarán dos copias de la espresada lista autorizadas por los mismos, de las cuales una se fijará inmediatamente en el parage mas público, y la otra se entregará con el correspondiente oficio firmado por el presidente del ayuntamiento, á dos individuos que éste ha de nombrar de su seno para que pasen á la capital del partido à hacer la regulacion general de votos en union de los demas comisionados de los otros ayuntamientos.

manner, and enter the same in the register, indispensably in the presence of the voter. No person shall vote for himself in this or the other electoral acts under penalty of losing the right of voting.

Art. 55. In a district where only one deputy is to be elected, eleven, and where two or more, twenty-one electors shall be chosen.

Art. 56. Doubts or controversies that arise whether any person or persons present possess the qualifications required for voting shall be decided verbally by the assembly, and the decision shall be executed without appeal for that time and purpose only, it being understood that the doubt shall not turn upon the provision of this constitution, or other laws. Should there be a tie in resolving thereon, absolutory sentence shall be given.

Art. 57. Should complaints arise of bribery, subornation, or force to cause the election to result in favor of particular persons, the case shall be publicly and verbally canvassed and brought to a decision. Should the accusation prove to be true, the offenders shall be deprived of a voice, active and passive. False accusers shall suffer the same penalty. From this decision there shall be no appeal. Doubts in regard to the nature of the testimony shall be decided in the manner stated in the preceding article.

Art. 58. Municipal assemblies shall be holden with open doors, without any guard and no person, of whatever class, shall appear armed therein.

Art. 59. The election on both days having terminated, the president, secretary and tellers of each assembly shall proceed to count and cast up the number of votes received by the several candidates in the register, and sign the same, which having been done the assembly shall be dissolved, and any other act in which they interfere shall not only be null, but shall be considered an offence against the public safety.—Said register shall be delivered enclosed to the secretary of the respective Ayuntamiento.

Art. 60. On the second Sunday of the month of August aforesaid, each Ayuntamiento shall convene in their respective town halls in public session. In their presence, the president, tellers and secretary of the municipal assemblies being also present, the registers shall be opened, and in view of all said registers, a general list shall be formed alphabetically, comprising all the candidates and number of votes they have received.

Art. 61. Said list, and the act of the corporation that shall be written out relative to the subject, shall be signed by the president of the Ayuntamiento, and secretary of the same, and the secretaries of the assemblies. Two copies of the aforementioned list shall then be drawn off, authorized by the same persons, one of which shall be immediately posted in the most public place, and the other delivered with the corresponding official letter, signed by the president of the Ayuntamiento to two individuals whom said board shall appoint from its own body that they may proceed to the capital of the district to join those commissioned

Art. 62. En el cuarto domingo de agosto los comisionados de los ayuntamientos se presentarán con el documento que acredite su eleccion al gefe de policia, y en su defecto al alcalde primero de la capital del partido, y presididos por aquel, ó por el segundo en su caso, se reunirán en sesion pública en las casas consistoriales, y con presencia de todas las listas formarán una general de los individuos nombrados para electores de partido por los ciudadanos de su respectivo distrito, espresando el número de votos que hayan tenido y lugar de su residencia.

Art. 63. Para hacer esta regulacion general de votos se requiére la concurrencia de quatro comisionados por lo menos. En los partidos en que no se pueda reunir este número, el ayuntamiento de la cabera nombrará de entre los individuos de su seno los que falten para completarlo.

Art. 64. Los ciudadanos que por este escrutinio general resulten con mayor número de votos en la lista, se tendrán por constitucionalmente nombrados para electores. En caso de empate entre dos ó mas individuos lo decidirá la suerte.

Art. 65. La espresada lista y la acta relativa al asunto se firmará por el presidente, los comisionados, y el secretario del ayuntamiento de la capital del partido. Se sacarán copias de una y otra autorizadas por los mismos, y se remitirán por el presidente á la diputacion permanente del congreso, al gobernador del Estado, y á los ayuntamientos del distrito del partido.

Art. 66 El mismo presidente pasará sin demora alguna la correspondiente oficio á los electores nombrados, para que concurran á la capital del partido en el dia prevenido por la constitucion, para que se celebre la asamblea electoral del mismo.

PARRAFO SEGUNDO.

De las Asambleas Electorales de Partido.

Art. 67. Las asambleas electorales de partido se compondrán de los electores nombrados por los ciudadanos en las asambleas municipales, quienes se congregarán en la capital del respectivo partido á fin de nombrar el diputado ó diputados que le correspondan para asistir al congreso como representantes del estado.

Art. 68. Estas asambleas se celebrarán á los quince dias despues de hecha la regulacion general de votos de que habla el articulo 62, reuniéndose los electores en las casas consistoriales, ó en el edificio que se tenga por mas á propósito para un acto tan solemne, á puerta abierta y sin guardia, y en dichas asambleas ninguna persona, de cualquiera clase que sea, podrá presentarse con armas.

Art. 69. Serán presididas por el gefe de policia, y en su defecto por el alcalde 1.º de la capital del partido, comenzando sus sesiones por nombrar á pluralidad de votos un secretario y dos escrutadores de entre los individuos de su propio seno, y en seguida hará leer el presidente

by the other Ayuntamientos, in order to make the general regulation of the votes.

ART. 62. On the fourth Sunday in August those commissioned by the Ayuntamientos shall present themselves, with the credentials of their appointment, to the chief of police, and in his default, to the first alcalde of the capital of the district, and the former or latter, as the case may be, presiding, they shall meet in the town halls in public session, and, in view of all the lists, shall form a general list of the persons chosen district electors by the citizens of their respective district, stating the number of votes they have received, and places of their residence.

ART. 63. In order to make the said general regulation of votes, the concurrence of four commissioners at least shall be required. In districts where said number cannot meet, the Ayuntamiento of the capital town shall choose from their own body the persons wanting to complete the same.

ART. 64. The citizens resulting, by this general scrutiny, to have the greatest number of votes in the list, shall be considered constitutionally chosen as electors In case of a tie between two or more persons it shall be decided by lot.

ART. 65. The aforementioned list, and act relative to the subject shall be signed by the president, commissioners, and secretary of the Ayuntamiento of the capital of the district. Copies of both shall be drawn off authenticated by the same persons, and forwarded by the president to the permanent deputation of congress, to the governor of the state, and to the Ayuntamientos within the precincts of the district.

ART. 66 Said president shall forward the corresponding official letter forthwith to the electors chosen, in order that they may meet in the capital of the district on the day provided by the constitution, for the purpose of holding the electoral assembly of the same.

PARAGRAPH SECOND.
District Electoral Assemblies.

ART. 67. District electoral assemblies shall be composed of the electors chosen by the citizens in the municipal assemblies, who shall meet in the capital of the respective district to choose the deputy or deputies corresponding thereto, to meet in congress as representatives of the state.

ART. 68. Said assemblies shall be holden at the expiration of fifteen days from making the general regulation of votes mentioned in article 62, the electors convening in the town halls or in the building considered most appropriate for so solemn an act, with open doors, and without a guard, and no person, of whatever class, shall appear armed in the said assemblies.

ART. 69. They shall be presided by the police chief, and in his default, by the first alcalde of the capital of the district, commencing their sessions by choosing from their own body, by majority of vote, a secretary and two tellers; the president shall then cause the credentials

las credenciales de los electores, que lo serán los oficios en que se les participó su nombramiento.

Art. 70. A continuacion preguntará el presidente si en algun elector hay nulidad legal para serlo; y si se justificare en el acto que la hay, perderá el el elector el derecho de votar. Despues preguntará tambien el presidente, si ha habido cohecho, soborno, ó fuerza para que la eleccion recaiga en determinada persona, y si en el acto se probare que la ha habido, serán privados los delincuentes de voz activa y pasiva, y los calumniadores sufrirán igual pena. Las dudas que ocurran en uno ò en otro caso las resolverá la asamblea en el modo que se dijo en el artículo 56.

Art. 71. Inmediatamente despues se procederá por los electores que se hallen presentes á hacer el nombramiento de diputado ó diputados que correspondan al partido, y se elegirán de uno en uno por escrutinio secreto, mediante cédulas que echará cada elector en una urna colocada sobre una mesa al pie de un Crucifijo, despues de haber prestado ante éste y en manos del presidente el juramento de que nombrará para diputados al congreso del estado á los ciudadanos que en su concepto reunan las calidades de instruccion, juicio, probidad y adhesion notoria á la independencia de la nacion.

Art. 72. Concluida la votacion el presidente, escrutadores y secretario, harán la regulacion de votos, y quedará constitucionalmente electo para diputado el ciudadano que haya obtenido mas de la mitad de los votos, publicando el presidente cada eleccion. Si ninguno hubiére alcanzado la pluralidad absoluta, entrarán en segundo escrutinio los dos que hayan obtenido mayor número de votos. Si fuéren mas de dos los que hubiéren reunido con igualdad la mayoria respectiva, se hará el segundo escrutinio entre todos ellos, verificandose lo mismo cuando ninguno haya obtenido esta mayoria, sino que todos tengan igual número de sufragios. En todos estos casos quedará elegido el que reuna la pluralidad de votos, y habiendo empate, se repetirá por una sola vez la votacion, y si aun resultare empatada, la suerte decidirá.

Art. 73. Si un solo individuo hubiére tenido la mayoria respectiva, y dos ó mas igual número de sufragios, pero mayor que el de todos los otros, para decidir cual de aquellos deba entrar en segundo escrutinio con el primero, se hará segunda votacion entre ellos, y el que resultare con mas votos competirá con el que reunió la mayoria respectiva. En caso de empate, se repetira la votacion, y si lo hubiére segunda vez, decidirá la suerte. En el segundo escrutinio que se haga entre el que obtuvo la mayoria respectiva sobre todos, y su competidor, se observará lo que queda dispuesto en la ultima parte del articulo anterior.

Art. 74. Cuando uno solo haya reunido la mayoria respectiva, y todos los demas tengan igual número de votos, para saber cual de ellos ha de entrar á competir en segundo escrutinio con aquel, se ejecutará cuanto se previno en el articulo anterior con este fin, respecto de los que

of the electors to be read, which shall be the official letters, wherein they were notified of their appointment.

ART. 70. The president shall then inquire if there be any legal nullity on the part of any elector for his being such; and should it be proved in the act that there is, the elector shall loose the right of voting. The president shall afterwards also enquire if any bribery, subornation, or force has been used for the election of any particular person, and should it be proved in the act that there has, the delinquents shall be deprived of a voice, active and passive, and false accusers shall suffer the same penalty. Doubts that arise in either case shall be decided by the assembly, in the manner mentioned in article 56.

ART. 71. The electors present shall then immediately proceed to make choice of the deputy or deputies corresponding to the district, and they shall be elected one by one by secret scrutiny, by means of slips which each elector shall deposite in an urn placed upon a table at the foot of a Crucifix, after being sworn before the same, and by the president that for deputies to the congress of the state, he will give his vote for those citizens, who in his opinion possess the qualifications of education, integrity, probity, and well known adherence to the cause of the national independence.

ART. 72. On conclusion of the voting, the president, tellers and secretary shall examine the votes, and the candidate who received more than one half of the votes shall be deputy, constitutionally elected, the president declaring each election. Should no one have received the absolute majority, the two highest candidates shall be run in a second balloting. Should more than two persons have received a like respective majority, they shall all be run in the second balloting, and the same shall be done when no one has received said majority, but all an equal number of votes. In all these cases the candidate receiving the majority of votes shall be elected; should there be a tie, the balloting shall be repeated once only, and should there still be a tie, it shall be decided by lot.

ART. 73. Should one individual only have received the respective majority, and two or more persons an equal number of votes, but greater than that of all the others, to decide which of them shall run in a second balloting with the former, there shall be a second balloting between them, and the one who should receive the most votes shall enter in competition with the candidate who received the respective majority. In case of a tie the balloting shall be repeated, and should there still be a tie, it shall be decided by lot. In the second balloting between the one who received the respective majority over all the candidates, and his rival, the provision made in the last part of the preceding article shall be observed.

ART. 74. When one person only has received the respective majority, and all the rest an equal number of votes, to determine which of the latter shall enter in competition in a second balloting with the former, the entire provision made in the preceding article with this view

se hallaban empatados, y para saber tambien cual de los competidores debe quedar electo diputado, se observará lo dispuesto en la última parte del mismo articulo.

Art. 75. Concluida la eleccion de los diputados propietarios, se hará en seguida la de los suplentes por el mismo método y forma, y acabada que sea, se fijará inmediatamente en el parage mas publico una lista que contenga los nombres de todos los diputados electos, firmada por el secretario de la respectiva asamblea. La acta de elecciones se firmará por el presidente y todos los electores, y el primero, el secretario y los escrutadores remitirán copias autorizadas por ellos mismos á la diputacion permanente del congreso, al gobernador del Estado y á todos los ayuntamientos del partido. Estas asambleas se disolverán luego que hayan ejecutado los actos que esta constitucion les señala, y cualquiera otro en que se mezclen será nulo, y ademas se reputará como atentado contra la seguridad pública.

Art. 76. Asimismo el presidente librará con oportunidad el corresdondiente oficio á los diputados propietarios y suplentes acompañandoles testimonio de la acta para que les sirva de credencial de su nombramiento.

Art. 77. Ningun ciudadano podrá escusarse por motivo ni pretesto alguno, de desempeñar los encargos de que se habla en la presente seccion.

SECCION III.

De la Celebracion del Congreso.

Art. 78. El congreso se reunirá todos los años para celebrar sus sesiones en el lugar que se designará por una ley, y en el edificio que se destinare á este objeto. Cuando tuviere por conveniente trasladarse á otro parage, podrá hacerlo, con tal que lo acuerden asi las dos terceras partes del número total de diputados.

Art. 79. Estos presentarán sus credenciales á la diputacion permanente del congreso para que proceda á la vista los testimonios de las elecciones de las asambleas electorales de partido.

Art. 80. El dia 28 del mes de Diciembre del año anterior al de la renovacion del congreso, se reunirán en sesion pública los diputados nuevamente electos y los individuos de la diputacion permanente, haciendo de presidente y secretario de esta asamblea los que lo fuéren de dicha diputacion. Esta espondrá su dictámen sobre la legitimidad de las credenciales y calidades de los diputados, y las dudas que se susciten sobre estos dos puntos se resolverán definitivamente y á pluralidad de votos por la misma asamblea, sin que lo tengan los individuos de la diputacion permanente no habiendo sido reelectos.

Art. 81. En seguida prestarán los diputados en manos del presidente el correspondiente juramento de guardar y hacer guardar la acta constitutiva y la constitucion federal de los Estados-Unidos Mexicanos, la particular del estado, y desempeñar cumplidamente su encargo.

in respect to those between whom there was a tie shall be executed, and to determine also which of the rival candidates shall be elected deputy, the provision of the last part of said article shall be observed.

ART. 75. The election of deputies proper having closed, that of the substitutes shall immediately follow in the same method and form, and the latter having also terminated, a list containing the names of all the deputies elected, signed by the secretary of the respective assembly, shall be immediately posted in the most public place. The electoral act shall be signed by the president and all the electors, and the former, the secretary and tellers, shall forward copies, authenticated by themselves, to the permanent deputation of congress, to the governor of the state, and to all the ayuntamientos of the district. Said assemblies, as soon as they have performed the acts pointed out in this law, shall immediately dissolve, and any other in which they interfere shall be null, and furthermore reputed an offence against the public safety.

ART. 76. The president shall also seasonably dispatch the corresponding official letter to the deputies proper and substitutes, accompanied by an attested copy of the act, to serve them as a credential of their election.

ART. 77. No citizen shall decline discharging from any cause or pretext, the duties mentioned in this section.

SECTION III.

HOLDING SESSIONS.

ART. 78. Congress shall meet every year and hold its sessions, at the place that shall be designated by law for that purpose. When it should find it convenient to remove to another place, it may do so, provided, that two-thirds of all the deputies shall so agree.

ART. 79. The deputies shall present their credentials to the standing deputation of congress that it may proceed to examine and determine on the same, having in view the attested copies of the elections of the electoral district assemblies.

ART. 80. On the 28th of December of the year preceding that of the renewal of congress, the deputies newly elected and members of the permanent deputation shall meet in public session, and the president and secretary of said deputation shall act as such in said assembly. Said assembly shall discuss the subject of the legality of the credentials and qualifications of the deputies, and doubts that arise in regard to these two points shall be decided by said assembly, by majority of vote, those members of the standing deputation who have not been re-elected not having a vote.

ART. 81. The president shall then administer to the deputies the corresponding oath to respect the constitutive act, the constitution of this republic, and that of the state, and cause the same to be respected, and fully to fulfil the duties of their trust.

Art. 82. Acto continuo se procederá por los diputados á elegir de entre ellos mismos por escrutinio secreto y á pluralidad absoluta de votos un presidente; un vice-presidente, y dos secretarios, con lo que cesará la diputacion permanente en todas sus funciones, y retirándose inmediatamente sus individuos, si no hubiéren sido re-elegidos, declarará el presidente del congreso que éste queda solemne y legítimamente constituido.

Art. 83. Para la celebracion de las demas sesiones ordinarias y estraordinarias del congreso se reunirán los diputados cuatro dias antes del de su apertura del modo que queda prevenido en la primera parte del artículo 80. a fin de resolver en la misma forma que se ha espresado en la segunda parte del propio artículo, sobre la legitimidad de las credenciales y calidades de los diputados que se presenten de nuevo, y siendo aprobadas prestarán inmediatamente todos los diputados el juramento que prescribe el artículo 81, y en seguida procederán á hacer el nombramiento de presidente, vice-presidente y secretarios en los mismos términos que está prevenido en el artículo 82.

Art. 84. El congreso abrirá sus sesiones ordinarias el dia 1.º de Enero de cada año, y el dia 1.º de Setiembre de todos los años siguientes al de la renovacion del mismo congreso, debiendo asistir á actos tan importantes el gobernador del estado, quien pronunciará un discurso análogo á las circunstancias, al que contestará el presidnnte del congreso en términos generales.

Art. 85. El dia siguiente al de la apertura de las sesiones ordinarias se presentará el gobernador á dar cuenta al congreso por escrito del estado de la administracion pública, proponiendo las mejoras ó reformas que puedan hacerse en todos y cada uno de sus ramos.

Art. 86. Las sesiones del congreso serán diarias, sin otra interrupcion que la de los dias festivos solemnes. Todas deberán ser públicas á ecepcion de las que hayan de tratarse asuntos que ecsijan reserva, las cuales podrán ser secretas.

Art. 87. Las sesiones ordinarias del congreso que comienzan el dia 1.º de Enero durarán este mes y los tres siguientes de Febrero, Marzo y Abril, no pudiendo prorrogarse, sino cuando mas por otro mes en solos dos casos: primero, á peticion del gobernador, y segundo, si el mismo congreso lo juzgare necesario, debiendo concurrir para que haya acuerdo en uno y otro caso el voto de las dos terceras partes de todos los diputados. Las sesiones ordinarias que comienzan el dia 1.º de Setiembre durarán los treinta dias del mismo mes, sin que puedan prorrogarse por motivo ni pretesto alguno. Unas y otras se cerrarán con las mismas formalidades que se prescriben para su apertura.

Art. 88. Antes de concluir el congreso las sesiones ordinarias nombrará de su seno una diputacion permanente compuesta de tres individuos propietarios y un suplente, la que durará todo el tiempo intermedio de unas á otras sesiones ordinarias, y su presidente será el primer nombrado, y su secretario el último individuo propietario.

Art. 89. Cuando en el tiempo intermedio de unas á otras sesiones ordinarias ocurran circunstancias ó negocios que ecsijan la reunion del

ART. 82. The deputies shall then proceed to elect from among themselves by ballot, and majority of all the votes, a president, vice president and two secretaries, with which the permanent deputation shall cease in all its functions, and the members thereof immediately retiring, should they not have been re-elected, the president of congress shall declare that said body is solemnly and legally established.

ART. 83. For holding all other sessions, ordinary and extra, the deputies shall meet four days previous to that of opening the same in the manner provided in the first part of article 80, in order to resolve, in the same form as mentioned in the second part of said article, upon the legality of the credentials and qualifications of the deputies that are again presented, and being approved the deputies shall immediately be sworn as prescribed in article 81, and they shall then proceed to make choice of a president, vice president and secretaries in the same manner as provided in article 82.

ART. 84. Congress shall open its ordinary sessions on the first day of January, annually, and on the first of September, of every year following that of the renewal of congress, it being the duty of the governor to attend, in such important acts, who shall deliver a message in accordance with the state of affairs, to which the president of congress shall reply in general terms.

ART. 85. On the day following that of the opening of the ordinary sessions, the governor shall present himself to give information to congress in writing, of the state of the public administration, proposing the measures or reforms that may be made in each and every department thereof.

ART. 86. The sessions of congress shall be daily, with no other interruption than that of annual hollidays. They shall all be public, except those whereon subjects are to be treated requiring reserve, which may be private.

ART. 87. The ordinary sessions of congress, commencing on the first of January shall continue for that month, and the three following, of February, March and April, and shall not be prorogued except for one month at the longest, and in only two cases, first on petition of the governor, second, should congress itself judge necessary, and in both cases the vote of two-thirds of all the members shall be required. The ordinary sessions commencing on the first of September shall continue for the 30 days of said month, and from no cause, and under no pretence shall they be prolonged. Both shall be closed with the same formalities as prescribed for opening the same.

ART. 88. Congress, before closing its ordinary sessions, shall choose from its own body a permanent deputation composed of three members, proper, and one substitute which shall continue during the whole of the interval between both terms of ordinary session. The first chosen shall be president, and last member proper, secretary thereof.

ART. 89. When circumstances or business occur during the interval between both terms of ordinary session, requiring the meeting of

congreso, éste podrá ser convocado para sesiones estraordinarias siempre que asi se acuerde por el voto unánime de las dos terceras partes de los miembros de la diputacion permanente y del consejo del gobierno unidos para este efecto.

Art. 90. Si las circunstancias ó los negocios que han motivado la convocacion estraordinaria del congreso fuéren muy graves y urgentes, mientras puede verificarse la reunion, la diputacion permanente unida con el consejo y los demas diputados que se hallen en la capital, tomará las providencias del momento que sean necesarias, y dará cuenta de ellas al congreso luego que se haya reunido.

Art. 91. Cuando el congreso se reuna para celebrar sesiones estraordinarias, serán llamados para concurrir á ellas los mismos diputados que deben asistir á las ordinarias de aquel año, y se ocuparán esclusivamente del asunto ó asuntos conprendidos en la convocatoria; pero si no los hubiéren concluido para el dia en que deben abrirse las sesiones ordinarias, se cerrarán aquellas, y continuarán en estas los puntos para que fuéron convocadas las sesiones estraordinarias.

Art. 92. La celebraciou de sesiones estraordinarias no impide la eleccion de nuevos diputado en el tiempo prescrito por esta constitucion.

Art. 93. Las sesiones estraordinarias se abrirán y cerrarán con las mismas solemnidades que las ordinarias.

Art. 94. Las resoluciones que tome el congreso sobre la traslacion de su residencia, ó prorrogacion de sus sesiones. las hará ejecutar el gobernador sin hacer observaciones sobre ellos.

Art. 95. El congreso en todo lo que pertenezca á su gobierno y orden interior, observará el reglamento que se formará por el actual, pudiendo hacer en él las reformas que jusgare necesarias.

Art. 96. Los diputados se renovarán en su totalidad cada dos años pudiendo ser reelegidos los del congreso anterior; pero no se les podrá obligar á aceptar este encargo, sin mediando el hueco de una diputacion. Se eceptuan por esta vez de lo dispuesto en el presente articulo los diputados del congreso actual, en cuanto á que no podrán ser reelegidos para el procsimo constitucional.

SECCION IV.

De las atribuciones del Congreso. y de su diputacion permanente.

Art. 97. Son atribuciones esclusivamente propias del congreso,

1.° Decretar, interpertar. reformar, ó derogar las leyes relativas á la administracion y gobierno interior del estado en todos sus ramos.

2.° Regular los votos que hayan obtenido los ciudadanos en las asambleas electorales de partido para gobernador, vice-gobernador y consejeros del gobierno; y hacer el nombramiento de ellos en su caso.

3.° Decidir por escrutinio secreto los empates que haya entre dos ó mas individuos para la eleccion de estos cargos.

congress, it may be convoked to extra session, provided, that by unanimous vote two-thirds of the members of the standing deputation, and of the executive council, convened for that purpose, shall so agree.

Art. 90. Should the circumstances or business that occasioned the extra convocation of congress be very weighty and urgent, the standing deputation, convened with the council and other members present in the capitol, shall take the necessary temporary measures, and give notice thereof to congress as soon as it shall have convened.

Art. 91. When congress meets to hold extra sessions, the same deputies shall be called to concur therein, whose duty it is to attend the ordinary sessions of that year, and they shall be exclusively engaged upon the subject or subjects comprized in the letter of convocation; but should they not have concluded the same by the time the ordinary sessions are to be opened, the extra sessions shall be closed, and the business for which they were called, be continued in the former.

Art. 92. Holding extra sessions shall not impede the election of new deputies at the time prescribed by this constitution.

Art. 93. The extra shall be opened and closed with the same formalities as the ordinary sessions.

Art. 94. The governor shall cause all resolutions adopted by congress on removal of its residence, or prorogation of its sessions, to be executed, without making observations thereon.

Art. 95. Congress in all that pertains to its internal order and government, shall observe the rules that shall be formed by the present congress, with power to make therein, such reforms as it may judge necessary.

Art. 96. The deputies shall be entirely renewed every two years, and those of the preceding congress may be re-elected, but they shall not be obligated to accept this charge until after the interval occupied by a deputation. The deputies of the present congress shall for this time be excepted from the provision of this article, and shall not be re-elected to the next constitutional congress.

SECTION IV.

Powers of Congress, and its Permanent Deputation.

Art. 97. The following prerogatives shall belong to congress.

First,—To enact, interpret, amend or repeal the laws relative to the administration and internal government of the state in all its branches.

Second,—Regulate the votes received by citizens at the electoral district assemblies for governor, vice governor and councillors, and make choice of the same, as the case may be.

Third,—To decide by ballot the ties that occur between two or more persons in elections to said trusts.

4.° Resolver las dudas que se ofrezcan sobre estas elecciones, y sobre las calidades de los elegidos.

5.° Calificar las escusas que los ciudadanos elegidos aleguen para no admitir estos destinos, y determinar sobre ellas lo que le parezca.

6.° Constituirse en gran jurado para declarar si ha ó no lugar á la formacion de causa, asi por los delitos de oficio, como por los comunes contra los diputados del congreso, el gobernador, el vice-gobernador, los vocales del consejo, el secretario del gobierno, y los individuos del supremo tribunal de justicia del estado.

7.° Hacer efectiva la responsabilidad de estos funcionarios públicos, y disponer en su caso que se ecsija á los demas empleados.

8.° Fijar cada año los gastos públicos del estado en vista de los presupuestos que le presentará el gobierno,

9.° Establecer ó confirmar los impuestos, derechos ó contribuciones necesarias para cubrir estos gastos con arreglo á esta constitucion y á la general de la federacion. Arreglar su recaudacion, determinar su inversion, y aprobar su repartimiento.

10.° Ecsaminar y aprobar las cuentas de la inversion de todos los caudales públicos del estado.

11.° Contraer deudas en caso de necesidad sobre el crédito del estado, y designar garantias para cubrirlas.

12.° Decretar lo conveniente para la administracion, conservacion y enagenacion de los bienes del estado.

13.° Crear, suspender ó suprimir los empleos públicos del estado y señalarlés, disiminuirles ó aumentarles sus sueldos, retiros ó pensiones

14.° Conceder premios ó recompensas á las corporaciones ó personas que hayan hecho servicios esclarecidos al estado, y decretar honores públicos á la memoria póstuma de los grandes hombres.

15.° Reglamentar el método en que deba hacerse la recluta de los hombres que se necesiten para el servicio ó reemplazo de las compañias de milicia presidial permanente de caballeria, y de la milicia activa de la misma arma aucsiliar de aquella, que están destinadas á la defensa del estado por su institucion, y aprobar la distribucion que se haga entre los pueblos del estado, del cupo que respectivamente les corresponda para llenar aquel objeto.

16.° Decretar lo conveniente para el alistamiento é instruccion de la milicia civica del estado y nombramiento de sus oficiales conforme á la disciplina prescrita ó que se prescribiere por las leyes generales.

17.° Promover y fomentar por leyes la ilustracion y educacion pública, y el progreso de las ciencias, artes y establecimientos útiles, removiendo los obstáculos que entorpezcan objetos tan recomendables.

18.° Proteger la libertad política de la imprenta.

19.° Intervenir y dar ó negar su consentimiento en todos aquellos actos y casos en que lo previene esta constitucion.

Fourth,—Resolve upon doubts that arise upon said elections, and upon the qualifications of the persons elected.

Fifth,—Examine the reasons offered by those elected for not accepting said offices, and resolve thereon as it shall think proper.

Sixth—Form itself into a grand jury for declaring whether there be a just ground of action, both for crimes of office, and for crimes in general, committed against the deputies of congress, the governor, vice governor, members of the council, secretary of state, and members of the supreme tribunal of justice of the state.

Seventh,—Render the responsibility of the said public functionaries effectual, and provide that it be exacted of the other officers as the case may be.

Eighth,—Determine every year the state expenditures in view of the pre estimates, to be presented by the executive.

Ninth,—Establish or confirm the imposts, or contributions necessary for covering said expense in accordance with this constitution, and that of the republic Regulate their collection, determine their application, and approve their distribution.

Tenth,—Examine and approve the accounts of the disposition of all the funds of the state.

Eleventh,—Contract debts in case of need, on the credit of the state, and designate guaranties for covering the same.

Twelfth,—Enact what is proper for the administration, preservation, and alienation of the property of the state.

Thirteenth,—Create, suspend or abolish the public offices of the state; assign, diminish or augment them their salaries, recesses, or labours.

Fourteenth,—Grant rewards or recompenses to corporations or persons who may have rendered signal services to the state, and decree public honors to perpetuate the memory of great men.

Fifteenth,—Regulate the method of recruiting the men required for the service or replacement of the companies of the standing garrison militia, of cavalry, or of active militia, belonging to the same auxiliary aim of defence as the former, which are destined to the defence of the state by their institution, and approve of the allotments made among the towns of the state, of the portions that respectively belong to them for fulfiling that object.

Sixteenth,—Enact what is proper for the enrollment and instruction of the civic militia of the state, and appointment of its officers agreeably to the discipline that is now, or shall be hereafter prescribed by general law.

Seventeenth.—Promote and encourage public knowledge and education by laws, and the progress of the sciences, arts, and useful establishments, removing the obstacles that retard such commendable objects.

Eighteenth,—Protect the political liberty of the press.

Nineteenth,—Intervene, and give or withhold its consent in all those acts and cases wherein it is provided in this constitution.

Art. 98. Las atribuciones de la diputacion permanente son

1.ª Velar sobre la observancia de la acta constitutiva, constitucion y leyes generales de la Union, y particulares del estado, para dar cuenta al congreso de las infracciones que haya notado.

2.ª Convocar al congreso para sesiones estraordinarias en los casos, y en el modo prescritos por esta constitucion.

3.ª Desempeñar las funciones que se le señalan en los articulos 79 y 80.

4.ª Dar aviso á los diputados suplentes para que á su vez concurran al congreso en lugar de los propietarios; y si ocurriere el fallecimiento, o imposibilidad absoluta de unos y otros, comunicar las correspondientes ordenes al respectivo partido para que proceda á nueva eleccion.

5.ª Recibir los testimonios de las actas de elecciones de las asambleas electorales de partido para gobernador, vice-gobernador y vocales del consejo del gobierno, y entregarlos al congreso luego que se haya instalado.

SECCION V.

De la formacion y promulgacion de las Leyes.

Art. 99. En el reglamento interior del congreso se prebendrá la forma, intervalos, y modo de proceder en los debates y votaciones de los proyectos de ley ó decreto.

Art. 100. Todo proyecto de ley ó decreto que fuére desechado conforme al reglamento, no se volverá á proponer hasta las sesiones ordinarias del año siguiente; pero esto no impedirá que alguno ó algunos de sus articulos compongan parte de otros proyectos no desechados.

Art. 101. La mitad y uno mas del numero total de los diputados forman congreso para dictar providencias y trámites que no tengan el carácter de ley ó decreto. Para discutir y votar proyectos de ley ó decreto, y dictar órdenes que sean de mucha gravedad se requiere el concurso de las dos terceras partes de todos los diputados.

Art. 102. Si un proyecto de ley ó decreto, despues de discutido, fuére aprobado, se comunicará al gobernador, quien si tambien lo aprobare, procederá inmediatamente á promulgarlo y circularlo con las solemnidades correspondientes; pero si no, podrá hacer sobre él las observaciones que le parezcan, oyendo antes al consejo, y lo devolverá con ellas al congreso dentro de diez dias útiles contados desde su recibo.

Art. 103. Los proyectos de ley ó decreto, devueltos por el gobernador segun el articulo antecedente se discutirán segunda vez, pudiendo asistir á la discusion y hablar en ella el orador que designare el gobierno. Si en este segundo debate fuéren aprobados por los dos terceras partes de los diputados presentes, se comunicarán de nuevo al gobernador, quien sin escusa procederá inmediatamente á su solemne promulgacion y circulacion; pero si no fuéren aprobados en esta forma, no se

ART. 98. The following shall be the powers of the standing deputation.

First,—To watch over the observance of the constitutive act, constitution and general laws of the union, and the private laws of the state in order to give notice to congress of the violations it may have noticed.

Second,—Convoke congress to extra session as the case may be, and in the manner prescribed by this constitution.

Third,—Discharge the functions assigned it in articles 79 and 80.

Fourth,—Notify substitute deputies in order that they may join congress in their turn in lieu of the deputies proper; and in case of default or absolute impossibility of both, communicate the corresponding orders to the respective district, that it may proceed to a new election.

Fifth,—Receive the certified copies of the acts of election of the electoral district assemblies for governor, vice governor, and members of the executive council, and deliver them to congress as soon as it is installed.

SECTION V.

Formation and Promulgation of Laws.

ART. 99. The form, intervals, and mode of proceeding in discussion and in voting on projects of law or decree shall be provided in the internal rules of congress.

ART. 100. No project of law or decree that should be rejected according to the rules, shall be again proposed until the ordinary sessions of the year following; but this shall not prevent any one or more of their articles from forming a part of other projects not rejected.

ART. 101. One more than the half of the entire number of deputies shall form a quorum for dictating measures and steps not possessing the character of law or decree. For discussing and voting upon projects of law or decree, and dictating orders of great importance, the concurrence of two-thirds of all the members shall be required.

ART. 102. Should a project of law or decree, after being discussed, be approved, it shall be communicated to the governor, who, should he also approve it, shall immediately proceed to promulgate and circulate the same with the corresponding formalities; but should he not, he may make thereon such observations as he may deem proper, previously hearing the council, and shall return the same with his remarks to congress within ten available days, reckoned from its reception.

ART. 103. The projects of law or decree returned by the governor according to the preceding article shall be discussed the second time, and the public speaker, whom the executive should designate, may attend the discussion. Should they be approved by two-thirds of the members present, in this second discussion, they shall be again communicated to the governor, who, without objecting, shall immediately proceed to their formal promulgation and circulation, but should the said

podrán volver á proponer dichos proyectos hasta las sesiones del año siguiente.

Art. 104. Si el gobernador no devolviére algun proyecto de ley ó decreto dentro del término señalado en el articulo 102, por este mismo hecho se tendrá por sancionado, y como tal se promulgará, á menos que corriendo aquel, término, el congreso haya cerrado, ó suspendido sus sesiones, en cuyo caso la devolucion deberá verificárse el primer dia en que se haya reunido el congreso.

Art. 105. Las leyes se derogan con las mismas formalidades y por los mismos trámites que se establecen.

APENDICE A ESTE TITULO.

De las elecciones de los Diputados para el Congreso General de la Federacion.

Art. 106. Las asambleas electorales de partido, en el mismo dia y en la propia forma en que deben hacer la eleccion de los diputados al congreso del estado, procederán á la de los individuos que deban elegir los diputados para el congreso general de la Union, nombrando por cada siete mil almas un individuo que tenga las calidades requeridas en el articulo 53 de esta constitucion. En los partidos en que resulte un esceso de poblacion que pase de tres mil y quinientas almas, se nombrará por esta fraccion otro elector, y en los que no tengan la poblacion de siete mil, se nombrará sin embargo uno. Las mismas juntas, concluida que sea esta eleccion, remitirán copia certificada de su acta al vice-gobernador del estado, y pasarán tambien el correspondiente testimonio á cada uno de los elegidos para que les sirva de credencial.

Art. 107. Los electores asi nombrados pasarán á la capital del estado, donde se presentarán al vice-gobernador ó al que haga sus veces; y reuniéndose bajo la presencia de uno ú otro, tres dias antes del domingo primero del mes de Octubre, en sesion pública, en el edificio que se tenga por mas á propósito, nombrarán de entre ellos mismos dos escrutadores y un secretario, para que ecsaminando las credenciales, informen al siguiente dia si están ó no arregladas. Las credenciales de los escrutadores y secretario se ecsaminarán por un comision de tres individuos que igualmente se nombrará.

Art. 108. Al siguiente dia se reunirán de nuevo, se leerán los informes, y si se hallare defecto en las credenciales ó en las calidades de los electores, la junta decidira en sesion permanente, y su resolucion se ejecutará sin recurso por aquella sola vez, y para solo aquel caso, entendiéndose que la duda no puede versar sobre lo prevenido por esta ú otra ley.

Art. 109. El domingo primero del espresado mes de Octubre, reunidos los electores, y estando presentes la mitad y uno mas de todos ellos, se procederá al nombramiento de los diputados que deben concurrir por el estado al congreso general de la federacion, en la forma dispuesta

projects not be approved in this form, they cannot be again proposed until the sessions of the year following.

ART. 104 Should any project of law or decree not be returned by the governor within the time assigned in article 102, it shall be considered from that very fact as sanctioned, and shall be promulgated as such, unless congress should have closed or suspended its sessions during said term. in which case it shall be returned on the first day of the next term of session.

ART. 105. Laws shall be repealed with the same formalities, and by the same steps as they are established.

APPENDIX TO TITLE FIRST.

Election of Deputies to the General Congress.

ART. 106. The electoral district assemblies, on the same day, and in the same method they must perform the election of deputies to the state congress, shall proceed to elect the individuals who are to elect the deputies to the general congress, choosing, for every seven thousand souls, one person possessing the qualifications required by article 53 of this constitution. In districts wherein there proves to be an excess of population of more than three thousand five hundred souls, for this fraction another elector shall be chosen, and in those, whose population does not amount to seven thousand, one shall be chosen notwithstanding. The election having closed, said juntas shall forward a certified copy of their act to the vice governor of the state, and also the corresponding attested copy to each person elected, to serve him as a credential.

ART. 107. The electors thus chosen shall repair to the capitol of the state where they shall present themselves to the vice governor, or person acting in his stead, and convening under the presidence of either three days previous to the first Sunday of October, in public session, in the building they consider most appropriate, they shall choose from among themselves two tellers and a secretary that they may examine the credentials, and report on the day following whether they are in conformity to law. A committee of three persons shall likewise be chosen, to examine the credentials of the secretary and tellers.

ART. 108 On the day following they shall again assemble, the minutes shall be read, and should any defect be found in the credentials or qualifications of the electors, the meeting shall decide without adjourning, and the resolution thereof shall be carried into effect without appeal, for that time and case only. it being understood that the doubt cannot turn upon any provision in this or any other law.

ART. 109. On the first Sunday of the aforementioned month of October, the electors having convened, and one more than the half of them all being present, in the form provided by this constitution for the election of deputies to the state congress, they shall proceed to the election of those who are to represent the state in the general congress.

por esta constitucion para el nombramiento de los del congreso del estado. Hecho esto la junta dispondrá lo conveniente para cumplir con lo prevenido en el articulo 17 de la constitucion federal, y se disolverá.

TITULO II.

DEL PODER EJECUTIVO DEL ESTADO.

SECCION I.

Del Gobernador.

Art. 110. El gobernador del estado debe reunir al tiempo de su nombramiento las calidades siguientes:

Primera—Ser ciudadano en el ejercicio de sus derechos.
Segunda—Nacido en el territorio de la República.
Tercera—De edad de treinta años cumplidos.
Cuarta—Vecino de este estado, con residencia en él por cinco años, dos de ellos inmediatos á su eleccion.

Art. 111. Los eclesiasticos, los militares y demas empleados de la federacion en actual servicio de la misma, no pueden obtener el empleo de gobernador.

Art. 112. El gobernador del Estado durará cuatro años en el desempeño de su oficio, y no podrá ser reelegido para el mismo empleo, sino en el cuarto año de haber cesado en sus funciones.

Art. 113. Las prerrogativas del gobernador, atribuciones y restricciones de sus facultades son las siguientes.

Prerrogativas del Gobernador.

Primera—Puede el gobernador hacer observaciones sobre las leyes y decretos del congreso, en el modo y forma que se prescribe por el art. 102, suspendiendo su publicacion hasta la resolucion del mismo congreso; menos en los casos eceptuados en esta constitucion.

Segunda—Puede hacer al congreso las propuestas de leyes ó reformas que crea conducentes al bien general del estado.

Tercera—Puede indultar á los delincuentes con arreglo á las leyes.

Cuarta—El gobernador no puede ser acusado por cualesquiera delitos cometidos en el tiempo de su empleo, ni durante este, ni un año despues, contado desde el dia en que cesó en sus funciones, sino ante el congreso, y pasado aquel término ni ante este.

Atribuciones del Gobernador.

Primera—Cuidar de la conservacion del órden y tranquilidad pública en lo interior del estado, y de su seguridad en lo esterior, disponi-

This having been concluded, the meeting shall make the proper provision for complying with article 17 of the federal constitution, and it shall then dissolve.

TITLE II.

EXECUTIVE POWER OF THE STATE.

SECTION I.

The Governor.

ART. 110. The governor of the state shall possess the following qualifications at the time of his election.
First,—He shall be a citizen in the exercise of his rights.
Second,—Born in the territory of the republic.
Third,—Have attained the age of thirty years
Fourth,—An inhabitant of this state, having resided five years therein, two of which immediately preceding the election.
ART. 111. Ecclesiastics, military and other officers of the republic, in actual service thereof, cannot obtain the office of governor.
ART. 112. The governor of the state shall continue four years in the discharge of his office, and cannot be re-elected to the same office, except on the fourth year from having ceased in his functions.
ART. 113. The prerogatives of the governor, his attributes, and the restrictions of his powers, shall be as follows.

PREROGATIVES OF THE GOVERNOR.

First,—The governor may make observations upon the laws and decrees of congress in the manner and form prescribed by article 102, suspending their publication until said congress resolves thereon, unless in cases excepted by this constitution.
Second,—He may propose to congress such laws or amendments as he thinks conducive to the general good of the state.
Third,—He may pardon delinquents conformably to law.
Fourth,—The governor cannot be accused for any crime whatever committed during his term of office, and one year after, reckoned from the date whereon he ceased in his functions, except before congress, and after the expiration of that term, not even before congress.

ATTRIBUTES OF THE GOVERNOR.

First,—To take care that the internal order and tranquillity of the state be preserved, and of its safety without—for both objects disposing

endo para ambos objetos de la milicia del propio estado, que en toda la comprension de este mandará en gefe el mismo gobernador.

Segunda—Cuidar del cumplimiento de la acta constitutiva, de la constitucion general, de la particular del estado, y de las leyes, decretos y órdenes de la federacion y del congreso del mismo estado, espidiendo los decretos y órdenes convenientes para su ejecucion

Tercera—Formar, oyendo al consejo, las instrucciones y reglamentos que crea necesarios para el mejor gobierno de los ramos de la administracion pública del estado, los que pasará al congreso para su aprobacion.

Cuarta—Proveer con arreglo á la constitucion y á las leyes, todos los empleos del estado cuyo nombramiento no sea popular ni esté prevenido de ótro modo por aquellas.

Quinta—Nombrar y separar libremente al secretario del despacho.

Sexta—Cuidar de que la justicia se administre pronta y cumplidamente por los tribunales y juzgados del estado, y de que se ejecuten sus sentencias.

Séptima—Cuidar de la administracion y recaudacion de todas las rentas del estado, y decretar su inversion con arreglo á las leyes.

Octava—Suspender de sus empleos hasta por tres meses y privar aun de la mitad de sus sueldos por el mismo tiempo, oido el dictámen del consejo, á todos los empleados del estado que sean del ramo del poder ejecutivo, y de su nombramiento ó aprobacion, cuando infrinjan sus órdenes ó decretos, pasando los antecedentes de la materia al tribunal respectivo, en el caso que crea deber formárseles causa.

Novena—Proponer á la diputacion permanente la convocacion del congreso á sesiones estraordinarias, siempre que asi lo crea conveniente, oyendo antes al consejo.

Restricciones de las facultades del Gobernador.

No puede el gobernador

Primero—Mandar en persona la milicia civica del estado, sin espreso consentimiento del congreso, ó acuerdo en sus recesos de la diputacion permanente. Cuando la mande con la referida circunstancia el vice-gobernador se encargará del gobierno.

Segundo—Mezclarse en el ecsamen de las causas pendientes, ni disponer en manera alguna durante el juicio, de las personas de los reos en las criminales.

Tercero—Privar á ninguno de sus libertad, ni imponerle pena;— pero cuando el bien y seguridad del estado ecsijan el arresto de alguna persona, podrá verificarlo con calidad de poner las personas arrestadas á disposicion del tribunal ó juez competente dentro de cuarenta y ocho horas.

Cuarto—Ocupar la propiedad de ningun particular ó corporacion, ni embarazarle la posesion, uso, ó aprovechamiento de ella, si no es que

CONSTITUTION OF COAHUILA AND TEXAS. 330

of the militia of said state, of which he shall be commander in chief throughout its territory.

Second,—See that the constitutive act, the federal and state constitution, the laws decrees and orders of the general government, and of the congress of said state be fulfilled, issuing the proper orders and decrees for their execution.

Third,—Form, with the advice of the council, such instructions and regulations as he deems necessary for the better government of the departments of the public administration of the state, which he shall transmit to congress for approval.

Fourth,—Appoint agreeably to the constitution and laws, all the officers of state not chosen by the people, or as otherwise provided by law.

Fifth,—Freely appoint and remove the secretary of state.

Sixth,—See that justice be promptly and fully administered by the tribunals and courts of justice of the state, and that their decisions are executed.

Seventh,—Take care of the administration and collection of all the state rents, and decree their disposition according to law.

Eighth,—Suspend from office, as long as three months, and deprive of even one-half their salary for the same length of time, after hearing the advice of the council, all officers of the executive department, and of his appointment or approval on violating his orders or decrees, transmitting the data on the subject to the respective tribunal, should he think there is a proper ground of action.

Ninth,—Propose to the standing deputation, whenever he thinks proper after hearing the advice of the council, the convocation of congress to extra session.

RESTRICTIONS OF THE POWERS OF THE GOVERNOR.

The governor shall not have power.—

First,—To command the civic militia of the state in person without the express consent of congress or during its recess, the resolution of the permanent deputation. Whenever he commands the said militia on the aforesaid condition, the vice governor shall discharge the duties of governor.

Second,—Interfere in the examination of causes pending, or dispose in any manner of the persons of those accused in criminal cases, during the trial.

Third,—To deprive any one of his liberty or impose punishment upon him, but when the well being and safety of the state require the arrest of any person, he may effect it on condition of putting the persons arrested, within forty-eight hours, at the disposal of a competent tribunal or judge.

Fourth,—Take possession of the property of any private individual or corporation, or disturb him in the possession, use, or benefit thereof,

fuére necesario para un objeto de conocida utilidad general á juicio del consejo de gobierno, en cuyo caso podrá hacerlo con acuerdo de este y mediante la aprobacion del congreso, y en sus recesos de la diputacion permanente, indemnizando siempre á la parte interesada á juicio de hombres buenos elegidos por ella y el gobierno.

Quinto—Impedir ó embarazar en manera alguna, ni bajo de ningun pretesto, las elecciones populares determinadas por esta constitucion y las leyes, ni el que aquellas surtan todos sus efectos.

Sexto—Salir de la capital á otro lugar del estado por mas de un mes: si necesitare mas tiempo ó le fuére preciso salir del territorio del estado, pedirá licencia al congreso, y en sus recesos á la diputacion permanente.

Art. 114. Para publicar las leyes y decretos del congreso del estado, usará el gobernador de la formula que sigue:

"El gobernador del estado de Coahuila y Texas, à todos sus habitantes, sabed: que el congreso del mismo estado ha decretado lo siguiente: (aqui el testo de la ley ó decreto.) Por tanto, mando se imprima, publique, circule y se le dé el debido cumplimiento.

SECCION II.

Del Vice-Gobernador.

Art. 115. Habrá igualmente en el estado un vice-gobernador: sus calidades serán las mismas requeridas para el gobernador: su duracion la de cuatro años; y no podrá ser reelegido para el mismo empleo, sino en el cuarto año de haber cesado en sus funciones.

Art. 116. El vice-gobernador presidirá el consejo pero sin voto. si no es en los casos de empate: será tambien el gefe de policia del departamento de la capital, y cuando funcione como gobernador, desempeñará la gefatura politica un substituto que nombrará él mismo interinamente con aprobacion del consejo.

Art. 117. El vice-gobernador desempeñará las funciones del gobernador en vacante de este, ó cuando se halle impedido para servir su oficio, á juicio del congreso, ó de la diputacion permanente.

Art. 118. Cuando tambien falte el vice-gobernador hará las veces de gobernador el consejero que nombre el congreso. Si éste estuviére en receso, lo nombrará en lo pronto y hasta su reunion la diputacion permanente.

Art. 119. En caso de fallecimiento ó imposibilidad absoluta del gobernador ó vice-gobernador en los dos primeros años del ejercicio de sus empleos, se nombrará nuevo gobernador ó vice-gobernador al tiempo de hacerse las inmediatas elecciones de diputados del congreso.

Art. 120. Durante su encargo solo ante él congreso puede ser acusado el vice-gobernador por los delitos cometidas en el tiempo de su empleo, cualesquiera que sean estos.

unless it should be necessary for a purpose of manifest public utility in the judgment of the executive council, in which case he may do so with the concurrence of the council, and approval of congress, and during the recess, of the permanent deputation, always indemnifying the party interested agreeably to the opinion of appraisers chosen by the executive and the said party.

Fifth,—Impede or embarrass in any manner, or under any pretence the popular elections determined by this constitution and the laws, or that they have their entire effect.

Sixth,—Leave the capitol to go to any other part of the state for a longer time than one month; should he require a longer time, or should he be under the necessity of leaving the state, he shall request licence from congress, and during recess, from the permanent deputation.

ART 114. For publishing the laws and decrees of the congress of the state the governor shall use the following form:

"The Governor of the State of Coahuila and Texas, to all the inhabitants thereof: Be it known, that the Congress of said State has decreed as follows:—

(The original words of the law or decree to be here inserted.)

Wherefore I command it to be printed, published, and duly fulfilled.

SECTION II.

Vice-Governor.

ART. 115. There shall likewise be a vice-governor in the state, having the same qualifications as those required for governor; his term of office four years, and he cannot be re-elected to the same office until on the fourth year from having ceased in his functions.

ART. 116. The vice-governor shall preside over the council, but without having a vote, except in case of a tie. He shall also be the police chief of the department of the capitol; and when he officiates as governor the office of political chief shall be discharged by a substitute, whom he shall himself appoint provisionally with the approval of the council.

ART. 117. The vice-governor shall discharge the office of governor during its vacancy, or when the latter in the opinion of congress or the permanent deputation is impeded from serving.

ART. 118. When the vice-governor also fails, the councillor whom congress appoints shall act in the place of Governor. Should it be during recess, the appointment shall be made provisionally, until the meeting of congress, by the permanent deputation.

ART. 119. In case of decease or absolute impossibility during the two first years of exercising their functions, a new governor or vice-governor shall be chosen at the time of holding the next election for deputies to congress.

ART. 120. For crimes of any kind whatever, committed during his term of office, the vice-governor can be accused only before congress.

SECCION III.

Del Consejo de Gobierno.

ART. 121. Para el mejor desempeño en el ejercicio de sus funciones, tendrá el gobernador un cuerpo consultivo que se denominará *consejo de gobierno*, y lo compondrán tres vocales propietarios y dos suplentes: de todos los cuales solo uno podrá ser eclesiástico.

ART. 122. Para ser individuo del consejo se requieren las mismas calidades que para ser diputado. Los que están inhibidos de ser diputados no pueden ser consejeros.

ART. 123. Cada dos años se renovará el consejo, saliendo la primera vez uno de los vocales propietarios y suplente que hayan sido ultimamente nombrados: en la segunda los demas propietarios y el otro suplente, y asi sucesivamente.

ART. 124. Ningun consejero podrá ser reelecto sino en el cuarto año de haber cesado en su oficio.

ART. 125. Cuando el gobernador del estado asistiére al consejo lo presidirá sin voto, y en tal caso no asistirá el vice-gobernador.

ART. 126. El secretario del consejo lo será uno de sus miembros en el modo y forma que lo disponga su reglamento interior, que formará el mismo consejo y lo presentará al gobierno, quien lo pasará al congreso para su aprobacion.

ART. 127. Son atribuciones del consejo,

Primera—Dar dictámen fundado y por escrito al gobernador en todos aquellos negocios en que la ley imponga á éste la obligacion de pedirlo, y en los demas en que el mismo gobernador tenga á bien consultarle.

Segunda—Velar sobre la observancia de la acta constitutiva, constitucion federal y leyes generales de la Union, constitucion y leyes particulares del estado, dando cuenta al congreso con las infracciones que note.

Tercera—Promover el establecimiento y fomento de todos los ramos de prosperidad del estado.

Cuarta—Proponer ternas para la provision de aquellos empleos en que la ley ecsija este requisito.

Quinta—Acordar en union de la diputacion permanente conforme al articulo 89, la convocacion del congreso á sesiones estraordinarias, y reunirse con la misma diputacion para las providencias del momento que sean necesarias en los casos d l articulo 90.

Sexta—Glosar las cuentas de todos los caudales públicos, y pasarlas al congreso para su aprobacion.

ART. 128. El consejo será responsable de todos los actos relativos al ejercicio de sus atribuciones.

SECTION III.

Executive Council.

ART. 121. For the better discharge of the duties of his office the governor shall have a body for consultation, to be styled *Executive Council*, which shall be composed of three voters proper, and two substitutes, of all whom one only, can be an ecclesiastick.

ART. 122. For being a member of the council the same qualifications shall be required as for being a deputy. Those not eligible as deputies, cannot be councillors.

ART. 123. The council shall be renewed every two years, one voter proper, and one substitute, the last chosen, retiring in the first, the other members proper and the other substitute in the second instance, and so on successively.

ART. 124. No councillor can be re-e'ected until the fourth year from the expiration of his office.

ART. 125. When the vice-governor attends the council he shall preside without having a vote, and in that case the vice-governor shall not attend.

ART. 126. The secretary of the council shall be one of the members thereof, in the manner and form provided in its internal rules, which the council itself shall form and present to the executive, who shall transmit them to congress for approval.

ART. 127. The attributes of the council shall be as follows.

First,—To give the governor a written report in all business wherein the law imposes on the latter the duty of requesting the same, and in other matters wherein the governor himself thinks proper to consult said body.

Second,—Watch over the observance of the constitutive act, federal constitution, and general laws of the union, constitution and private laws of the state, apprizing congress of any violations it may observe.

Third,—Promote establishment of, and give activity to, all the branches of prosperity of the state.

Fourth,—Propose nominations of three for filling those offices, wherein the law exacts this requisite.

Fifth,—Concur with the permanent deputation agreeably to article 89, on the convocation of congress to extra session, and meet with said deputation for the temporary measures that may be necessary in those cases mentioned in article 90.

Sixth.—Explain the accounts of all the public funds, and transmit the same to congress for approval.

ART. 128. The council shall be responsible for all acts relating to the exercise of its attributes.

SECCION IV.

De las elecciones de gobernador, vice-gobernador y consejeros.

Art. 129. Al dia siguiente de haberse hecho las elecciones de diputados del congreso, las juntas electorales de partido, todas y cada una, nombrarán un gobernador. un vice-gobernador, tres consejeros propietarios y dos suplentes, haciendo dichos nombramientos en el modo y términos que previenen los artículos 71, 72, 73 y 74.

Art. 130. Concluidas dichas elecciones, se fijará inmediatamente en el parage mas público una lista firmado por el secretario de la asamblea, que comprenda los nombres de los elegidos y destinos para que lo han sido: se firmarán las actas por el presidente y los electores, y en pliego certificado se remitirán testimonios de ellas, autorizados por el mismo presidente, secretario y escrutadores, á la diputacion permanente.

Art. 131. El dia de la apertura de las primeras sesiones ordinarias del congreso, el presidente que haya sido de la diputacion permanente, presentará los referidos testimonios, y despues de haberse leido, el congreso nombrará una comision de su seno y los pasará á ella para su revision y que dé cuenta con el resultado dentro de tercero dia.

Art. 132. En este dia procederá el congreso á calificar las elecciones hechas por los partidos, y á hacer la enumeracion de votos.

Art. 133. El individuo que reuniere la mayoria absoluta de votos de las juntas electorales de partido, computados aquellos por el número total de los vocales que compongan estas, será el gobernador, vice-gobernador ó consejero, segun sea la eleccion de que se trate.

Art. 134. Si ninguno reuniére la espresada mayoria, el congreso elegirá para estos empleos uno de los dos ó mas individuos que tengan mayor número de sufragios, y lo mismo sucederá cuando ninguno tuviére esta mayoria respectiva, sino que todos estén igualados en votos.

Art. 135. Si solo un individuo obtuviére la mayoria respectiva, y dos ó mas un número igual de sufragios, pero mayor que el de todos los otros, el congreso elegirá de entre aquellos un individuo, y este competirá para el nombramiento con el que reunió la mayoria respectiva.

Art. 136. En caso de empate se repetirá la votacion por una sola vez, y si aun resultare empatada decidirá la suerte.

Art. 137. Los empleos de gobernador, vice-gobernador y consejeros, se desempeñarán con preferencia á cualquiera otro del estado, y la misma preferencia tendrán entre si por su orden. Los elegidos para estos destinos tomarán posesion de ellos el dia primero de Marzo, y no podrán escusarse de servirlos sino los diputados del congreso al tiempo de la eleccion, y los que á juicio del mismo congreso estén imposibilitados fisica ó moralmente.

Art. 138. Si por algun motivo, el gobernador electo no estuviére presente este dia para entrar en el ejercicio de sus funciones, entrará á

SECTION IV.

Election of Governor, Vice-Governor and Councillors.

ART. 129. On the day following the election of deputies to congress each and every electoral district junta shall choose a governor, vice governor, three councillors proper and two substitutes, holding said election in the mode and manner provided in articles 71, 72, 73 and 74.

ART. 130. Said election having closed, a list signed by the secretary of the assembly, comprising the names of the persons elected and offices for which they were chosen, shall be immediately posted in the most public place. The acts shall be signed by the president and electors, and attested copies thereof authorized by the said president, secretary and tellers shall be transmitted, enclosed in a certified sheet, to the standing deputation.

ART. 131. On the day the first ordinary sessions of congress are opened, the ex-president of the standing deputation shall present the aforementioned attested copies, and after they are read, congress shall choose a committee from its own body, to which they shall be referred, that said committee may review the same and report thereon on the third day.

ART. 132. On said day congress shall proceed to determine the elections made by the districts, and compute the votes.

ART. 133. The person who receives the absolute majority of votes of the district electoral assemblies, to be computed according to the whole number of voters composing the same, shall be governor, vice governor, or councillor, as the election under consideration may be.

ART. 134. Should no person receive the aforesaid majority, congress shall elect for said offices one of the two or more individuals having the highest number of votes; and the same shall be done when no one has said respective majority, but all an equal number of votes.

ART. 135. Should one person only receive the respective majority, and two or more an equal number of votes, but greater than that of all the others, congress shall elect one individual from among the former, to be run in competition for the election, with the person who received the respective majority.

ART. 136. In case of tie the balloting shall be repeated once only, and should there still be a tie it shall be determined by lot.

ART. 137. The offices of governor, vice-governor and councillors shall be discharged in preference to any other whatever in the state, and shall successively have the same preference among themselves. Those elected to said stations shall take possession thereof on the first of March, and they cannot decline serving, except the deputies to congress at the time of the election, and those who, in the judgment of said congress, are morally or physically disabled.

ART. 138. Should the governor elect from any cause, not be present on said day to enter on the performance of his functions, the vice-

desempeñarla el vice-gobernador nuevamente electo; y si este tampoco se hallare pronto, se llenará su falte conforme al articulo 118.

SECCION V.

Del Secretario del despacho de Gobierno.

ART. 139. El despacho de los negocios del supremo gobierno del estado, sean estos de la clase que fueren, correrá al cargo de un secretario que se titulará *secretario del despacho del gobierno del estado.*

ART. 140. Para ser secretario del despacho del gobierno, se requiere ser ciudadano en el ejercicio do sus derechos; mayor de viente y cinco años, nacido en el territorio de la federacion Mexicana, vecino de este estado, con residencia en él tres años, uno de ellos immediato á su eleccion, Los eclesiasticos no pueden obtener este empleo.

ART. 141. Todas las leyes, decretos, órdenes, instrucciones y reglamentos que se circulen á los pueblos, ó se dirijan á determinada corporacion ó persona por el gobernador, asi como tumbien las copias que emanen de la secretaria, deberán ser autorizadas por el secretario, y sin este requisito no serán obedecidas ni harán fé.

ART. 142. El secretario será responsable con su persona y empleo de lo que autorise con su firma contrario á la acta constitutiva, constitucion y leyes generales de la Union, ó particulares del estado, y ordenes del presidente de la republica que no sean manifiestamente opuestas á dichas constituciones y leyes, sin que le sirva de escusa habérselo mandado el gobernador.

ART. 143. Para el gobierno interin de la secretaría se observará el reglamento que formará, el secretario y aprobará el congreso.

ART. 144. Este empleado público, y lo mismo el gobernador, vice-gobernador y consejeros cesarán durante su encargo, en el desempeño de los empleos que obtenian, luego que hayan tomado posesion de sus destinos.

SECCION VI.

De los gefes de policia de departamento, y de los subalternos ó gefes de partido.

ART. 145. En la cabecera de cada departamento del estado habrá un funcionario á cuyo cargo estará el gobierno politico del misma, y se denominará *gefe de polcia del departamento.*

ART. 146. Para ser gefe de departamento se requiere ser ciudadano en el ejercicio de sus derehos, de edad de viente y cinco años cumplidos, vecino del estado, y residente en él tres años, uno de ellos immediata á su eleccion.

ART. 147. El gobernador á propuesta en terna del consejo apoyada en informes de los Ayuntamientos del departmento respectivo, nombrará los gefes de departamento, ecepto el de la capital.

governor newly chosen shall enter on the discharge of the office, and should he also be absent, his default shall be supplied agreeably to article 118.

SECTION V.

SECRETARY OF STATE.

ART. 139. The despatch of all business whatever pertaining to the executive department of the state shall be under the charge of a secretary, to be styled Secretary of State.

ART. 140. For holding said office, it shall be required to be a citizen in the exercise of his rights, over twenty-five years of age, a native of this republic, an inhabitant of this state, with three years residence therein, and one year immediately preceding his election. Ecclesiastics cannot hold said office.

ART. 141. All laws, decrees, orders regulations and instruc-circulated to the towns, or directed by the governor to a particular corporation or person, as well as the copies emanating from the department shall be authoriaed by the secretary, and without this requisite they shall not be obeyed, or be productive of faith.

ART. 142. The secretary shall be responsible with his person and office for whatever he authorizes with his signature contrary to the constitutive act, the constitution and general laws of the union, or private constitution and laws of the state, and orders of the president of the republic not manifestly opposed to said constitutions and laws, without availing him as an excuse, his having done so by order of the governor.

ART. 143. For the internal administration of his office the rules which the secretary shall form, and congress approve, shall be observed.

ART. 144. Said public officer, also the governor, vice-governor and councillors shall cease, during their trust, to discharge the duties of any public stations they were filling, as soon as they have taken possession of office.

SECTION VI.

Department Police Chiefs, and Subordinate or District Chiefs.

ART. 145. In the capital of each department of the state there shall be an officer charged with the political administration thereof, to be styled *Department Police Chief.*

ART. 146. To be a department chief it shall be required to be a citizen in the exercise of his rights, to have attained the age of twenty-five years, to be an inhabitant of the state, with three years residence therein, and one of which immediately preceding his election

ART. 147. The governor on nomination of three by the council, supported by reports from the Ayuntamientos of the respective department, shall appoint the department chiefs, except the one in the capital.

Art. 148. Los gefes de departamento estarán sujetos immediatamente al gobernador del estado; y de ninguna manera uno á otro. Durarán cuatro años en sus destinos, y podran ser continuados en ellos, concurriendo las mismas formalidades prescritas para su primer nombramiento.

Art. 149. En la cabecera de cada partido que no sea el en que resida el gefe del departamento, habrá ademas un gefe subalterno ó de partido, nombrado por el gobierno á propuesta en terna del mismo gefe del departamento.

Art. 150. Los gefes subalternos ó de partido deben tener las mismas calidades que los de departamento, con la diferencia de que su vecindad y residencia han de ser en el distrito del mismo partido; y tendrán ademas algun modo honesto de vivir, capaz de mantenerlos con decencia.

Art. 151. La duracion de los gefes de partido en sus destinos será la misma de los de departamento, y á propuesta de estos, podrán tambien continuarse en sus empleos.

Art. 152. Nadie podrá escusarse de servir estos encargos sino en caso de reeleccion para los mismos dentro de los cuatro años de haberlos servido, ó con otra causa legítima á juicio del gobernador, quien resolverá oyendo antes al gefe del departamento respectivo.

Art. 153. Tanto estos gefes, como los de departamento son responsables de todos sus actos de omisiones contra la constitucion y leyes generales de la federacion, y particulares del estado: los primeros á los mismos gefes de departamento, á quienes estarán inmediatamente subordinados, y estos al gobernador.

Art. 154. Las atribuciones de unos y otros gefes, y el modo con que deben desempeñarlas, se detallarán en el reglamento para el gobierno politico-económico de los pueblos.

SECCION VII.

De los Ayuntamientos.

Art. 155. Toca á los ayuntamientos el cuidar de la policía y gobierno interior en los pueblos del estado, y á este fin los habrá en todos aquellos que hasta aqui los hayan tenido.

Art. 156. En los pueblos que no los tengan y convenga el que los haya, se pondrán; no pudiendo dejar de haberlos en las cabeceras de partido cualquiera que sea su poblacion, ni en los pueblos que por sí ó con su comarca lleguen á mil almas, si no es que estos se hallaren unidos á otra municipalidad, en cuyo caso, por que por otras circunstancias pueda no convenir su separacion, será necesario para que tengan Ayuntamiento que lo declare el congreso, prévio informe del gobierno, y el espediente que deberá formarse con señalamiento del territorio que haya de ocupar la nueva municipalidad.

Art. 157. Los pueblos que no tuvieren el número señalado de almas, pero que unidos con ventajas á otro ú otros, puedan formar una

Art. 148. The chiefs of department shall be immediately subject to the governor, and in no way to each other.

Art. 149. In the capitol of each district, except the one where the department chief resides, there shall be furthermore, a suborbinate or district chief, appointed by the executive on nomination of three by the said chief of department.

Art. 150. The subordinate or district shall possess the same qualifications as the department chiefs, with the difference that the domiciliation and residence must be within the precincts of the same district; and they shall furthermore, have some honorable way of living, sufficient to afford them a suitable support.

Art. 151. The term of office of the district shall be the same as that of the department chiefs, and, on nomination by the latter, they may also continue in office.

Art. 152. No one can decline serving in said trusts, except in case of re-election to the same within four years from the time of serving, or from some other legal cause in the opinion of the governor, who shall resolve after hearing the respective chief of department.

Art. 153. Both of these and the department chiefs shall be responsible for all their acts of omission against the constitution and general laws of the republic, and those of the states, the former to said chiefs of department, under whose immediate orders they shall act, and the latter to the governor.

Art. 154. The attributes of both chiefs, and the manner they are to exercise the same, shall be detailed in the regulations for the politico-financial administration of the towns.

SECTION VII.

Ayuntamientos.

Art. 155. It shall belong to the Ayuntamientos to attend carefully to the police, and internal administration of the towns of the state, and there shall be Ayuntamientos in all those towns where they have heretofore existed.

Art. 156. Ayuntamientos shall be established in towns where there are none, wherein it is proper they should exist, and they shall be established without fail in the district capitals, whatever be the population thereof, and in towns which, of themselves or with the territory they embrace contain a population to the amount of one thousand souls, unless said towns should be annexed to another municipality, in which case, (since from other considerations it may not be proper for them to separate,) in order that they may have an Ayuntamiento, it shall be so declared by congress, after receiving the report of the governor, and the despatch that shall be formed, assigning the limits that are to embrace the new municipality.

Art. 157. Towns that should not possess the population assigned, and which find it practicable being advantageously annexed to

municipalidad, la formarán; y el Ayuntamiento se establecerá en el lugar mas conveniente á juicio del gobierno. Por circunstancias particulares pueda disponer el congreso, prévio el espediente respectivo é informe del gobierno, que haya Ayuntamiento en los lugares de menor poblacion.

Art. 158. En las poblaciones en que no pueda tener lugar, el establecimiento do Ayuntamiento, y que por su mucha distancia de otras municipalidades tampoco estas pueden cuidar de su gobierno interior, las juntas electorales de aquela á que pertenezcan, nombrarán un comisario de policia y un síndico procurador, que desempeñarán las funciones que les designe el reglamento del gobierno político de los pueblos.

Art. 149. Los ayuntamientos so compondrán del Alcalde ó Alcaldes, síndico ó sindicos y regidores, cuyo número designará el citado reglamento.

Art. 160. Para ser individuo del ayuntamiento se requiere ser ciudadano en el ejercicio de sus derechos, mayor de veinte y cinco años, ó de veinte y uno siendo casado, vecino del distrito del Ayuntamiento, con residencia en él de tres años, uno de ellos inmediato á su eleccion, tener algun capital ó industria de que poder susistir, y saber lér y escribir.

Art. 161. No pueden ser individuos del ayuntamiento los empleados públicos asalariados por el estado, los militares y demas empleados del gobierno general en actual ejercicio, ni los eclesiasticos.

Art. 162. Los Alcaldes se renovarán cada año en su totalidad, los regidores por mitad, y lo mismo los procuradores sindicos si fueren dos. Siendo uno solo se mudará todos los años.

Art. 163. El que hubiere desempeñado cualquiera de estos encargos, no podrá obtener ninguno otro municipal, ni ser reelegido para el mismo que servió, hasta despues de dos años de haber cesado en el.

Art. 164. Los individuos de los Ayuntamientos serán nombrados por medio de justas electorales municipales, que se celebrarán en la misma forma en que se hacen las juntas municipales acordadas para el nombramiento de los diputados del congreso. Aquellas juntas se convocarán el primer domingo de diciembre, y se reunirán y desempeñarán sus funciones el segundo domingo y dia siguiente.

Art. 165. En consecuencia de dichas juntas, se tendrán por constitucionalmente nombrados para Alcaldes, regidores y sindicos, los ciudadanos que hayan reunido mayor número de votos en las respectivas listas. El empate que hubiere entre dos ó mas individuos, lo decidirá por medio de la suerte el ayuntamiento ecsistente al tiempo de la eleccion.

Art. 166. Si falleciere alguno de los individuos del Ayuntamiento, ó por cualquiera otro motivo vacare su encargo, lo seguirà desempeñando el ciudadano que en el órden de la lista respectiva cuente mayor número de votos.

Art. 167. Los oficios de Ayuntamiento son carga consejil de que nadie podrá escusarse.

another or others, shall constitute a municipality, and the Ayuntamento shall be established at the place most convenient in the opinion of the executive.

ART. 158. In towns wherein Ayuntamientos cannot be established, and which are so distant from the other municipalities that the latter cannot attend to the internal administration thereof, the electoral juntas of that to which they belong shall choose a commissary of police and a *sindico procurador* to discharge the duties assigned them in the regulations for the political administration of the towns.

ART. 159. The Ayuntamientos shall be composed of the Alcalde or Alcaldes, Sindico or Sindicos and Regidores, whose number shall be designated in the aforementioned regulations.

ART. 160. To be a member of the Ayuntamiento it shall be required to a citizen in the exercise of his rights, over twenty-five years of age, or twenty-one being married, an inhabitant within the jurisdiction of the Ayuntamiento, with three years residence therein, one year immediately preceding their election, to have some capital or trade whereby to subsist, and to be able to read and write.

ART. 161. Public officers receiving a salary from the state, military and other officers of the general government in actual discharge of their duties, and ecclesiastics, cannot be members of the Ayuntamiento.

ART. 162. The Alcaldes shall all be replaced every year, of the regidores, one half their number, and sindicos procuradores the same, should there be two; should there be only one he shall be replaced every year.

ART. 163. A person who has performed the duties of said trusts, cannot hold any other municipal office, or be re-elected to that which he filled, until after two years from having ceased therein.

ART. 164. The members of the Ayuntamientos shall be chosen by the municipal electoral meetings, which shall be holden in the same manner as the municipal meetings established for the election of deputies to congress. The former juntas shall be convoked on the first Sunday in December, and they shall meet and perform their duties on the second Sunday and day following.

ART. 165. Pursuant to said meetings those citizens who have received the greatest number of votes in the respective lists shall be considered constitutionally elected as Alcaldes, Regidores and Sindicos. In case of a tie between two or more persons it shall be decided by lot by the Ayuntamiento acting at the time of the election.

ART. 166. Should any member of the Ayuntamiento decease, or his office become vacant from any other cause, the person receiving the highest number of votes in the order of the respective list shall succeed him in the discharge of the duties.

ART. 167. Ayuntamental offices shall be municipal charges, which no one can decline.

TITULO III.

DEL PODER JUDICIAL.

SECCION UNICA.

De la Administracion de Justicia en lo General.

Art. 168. La administracion de justicia en lo civil y criminal corresponde esclusivamente á los tribunales y juzgados que con arreglo á la constitucion deben ejercer el poder judicial.

Art. 169. Ni el congreso ni el gobernador pueden avocarse las causas pendientes, y abrir las ya fenecidas ni los mismos tribunales y juzgados.

Art. 170. Todo habitante del estado deberá ser juzgado por tribunales y jueces competentes, establecidos con anterioridad al acto por que se jusgo, y de ninguna manera por comision especial ni ley retroactiva.

Art. 171. Las leyes areglarán el orden y formalidades que deben observarse en los procesos: estas serán uniformes en todos los juzgados y tribunales, y ninguna autoridad podrá dispensarlas.

Art. 172. Los tribunales y juzgados, como autorizados únicamente para aplicar las leyes, nunca podrán interpretarlas ni suspender su ejecucion.

Art. 173. Los militares y eclesiásticos residentes en el estado, continuarán sujetos á sus respectivas autoridades.

Art. 174. Ningun negocio tendrá mas que tres instancias y otros tantas sentencias definitivas. Las leyes dispondrán cual de dichas sentencias ha de causar ejecutória, y de ella no se admitirá otro recurso que el de nulidad en la forma y para los efectos que se prevengan.

Art. 175. El juez que haya sentenciado un asunto en alguna instancia, no puede conocer de nuevo en cualquiera otra, ni en el recurso de nulidad que sobre él mismo se interponga.

Art. 176. El cohecho, soborno y prevaricacion producen accion popular contra el magistrado ó juez que los cometieren.

Art. 177. La justicia se administrará en nombre del estado libre de Coahuila y Tejas en la forma que prescriban las leyes.

PARRAFO PRIMERO.

De la Administracion de Justicia en lo Civil.

Art. 178. Todo habitante del estado queda espedito para terminar sus diferencias, sea cual fuere el estado del juicio, por medio de jueces árbitros ó de cualquiera otro modo estrajudicial: sus convenios

TITLE III.

JUDICIAL POWER.

SOLE SECTION.

Administration of Justice in general.

ART. 168. The administration of justice in civil and criminal cases shall exclusively belong to the tribunals and courts of justice which agreeably to the constitution should exercise the judicial power.

ART. 169. Neither congress, or the governor can remove cases pending from an inferior to a superior court; nor can the tribunals and courts of justice themselves open those already concluded.

ART. 170. Every inhabitant of the state shall be judged by competent tribunals and judges, established prior to the act by which he is judged, and in no way by special commission, or retroactive law.

ART. 171. The laws shall regulate the order and formalities to be observed in suits at law. These shall be uniform in all the courts of justice and tribunals, and no authority can dispense therewith.

ART. 172. The tribunals and courts of justice, being authorised solely for applying the laws, shall never interpret the same, or suspend their execution.

ART. 173. Military men and ecclesiastics, residing in the state, shall continue subject to their respective authorities.

ART. 174. No affair shall have more than three processes, and a like number of determinate decisions. The law shall provide which of said sentences shall produce a warrant of attorney, and from said sentence no other appeal shall be admitted than that of nullity, in the form, and for the purposes the law provides.

ART. 175. A judge who has rendered a decision in a case, in any process thereof, cannot take cognizance anew in any other process whatever, or in appeal of nullity interposed in said case.

ART. 176. Bribery, subornation and prevarication are ground for public action against the magistrate or judge who should commit the same.

ART. 177. Justice shall be administered in the name of the state, in the manner the laws prescribe.

PARAGRAPH FIRST.

Administration of Justice in Civil Matters.

ART. 178. Every inhabitant of the state shall be perfectly free to terminate his controversies, whatever be the state of the trial, by means of arbitrators, or in any other extrajudicial manner. His agree-

en este particular serán observados religiosamente, y las sentencias de los árbitros ejecutadas, si las partes al hacer el compromiso no se reservaren el derecho de apelar.

Art. 179. Los negocios de corta cantidad serán terminados por providencias gubernativas que se ejecutarán sin recurso alguno. Una ley particular fijará la cantidad y el modo de procederse en ellos.

Art. 180. En los demas negocios civiles y criminales sobre injurias, se tendrá el juicio de conciliacion en la forma que establezca la ley, y sin hacer constar que se intentó aquel medio, no podrá establecerse juicio escrito si no es en los casos que determinará la misma ley.

PARRAFO SEGUNDO.

De la Administracion de Justicia en lo Criminal.

Art. 181. Toda demanda criminal por delitos ligeros que deban ser castigados con penas correccionales, será juzgada por providencias gubernativas sin forma ni figura de juicio, y de su resultado no se interpondrá apelacion ni otro recurso. La ley señalará aquellas penas y calificará los delitos á que correspondan.

Art. 182. En los delitos graves se instruirá informacion sumaria del hecho, sin cuyo requisito y el del correspondiente auto motivado que se notificará al reo y pasará al alcalde en cópia, nadie podrá ser preso.

Art. 183. Si los jueces no pudieren cumplir en lo pronto con lo prevenido en el anterior articulo, el arrestado no se tendrá como preso sino en clase de detenido, y si dentro de cuarenta y ocho horas no se le hubiere notificado el auto de prision, y communicádose este al alcaide, se pondrá en libertad.

Art. 184. El que dé fiador en los casos en que la ley no lo prohiba espresamente, no se llevará á la cárcel, y en cualquier estado de la causa que aparezca no poderse imponer al preso pena corporal, se pondrá este en libertad bajo de fianza.

Art. 185. Los que hayan de declarar en materias criminales sobre hechos propios lo harán sin juramento.

Art. 186. Al delincuente en fragante todos pueden arrestarlo y conducirlo á la presencia del juez.

Art. 187. Se tendrá el mayor cuidado en que las cárceles sirvan solo para asegurar á los reos y no para molestarlos.

Art. 188. Las causas criminales serán públicas en el modo y forma que dispongan las leyes, desde luego que se trate de recibir al reo su confesion con cargos.

Art. 189. Queda prohibida para siempre la pena de confiscacion de bienes; y aun el embargo de estos solo podrá verificarse cuando se proceda por delitos que lleven consigo responsabilidad pecuniaria, y unicamente en proporcion á esta.

ments in this particular shall be strictly observed, and the decisions of arbitrators executed, should the parties on making the mutual promise not reserve the right of appeal.

ART. 179. Cases of a small amount shall be terminated by executive measures which shall be executed without any recourse. A particular law shall fix the sum and mode of proceeding therein.

ART. 180. In other civil and criminal matters in respect to wrongs there shall be a trial by conciliation, and without proving that this means has been attempted a trial by writing cannot be established, except in cases which the law itself shall determine.

PARAGRAPH SECOND.

Administration of Justice in Criminal Matters.

ART. 181. All criminal actions, for light transgressions that should be punished by correctional penalties, shall be decided by executive judgment without the form or shape of trial, and from the result no appeal, or any other recourse can be interposed. The law shall assign said penalties, and determine the crimes to which they correspond.

ART. 182. In grave offences summary information of the fact shall be drawn up authoritatively, without which requisite and that of the corresponding consequent warrant that shall be notified to the accused, and a copy thereof communicated to the jailor, no person can be a prisoner.

ART. 183. Should the judges not be able immediately to fulfil the provision of the preceding articles, the person arrested shall not be considered a prisoner but in the light of one detained; and should the jail warrant not be made known to him within forty-eight hours, and communicated to the jailor, he shall be discharged.

ART. 184. A person who gives bail in said cases, wherein it is not expressly prohibited by law, shall not be taken to prison, and in whatever state of the cause it appears that corporal penalty cannot be imposed on the prisoner, he shall be released under bail.

ART. 185. Those who have to declare in criminal matters upon their own actions shall do so without being under oath.

ART. 186. All persons may arrest a delinquent in the act, and conduct him to the presence of the judge.

ART. 187. The greatest care shall be taken that the jails serve only for securing, and not for molesting the accused.

ART. 188. Criminal causes shall be public, in the manner and form the laws provide, as soon as it is proposed to receive the declaration of the accused in reply to the charges.

ART. 189. The confiscation of property shall forever be prohibited, and even the seizure thereof can only be effected on proceeding in crimes involving a pecuniary responsibility, and only in proportion thereto.

Art. 190. No se usará nunca de tormentos y apremios, y las penas que se impongan, cualquiera que sea el delito, no serán trascendentales á la familia del que las sufre, sino que tendrán su efecto únicamente sobre el que las mereció.

Art. 191. Niuguna autoridad del estado podrá librar órden para el registro de las casas, papeles y otros efectos de sus habitantes, si no es en los casos y en la forma que dispongan las leyes.

Art. 192. Una de las principales atenciones del congreso será establecer en las causas criminales el juicio por jurados, estenderlo gradualmente y aun adoptarlo en las causas civiles, á proporcion que se vayan conociendo prácticamente las ventajas de esta preciosa institucion.

PARRAFO TERCERO.

De los Juzgados Inferiores y Tribunales Superiores.

Art. 193. Los juzgados inferiores subsistirán en el modo y forma que se prescribirá por una ley, hasta que permitiéndolo las rentas del estado á juicio del congreso, puedan establecerse jueces de letras que deberá haberlos en cada partido.

Art. 194. En la capital del estado habrá un tribunal supremo de justicia dividido en tres salas, compuesta cada una del maystiado ó magistrados que la ley designe, y tendrá este tribunal un fiscal que despachará todos los asuntos de las tres salas. La misma ley particular determinará, en el caso que la sala se componga de un solo ministro, si deben nombrarse colegas, y el modo y forma en que esto deba hacerse.

Art. 195. Las dos primeras salas conocerán en segunda y tercera instancia de las causas civiles de los juzgados inferiores, y lo mismo de las criminales segun lo determinen las leyes.

Art. 196. A la tercera sala pertenece.

Primero,—Decidir las competencias entre los jueces subalternos.

Segundo,—Determinar los recursos de nulidad que se interpongan de las sentencias ejecutoriadas en primera, segunda y tercera instancia.

Tercero,—Conocer de todos los recursos de fuerza que se interpongan de los tribunales y autoridades eclesiásticas del estado.

Cuarto,—Ecsaminar las listas que mensualmente deberán remitírsele de las causas pendientes en primera, segunda y tercera instancia; pasar cópias de ellas al gobernador, y disponer su publicacion por la imprenta.

Quinto,—Oir las dudas de ley que se ofrezcan á las dos primeras salas y á los tribunales de primera instancia, y pasarlas al congreso por conducto del gobernador con el correspondiente informe.

Art. 197. Las causas por delitos de oficio contra los jueces inferiores. y lo mismo las que se formen por delitos de igual clase y comunes á los diputados del congreso, al gobernador, al vice-gobernador, á los consejeros, al secretario del gobierno, y á los individuos del

Art. 190. Torture and compulsion shall never be used, and penalties imposed, whatever be the crimes, shall never pass to the family of him who suffers them, but they shall have their effect solely upon the person who deserved them.

Art. 191. No authority of the state can issue a mandate for searching the houses, papers, and other effects of the inhabitants thereof, except in those cases, and in the form, the laws provide.

Art. 192. One of the main objects of attention of congress shall be to establish the trial by jury in criminal cases, to extend the same gradually, and even to adopt it in civil cases in proportion as the advantages of this valuable institution become practically known.

PARAGRAPH THIRD.

Inferior Courts of Justice and Superior Tribunals.

Art. 193. The inferior courts of justice shall continue in the manner and form that shall be prescribed by law, until in the judgement of congress the state rents permit the establishment of learned judges, who shall be appointed in each district.

Art. 194. In the capital of the state there shall be a supreme tribunal divided into three halls, each composed of the magistrate or magistrates whom the law designated, and said tribunal shall have a fiscal, who shall despatch all the subjects of the three halls. Should the hall consist of one minister only, said special law shall determine whether colleagues should be appointed, and the manner and form it shall be done.

Art. 195. The two first halls shall take cognizance in the second and third processes of civil cases, of inferior courts of justice, and also of criminal cases according as the laws determine.

Art. 196. It shall belong to the third hall,

First,—to decide the power of inferior judges.

Second,—Determine appeals of nullity, interposed from executing judgements in first, second and third processes.

Third,—Take cognizance in all compulsive appeals interposed from the ecclesiastical tribunals and authorities of the state.

Fourth,—Examine the lists that shall be transmitted to the same monthly, of causes pending in first, second and third processes communicate a copy thereof to the governor, and provide for their publication through the press.

Fifth,—Hear doubts of law that occur to the two first halls, and to the primary tribunals, and communicate them to congress, through the channel of the governor, accompanied by the corresponding report.

Art. 197. Actions for transgressions in office entered against inferior judges, and also those formed for crimes of the same kind, and those in general against the deputies of congress, the governor and vice governor, counsellors, secretary of state, and members of the tribunal of

tribunal de justicia, téndrán su principio y terminarán en todas sus instancias ante el mismo supremo tribunal. Las demas facultades de este y sus respectivas salas las demarcará la ley.

Art. 198. En el caso de deberse formar causa á todo el tribunal, ó alguna de sus salas, el congreso nombrará otro especial, compuesto de las salas correspondientes, y estas del magistrado ó magistrados que se estimen necessarios.

Art. 199. De los recursos de nulidad que se interpongan en las causas del supremo tribunal de justicia, en las de los individuos de que habla el articulo anterior, y en los asuntos que pertenecen á la tercera sala, conocerá el tribunal especial determinado para estos casos por el congreso.

Art. 200. Para ser magistrado ó fiscal se requiere ser ciudadano en el ejercicio de sus derechos, mayor de veinte y cinco años, nacido en algun lugar de la federacion, y letrado de probidad y luces.

Art. 201. Tanto los magistrados como el fiscal serán nombrados por el congreso á propuesta del gobierno: disfrutarán un salario competentente que designará la ley, y no podrán ser removidos de sus destinos sino por causa legalmente justificada.

Art. 202. Los individuos del supremo tribunal de justicia son responsables de todos sus procedimientos en el desempeño de sus funciones, y pueden ser acusados por ellos ante el congreso por cualquier individuo del pueblo.

TITULO IV.

SECCION UNICA.

De la Hacienda Pública del Estado.

Art. 203. Las contribuciones de los individuos que componen el estado, formarán la hacienda púbica del mismo.

Art. 204. Estas contribuciones pueden ser directas, indirectas, generales ó municipales; pero cualquiera que sea su clase, deben ser proporcionadas á los gastos que tienen de cubrir, y á los haberes de los ciudadanos.

Art. 205. No pueden establecerse contribuciones sino para satisfacer la parte que corresponde al estado de los gastos generales de la federacion, y cubrir los particulares del mismo estado. Las contribuciones para esta último objeto se fijarán precisamente en las primeras sesiones de cada año con arreglo al presupuesto que presentará el gobernador y aprobará el congreso.

Art. 206. Las contribuciones actuales subsistirán hasta que se publique su derogacion, y esta no podrá decretarse sino por el congreso.

Art. 207. Para el ingreso, custodia y distribucion de todos los productos de las rentas del estado habrá en la capital una tesoreria general.

justice shall be opened and closed in all their processes before the said supreme tribunal. The law shall mark out the other powers of the same and its respective halls.

ART. 198. In case an action ought to be entered against the whole tribunal, or any of its halls, congress shall appoint another special tribunal, composed of the corresponding halls and the latter of the magistrate or magistrates considered necessary.

ART. 199. The special tribunal appointed by congress for these cases shall take cognizance of all appeals of nullity in actions of the supreme tribunal of justice, in those of the individuals mentioned in the preceding article, and in subjects pertaining to the third hall.

ART. 200. To be a magistrate or fiscal it shall be required to be a citizen in the exercise of his rights over twenty-five years of age, a native of this republic, and an upright and enlightened lawyer.

ART. 201. Both magistrates and fiscal shall be appointed by congress on nomination by the executive. They shall receive a competent salary, to be designated by law, and cannot be removed from office, except from a legally established cause.

ART. 202. The members of the supreme tribunal of justice shall be responsible for all their proceedings in the discharge of their functions, and may be accused therefor before congress by any individual of the people whatever.

TITLE IV.

SOLE SECTION.

State Revenue.

ART. 203. The taxes of the individuals composing the state shall form its public revenue.

ART. 204. Said taxes may be direct, general, or municipal, but of whatever kind they are, they shall be proportionate to the expenditures they are to cover, and to the property of the citizens.

ART. 205. Taxes cannot be levied except for paying the portion corresponding to the state of the general disbursements of the republic, and covering the private expense of the state. The taxes for the latter object shall be fixed expressly, on the first term of session, every year, and according to the pre-estimate to be presented by the governor, and approved by congress.

ART. 206. The present taxes shall continue until their repeal be published, and said repeal cannot be decreed except by congress.

ART. 207. There shall be in the capital a general treasury for the receipt, custody and distribution of the whole product of the state rents.

Art. 208. No se admitirá en cuenta al gefe de dicha tesoreria pago alguno que no haya sido para cubrir los gastos aprobados por el congreso, ó por orden especial del gobernardo.

Art. 209. Una instruccion particular arreglará las oficinas de la hacienda pública del estado.

Art. 210. El congreso nombrará anualmente tres individuos de su seno ó de fuera de él para el ecsámen de las cuentas de la tesoreria del estado, y que se las presenten ó pasen despues informadas para su aprobacion. Esta ó la determinacion que recayere del congreso, se publicará y circulará á los Ayuntamientos á fin de que hagan lo mismo con ella en sus distritos.

TITULO V.

SECCION UNICA.

De la Milicia Civica del Estado.

Art. 211. En todos los pueblos del estado se establecerán cuerpos de milicia civica, y estos harán la fuerza militar del mismo estado.

Art. 212. La formacion de estos cuerpos, su organizacion, disciplina y gobierno interior se arreglarán por el congreso conforme á lo que dispongan en la materia las leyes generales de la federacion.

Art. 213. El mismo congreso arreglará el servicio de estas milicias, de modo que siendo conforme á los objetos de su institucion, y el mas útil al estado, sea en lo posible el menos gravoso á los ciudadanos.

Art. 214. Ningun coahuiltejano podrá escusarse de prestar este servicio, quando y en la forma que se le ecsija por la ley.

TITULO VI.

SECCION UNICA.

De la Instruccion Pública.

Art. 215. En todos los pueblos del estado se establecerán en en número competente escuelas de primeras letras en que se enseñará á leer, escribir y contar el catecismo de la religion cristiana, una breve y sencilla esplicacion de esta constitucion y la general de la república, los derechos y deberes del hombre en sociedad, y lo mas que pueda conducir á la mejor educacion de la juventud.

Art. 208. No pay that has not been for covering expense approved by congress, or by special order of the governor shall be allowed the treasurer in account.

Art. 209. The business rooms of the state revenue shall be regulated by particular instructions.

Art. 210. Congress shall choose three individuals every year from within or without its own body, to examine the accounts of the state treasury, and afterwards to present or communicate the same, accompanied by their report to congress for approval. Said approval, or the resolution that should be adopted by congress shall be published and circulated to the Ayuntamientos, in order that they may publish and circulate the same in their districts.

TITLE V.

SOLE SECTION.

Civic Militia of the State.

Art. 211. Corps of civic militia shall be established in all the towns of the state, and the said corps shall compose the military force of the state.

Art. 212. The formation of said corps, their organization, discipline, and internal government, shall be regulated by congress in conformity to the provision made on the subject by the general laws of the republic.

Art. 213. Congress shall regulate the service of said militia, so that while it is adapted to the purposes of its institution and to the best interests of the state, it may be as little onerous as possible to the citizens.

Art. 214. No *Coahuil-Texano* can decline lending said service when required by law, and in the manner it provides.

TITLE VI.

SOLE SECTION.

Public Education.

Art. 215. In all the towns of the state a suitable number of primary schools shall be established, wherein shall be taught reading, writing, arithmetic, the cathechism of the christian religion, a brief and simple explanation of this constitution, and that of the republic, the rights and duties of man in society, and whatever else may conduce the better education of youth.

Art. 216. En los lugares en que convenga se pondrán tambien, á proporcion que las circumstancias lo vayan permitiendo, los establecimientos de instruccion mas necesarios para proporcionar la enseñanza pública de las ciencias y artes útiles al estado, y en ellos se esplicarán con toda estension las citadas constituciones.

Art. 217. El método de enseñanza será uniforme en todo el estado, y á este fin y para facilitarla, formará el congreso un plan general de instruccion pública, y arreglará por medio de estatutos y leyes cuanto pertenezca á este importantisimo objeto.

TITULO VII.

SECCION UNICA.

De la Observancia de la Constitucion.

Art. 218. La observancia de la constitucion en todas sus partes es una de las primeras y mas sagradas obligaciones de los habitantes del estado de Coahuila y Tejas; de ella no puede dispensarlés ni el congreso ni otro autoridad alguna, y todo coahuiltejano puede reclamar dicha observancia, representando con este objeto al congreso ó al gobierno.

Art. 219. Cualquiera infraccion de la constitucion hace responsable personalmente al que la cometió. A fin de que se haga efectiva esta responsabilidad, el congreso dictará las leyes y decretos que crea conducentes, y ademas todos los años en sus primeras sesiones tomará en consideracion las infracciones que le hagan presentes la diputacion permanente y consejo de gobierno, y dispondrá lo conveniente.

Art. 220. Los funcionarios públicos del estado, sean de la clase que fueren, prestarán al tiempo de tomar posesion de sus empleos el juramento de observar, sostener y defender la acta constitutiva, constitucion general, y particular del estado, y desempeñar fiel y cumplidamente los deberes de su empleo.

Art. 221. Las proposiciones sobre reforma, alteracion ó derogacion de alguno ó algunos de sus articulos. deben hacerse por escrito, y ser apoyadas y firmadas por la tercera parte de los diputados.

Art. 222. El congreso en cuyo tiempo se hagan algunas de estas proposiciones no dispondrá otra cosa en los dos años de sus sesiones, sino que se lean y publiquen por la imprenta, con .os fundamentos en que se apoyen.

Art. 223. El congreso siguiente admitirá á discusion las proposiciones ó las desechará; y admitídas se publicaran de nuevo por la imprenta, y circularán por el gobierno para que se lean en las inmediatas juntas electorales, antes de hacerse el nombramiento de diputados del congreso.

ART. 216. The seminaries most required for affording the public the means of instruction in the sciences, and arts useful to the state; and wherein, the aforementioned constitutions shall be fully explained, shall be established in suitable places, and in proportion as circumstances go on permitting.

ART. 217. The method of teaching shall be uniform throughout the state, and with this view, also to facilitate the same, congress shall form a general plan of public education, and regulate by means of statutes and laws all that pertains to this most important object.

TITLE VII.

SOLE SECTION.

Observance of the Constitution.

ART. 218. The observance of the constitution in all its parts shall be one of the first and most sacred duties of the inhabitants of the state of Coahuila and Texas, and neither congress, or any other authority can exempt them therefrom; and every *coahuil-texano* may demand said observance, setting forth with that view to congress or the executive.

ART. 219. For any violation of the constitution whatever, the person who committed it shall be personally responsible. In order to render said responsibility effective congress shall dictate the laws and decrees it thinks conducive to that end; and furthermore, every year in its first sessions, take under deliberation the infringements manifested to the same by the permanent deputation and executive council, and adopt the proper resolution thereon.

ART. 220. The public functionaries of the state, of whatever class, shall make oath, on entering in possession of office, to observe, support and defend the constitutive act, the constitution of the republic, and that of the state, and fully and faithfully to discharge the duties of their office.

ART. 221. Propositions upon amendment, alteration, or repeal of any one or more of its articles, shall be made in writing, and supported and signed by one-third of the deputies.

ART. 222. The congress in whose time any of the said propositions are made shall make no further provision, during the two years of its sessions, than for the reading and printing of the same, with the original reasons with which they are supported.

ART. 223. The congress following shall receive the propositions for discussion, or reject them—and if accepted, they shall again be printed, and circulated by the executive to be read in the proximate electoral juntas previous to electing the deputies to congress.

Art. 224 En el congreso que sigue se discutirán las alteraciones, reformas ó derogaciones propuestas, y si fueren aprobadas, se publicarán inmediatamente como articulos constitucionales.

Art. 225. Para las reformas, alteraciones indicadas, ademas de las reglas prescritas en los articulos anteriores, se observarán todas las prevenidas para la formacion y derogacion de las leyes, á ecepcion del derecho de hacer observaciones concedido al gobernador, que no tendrá lugar en estos casos.

Dada en Saltillo á 11 dias del mes de Marzo de 1827.

SANTIAGO del VALLE, President.
J. VICENTE CAMPOS, Vice-President.
RAFAEL RAMOS VALDES.
JOSE MARIA VIESCA.
FRANCISCO A. GUTIERREZ.
JOSE J. de ARCE ROSALES.
MARIANO VARELA.
J. MARIA VALDES y GUAJARDO.
JOSE CAYETANO RAMAS, D. S.
DIONISIO ELIZONDO, D. S.

Por tanto, mando se imprima, publique, circule y se le dé el debido cumplimiento.

Dado en el Saltillo á 11 dias del mes de Márzo de 1827.

JOSE IGNACIO de ARIZPE.

Juan Antonio Padilla, Secretario.

ART. 224. The alterations, amendments or repeals proposed shall be discussed in the congress that follows, and should they be approved, they shall be immediately published as constitutional articles.

ART. 225. For the amendments, alterations, and repeals indicated, besides the rules prescribed in the foregoing articles, all those provided for forming and repealing laws, shall be observed, with the exception of the right of making observations granted the governor, which shall not be conceded in these cases.

Given in Saltillo, on the 11th of March, 1827.

      SANTIAGO del VALLE, President.
      JUAN Y. CAMPOS, Vice President.
      RAFAEL R. VALDES.
      JOSE M. VIESCA.
      F. A. GUTIERREZ.
      JOSE J. de A. ROSALES.
      MARIANO VARELA.
      JOSE M. VALDES y GUAJARDO.
      JOSE C. RAMOS, D. S.
      DIONICIO ELIZONDO, D. S.

Wherefore, I command it to be printed, published, circulated, and duly fulfilled.

      JOSE IGNACIO ARISPE.

JUAN ANTONIO PADILLA, Secretary.

LEY DE COLONIZACION

DEL

ESTADO DE TAMAULIPAS.

[No. 42.]

DE 15 DE DICIEMBRE DE 1826.

El Congreso Constitucional del Estado libre de las Tamaulipas decreta por ley general lo que sigue.

1º Los estrangeros que quieran colonizar terrenos valdios en el estado serán admitidos y protegidas sus personas y propiedades con tal que se sugeten á las leyes de la federacion, y á las del estado.

2º Para que un estrangero obtenga adjudicacion de tierras se ha de avecindar en alguno de los pueblos del estado, con capital propio que le proporcione decente subsistencia, ó con oficio ó industria util que exerca; ó ha de establecer uno nuevo con cien familias por lo menos. Si se estableciere en las fronteras del Norte del Estado, bastan cincuenta familias para ello.

3º En uno ú otro caso harán sus solicitudes por escrito al governador del Estado, quien las resolverá de acuerdo con su consejo y audiencia del fiscal de la corte de justicia dél estado, haciendoles las concesiones de terrenos que adelante se fixarán.

4º Los estrangeros que pretendiéren vecindad en qualquiera de los lugares existentes, otorgada que sea su solicitud por el govierno, han de prestar juramento en manos de la autoridad civil respectiva de guardar y cumplir la acta constitutiva, la constitucion y leyes de la federacion, y la constitucion y leyes del estado.

5º Despues de este acto dispondrá la misma autoridad que en un libro que se denominará Registro de Estrangeros, se inscriba el nombre del que hubiere otorgado el juramento de que habla el articulo anterior, su estado, edad, oficio, y lugar de su nacimiento, asentando tambien los nombres de la familia que pueda tener, y la razon de haber prestado el juramento prevenida. Estos libros se conservarán en el archivo de cada lugar.

COLONIZATION LAW

OF THE

STATE OF TAMAULIPAS.

[No. 42.]

DECEMBER 15TH, 1826.

The Congress of the State of Tamaulipas enacts the following as a General Law.

ARTICLE 1. Foreigners, who wish to colonize vacant lands in the state, shall be admitted, and their persons and property protected provided they submit to the laws of the republic, and those of the State.

ART. 2. For a foreigner to obtain adjudication of lands he must become domiciliated in some town in the state with a capital of his own to afford him a decent support, or with a trade or useful industrious pursuit which he follows; or he must establish a new town with one hundred families at least. Should he establish himself on the northern frontier of the state, fifty families shall be sufficient for that purpose.

ART. 3. In either case they shall make their petitions in writing to the governor of the state, who shall resolve thereon with the concurrence of his council, and audience of the fiscal of the court of justice of the state, making them the concessions of lands that shall be hereinafter determined.

ART. 4. Foreigners who claim domiciliation in any of the present towns, their petition being granted by the executive, shall be sworn by the respective political authority to observe and to comply with the constitutive act, the constitution and laws of the republic, and those of the state.

ART. 5. After this act, the said authority shall provide that, in a book to be denominated *Register of Foreigners*, shall be written the name of the person who shall have taken the oath, mentioned in the foregoing article, whether he be married, his age, trade, and place of his birth, setting down also the names of the family he may have, and making relation of having taken the oath prescribed. Said books shall be kept in the archives of each town.

6ª Las cartas de naturaleza, y de ciudadania se otorgarán á colonizadores estrangeros luego que obtengan la de naturalizacion del congreso general.

7ª Desde el mismo dia en que igualmente se registre un estrangero adquiere vecindad y puede como tal vecino denunciar el terreno valdio que mejor le paresca, presentandose al efecto por escrito al Alcalde respectivo, quien proveerá lo conveniente á que se reconosca, mida, y demarque el terreno denunciado, previa citacion de colindantes si los hubiére.

8ª Terminado el Espediente instructivo, y no resultando opositor de derecho, el Alcalde lo pasará al govierno del Estado, por quien se expidirá el titulo de adjudicacion y propiedad al interesado; mandando que el Alcalde de la villa de su vecindad lo ponga inmediatamente en posesion del terreno concedido. Todas estas diligencias sa practicarán de oficio, y el govierno procederá con audiencia del fiscal de la corte suprema de justicia del estado.

9ª La oposicion de derecho de propiedad que se intente correrá los tramites de un juicio civil ordinario entre el denunciante y el opositor, auxiliado aquel por un agente del estado, que con citacion del fiscal nombrará el govierno. Si la oposicion es por derecho de opcion á la propiedad, el govierno calificará y resolverá.

10ª El govierno cuidará de repoblar por este medio las villas despobladas, y muy particularmente de que no se entorpescan los denuncios y diligencias judiciales que por ellos deban practicarse.

11.ª Asi mismo cuidará de que no se situe ninguna poblacion proyectada por estrangeros dentro de diez lgas sobre la costa del seno mexicano en la comprensoin del estado sin obtener antes el consentimiento y aprobacion del supremo poder executivo de la union. Fuera de este linea cuidará tambien que las nuevas poblaciones se establescan en contacto con las existentes quanto fuere posible à los plasos, y con las condiciones que estipule con los empresarios.

12.ª Los contratos que estos celebren con el govierno los garantisa este ley en quanto sean conformes con lo que ella dispone.

13.ª En la distribucion de tierras serán preferidos en vista de sus diplomas espedidos por el supremo poder executivo los militares que segun estos tengan derecho á ellas. Entre los ciudadanos no militares no se hará otra distincion que la que funden sus meritos particulares y los servicios hechos á su patria, prefiriendo en igualdad de circumstancias, la vecindad en el lugar á que pertenescan los terrenos. La cantidad en que estos hayan de repartirse, la señalan los articulos que siguen.

14.ª Un quadro de tierra que por cada lado tenga una legua, ó lo que es lo mismo una superficie de veinte y cinco millones de varas

ART. 6. Certificates of naturalization and of citizenship shall be granted to foreign colonists as soon as they obtain that of naturalization from the general congress.

ART. 7. From the very date whereon a foreigner is thus registered he acquires domiciliation, and may as such an inhabitant designate (denunciar) the vacant land he thinks best, presenting himself to that effect by writing to the respective Alcalde, who shall decree what is proper for examining, measuring and marking out the land designated, after citing the adjoining proprietors should there be any.

ART. 8. The instructive despatch being terminated, and no opponent of right resulting, the Alcalde shall pass it to the executive of the state, by whom the title of adjudication and ownership shall be issued to the person interested, ordering that the Alcalde of the town of his residence put him immediately in possession of the land granted. All these proceedings shall be conducted officially, and the executive shall proceed with the audience of the fiscal of the supreme court of justice of the state.

ART. 9. Opposition of right of ownership that is commenced shall go through the steps of an ordinary civil trial between the designator and the opponent, the former aided by an agent of the state, whom with the citation of the fiscal the executive shall appoint. Should the opposition be for the right of option to the ownership, the executive shall examine and decide.

ART. 10. The executive shall take care to repeople by this means the depopulated, and very particularly that the designations and judicial proceedings that have to be conducted on account of the same, be not paralized.

ART. 11. In the same manner he shall take care that no town projected by foreigners be situated within ten leagues upon the coast of the Gulf of Mexico within the limits of the state, without previously obtaining the consent and approbation of the supreme executive of the union. Beyond said line he shall also take care that, so far as the sites permit, the new towns be established in contact with the present ones, and with the conditions he stipulates with the empresarios.

ART. 12. Contracts ratified by empresarios with the executive are guaranteed by this law so far as they are in conformity to the provisions thereof.

ART. 13. In the distribution of lands, in view of their diplomas issued by the supreme executive power, military men, who, according to these are entitled to land, shall be preferred. Among citizens not military, no other distinction shall be made than that which is founded in their private merit, and services rendered the country; preferring, in parity of circumstances, a domiciliation in the place to which the lands belong. The quantity in which the lands are to be distributed is pointed out in the following articles.

ART. 14. A square of land measuring a league upon each side, or what is the same thing, a superficies of twenty-five million square va-

quadradas se llamará sitio, y este será la unidad para contar uno, dos ó mas sitios, asi como la unidad para contar una dos ó mas labores será una superficie de un millon de varas quadradas, ò mil varas por cada lado de que se compondrá una labor. La vara para estas dimensiones costará de tres pies geometricos.

15.ª Supuesta aquella unidad, y la distincion de terrenos que á su repartimiento se hará entre los de agostadero ó propios para crias de ganados, y los de labor de riego y temporal, esta ley concede al capitulante ó capitulantes de nueva poblacion por cada cien familias que introduscan y establescan en el Estado, cinco sitios de agostadero, y cinco labores que a lo menos en su mitad habrán de ser de temporal; pero solo podrán cobrar en razon de ochocientas familias, aunque introduxéren mas, y ninguna fraccion que no complete centenar qualquiera que sea les dará derecho á premio ni proporcionalmente. Si se pobláren las fronteras del Norte bastan cinquenta familias para los goces de esta articulo.

16.ª A cada familia de las comprendidas en capitulacion, cuyo exercicio sea el de labrar la tierra, se dará una labor; si tuviere cria de ganados, se le completará sobre aquella con tierras de agostadero una superficie de veinte y quatro millones de varas.

17.ª Los hombres no casados tendrán igual asignacion quando hayan pasado al matrimonio, y los estrangeros que lo contraigan con con Mexicana tendrán la quarta parte mas, contentandose los absolutamente solos ó que no hagan cuerpo en ninguna familia sean estrangeros ó naturales con la quarta parte de dicha asignacion, unica que podrá darseles, que se les completará quando esta haya de hacerseles.

18.ª Las familias y hombres no casados que haviendo hecho por si y de su cuenta el viage quisiéren agregarse á alguna de las nuevas poblaciones, podran hacelro en todo tiempo, y sus asignaciones de terrenos serán respectivamente las mismos de que hablan los dos articulos anteriores, pero si lo verificáren dentro de los dos primeros años de establecida la poblacion, se dará una labor mas á las familias, y los no casados en lugar de la quarta que señala el art. 17 tendran la tercera parte. Los hombres no casados y con familia estan en el caso de las familias.

19.ª Para proyecto de nuevas poblaciones que uno ó mas estrangeros ofrescan poblar can familias de ciento para arriba, ó de cincuento si hubiere de poblar en las fronteras del norte terrenos valdios ó desiertos del estado se propondrá al congreso por el govierno para con su informe acordar las capitulaciones.

20.ª La adjudicacion y posesion á los nuevos pobladores estrangeros se sugeterán á las reglas siguientes.

Primera.—Se tendrán por colonizables todos los terrenos desiertos que á los sesente dias de denunciados para poblar no acudan los presuntos proprietarios a justificar su derecho á ellos.

ras shall be called a sitio, and this shall be the unit for enumerating one, two or more sitios, in the same manner as the unit for counting one, two or more labores shall be a superficies of a million square varas, or a thousand varas on each side, which shall compose a labor. The vara for these dimensions shall consist of three geometrical feet.

Art. 15. That unit taken as a standard, and observing the distinction to be made on the distribution of lands, between grazing lands, or those suitable for raising stock, and irrigable and temporal tillage land, this law grants to the contractor or contractors of new towns for every hundred families they introduce and establish in the state five sitios of grazing land and five labores, of which one half at least shall be temporal land; but they shall receive only in the ratio of eight hundred families, although they should introduce more, and no fraction not completing a hundred shall entitle them to a premium, not even proportionally Should the northern frontier be settled, fifty families shall suffice for enjoying the benefit of this article.

Art. 16. To each family of those comprised in the contract, whose occupation is that of cultivating the soil, one labor shall be granted; should the family raise stock, grazing shall be added to complete a superficies of twenty-four million varas.

Art. 17. Foreigners shall have the same assignment after marrying, and foreigners marrying natives of the country shall have one-fourth more, and those who are entirely alone, or who do not form a part of any family, whether foreigners or natives, contenting themselves with one-fourth of said assignment, the sole portion that can be granted them, which shall be completed to them when their assignment is made.

Art. 18. Families and unmarried men, who having emigrated separately and at their own expense, should wish to annex themselves to any of the new settlements, may do so at any time, and their assignment of land shall be respectfully the same as mentioned in the two foregoing articles; but should they accomplish it within the two first years from the establishment of the settlement, one labor more shall be granted to families; and unmarried men, instead of one-fourth as pointed out in article 17th, shall have one-third. Men unmarried, and with a family shall be considered in the light of families.

Art. 19 For the project of new towns, which one or more foreigners offer to settle with families from one hundred upwards, or from fifty, should they have to settle on the northern frontier, the vacant and deserted lands of the state, proposition shall be made to congress by the executive, in order with his report to accord the contracts.

Art. 20. Adjudication and possession to new foreign settlers shall be subject to the following rules:—

First,—All deserted lands to which at the expiration of fifty days from the designation thereof for settling, the supposed owners do not appear to prove their right, shall be considered as open for colonization.

Segunda,—Los que haviendo sido adjudicados por esta ley fuéren desamparados por cinco años y dentro de este termino no aparesca successor que pretenda derecho à ellos.

Tercera,—Los quo haviendo sido disputados sobre su propriedad en juicio contradictorio se encuentren abandonados tres años por las partes voluntariamente, ó que estas se hayan apartado del juicio sin formar sentencia definitiva que haya decidido el derecho de qualquiera de ellas con tal que pase el tiempo señalado por las leyes para que el juicio se tenga por desertado.

Cuarta,—Los linderos que se fixen se señalarán clara y distintamente con expresion de rumbos y señales especificas, baxo la responsabilidad del jues de medidas.

Quinta,—Las aguas estancadas que contengan los terrenos, serán igualmente denunciadas y adjudicadas con ellos.

Sexta,—Hasta los doce años contados desde el dia de la publicacion de esta ley no podrán enagenarse ni transmitirse a propiedad de alguno que no sea nacido en la republica, ó que viva fuera del estado.

21.ᵃ Los hijos de los entrangeros no nacidos en la republica y avecindados en ella podrán heredarlos por testamento ó *ab intestato* en partes iguales. La del que se translade á su pais, se dividirá entre los que queden en el estado y asi indefinidamente. En esta parte no tendrá efecto el derecho de heredar por linea trasversal.

22.ᵃ Qualquiera adjudicacion y posesion de terrenos denunciados para poblar se hará con previa citacion de colindantes. A los que no concurran por si ó por apoderado les parará el perjuicio que haya lugar, y no serán oidas sus reclamaciones.

23.ᵃ Los nuevos pobladores en clase de reconocimiento pagarán al estado treinte pesos por cada sitio que se les adjudique de terreno de agostadero eriasos ó montuosos, y por aquellos que disfruten de agua corriente ó parada, se tasará por dos peritos nombrados por el gobierno y el poblador, partiendo de la base establecida.

24.ᵃ Los Ayuntamientos cada uno en su comarca, harán gratis la recaudacion de estos caudales por medio de una comision de dentro ó fuera de su seno, y los pasarán segun se fuéren cobrando al depositario ó tesorero que lo sea de sus fondos ó arbitrios, quien otorgará el recivo correspondiente y sin mas interes que el dos y medio por ciento que se le abonará, los pondrá á disposicion del govierno, dandole parte cada mes de su ingreso y egreso, y del descuido ó disimulo que adviertan en su cobro. Del manejo de este y el de la comision, responderán con sus intereses los mismos empleados y comisionados y ademas los individuos del Ayuntamiento que los nombre, y para que en todo tiempo pueda ha-

Second,—That, which, having been adjudicated by this law, should be abandoned for five years, and no successor appearing within said term claiming a right to the same.

Third,—That, which, having been disputed in adverse trial with regard to the ownership thereof, are found to be voluntarily abandoned by the parties for three years; or where the parties have withdrawn from the trial, without the formation of a determinate judgement deciding the right of either, provided, that the time specified by law for the trial to be considered as abandoned, shall expire.

Fourth,—The boundaries that are established shall be clearly and distinctly pointed out, expressing the bearings, and specific landmarks, under the responsibility of the judge of survey.

Fifth,—The standing waters the lands contain shall likewise be designated and adjudicated with the lands.

Sixth,—Until twelve years reckoned from the date of the publication of this law, they cannot be alienated or transferred to the ownership of any one not born in the republic, or who resides out of the state.

ART. 21. The children of foreigners not born in the republic, and domiciliated therein, may inherit them by testament, or *ab intestato*, in equal portions. The portion of him who removes to his country shall be divided among those who remain in the state, and thus indefinitely. In regard to this matter the right of inheritance by cross lineage shall not be in force.

ART. 22. All adjudication and possession of lands designated for settling shall be made with previous citation of the adjoining proprietors. As little detriment as practicable shall be occasioned to those who do not appear, of themselves or by attorney, and their complaints shall not be heard.

ART. 23. The new settlers shall pay to the state as an acknowledgment, thirty dollars for each sitio of grazing land, uncultivated, or woodland, that is adjudicated to them; and for those having the benefit of running water an estimate shall be made by two competent persons, chosen by the executive and the settler, setting out from the established rule.

ART. 24. The Ayuntamientos, each in its limits, shall collect said funds gratis by means of a commission from within or without their own body, and shall pass them according as they are collected to the depositary or treasurer that they may be of their funds or means, who shall give the corresponding receipt; and without further interest than two and a half per cent., that shall be paid him, he shall place them at the disposal of the executive, giving him notice every month of the receipts and remittances thereof, and of any negligence or deceit he may notice in their collection. Of the management of the treasurer and that of the commission, the officers themselves and commissioners shall be responsible with their property; and moreover, the members of the Ayuntamiento who choose them, and that this responsibility may at

cerse efectiva esta responsabilidad, se verificarán aquellos nombramientos por votacion nominal, y darán aviso de ellos al govierno inmediatamente.

25.ª El govierno convocará á los nacidos en la republica Mexicana para la ocupacion de terrenos valdios, quienes serán preferidos á los estrangeros por el orden de la antiquedad de los denuncios, y en caso de igualdad, tendrán primer lugar los hijos ó vecinos del lugar á que pertenesca el terreno denunciado; en segundo los de los lugares del mismo estado; y en tercero, los de los demas Estados Mexicanos, pudiendo adjudicarse hasta ciento: veinte y cinco millones de varas quadradas.

26.ª Los denunciantes de terrenos que en el tiempo del antiquo govierno no perfeccionáron su adjudicacion se presentarán a la autoridad respectiva á continuar su curso segun su estado, verificandolo en el termino de quarenta dias desde el de la publicacion de esta ley, y de lo contrario se tendrán dichos terrenos por denunciables como valdios.

27.ª Los denuncios que han pasado al congreso del estado, se devolverán al govierno, quien hará que corran los tramites prevenidos en esta ley.

28.ª Los proprietarios de grandes terrenos, desiertos, y sin cultivo, deverán igualmente poblarlos con estrangeros ó Mexicanos en el termino de cinco años con las condiciones que les convengan, y de lo contrario la oposicion á los denuncios que de ellos se intente conforme á esta ley, no se tomará en consideracion.

29.ª Los terrenos que por el articulo anterior se denunciáren, serán avaluados por peritos nombrados por el govierno y el propietario, para la indemnizacion a los proprietarios sin que obstenínguna resistencia por parte de estos.

30.ª Se entiende por terreno desierto ó sin cultivar, todo aquel de que el proprietario no haga uso por si mismo.

31.ª Los que a virtud de esta ley se adquieran no pueden pasar á manos muertas, no podrán adjudicarse á un individuo mas de dos mercedes y este si la multiplicacion de sus semovientes lo demandáre por necesidad. Por qualquiera contravencion en estos casos el estado recobrará la propriedad de ellos.

32.ª Los productos de industria rural de estos terrenos adquiridos conforme, á esta ley, por nacionales y estrangeros durante el tiempo de diez años contados desde el dia de la posesion, seran libres de toda contribucion directa ó indirecta, qualquiera que sea su denominacion á menos que el congreso lo decrete especialmente para estas nuevas poblaciones.

33.ª Tambien serán libres estos nuevos pobladores para promover todo genero de industria y emprender el laborio de mimas conforme á su ordenanza. Las maquinas, instrumentos, ó utiles que introduscan para tales objetos no pagarán por diez años exacciones impuestas por el estado aunque sean municipales.

all times be effectual, the said appointments hall be made *viva voce*, and notice thereof shall be immediately given to the executive.

Art. 25. The executive shall convoke those born in the republic for the occupation of vacant lands, who shall be preferred to foreigners in the order of the older date of the designations, and, in case of equality, the natives or inhabitants of the place to which the land designated belongs shall have the first place, those of places within the state the second, and those of the other states of this republic the third, and adjudication may be made up to the amount of one hundred and twenty-five million square varas.

Art. 26. Designators of lands, which, in time of the ancient government did not perfect their adjudication, shall present themselves to the respective authority to continue its course according to the state thereof, effecting the same within the term of forty days from the date of the publication of this law, and on the contrary said lands shall be considered open to designation as vacant.

Art. 27. Designations that have passed to the congress of the state shall be returned to the executive, who shall cause them to be carried through the steps provided by this law.

Art. 28 Proprietors of extensive deserted and uncultivated lands shall likewise settle them with foreigners or Mexicans within the term of five years with the conditions that may suit them, and on the contrary, opposition to the designations made in conformity to this law shall not be taken into consideration

Art. 29. The lands might be designated by reason of the foregoing article shall be valued by competent persons chosen by the executive and the proprietor, for indemnifying the proprietors, unimpeded by any resistance on the part of the latter.

Art. 30. All land of which the proprietor makes no use for himself shall be considered as deserted and uncultivated land.

Art. 31. Land acquired by virtue of this law cannot pass into mortmain; more than two grants cannot be adjudicated to one individual, and this should the increased number of those he removes demand it of necessity. For any violation in these cases the state shall recover the ownership thereof.

Art. 32. The products of rural industry of said lands, acquired in conformity to this law, by natives and foreigners, during the term of ten years, reckoned from the date of possession shall be free from every tax, direct or indirect, of whatever denomination, unless specially enacted by congress for said new settlements.

Art. 33. Said new settlers shall be free to promote every kind of industry, and to undertake the working of mines according to the ordinances on the subject. The machines, tools, or serviceable articles they introduce for such objects, for the term of ten years shall not pay taxes imposed by the state, although they be municipal.

34.ª Los solares abandonados en las villas despobladas, en que quieran fixar su vecindad, se les adjudicarán gratis por los Alcaldes de ellas.

35.ª Gozan del beneficio de esta ley los naturales del pais, conocidos con el nombre de indios.

36.ª El govierno nombrará dos agrimensores aprobados, y en su defecto dos individuos de instruccion conocida que concurran a las operaciones que por esta ley se promuevan, la que hará publicar en la manera que baste para que llegue á noticia de naciones que se interesen en colonizar.

ART. 34. Lots abandoned in depopulated towns, wherein they wish to fix their residence, shall be adjudicated to them gratis by the Alcaldes of said towns.

ART. 35. The inhabitants of the country known by the denomination of Indians, shall enjoy the benefit of this law.

ART. 36. The executive shall appoint two approval surveyors, and in default thereof two individuals of known education to concur in the operations forwarded by this law, which he shall cause to be published in a manner sufficient for it to arrive to the notice of nations that interest themselves in colonizing.

LEY DE NATURALIZACION

DEL

CONGRESO GENERAL.

PRIMERA SECRETARIA DE ESTADO.

Dapartamento Interior.

SECCION I.

El Escmo. Sr. Presidente de los Estados Unidos Mexicanos, se ha servido dirijirme el decreto que sigue.

El Presidente de los Estados Unidos Mexicanos á los habitantes de la República, SABED: que el Congreso general ha decretado lo que sigue.

ART. 1. Todo estrangero que haya residido dentro de los limites de los Estados Unidos Mexicanos por el espacio de dos años continuos, podrá pedir carta de naturaleza, con arreglo á lo que se prescribe en esta ley.

ART. 2. Para conseguirla deberá producir ante el juez de distrito, ó de circuito, mas cercanos al lugar de su residencia, con sitacion y audiencia del promotor fiscal en los juzgados de circuito, y del sindico del Ayuntamiento en los de distrito, informacion legal,

Primero,—De que es Catolico Apostolico Romano, ó la fé de bautismo que lo acredite.

Segundo,—Que tiene giro, industria util, ó renta de que mantenerse, debiendo espresar los testigos cual es el giro, industria, ó renta.

Tercero,—Que tiene buena conducta.

ART. 3. Deberá asi mismo todo el que intente naturalizarse, presentarse por escrito un año antes ante el Ayuntamiento del lugar en que reside, haciendo manifestacion del designio que tiene de establecerse en

NATURALIZATION LAW

OF THE

GENERAL CONGRESS.

PRINCIPAL OFFICE OF SECRETARY OF STATE.
Department of Internal Relations.

SOLE SECTION.

His Excellency, the President of the United States of Mexico, has been pleased to direct me the following Decree.

The President of the United States of Mexico to the inhabitants of the Republic; be it known: that the General Congress has decreed as follows:—

ARTICLE 1. Every foreigner, who has resided for the term of two years in succession within the limits of the republic, may request a certificate of naturalization in conformity to what is prescribed in this law.

ART. 2. For obtaining it, he must produce legal information to the district or circuit judge nearest the place of his residence, with citation and audience of the promoter fiscal:

First,—That he is a Roman Catholic, or the certificate of baptism proving the same.

Second,—That he has some business, useful skill or income whereby to subsist; the witnesses being required to state what is his business, skill or income.

Third,—That he has a good character.

ART. 3. Every person becoming naturalized shall present himself by writing, one year beforehand, to the Ayuntamiento of the place in which he resides, manifesting his design in establishing himself in

el país. Un testimonio de esa manifestacion deberá acompañar a los documentos de que habla el articulo anterior.

Art. 4. Con estos documentos se presentará ante el Gobernador del estado, ó gefe principal político del distrito federal, ó territorios de la federacion, pidiendo la carta de naturaleza.

Art. 5. La ésposion conque pida su carta de naturaleza deberá contener una renuncia espresa de toda sumision y obediencia de qaulquiera nacion ó Gobierno estrangero, especialmente de aquel ó aquella á que pertenezca.

Segunda,—De que renuncia igualmente á todo titulo, condecoracion, ó gracia que haya obtenido de caulquiera Gobierno.
Tercera,—Que sostendrá la constitucion, acta constituva y leyes generales de los Estados Unidos Mexicanos.

Art. 6. Verificadas estas condiciones el Gobernador del estado, ó gefe principal político del distrito, ú territorio, espedira la carta de naturaleza en los terminos que se espresa á continucion de esta ley.

Art. 7. La ausencia á paises estrangeros con pasaporte del Gobierno, no interrumpirá la residencia continua de los aspirantes, siempre que no esceda de ocho meses.

Art. 8. Se consideran naturalizados en cabeza del marido, la muger y los hijos, cuando estos no esten emancipados.

Art. 9 Los hijos de los ciudadanos Mexicanos que nazcan fuera del territorio de la nacion, serán considerados como nacidos en él.

Art. 10. El derecho de naturalizacion no desciende á los hijos de de los que nunca hayan residido dentro del territorio Mexicano.

Art. 11. Los hijos de los estrangeros no naturalizados nacidos en el territorio Mexicano podrán obtener carta de naturaleza, siempre que dentro del año que siga á su emancipacion se presenten ante el Gobernador del Estado, distrito, ó territorio, en donde quieren residir.

Art. 12. La naturalizacion en pais estrangero, y admision de empleo, comision, renta, ó condecoracion de otro Gobierno, privara de los derechos de naturalizacion.

Art. 13. Todo empresario que venga con objeto de colonizar, y que con arreglo á la ley general, y particular del Estado respectivo lo verifique, tendrá derecho á pedir carta de naturaleza, la que se le concederá jurando la debida obediencia á la constitucion y leyes.

Art. 14. Los colonos que vengan á poblar en los terrenos colonizables, serán tenidos por naturalizados pasado un año de su establecimiento.

the country. An attested copy of said declaration shall accompany the documents mentioned in the foregoing article.

ART. 4. He shall present himself with these documents to the governor of the state, or principal political chief of the federal district or territories of the confederacy, requesting the certificate of naturalization.

ART. 5. The exposition wherewith he requests his certificate of naturalization:—

First,—Shall contain an express renunciation of all submission and obedience to any other nation or foreign government, especially the nation or government to which he belongs.

Second,—It shall be therein stated, that he likewise renounces every title, token of honor, or grace he may have obtained from any government.

Third,—That he will support the constitution, constitutive act and general laws of the United States of Mexico.

ART. 6. These conditions having been complied with, the governor of the state, or principal political chief of the district or territory shall issue the certificate of naturalization agreeably to the formula annexed to this law.

ART. 7. Absence to foreign countries with a passport from the government shall not interrupt the successive residence of those who desire to become naturalized; provided, that it does not exceed eight months.

ART. 8. The wife, and the children when they are not free, shall be considered naturalized in the person of the husband.

ART. 9. The children of Mexican citizens, born out of the territory of the republic shall be considered as born therein.

ART. 10. The right of naturalization shall not descend to the children of those, who have never resided within the Mexican territory.

ART. 11. The children of foreigners not naturalized born in the Mexican territory may obtain the certificate of naturalization; provided, that within the year following, their becoming free they present themselves to the governor of the state, district or territory wherein they wish to reside.

ART. 12. Naturalization in a foreign country, and admission of office, commission, income, or token of honor, from another government shall deprive one of the rights of naturalization

ART. 13. Every empresario, who comes with the view of colonizing, and effects it in accordance with the general law, and private law of the respective state, shall have a right to request a certificate of naturalization, which shall be granted him making oath of due obedience to the constitution and laws.

ART. 14. Foreigners who come to settle upon colonizable lands shall be considered naturalized after the expiration of one year from their establishment.

352 LEY DE NATURALIZACION DEL CONGRESO GENERAL.

ART. 15. Los estrangeros que estando en el servicio de la marina en la clase de soldados, ó matriculados en ella, declaren ante la autoridad política mas inmediata al lugar de su residencia, que quieren naturalizarse, se tendrán por naturalizados, prestando en manos de la misma autoridad juramento de sostener la constitucion, acta constitutiva y leyes generales, de que renuncian toda sumision y obediencia de caulquiera dominacion ó gobierno estrangero, como tambien á todo titulo, condecoracion ó gracia, que no sea de la Nacion Mexicana.

ART. 16. Las autoridades ante quienes se presenten los estrangeros de que habla el artículo anterior, remitirán cada seis meses lista esacta á los gobernadores de los estados respectivos, que comprehenda los nombres, lugares del nacimiento, edad, y estado de las personas que en virtud de él se hubieren naturalizado.

ART. 17. No se concederán cartas de naturaleza á los subditos ó ciudadanos de la nacion conque se hallen en guerra los Estados Unidos Mexicanos.

ART. 18. Los que hasta 1.º de Marzo del año de 1826 se hayan presentado al Gobierno general pidiendo naturalizacion, serán considerados con el tiempo suficiente, cumpliendo con las demas condiciones que prescribe esta ley.

ART. 19. En el mes de Diciembre de cada año remitirán los Gobernadores de los estados, distrito ó territorio, al presidente de la federacion un estado que contenga los nombres, lugares de su nacimiento, industria ó giro, y edad de las personas á quienes se hubiere concedido carta de naturaleza. De todo esto se conservará un registro en la secretaría de relaciones interiores y en los archivos de los Gobernadores respectivos.

ART. 20. El secretario de relaciones interiores remitirá precisamente a ambas cámaras en el mes primero de las sesiones ordinarios de cada año, por separado de la memoria, una nota que contenga todo lo que espresaren las que hubiere recibido de los Gobernadores con arreglo al artículo anterior, avisando al pie de ella las faltas que notare en el cumplimiento de esta obligacion en los referidos Gobernadores ú otros á quienes corresponde, conforme á esta ley.

FRANCISCO ANICETO PALACIOS,
Presidente del Senado.
CASIMIRO LICEAGA,
Presidente de la Cámara de Diputados.
MIGUEL DUQUE DE ESTRADA,
Senador Secretario.
JOSE PEREZ DE PALACIOS,
Diputado Secretario.

ART. 15. Foreigners, who, being in the marine service as soldiers, sailors, or enrolled therein, declare to the political authority nearest the place of their residence that they wish to become naturalized, making oath before said authority to support the constitution, constitutive act, and general laws, and that they renounce all submission and obedience to any other dominion or foreign government, and also, every title, token of honor or grace that is not of the republic of Mexico.

ART. 16. The authorities to whom those foreigners mentioned in the foregoing article present themselves, shall forward to the governors of the respective states semi-annually an exact list, comprising the names, places, of nativity, age, and married or single state of the persons, who by virtue of said article should have become naturalized.

ART. 17. Certificates of naturalization shall not be granted to the subjects, or citizens of a nation at war with the United States of Mexico.

ART. 18. Those who have presented themselves to the general government up to the 1st of March, 1826, requesting to become naturalized, shall be considered to have employed the time required, complying with the other conditions prescribed by this law.

ART. 19. Every year in December, the governors of the states, district, or territory, shall transmit to the president of the republic a statement, expressing the names, places of birth, skill or business, and age of the persons to whom certificates of naturalization should have been granted. A register of all the same shall be kept in the office of the Secretary of internal relations, and in the archives of the respective governors.

ART. 20. Every year, on the first month of ordinary session, the secretary of internal relations shall transmit to both houses expressly, separate from the report, a note stating all that should be expressed in the reports he should have received from the governors in accordance with the preceding article, noticing at the conclusion thereof the faults he might observe on the part of the said governors, or others to whom it belongs, in conformity to this law.

FRANCISCO ANICETO PALACIOS,
President of the Senate.
CASIMIRO LICEAGA,
President of the House of Representatives.
MIGUEL DUQUE DE ESTRADA,
Secretary of the Senate.
JOSE PEREZ DE PALACIOS,
Secretary of the House of Representatives.

LEY DE NATURALIZACION DEL CONGRESO GENERAL.

FORMULA

PARA DAR CARTAS DE NATURALEZA.

N. N. Gobernador de N. O gefe politico de N.

Habienda N. originario de N. cumplido con las condiciones y requisitos que previene la ley de ———— de ——————del Congreso general que arregla el modo con que debe concederse la carta de naturaleza á los estrangeros, y accompañando los documentos que lo acreditan declaro al referido N. por las presentos, naturalizado en los estados Unidos Mexicanos, en virtud de la autoridad que por aquella ley se me confiere.

Aqui la fecha, el lugar y la firma del Gobernador y su secretario. —*Dos rubricas.*

Por tanto. mando se imprima, publique, circule y se le de el debido complimiento.

Palacio del Gobierno federal en México à 14 de Abril de 1828.

GUADALUPE VICTORIA.

Juan de Dios Canedo.

Y lo communico á V. para su intelligencia y efectos consiguientes. Dios y Libertad. México 14 de Abril de 1828.

CANEDO.

FORM

FOR GRANTING CERTIFICATES OF NATURALIZATION.

N. N. Governor of N. or Political Chief of N.

N. a native of N. having complied with the requisites and conditions, provided, by the law of ———— of ———— of the general congress regulating the manner in which the certificate of naturalization should be granted to foreigners, and accompanying the documents that prove the same, by virtue of the authority conferred upon me by the said law, I do by these presents declare the aforesaid N naturalized in the United States of Mexico.

(Date, place, and signature of the governor and his secretary.— *Two rubrics.*)

Wherefore, I order it to be printed, published, circulated and duly fulfilled.

Capitol at Mexico, on the 14th day of April, 1828.

GUADALUPE VICTORIA.

To Don Juan de Dios Cañedo.

And I hereby communicate the same to you for your information, and the consequent effects.

God and Liberty. Mexico, April 14th, 1828.

CANEDO.

INDEX

TO THE
LAWS AND DECREES.

	PAGE.
Account of estimated expenses to be presented to the Treasurer of Congress,	143
Accusations against Inferior Judges and the Assessor, time prescribed for their despatch,	95
Agents of the revenue established at Rio Grande, Brazzos and Nacogdoches,	287
Agent of Excise may contract for periodical payment of duties,	118
Alcaldes of District Capitals, channels for communicating circular orders,	122
" may enter houses to arrest smugglers, &c.,	159
" may examine account books with respect to their legalization,	77
Alteration of words in Decree No. 11,	150
Amendment of articles 46 and 47 in decree No. 32,	58
Amnesty,	34
Arbitrators to give their decision within the time prescribed,	196
Argument and the general congress requested to repeal a certain law,	301
Articles 137 and 138 of law No. 37 explained,	93
" 142 and 143 of the financial regulations of the towns explained,	111
" 43 of decree No. 48 ratified,	103
" 3 of the decree of the 8th of April 1830, how it should have been understood,	241
Additional article to the commissioner's instructions not to be in force in certain contracts,	303
Assessment in decree No. 90, explanation in regard to,	139
Assessor general, appointed and resigning must serve provisionally,	145
" to attend the general and weekly visits of prisons,	89
Ayuntamientos, relative to the renewal of those of Monclova and Bexar,	11
" to continue until renewed according to the constitution,	44
" renewed according to the constitution,	56
" to forward accounts to the chiefs of department,	74
" special provisions for electing the officers of	144
" of Austin to appropriate a certain tax to build town halls and a jail,	183
" of the capital loan by the state to,	201
" of Nacogdoches, four sitios of land granted to,	223
Bachelors degree dispensed with on the part of J. Estrado,	221
Bangs J. M. declared a citizen,	139
And Dimitt excepted from article 1 decree No. 183,	196
Bank, grant to establish in the department of Brazos,	296
Bilbao, those entitled to its lands and waters,	244
Boring machine, J. R. Almy permitted to introduce,	83
Brown J. declared a citizen,	210
Bureau of accounts attached to the office of secretary of state,	194

INDEX TO THE LAWS AND DECREES.

	PAGE.
Cantu J. M. to take the oath of governor,	280
Chambers T. J. authorized to practice as counsellor;	226
Chief agents of the tobacco department, may be authorized to legalize account books,	70
Church festival, prohibitions relative to,	97
Cigar manufactory, for establishing,	15
" " " removing,	298
Civic militia, for reducing that of the state,	212
" thirty men of, no longer to serve in Leona Vicario,	208
Cock pits and billiard tables, provision in regard to r	3
Colleague judges all citizens of the state to serve as such when chosen,	102
" may be chosen by criminals,	83
Collector of excise at Leona Vicaria his salary fixed,	210
" at Parras his compensation, also that of receivers,	211
Colonization law of March 24th 1825,	15
" of April 28th 1 32,	189
Commissioners instructions of September 4th 1827,	70
" their pay prescribed, and article 39 of the colonization law declared without force,	106
" a second one to be appointed in the department of Nacogdoches,	306
Commissioner to be appointed to examine land titles,	310
Communications previously directed to the vice-governor to be directed to the governor,	109
Concurgo de Aguayo, measures in regard to that property,	232
" further provision in relation to that law,	252
Confraternity permission to establish,	115
Congress convoked to extra session,	278
" to form itself into a grand jury in certain accusations,	218
" prescribing the mode of congratulating,	7
" and the governor to be sworn to observe the constitution of the republic,	8
" has power to resolve on certain propositions of reform,	22
Contracts valid between emigrants & the working men they introduce,	103
Consumption duty on foreign goods,	14
" additional two per cent.,	137
Cotton &c , free from taxes,	181
Councillors, individuals chosen,	101, 211
Council, what is to be considered its opinion in a particular case,	235
Counsellor taking cognizance, instead of the fiscal, to have the same compensation,	179
Crimes, course to be taken in those of the civic militia,	176
Criminal prosecution, certain persons under, to be discharged,	77, 107
Curates to be solicited by the executive for the new towns in Texas,	113
Custom house, fixing the rent of a building for, and prices of storage,	116
Decree No. 2; declared without force,	134
" for holding a national election,	205
" No. 148 declared without value or force,	212
" repealing No. 182 and re-establishing No. 146,	218
" suspending the execution of No. 228,	228
Deficiency of age on the part of J. Gorivar dispensed with,	133
Delinquents may be put in irons while the prisons are repairing,	179
Department of Bexar, divided into two districts,	171
Districts of Saltillo and Parras made separate departments,	210
Doyle Rev. H. permitted to establish a chapel	135
Duty three per cent. on silver,	66
Ecclesiastical offices precaution in regard to candidates,	96
Election of deputies to the general congress,	7

INDEX TO THE LAWS AND DECREES. [3]

PAGE.
" of governor, vice-governor and councellors declared, : 63, 169, 282
" provided in case of vacancy &c., in municipal offices, : 98
" course to be taken in case of non-observance of the constitution in 207
Elguezabal, his resignation accepted, : : : 281
Emigrants amount they are to pay on receiving their land titles, : 297
Executive council, provision in relation to that body, : . 44
Executive, authorized to admit counsellors at law provisionally, :
" to give directions to the excise collector, . : 165
" authorized to unite certain offices, : . : 180
" to sell the lands of the extinguished missions, . : 181
" dispose of an additional sum to repair the prison in the capitol, : 186
" dispose of municipal property to repair the prison, : 188
" adopt measures to aid in repelling the Spanish invasion, : 104
" regulate the boundaries with the adjoining states, : : 132
" contract a loan for relief of persons suffering with the small pox, 149
" increase or diminish the amount of certain bonds, : : 156
" appoint lawyers to despatch the business in the assessors office, : 252
" form coalitions with the other states, : : : 273
" solicit empresarios to make tanks and drawwells, : 217
" take measures for the pursuit and extermination of robbers, : 227
" designate vacant lands for situating the tribes of friendly Indians, 300
" dispose of four hundred sitios of vacant land, : : 281
" issue letters of citizenship to all foreigners who have acquired the
    legal ights of citizens, : : : : 299
" provide men for the expedition to Texas, . . : 164
" to exact a forced loan, : - : : 294
" discretianary power granted him to levy and organize the militia, 276
" concerning his correspondence with the different authorities, ; 220
" power granted him to dispose of four hundred sitios, to be under-
    stood as subject to the general laws of the Union, , 283
" acts of M. Ramos and J. M. Gorivar at a particular period of no
    force, : : : , . 293
" may establish his despatch out of the capital, . 312
Exposition on the subject of a project of a law of amnesty, : 295
" on the subject of reform, : : : 288
Ecclesiastical authorities to send a list of candidates for benefice, ; 184
Estimate of expenses to be made out monthly in the office of secretary of
    state, : : : : . : 145
European Spaniards prohibited from holding office, : 62
Excise duties reduced in the departments of Monclova and Bexar, : 188
Exportation of coin tax on extended, : : : 64
Extra session to be holden, : : : . 164
Fair provision on the sucject, , : : : . 187
" may be holden at Monclova, . : : 304
Festivals religious, to be solemnized by collection of alms, : : 156
Forced loan required of certain Spaniards with further measures, 126
" for returning, : : : : 178
" how appropriated, . : : . : 137
Foreigners prohibited from retailing goods, : . . 117, 185
Foreigners goods changed in form, &c., : : ; . 59
" consumption duty on augmented, . : : 200
" concerning the collection of a certain duty on, : 202
Form of oath to obey the constitution, &c.,. : : : 44
" for printing and publishing the constitution, : : 44
" for issuing letters of citizenship, : : , : 75
Gigedo declared capital of the district, : : : 98
Generals Guerrero and Pedrosa declared citizens of the state, . 99

INDEX TO THE LAWS AND DECREES.

	PAGE.
" Santa Anna recognized as president,	280
Goods of a certain kind, exclusive privilege granted J. Grant for manufacturing,	247
Governor, to be received as a patron,	9
" pro. tem., cloathed with extraordinary powers,	33
" his resignation not accepted,	163
" permitted to repair to Nuevo Leon,	195
Grand jury, to be appointed by congress,	118
Hacienda de San Vicente, established a town,	89
Halls of the tribunals of justice, provision on the subject,	146
Hewitson and Power, eight sitios of land granted to,	230
Iron and coal mines, exclusive privilege granted for working,	99
Income tax,	123
Intervening officers, provision in regard to,	132
Interpreters, to be employed in criminal suits,	223
Judges of responsibility,	24
" to execute judicial acts in place of Notaries,	253
Jurors law concerning—of April 17—1834,	254
La Bahia constituted a town,	112
Lancastrian schools, law for establishing,	127
Land, acquired by virtue of the colonization law not liable for certain debts,	111
" Law of March 26, 1834,	247
" in reference to the same law,	272
" relative to that of the town of Bejar,	277
Law *de Convocatoria*,	36, 47
" dispenfed with to admit E. de la Garza as counsellor,	108
" regulating contracts between masters and servants,	108, 119
" 14 &c., of the castilian collection to be understood as repealed,	139
" for taxing certain lots,	198
" of April 27th 1833 on the subject of municipal property,	213
" same law does not comprize the water for domestic use,	236
" regulations in respect to ayuntamtentos &c..	237
" of April 1, 1830—favor granted therein limited to a certain period,	277
" of March 4, 1830—a part dispensed with,	295
" of 11th of January, 1834, repealed,	311
Letter of citizenship, granted to J. Cameron and S. Hewetson,	76
" to T. J. Chambers,	162
" J. Grant,	162
" J. Bowie,	167
" M. Muldoon,	171
" J. Power,	113
" D. J. Toler,	283
Licence, to J. M. Carabajal for printing the laws and decrees,	307
Local militia, provisions on the subject,	110
Maize &c., free from excise duties,	76
Manufacturing company, grant to establish,	167
Medals and prizes, for preparing for pupils,	157
Military men retired, exonerated from a certain tax,	113
Mining deputation, law for creating,	60
Monclova declared the capital of the state,	107, 207
Municipal property, for selling that of the extinguished Missions,	181
Municipality, new one formed in that of Austin,	197
" established at Matagorda,	242
" at San Patricio and Mina,	274
Mustangs and strays,	60, 308
Names of San Fernando and post of Rio Grande changed,	65
National effects introduced at a certain time to pay less excise duty,	199

INDEX TO THE LAWS AND DECREES. [5]

	PAGE.
Notaries not to extend their functions beyond their municipality,	236
Notices, prescribing the form of those given monthly by the executive;	141
Offer made by J. Grant accepted,	158
Officers, general government requested to remove,	138
Orders and decrees, how to be communicated,	
Pastorals &c., must have a permit,	253
Panoptic prisons,	130
Pablo Hernandez reinstated in the capacity of holding office,	199
Permanent cavalry for replacing the companies of,	42
" deputation; resolution of approval,	200, 201
Phrase in article 69 Law No. 37, how to be understood,	112
" in article 1 decree 15th April 1831, how to be understood,	228
Plan of Jalapa, adopted by congress,	137
" persons comprised in article 4 of,	161
Political chief and deputation of Texas cease in their functions,	8
Possessions referred to by the corporation of Villa Longin, declared valid,	155
Prerogatives, attributes and restrictions of the governor, &c.,	25
Primary schools provisionally established,	123
Provision relative to decree of April 27, 1833,	231
Public administration, certain acts of legalized,	207
" tranquility, measures for restoring and preserving,	34
Proposition of B. R. Milam accepted,	292
Qualifications for being a member of the special tribunal,	95
Real estate cannot be acquired in mortmain,	240
Receivers office established at San Isidro,	194
" the same abolished,	210
Repeal of certain articles, in decree No. 105,	138
" of decree No. 105,	178
" of law No. 47 and 88,	159
" No. 70,	179
" of articles 3, 5, 6 and 7, of decree No 38,	182
" of decree No. 146,	184
" No. 108, 110 and 113,	204
" No. 158,	208
" No. 50, 68, 148 and 191,	207
" of decrees of the 4th and 25th of April, 1832,	243
Resignation of certain offices how to be made,	141
Right of petition regulations on the subject,	206
Rio del Norte, exclusive privilege granted for navigating,	100
Robertson S. C., term of his contract conditionally prolonged,	275
Restriction in regard to the object of disposing of four hundred sitios,	287
Resolution of the executive declared without force,	295
" relating to that proposed by S. C. Robertson,	305
Salary and Viaticum of the members of congress,	58
" of the governor &c.,	79
" those of the secretaries of Ayuntamientos to be approved by the governor,	165
" fixing that of the revenueofficers of Leona Vicario,	220
" of clerks of department, chiefs augmented,	235
" of the governor,	244
Savages, measures to protect the citizens from,	270
Sessions prorogued,	84, 102, 122, 293
Secretary office of congress, regulation of,	23
Second colony of M. de Leon annexed to the department of Bexar,	305
Sessions to close,	310
Slaves conditionally allowed to change their masters,	92
" Provision with regard to.	78
Smuggled tobacco for seizing, and for punishing smugglers,	84

	PAGE.
Smugglers, fine imposed on to be paid to the state revenue,	114
" of tobacco, their punishment, &c.,	182
Spaniards, for banishing some of that class of persons,	94
" certain points in the laws relative to, explained,	105
Stamped paper law,	9
" inhabitants of the new Texas colonies exempted from complying with,	97
State revenue, the governor in his messages to give information on,	74
" treasury, for establishing,	85
" territory of, divided into seven departments,	245
" inhabitants of, exonerated from a certain tax,	176
Stock, concerning certain duties on,	224
Standing army, individuals of the, have not a right to vote,	197
Style of address of congress, &c.,	7
Substitute deputies may hold municipal offices,	102
Substitutes of ministers of the tribunal of justice, relative to their appointment,	134
" of magistrates and fiscal, who to be appointed in a certain case,	141
Suits against securities in the state to be terminated in the state,	105
Surveyors fees assigned, and old residents favored with a part of the taxes corresponding to the state rents,	146
Suspension of office of council, and of the establishment of the treasury,	101
" of the office of fiscal, and providing for the discharge of the duties	157
Tax on the exportation of coin,	114, 204
" on billiard tables.	177
Term additional, granted to J. L. Woodbury,	114
" to S. Power,	185
" to J. Cameron,	186
" to D. G. Burnet & J. Belhein,	195
Term of exemption from duties allowed to cotton, prolonged,	286
Ten sitios of land granted to the inhabitants of Guerrero,	307
Prolonged for introducing machines for iron and coal mines,	106
Teachers fund, proceeds of building lots appropriated for,	226
Thieves, law for punishing,	66, 177
Timber certain towns permitted to cut on the river Sabinas,	92
Tobacco, provisions relative that article.	154, 166
Town, San Francisco and San Miguel to establish their Ayuntamiento,	140
" of Nova, the capital of the district of Gio Rrande,	150
Trial by jury, law for establishing,	151
Tribunal of Justice, various provisions on that subject,	77, 88, 219
Trinity river, exclusive priviledge for navigating,	209
Tythes, for creating a junta,	90
" how to be paid,	222
Vacant lands, laws in respect to the alienation of, dispensed with for a certain object,	276
Vice-Governor his salary when acting permanently as governor,	203
" and members of the council chosen,	32
Village of Alamo created a town,	161
Villa Longin and the capital formed into one town,	177
Vidaurri y Villasenor invested with the executive power,	227
Visit of Ayuntamientos, for appointing an officer to perform,	122
Visiter general of the state, his salary,	160
Voice of Alcalde, to what acts it refers,	113
Will of the nation, that of the state legislatures recognized as such,	202
Waters of certain towns to be taken and adjudicated to that of Guerrero,	242
Words, those to be omitted in certain laws,	231, 209
Zavala L. and J. McMullen, their petitions acceeded to,	229

INDEX

TO THE

CONSTITUTION.

PRELIMINARY provisions,	313
Form of government of the state,	316
TITLE 1. Legislative power of the state, Sec. 1st, deputies to congress,	317
Sec. 2nd., election of deputies,	318
Paragraph 1st., electoral municipal assemblies,	319
Paragraph 2nd., etectoral district assemblies,	321
Sec. 3rd., holding session,	323
Sec. 4th., attributes of congress, and its permanent deputation,	325
Sec. 5th., formation and promulgation of laws,	327
Appendix to said title, election of deputies to the general congress,	328
TITLE 2. Executive qower of the state, Sec. 1st., governor,	329
Prerogatives of the governor,	329
Attributes of the governor,	329
Restrictions of the powers of the governor,	330
Sec. 2nd., vice-governor,	331
Sec. 3rd., executive council,	332
Sec. 4th., election of governor, vice-governor and councillors,	333
Sec. 5th., Secretary of state,	334
Sec. 6th., department police chiefs, and subordinate district chiefs,	334
Sec. 7th., Ayuntamientos,	335
TITLE 3. Judicial power, Sole Sec., administraiion of justice in general,	337
Paragraph 1st., administration of justice in civil cases,	337
Paragraph 2nd., administration of justice in criminal cases,	338
Paragraph 3rd., inferior courts of justice, and superior tribunals,	338
TITLE 4. Sole Sec., state treasury,	340
TITLE 5. Sole Sec., civic militia of the state,	341
TITLE 6. Sole Sec., public education,	341
TITLE 7. Sole Sec., observance of the constitution,	342

ERRATA

IN THE SPANISH.

PAGE.	ART.	for	read
9	8	" queden	" quede,
11	3	" ueve	" lleve,
"	5	" uevaran	" llevaran,
13	17	" dispociones	" disposiciones,
"	"	" decisions	" decidira,
"	21	" exercer	" exercera,
15	6	" sus	" su,
"	7	" canveniente	" conveniente,
18	18	" teraenos	" tereenos,
19	21	" pastos	" gastos,
"	23	" lo nombraren	" los nombraren,
"	"	" aquellas	" aquellos,
"	22	" nuevas,	" nuevos,
20	26	" denunciado	" renunciado,
"	31	" establecido	" establecidose,
"	32	" de nuevas	" las nuevas,
21	36	" las solares	" los solares,
"	39	" intiqua de	" antiqua audencia de,
22	43	" mandada	" mandara,
"	44	" aplicara	" aplicaran,
"	45	" mismo	" misma,
"	48	" sus respectivos	" a los respectivos,
23	4	" le	" les,
"	7	" destinada	" destinado,
24	"	" las males	" los males,
26	5	" unicos	" unidos,
29	29	" fuera	" fuera,
33	"	" Restablen	' Restablece,
34	"	" Amnistea	" Amnestia,
"	"	" seando	" deseando,
35	1	" consideraran	" se consideraron,
"	"	" intarviniendo	" interviniendo,
"	"	" manere	" manera,
"	2	" restituidos	" restituidos,
'	"	" de les	" se les,
36	3	" Estos	" Estas,
"	"	" Ayuantamientos	" Ayuntamientos,
37	6	" hanesido	" hansido,
"	"	" rehabieilacion	" rehabilitacion,
45	2	' publica	" publica,
45	6	" respectivos	" respectivos,
49	13	" sor	" ser,

ERRATA IN THE SPANISH. [2]

PAGE.	ART.	for	read
52	39	" propia	" propio,
53	43	" case	" caso,
"	"	" comptidor	" competidor,
"	"	" qee	" que,
53	44	" segunda	" segundo,
54	53	" qae	" que,
"	58	" permanecieren	" permanecieron,
"	61	" ebsuelto	" absuelto,
57	4	" hallar	" haya,
"	"	" serradas	" cerradas,
"	5	" reunira el	" reuniran los,
"	"	" votas	" votos,
"	"	" sindicas	" sindicos,
58	1 &c.	" distas	" dietas,
59	"	" todo efecto	" todos los efectos,
"	"	" los . . t	" las,
61	8	" eleto	" electo,
"	9	" se descubran	" que se descubren,
"	11	" azoques	" azogues,
"	13	" anteresados	" interesados,
62	"	" qunto	" quanto,
"	1	" supremas	" supremos,
63	"	" sufrajados	" sufragados,
"	"	" precedio	" procedio,
"	1	" basta	" asta,
64	5	" tubieron	" tubieron,
"	"	" pid	" dia,
"	1	" ee	" de,
"	"	" rento	" renta,
"	2	" cobra	" cobro,
"	"	" recandacion	" recaudácion,
65	7	" denero	" dinero,
66	2	" baxo	" baxe,
67	8	" mutitacion	" mustilacion,
"	13	" averique	" averigue,
68	"	" ganalo	" ganado,
"	3	" canoe	" canon,
"	4	" parr	" para,
"	5	" respondere	" respondera,
70	"	" colones	" colonos,
71	1	" cuyo	" cuyos,
"	9	" testimonia	" testimonio,
72	15	" necessarios	" necesario,
"	17	" muchas	" muchos,
74	1	" eno	" ano,
"	"	" renovar	" remover,
"	2	" prevenidos	" prevenidas.
75	2	" afio	" ano,
77	"	" to guales	" los quales,
78	4	" esta	" este,
"	1	" respectivos	" respectivas,
79	5	" ano	" amo,
"	9	" lsbres	" libres,
81	"	" contratestas	" contratistas,
84	4	" precico	" preciso,
86	5	" tesoreras	" tesoreros,
"	10	" dal	" del,
87	"	" impueste	" impuesto,

ERRATA IN THE SPANISH.

PAGE.	ART.	for	read
88	23	" dio	" dia,
89	4	" ios	" los,
91	12	" decinial	" decimal,
"	15	" cueata	" caenta,
"	"	" secretaria	" secretario,
"	17	" realizodos	" realizados,
"	18	" del	" de,
92	1	" indemnire	" indemnize,
"	2	" muerta	" muerto,
93	2	" estas	" estos,
"	6	" otra	" otro,
91	3	" proceda	" preceda,
110	2	" aleanzan	" alcanzan,
"	1	" colones	" colonos,
111	"	" dificultados	" dificultades,
112	4	" la contrario	" lo contrario,
113	"	" primere	" primera,
114	"	" so	" se,
"	"	" colenizacion	" colonizacion,
"	1	" decrete	" decreto,
115	5	" religuias	" reliquias,
117	"	" dedicades	" dedicados,
"	4	" denuncidos	" denunciados,
"	"	" dc	" de,
121	13	" judiclalmente	" judicialmente,
"	"	" cumplia	" cumplir,
122	"	" al mismo	" el mismo,
124	14	" que	" que,
125	21	" preciencia	" presencia,
"	22	" viotante	" restante,
"	"	" tercia	" tercio,
128	6	" el de	" el numero de,
130	3	" coste	" costo,
131	13	" opiniendose	" oponiendose,
137	3	" so pretesto	" se pretesto,
138	6	" oxcelentisomos	" excelentisimos
140	3	" familid	" familia,
144	2	" abservandose	" observandose,
"	4	" recegido	" relegido,
145	45	" los partidas	" los partidos,
146	1	" que tengan	" que no tengan,
151	7	" sentencion	" sentencien,
152	13	" publicamento	" publicamente,
"	14	" palebra	" palabra,
153	21	" sela	" sala,
154	3	" terminas	" terminos,
155	1	" Irlandis	" Islandes,
156	2	" sur.e	" suerte,
157	1	" que los	" que de los,
"	"	" entervengan	" intervengan,
159	3	" verdadera	" verdadero,
160	"	" eroque	" erogue,
161	1	" ol	" al,
162	"	" justicio	" justicia,
"	"	" exeminado	" examinado,
167	3	" scciones	" acciones,
174	23	" diaren	" dieren,
176	2	" dorrespondiente	" correspondiente,

ERRATA IN THE SPANISH.

PAGE.	ART.	for	read
185	4	plano	pleno,
189	5	oontrata	contrata,
190	9	ludo	lado,
191	18	ocuerde	acuerde,
"	23	otargaran	otorgara,
194	3	amoribles	amovibles,
195	1	Leon	Leon,
108	1	sesesenta	sesenta;
205	"	rigir	regir,
"	1	o persona	persona,
"	"	perterbo	perturba,
106	8	sin	son,
213	7	qua & quo	que,
214	13	contraots	contratos,
"	17	Iglesis	Iglesias,
218	"	occcionare	occasionare,
231	"	dereeho	derecho,
233	7	yor	por,
"	8	searidumbre	servidumbre,
234	13	rebejaran	rebajaran,
235	"	carescae	carece,
247	3	uuidad	unidad,
248	2	eada	cada,
"	4	todos las	todas los,
"	8	colodo	colono,
249	12	sa haya	se haya,
"	13	comisionodos	comisionados,
250	16	afecto	efecto,
"	17	cantidaa	cantidad,
"	23	confuscs	confusas,
273	3	basta	asta,
"	4	las indios	los indios,
274	2	asi	hacia,
279	2	las	los,
"	"	cirbnnstancias	circunstancias,
"	"	aiistamiento	alistamiento,
280	1	dublico	publico,
282	1	eu	en,
"	3	precedencia	procedencia,
283	"	ai	al,
284	"	dirijo	dirijio,
"	2	organizandos	organizandola,
"	3	permitara	permitira,
285	"	los nacidos	los no nacidos,
"	"	duben	deben,
288	"	cuanlos	quantas,
"	"	ese	ese,
290	"	teda	toda,
296	5	sus ecretor	suscritor,
297	1	ee	de,
301	"	cisponer	disponer,
"	"	Estapo	Estado,
"	"	puepe	puede,
"	"	disitelta	disuelta,
302	"	preeisos	precisos,
304	4	par	por,

ERRATA

IN THE ENGLISH.

PAGE.	ART.					read	
13	13	"	only: the	:	:	"	only the
44	2	"	Councils,'	.	.	"	Council
105	1	"	impediments	:	:	"	impedement
111	1	"	article 143	:	:	"	articles 142 & 143
119	7	"	him	:	:	"	them
126	7	"	occupation, find	:	:	"	occupation and find
131	10	"	contractro	:	.	"	contractor
135	1	"	widows	:	:	"	widowers
139	6	"	general Commandants	:		"	general commandants
154	5	"	tusks	:		"	tasks
161	5	"	Gomer	.	.	"	Gomez
195	De. 192	"	The years	.		"	Three years
244	1	"	capitol	:	:	"	capital
246	11	"	power	:	.	"	powers
253	1	"	of private	:	:	"	to private
289	1	"	dangerous for	.	:	"	dangerous; for
302	1	"	literal states	.	:	"	littoral states
302	1	"	exclusive	:	:	"	exclusively.

OMISSIONS AND CORRECTIONS.

PAGE.	ART.	
		Merit the approbation of the executive of the Union, to whom for that object he shall transmit all petitions, accompanied by a report, whether the petitioners be Mexicans or foreigners.
17	12	of which at least one half shall be temporal land.
17	14	receive solely of the said grazing land a superficies.
18	17	said executive always bearing in mind.
18	15	families, whether foreigners or natives, contenting.
19	24	The Spanish of the last part of the article corrected.
		El precio de cada sitio, supuesta la condicion anterior, sera el de cien pesos, si la tierra fuere de agostadero, ciento cinquenta, si fuere de temporal, y doscientos cinquenta, si fuere de regadillo.
		Translated thus.—Allowing the aforesaid condition, the price of each sitio shall be one hundred dollars, should the land be grazing land, one hundred and fifty should it be temporal, and two hundred and fifty should it be irrigable.
20	32	industry of the new settlers pay.
71	10	irrigable or temporal.
72	17	valued by competent persons according to the locality and sold.
147	12	are hereby favored with a part of the taxes corresponding to the state revenue.
95	2	The post of Rio Grande.
158	3	support also two.
189	5	born, and not enjoying any special immunity, to act.
190	10	from each canal that can.
220	1	add,—Previous arrangements in opposition to the present are hereby repealed.
221	1	of the frontier of the state.
		add at the close of the same article,—From the Valle de Santa Rosa to the interior shall be considered frontier.
241	6	shall by testament dispose.
284	3	add,—The garrison of Monclova is hereby excepted from this provision.
302	3	Article 7th of the general law of the 18th of August, and has compared it with article 2 of the law of the 25th of April last, and does not find.
310	4	two thousand five hundred dollars, and one thousand five hundred.
211	6	per annum.
312	2	he avails himself.
317	34	seven thousand.
318	44	add,—During session the deputies shall not be subject to civil suit, or execution in case of debt.
244	2	Decree No. 268, add,—the secretary of state shall receive a salary of two thousand five hundred dollars per annum
345	19	depopulated towns.

INADVERTENCE IN THE ORIGINAL.

Page 20, Article 28, Caso los *derechos*. (see page 193, article 31.)

www.ingramcontent.com/pod-product-compliance
Lightning Source LLC
Chambersburg PA
CBHW022004300426
44117CB00005B/29